本書爲二〇一七—二〇一九年中國文化遺産研究院科研課題「院藏清陳介祺金石學資料整理研究」（课题编号2017-JBKY-13）成果之一

本書得到國家「古文字與中華文明傳承發展工程」支持

陳介祺手稿集

陳介祺／著
赫俊紅／整理

中華書局

圖書在版編目（CIP）數據

陳介祺手稿集 / 陳介祺著；赫俊紅整理．－北京：中華書局，2023.7
（陳介祺手稿拓本合集）
ISBN 978-7-101-16060-4

Ⅰ．陳…　Ⅱ．①陳…　②赫…　Ⅲ．金石學－中國－文集　Ⅳ．K877.24-53

中國國家版本館 CIP 數據核字（2023）第 000287 號

書　　名　陳介祺手稿集（全四册）
叢 書 名　陳介祺手稿拓本合集
著　　者　陳介祺
整 理 者　赫俊紅
責任編輯　許旭虹　吴麒麟
裝幀設計　許麗娟
責任印製　陳麗娜
出版發行　中華書局
（北京市豐臺區太平橋西里38號 100073）
http: // www. zhbc. com. cn
E-mail: zhbc@zhbc. com. cn
印　　刷　北京雅昌藝術印刷有限公司
版　　次　2023年7月北京第1版
2023年7月北京第1次印刷
規　　格　開本880×1230毫米　1/16
印張76½
國際書號　ISBN 978-7-101-16060-4
定　　價　1800.00元

序

晚清金石學沿承了篤實樸厚的乾嘉學風與氣象。在經學、史學及考據學盛極而衰的背景下，人們將視野投向出土的新材料、新品類，加之傳統文人對古器物的天然崇尚及深厚古雅的審美情結，「金石學之在清代又彪然成一科學」（梁啓超語）。晚清金石學既具有傳統學術的深厚根基，又具有新的特質，它比傳統的考據學更龐雜和閎深，並爲二十世紀初以來的考古學、古文字學等諸多新學科的創立及分化發展奠定了基礎。因此，晚清金石學對於我們反思現代學術的建構及其相關問題，有着重要意義。晚清重要的金石學家都是既具有深厚經學、史學修養，又能領一時學術風氣者，陳介祺即其中頗具代表性的人物。

關於陳介祺在金石學上的地位與貢獻，學界已多有論述，並給予了很高的評價。他集藏古、釋古、傳古於一身，悉所不凡，突出體現在對古陶文、古璽印及封泥、秦詔瓦量文字、古泉等古器物多有發覆之論，對吉金青銅器的形制、功用等問題的超前闡述，在古文字考釋方面的先導地位，鑒古辨僞及傳拓中的奠基之論等方面。然而，由於陳介祺平生著述嚴謹，加之缺少得力的學術助手，以致所懷的某些學術之想未能如願，他在世時所刊行的著述並不爲多。長期以來，人們對陳介祺金石學術思想的認識，主要依憑他與金石之友的往來函札，其中尤以民國時期影印的《簠齋尺牘》（有十二册本、五册本兩種）爲主。今檢索陳介祺所著或附於其名下的拓本類著述達數百種之多，但實際上除了他所藏金石磚瓦各類拓本和拓本中少有的兼及釋文題記性的著述外，其生前及逝後附於自己名下的多數文本類著述如《傳古別録》、《陳簠齋丈筆記附手札》及陳繼揆先生所輯的《秦前文字之語》、《簠齋論陶》、《簠齋鑒古與傳古》等，主要輯自簠齋尺牘。而能直接體現陳介祺學術觀點與高度的，無疑是他所著數十種金石考釋手稿及相關稿札。這些手稿皆由簠齋後嗣遞藏，除部分內容曾在民國時有所選取刊印（如《簠齋金文考》、《簠齋金石文考釋》）外，其餘內容學界無緣獲睹。另外，這些手稿與部分已印行的考釋稿有所不同，尤其是簠齋自藏吉金如毛公鼎、聃毀（天亡毀）、器侯馭方鼎（噩侯鼎）、戰國區鋘等，及金石好友所藏鐘鼎如盂鼎、邵鐘、齊侯鉼、龙姞毀、虢季子白盤等吉金重器，簠齋往往是反復考釋，有初釋稿、修訂稿或幾種修訂稿、定稿等多種不同文本，這充分反映了不同時期簠齋對金石古器的認識過程，可窺探其金石學術思想的軌跡。這批珍貴的簠齋手稿，於一九六四年捐獻給文化部，由當時的文物博物館研究所接管，即現藏於中國文化遺産研究院的陳介祺手稿及相關金石資料。

二十年前，本人初涉簠齋研究，在拜訪簠齋六世嫡孫陳繼揆先生時，曾詢及所捐簠齋手稿的下落。陳繼揆先生作爲當時的捐贈者之一，雖知其過程，但也是在晚年尋訪無果。彼時這批捐贈的手稿及相關金石資料尚存於庫房，未得整理和公之於世。十餘年前，本人方得悉藏所並倉促獲觀。

近年來，隨着國家對古籍整理工作的高度重視，整理各館藏庫存古籍的步伐也不斷加快，這批陳介祺手稿及相關資料被列入中國文化遺産研究院的科研課題，由赫俊紅女史承擔研究整理工作。兩年前，在該課題結項時，本人榮幸受邀作爲審核專家得覽完備的整理校釋稿。該課題後續又獲得國家出版基金的資助，並由中華書局出版。這充分反映了各方對陳介祺手稿價值的肯定和高度重視，也體現了對手稿整理水平的一致認可與贊賞。

對陳介祺手稿的研究和整理是一項頗爲繁難的工程，不僅需要研究者具有扎實的古籍整理功底，還須具備金石學方面的專業知識，尤其是對手稿內容的標點，以及對各種隸寫古文字字形和異體字的辨識與處理等，皆不可輕忽。赫俊紅無疑具備這些素質，她以精心嚴謹的治學態度與科研作風出色地完成了這一課題。在後續的審定中，她又反復校勘，精益求精。

《陳介祺手稿集》體例考究，分類精審。該書按簠齋文稿的內容及體例分爲金文考記、尺牘、傳古筆記、封泥考略四部分，詳細梳理各篇目中不同文本的前後邏輯關係，並對文本清稿進行録文，且各文本皆配圖呈現，圖文並舉，給讀者或研究者提供了清晰的文本理路和翔實的文本面貌與內容。本書的緒言對這批院藏簠齋手稿的來源和入藏過程作了鈎沉，並簡述整理要目，起到了導讀的作用。此外，整理者參考了大量金石文獻及陳介祺研究的相關著作，可以説是在研究基礎上的整理與校釋，如周聃毁考釋稿的文本多達十五種，書中對每一種文本的考釋時間、題名、本別特點以及各文本之間的關係等均做了梳理，並以表格的形式呈現出來，這些都超越了一般性古籍整理的範疇，體現了整理者宏闊的學術視野。對塗乙較多、難以理清的文稿，本書保存其原貌，不作强釋，避免主觀臆斷，這正體現了簠齋主張的「考據以簡切爲主，以案而不斷爲正」的考釋原則和治學風格。

《陳介祺手稿集》的出版，將極大地推動陳介祺研究的深化，亦必嘉惠於學林。

陸明君

二〇二三年七月十日

目録

第二部分　簠齋尺牘

第三部分　簠齋傳古筆記

緒言　陳介祺手稿的價值再識與整理

一、陳介祺的金石人生

後世學人盛贊的晚清金石大家陳介祺（一八一三至一八八四年），畢生傾心於金石文物的寶藏、鑒考和傳承。早年隨父陳官俊（一七八二至一八四九年）宦遊京師，二十九歲（道光二十一年）經辛丑御試授内閣中書，擢侍讀。三十三歲，殿試考取二甲第三名，中進士；再經進士朝考，取一等第十名，由内閣中書改爲翰林院庶吉士。此時他專心於程朱理學，與當時理學諸君子如倭仁、吴廷棟、何慎修等頗多往來，商討精進。陳介祺對金石的濡染約始自十七八歲，源於其父及父輩友朋的引導。其父陳官俊於道光九年（一八二九）三月擢任國子監祭酒，因此他曾有機會隨父晉謁國子監，得觀鼎彝及石鼓。約十八歲，與富藏金石的李璋煜長女成婚。十九歲，應科試至山東萊州府，省府濟南期間，開始喜好古彝器和璽印，據其《十鐘山房印舉》自序云「余自應試始至萊，秋試始至歷，見齊魯三代器、秦漢印，即好之」，還結交了掖縣金石文字學家翟云升。二十歲左右與吴式芬交遊，討論考訂金石文字。[一]據其《寶簠齋集各家彝器釋文》記：「余於既冠後從子苾六兄遊，論古文字、考訂金石，始稍稍有吉金之蓄。」約二十七歲在京都市肆因得春秋曾伯霥簠（圖一）而名其居「寶簠齋」，曾請翁大年治印「簠齋」（圖二）[二]，後以「簠齋」行世。

[一] 參見陸明君《陳介祺年譜》，西泠印社出版社，二〇一五年，第十五至十九頁。李璋煜（一七八四至一八五七年），山東諸城人，清嘉慶二十五年（一八二〇）進士，仕值之餘嗜好金石文字，富藏器和藏書，有《愛吴鼎齋藏器目》。翟云升（一七七六至一八六〇年），字舜堂，號文泉，山東掖縣（今萊州市）人，清道光二年（一八二二）進士，精訓詁和隸法，善書，著《説文辨異》、《隸篇》。陳官俊於道光十五年爲《隸篇》作序，陳介祺亦提供拓本助翟氏成書。陳介祺早年與翟氏交往頻繁，爲忘年之交。吴式芬（一七九六至一八五六年），字子苾，山東海豐（今無棣縣）人，道光十年（一八三〇）遊京師，獲交諸多金石同好，互以所藏拓贈，是當時有名的金石家；後於道光十五年中進士，授翰林院編修，三年後雖一直外仕江西、廣西、河南、直隸、貴州、陝西等地，但仍勤於金石研究，與簠齋爲金石至交，亦爲兒女親家，吴氏次子重憙娶陳氏長女。著《攈古録》等。

[二] 翁大年（一八一一至一八九〇年），字叔均，號陶齋，吴江（今江蘇蘇州）人。嗜好金石，精考校，工篆刻。陳介祺引退歸里之前多與其交往，曾爲陳氏治印多方。翁氏刻「簠齋」朱文方印，1.7×1.7cm，邊款刻「道光己亥中冬 大年」。參見《陳簠齋印譜》鈐拓本，中國文化遺産研究院藏；又見陳進編《陳介祺自用印存》，天津人民美術出版社，二〇一五年。

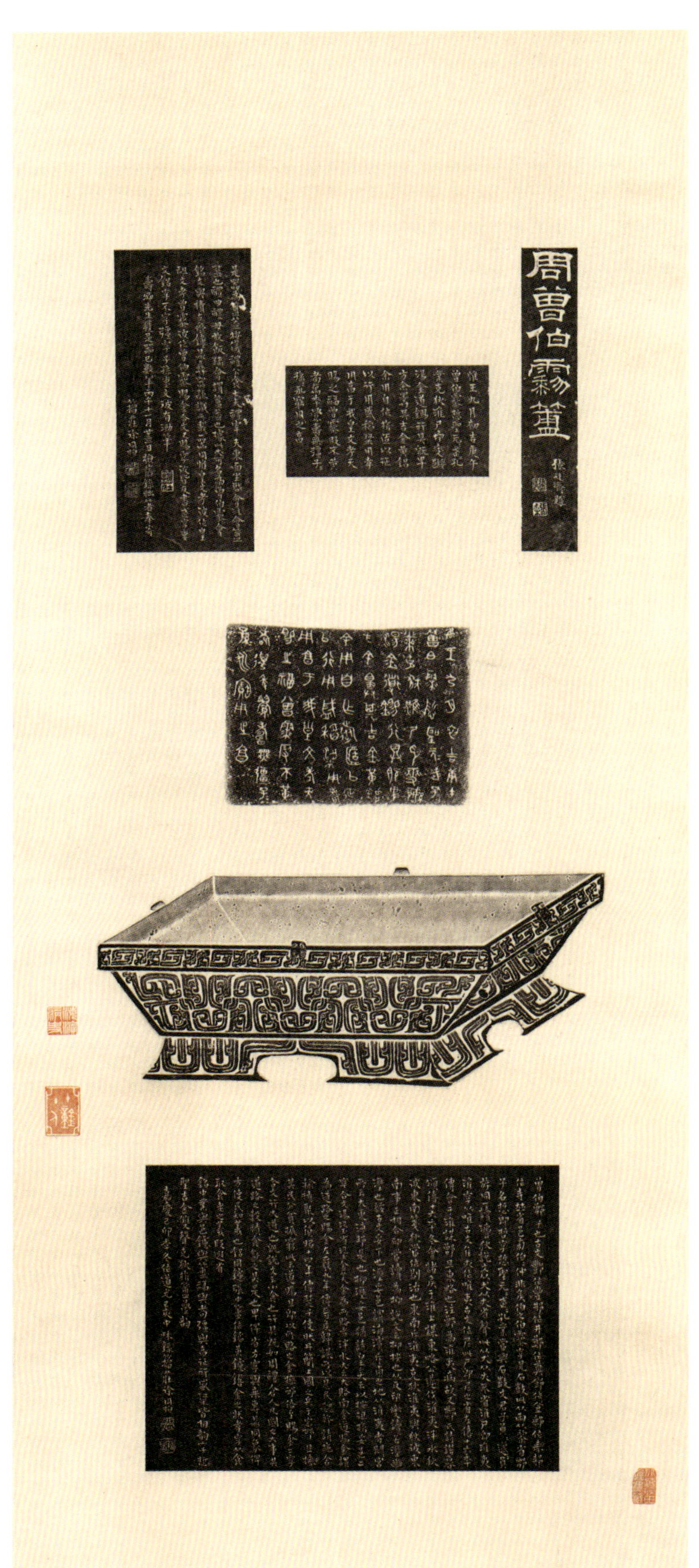

圖一　曾伯𩃬簠全形拓本軸。陳介祺鈐印：海濱病史、十鐘主人，鑒藏印：北海耿氏澹農藏。現藏中國文化遺産研究院。據簠齋鈐印判斷，此軸裝成當在同治八年（一八六九）之後。中間爲曾伯𩃬簠全形拓圖及銘文拓本；上部爲張廷濟題名簽，道光二十六年（一八四六）十一月徐同柏贈陳介祺的手書釋文及題記（刻拓本）；下部爲徐同柏於道光十九年（一八三九）書録作於嘉慶二十四年（一八一九）的曾伯𩃬簠考釋舊稿（刻拓本）

可以説，簠齋在二十歲左右開啟了他此後畢生致力於鑒藏、考辨、傳拓金石文字，承續發展傳統文化的漫漫長路。四十二歲（咸豐四年）引退歸里山東濰縣之前，他在金石方面的成果，一是對古璽印的富藏研究，並鈐拓輯册與同好分享；二是對商周鐘鼎彝器及金文拓本的傾力搜求。這期間，他以拜見、過訪、書函等方式與當時諸多金石家進行交流探討。比如二十四歲左右，他曾拜謁大家阮元（一七六四至一八四九年），對阮氏的勉勵銘記在心，七十二歲（光緒十年，一八八四）正月在給吳大澂《説文古籀補》所作序文中云：「文達（阮元謚號）爲先文慤公童試師，官太傅時，謁於京第，知祺好古文字，以『天機清妙』爲譬如，書論鐘鼎詩於紈扇以賜。」[一]三十二歲時（道光二十四年），張廷濟曾爲陳介祺所藏漢劉躭六面印作賦以頌，並作隸書聯、行書聯見贈。[二]陳介祺與金石學家徐同柏（一七七五至一八五四年）爲書翰之交，徐氏在道光二十六年（一八四六）請入京的張稚春、張受之索陳氏藏曾伯霥簠全形拓本，徐氏以手書曾伯霥簠釋文舊稿贈之（見圖一）；徐氏對陳氏藏吉金包括毛公鼎等多有考釋。[三]此外，簠齋交往的金石友還有劉喜海（一七九三至一八五二年）、許瀚（一七九七至一八六六年）、李恩慶（一七九八至一八六九年）、翁大年、陳畯、朱鈞、何紹基、吕佺孫、吴雲（一八一一至一八八三年）、潘曾綬（一八一〇至一八八三年）、張士保（一八〇五至一八七九年）等。

具體而言，簠齋三十五歲時已開始將藏印鈐輯成册，初編於道光二十七年的《簠齋印集》，經許瀚、吴式芬、何紹基審定（圖二）。[四]儘管其後三年間家中連遇母、父和四弟之喪，但他仍勤於鑒藏研究，至道光三十年所藏周秦魏晉官私璽印已達兩千餘鈕，在葉志詵、吴式芬、劉喜海、吕佺孫、朱鈞、李璋煜、陳官和（簠齋十二叔父）等人共同醵資贊助下，聘請善拓的陳畯移榻到家中助拓，至咸豐元年（一八五一）夏末，經考訂編纂，歷時八月製成《簠齋印集》十部。每部十二册，收官印三百一十七方、私印一千九百三十一方、封泥一百三十七枚，並附鈐虎符、魚符、龜符等。用印除借劉喜海百餘鈕外，皆爲簠齋自藏。[五]此外，簠齋歸里之前在吉金彝器及金文拓本的收藏方面亦初具規模，有銘文的吉金一百三十餘器，咸豐元年曾寄所藏吉金款識拓本全份一百三十四種求徐同柏考釋。[六]值得一提的是，咸豐二年供職詞館的簠齋以重金購入西安古董商蘇億年運載入都的周器毛

[一] 陳介祺《説文古籀補敘》（抄校稿），中國文化遺産研究院藏。

[二] 張廷濟（一七六八至一八四八年），號叔未，浙江嘉興人，嘉慶三年（一七九八）解元。富藏金石，善書，有《清儀閣題跋》等。他爲陳介祺所作賦文、所贈隸書聯，參見《陳介祺年譜》第五十三頁。

[三] 參見徐同柏釋文、徐士燕橅録《從古堂款識學》卷十五、十六，清光緒三十二年石印本。咸豐元年（一八五一）陳氏致書徐氏，囑陳畯南返後轉交，並寄所藏吉金拓本全份一百三四十种，請爲考釋。（參見該石印本卷前所摹録的簠齋致徐氏書札）咸豐四年夏五月，徐氏得毛公鼎拓本，旋作考釋。陳氏毛公鼎考釋再稿多引徐説，見同治十年七月廿五日陳介祺作《周毛公厝鼎銘釋文》初創本，中國文化遺産研究院藏。

[四] 參見《陳介祺年譜》第七十二頁。中國文化遺産研究院所藏《簠齋印集》，存一册，無序跋，版刻專用紙，首葉題名「簠齋印集」，署「日照許瀚印林、海豐吴式芬子苾、道州何紹基子貞同審定」。鈐印一百七十二方。

[五] 見《簠齋印集》自序，該序款署「咸豐元年歲次辛亥先立秋三日，平壽陳介祺記」，山東省圖書館藏十二册批注本。

[六] 參見《陳介祺年譜》第八十九至九十頁、第九十三頁。

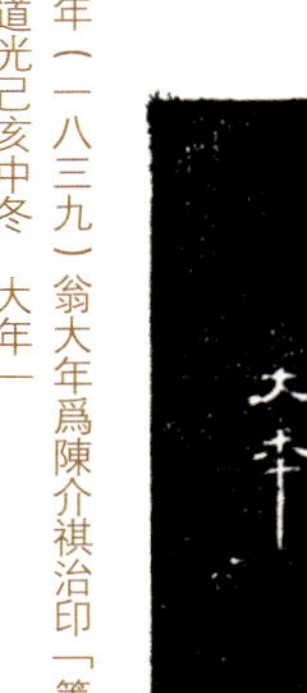

圖二　道光十九年（一八三九）翁大年爲陳介祺治印「簠齋」，邊款刻「道光己亥中冬　大年」

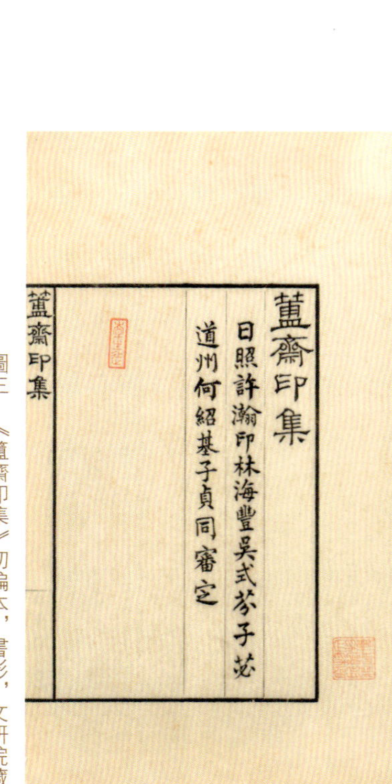

簠齋印集
日照許瀚印林海豐吳式芬子苾
道州何紹基子貞同審定

圖三　《簠齋印集》初編本，書影，文研院藏

圖四　西周毛公鼎全形拓及銘文初拓本，合裝，陳進藏

公鼎[一]，並於五月十一日作書毛公鼎的銘文考釋及題記[二]，是爲毛公鼎銘文作考釋的第一人（圖四、圖五）。此外，簠齋對古文字的關注，促使他對金文拓本的收藏亦不遺餘力，至咸豐二年已收藏商周金文拓本七百多種。《寶簠齋集各家彝器釋文》中簠齋題記云：「余於既冠後，從子苾六兄論古文字，考訂金石，始稍稍有吉金之蓄，既少有所見，好益篤，藏日增，同好者以拓墨往來亦益富。咸豐壬子夏，裝三代器文七百餘種爲册，歸里後未及釋也。」[三]

歸里之前的咸豐三至四年，四十一二歲的簠齋遇到人生的重大轉折。咸豐三年（一八五三）二月，清廷因鎮壓南方起義的太平軍而軍需大增，户部庫儲告竭，春季不能放俸，副都御史文瑞奏令前朝老臣富紳十八家湊成巨款，其中命陳介祺代已故去之父陳官俊捐銀四萬兩。同年三月，簠齋因擔心交産抵押認捐款項，便安排家眷避往故里山東濰縣，寄住城郊來章村。次年，簠齋以病乞假，由京遷歸濰縣，自此不再涉入仕途。後曾請金石拓友王石經刻「海濱病史」印（圖六）。[四]

簠齋自咸豐四年（一八五四）歸里濰縣至光緒十年（一八八四）去世的三十年間，若從其治金石學的成就來看，可分爲早中晚三個時段。早期從咸豐五年至十一年的六七年間（一八五五至一八六一年），暫居鄉野，時局動蕩，家室未安，治金石偶有收穫，但頗爲受限。中期從同治元年至十年（一八六二至一八七一年），遷居城內，新建宅第，儘管時局不穩、家事多艱、交遊不便，但對於金石的鑒藏與傳承，已逐漸形成自己的傳古理念，並融入實踐中。晚期從同治十年到去世的十多年間（一八七一至一八八四年），簠齋在連遭喪妻失子之悲後，傾心力於金石之業，無論是在藏品的廣度和深度，考釋研究、圖文傳拓的繼承和創新上，還是在對金石文化的傳播和推廣上，都成績斐然，可謂晚清金石文化發展歷程的豐碑。以下對簠齋歸里後的各時段情況略作勾勒。

咸豐年間，從大的時局來看，清廷內外交困，社會動蕩，外有英法聯軍的入侵，內有太平軍、捻軍起義對所到之處的擾動。簠齋歸里後的最初幾年，與家眷居住在六叔祖、九叔祖家所在濰縣城郊的來章村。從仕宦帝京到引退僻壤的重大生活轉折，簠齋面臨着衣食住行的家庭生計、與家族鄉鄰的相处，以及南方捻軍的過境侵扰等新环境下諸多安居問題。後在濰縣城內北門大街的祖宅「翰林院」之外，於增福堂街新建宅第[五]，咸豐十年（一八六〇）遷入新居以躲避捻軍侵擾，並積極參與抵禦捻軍的防務事宜，尤其在咸豐十至十一年間，會同官紳捐資募勇辦團練，籌劃在城墻上建三座炮臺，並親自設計和構築，刊印《鄉守

[一]鮑康《續叢稿》中「跋毛公鼎摹拓本」云：「咸豐壬子蘇億年載入都，時陳壽卿尚供職詞館，以重資購藏，秘不示人。」見鮑康《觀古閣叢刻》八册中的《續泉説 叢稿坿》册，清同治十三年（一八七四）刻本。

[二]參見簠齋五世嫡長孫陳元章（字君善）在民國時石印的家藏毛公鼎拓本軸，該拓本分三段：上爲銘文拓，中爲簠齋釋記，下爲全形器拓。此拓本亦可見於《濰縣志稿》卷三十「人物志」中的圖版「陳介祺毛公鼎釋文」，民國三十年（一九四一）鉛印本。

[三]《寶簠齋集各家彝器釋文》，抄本，山東博物館藏。

[四]簠齋對咸豐四年的甲寅乞假歸里多有提及。同治八年秋請王石經刻「海濱病史」白文印，邊款云「余年四十有二以病歸里，卧海濱者十有六年矣。……」見《陳簠齋自用印譜》，中國文化遺産研究院藏。

[五]現辟爲「陳介祺故居」處是其原宅第的一部分。

王若曰父厝不顯文武皇天弘
龍乃德配我有周雁受大命衘褱
不廷方亡不閈于文武耿光唯天𤰔
集乃命亦唯先正略辪乃辟𡫀堇大命
肄皇天亡昊臨保我有周不巩先王配命
敃天疾畏司余小子弗彶邦𤰔害吉𤕇𤕇四方大
縱不靜烏虖趯余小子家湛于𩐋永巩先
王王曰父厝　余唯肇巠先王命命女辪我邦
我家內外惷于小大政甹朕立虩許上下若否
雩四方死毋童余一人在位弘唯乃智余
非𦣞又聞女毋敢妄寧虔夙夕惠我一人
雝我邦小大猷毋折威告余先王若德用
卬卲皇天緟𤕌大命康能四或俗我弗乍
先王憂王曰父厝雩之庶出入事于外尃命尃
政埶小大楚賦無唯正昏弘其唯王智迺唯
是喪我或厤自今出入尃命于外乃非
先告父厝父厝舍命毋又敢惷尃命于外王
曰父厝今余唯緟先王命命女亟一方𡨦
我邦我家毋顀于政勿雝建庶人　賈毋
敢龏𣪕迺敄鰥寡善效乃友正毋敢
湛于酉女毋敢墜在乃服𤕌夙夕敬念王
畏不賜女毋弗帥用先王作明井俗女弗
以乃辟𡨦于𩐋王曰父厝已曰彶茲卿
事寮大史寮于父即君命女䵼嗣公
族雩參有嗣小子師氏虎臣雩朕褻事
鬯圭鬲寶朱市悤黃玉環玉瑹金車𠦪縟較
朱𩊒𩌏靳虎冟熏裏右厄畫𨌲畫輯金
甬錯衡金踵金豙約𩊱金簟弼魚箙馬
三匹攸勒金𠯑金膺朱旂二鈴錫女茲关
用歲用政毛公厝對揚天子皇
休用乍尊鼎子子孫孫永寶用

右周父厝鼎銘兩段三十二行四百八十五字重文十一字共四百九十六字每字界以陽文方格中空二格近出關中岐山縣鼎字之多者冒鼎不可見已真本亦不易覯關中近日出土之鼎其大者字似冒鼎少大而為青綠所掩為李公所得次即盂鼎歸劉公皆長安官此鼎較小而文之多幾五百蓋自宋以來未之有也典誥之重篆籀之美真有觀止之歎數十年之奇於今日遇之良有厚幸已

咸豐二年壬子五月十一日寶簠居士陳介祺審釋並記

右先曾大父京卿公手錄初訂毛公厝鼎釋文廿五行後脫以乃族干吾王身取貴卅寽錫女秬鬯一卣十七字越七十有四年乙丑十月初吉曾孫文會謹依辛未重訂本補錄於左時維陳文會謹識于續祖印齋

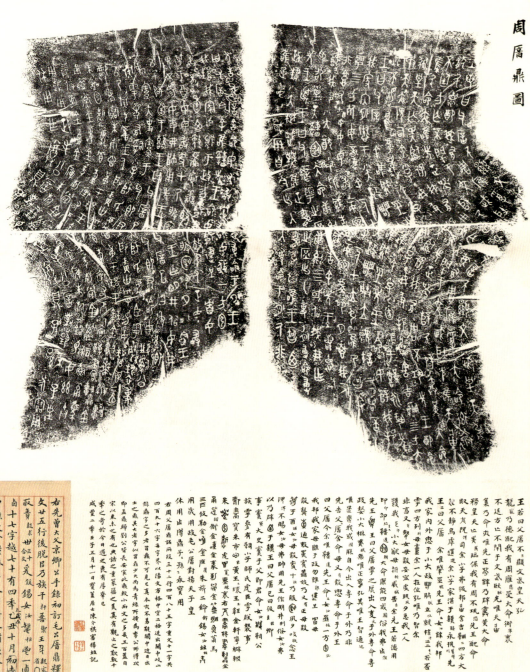

圖五　毛公鼎銘文初拓本、咸豐二年（一八五二）陳介祺手書釋文並題記，合裝，影印本；一九二五年陳文會題跋，陳進藏

圖六　王石經爲陳介祺刻印「海濱病史」，邊款刻簠齋所書題記

輯要》，勸修加固城堡等，捻軍過濰境而不敢再近城垣，濰境賴以保全。對於金石之事，簠齋在歸里早期的咸豐年間顯然心力不濟。偶有收穫的是，在咸豐七年購得膠西靈山衛古城旁土中所出齊之區鋘三銅器——太公子和子區、陳猷區、左關鋘（後於同治五年作《區鋘考記》[一]）（圖七）。此外，致書南下的翁大年，請其寄示金文拓、代購舊拓本，還致函陝西古董商蘇兆年囑爲搜求古物，並於咸豐九年十二月得蘇氏所寄銅鐘、銅印等。令簠齋悲傷和無奈的是，咸豐年間不少金石同好如劉喜海、徐同柏、吳式芬、李璋煜、釋達受、朱鈞、韓崇、翟云升等紛紛離世[二]，能通函聯繫的舊友已不多，僅有許瀚、翁大年、吳廷棟、涂宗瀛、何慎修等，他曾函商許瀚校刊吳式芬遺著《攈古録》，又於咸豐十年審讀許氏校稿並作題記[三]。

進入同治時期（一八六二至一八七四年），初期，南部太平天國及捻軍依然活躍，但濰縣暫無戰事，直到同治六年丁卯（一八六七）五月，賴文光率領的東捻軍搶渡大運河，東攻泰安、濟南，又途經濰縣入山東半島，因而警情頻傳，守城防務吃緊，簠齋參與籌劃並組織抗禦，緊張局勢直到次年一月東捻在山東膠萊河壽光戰全軍覆没，賴文光遭俘被殺後才得以解除。

時局動蕩，家事亦多艱，僻居鄉壤而少有同好交流，但遷居城内新宅後簠齋有了較安定的環境，所治金石之業艱難前行。具體而言，同治初年，簠齋多用力在璽印方面：同治元年（一八六二）購得蘇兆年遣其弟蘇億年攜至濰縣的秦漢官私印二百餘方，還對「固水」、「栒傔印信」、「鄅令之印」、「日萉」、「邵左尉印」等印進行考釋[四]；同治四年將已藏玉印三十餘方及吳式芬遺存十餘方合輯鈐爲《玉印合編》並作序[五]。同治五年至七年間，簠齋得秦器及古鐘豐富：同治五年得劉喜海舊藏秦詔銅版四，六年從蘇兆年處又得一秦詔版，引發他對秦器的高度關注和一再歌詠，並欲集成「秦斯之大觀」[六]；同治七年以富藏古鐘名室曰「十鐘山房」，他在王石經所刻印「十鐘山房藏鐘」的邊款題云：「古器以鐘鼎爲重，而鐘尤難得於鼎。余年五十有六，乃竟獲十，諸家所未有也，因名山房曰十鐘，而屬西泉刻印記之。退脩居士。」（圖八）[七]同治八年得西漢銅甗鍑等。同治九年，請女婿吳重憙編録《簠齋藏古冊目》，又出所藏劉喜海、李璋煜、李佐賢、許瀚四家金文拓本，囑編《簠齋藏四家金文目》。尤其值得一提的是，在經歷了咸豐、同治間的亂世，同治六年息警之後，簠齋更堅

[一] 見中國文化遺産研究院藏簠齋手稿《區鋘考記》。
[二] 劉喜海於咸豐三年春卒，徐同柏於咸豐五年九月卒，吳式芬於咸豐六年十月卒，李璋煜於咸豐七年卒，釋達受於咸豐九年卒，朱鈞、韓崇、翟云升於咸豐十年卒。
[三] 參見《陳介祺年譜》第一三五頁。
[四] 國家圖書館藏《簠齋印集》五册批注稿本中同治元年九月二日的一則題記，也可看到當時簠齋治金石的艱辛，曰：「昔年得印必手剔之，然後入此册記之。甲寅歸里後，得印日少，而家室未定，即得數印亦置之篋中而已。今年南捻未擾，强屏家事以課孫阜，因撿印增入，未能剔也。淄川劉匪未平，疆吏未知如何籌畫，執筆慨然。壬戌九月二日雨中。」參見《陳介祺年譜》第一四一頁。
[五] 見陳繼揆《萬印樓印話》，天津人民美術出版社，二〇〇四年，第六頁。同治十三年何昆玉手拓簠齋藏玉印六十七鈕成譜，計十册。見《簠齋藏玉印》何昆玉題記，民國間神州國光社影印本。
[六] 參見下文簠齋手稿中有關秦器考釋的文稿，中國文化遺産研究院藏。
[七] 見《陳簠齋自用印譜》，鈐印本，中國文化遺産研究院藏。

圖七 左關鋘全形拓及銘文拓本，文研院藏

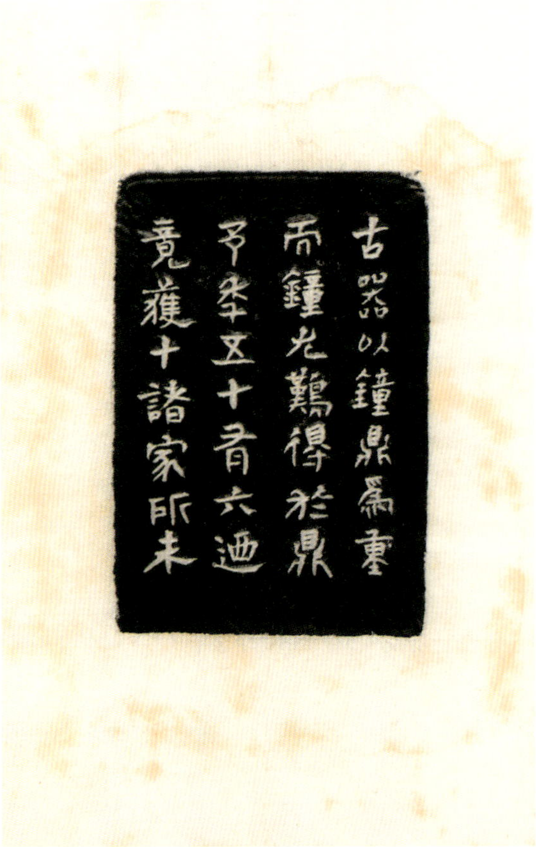

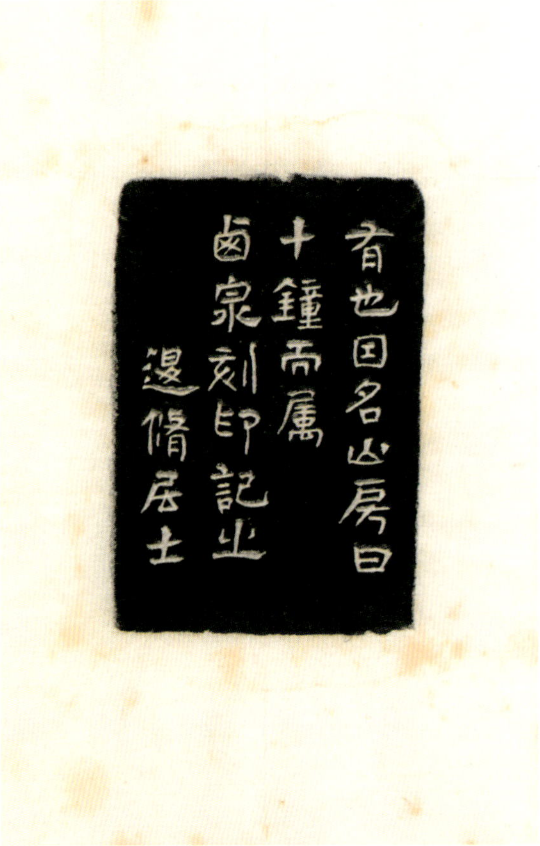

圖八　簠齋「十鐘山房藏鐘」印，同治七年（一八六八）王石經刻

定了其傳古之志，不僅鑒藏、考釋，還將積藏半生的金石古文字以傳拓的方式公諸海内，與同好共享。[一]

對簠齋而言，同治十年（一八七一）既是他連遭喪妻失子之痛的最悲傷之年[二]，也是他遣悲發力於金石學問和傳承的重要轉折點，之後取得了讓時人矚目、令後世盛贊的成就。這體現在以下幾個方面：一是勤於著述，新著或修訂考釋文稿數十種，如毛公鼎、盂鼎、聃毁（天亡毁）等西周重器及多種漢器的考釋稿，這些手稿因簠齋的謹慎和精益求精而未被刊刻，一直保存在家，鮮有流出，直到其後人於一九六四年較完整地捐獻給國家，下文將詳及。二是開始與金石舊友吴雲、鮑康，以及年輕同道如潘祖蔭（一八三〇至一八九〇年）、吴大澂（一八三五至一九〇二年）、王懿榮（一八四五至一九〇〇年）頻繁互通書札，交流探討有關金石文字之觀念、鑒別、考釋、傳拓和承續等諸多問題，其書札及筆記頗受珍視，當時已輯録成書的《秦前文字之語》（圖九），因簠齋的謹嚴未得刊行，而潘祖蔭刊入《滂喜齋叢書》的《陳簠齋丈筆記附手札》，僅是簠齋言論的一小部分。三是簠齋於同治十一年五月鑒藏研究並傳拓記録了第一片陶文，之後收藏陶文數千種，使陶文成爲古文字研究的一個重要門類，簠齋爲其創始者。四是簠齋還致力於以製作精良的器物全形拓本或金文拓本的圖像傳拓方式，來記録和傳達古器之真形、古文字之真面，甚至不恥於以拓本交換、售拓等方式來助拓，從而推廣和傳播了金石文化。

可以説，以陳介祺爲代表的文人仕宦推動了清代中晚期金石文化的中興和發展。

二、一九六四年陳介祺手稿的捐贈與評估

一九六四年四月十一日，陳介祺手稿被文物博物館研究所（現中國文化遺産研究院前身）登記收藏（圖十）。這批手稿對於深入認知陳介祺晚年的金石治學成就及其嚴謹的學術態度極其重要。隨着對這批手稿來龍去脈的關注，筆者又追踪到了相關的檔案資料，方得以搞清手稿捐贈和入藏的始末，以及當時陳夢家、羅福頤先生對這批手稿的認知和評估情况。

據陳進（簠齋七世嫡長孫）先生提供的捐贈當事人之一陳育丞在一九六四年一月二十三日的日記中寫道：「三時五弟到館，相約同至黄花門十七號訪王冶秋，將文懿公手稿以君善名義捐獻文化部，並商量先摘要於《文物》月刊上發表，原稿將來即存文物博物館研究所」。也就是説，一九六四年一月二十三日，簠齋曾孫陳文育（字育丞，簠齋嫡長孫陳阜第三子）與陳文璘（字秉忱，陳阜第五子，時任中共中央辦公廳秘書室副主任）相約拜訪時任文物局局長的王冶秋，共同商議向文化部捐贈手稿的相關事宜。他們提及的君善，是陳文育長兄陳文會的長子陳元章。據君善的長子陳繼揆記述，簠齋的手稿及金石拓本歷來由嫡長子孫收存保管（見《簠齋金文題識》序），故曰「將文懿公（簠齋謚號）手稿以君善名義捐獻文化部」。

[一] 簠齋《傳古小啟》中記：「余收金石古文字四十年餘，歸里來以玩物例屏之。同治丁卯，青齋息警後，自念半生之力既糜於此，三代古文字猶是漆簡真面目，非玩物比也。……古文字亦足珍也。復思傳公海内，其舊交以佳拓來投者，則亦如所投報之。其同好未識而來索者，衰老不能自拓，僻處無文字友肯助，又紙墨帛膠食功壹是所費不能無，不收微資，是終不能爲古人傳矣。」見中國文化遺産研究院藏稿本。

[二] 簠齋在同治十年十月初三致洪汝奎書札云：「春正亡老妻，夏五喪長子，不德降咎，益切淵冰。」參見《陳介祺年譜》第一八七頁。

秦前文字之語卷二
新訪拓文登晉咸甯司馬長元石門題字二紙敝藏石拓
十四種乞　詧存　大箸先繳乞錄副見寄以便增注即
頌　廉生大兄元安弟陳介祺頓首癸酉九月六日
廉生大兄世大人左右去冬得　復甚詳愧久未會茲從
子年兄交寄正月廿九日書竝房行卷敬讀箋封重瀆又
代酬直慚感慚感聞三月　大箸可成寄上敝臧石目又
石拓十四紙齊石尚未及注詳也齊金則鎗鼎器蓋太公
和二區一鍥清卿兄釋𠭯爲釜甚有見史記有嫗文器有
區字二名似宜竝存田陳之器自是齊金齊人齊語當兼

卷二　一

收之春來拓古兵兩月餘將畢今日筆一古兵印屬族弟
子振學刻先邑歸來所得齊地戈弔奉寄二十紙爲器廿
一瞿拄其中其又十三紙則非齊出而竝坿焉就中惟呂
不韋戈字極佳碉爲斯相書惜僅可見鑄款詔事二字其
鑿款則紙厚手重拓未易見擬摹刻拓坿未及佀也齊瓦
則子年處可看齊塼尚未拓雖少佳者卻有一三代齊字
者亦足自豪誠齋知齋止謂吾輩必不免矣膠東倉官金
刃柄惜缺其半竝拓寄又有古璺字亦創獲之奇均乞
大雅賞而攷之復吳退樓書就　正乞即寄清卿清卿書
至此攵尚未及復乞爲道念貴師伯寅子年觀詧乞先以

此書拓同閱傳古小啟之事恐子年增出閒擾若有二三
百金可爲二年延叒之資竝可以及至契弟殘缺零星或
爲人笑而悔肰一人因此重勞古人有知當佑之而有以
相貺耳武氏石椰銘尚未見荷賁丈人拓可得否盂鼎至
否車載須厚護伯寅不自往致自必遲矣手此復謝檢拓
已一日夜不及佗述即問　箸安不具世弟陳介祺頓首
甲戌三月二十三日乙丑
廉生仁兄世大人左右二十六日得五日　手復三緘竝
金拓小字說文之　賜敬謝敬謝適有急足先寄日內新
獲魏齊三石拓崔鴻石拓餘再復即問　箸安不具弟陳

卷二　二

介祺頓首甲戌四月二十九日亥正
廉生大兄世大人左右四月二十六日得月五日　手書
三緘於二十九日具一紙敬謝竝六朝石拓四紙想已
詧及詳誦　來示辭氣既遠鄙倍又過　撝謙實獲我心
唯愧弗荷　大雅之於古好可謂深矣尤望於已得者則
如恐毀傷未得者則愛其文字而聚之辨之思之傳之於
古人之書法則求之於吾齊於古人之敘事則求之於其
俑於古人之用意則求之於其理於古人之佀字則求之
於其義雖此傳世之千百器僅古人之一事而不能賅備
肰求古人文字之眞則舍此別無可覼而求之之所得則

圖九　《秦前文字之語》（未刊稿），書影（部分）

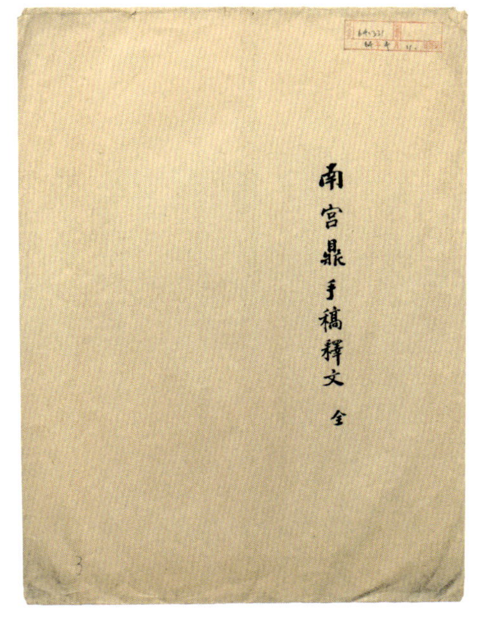

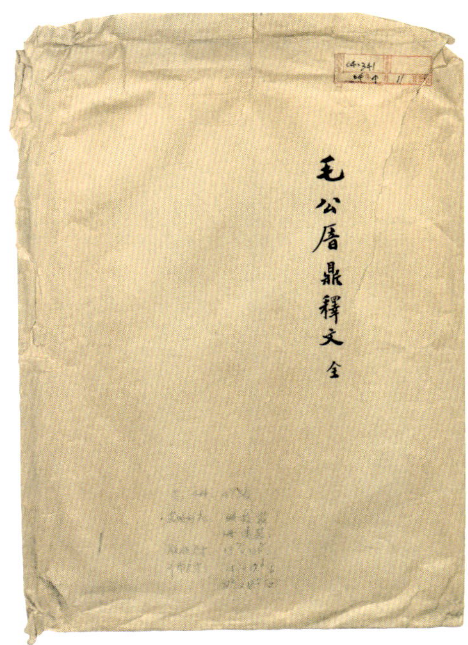

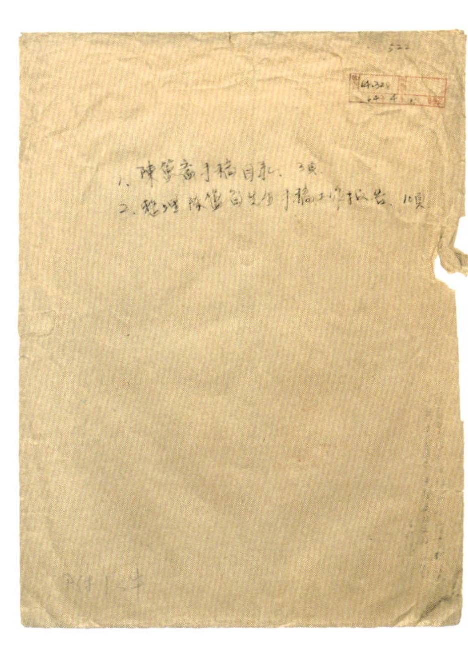

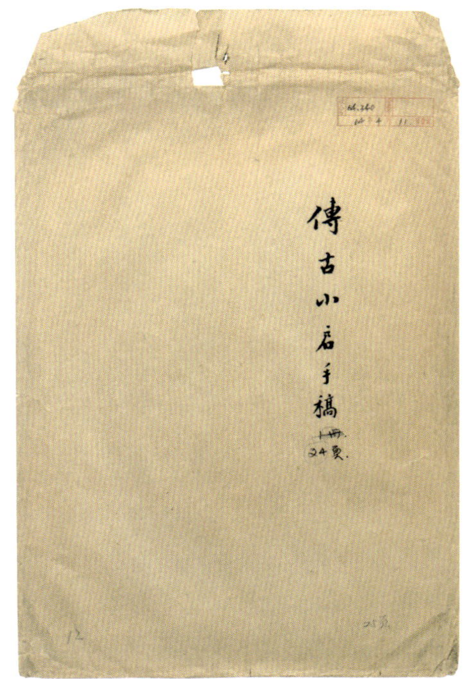

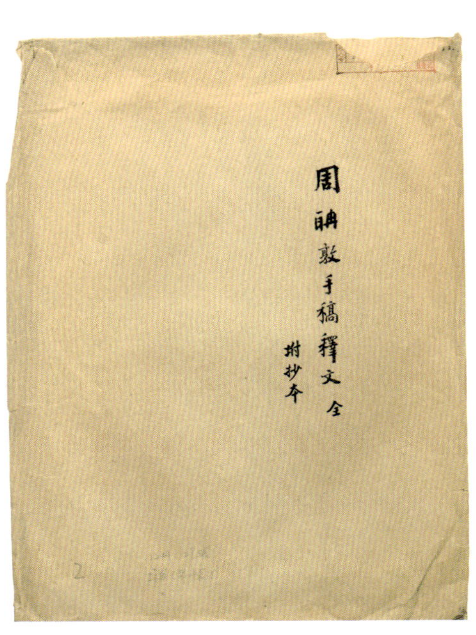

圖十　一九六四年四月十一日陳介祺手稿入藏文物博物館研究所時的登記收存紙袋（部分）

其後的捐贈、評估和入藏等事宜，在中國文化遺産研究院現藏的一份公文檔案中有所交代。這份檔案是一九六四年二月二十九日文物博物館研究所在正式呈報文物局公函之前的内部簽批件，其正文寫道：「接局辦公室金楓同志轉來陳育丞、陳元章（已故）兩先生捐贈《陳簠齋手稿》十七份（詳單見附件一），我所即邀請中國科學院考古研究所陳夢家和故宫博物院羅福頤兩先生進行了鑒定。陳夢家認爲該手稿中有關銅器釋文部分，多已發表，價值並不太大，尺牘價值較銅器釋文意義爲大，如果予以獎勵，可在五百至一千元之間考慮。羅福頤意見已寫成了書面報告一份（見附件二），其估價較陳夢家爲低，謂在五百元以内。根據這個情况，我所王輝副所長往訪了陳育丞先生，除代表我所表示感謝外，並徵求對此事的處理意見。陳先生當面表示不希望政府給其物質獎勵。爲了表彰捐獻者珍視我國文化遺産及化私爲公的精神，我們建議文化部發給獎狀，以資鼓勵。現擬就獎狀底稿一紙（見附件三）隨函附上，是否可以，請批示。」（圖十一）

上述檔案表明，一九六四年一月二十三日陳文育兄弟與王冶秋局長商議後不久便捐出了簠齋手稿十七份，即公函附件一所謄寫的《陳簠齋手稿目録》。此目録的底本，當是陳育丞等書寫於榮寶齋箋紙上的捐贈目録清單（圖十二）[二]。捐出的手稿不久便經文物局轉到了文物博物館研究所，研究所請陳夢家進行鑒定，其評估意見在上文已述；而羅福頤對手稿的鑒定評估意見可見於他在二月十一日寫成的「整理陳簠齋先生手稿工作報告」中，他的評估意見被謄録爲公函的附件二上報文物局。有關羅先生的評估及整理情况將在下文詳及。不巧的是，保管手稿的陳元章（字君善）因突發腦溢血於二月十二日晨去世（據陳進先生查證其家譜告知），因此公函中提及陳元章時標注了「已故」。此後，文博所領導王輝據專家評估意見再與捐贈者之一陳育丞溝通，並於二月二十九日將接收此事的始末及擬定的對捐贈者進行褒獎的建議（公函附件三），以公函發文的形式一併報請文物局。

一九六四年三月二十四日，文化部部長沈雁冰（茅盾）簽發了授予陳育丞、陳繼揆的「褒獎狀」（圖十三）。陳育丞在日記中寫道：「四月二日，王輝來送來文化部褒獎狀兩件，余一，繼揆一。」而文物博物館研究所則於一九六四年四月十一日正式將這批珍貴的簠齋手稿分别裝入牛皮紙袋中登記入藏（收録號64.341），保存至今。

三、手稿的價值再識與再整理

（一）手稿捐贈時的評估與簡要整理

上文提到捐贈手稿在入藏文博所之前曾請陳夢家、羅福頤兩先生過目和評估。兩人都從内容是否已刊發公布的角度來看文稿價值，陳夢家認爲，其中的銅器考釋稿大多已發表，價值不大，尺牘部分相對有價值。現在看來，此見因整理不够謹細而未

[二] 公函附件一的内容與寫於榮寶齋朱箋的「陳簠齋手稿目録」相同，榮寶齋朱箋目録與手稿一起入藏。

免有失偏頗。羅福頤的整理相對較細緻，對文稿價值的認識相對比較中肯，他整理的書面文字有「整理陳簠齋先生手稿工作報告」（二頁）和附目「陳簠齋先生手稿目録」（十頁）（見附録）。

羅福頤整理校核的參照是清末民國間刊行的三種書：《簠齋尺牘》（陳敬第輯，民國八年上海商務印書館影印本）、《簠齋金石文考釋》（民國三年羅振玉輯入《雲窗叢刻》）、《陳簠齋丈筆記附手札》（清光緒四年潘祖蔭輯入《滂喜齋叢書》）。他在報告中寫道：「用以上三書的校核，認識到這手稿中雖有一半已發表過的，卻查原稿多半附記當時年月，這對於研究簠齋先生行年録還是有用處的。又用手稿與刊本細校，還不免或多或少的字句不同的地方，或當時的删改。因以上的關係，現在對這已發表的原稿，還不能以等閑視之。」對於未發表而可選登於《文物》的內容，擬定了題爲「簠齋先生金文考釋拾遺」的八種考釋篇目，即：《毛公鼎釋文並跋》、《周龙姞敦説》、《利津李氏秦量考》、《虢季子白盤跋》、《器侯馭方鼎考釋》、《邰鐘考釋》、《齊侯鈃考釋》、《齊區鍨考記》，另附《傳古小啟》。在他所整理的目録中，也是按未發表和曾發表兩類對文稿進行具體記述的。

就手稿的價值而言，羅先生認識到手稿除了內容的首發價值外，對不同角度的研究也是有價值的，如寫稿時間對於編年譜的價值，原稿對於刊本的校勘價值。這批手稿今天看來還有更多的價值。羅福頤的上述評估和整理意見也許與捐贈之初「先摘要於《文物》月刊上發表」這一商議有關。整理報告末尾署致「莊敏同志」，莊敏當時爲文物出版社主辦的《文物》月刊的負責人。遺憾的是，《文物》雖然於一九六四年第四期在陳育丞所寫《簠齋軼事》一文之下刊登了一條簡訊「陳育丞、陳繼揆捐獻陳簠齋一批手稿」，但並未在一九六四年及之後刊載（一九六六至一九七一年《文物》停刊）。

（二）手稿價值的再認識

對手稿價值的認識會有多個範疇和層次，與需求有關，也與整理研究的詳略深淺有關。就筆者的認識而言，首先手稿所具有的原真性和寫作的過程性，本身就是一種最基本的價值存在。經過仔細梳理，發現許多重要篇目的手稿多保留着數年間寫作的動態過程。將各篇目所保存下來的多個文本進行對勘，基本可以勾勒出簠齋從起草稿、前後的謄録修訂，直到定稿的整個寫作過程，可以從中感知到簠齋治學的嚴謹態度和作風。比如簠齋對周毛公鼎的考釋，存有八個文本，其中一個文本是寫於同治十年前的底稿；六個文本寫於同治十年七月，從修訂的本別來看，有初創稿、初清和二清抄校稿、三清將定稿等；還有一個文本是寫於同治十二年後的底稿。由此可以看出，簠齋對毛公鼎銘的考釋這一寫作過程前後持續數年之久。但這種謹嚴也限制了其研究成果的問世，正如陳育丞在《簠齋軼事》中所言，簠齋「生前比較審慎，雖有不少創見、發明，卻不肯把著作輕易拿出來問世。故收藏雖富，而著述流傳甚少」[一]。

其次是這批手稿的學術研究價值。從手稿的寫作內容來看，有對金文的考釋詩記、有關傳古的認知及實踐經驗的筆記、致

[一] 陳育丞：《簠齋軼事》，《文物》一九六四年第四期，第五十三頁。

00056

附上，是否可以，请批示。

文物博物馆研究所

1964年2月29日

42

00055

二月二日3.30时送出。[illegible]

认为可发出。[illegible]

[illegible] 2.29

文物局：

接你局办公室金枫同志转来陈育丞、陈元章（已故）两先生捐赠《陈簠斋手稿》十七份（详单见附件一），我所即邀请中国科学院考古研究所陈梦家及故宫博物院罗福颐两先生进行了鉴定。陈梦家认为该手稿中有关铜器释文部份，多已发表，价值并不太大，尺牍价值较铜器释文意义为大，如果予以奖励可在五百至一千元之间考虑。罗福颐意见已写成了书面报告一份（见附件二）其估价较陈梦家为低，谓在五百元以内。根据这个情况，我所王[illegible]副所长往访了陈育丞先生，除代表我所表示感谢外，并征求对此事的处理意见，陈先生当面表示不希望政府给其物质奖励。为了表彰捐献者珍视我国文化遗产及化私为公的精神，我们建议文化部发给奖状，以资鼓励。现拟就奖状底稿一纸（见附件三）随函

41

00056

附件二

整理陳簠斋先生手稿工作报告

日前承委托整理陳簠斋先生手稿事，今用数日的工夫，大致抄出目錄，分列未发表与已发表过的稿件為二大类，另纸开出。此次根据校核的书刊有三種名目列下：

1. 簠斋尺牘十二册，涵芬楼影印本；
2. 簠斋金石文考释一册，雲窗丛刊本；
3. 陳簠斋文字记附手札一卷，滂喜斋丛书本；

用以上三书的校核，认识到这手稿中虽有一半已发表过的。都查原稿多半附记当时年月，这对于研究簠斋先生行年錄还是有用處的。又用手稿与刊本细校，還不免或多或少的字句不同的地方，或当时的删改。因以上的关係，现在对这已发表的原稿還不能等闲视之。至于在未发表文件中选择可在文物上登载的，今据个人想像似可辑錄九篇文章作為《簠斋先生金文考释拾遺》，選目如下：

毛公鼎释文并跋
周龙姞敦说
利津李氏秦量攷
號季子白盘跋
㽙侯駇方鼎考释
郘鐘考释
齐侯鎛考释
齐巨鏤考记
附傳古小啟
簠斋先生尺牍拾零
此可有廿五通

罗福頤
64.2.11

44

00057

附件一

陳簠斋手稿目錄

毛公鼎释文　全
周瑚敦手稿释文　全　　附抄本
南宫鼎手稿释文　全
㽙侯駇方鼎释文
郘鐘释文
齊侯鎛手稿释文
㠱鍭释文
秦詔攷释
汉器攷记手稿　附抄本
秦前文字之語手定稿　殘缺　存卷二（缺）三
封泥攷略手校稿　存卷一、二、三、
傳古小啟手稿
毛公鼎释零稿
金文攷释零稿
尺牘（又名簠斋外编）

秦權量詔版释文詩记辑抄
汉器攷释辑抄

43

00059

附件三

(一)　陳育丞同志将保存多年的其先人簠斋先生遺稿捐献国家，為金石学研究提供了重要資料，这种珍視文化遺产化私為公的精神应予表揚。

選用一个

(二)　×××同志（用陈元章夫人名）遵照陈元章同志遺囑，将保存多年的其先人陳簠斋先生遺稿捐献国家，為金石学研究提供了重要資料，这种珍视文化遺产化私為公的精神应予表揚。

(三)　×××同志等人（用陈元章的子女名）遵照其先父陈元章同志遺囑，将保存多年的其先人簠斋先生遺稿捐献国家，為金石学研究提供了重要資料，这种珍视文化遺产化私為公的精神应予表揚

圖十一　一九六四年二月二十九日文物博物館研究所在報請文物局公函之前的内部簽批件。前二頁爲公函正文，後三頁爲附件。附件一：陳簠齋手稿目録，附件二：整理陳簠齋先生手稿工作報告（抄録自羅福頤一九六四年二月十一日的整理報告），附件三：文博所草擬的奬狀底稿

陳簠齋手稿目錄

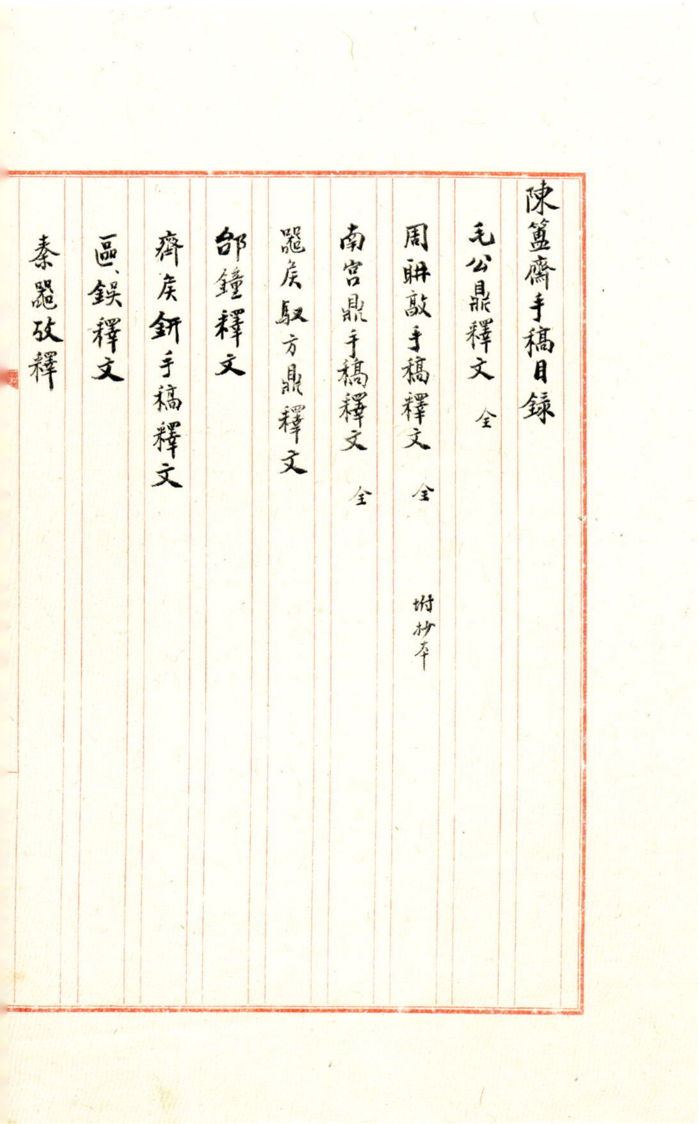

陳簠齋手稿目錄

褒獎狀

陳繼揆同志遵照其先父陳元章先生遺囑將保存多年的其先人簠齋先生遺稿捐獻國家為金石學研究提供了重要資料這種珍視文化遺產化私為公的精神應予表揚

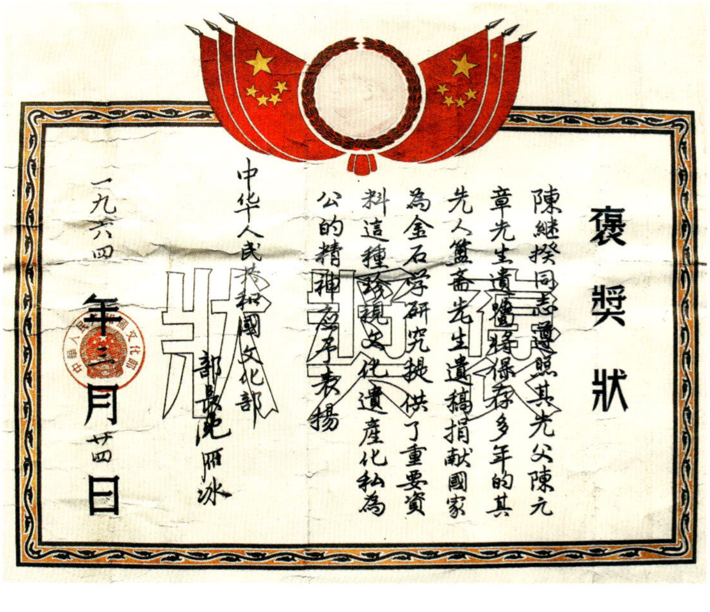

中华人民共和國文化部
部長 沈雁冰

一九六四年三月廿四日

圖十三　陳繼揆所獲「褒獎狀」，陳進藏

秦前文字之語手定稿　殘缺　存卷二（缺）三

封泥攷略手校稿　存卷一、二、三

傳古小启手稿

毛公鼎釋零稿

金文攷釋雜稿

尺牘（又名簠齋外編）

秦權量銅詔版釋文詩記輯抄

漢器攷釋輯抄

圖十二　捐贈清單：陳簠齋手稿目録

友朋的信札等。考釋文稿中涵蓋先秦鐘鼎彝器、秦權量銅詔版、漢器尤其是漢鐙的金文考釋，如對自藏周毛公鼎、聃毁（天亡毁）、器侯馭方鼎（噩侯鼎）、區鍨，以及對他人所藏盂鼎（容八石者，容十二石者）、邰鐘（邰鐘，潘祖蔭藏）、齊侯鉼（齊侯罍，吴雲藏）、龙姞毁等的金文考釋，且其闡釋多基於字、義、理三個層面展開。在上述秦前十多彝器的金文考釋稿中，絶大部分是未刊發的，僅有小盂鼎（容八石者，同治十三年歸潘祖蔭）考釋、聃毁多個考釋文本中的「甲戌十月定本」，被羅振玉據傳抄本輯入《雲窗叢刻》的《簠齋金石文考釋》中。簠齋對秦器、漢器的考釋和認知，因其藏器的豐富和學養的深厚也頗得時人推崇。手稿各篇目及其内容的系統和完整性，對於我們認識陳介祺的治學態度和學術成就，以及有關金文研究的學術史，亦具有重要的史料價值。對此陳育丞在《簠齋軼事》中寫道：「在他身後若干年，雖經鄧實、褚德彝諸人代爲輯印過《簠齋吉金録》等書，那只是流傳了吉金文字，於簠齋學術無關，而真正有關金石的一些遺著，尚藏稿於家。去歲爲簠齋誕生之一百五十周年，我們曾把遺稿略加整理，捐獻國家，以期刊布流傳，供學術界研究之用。」

再有，手稿中的傳古筆記，如《傳古小啟》、《古器説》、《金文宜裝册》、《傳古别録》（手稿影印本），以及致友朋信札等，真實地記録了簠齋收藏、傳拓和傳播金石文化的思想和行爲，是我們深入研究以陳介祺、潘祖蔭、吴大澂爲代表的晚清先賢，致力於傳統金石文化的保護、傳承和發展的重要實據。

不同的研究角度亦可從這批手稿中獲得原真性的資訊，具有不同層面的價值。如簠齋晚年書法形成了融篆、隸、楷諸體筆意而自成一家的面貌，而手稿中較多的簠齋自書底稿，對於認識其字體特徵、書寫習慣和書法風格都提供了難得的第一手原真資料，甚至有助於對目前各種僞造陳氏書法作品或吉金全形拓本的鑒定。

（三）對簠齋後人整理的考辨

陳文會的兩份輯録抄稿

在現藏的捐贈手稿中，有一份墨書於榮寶齋朱印箋紙上的《陳簠齋手稿目録》（見圖十二），筆者認爲此目録當是陳育丞等所整理的捐贈清單。據陳育丞《簠齋軼事》記，「去歲，……我們曾把遺稿略加整理，捐獻國家」。該目録是一份經大致整理的移交清單，共列了十七條，每條對應一包（或一份）文稿。

值得注意的是，目録中將最後的「秦權量銅詔版釋文詩記輯抄」、「漢器考釋輯抄」與前面的十五條列目，用隔兩行的方式區别開來。輯抄各一册，封面分别題「秦權量銅詔版釋文詩記」、「漢器考釋」（圖十四）。這兩册從開本尺寸、用紙、紙捻裝訂形式、墨書字體看均一致，係同時所爲。細勘内文，在《漢器考釋》册的《西漢尚浴府金行燭盤》文尾，有陳文會附注：「案，積古齋摹文，盤下誤落一字，原文三十五字，積古摹三十四字，所云六字亦誤。文會謹注。」而在《秦權量銅詔版釋文詩記》册中，

[一] 陳介祺著、陳繼揆整理：《簠齋金文題識》，文物出版社，二〇〇五年。

比「秦器考釋」（一包）手稿中的《秦銅詔版釋文詩記》（一八七三年七月簠齋經手的匯抄定稿），增加九幅詔版拓圖和《秦仿古百廿斤石鐵權李斯書詔》、《秦量考》兩篇文章，有的釋文題記有修訂。從這些細節來判斷，捐贈目録中所列的最後兩種輯抄本的輯者當是保管簠齋手稿的嫡系曾孫陳文會（一八七七至一九三〇年，字禮丞），他也是捐贈者之一陳文育（字育丞）的長兄。

手稿包裝紙面的篆書題字爲何人所書？

羅福頤先生對捐獻時手稿的包裝及題字情況也進行了記録。據目前的整理統計，用毛邊紙打包保存並在其上篆書題字的共有十二包：毛公厝鼎釋文（全）、毛公鼎釋零稿、周聃毁釋文（全）、器侯馭方鼎釋文、南盂鼎手稿釋文（全）、區鋘釋文、郘鐘釋文、齊侯鉼手稿釋文（全，清底在內）、金文考釋雜稿、秦器考釋、漢器考釋、傳古小启底稿（圖十五）。一九六四年四月十一日進入文博所登記收藏時，原毛邊紙的包裝及手稿被一併分別裝入牛皮紙袋中（見圖十）。

毛邊紙包面上的篆書題字風格一致，係同一人書寫。羅福頤先生在其整理的《陳簠齋先生手稿目録》文末寫道：「每包上的題字篆書，可能是簠齋先生的手筆。」但從目前所掌握的資料來看，我們看到的捐獻時的包裝及包面的篆題，應當是陳文會在保管護理時留下的痕跡。據手稿的後續保管者陳繼揆（一九二一至二〇〇八年）先生在他所整理的《簠齋金文題識》一書之序中記，簠齋收存拓片「用毛頭紙包裝起來，隨手將考釋及各事題於包裝紙上」，「拓片與稿本自來由陳氏長房長支保管。余乃簠齋六世長孫，自年輕即保管並服務於拓片箱。所見拓片包裝已爲民國初年由祖父禮丞遣人換包抄録，已非簠齋手筆」。[二] 一九六四年初捐獻手稿時，陳繼揆先生四十三歲，也是手稿捐贈的見證者之一，據此可知捐獻時的手稿包裝紙及篆書題字，當爲民國時的替換物，並非簠齋手筆。這一判斷還可從此篆書與簠齋書法風格特點的比較中得到印證。

（四）對簠齋手稿的再整理

基於上述對手稿多方面價值的認識，筆者對手稿進行了再整理。從文稿內容來看，可分爲「簠齋金文考記」、「簠齋尺牘」、「簠齋傳古筆記」、「簠齋《封泥考略》」四大部分。

第一部分，先秦鐘鼎彝器、秦器、漢器的銘文內容差別明顯，簠齋金文考釋的重點也不同，因此對簠齋的金文考釋手稿，依次分先秦、秦、漢三個時段來記述。

先秦吉金考釋稿中，比較重要的有簠齋對自藏的周毛公鼎、聃毁、器侯馭方鼎、戰國區鋘，對吳雲所藏齊侯鉼（齊侯罍），潘祖蔭所藏郘鐘（郘鐘）、盂鼎（容八石者）和尨姞毁等的考釋，各篇目之下往往有多個文本，筆者在整理時比較注意對勘和辨識各文本之間的異同和前後承續關係，以體現其寫作的動態過程。

對於秦器，捐贈手稿中主要是簠齋關於秦詔權量銅詔版的考記和詩文，包括單獨成篇的《同治六年丙寅詠詩》、《秦量詔版考記》、《秦量詔版八首》、《同治十二年癸酉詠詩》、《秦斯相書木量銅詔版釋文》、《利津李太守秦量考》。約在同治十二年七月底，簠齋有關秦詔版的文稿彙集成《秦銅詔版釋文詩記》册。

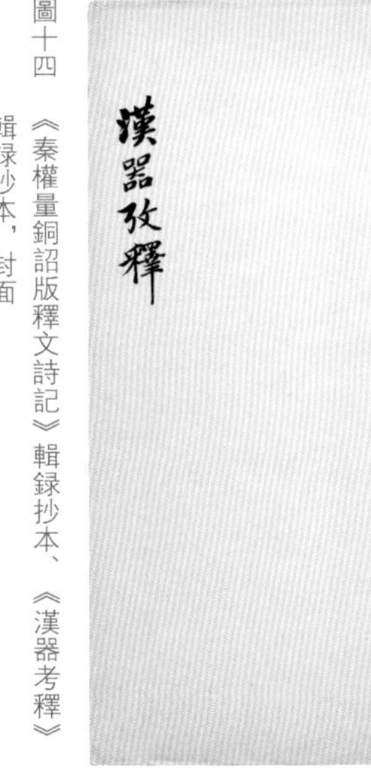

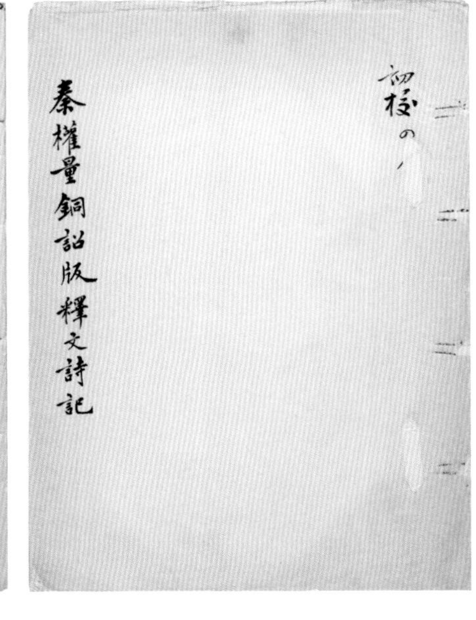

圖十四 《秦權量銅詔版釋文詩記》輯録抄本、《漢器考釋》輯録抄本，封面

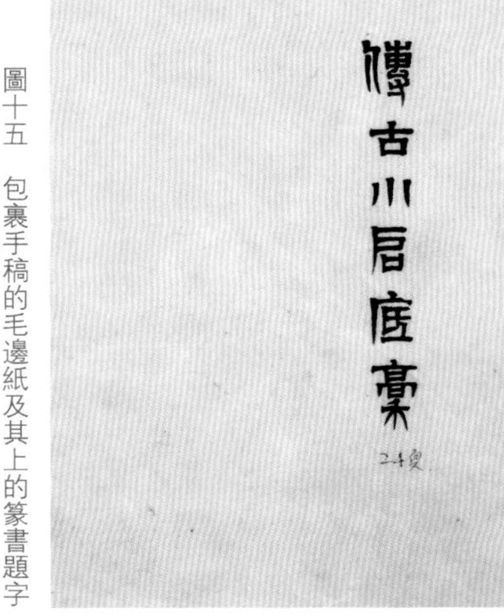

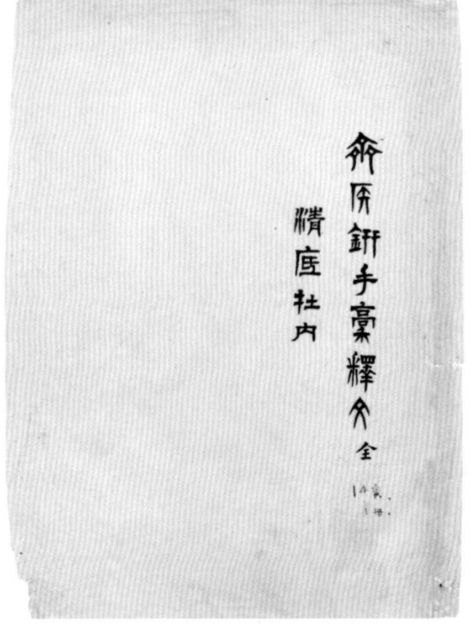

圖十五 包裹手稿的毛邊紙及其上的篆書題字

簠齋對所藏漢器吉金的考釋，有單篇文稿八種，包括對綏和雁足鐙、銅鍪、陽泉使者熏鑪、桂宫鐙、漁陽郡孝文廟銅甗鍑、開封鐙、尚浴府金行燭盤的考釋七種，及《漢鐙考記》。各稿的寫作時間集中在同治十至十一年間，後彙集成《簠齋金文考·漢》册，但捐贈手稿中僅存集册的節録稿，即《西漢八器》册，而集册全稿不存。其中桂宫鐙、綏和雁足鐙、銅鍪、熏鑪、銅甗鍑五種考釋稿及《漢鐙考記》，民國三年（一九一四）羅振玉曾據流傳抄本輯入《雲窗叢刻》的《簠齋金石文考釋》中。

第二部分簠齋尺牘，一是潘祖蔭欲結集刊刻簠齋與潘氏、王懿榮、鮑康等通函中的識古字論古文之語，簠齋名之爲「秦前文字之語」，但未果。捐贈手稿中存有刻版前經簠齋校閲的寫稿兩卷。二是尺牘集册，即簠齋致友人尺牘的底稿或抄稿，有三十一通，時間從同治七年至光緒十年（一八六八至一八八四年）。

第三部分傳古筆記，主要是簠齋決意製拓傳古後，將日積月累的傳拓、摹刻等好的做法經驗以及對古器的認知等記述下來，交流分享給金石友朋，並不遺餘力地通過醵資或售直等方式來助拓，以傳承和光大古金石之文脈。這部分的文稿包括《傳古小啟》、《金文宜裝册》、《傳古别録》等。

第四部分是關於簠齋及吴式芬所藏封泥的考記，即《封泥考略》，殘存前三卷，係抄本。《封泥考略》後經吴重憙重輯，在清光緒三十年（一九〇四）石印刊行於滬。經對勘，光緒刊本的修訂之處，除少數封泥的增補和删減之外，署名有更變，僅署吴式芬、陳介祺同輯，略去翁大年考編。總體來看，此《封泥考略》三卷抄本的底稿完成時間，當在光緒六年八月至光緒十年七月之間，並作爲光緒三十年石印本的重要參照。

毛公厝鼎釋文 全

毛公鼎釋零稾

周輈鼓釋文 全

噩侯馭方鼎釋文

區錄釋文

南盂鼎手稾釋文 全

余侯鈃手稾釋文 全

清匠杜内

郘鐘釋文

秦器攷釋

漢器攷記

金文攷釋 雜稾

傳古小啟底稾

秦權量銅詔版釋文詩記

漢器攷釋

編　例

一、書中凡屬筆者的研究文字，均採用通行繁體字。

二、選取陳介祺各闡釋文稿中較爲成熟的文本進行録文。

三、録文的標點，首先遵從陳介祺手稿中的斷句。手稿中無斷句的，則按句意加以標點；其中作者引用的相關典籍，如《禮記》、《史記》、《漢書》、《淮南子》等，參照中華書局出版的整理本進行標點。

四、録文文字，在遵循手稿用字的基礎上，將古體字（如篆書、隸書）、舊字形（如溫、錄、產）、不常用的異體字（如肰、孝、竟）等，改爲通行繁體字，以便閲讀。

五、對手稿進行録文時，屬於作者引用古書而避當朝諱者，如「《詩·玄鳥》」作「《詩·元鳥》」，一律據原書回改；缺筆字則補足筆畫，如「炫」改爲「炫」。兩種情況均在首見時注释説明，餘皆徑改，不再一一出注。

六、手稿内容有明顯錯誤或脱漏之處，在録文時加以改正或補充，並出注説明。

七、《封泥考略》中，在每條闡釋文字前據光緒三十年石印本添加相應的仿照古代封泥形制製作的模擬圖示，以便讀者直觀閲覽。

第一部分

簠齋金文考記

簠齋先秦吉金考釋文稿

捐贈手稿中，簠齋對自藏先秦吉金的考釋有四種，即周毛公鼎、周聃毁（天亡毁）、器侯馭方鼎（噩侯鼎）和戰國區鍨即太公子和子區（子禾子釜）、陳猷區（陳純釜）、左關鍨（左關之鉚）的考釋文稿。他寫作頗爲用心，各篇目之下存留了寫作過程中的多個文本。

簠齋對他人所藏先秦吉金銘文的考釋文稿有九種，對盂鼎（容八石者、容十二石者）、邰鐘、龙姞毁、齊侯罍的考釋稿[一]幾經修改，存有多個文本。對虢季子白盤、厭叔多父盤、大毁、師嫠毁和令鼎的考釋或題記，則多爲草底稿。

上述手稿僅有周聃毁考釋稿中的甲戌定本、盂鼎（容八石者）考釋稿的抄本，在民國三年（一九一四）被羅振玉輯入《雲窗叢刻》的《簠齋金石文考釋》一書中。

[一] 容八石的盂鼎，清同治十三年（一八七四）歸潘祖蔭收藏。邰鐘、龙姞毁亦歸藏潘氏。齊侯罍歸藏吴雲。

毛公厝鼎考釋稿

捐獻時，毛邊紙包裹文稿，包面篆書「毛公厝鼎釋文 全」。入藏時整包裝入牛皮袋，登記時間爲一九六四年四月十一日。其中存有簠齋在毛公鼎銘考釋寫作過程中的八份稿子，根據内容差異程度和款署時間可歸納爲三種文本序列：清同治十年（一八七一）七月廿五日前的鼎銘釋文（文本一）、同治十年七月廿五日寫作及其後校改的鼎銘考釋（文本二至七）、同治十二年後的鼎銘釋説（文本八）。

簠齋所作毛公鼎銘釋文最早在咸豐二年（一八五二）五月十一日，他是爲毛公鼎作釋文的第一人。該楷書釋文並題記的原稿下落不明，其圖版可參見一九二五年簠齋曾孫陳文會影印製作的「毛公鼎銘初拓本並簠齋釋記」軸（見《緒言》圖五）。陳文會在題跋中指出，簠齋在手録初訂毛公厝鼎釋文廿五行後脱漏一行計十七字。簠齋在釋文後所寫的題記[一]，述及銘文的字數及排布、出土地、鼎小而字多的特點和價值，末署「咸豐二年壬子五月十一日寶簠居士陳介祺審釋並記」。咸豐四年簠齋托南歸的陳畯（字粟園）轉交毛公鼎拓本給徐同柏請釋，徐氏亦旋即作釋。

捐贈手稿中的鼎銘釋文手書稿（文本一），墨筆行書，行間有墨筆、朱筆批注。内文與簠齋咸豐二年的釋文基本一致，但仍有個別不同之處，如：鼎銘二行首字「□」，「咸豐二年本」釋作「龍寵」，此本改釋「猷」。鼎銘二行第八字「□」，「咸豐二年本」釋作「應」，此本改釋「膺」。

簠齋參訂徐同柏見解所作的毛公鼎銘考釋手書稿，初成於同治十年七月廿五日（文本二），之後幾經抄校，留下四份文稿（文本

[一] 題記曰：「右周父厝鼎銘兩段三十二行，四百八十五字，重文十一字，共四百九十六字。每字界以陽文方格，中空二格。近出關中岐山縣。鼎字之多者，曶鼎不可見已，真本亦不易覯。關中近日出土之鼎，其大者字似曶鼎少大，尚爲青緑所掩，爲李公所得，次即盂鼎，歸劉公，皆長安宦。此鼎較小，而文之多幾五百，蓋自宋以來未之有也。典誥之重，篆籀之美，真有觀止之歎。數千年之奇於今日遇之，良有厚幸已。咸豐二年壬子五月十一日寶簠居士陳介祺審釋並記。」此題記又見於陳繼揆整理的《簠齋金文題識》（文物出版社，二〇〇五年，第八頁）。

四至七），見證了簠齋治學的細緻嚴謹和精益求精。他對毛公鼎銘的進一步考釋闡發，是同治十二年八月之後的抄校稿（文本八），成一家之言，體現了簠齋對三代吉金重器的持續關注和深入研究。

簠齋的自書底稿多寫於長條毛邊紙，再請人謄抄成清稿，又修訂批注。如捐贈手稿中的一紙條曰：「頭二頁先寫二分，要寫得清楚。其後分二次來換寫可也。此次費心六七日，謝謝。每頁照二百字，每字照加數。寫了不用者一並算上爲要。昨晚寫到成王年二十一也。今桉是。」

毛公厝鼎各考釋文本整理表

寫作時序	文本編號	題名	本別	備注
〔咸豐二年五月十一日後至同治十年七月廿五日前〕	文本一	周毛公厝鼎銘釋文〔代擬〕	底稿。簠齋手書並校改	無標題和款署。題名據文本二代擬
同治十年七月廿五日	文本二	周毛公厝鼎銘釋文〔標題〕	初創稿。簠齋手書並校改	標題下注「參訂籀莊先生從古堂本」。有款署
	文本三	周毛公厝鼎銘釋文〔代擬〕	初創稿之底稿（殘）。簠齋手書並校改	無標題，行文未完殘稿。題名據文本二代擬。係文本二初創稿的草底稿
	文本四	周毛公厝鼎銘釋文〔標題〕	初清抄校稿。他抄並簠齋校改	據文本二謄清抄寫
	文本五	周毛公厝鼎銘釋文〔標題〕	二清抄校稿。他抄並簠齋校改	他人據文本四謄抄後，簠齋至少又經兩次校訂
	文本六	周毛公厝鼎銘釋文〔標題〕	二清抄校稿之抄稿。他抄	據文本五的第一次校訂稿謄抄
	文本七	周毛公厝鼎銘釋文〔標題〕	三清將定稿。他抄，簠齋再朱筆修訂和句點	據文本五謄抄
〔同治十二年八月後〕	文本八	周毛公鼎考釋〔代擬〕	抄校底稿。他抄，簠齋再校改	題名據文本意代擬

王若曰。父厝不顯文武。皇天弘一行
厭乃德。配我有周。膺受大命。衒
不廷方亡不閈于文武耿光。唯天庸
集乃命。亦唯先正𤔲辥乃辟。

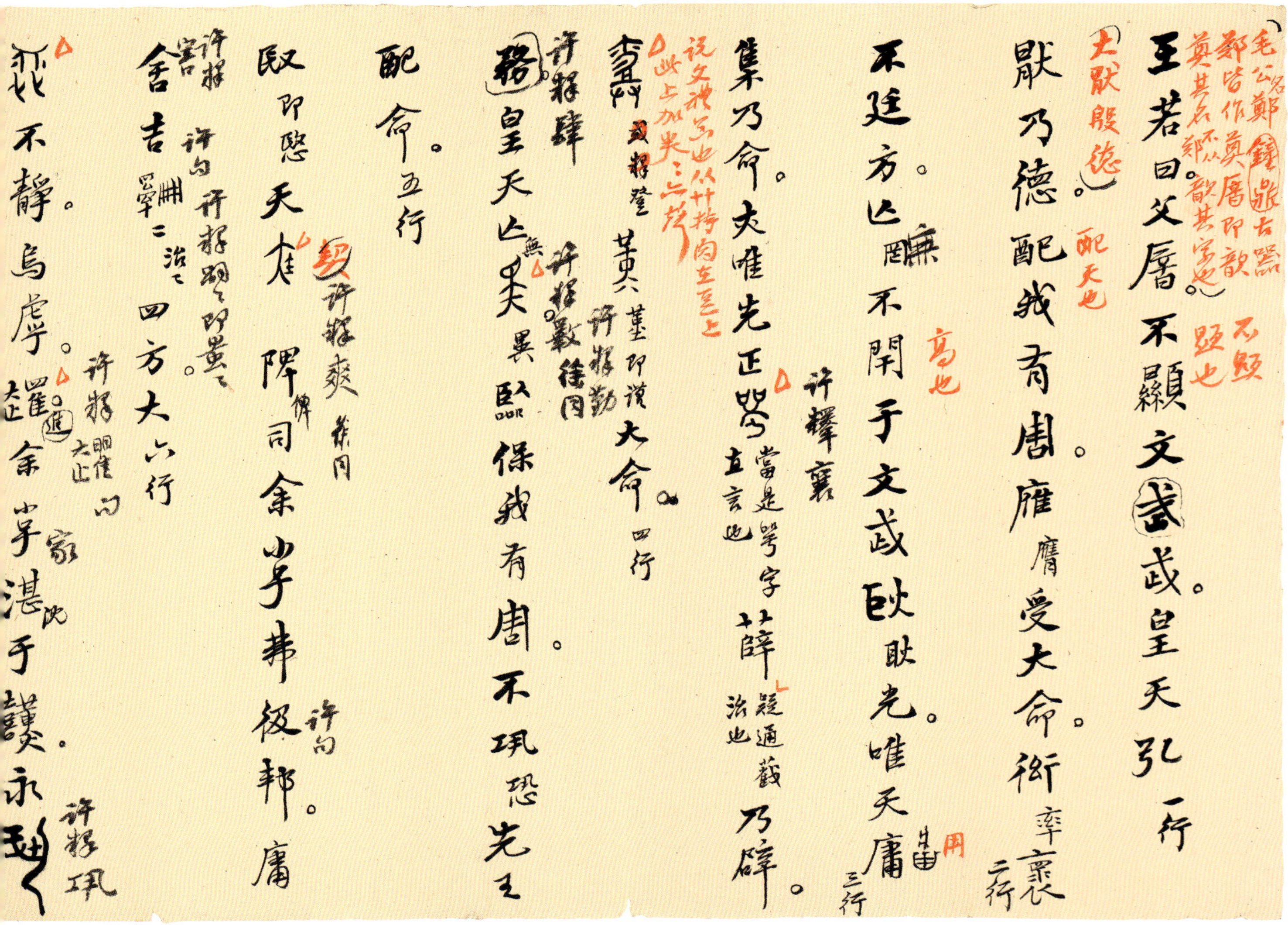

文本一

周毛公厝鼎銘釋文【底稿】

長條毛邊紙三葉，第一葉縱26.1–26.3cm，橫70.5–71.4cm；第二葉縱26–26.3cm，橫71–71.6cm；第三葉縱26.2–26.4cm，橫71–71.5cm。無標題，無款署。題名據文本二代擬。

簠齋手書鼎銘釋文，行間墨筆多批注許瀚釋字和斷句之見。又行間朱筆注釋或修訂，並批注徐同柏釋字之見。

將此稿與咸豐二年（一八五二）五月十一日手書釋文（圖版參見《緒言》第6頁）、同治十年（一八七一）七月廿五日參訂徐同柏的「初創稿」釋文（圖版參見「文本二」）對勘，可發現此稿釋文與二者有個別不同之處：比如，鼎銘二行首字「[illegible]」，「咸豐二年本」釋作「龍寵」，此稿改釋「猒」，「初創稿」與此稿同。鼎銘五行首字「[illegible]」，「咸豐二年本」釋作「務」，此稿沿用此釋，而「初創稿」改釋「肆」。鼎銘二行第八字「[illegible]」，「咸豐二年本」釋作「應」，此稿改釋「膺」，「初創稿」與此稿同；但簠齋在同治十二年後所作的《周毛公鼎考釋》（圖版參見「文本八」）中，又認爲「應」、「膺」二字同。

另外，此稿在標注鼎銘行數時出現差錯（圖版參見「文本一 第三葉」），「三十行」應標爲「二十八行」，

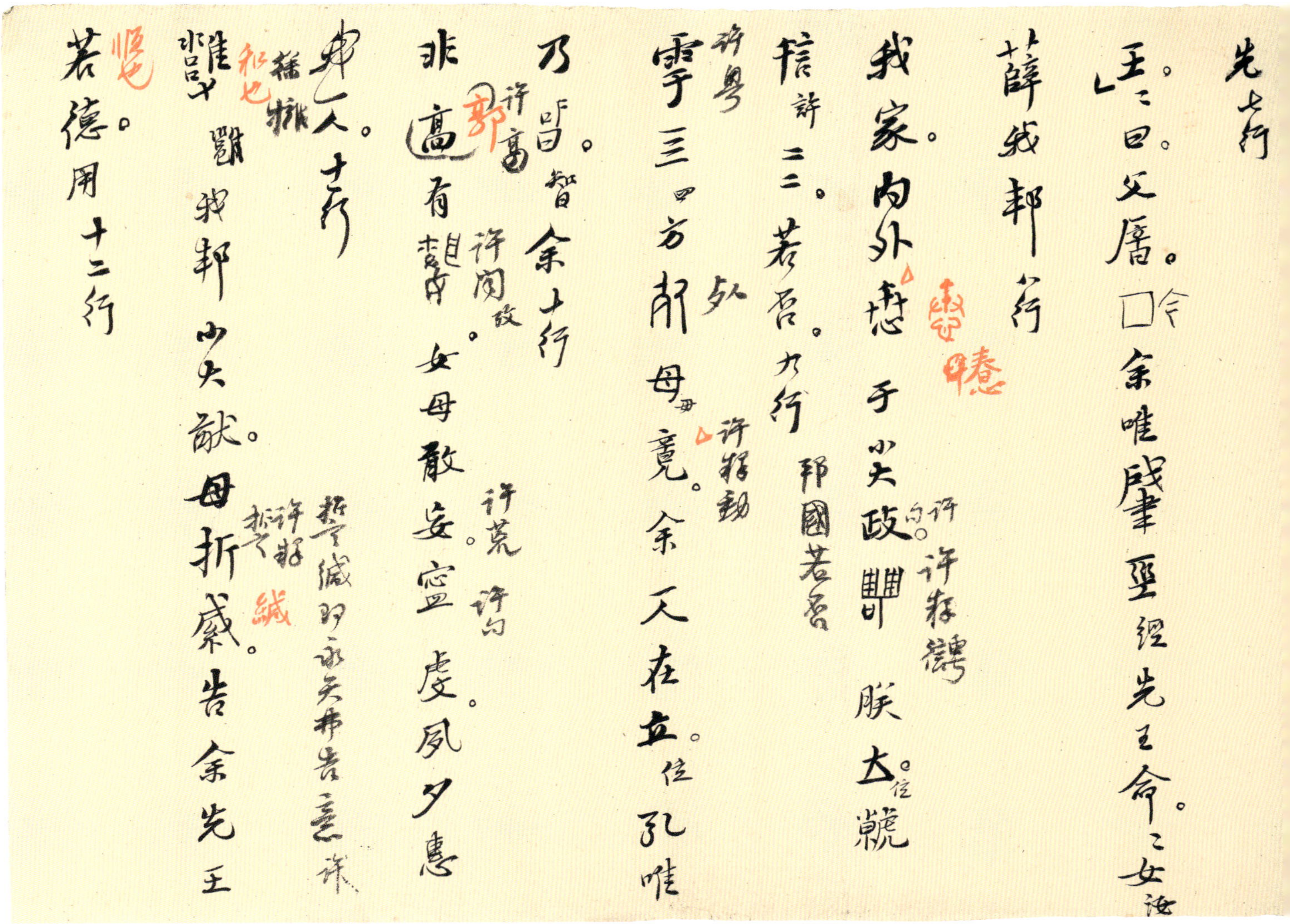

「三十一行」應標爲「二十九行」，「三十二行」應標爲「三十行」，「三十三行」應標爲「三十一行」，「三十四行」應標爲「三十二行」。同治十年的「初創稿」則没有此問題。而「咸豐二年本」遺漏了第二十六行的鼎銘釋文，這一問題在陳文會的題跋中已經指出並加以補録。

再有，同治十年的「初創稿」主要參訂徐同柏的從古堂本，較少再批注許瀚釋字之見。

綜上所述，此稿當成於咸豐二年五月十一日後至同治十年七月廿五日前。

印卬卲皇天䌛遭□大命。康能三或國

俗我弗作 十三行 許云鄉康能三國俗我弗作先王憂句 俗讀為裕

先王憂 許徐侯。王曰。父厝。雩之庶出入事于外。

尃命尃政。十四行

藝 小大楚賦 無唯正聞。引其唯

王智迺 十五行

唯是喪我或國。麻自今。出入事命于外。乃

非 十六行

先告父厝。父厝舍命。毋有敢憃尃命于外。

曰父厝。令余唯𤔲先王命。命女（汝）亟（極）一

方（宏）宏　十六行

我邦我家。母（毋）顀（許雝）（顀　說文䫞古頟　雒　傾）于政。勿雝逮（之逮）庶

□人（青）。母　十九行

敢龏橐（橐　說文橐張大皃　[illegible]）迺敄（許敄　侮通）鰥寡（許鰥寡）。善效乃又（有）正（有正者事）。

母敢　二十行

（許湛）湛湎于酉（酒）。女（汝）母敢㒸（許隊）（隊　土者）及在乃服𬉼（角）（許俶）

夙夕吱（敬）敬念王。　二十一行

俾不睗（賜）。（許不易）（不易）女（汝）（許白）母弗（許右白）帥用先王作明（許白）

井（刑）（型）俗。女弗　二十二行

文本一　第二葉

以乃辟 許召 虘（或釋向）于艱。王曰。父厝。巳曰。彶 及

茲卿 二十三行

事寮。寮 太史寮。于父即君命。母 許汝

𩀘公 二十四行

率族。雩參有𩀘。小子。師氏。虎臣。雩

朕褻事 二十五行

以乃族干吾王身。取貝卅

爰鐭。錫女秬鬯一卣 二十六行

𩁹圭瓚朱市心黃玉環玉

朱𩏽圅靳虎冟熏裹　三十行

右厄畫䪎畫𩌏金

甬錯衡金踵金豙

𠦪金簟弼魚箙馬　三十一行

三匹攸勒金㘃金膺朱旂二鈴

錫女兹关　三十二行

用歲用政。毛公厝對揚天子皇　三十三行

休。用乍尊鼎。子子孫永寶用。　三十四行

許云䪜字，宋人釋為𢆶字，編之字書，宋人所破

碎所釋𢆶字者，[illegible]不通，印本[illegible]䪜字宋以解讀

者皆無異議，何也？此䪜字所見數其文[illegible]似

即讚字，可借傳為讚，䪜則傳之大篆

周毛公厝鼎銘釋文 參訂嘉興徐籀莊先生同柏從古堂本 一 初創稿
嘉興徐籀莊同柏曰周之王子弟食采
于都鄙成王時毛公監其地受王命
而作是器○按銘毛公監都鄙自是武王時成王
嗣位免喪後申命之毛公鑄册命之辭于鼎
王 徐曰成王 若曰○史述王命作册之辭若者史文之
謹也 句一 父 徐曰同姓之稱 厝 歆○徐曰古文歆二
字从欠説文云神食气也此从厂者厂广古通禮郊
特牲蕭合黍稷臭陽達于牆屋厂牆屋之象
○厝毛公字不名之故稱字莫其名歆其字也 句二
毛
不 徐釋丕余謂如字 顯 不顯之也 文武○ 句三 皇 从川从日从土
彖曰出地上光气上射煌二然也此爲皇之正字
天亐 引 大也
猒 猒古文猒 饜足也 乃德○ 徐曰書洛誥萬季猒于乃德馬
右第一行十二字
云猒飫也○ 从十从目十古杜字謂目杜之也卽古文相
相也加于德行也 句四
配 配从卪 我有周○ 配克
配彼天也周配天故天配周也有从月二 卽肉不从 句五

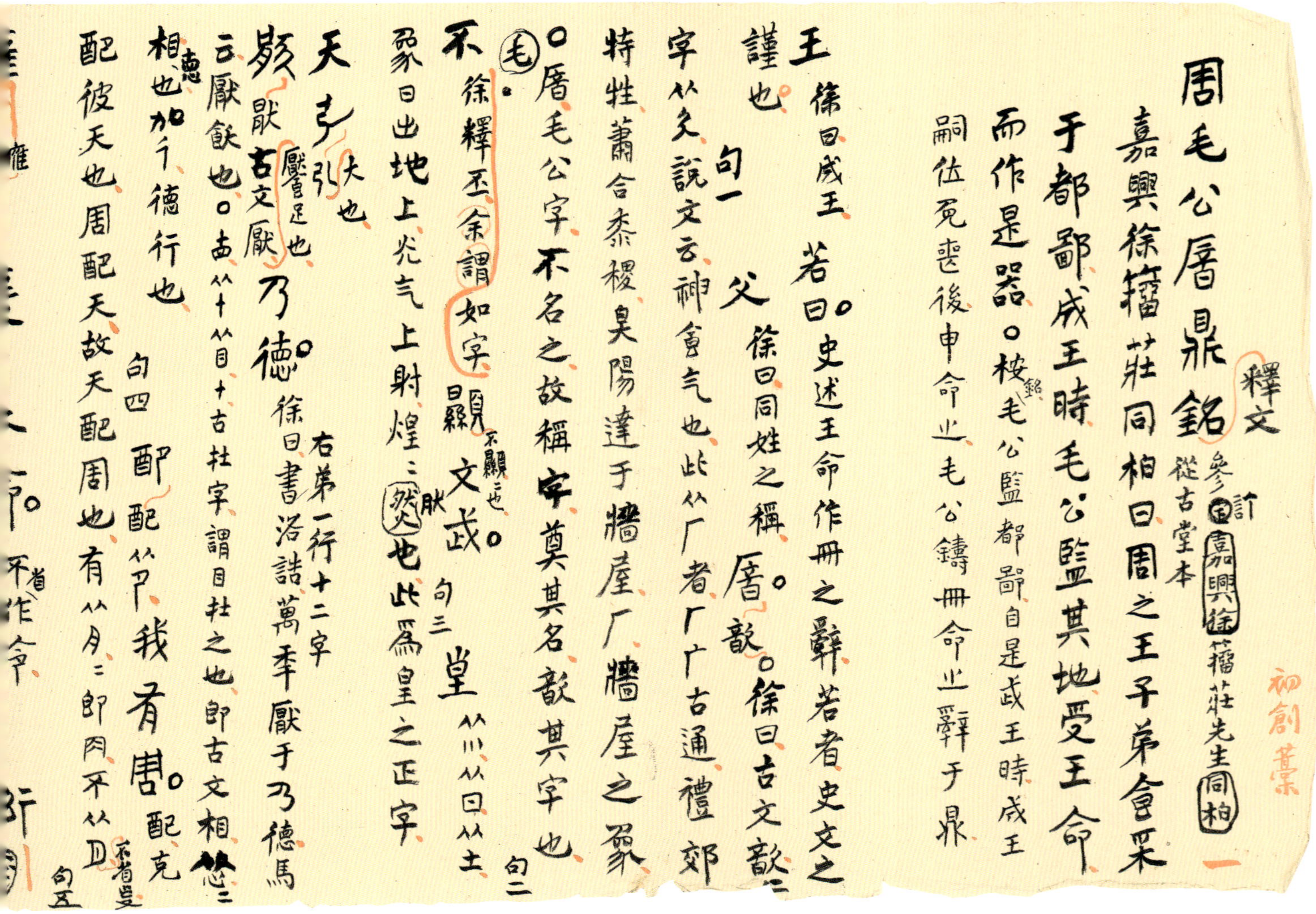

文本二

周毛公厝鼎銘釋文【初創稿】

簠齋同治十年的鼎銘考釋稿有六個文本。其中兩個文本（文本二、三）係簠齋手書，四個文本（文本四至七）爲他人謄清抄寫後再經簠齋校改。

長條毛邊紙十四葉。第一葉縱25.4–26.4cm，横72.2–72.8cm；第二葉縱26–26.3cm，横72.2–72.7cm；第三葉縱25.6–26.4cm，横72.7–73.2cm；第四葉縱25.9–26.5cm，横72.6–73cm；第五葉縱25.8–26.4cm，横72.6–72.8cm；第六葉縱25.9–26.4cm，横72.6–73.2cm；第七葉縱25.7–26.5cm，横72.7–73.2cm；第八葉縱25.8–26.5cm，横72.7–73cm；第九葉縱25.8–26.4cm，横72.5–73cm；第十葉縱26.1–26.3cm，横72.7–73.2cm；第十一葉縱25.9–26.3cm，横72.4–73cm；第十二葉縱26.2–26.4cm，横71.3–72.1cm；第十三葉縱26–26.2cm，横72.7–73.2cm；第十四葉縱25.8–26.4cm，横72.3–72.5cm。寫作時間：同治十年（一八七一）七月廿五日。

簠齋墨書，再朱筆句點和修訂。標題「周毛公厝鼎銘釋文」下注「參訂籀莊先生從古堂本」，葉邊朱書「初創稿」。末署「同治十年太歲在辛未七月廿又五日癸丑秋熱五十九歲海濱病史鐙下記」。

衍古文率讀若律。

懷 褱古文懷。

右第二行十三字

不廷（从人从土从乚，乚＝平也，直也）廷古文庭省 方。徐曰詩梁山韓不庭方傳庭

直也常武徐方來庭傳來王庭也此當兼二訓

。即大廷王廷之廷作𡈼猶有从𠃌从𡈼合而為一之（象而不足見平直之訓）

意作又則失乚之意矣 句七 乚古文囗省 不

集（从隹集木隹象首翼尾此翼連尾處乃刷誤）

閑 徐曰里門曰閈與干城同義 干文武耿古（即書文侯之命汝多脩扞我于艱之扞，扞衛也，从門，門所以扞衛也）

文耿从㔾从𡈼 光。 徐曰書立政以覲文王之耿光

以揚武王之大烈析言之此曰文武耿光統言之

耿光書大傳作鮮光。自當以此耿字為定 句八

唯（唯不省）天 上从●惪謂象天圜形下加大 庸 徐曰字

作𤰈下同虢季子白盤作𤰈字形小異。惪

謂𤰈即城墉之字上从版形下作墉形有女牆 及

象 从茻土之象。子伯圜點即杵茻形子伯盤之文

不過 上下互易耳

右第三行十四字

集木 从隹，字上象首喙中臣象翼下卜象尾有

歧此刷誤通為一直 乃命。 此以上述文武受

天命 句九 太 唯 古文不見今惟字（多省口）先 上从止（不从㞢）

正 徐曰書文侯之命太惟先正鄭云先正先

臣謂公卿大夫。■郎正之古文下加止 句十又似讀 咢 徐曰寒言諤咢 二

諤古今字 辥 徐曰讀如孌又古文孌或作孌 咢古文諤。

諤孌和而不同之意 乃辥。 句十一 盄登 說

文登禮器也从手持肉杜豆上此上加尖尖大

聲 莫 下似从火有渺後攈字可證 堇古文勤省 大命。 徐曰登成勤勞

詩昊天有成命成王不敢康成謂自成此謂先

正成之家語云湯武以謇諤而昌 大郎此意

。先正者先王之正臣有正毛公先王文武 文武 臣故

謂之先正 句十二 右第四行十二字

𦘔 左郎令長旁右郎聿 肆故也 柔 昊天似通 皇 皇天

亾古文 罔省亾又通無 昊。 徐曰字作昊見博古圖疑生豆 古文睪郎斁。 句十三

臨臨 保 从子从𠂉丨郎褓今字作呆睬其義矣 我

有辟。 徐曰以顯臨之保安無斁 句十四 不巩古文恐省

先王配命。 徐曰易震彖傳恐致福也言恐而

不恐之義自見詩文王云永言配命。言先王之

配天命者以先正而不至恐懼也 此以上吾毛公佐文 句十五

武受天命 句十五 右第五行十六字

𢼸古文愍省 天㚔。 徐曰字作㚔从大羊二大聲見

博古圖齊侯鐘 丁亞鼎此罪 不止罰。

使之。言天使司牧之君令失其人也。慜猶閔

慜天卽詩旻天。句十六 廟諱

爾雅釋天秋為旻天郭注旻猶慜也書多士旻天大降喪于殷馬注秋氣殺也詩召旻序旻閔也

余小子合文弗

役古文及。徐曰猶云予則罔克。徐句𤔲邦 句十七

庸 徐曰民功曰庸。用也。害 徐釋曷 蓋謂害曷何通

用也。何

也 吉 徐曰善諾也 𤔲二 古文治二 𤔲从兩手持矩治絲之形

。徐曰讀為嗣治 三 古文四方。

用何善治二四方也 句十八 大

說文𤔲治也 𤔲从四止 楚辭大招四酎并孰不𤔲些 𤔲只 考工記廬人注正於墻二𤔲此𤔲不通不順也 廣雅釋詁𤔲此難也 艱難意 難字通 𤔲之意

右弟六行十九字內合文一重文一

字上■有𤔲原鎔闕 孔下尚存大半而不可釋 下从二止 佀四止 疑降字 不靜。从靑

𤔲 鄭靑爭止 𤔲兩手拔艸木根之象 書大誥艱大民不靜 句十九 烏虖

而省上加日 呂象烏喙之形 虖。古文嗚呼 句二十

𤔲 𤔲。古文瞿从𠂢从乏止而省一止 記檀弓瞿然曰呼同。

徐曰讀如𤔲 𤔲義與𤔲近 句二十一 余小子合文

𤔲 家从𠂆古文 湛 𤔲从𤔲𠂤 七取物曰甚 日之義余所 𤔲古文湛 讀為沈

𤔲 咸臧聿鼎古文斟 于 𤔲 囏古文艱 。徐曰斥哉

庚及三監事。此召上成王自述多難與頌閔予

小子 訪落 小毖文同

庚及三監事 句二十二 𤔲 玐 古文𤔲省 𢍜兩手奉

揚之形 工卽䂓恐 価規越矩也 光 先一

右弟七行十六字內合文一

文本二 第二葉

王。此以上成王自述嗣位遭家多難，與周頌三

閔予小子、訪落、小毖文同。（本章統上為共三節）為第一章 句二十三 二王字重

文曰。句二十四 父厝。句二十五 令字為鎔銅

所掩令。余唯肇巠古文經，常也。徐曰

理也。光王命。句二十六 二命字重文。女汝

辪（古文嬖）徐曰嬖，又和我邦。徐句。三公之職，書周官

論道經邦，燮理陰陽也。是命也其東征既平成王初政之日乎（句二十七）

句二十七 右第八行十八字，內重文二

我家內內外悤。恩古文悤省，从兩手奉杵

午卿杵，令俗字作惷。書大誥越茲蠢（讀若春）令蠢

允蠢蠢，當大从春，愚而無知之貌。此當兼動愚二

義。內外，內而管蔡流言，外而武庚背畔。徐曰愚

而好自用之謂 于小大合文 政。句二十八 甹 甹

徐曰从丂由，見博古圖甹鍾。詩小毖拜蜂，爾雅

作甹夆，說文甹謂夆，云使也。詩拜云不逮

傳訓同。由乃甾譌，言卽口，亻鯀文猶使之加人也

朕。古文佐 句二十九 虩 措二一。虩許二字（又讀虩許虩許）

重文下一有沕。徐曰讀為虩虩許許，詩伐木傳

許許柿貌，說文引所所，云伐木聲。此當讀如想想

年所見一段年之一尊虩二口宜當想二如二複虎尾

茲恐懼貌。徐曰若居順之否塞以起

句三十 若否

下文也。徐曰若順之否 猶臧否 句三十一

右第九行十八字內合文一重文二

均以為恐懼則徐釋愬之似矣以為有二義（與鯱）則許之者

伐㱿木者必椅其山巔而眾人共力之聲也淮南子曰

舉大木者呼邪許見詩集傳程子曰山中伐木非一

人所能為必與同志共之許之之云或是恐力不能

勝重任而望助之辭。𤔲文內不恐引恐鯱許顛越階難皆畏天命畏民碞不敢康之意此成王之德所以為成也歟

雩 郭 徐曰郭本字讀如邑地近豐周禮大

宰八則治都鄙注都之所居曰鄙王子弟所

食邑周召毛聃畢原之屬在畿內者大司徒造

都鄙注王子弟采地其界曰都鄙所居也雩蓋

公族都邑 三（古文四）方 猶盂鼎四方雩文之言王都之

四方子弟食采之地舉郭以槩其餘也 从 徐曰終也

毋 毋 𡈼重。古文動省 徐曰春蠢動童重古通 句三十一

余 余 一人 合文 十 杜 太。（古文）位 徐曰猶云小子同未杜位 句三十二

弘 宏 廟 諱 唯 徐惟 乃 智。古文智大有泐

。徐曰邦國若否知之明也。 句三十三 余 余

。此以上言都鄙不至內亂更毛公之功

右第十行十五字內合文一

非亯 徐曰字乍亯，見石鼓文。受也，記曲禮五官致貢曰亯

又古文有婁。古文般吾不嫛般于游田也，上左有

汝。徐曰字作嬰下同。（。說文嬰奢也）句三十四 女 汝 母 毋 嫛 安

日照許印林瀚曰荒，余謂从亾从女，色荒之字也。㝑。

省下 自言不嫛有般樂之亯，公大不可以荒為安

也 句三十五 虔 明 夙 夕 恵 古文恵省 我

合文。（句三十六）徐曰虔夙夜匪懈，虔共爾位，則恵我一人

不。

矣 句三十六

右第十一行十六字內合文一

雝 和也，从支。徐曰攤任也 我 邦 丰 旁 餘 小大 宴

猷。徐曰謀猷。郎申上文燮邦 茉我 句三十七 毋 母

圻 古文折吾省 㦰。古文緘省。徐曰詩孝般槃引

夫弗吉箸不吉君 邑 囍道，郎此折吾緘也

義。（。都公簠上䜌）句三十八 吉 今余 光 王 若 若 德。徐曰若

德順德二二明德也 句三十九 用

右第十二行十六字內合文一

印 古文仰 卲 古文昭，金文昭宮皆上卲 古昭

穆字，此當通紹。皇 天 䜌（說文纘也）古文纘 許印林曰

䡞字被宋人釋為瞳字，編正字書牢不可

破，顛所謂童京者兼一可通，卲石鼓䡞字

兩見爾敦其文義似即纘字借縛爲纘䪓
疑縛之大篆。徐釋紹曰字乍䪓見石鼓文
又薛氏款識邿敦庞敦及牧敦𠭯敦。陳侯因
資敦𧾷文練余釋邵爲昭爲紹練爲䪓爲纘與此同練纘大
一聲之轉徐釋侶未安（朝）字从宀从𣈥與下同此豕
有沕𡰥非从窮朝。許釋恪纘恪似未（安）協。徐釋造曰
字乍窮朝古文造乍䢊又乍窖此从宀朝聲。字从豕从卌隹 釋造於此文義可通
不从朝 則造字（大未安）錄疑 大命。徐曰助王宅天命 句四十
康（能）能 能 三四 或。國 句四十一 从許 俗 許
曰讀爲裕屬下句。徐句曰憲康小民柔遠能
邇安勸小大庶邦也書舜典鄭說曰能恣也
康能二字大見博古圖齊侯鐘 我弗乍
古第十三行廿六字
光王䍙。徐釋偩曰顛西復典卌土。或釋憂。顛越也 或釋言天先王 統上章
此以上申命（勉）毛公㞢𢆶爲命之（田）（圖）爲第二章 總敘爲前段文之 本章共二節
勉戒尚未受錫見得是先王有但者申命毛公益勤其功之𢆶
句四十二
王曰。句四十三 父㕓。句四十四 雩乎㞢𡰥。庶。
徐曰謂雩之卿大夫士及庶人在官者周禮大宰
施則于都鄙注長公卿大夫王子弟食采邑者

兩二卿伍大夫五人殷四術士輔府吏出徐曰自天子　五

所出也入徐曰入天子之國也句事于外。句四十五

𨊻古文敷命𨊻

政。徐曰詩烝民明命使賦。賦政于外傳賦布也敷與

賦同義　右第十四行十八字

句四十六　䎡　埶至也周書大命不䎡

讀若摯同。𢀜下从女他字屢見于金文中。徐曰

字之䎡讀如貪欲無埶之埶極也　小大。合文（書無逸至于小大）　句四十七

𣡸　林足。徐曰𣡸薪　䝹。賦。徐曰財賄。

𣡸唯正（古文征）𠂤中。（古文般）此字是明上𠂤與前登字同　徐句四十七

不从般前般字上左雖有泐而亦之同𠂤無疑

右之之已乃別誤易辨（確）非般字之舟可定未可

遠定爲般𠂤與登旣無相同則字大當相（無唯正般似少費解或曰正讀如征識而不征之征）

近有（登）進訓如（登聲）書無逸惟正之供也。徐曰般樂

句四十八　弘宏廟諱　甘其唯王智。智　句四十九　迺

右第十五行十六字内合文一

唯是是　𠬝我或。國　徐曰明知之故縱之

是我自喪其國也。此承上章余非𠂤中吾

句五十

句五十　厤（古文歷）自令。書太政繼自令文同　出入（入）

尃敷命于外。句五十二　氒　非　句五十一

右第十六行十六字

此前一段中空白幾二行

先告父二厝。二　父厝二字重文屬下句　舍命。

徐曰詩羔裘曰舍命不渝箋舍處也謂自處

其命此則處彼之命。○吾其屬出入王之命政必先

告毛公自公出命故曰舍也　[illegible]（卽下文于父卽君命）

毋敢又　有二又字皆侶（从月）泐非省　句五十三五十四　敢　惷古文惷

省　尃敷命于外。此言令之命公既戒公之　（爲命之引起正意）

屬益尃公之仕也統二節爲第三章

句五十六　王

右第十七行十七字內重文二

曰。句五十七　父厝。句五十八　今余唯緟

古文纘。徐曰紹　先王命。句五十九　二命字重

文　女汝　亟古文極（周禮天官敘官以爲民極二字正訓）一方。徐曰吕雩爲先

（宏廟諱从宀从弓宏異文郎）

（書君奭乃悉命汝作汝民極蘇氏曰位三公以為民極也）

務　句六十

令从口从令之所　本

右第十八行十六字內重文一

我邦我家。句六十一 毋毋 雖 徐釋曰 領曰 當讀

如唯義近領大戴禮唯二額二然釋名額讀如領 下

領云領二然憚也于政。 雖似當有過閑意與下

勿壅同 句六十二 勿雖 古文壅土詩大車維塵雖

兮逮 古文逮 其 庶厂沕人字半飽 皆。

古文青言勿壅塵蔽逮及庶人 告也 句六十三

毋毋

右第十九行十五字

設 龍廾 古文共通供 東二。古文東 東二 東說文東囊張大 从東图省聲 字見石鼓文

無底曰東詩 重文未詳 詩斯干有橐二文而此不

可通 或鄭壺申吾也與 蓋以繩束兩口

也彖 古郎東字 令厂郎 上又加 失兩東也義 不謂 从木更不

可通 毋。徐釋包曰字止 龍廾東 共供給包苞苴

東或止東集韵東張大觀 句六十四

迺 古文悔詩常棣外禦其務 當郎

殺也謂。徐釋殺誤以左為束 今說文殺失悔訓

實。古文寡吾無設以供飽私東也故乃至侮鰥 句六十六

寡也前戒其為王聚斂此戒其自私貪黑土 句六十五

善效 徐 責效 乃 友 徐曰即太史友內史友也

友正。徐曰即惟厥正人之正 句六十六 毋安設

右第二十行十五字内重文一

湎古文湎。徐曰右旁之𩰫象頭角豐滿形。上之兩總角形下之齒舌形（上郎 全文舊釋）格上三夫者余謂與此同爲面形从三▲者總角與中𠦪總也此與酒誥有正有事。無敢湎于酒𠛬太史友內史友文同于酉。古文酒 句六十七

女汝毋母敢彖（彖）古文墜省（徐釋爰誤）十古文杜乃服。書酒誥越杜外服越杜内服惟服也 句六十八

（翻）古文造从艁此不从半而从豕造字無疑矣詩公劉乃造其曹執豕于牢所以（牛田牢）豕太曰牢則可（用）通矣前造＝周也此造＝朝也可見徐釋止善巳。（徐此釋图有說誤句大誤）

𡖊古文夙夕吱（敬古文敬）字中館念王。徐曰遹周書佀雒辭太云敬念彼紀周公敬念周室克造佀大邑于土中此則謂諸臣之賢者乃心罔不杜王室也 句六十九

右第廿一行十六字

俾古文俾不𦋐。古文錫加目徐釋賜曰𩃬賢于不賢使其不得王賜。使不賜曰勿使王不賜也古文之簡也 句七十

女汝毋安弗帥。循也古文多之率（字之師不从𠂤）此不异此兼帥而行也（記文王世子武王） 句七十一

用

光王止明井。古文型省　句七十二　俗許
印林讀爲裕。書康誥若德裕乃身裕乃
民寧。徐句曰 竹節 每鍾云不敢弗帥用
文祖皇考穆秉德指明德言此則指新民
言。徐以俗如字屬上故訓新民　女汝弗

右弟廿二行十六字

召乃辟 古文 省與不 敢汝休
弗 我車 于 字 皇父敃匹 字冊
異召 省 省。徐釋向曰 陶本字是
文右止上止耳形陶復陶穴也 象 當是向字。
當从 釋　于 。 古文 。此一 章 前一章戒毛公所屬之辭 諸 誥　句七十三
致戒毛公之辭 統 爲命之正意 爲一篇之主 爲文之中段爲第四
章」　句七十三　王曰。　句七十四　父厝。　句七十五
已 徐曰語辭 曰。書君奭君已曰此言已命止也　句七十六
役古文及 88 古文 右半飾卿

右弟廿三行十五字

使 事。徐曰讀如士卿士公卿大夫止
通 。 說文 古文 同官曰 　句七十七　大史　徐曰掌

君命

句七十九　女汝　辥　此字金文屢見而無定釋。

徐曰（釋畯）字佔[illegible]左旁从佔井會意見博古圖齊侯鐘

及𣪕公鼎　𤔲公

右第廿四行十四字

族。古文族原范有失　徐曰禮文王世子庶子

之正于公族鄭注庶子司馬之屬掌國子之倅

爲政于公族者燕義鄭注庶子即夏官諸子職

也周禮諸子掌國子之倅先鄭云燕義曰古

者周天子之官有庶子官與周官諸子職同文

周禮序官政官之屬諸子下大夫二人注或曰庶

子是公族下大夫所司而統率于大司馬卿一人厝

之司公族當是命自武王成王特申命之故上

文云㦰肁經云紹而此則云畯亘畯通駿長也它

器畯臣畯保義並同。畯金文亡畂庶子諸子

以所司名其官故前文曰雩之庶也　句八十　雩　參

古文三。徐曰三卿之稱吕下皆公族之仕于王朝

者有𤔲。司。徐曰公有司國有司皆是　句八十一

小子。合文 徐曰主祭祀之小事 句八十二 師氏。徐曰三德三行教

國子。句八十三 虎臣。徐曰虎賁氏 句八十四 雩朕

埶衣事。徐曰埶御執王事者。書顧命師氏虎

臣百尹御事文同

句八十五

右弟廿五行十五字内合文一

已乃族 古文族令字之方从从 與人乃分尤形為

二千古文扞省 吾 吾古文御禦 漢楊君石門頌

彊御 禦之彊御二吾通。徐曰讀如扞禦 釋干御 詩兔罝

公侯干城傳干扞也 御古文之 遐 此之吾 遐之省

王。句八十五 余疑家之省家内音能扞御禦則家有所資也 徐釋為許 釋身以有㲋皆未殼 阮氏齋侯罍下字

定 取 貴 上有㲋疑求字書呂刑惟來 惟貨

釋文馬本作求云有求請賕也惠棟曰案漢

盜律有受賕即書惟貨聽請即書惟求 刑

法志吏坐受賕枉法說文賕求也 呂下鍰為

罰金或是賕也徐釋賦此與賦字不侶

均未可定 一篇之中惟此一句未得確解 卅三年

𠬪。爰古文鍰 四十 與古幣同 鍰六鋝也 句八十六 錫女秬鬯 古文秬 从矩从鬯

。徐曰 考工記注 六兩大半兩 此命之正意 毛公與公族之有仕有執

為鋝 前云舍命吾者 事者共率乃族 罷作 吕 蕃衛王室而族眾

或此云取賦若者賞之 皆有所 …

句八十七

右第廿六行十一字

[illegible] 古文弁[illegible]。弁籀文从[illegible]玉篇覍[illegible]也所

以攀持髮也以鹿皮爲之此从西从[illegible]弁字無疑加

卽同薛書卿殷儀禮覲禮（王使人皮弁用璧勞）

注𠂤弁者天子之朝朝服也士冠禮注皮弁者以白鹿

皮爲冠象上古也周禮弁師注弁者古冠之大稱

說文弁名出於槃槃大也此弁是大圭圭即介圭也

○徐釋瑒圭瓚圭圭祼圭爲說（曰云云全錄亦可）句八十八 [illegible] 古文[illegible] [illegible]。徐

曰祼圭之瓚也謂之[illegible]者瓚以玉爲之形

似[illegible]玉人注瓚如盤蓋[illegible]之淺者或如盤也

（愚謂祼時卽以圭置瓚上而灌之非以圭爲柄所執）○當是盤之寬邊者[illegible]保玉 句八十九 [illegible]黄○徐釋元（朱市 古文芾 徐曰蔽厀 句九十）

黄曰黄讀如衡紞之衡○余疑卽蔥衡

卽蔥珩黄卽横通衡文（通）璜 [illegible] 呂臨見舉

難羽翟璜古今義之羽翟黄白虎通瑞贄璜（愚謂此上又加一卽息之義蔥璜也）

者横也[illegible]黄皆古文省 句九十一 王 [illegible] 古篆文玉

環○（說文）肉好若一謂之環（余所見）者中厚肉好無廉隅也

句九十二 王 玉 [illegible]○徐曰字之[illegible]从金[illegible]聲白虎

通循道無窮則佩環能決嫌疑則佩玦

○[illegible] 疑卽叏異文若从二金則與師[illegible]（从二舍）阮釋滑

余曰雝父尊二金字略近。以上賜圭瓚佩玉之 九

箟類而朱芾居其中杜佩上。五瑞以對邑瓚以祭芾佩以表德賜之至重也

賜 句九十二 金車。車之兩輪兩轄毋貝以軸兩

服馬加駕衡夾軛之形（釋）非从羊之軒非。車之賜為重（賚賢之禮） 句九十四

桼 許釋幘 徐釋桼為句曰周禮巾車金

路同姓以封桼之馬桼馬路馬。余釋彎縪古

文辟帀（即幭說文辟帀）髹桼帀也周禮曰駹車犬辟帀二两復笭之

式也記君羔辟帀鹿辟帀詩淺鞹鞹淺幭傳两覆式

也正義幭禮記之辟帀周禮之幦字異而音同幭

又之篾令說文辟系字爾雅釋器注令之翻車也

較。古文較說文車輢上曲銅也考工記注兩輢

上出軾者古令注重耳古重較也文官青耳武

官赤耳 彎幭（縪）較 彎幭彎車耳也（猶青赤耳也）。徐曰

字之較見說文縪所以两復者 句九十五

右第廿七行十七字（句許釋同）

朱鏨 徐釋器曰朱鞹之屬。余謂徐失疑譔

器从火有守義此从8非器明矣疑是縪字（左桓公傳藻）

率以韋為之（䌛釋鑾）（率口縪同辟蓋䡅辟索也）與鞹相類又

疑鑾字古鑾从止此从止从糸者車加四口說文

器眾口也讀若戢輯車和輯也列子齊輯乎

興（音故从㗊）（亯）。宏廟諱古文靳省詩韓奕傳鞹鞃
中也說文車軾頭會玉篇類篇竝引此車軾中
靶朱綷鞹朱幸索朱軾中靶也（鞹釋雖可通與鞹不相類）（此車上者）靳𠘧古文
韣詩葛生傳韣而藏之釋文本又作韇（句九十六）（韣此）記明堂
位載弢韣注弢旌旂所以張幅也其衣曰韣此
字从業（即韇）古文樸省也（不从韣）斤旂省𠘧張幅（网）形（也）
（韣）下有（虎）（弓）韔此當是張旌旂幅之弢业衣故（字無疑）
曰韣衣也衣。合文徐釋幭（㠯一字爲）曰字作𢃔衣从𢆶析
聲凡其系象也詩梁山傳鞹鞃中也幭覆式也句。
上既有鞹此不得更爲幭矣（此車上者）（言賜車而先及）句九十七虎冟。古
文韔徐曰字作冟韔爲弓室故从冂韔大作𢧵故从
𠂤句九十七當作讀東古文（東）熏从許釋徐
釋練非𢆶。徐曰虎韔裏衣右厄。古文距東或
劉燕庭方伯喜海藏（有）弓父庚卣弓作（句九十八）
形（杜上）卜是張弓（有垂飾）（出上）形弓篆（此十）回是弛弓形（上杜）
（左下）杜（弓）右故曰右矩形如雞距故曰距杜弓
末故曰距末周制以右距爲貴故曰右亘（當）
士卒所用（弓）必是不能（二）上下同無以見左右故
右距者爲貴也。徐曰良弓名禮曲禮右

手執簫注簫弭頭也詩采薇傳象弭弓
反末也廣韵弰弓弰集韵弰弓末是簫
即弰字弭頭即弓末也積古齋款識載距
末一器據國策鄒子少府時力距來皆射
六百步之外荀子繁弱鉅黍古之良弓也
文選閒居賦鉅子巨黍異黍同機釋爲弓
簫所飾器則此右巨乃當時弓名呂簫
右手所執而偁右巨也巨距鉅竝通轉字
此〇正輿車中者弓爲重故以及之
句九十九
古文畫正書周同鬳說文鬳畫也亦正雕書峻字鬳
句九十九書
轎傳飾畫此从聿从周兼畫飾鬳三
字之意轉〇說文轉車下索也或借縛急就
篇顏注縛扗車下主縛軸令與相連即令
句一百畫轎〇古文縢字正輽與前徐釋
之般字同以正般則从乡不可解以正縢則記檀弓邊
兼縢釋文本又正縢易咸釋文縢亦正縢
此之从乡从女均有可據而前之又縢兼唯正
縢則更不可通仍从徐而坿所疑呂侯君子博問
〇徐釋般革曰鞶大嬰〇愚疑加車即是別於馬大帶非鞶

右第七八行十六字內合文一

甬。徐釋釭曰字乃甬說文釭車轂口鐵也釋名釭空也其中空也甬迺鐘柄釭形似之故假甬為釭。[illegible]（今見）古鐘甬中空 句一百又二

逪古文錯詩采芑傳錯衡文衡也釋器鏤謂之錯通俗文金銀要飾謂之錯鏤。衡。徐曰錯字乃逪本迹逪字假為錯 句一百又三

金𨍭。（古文踵。）徐曰軸之末所以納後軫者。[illegible]謂金𨍭當即車（同令）輪鐵（記曲禮車輪曳踵） 句一百又四 金豙。

徐釋柅曰字乃（辛豙二）豙怒毛豎二从立有止義柅為止車物故假（辛豙）為柅 句一百又五 剌

䡅。徐釋楘䡅曰字乃剌（䡅）詩小戎傳楘歷錄也梁輈輈二句衡也一輈五束束二有歷錄此从束从∫∫句衡之篆說文䡅車衡三束也曲轅䡅縛此从䡅東成則䡅成矣。楘字雖不似而剌字說則通字右似力與勤力同 句一百又六

金簟[illegible]古文簟弼。古文弼徐曰字乃簟弼簟从竹西早从皿者皿以覆器簟早大覆也弼乃弻者古文弻或乃弗弓又輔弼之弼大乃佛。金簟弼者以金飾簟弼也（今弼讀若弗誤）

句一百又七

奠𦎫。古文𦎫，即𦎫，不同甬。徐曰字十二
之葡，說文引易𤛓牛乘馬，葡即𤛓省。詩
之奠服，余疑矣𥱢服，柱車外旁。此車前車下
車旁車後者，矢從於弓，故次及之。 句一百六七 馬
右弟廿九行十五字
三匹。合文，即四匹，統匹字上畫計，非三匹也。
徐曰書文侯之命馬四匹，傳四匹曰乘，是銘
既曰金車乘，又曰馬三匹，蓋如左莊十八年
傳命之宥之意。 句一百又九 攸 古文鋚省
勒。古文勒。徐曰鋚革，鑾首也。說文鋚一
曰鑾首銅也。詩韓奕鞗革，箋以金為小環勒，金
為之，所以勒馬鑣銜者。周禮巾車朱勒，後之以
鑾為勒，北人避石勒名。 句一百又十 金甬。古文
鞗文以白金為飾。徐曰字之咽从口，甬聲。詩小
戎箋鞗以白金為飾。說文鞗，環之有舌者，有舌
故从口，舌出環如甬，故从甬。與大戴禮引詩之皎
句一百十一 金 是銘金皆之金雁。古文膺。徐
曰鏤膺。詩采芑傳鉤膺樊纓也。詩小戎傳膺
馬帶也。按帶，土馬膺

㞢鉤太元注鉤所㠯屬鞶也記深衣注鉤讀爲
鳥喙必鉤㞢鉤。馬㞢賜從於車故後及㞢
校文㞢言賜器莫重於玉邑莫尚於朱車莫堅
於金故車馬㞢制金與錯凡八見無非所㠯明
金路也　句一百十二　朱旂。徐曰交龍爲旂。下从
二人可見古斿旅一字象即旗鄉行旅從旅扗車
後旂下說文旗期也言與眾期於下　句一百十三
二鈴。合文古文鈴从命鈴如鑾鳥鈴和鈴二者所
㠯和也。徐曰鈴扗旂上　詩載見注。旂爲車上㞢
表軍中㞢望我朱取邑㞢陽二鈴取聲㞢和賜㞢
有光者也故車㞢屬㠯是主㞢古文字於無瑣處
亦有條理若此。　句一百十三　易錫　女汝　龍此也　朕左半蝕

田　右第三十行十六字内合文二

用歲。古文鉞省从二止非戉上。徐曰字上歲與戉字
同意叀吾錫汝幷云茲朕所用㞢鉞叀其物也。虢季
子伯盤賜用戉文同而彼不言茲朕　句一百十四　用政。古文征。
徐曰征也正也。盤文用政蠻方用政同記王制諸侯賜弓矢
肰後征賜斧鉞肰後殺賜圭瓚肰後爲鬯自是㠯賜
鉞爲叀戉王錫毛公言此乃朕自用㞢鉞則又

重之重者也重言錫汝以見非常之賜大書 十二
特書之筆非它夫所得比也毛公先朝同姓重
臣故錫命特以是終之而不復如盂鼎之猶有勉
辭也此以上史書成王命于冊之辭也。此一章（以書洛誥逸周冊誥推之即史佚）
將言錫毛公之事而先之以聯族屬惠族眾朕
後以錫予致禮遇之崇爲命之終爲一篇之總
結爲文之後段爲第五章＝＝凡三致意煌＝大
文而以簡馭繁有條不紊若此＝豈後世能言
之士所能及哉。
句一百十五 毛公厝 自稱國封邑稱
官稱字不名是周之禮制也。徐曰毛畿內邑武
王以封其弟是爲毛伯成王時爲王朝卿士偁
毛公椄左僖二十四年傳毛文之昭也文十五年
傳毛伯衛書顧命毛公傳云偁公三公六卿次
弟司空第六毛公領之毛國入爲天子公卿又王云
毛文王庶子周禮太宰注毛聃之屬杜畿內者
具言毛公國邑官爵世次獨未及名字逸周
書克殷解王即位于社毛叔鄭奉明水史記
周本紀洗入太于社南毛叔鄭奉明水。

漢書古今人表列毛叔鄭于武王時列毛公于
成王時猶之左定四年傳武王之母弟八人冄
季爲司空而五叔無官注又有毛叔冄㠯一人爲
二人其誤顯然可見書文侯之命傳云稱父者
不一故㠯字別之今㠯文侯名仇字義和推之
鄭毛公名而厝迺其字也又按鐘鼎文鄭道
此奠不从邑說文奠置祭也禮郊特牲蕭合
黍稷臭陽達于牆屋故既奠然後焫蕭合羶
薌注奠謂薦孰時也特牲饋食所云祝酌
奠於鉶南是也詩生民取蕭祭脂傳即用郊
特牲之文惟羶薌此馨香履帝武敏歆傳歆
饗也其香始升上帝居歆箋其馨香始
上行上帝則安而歆饗之鄭从奠聲奠有歆
義證之古人名字相配大合又按竹書紀年康
王十二年有毛懿公穌王十二年有毛伯班共
王九年有毛遷懿公當即毛公厝之謚班遷
蓋其子若孫穆天子傳毛班郭注毛伯衛之
先
對揚天子皇 徐曰大也

右第三十一行十二字

休。句一百十六用乍尊鼎。句一百十七。子二孫二永寶用。句一百十八此三句是毛公記事之辭，惟未書年月耳。徐（不書年月大是簡謹處）曰對揚皇休用乍尊鼎詩江漢集傳所云答揚天子美命乍廟器而勒王策命之辭是也。愚謂此毛公自乍重器與盂鼎詩江漢不同非祭先廟之器。（毛公蓋庶子不得宗祀故不乍廟器，而其子孫世守之即其廟器矣）徐又曰子二孫二爾雅釋訓云引無極也三句皆古器物銘習用語宅器尚有萬年等字此不著者言永則有萬年之意在且言永有所以永之二意在書梓材云子二孫二勿替引之其旨微矣。文固簡老大自乍器四辭當如此爾

右第三十二行十二字內重文二

徐曰書金縢管叔及其群弟乃流言于國以下年汶諸說互異惟鄭氏可為據鄭云成王年十二明年將踐阼周公欲代之攝政群叔流言周公辟之居東都時成王年十三也今按是年為成王嗣位之三年

云明年秋大熟遭雷風之變時周公居東三
年成王年十五迎周公反則居攝元年也今
按是年爲成王嗣位之五年鄭云居攝四年
對康叔之康誥五年之召誥七年之洛誥之
康誥時成王年十八之洛誥時成王年二十
一也今按是年爲成王嗣位之十二年又居攝
元年三監及武庚叛周公東征明年殺
武庚及管叔又明年周公歸凡三年鄭
不云者已互見大誥等篇也是銘當在
迎周公反東征時之擬之尚書百篇當曰
毛公之命 按此銘於周書周召文字外自爲鉅製亦非它書所可比擬也
咸豐四年甲寅夏五月嘉興八十者
徐同柏籀莊釋文

秦燔之後羣經大晦兩漢之際衆說
淆亂雖古訓多聞非後世所及而天
命自然之理聖人大中之心漢儒則未
能深造自得而有以折衷羣言之是非
即此論之三年亮闇百官總己以聽冢
宰周必不異於古公位冢宰聽政自是

自是職內事，何須有欲代之心。居攝二字，今經無之，卽有傳文，亦同宅憂之說，必不如莽之紀元。況收捕屬黨之誣妄已極乎？夫大聖人之心，非可以博雅測；大聖人之事，又豈可以博雅誣？其可以百世俟聖人而不惑者，亦惟明於聖人之理而已。明聖人之理，然後可以知聖人之心；知聖人之心，然後可以論聖人之事。當於理者取之，背於理者舍之，徵者信之，闕者疑之，未有設以臆武斷者也。是命之文，或杜武庚既平之後，周公未歸之時與？然不可改矣。

同治十年太歲在辛未七月廿又五日

癸丑秋熱五十九歲海濱病叟簠

下記

十四

鼎連耳足高建初尺二尺五寸五分耳高四寸五分腹中至上口下至

外底高一尺三分足高一尺六分高於外底坐中三寸　此未合口徑二尺　攈圖

文三十二行　行十一字至十九字不均

文本三

周毛公厝鼎銘釋文【初創稿之底稿（殘）】

長條毛邊紙三葉。第一葉縱26cm，橫72.7–73.3cm；第二葉縱26–26.3cm，橫72.9–73.3cm；第三葉縱26cm，橫72.7cm。題名據文本二代擬。

簠齋墨書，再朱筆句點和修訂。引注有徐同柏、許瀚的考釋之見。行文未完，所存部分經與文本二對勘，可知文本三是「初創稿」的底稿，但「初創稿」比此殘稿有較多補充。

徐曰寒諤諤古今字
謂公卿大夫　㗊　許釋襄
辥　徐曰讀如孽又古文孽又或作孽又諤孽又和而不
辥同之意恩疑通𢦏治也
不乃辟句　𩰬豐登　愚按說文豐禮器也从
手持肉在豆上此上加
光光大聲　𡗥　堇徐曰豐成勤勞詩
勤大命　昊天有成命成王不
殷康成謂自成此
謂光正成之家語云湯武正召寒諤而昌大
郎此意　四行
𢻃肆　故也　堂天亡無畏斁句　徐曰字亡畏
見博古圖疑生豆
臨臨保我有周　徐曰弖顯臨之保安
無斁句
不巩恐光王配命句　徐曰易震象
不㥯之義自見詩文王曰永言配命
傳恐斆福也言恐而
祺謂
不恐與恐不同與不顯顯顯也同
五行　以上言文武
文武保天命
取　怒　天尨爽　徐曰字作尨从大坐坐大聲見
郎因予小子之邁言言也
博古圖齊侯鐘
卑俾司　徐曰爽失俾司職司言天仁西復閔
下不得職司若或使之　徐句
余小子弗役及　許句　徐曰猶云予則困克
合文謙也

邦庸 徐曰民功曰庸 害 許釋害 徐釋曷 徐謂害曷通也 吉 許白 徐曰

庸用也

善也 䜌 冊二 許曰嗣二即嗣二 徐曰讀為嗣治 愚按䜌是以手持工治絲之象

三四方 句 大 六行

從 字上半蝕闕 不靜 句 愚按靜从青从[illegible]象艸木有相呂 兩手拔之

烏虖 句 罹 趯 句 徐曰讀如懼又 愚按趯即瞿 義與懼又近 與瞿然之瞿同

余 余 小子 家湛 愚按甚下不从匹乃以匕取物而口日出之象

于 艱 囏 句 徐曰斥或庚 及三監事 恐 上恐从工 从手執工為

恐

小異 先 七行

以上成王自謂

王 句 二王 曰 句 父厝 句 今 字上為鎔銅所掩 余 余

唯 肇 巠 經 徐曰理也 先王命 句 二命重文 女 汝

辪 徐曰燮和 我邦 句 八行

我家內外 惷 惷 徐曰愚而好 惷省 曰 自用之謂 于

內外猶言外內 [illegible]武庚皆畔

八大政 許句 朕 朕 徐釋粤 徐曰从二 許釋㝵 由見博

詔文化從云使也詩葬云不逮傳訓同

朕朕太任句虢括許二句重文

許二柿貌說文引作所二云伐木聲背此當讀　徐曰讀爲虢二許二詩伐木傳

如愬二許所愬一聲之轉虢二如震雷

威愬二如履虎尾也若否句徐曰

茲恐懼貌　如字若將吾塞　若順

順否猶思楙詩邦

戚否國若否　九行

雩　徐曰雩本字讀如邑地近豐周禮太宰

八則治都鄙注都之所居曰鄙王子弟

所食邑周召毛聃畢原之屬杜畿內者

大司徒造都鄙注王子弟采地其界曰都

鄙所居也雩蓋公族都邑

三四才斫　从徐曰終也　母毋　靈東句動　徐曰春蚳

𠦪古今余　動童

通　多　亡十杜太任句　徐曰猶云小子　同未杜任

弓弘唬不乃智　句智否　徐曰邦國若今余　智之明也

十行　父㾓之功

文本三　第二葉

非𩟽音許釋同　徐曰字作𩟽　見石鼓文　又有𩰫許釋闇　句

徐釋般云字作媻　女汝　毋毋　𣪊妟

下同

許釋荒　麥　𡨦句　䎧　夃風　𠄎　𦕀　惠　我　一　囗句

徐曰夙夜匪懈　麥共爾

佐則惠我無疆矣　十一行

𤔲　徐釋擁曰任也　愚曰𤔲和也　我　𨟻　徐曰幸有能　小大𨟻句

徐曰謀猷　毋毋　折折　𢦏哲　感　𢧵省口句　徐曰詩孝　槃永矢弗

告　箋不告　君臣　𧬊道　告　余余　先

郎此哲誓緘之義

王𧷤若𢛳句　徐曰若德順德順德明德

一也　愚謂詩告之詁言

順德之行郎　用　十二行

此順德也

卬即仰　許釋柳　卲　徐釋昭　愚曰紹　𥄳皇天　許句　𩡢

字編之字書字不可破顧所謂疃
東者無一可通即石鼓𩰪字太不得
解讀者皆無異議何也此鼎𩰪
字兩見兩敦其文義佀即纘字自
嘗縛爲纘𩰪疑縛之大篆
釋紹
條曰字作𩰪見石鼓文又見薛氏款識邾
敨戾敨及牧敨𠛬敨

陳彥國肯敦古作練

朝
许釋恪

周毛公厝鼎銘釋文參訂籀莊先生從古堂本
嘉興徐籀莊同柏曰周之王子弟食采于都
鄙成王時毛公監其地受王命而作是器
按銘毛公監都鄙自是武王時成王嗣位兄
甞後申命之毛公鑄册命之辭于鼎
王徐曰成王若曰史述王命作册之辭若者史文
之謹也　句一　父徐曰同姓之稱　厝款　徐曰古
文款款字从欠說文云神食气也此从厂者厂广
古通禮郊特牲蕭合黍稷臭陽達于牆屋厂牆屋
之象　厝毛公字不名之故稱字奠其名款其字
也　句二　不如字　徐釋丕　顯不顯顯也　文武
句三　皇从皿从曰从土篆曰出地上光气上射煌
煌肰也此爲皇之正字　天引　引大也
右第一行十二字
𣪠肰古文厭饜足也　乃德　徐曰書洛誥萬季厭于
乃德馬云厭飫也　卣从十从目十古壯字謂目
壯之也卽古文相从心心相悳也加彳德行也
句四　配　配从尸　我有畏　配克配彼天也周配天故
天配周也有从月月卽肉不从貝不省占入　句
五　雁　雁古文膺　受受　大命　不省作令　句六　銜銜

初清毛公鼎草稿

文本四　夾條

文本四　第一葉

文本四

周毛公厝鼎銘釋文【初清抄校稿】

毛邊折葉、紙捻册裝，一册二十八葉。半葉縱26–26.3cm，橫18.7cm。版印邊欄，四周單邊，黑口，雙魚尾。半葉十行，行十九字。

他人據文本二《周毛公厝鼎銘釋文》初創稿的謄清抄稿，再經簠齋朱筆句點和校訂。册內夾紙，係簠齋所書的校改文字。另有一夾條，墨書「初清毛公鼎草稿」。册首標題「周毛公厝鼎銘釋文參訂籀莊先生從古堂本」。內文有考釋、題記，末署「同治十年太歲在辛未七月廿又五日癸丑秋熱五十九歲海濱病史鐙下記」。

古文率讀若律　徐曰率循懷褱古文懷　徐曰
懷柔
右第二行十三字
不廷廷古文庭省从人从土从乚乚平也直也方。
徐曰詩梁山榦不庭方傳庭直也常武徐方來庭
傳來王庭也此當兼二訓　卽大廷王廷之廷令
作𡈼猶有从刀从土合而爲一之意作廴則失乚
之象而不足見平直之訓矣　句七亾古文罔省
不閑徐曰里門曰閈與干城同義　卽書文侯之
命汝多脩扞我于艱之扞扞衛也从門門所以扞
衛也于文武耿古文耿从巨从㞢光。徐曰書太政
吕覲文王之耿光以揚武王之大烈析言之此曰
文武耿光統言之耿光書大傳作鮮光　自當以
此耿字爲宜　句八唯唯不省天上从●愚謂象
天圜形下加大庸徐曰字作𩫖下同號季子白伯
盤作𩫖字形小異　愚謂𩫖卽城墉之字上从版
形下作墉形有女牆及築土之象圜點卽杵築形
子伯盤之文上下互易耳
右第三行十四字
[illegible]从隹上夕象肖喙中王象翼下卜卜象尾有

歧此剔誤通爲一直乃命此以上述文武受天命

句九夾唯古文多省口不見令惟字光正徐曰

書文厥止命夾惟先正鄭云先正先臣謂公卿大

夫 • 卽正之古文下加止 句十又似讀咢

咢古文譌 徐曰謇譌咢譌古令字辥徐曰讀如

燮古文燮戠作燮譌燮和而不同之意乃辟 句

十一 [illegible]登說文登禮器也从手持肉杜豆上此

上加类类大聲莫菐古文勤省下有泐似从火後

蘵字可證大命徐曰登成勤勞詩昊天有成命成

王不敢康成謂自成此謂先正成之家語云湯武

卩謇譌而昌夾卽此意 先正者先王之正臣有

正毛公先王文武臣故謂之先正 句十二

右第四行十二字

[illegible]肆故也左卽令長旁右卽聿𦘒矢矢作通堂

皇天亾古文罔省亡又通無矢古文睪卽斁

徐曰字作矢見博古圖疑生豆 句十三[illegible]臨保

从子从丨丨卽褓令字作系昧其義矣我有禺徐

曰吕顯臨之保安無斁 句十四不巩古文恐省

先王配命徐曰易震象彖傳恐致福也言恐而不

恐之義自見詩文王云永言配命 言先王之配

天命者呂先正而不至恐懼也　此以上言毛公
佐文武受天命　句十五
右弟五行十六字
叚古文慫省　天[illegible]爽　徐曰字从大坐坐夾
聲見博古圖齊侯鐘　卑俾使也盂鼎占畀俾司不
占劉　徐曰爽失俾使司職司言天仁覆閔下不
得職司若或使之　言天使司牧之君令失其人
也慫天卽詩旻天爾雅釋天秋爲旻天郭注旻猶
慫也書多士旻天大降喪于殷馬注秋氣殺也詩
召旻序旻閔也　句十六　余小子余小子合文　弗彶彶古
文及　徐曰猶云予則罔克　徐句　䢼邦　句十
七　庸用也　徐曰民功曰庸　害何徐釋曷蓋謂害
曷何通也　吉徐曰蘁也　𤔔二古文治二𤔔兩手持矩
治絲之形　徐曰讀爲嗣治　三古文四　方用何蘁
治治四方也　句十八　大
右弟六行十九字內合文一重文一
[illegible]字上原有鎔闕下抒大半佀四止說文歰不
滑也从四止楚辭大招四酎幷孰不歰嗌只考工
記廬人注正於牆牆歰歰不通不順之意廣雅釋
詁歰難也艱難患難字通卽大難也又疑降字不

靜从青卿青爭上[illegible]兩手拔艸木棍之篆書大
誥艱大民不靜　句十九　鳥侶隹而首上加日吕
篆鳥喙之形　虖古文嗚呼　句二十　爠古文瞿
从㞢从[illegible]而省一止記檀弓瞿然曰呼同　徐曰
讀如懼義與懼近　句二十一　余余小子合文[illegible]
家从○古文　湛古文湛讀爲沈从日从匚吕七取
物甚日之義余所藏藏聿鼎古文斟犬上匚　于
艱囍古文艱　徐曰斤戉　事及三監事　句二
十二　巩古文恐省丮兩手奉揚之形工即矩恐
偭規越矩也　光

右弟七行十六字内合文一
王此以上成王自述嗣位遭家多難與周頌閔予
小子訪落小毖文同本章共三節　右弟一章
句二十三　二王字重文　曰　句二十四　父厝　句
二十五　令字爲鎔銅所掩　余余　唯[illegible]古文經
常也　徐曰理也　光王命　句二十六　二命字重
文　女汝　辥古文燮　徐曰燮和　我邦　徐句　三公
之職書周官論道經邦燮理陰陽也是命也其柬
征甿平成王初政之日乎　句二十七
右弟八行十八字内重文二

我家内内外𢟩悳古文惷省从兩手奉杵午卽杵
讀若春令俗字作惷書大誥越茲蠢令蠢允蠢蠢
當大从春愚而兼知之貌此當兼動愚二義内外
内而管蔡流言外而武庚背畔　徐曰愚而好自
用之謂于小大合文政　句二十八甹甹　徐曰从
二由見博古圖甹鐘詩小毖荓蜂爾雅作甹夆説
文乚譸徬云使也詩荓云不逮傳訓同　由乃甹
謅言卽口夕鯀文猶使之加人也朕太古文仕
句二十九虢𢍰二一虢許二字重文又讀虢許虢
許下一有沕　徐曰讀爲虢虢許許詩伐木傳許
許柿貌説文引占所所云伐木聲此當讀如愬愬
許所愬一聲之轉虢虢如震雷愬愬如履虎尾𢧵
恐懼貌　均以爲恐懼則徐釋愬愬似矣以爲與
虢有二義則許許者伐木者必椅其巔而衆人共
力之聲也淮南子曰舉大木者呼邪許見詩集傳
程子曰山中伐木非一人所能爲必與同志共之
許許之云或是恐力不能勝重任而望助之辭文
内不恐非恐虢許顛越陷隮皆畏天命畏民嵓不
敢康之意此成王之德所以爲成也歟　句三十
若否　謂若將否塞以起下文也　徐曰若順順否

猶臧否　句三十一
右弟九行十八字内合文一重文二
雩鄁　徐曰鄁本字讀如郿地近豐周禮大宰八
則治都鄙注都之所居曰鄙王子弟所食邑周召
毛聃畢原之屬在畿内者大司徒造都鄙注王子
弟采地其界曰都鄙所居也雩蓋公族都邑三古
文四方猶孟鼎四方雩文言王都之四方子弟食
采之地舉雩以槩其餘也夃徐曰終也毋毌盡
古文動省　徐曰蠢動童重古通　句三十二　仐
余一人合文十在太古文仕　徐曰猶云小子同未
在位　句三十三　孓弘唯徐曰惟　乃𣉻古文智
大有泐　徐曰邦國若否知之明也　此以上言
都鄙不至内亂毛公之功
右弟十行十五字内合文一　句三十四　仐余
非啚　徐曰字亡畣見石鼓文　受也記曲禮五官
致貢曰啚　又古文有[illegible]古文般言不毆般于遊
田也上左有泐　徐曰字作嬖下同　說文嬖奢
也　句三十五　女汝毋毌毆妄　日照許印林瀚曰
荒余謂从亾从女邑荒之字也㡿省丁　自言不
毆有般樂之啚公大不可以荒爲安也　句三十

六虔丮夙夕叀叀古文惠省我一人合文　徐曰
夙夜匪懈虔共爾位則惠我一人矣　句三十七
右弟十一行十六字内合文一
𩁹雝和也从攴　徐曰擁任也我邦丰肙蝕小大
合文猷徐曰謀猷　即申上文燮邦義　句三十
八毋母折古文誓省咸古文緘省　徐曰詩考槃　都公讀盦緘字加言口
引矢弗告箋不告君子藹道即此折言緘之義　句　申上文寔言詳義　即
三十九告余余光王若若德徐曰若德順德順德
明德也　句四十用
右弟十二行十六字内合文一
卬古文仰卲古文昭金文昭宮皆作卲古昭穆字
此當通紹堂天驡古文纘　說文繼也　許印林
曰驡字被宋人釋爲𩕶字編止字書牢不可破顧
所謂𩕶京者兼一可通即石鼓驡字大不得解讀
者皆兼異議何也此鼎驡字兩見覈其文義似即
纘字借縛爲纘驡疑縛之大篆　徐釋紹曰字作
𩕶見石鼓文又薛氏款識𤔲敦𢉉敦及牧敦𠭰敦
陳侯因𬯀敦𢍰練余釋卲爲昭爲紹練爲𩕶爲
纘與此同練纘夬一聲之轉　徐釋佀未安（朝）字从
冂从𩁹與下同此𠂿象有洳肙非从寍　許釋恪纘

恪似木協　徐釋造曰字𠀤𥨊古文造𠀤艁又𠀤
寤此从宀朝聲　釋造於此文義可通惟字从𦨶
从舟不从朝大命　徐曰助王宅天命　句四十一
康能 能 三 四 或 國　句四十二从許俗 許讀爲
裕屬下句　徐句曰惠肅小民柔遠能邇安勸小
大庂抒也書舜典鄭說曰能恣也肅能二字大見
博古圖齊戻鐘我弗𠀤
右第十三行十六字
光王[illegible]　徐釋傎曰顛覆典型　顛越也或釋憂
此以上申命毛公益勤其功之辭本章共二節

統上章言天言先王爲命之總敘爲文之前段
右第二章　句四十三　王曰　句四十四　父厝
句四十五　雫业㞙 庶　徐曰謂雫之卿大夫士及
庶人壮官者周禮大宰施則于都鄙注長公卿大
夫王子弟食釆邑者兩二卿伍大夫五人𣪘罰士
輔府史　句四十六　出　徐曰自天子所出也入 徐
曰入天子之國也事于外　句四十七　車 古文敷
命車 敷
右第十四行十八字
政　徐曰詩烝民明命使賦賦政于外傳賦布也敷

與賦同義　句四十八　嬰 嬰至也周書大命不嬰讀若摯同平下从女金文中他字屢見　徐曰字止嬰讀如貪欲乘藝之藝極也　小大 合文　書乘逸至于小大　句四十九　㯥 楚　徐曰芻新　䞓 賦　徐曰賕賄　徐句 □唯 正　古文征 □中　古文般此字甚明上□與前登字同不从般前般字上左雖有泐而□之同□乘疑右止止□乃剔誤易辨確非般字之舟木可遽定爲般□與登𩠏相同則字夫當近登有登膂進訓如書乘逸惟正也供也乘唯正般似少費解或曰正讀如識而不征之征徐曰般樂　句五十　□ 弘　□ 其　唯王智 智　句五十一　逌 迺

右第十五行十六字內合文一

唯是 是　□ 叀　我或 國　徐曰䀠知也故繼也是我自叀其國也　此承上章余非亯有□辜也卿大夫士爲公所屬者若呂聚斂大謂我智乃是叀我國非如公保余沖子壯仗之智也　句五十二　厤 古文歷　自令　書五政繼自令文同　句五十三　出入 旉 敷　命于外　句五十四　乃非

右第十六行十六字

文本四　第十葉

㯥 楚。徐曰芻薪。詩喬木翹翹錯薪言刈其楚。周禮大宰芻秣之式注養牛馬禾穀也。䞓 賦。徐曰賕賄

文本四　夾條

此前一段中空白幾二行

光告父二層二 父層二字重文屬下句舍命 徐

曰詩羔裘曰舍命不渝箋舍處也謂自處其命此

則處彼之命 吾其屬出入王之政命必先告毛

公自公出命故曰舍卽下文于父卽君命也 句

五十五五十六 母 毋 又 有 二又字皆佀从月泗

非省 敢𢻎古文𢻎省 尃 敷 命于外 此音令之命

公既戒公之屬益尃公之任也本章共二節爲命

引起正意 右第三章 句五十七 王

右第十七行十七字內重文二

曰 句五十八 父層 句五十九 令令 余 唯黼

古文纘 徐曰紹 光王命 句六十 二 命字重文

女 汝 亟古文極省周禮天官序官以為民極極訓

正又訓中書君奭乃悉命汝作汝民極蘇氏曰位

三公以為民極也 一方 徐曰吕雱為先務 句六 一方當指豐鎬之西

十一 （弓） 从冂从弓弘宏𢎘文卽令弘字从口从厶

之所本

右第十八行十六字內重文一

我邦我家 句六十二 母 毋 雝 徐釋頟曰當讀如

唯義近頟大戴禮唯唯頟頟然釋名頟𠃓頟云頟

悍之 下空一格先寫注後寫 干政 ○句六十三

文本四 第十一葉

文本四 夾條

頟朕悍也于政雖似當讀如頟有遏閼意與下勿
壅同　句六十三　勿雝古文壅詩大車維塵雝兮
𢓊古文建𦱢庶厂泐人字半蝕害古文害言
勿壅蔽建及庶人以災害也　句六十四　母毋
右第十九行十五字
𣪊龏古文共通供叀＝古文叀叀字見石鼓文
說文囊張大皃从橐省匋省聲橐＝重文未詳詩
斯干有橐＝文而此不可通或鄭橐卬吾也與𢀋
蓋以緟章束兩口也篆即古束字今字之冂即〇
上又加𠁿類𢑴也𢑴失兩束之義下譌从木更不
可通　徐釋包曰字上龏橐共供給包苞苴　橐
或上橐集韻橐張大皃　句六十五　𠧪迺䝁古文
侮詩常棣外禦其務當即䝁之譌今說文䝁失侮
訓　徐釋䝁誤以左𠂇爲束𦣻鰥寡古文寡言
鼎敢以供鮑私橐之故乃至侮鰥寡也前戒其爲
王聚斂此戒其自私貪墨　句六十六　善效徐曰
責效　乃𢦏友　徐曰即太史友內史友之友　正徐
曰即惟厥正人之正　句六十七　母毋　敢
右第二十行十五字內重文一
𠟭古文𠟭　徐曰右旁上𦥑篆頭𠧪豐滿形　上

𠂤兩總角形下𠂤齒舌形全文舊釋格上三矢者
余謂與此同爲面形从三𠆢者總角與中笄總也
此與酒誥有正有事無敢湎于酒矧太史友內史
友文同于酉古文酒　句六十八女汝母毋敢
𡖊𧰼古文墜省徐釋𤔲誤十古文壯乃服書酒
誥越壯外服越壯內服惟服也　句六十九[illegible]
古文造从寤此不从屮而从豖造字兼疑詩公劉
乃造其曹執豕于牢豖大曰牢則用可通矣前造
造周也此造造朝也可見徐釋之善已徐此釋圉
有說誤句大誤夙古文夙夕吏敬古文敬字中蝕
念𢓊王徐曰逸周書作雒解大云敬念彼紀周公
敬念周室克造作大邑于土中此則謂諸臣之賢
者乃心罔不壯王室也　句七十
右第廿一行十六字
俾古文俾不賜古文錫加目　徐釋賜曰澗賢于
不賢使其不得王賜　使不賜勿使王不賜也古
文之簡也　句七十一女汝母毋弗帥循也字𠂤
𨑩不从𠂤古文多𠂤率記文王世子武王帥而行
之　句七十二用光王𠂤𠕋井古文型省　句七
十三俗許印林讀爲裕　書康誥若德裕乃身裕

用先王之明井古文型省毋雖于政率由先王之舊章也
毋壅速庶人貴文王之懷褱保小民也毋敢龔槖廼
侮鰥寡文王之惠鮮鰥寡不敢侮鰥寡也毋敢
湎于酒文王之誥教也無彝酒也此先王之明型
也所吕宏大戒靭家者也
白七十三

文本四　夾條

乃召民甯　徐句曰邢節每鐘云不敢弗帥用文
祖皇考穆秉德指明德吾此則指新民吾　徐以
俗如字屬上故訓新民女汝弗
右第廿二行十六字
召乃辟（注）古文召䧟省與不嬰敦汝休弗以我車
召于艱召字關皇父敦匜召字兼畟以關省定䧟
省　徐釋向曰匋陶本字是文右止上止目形陶
復陶穴之象當是向字　當从䧟釋于艱艱古
文艱　前一章戒毛公所屬之辭此一章語語致
戒毛公之辭統爲命之正意爲一篇之主爲文之
中段　右第四章　句七十四王曰句七十五
父厝句七十六巳徐曰語辭曰書君奭君巳曰
此吾已命之也　句七十七𢓊役古文及88古文
茲右半蝕鄉
右第廿三行十五字
𡭴使卿事　徐曰讀如士卿士公卿大夫之通
偁寮古文寮同官曰寮　句七十八大史　徐曰
掌則以逆都鄙之事寮　句七十九于父卿
君命　徐曰卿就也出納王命爲王之喉舌也
句八十女汝𢦚此字金文屢見而兼定釋　徐釋

畯曰字佡鍐左旁从佡井會意見博古圖齊矦鐘

及龢公鼎𤔲公

右第廿四行十四字

族古文族原范有失　徐曰禮文王世子庶子之正于公族鄭注庶子司馬㞢屬掌國子㞢倅爲政于公族者燕義鄭注庶子卽夏官諸子職也周禮諸子掌國子㞢倅先鄭云燕義曰古者周天子㞢官有庶子官與周官諸子職同文周禮序官政官之屬諸子下大夫二人注或曰庶子是公族下大夫所司而統率于大司馬卿一人曆之司公族當是命自武王成王特申命㞢故上文云肇經云紹而此則云畯百畯通駿長也它器畯臣畯保義竝同　畯金文㠯晥庶子諸子以所司名其官故前夫曰雩㞢庶也　句八十一

雩𠭯叄古文三　徐曰三鄉㞢稱㠯下皆公族㞢仕于王朝者　句八十二

有𤔲司　徐曰公有司國有司皆是　句八十二

小子合文　徐曰主祭祀㞢小事　句八十三

師氏　徐曰㠯三德三行敎國子　句八十四

虎臣　徐曰虎賁氏　句八十五

雩朕褻事　徐曰督御執王事者書顧命師氏虎臣百尹御事文同　句八十六

王。周禮諸子若有甲兵之事則授之車甲司士周知邦國都家縣鄙之數卿大夫士庶子之數疏士庶子者亦如宮伯卿大夫之子謂適子庶子其支庶宿衛王宮者也

句八十七

右第廿五行十五字內合文一

弓乃旅 古文旅令字业从从方从人乃分㫃形為二

干古文扞省 吾 吾古文禦濕楊君石門頌彊禦止彊衙衙吾通 徐釋干御曰讀如扞禦詩兕置公侯干城傳干扞也御古文止遐此止吾遐之省

王。 句八十七

寺 徐釋為侶阮氏齊侯罍下字許釋身以有汾皆未敢定余疑家省宀音能扞禦則家有所養也

臤 取 賣 上有汾疑求字書呂刑惟貨惟來釋文馬本止求云有求請賕也惠棟曰案濕盜律受賕郎書惟貨聽請郎書惟求呂下鍰爲

文本四　夾條

罰金或是財也徐釋賦此與前賦字不作佀均未
可定□□。爰占受與古幣同古文鍰鍰六鋝也小
爾雅廣量鋝謂之鍰 徐曰考工記注六兩大半
兩爲鋝前云舍命否者咸之此云取賦若者賞之
此命之正意已畢復命毛公與公族之有仕有
執事者共率乃族衆吕蕃衛王室而族衆之家皆
有所予也蓋周有大賚必先不施其親而宗子維
城尤重本根之芘其下則申錫毛公之事也 句
八十八 □ 錫 女汝 □ 古文秬从矩从學 □ 鬯 一 □
古文卣 句八十九

文本四 第十六葉

佀均未可定 下接添寫 周禮大宰以九賦斂財賄（注財泉穀 無泉者）疏取
財賄吕當其泉之數（賦）又邦都之賦者大都采地其賦入
主外爲公邑其中公邑之民出泉入王家也 □□。

文本四 夾條

右第廿六行十一字

覍 覍古文弁 圭 弁籀文𠀤皃玉篇皃攀也所㠯攀
持髮也以鹿皮爲之此从声从皃弁字兼疑加尸
同薛書郇敫儀禮覲禮注皮弁者天子之朝朝服
也士冠禮注皮弁者㠯白鹿皮爲冠象上古也周
禮弁師注弁者古冠之大稱說文弁名出於槃槃
大也此弁圭是大圭大圭即介圭也 徐釋瑒㠯
瑒圭瑴圭卷圭祼圭爲說 句九十 鬲 古文鬲
鬲吉 徐曰祼圭之瓚也謂之鬲鬲吉者瓚㠯玉爲之
形佀鬲玉人注瓚如盤蓋鬲之淺者或如盤也
當是盤之寬邊者鬲吉保玉疑祼時即以所執圭置
瓚上而灌之非㠯圭爲柄 句九十一 朱市 古文
芾 空一格 徐曰蔽膝 句九十二 黃 徐釋元黃曰黃
讀如衡紞之衡 余疑即蔥衡蔥衡即蔥珩黃即
橫通衡又通璜㠯覽舉難翟璜古令人表𠀤翟黃
白虎通瑞贄璜者橫也愚謂𠙴上又加丨即悤之
義蔥璜𠀤𠙴黃皆古省文 句九十三 王 古篆文
玉 環 說文肉好若一謂之環余所見者中厚肉好
兼廉隅也 句九十四 王 玉 鈺 徐曰字𠀤鈺金从
金鈺聲白虎通循道兼窮則佩環能決嫌疑則佩

玫　[illegible]疑从二舍即吏奭文若从二金則與師𩛥
阮釋滑余曰雝父尊二金字略近　以上圭瓚偁（六字旁注）
玉皆玉類而朱芾居其中杜佩上五瑞吕封邑瓚
吕祭芾偁吕衺德賜之至重者也　句九十五　金
車　車之兩輪兩轄貫吕軸兩服馬駕衡夾輈之形
釋从𢆉之軒非　蓋賢之禮車之賜爲重故首及
之　句九十六　[illegible]　許釋憤　徐釋来爲句曰周禮
巾車金路同姓吕封乘乘馬乘馬路馬　余釋𢎘
縟　古文幦即幭說文幦髼布也周禮曰駹車犬幦
幦覆笭笭式也記羔幦鹿幦詩鞹鞃淺幭傳覆式
也正義幭禮記作幦周禮作榠字異而音同幭又
作簚今說文𦃇字爾雅釋器注今之翻車也　較
古文較說文車輢上曲銅也考工記注兩輢上出
軾者古令注重耳古重較也文官青耳武官赤耳
𢎘縟較𢎘幭𢎘車耳也猶青赤耳也　徐曰字作
較見說文縟所吕覆者　句九十七

右弟廿七行十七字

朱器　徐釋器曰朱鞹之屬句許釋同　余謂徐
大疑辭器从犬有守義此从𢆶非器明矣疑是縟
字左桓公傳藻率吕韋爲之率縟韠同蓋韋索也

韋索與鄉相類又疑𢇍字古𢇍从止此从止从系
省車加四口說文器眾口也讀若戢輯車和輯也
列子齊輯乎轡銜之際詩六轡耳耳有戢義器
有戢音故从器歟[illegible]弘古文靷省詩韓奕傳靷軾
中也說文車軾韻會玉篇類篇竝引㞢車軾中靶
朱綍靷朱韋索朱軾中靶也𢇍釋雖可通然與鄉
不相類此車上者　句九十八　[illegible]古文韣詩葛
生傳韣而藏之釋文本又㞢欘㞢櫝記明堂位載
弧韣注弧旌所以張幅也其衣曰韣此字从米
郭櫝古文檏省不从欘斤旂省冗張幅形韣字从[illegible]
疑下有弓韔此當是張旌旂幅之弧之衣故曰韣
衣也衣合文徐釋一字爲幭曰字㞢旂冗衣从衣析
聲凡其篆也詩梁山傳靷軾中也幭覆式也句
上既有綴此不得更爲幭矣　句九十九虎[illegible]古
文韔徐曰字㞢宮韔爲弓室故从冂韔大㞢邑故
从𠂤　句一百當㞢讀[illegible]古文熏从許釋徐釋
練非衛徐曰虎韔裏　句一百又一　右[illegible]古文
距東武劉熒庭方伯喜海臧弓父庚卣弓㞢[illegible]形
卜壯上是張弓有䍃飾形[illegible]篆之十是弛弓形壯
弓右故曰右如雞距故曰距壯弓末故曰距末周

制當㠯右距爲貴故曰右巨士卒所用弓必是上
下同乘㠯見左右故右距者爲貴也　徐曰良弓
名禮曲禮右手執簫注簫弭頭也詩采薇傳象弭
弓反末也廣韵弰弓弰集韵弰弓末是簫即弰字
弭頭即弓末也積古𨊠款識載距末一器據國策
谿子少府時力距來皆射六百步之外荀子繁弱
鉅黍古之良弓也文選閒居賦谿子巨黍異秦同
機釋爲弓簫所飾器則此右巨乃當時弓名㠯簫
右手所執而偁右巨也巨距鉅厷通轉字　此車
中所載者征伐之賜弓爲重故先及之　句一百

又二　𦘔　古文畫同彫說文彫畫也太乍雕畫峻
宇彫牆傳飾畫此从聿从文从周隸畫飾彫三字
之意　轉　說文轉車下索也或借縛急就篇顏注縛
在車下主縛軸令與相連　句一百又三　畫⿰車桼　古
文膝字乍[illegible]與前徐釋⿱步女之字同乍般則从步
不可解乍膝則記檀弓邊乘膝釋文膝本又乍滕
易咸釋文膝虞乍滕此之从步从女均有可據而
前之又滕乘唯正滕則更不可通仍从徐而坿所
疑㠯俟博問君子　徐釋鞶曰樊纓　愚疑加車
即是別於馬大帶非鞶　句一百又四　金

右第廿八行十六字内合文一

甬 徐釋釭曰字止甬說文釭車轂口鐵也釋名釭
空也其中空也甬乃鐘柄釭形佀业故假甬爲釭
令見古鐘甬中空 句一百又五 𨪔 古文鎝
詩采芑傳鎝衡文衡也釋器鏤謂之鎝通俗文金
銀要飾謂业鎝鏤 徐曰鎝字止道本迹道字假
爲鎝 衡 句一百又六 金嫜 古文嫜 徐曰輔
业末所吕納後軫者 金嫜當即同令輪鐵記曲
禮車輪曳嫜 句一百又七 金豪 徐釋枙曰字
止豪豪豕怒毛豎豎从太有止義枙爲止車物故
假豪爲枙 句一百又八 𠜂闢 徐釋粲轡曰字
止𠜂闢詩小戎傳粲歷錄也梁輈輈句衡也一輈
五束束有歷錄此从束从丿丿句衡业豕說文轡
車衙三束也曲轅轡縛此从䜌束成則轡成矣
粲字雖不佀而𠜂字說則通字右似刀與勒力同
句一百又九 金簋 古文簞 弻 古文第 徐曰
字止簋弻簞从皿者皿吕覆器簞大覆也第止弻
者古文弻或止𢏚又輔弻业弻大止佛 金簞第
者吕金飾簞第也令第讀若弗說 句一百又十
[illegible] 古文葡夕即夂不同甬 徐曰字止葡說

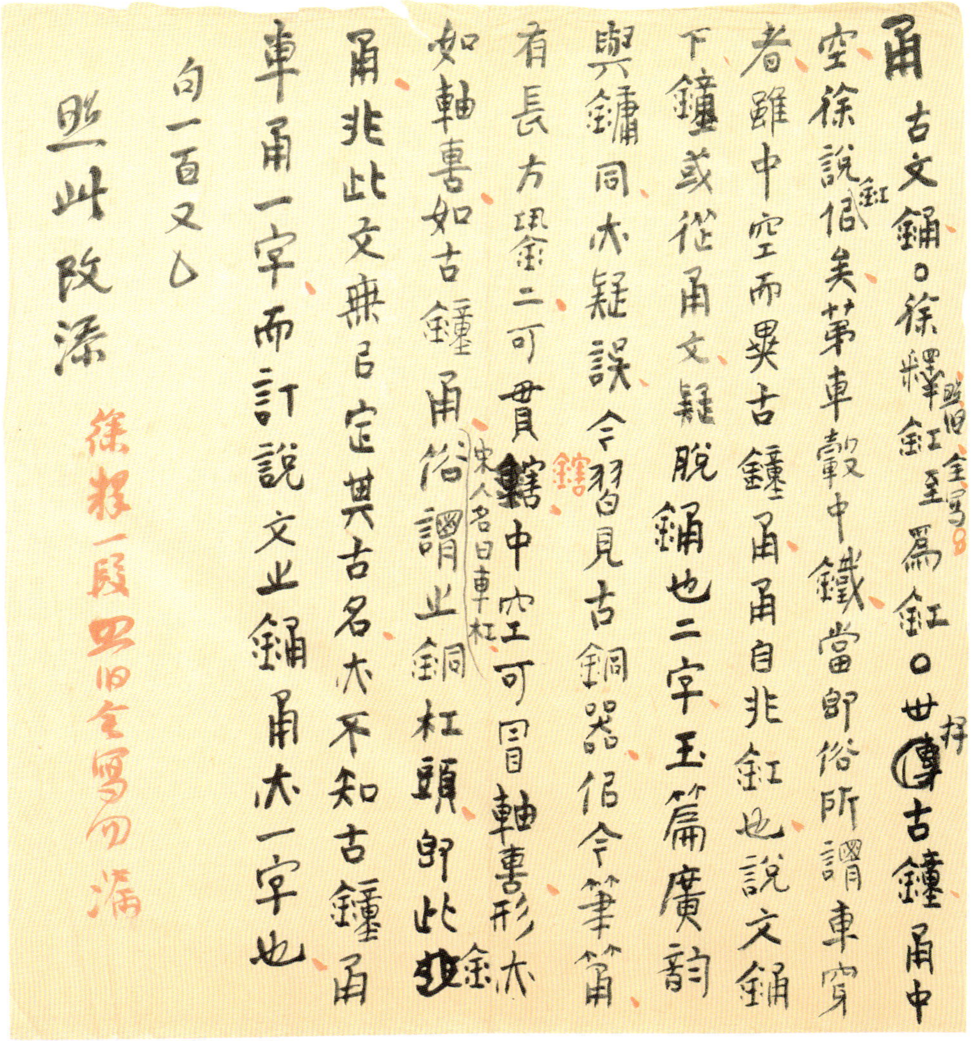

甬古文銿。徐釋釭，至爲釭。世傳古鐘甬中空，徐說似（釭）矣。第車轂中鐵當即俗所謂車穿者，雖中空而異古鐘甬。甬自非釭也。說文銿下：鐘或從甬，文疑脫銿也二字。玉篇、廣韵與鏞同，亦疑誤。今習見古銅器，似今筆筩有長方坧銎二，可貫鎋中空，可冒軸害形，亦如軸害，如古鐘甬。俗謂之銅杠頭，即此也（宋人名曰車杠）。甬非此文，無以定其古名，亦不知古鐘甬、車甬一字，而訂說文之銿、甬亦一字也。

白一百又八

照此改添

徐釋一段照舊全寫勿添

文本四　夾條

文引易犕牛乘馬葡卽犕省 詩乍奧服余疑天
箙壯車外旁。此車前車下車旁車後者矢從於弓 空一格
故次及业 句一百十一 馬
右第廿九行十五字
三四 合文卽四匹統匹字上畫計非三匹也 徐
曰書文矦业命馬四匹傳四匹曰乘是銘旣曰金
車乘又曰馬三匹蓋如左莊十八秊傳命业宥业
业意 句一百十二 攸古文鋚省 勒古文勒 徐
曰鋚革轡首也 說文鋚一曰轡首銅也詩韓弈
箋㠯金爲小環勒金爲业所㠯勒馬鑣銜者周禮
巾車朱勒後人㠯轡爲勒北人避石勒名 句一
百十三 金唿古文觼 徐曰字乍噊从口矞聲詩
小戎箋觼㠯白金爲飾 說文觼環业有舌者有
舌故从口舌出環如矞故从甬歟大戴禮引詩乍
䤩 句一百十四 金是銘金皆乍金 膺古文膺
徐曰鏤膺 詩采芑傳鉤膺樊纓也詩小戎傳膺
馬帶也棲帶壯馬膺故名非馬大帶业名樊者唿
上佀从勹从口疑古文句从矞句形疑卽鉤膺业
鉤太元注鉤所㠯屬肇也記深衣注鉤讀爲鳥喙
必鉤业鉤 馬业賜從於車故後及业棲文业言

易古文錫　春秋文元年天王使毛伯來錫公命傳曰錫
者何賜也命者何加我服也　女汝

文本四　夾條

賜器莫重於玉邑莫尚於朱車莫堅於金故車馬
之制金與錯凡八見乘非所以明金路也　句一
百十五　朱旂　徐曰交龍爲旂　下从二人可見古
旂旅一字㫃即旗鄉行旅從旅扗車後旂下說文
旗期也吾與眾期於下　句一百十六　二鈴　合文
古文鈴从命鈴如鸞鈴和鈴二者所以和也　徐
曰鈴扗旂上詩載見注　旂爲車上之表軍中之
望我朱取色之陽二鈴取聲之和賜之有光者也
故車之屬以是主之古文字於緐瑣處尤有條理
若此　句一百十七　易 錫　女 汝　兹 此也　䑣 左半蝕

右第三十行十六字內合文二

用戠 古文錢省从二止非戉步　徐曰字从戠與
戉字同意重吾錫汝幷云兹朕所用之錢重其物
也號季子伯盤賜用戉文同而彼不言兹朕　句
一百十八　用政 古文征　徐曰征也正也　盤文
用政蠻方用政同記王制諸侯賜弓矢然後征賜
斧鉞然後殺賜圭瓚然後爲鬯自是以賜鉞爲重
戉王錫毛公言此乃朕自用之鉞則又重之重者
也重吾錫汝以見非常之賜大書特書之筆非弓
矢所得比也毛公先朝同姓重臣故錫命特以是

文本四　第二十三葉

終之而不復如盂鼎之猶有勉辭也　此以上史書成王命于冊之辭以書洛誥作冊逸誥推之即史佚也　此一章將言錫毛公之事而先之以聯族屬惠族眔朕後以錫予致禮遇之崇爲命之終爲一篇之總結爲文之後段　右第五章五章凡三致意煌煌大文而以簡馭繁有條不紊若此此豈後世能言之士所能及哉　句一百十九毛公

厝自稱國封邑稱官稱字不名是周之禮制也

猕曰毛畿內邑武王以封其弟是爲毛伯成王時爲王朝卿士偁毛公校左僖二十四年傳毛文之昭也文十五年傳毛伯衛書顧命毛公傳云偁公三公六卿次弟司空弟六毛公領之毛國人爲天子公卿又王云毛文王庶子周禮太宰注毛聃之屬壯畿內者具言毛公國邑官爵世次獨未及名字逸周書克殷解王即位于社毛叔鄭奉明水史記周本紀既入立于社南毛叔鄭奉明水竊謂顧命毛公六人皆武王舊臣則毛公自是毛叔鄭潔書古今人表列毛叔鄭于武王時列毛公于成王時猶之左定四年傳武王之母弟八人聃季爲司空而五叔無官注又有毛叔聃以一人爲二人其

誤顯肰可見書文戾㞢命傳云俌父者不一故㠯
字別㞢令㠯文戾名仇字義和推㞢鄭毛公名而
厝迺其字也又桉鐘鼎文鄭亶㠯眞不从邑說文
眞置祭也禮郊特牲蕭合黍稷臭陽達于牆屋故
既奠然後焫蕭合羶薌注眞謂薦孰時也特牲饋
食所云祝酌奠於鉶南是也詩生民取蕭祭脂傳
卽用郊特牲㞢文惟羶薌㠯馨香履帝武敏歆傳
歆饗也其香始升上帝居歆箋其馨香始上行上
帝則安而歆饗㞢鄭从眞聲眞有歆義證㞢古人
名字相配焱合又桉竹書紀秊康王十二秊有毛
懿公䋣王十二秊有毛伯班共王九秊有毛遷懿
公當卽毛公厝㞢謚班遷蓋其子若孫䋣天子傳
毛班郭注毛伯衛㞢先 **對揚天子皇** 徐曰大也

右弟三十一行十二字

休 句一百二十 **用乍障鼎** 句一百二十一 **子=**
孫=永寶用 句一百二十二 此三句是毛公記
事㞢辭惟未書秊月耳不書秊月夫是簡謹處
徐曰對揚皇休用乍障鼎詩江漢集傳所云答揚
天子美命乍廟器而勒王策命㞢辭是也 愚謂
此毛公自乍重器與盂鼎詩江漢不同非祭光廟

业器毛公文之庶子不得宗祀故不自乍廟器而
其子孫世守之卽其廟器矣　徐又曰子=孫=
爾雅釋訓云引㢩極也三句皆古器物銘習用語
它器尚有萬季等字此不箸者吾則有萬季业
意壯且吾訓𠬝有所㠯訓业业意壯書梓材云子
子孫孫勿替引业其旨微矣　文固簡老夬自乍
器辭當如此爾

右弟三十二行十二字内重文二

徐曰書金縢管叔及其羣弟乃流言于國㠯
下季次諸説互異惟鄭氏可爲據鄭云成王
季十二明季將踐阼周公欲代业攝政羣叔
流言周公辟业居東都時成王季十三也令
桉是季爲成王嗣位业三季鄭云居東二季
成王收捕周公业屬黨時成王季十四也令
桉是季爲成王嗣位业四季鄭云明季秋大
孰遭雷風业變時周公居東三季成王季十
五迎周公反則居攝元季也令桉是季爲成
王嗣位业五季鄭云居攝四季對康叔乍康
誥五季乍召誥七季乍洛誥乍康誥時成王
季十八乍洛誥時成王季二十一也令桉是

右第三十二行十二字内重文一（下另添四行、仍占半行寫、）

銘（命辭）凡五章、一章、章二十三句、二章、章二十句、三章、章十四句、四章、章十七句、五章、章四十四句、叀記辭（一章章）三句、共一百二十一句、三卅二行

四百九十九字、萬〻爲重文則五百字

下接徐曰書金滕君行

字數再為算之、句數亦算之、為然

重文者也是一字

文本四　夾條

秊爲成王嗣位之十二秊又居攝元秊三監
及武庚叛周公東征明秊殺武庚及管叔又
明秊周公歸凡三秊鄭不云者以互見大誥
等篇也是銘當扗迎周公反東征時作擬之
尚書百篇當曰毛公之命咸豐四秊甲寅夏
五月嘉興八十者徐同柏籀莊釋文
秦燔之後羣經大晦兩漢之際眾說淆亂雖
古訓多聞非後世所及而天命自然之理聖
人大中之心漢儒則未能深造自得而有以
折衷羣言之是非卽此論之三秊亮闇百官
總己以聽冢宰周必不異於古公位冢宰聽
政自是職內事何須有欲代之心居攝二字
令經無之卽有傳文大同宅憂之說必不如
莽之紀元況收捕屬黨之誕妄已極乎夫大
聖人之心非可以博雅測大聖人之事又豈
可以文字證其可以百世俟聖人而不惑者
大惟明於聖人之理而已明聖人之理然後
可以知聖人之心知聖人之心然後可以論
聖人之事當於理者取之背於理者舍之徵
者信之闕者疑之而已未有敢以臆武斷者

毛公之命。按此銘於周書周召文字外自爲周初鉅製亦非它書所可比擬也

咸豐四秊

二十五字。寫十三格。雙行小注。

○空一格

文本四　第二十七葉

文本四　夾條

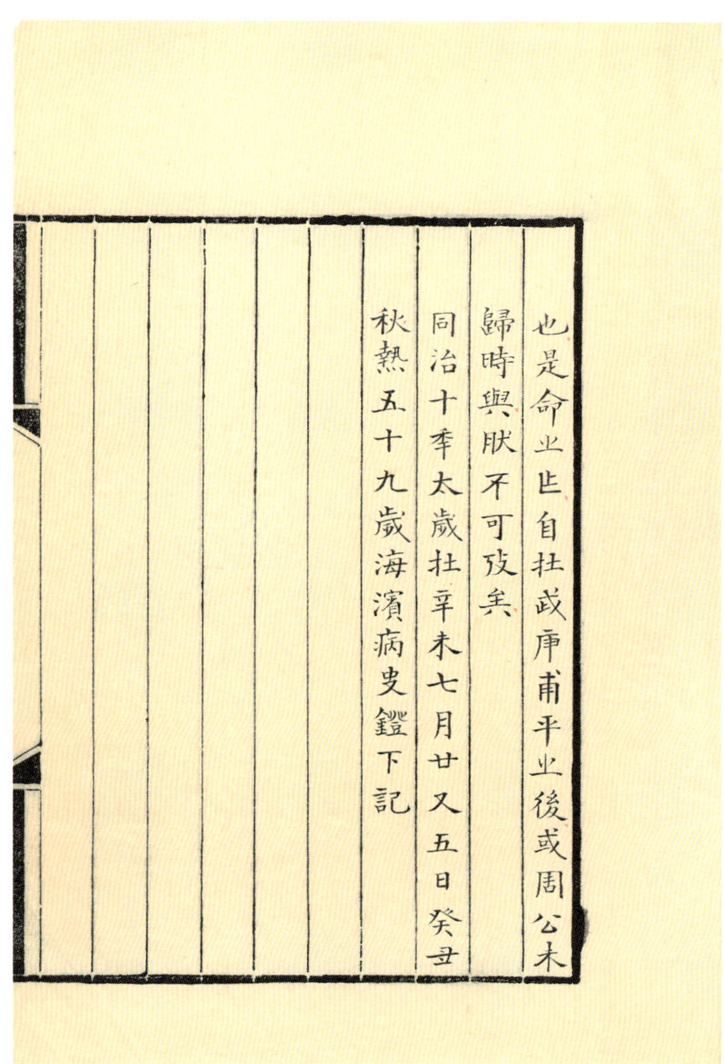
也是命之㞢自𢦏庚甫平之後或周公未
歸時與朕不可攷矣
同治十年太歲在辛未七月廿又五日癸丑
秋熱五十九歲海濱病叟鐙下記

文本四　第二十八葉

二清毛公鼎草稿

文本五 夾條

周毛公厝鼎銘釋文 參訂籀莊先生從古堂本
嘉興徐籀莊同柏曰周之王子弟食采于都
鄙成王時毛公監其地受王命而作是器
校銘毛公監都鄙自是武王時成王嗣位冕
垂後申命之毛公鑄冊命之辭于鼎
王 徐曰成王若曰史述王命作冊之辭若者史文
之謹也 句一 父 徐曰同姓之稱 厝 歆 徐曰古
文歆 歆字从欠說文云神食气也此从厂者厂广
古通禮郊特牲蕭合黍稷臭陽達于牆屋厂牆屋
之象 厝毛公字不名之故稱字箕其名歆其字
也 句二 不 如字 徐釋丕 顯 不顯顯也 文武
句三 皇 从川从日从土象日出地上光气上射煌
煌然也此爲皇之正字 天 引 弘大也
右第一行十二字

猒 猒古文厭饜足也 乃德 徐曰書洛誥萬年猒于
乃德馬云厭飫也 㥁从十从目十古𠁣字謂目
𠁣之也即古文相从心心相悳也加彳德行也
句四 配 配从卩 我有周 配克配彼天也周配天故
天配周也有从夕夕即肉不从月不省占久 句
五 雁 雁古文膺 受 受 大命 不省作令 句六 衎 衎

文本五

周毛公厝鼎銘釋文【二清抄校稿】

毛邊折葉、綫裝册，一册三十一葉，内文二十九葉，前後書衣各一葉。半葉縱25.2cm，横17.7cm。版印邊欄，四周單邊，黑口，雙魚尾。半葉十行，行十九字。

他人據文本四謄抄，簠齋再校改。從修改痕跡看，簠齋對内文至少有兩次修訂，第一次爲朱筆句點和修改，第二次校增補充的内容分别墨書於三片夾條（在文本七中補入）。另有一夾條墨書「二清毛公鼎草稿」。在兩次修訂增補之間，還有一份經第一次修訂後的謄清抄稿，即文本六。

文本五 第一葉

古文率讀若律　徐曰率循褱　褱古文懷　徐曰
懷柔
右第二行十三字
不廷　廷古文庭省从人从土从乚乚平也直也方
徐曰詩梁山韓不庭方傳庭直也常武徐方來庭
傳來王庭也此當兼二訓　即大廷王廷之廷令
作王猶有从乛从土合而為一之意作廴則失乚
之象而不足見平直之訓矣　句七　亾古文罔省
不閈　徐曰里門曰閈與干城同義　即書文矦之
命汝多脩扞我于艱之扞扞衛也从門門所以扞
衛也　于文武耿古文耿从巨从火光　徐曰書立政
以覲文王之耿光以揚武王之大烈析言之此曰
文武耿光統言之耿光書大傳作鮮光　自當以
此耿字為定　句八　唯唯不省　天上从●　愚謂象
天圜形下加大　庸徐曰字作𩫖下同號季子白伯
盤作𩫖字形小異　愚謂𩫖即城墉之字上从版
形下作墉形有女牆及築土之象圜點即杵築形
子伯盤之文上下互易耳
右第三行十四字
集　从隹上夕象首喙中巳象翼下卜卜象尾有

岐此別誤通爲一亶 乃命 此以上述文武受天命
句九 夫唯 古文多省口不見令惟字 光正 徐曰
書文𡰥业命夫惟先正鄭云先正先臣謂公卿大
夫 ·即正之古文下加止 句十又似讀 咢
咢古文謣 徐曰謇謣咢謣古今字 辥 徐曰讀如
燮古文燮或作燮謣燮和而不同之意 乃辟 句
十一 𠭯 登說文登禮器也从廾持肉在豆上此
上加夫夫夫聲 莫 𡗜古文勤省下有㳄似从火後
譔字可證 大命 徐曰登成勤勞詩昊天有成命成
王不敢康成謂自成此謂先正成之家語云湯武
召謇謣而昌夫即此意 先正者先王之正臣有
正毛公先王文武臣故謂之先正 句十二
右第四行十二字
𤕌 肆故也左即令長有右即聿𠬝𡗜失佋通 皇
皇 天亾 古文罔省亾又通𠔁 𡗜 古文䍐即斁
徐曰字作𡗜見博古圖疑生豆 句十三 𡂿 臨 保
从子从丨丨即褓令字作𠂐昧其義矣 我肴胄 徐
曰呂覵臨也保安𠔁斁 句十四 不巩 古文恐省
先王配命 徐曰易震象彖傳恐致福也言恐而不
恐之義自見詩文王云永言配命 言先王之配

天命者言先正而不至恐懼也　此以上言毛公
佐文武受天命　句十五
右弟五行十六字
取古文慼省天𡘋爽　徐曰字作烓从大㞢㞢夾
聲見博古圖齊侯鐘甹俾使也盂鼎乍𤔲司不
乍𤔲　徐曰爽失俾使司職司言天仁覆閔下不
得職司若或使之　言天使司牧之君令失其人
也慇天卽詩旻天爾雅釋天秋爲旻天郭注旻猶
慇也書多士旻天大降喪于殷馬注秋氣殺也詩
召旻序旻閔也　句十六　余小子合文弗彶彶古
文及　徐曰猶云予則罔克　徐句𢀜邦　句十
七庸用也　徐曰民功曰庸害何徐釋曷蓋謂害
曷何通也吉徐曰𦿔也𤔲二古文治二畧兩手持矩
治絲之形　徐曰讀爲嗣治三古文四方用何𦿔
治治四方也　句十八大
右弟六行十九字内合文一重文一
𤣩𣥠字上原有鎔闕下抒大半佀四止說文𣥠不
滑也从四止𣥠辭大招四酎并孰不𣥠嗌只考工
記廬人注正於牆牆𣥠𣥠不通不順之意廣雅釋
詁𣥠難也艱難患難字通卽大難也又疑降字不

靜从𡴂卽青爭𡳿𠬪兩手拔屮木梠之彖書大
誥䜌大民不靜　句十九　烏佀隹而首上加月呂
彖烏喙之形　虖古文嗚呼　句二十　𦧵古文瞿
从𡗝从孟而省一止記檀弓瞿然曰呼同　徐曰
讀如懼義與懼近　句二十一　余余小子合文[illegible]
家从◯古文浥古文湛讀為沈从日从曰呂匕取
物甚曰之義余所感藏聿鼎古文𨟻夫𡳿曰于
𩕁囍古文艱　徐曰斥戉庚及三監事　句二
十二　引巩古文恐省巩兩手奉揚之形工卽矩恐
偭規越矩也　光
右第七行十六字内合文一

王此以上成王自述嗣位遭家多難與周頌閔予
小子訪落小毖文同本章共三節　右第一章
句二十三　二　王字重文　曰　句二十四　父厝　句
二十五　令字為鎔銅所掩　余余　唯　古文經
常也　徐曰理也　光王命　句二十六　二　命字重
文　女汝　辥古文燮　徐曰燮和　我邦　徐句　三公
之職書周官論道經邦燮理陰陽也是命也其柬
征旣平戍王初政之日乎　句二十七
右第八行十八字内重文二

我家内内外愳 愳古文惷省从兩手奉杵午即杵
讀若春令俗字作惷書大誥越茲蠢令蠢乞蠢蠢
當大从春愚而兼知之貌此當兼動愚二義内外
内而管蔡流言外而武庚背畔 徐曰愚而好自
用之謂于小大合文政。句二十八 叀 叀 徐曰从
二由見博古圖叀鐘詩小毖莽蜂爾雅作甹夆說
文此謣夆云使也詩莽云不逮傳訓同 由乃甹
譌言即口夂蘇文猶使之加人也肬太。古文仗
句二十九 虢捂二一。虢許二字重文又讀虢許虢
許下一有沕 徐曰讀爲虢〻許〻詩伐木傳許
許柿貌說文引此所〻云伐木聲此當讀如愬〻
許所愬一聲之轉虢〻如震雷愬〻如履虎尾坱
恐懼貌 均以爲恐懼則徐釋愬〻似矣以爲與
虢有二義則許〻者伐木者必椅其巓而衆人共
力之聲也淮南子曰舉大木者呼邪許見詩集傳
程子曰山中伐木非一人所能爲必與同志共之
許〻之云或是恐力不能勝重任而望助之辭文
内不恐非恐虢許顛越陷蠕皆畏天命畏民喦不
敉康之意此成王之德所以爲成也歟 句三十
若否。謂若將否塞以起下文也 徐曰若順〻否

猶藏否
句三十一
右弟九行十八字内合文一重文二
雩 鄠 徐曰鄠本字讀如扈地近豐周禮大宰八
則治都鄙注都之所居曰鄙王子弟所食邑周召
毛聃畢原之屬在畿内者大司徒造都鄙注王子
弟采地其界曰都鄙所居也雩蓋公族都邑 三 古
文四 方 猶盂鼎四方雩文吾王都之四方子弟食
采之地舉雩以槩其餘也 从 徐曰終也 母 毋 童
古文動省 徐曰蠢動童重古通 句三十二 余
余 一人 合文 十 在 太 古文位 徐曰猶云小子同朱
在位 句三十三 孔 孔 唯 徐曰惟 乃 智 古文智大
有劝 徐曰邦國若否知之明也 此以上吾都
鄙不至内亂毛公之功 句三十四 余 余
右弟十行十五字内合文一
非 亯 徐曰字占食見石鼓文 受也記曲禮五官
致貢曰亯 又 古文有 [illegible] 古文般吾不敢般于遊
田也上左有㴑 徐曰字作嬰下同 說文嬰奢
也 句三十五 女 汝 母 毋 敢 妄 日照許印林瀚曰
荒余謂从亡从女邑荒之字也 甯 者丁 自言不
敢有般樂之亯公夫不可以荒為安也 句三十

增韻
鄠（酆）杜右扶風縣（今屬鳳翔）徐廣史記音義豐杜京兆鄠
縣東皇甫謐曰豐杜鄠縣東豐水之西括地（鄭康成□說豐鎬相去二十五里）
志豐宮杜雝州鄠縣東三十五里左傳凡邑有
宗廟先君之主曰都無曰邑周禮司馬法王
國百里爲郊五百里爲都（校）漢以後六十里杜
周當可百里是雩杜鎬西相距百里爲一大
都（邑其）田四方皆（王子弟）采邑雖以管蔡之（亂）國而終無（春秋動）國
也

此條添於三十七上
橫曰且古通下

文本五 夾條

六虔𦘔夙夕[glyph]叀古文惠省我一人合文　徐曰
夙夜匪懈虔共爾位則惠我一人矣
右弟十一行十六字內合文一　句三十七
䜩雝和也从攴　徐曰擁任也我邦丰𠛡鈢尖
合文猷徐曰謀猷　即申上文燮邦義　句三十
八毋毋䀢古文誓省𢘓古文緘省鄀公䜌簠緘字
加言口　徐曰詩考槃訓矢弗告箋不告君召蘢
道即此誓緘之義　即申上文謇諤義　句三十
九㫖余余光王若若德徐曰若德順德順德明德
也　句四十用

右弟十二行十六字內合文一
𠨍古文仰卲古文昭金文昭宮皆𡰥卲古昭穆字
此當通紹皇天䡞古文纘說文繼也　許印林曰
䡞字被宋人釋為嗹字編之字書牢不可破顧所
謂嗹京者乘一可通即石鼓䡞字夫不得解讀者
皆乘異議何也此鼎䡞字兩見覈其文義似即纘
字借縛為纘䡞疑縛之大篆　徐釋紹曰字𡰥䡞
見石鼓文又薛氏款識䡞敦𢇛敦及牧敦𠛱敦
陳侯因資敦叜練余釋卲為昭為紹練為䡞為纘
與此同練纘夫一聲之轉徐釋佋未安[glyph]字从冂

从剢與下同此豸有沕耳北从窮　許釋恪纘恪
似未協　徐釋造曰字乍窮古文造乍艁又乍寣
此从冂朝聲　釋造於此文義可通惟字从豸从
舟不从朝　大命　徐曰助王宅天命　句四十一　康
䏍能　三四　或國　句四十二从許　俗　許讀爲裕屬
下句　徐句曰惠肅小民柔遠能邇安勸小大庻
邦也書舜典鄭說曰能恣也肅能二字大見博古
圖齊戾鐘　我弗乍
右弟十三行十六字
光王𤔲　徐釋傎曰顛覆典型　顛越也或釋憂
此以上申命毛公益勤其功之辭本章共二節
統上章言天言先王爲命之總敘爲文之前段
右弟二章　句四十三　王曰　句四十四　父厝
句四十五　雩业戾　庶　徐曰謂雩之卿大夫士及
庶人扗官者周禮大宰施則于都鄙注長公卿大
夫王子弟食采邑者兩二卿伍大夫五人殷罪士
輔府史　句四十六　出　徐曰自天子所出也　入　徐
曰入天子之國也　事于外　句四十七　𨊠　古文敷
命𨊠敷
右弟十四行十八字

政 徐曰詩烝民明命使賦賦政于外傳賦布也敷
與賦同義　句四十八　䙼 䙼至也周書大命不䙼
讀若摯同手下从女全文中他字屢見　徐曰字
此䙼讀如貪欲兼藝之藝極也　小大 合文　書兼逸
至于小大　句四十九　楙 楚　徐曰蜀薪　詩喬
木翹翹錯薪言刈其楚周禮大宰蜀林之式注蓋
半馬禾穀也　貣 賊　徐曰財賄　徐句 緐唯正
古文征 𢓊 古文般此字甚明上侈與前登字同
不从般前般字上左雖有泐而亦之同侈兼疑右
之此巳乃剔誤易辨確非般字之舟未可遽定爲
般侈與登皆相同則字大當近登有登聲進訓如
書兼逸惟正之供也兼唯正般似少貫解或曰正
讀如議而不征之征　徐曰般樂　句五十 乙 孔
囟 其 唯王智 智　句五十一 迺 迺
右弟十五行十六字內合文一
唯是 是 䛊 壹 我或 國　徐曰明知之故縱之是
我自壹其國也　此承上章余非啚有䙼言雩之
卿大夫士爲公所屬者若召聚斂大謂我智乃是
壹我國非如公保余沖子壯住之智也　句五十
二 厤 古文歷 自令 書五政繼自令文同　句五十

三出入叀敷命于外 句五十四 乃非

右第十六行十六字

此前一段中空白幾二行

光吉父二𠩺二 父𠩺二字重文屬下句 舍命 徐

曰詩羔裘曰舍命不渝箋舍處也謂自處其命此

則處彼之命 吾其屬出入王之政命必先告毛

公自公出命故曰舍郎下文于父郎君命也 句

五十五五十六 母 毋 又 有 二又字皆佀从月泐

非省 𣪘𢘍 古文惷省 叀 敷 命于外 此言令之命

公魷戒公之屬盡專公之任也本章共二節爲命

引起正意 右第三章

右第十七行十七字内重文二 句五十七 王

曰 句五十八 父𠩺 句五十九 令余 余 唯𩓛

古文纘 徐曰紹 光王命 句六十 二命字重文

女 汝 亟 古文極省周禮天官序官以爲民極極訓

正又訓中書君奭乃悉命汝作汝民極蘇氏曰位

三公以爲民極也 一方 一方自鎬言之三方自雩言之 徐曰呂雩爲先務 句六

十一 ㄋ 从冂从弓弘宏畏文郎令弘字从口从厶

之所本

右第十八行十六字内重文一

我邦我家 句六十二 母毋 雝 徐釋傎曰當讀如
唯蒦近頟大戴禮唯唯頟頟然釋名頟止頟云頟
頟然悍也 雝似當讀如頟有遏閼意與下勿壅
同 于政 句六十三 勿雝 古文壅詩大車維塵雝
兮 逮 古文逮 芡 庶厂泐 人 字半蝕 [illegible] 古文青
言勿壅蔽逮及庶人㠯災眚也 句六十四 母毋
右第十九行十五字
設龏 古文共通供 𣝣二 古文𣝣字見石鼓文
說文囊張大皃从橐省匋省聲𣝣二重文未詳詩
斯干有橐二文而此不可通或鄭重申吾也與束
蓋㠯繩束兩口之象即古束字今字之冂即〇
上又加屮類卤也書失兩束之義下譌从木吏不
可通 徐釋包曰字止龏橐共供給包苴 𣝣
或止𣝣集韻𣝣張大皃 句六十五 廼 迺 敉 古文
侮詩常棣外禦其務當即敉也譌令說文敉失侮
訓 徐釋敉誤㠯左[illegible]爲束 眔 鰥 寡 古文寡音
乖 敢㠯供飽私橐也故乃至侮鰥寡也前戒其爲
王聚斂此戒其自私貪墨 句六十六 譱 妓 徐曰
責效 乃羽 友 徐曰即太史友內史友也友 正 徐
曰即惟厥正人之正 句六十七 母毋 設

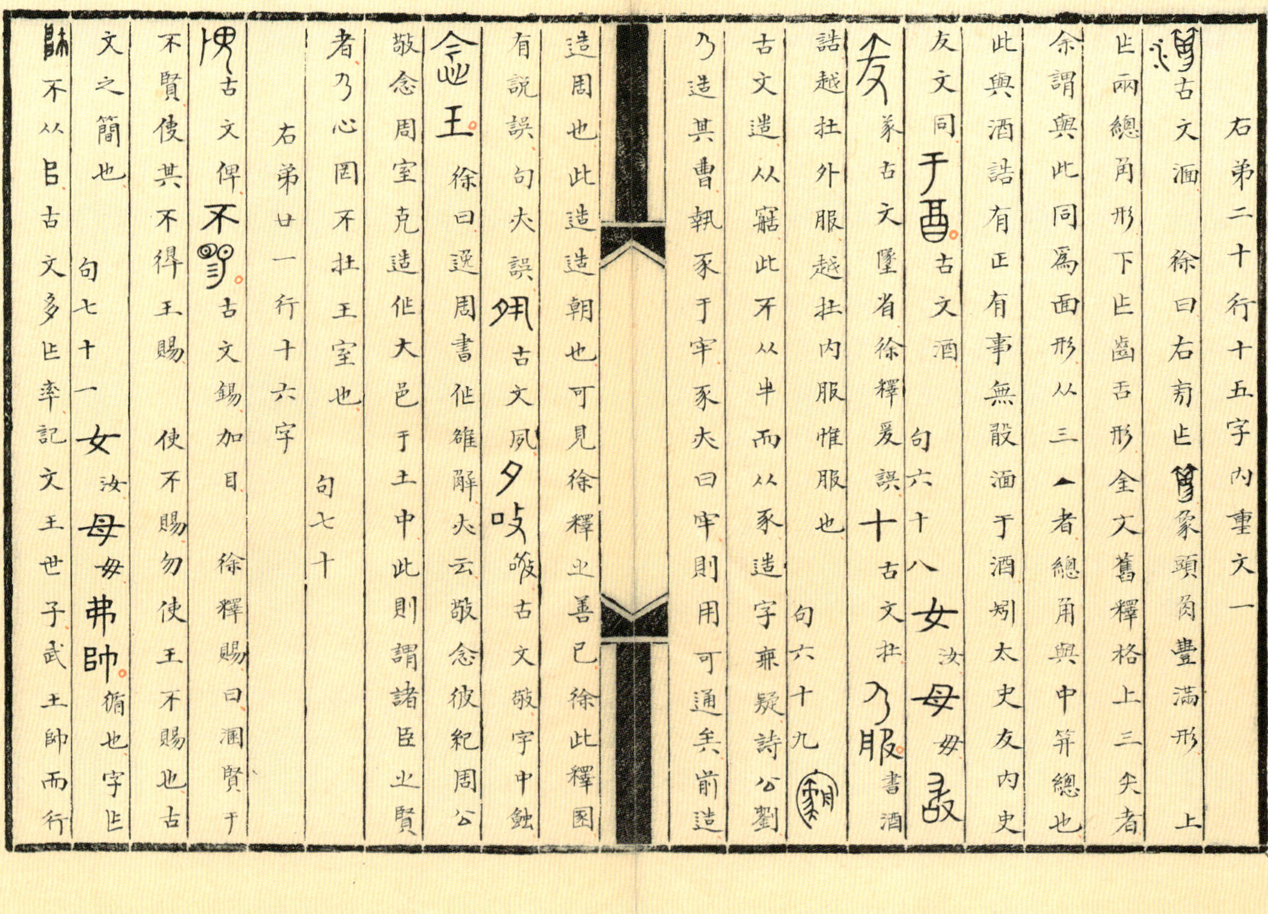
右第二十行十五字内重文一
湎古文湎　徐曰右旁止象頭角豐滿形　上
止兩總角形下止齒舌形全文舊釋格上三尖者
余謂與此同爲面形从三𠆢者總角與中笄總也
此與酒誥有正有事無敢湎于酒矧太史友内史
友文同　于酉古文酒　句六十八　女汝母毋敢
豖古文墜省徐釋爰誤　十古文壯　乃服書酒
誥越壯外服越壯内服惟服也　句六十九　朝
古文遣从寤此不从中而从豕遣字兼疑詩公劉
乃造其曹執豕于牢豕大曰牢則用可通矣前造
造周也此造造朝也可見徐釋之善已徐此釋圂
有說誤句大誤　夙古文夙　夕敬古文敬字中蝕
念王　徐曰逸周書作雒解大云敬念彼紀周公
敬念周室克造作大邑于土中此則謂諸臣之賢
者乃心圂不壯王室也　句七十
右第廿一行十六字
畀古文俾　不賜古文錫加目　徐釋賜曰溷賢于
不賢使其不得王賜　使不賜勿使王不賜也古
文之簡也　句七十一　女汝母毋弗帥循也字止
師不从𠂤古文多止率記文王世子武王帥而行

㞢 句七十二 用光王㞢明井 古文型省 毋雕于
政率由光王㞢舊章也毋𨗂逮庚人耆文王㞢熏
保小民也毋敢龏橐迺侮鰥寡文王㞢恵鮮鰥寡
不敢侮鰥寡也毋敢湎于酒文王㞢誥教稟彝酒
也此先王㞢明型也 所㠯寍我邦我家者也 句七十三 俗 許印林讀爲
裕 書康誥若德裕乃身裕乃㠯民寧 徐句曰
𢏚節每鐘云不敢弗帥用文祖皇考穆秉德指明
德音此則指新民音 徐以俗如字屬上故訓新
民 女 汝 弗
右弟廿二行十六字

㠯乃辟 函 古文㕣陷省與不鼎敃汝休弗㠯我車
㕣于囏㕣字闔皇父敃匜㕣字秉𡖍㠯闔省宔陷
省 徐釋向曰匋陶本字是文右㞢上㞢㠭形陶
復陶穴㞢象當是向字 當从陷釋 于囏 囏古
文艱 前一章戒毛公所屬之辭此一章諄諄致
戒毛公之辭統爲命之正意爲一篇之主爲文之
中段 右第四章 句七十四 王曰 句七十五
父㕯 句七十六 巳 徐曰語辭 曰 書君奭君巳曰
此音巳命㞢也 句七十七 𢓊 役古文及88古文
茲右半蝕 鄉

接寫
說文無寮字有寮字𡩜字𡩜下云柴祭天
也从火从昚均當从此止寮
句七十八

文本五 夾條

右弟廿三行十五字
事 使卿事　徐曰讀如士　鄉士公鄉大夫之通
偁 寮 古文寮同官曰寮 說文 句七十八 大史 徐曰
掌則召逆都鄙之事 寮 句七十九 于父卿
君命 徐曰卿就也出納王命為王之喉舌也
句八十 女 汝 𡘋 此字金文屢見而無定釋 徐釋
晙曰字从乍䉶左旁从乍井會意見博古圖齊侯鐘
及蘇公鼎 䣄公
右弟廿四行十四字
族 古文族原范有失 徐曰禮文王世子庶子
之正于公族鄭注庶子司馬之屬掌國子之倅為
政于公族者燕義鄭注庶子卿夏官諸子職也周
禮諸子掌國子之倅先鄭云燕義曰古者周天子
之官有庶子官與周官諸子職同文周禮序官政
官之屬諸子下大夫二人注或曰庶子是公族下
大夫所司而統率于大司馬卿一人居之司公族
當是命自武王成王特申命之故上文云肇經云
紹而此則云晙目晙通駿長也它器晙臣晙保義
玆同 晙金文作晄庶子諸子以所司名其官故
前夫曰雩之庶也 句八十一 雩䝭 參古文三

文本五 第十五葉

徐曰三御之稱己下皆公族之仕于王朝者有

𤔲司　徐曰公有司國有司皆是　句八十二　小子

合文　徐曰主祭祀之小事　句八十三　師氏　徐

曰己三德三行教國子　句八十四　虎臣　徐曰虎

賁氏　句八十五　雩朕褻事　徐曰暬御執王事者

書顧命師氏虎臣百尹御事文同

右第廿五行十五字內合文一　句八十六

以乃族　古文族令字之从方从人乃分方形爲二

干　古文扞省　吾　吾古文禦灋楊君石門頌彊禦（吾通）

作彊衙衙吾通　徐釋干御曰讀如扞禦詩兔罝

公侯干城傳干扞也御古文作遨此作吾遨之省

王　周禮諸子若有甲兵之事則授之車甲司士周

知邦國都家縣鄙之數卿大夫士庶子之數疏士

庶子者大如宮伯卿大夫之子謂適子庶子其支

庶宿衛王宮者也　句八十七　㝵　徐釋爲侶阮氏

齊侯罍罍下字許釋身以有泐皆未敢定余疑家

省宀音能扞禦則家有所賚也　取　取　責　上有泐

疑求字書呂刑惟貨惟來釋文馬本作求云有求

請賕也惠棟曰柰灋盜律受賕枉書惟貨聽請枉

書惟求己下鍰爲罰金或是賕也徐釋賦此與前

賦字不佀佀均未可定周禮大宰以九賦斂財賄
注財泉穀也疏無泉者取財賄己當筭泉之賦入
邦都之賦者大都采地其賦入主外爲公邑其中
公邑之民出泉入王家也 □ 爰乍受與古幣同
古文鍰鍰六鋝也小爾雅廣量鋝謂之鍰　徐曰
考工記注六兩大半兩爲鋝前云舍命否者咸之
此云取賦若者賞之　此命之正意已畢復命毛
公與公族之有位有執事者共率乃族眾己蕃衛
王室而族眾之家皆有所予也蓋周有大賚必先
不施其親而宗子維城尤重本根之芘其下則申
錫毛公之事也　句八十八 □ 古文錫春秋文元
年天王使毛伯來錫公命公羊傳錫者何賜也命
者何加我服也 女 汝 □ 古文秬从矩从鬯 □ 鬯
一 □ 古文卣　句八十九
右弟廿六行十一字
□ 覍古文弁 □ 弁籀文乍 □ 玉篇覍攀也所己攀
持髮也以鹿皮爲之此从西从 □ 弁字亷疑加尸
同薛書卯敀儀禮覲禮注皮弁者天子之朝朝服
也士冠禮注皮弁者己白鹿皮爲冠象上古也周
禮弁師注弁者古冠之大稱說文弁名出於槃槃

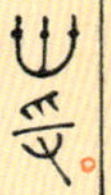

大也此弁圭是大圭大圭卽介圭也　徐釋瑒㠯
瑒圭壹圭邑圭祼圭圭爲說　句九十　𤣩古文禹
寚徐曰祼圭㞢瓚也謂㞢禹竈者瓚㠯玉爲㞢
形佀禹玉人注瓚如盤蓋禹㞢淺者或如盤也
當是玉盤㞢寬邊如禹者竈保玉疑祼時卽以所
執圭置瓚上而灌之非㠯圭爲柄　句九十一　朱
市古文芾　徐曰蔽鳥　句九十二　黃徐釋
元黃曰黃讀如衡紱㞢衡　余疑卽蔥衡蔥衡卽
蔥珩黃卽橫通衡又通璜呂覽舉難翟璜古今人
表乍翟黃白虎通瑞贄璜者橫也愚謂㞢上又加
丨卽息之義蔥璜乍㞢黃皆古省文　句九十三
王古篆文玉環說文肉好若一謂㞢環余所見者
中厚肉好兼廉隅也　句九十四　王玉鈺徐曰字
乍鋈从金鈺聲白虎通循道兼窮則佩環能決嫌
疑則佩玦　签疑从二舍卽支槩文若从二金則
與師雝阮釋滑余曰雝父尊二金字略近　以上
圭瓚偁玉皆玉類而朱芾居其中牡佩上五瑞㠯
封邑瓚㠯祭芾偁㠯褎德賜㞢至重者也　句九
十五　金車　車乍兩輪兩轄貫㠯軸兩服馬駕衡夾
輈㞢形釋从丫乍軒非　周人上輿車之賜爲重

徐釋瑒曰字乍𩰪𢊁薦省𢍏古文冡从薦

从冖冡冡服目薦也从𡰯𡰯者古文揚从丮或从

𡰯周禮玉人祼圭𩰪語乍𩰪圭説文乍瑒

圭讀若暢

以此改以瑒圭玉爲説一句

文本五　夾條

故首及之　句九十六　[illegible]許釋幩　徐釋乘爲句

曰周禮巾車金路同姓㠯封乘乘馬乘馬路馬

余釋夸繴古文幦卽幭說文幦髤布也周禮曰駹

車犬幦幦覆笭笭式也記羔幦鹿幦詩鞹鞃淺幭

傳覆式也正義幭禮記之幦周禮之榠字異而音

同幭又之箴令說文縶字爾雅釋器注令之綳車

也軙古文較說文車輢上曲銅也考工記注兩

輢上出軾者古令注重耳古重較也文官青耳或

官赤耳夸繴較夸幭夸車耳也猶青赤耳也　徐

曰字之較見說文繴所㠯覆者　句九十七

右弟廿七行十七字

朱[illegible]　徐釋器曰朱鞹之屬句許釋同　余謂徐

犬疑辭器从犬有守義此从8北器明矣疑是綷

字左桓公傳藻率注㠯革爲之率綷繂同蓋革索

也革索與鞹相類又疑轡字古轡从止此从止从

糸省車加四口說文器眾口也讀若戢輯車和輯

也列于齊轡乎鑾衡之際詩六轡耳耳有戢義

器有戢音故从器歟[illegible]引古文靷省詩韓奕傳靷

軾中也說文車軾前會玉篇類篇竝引之車軾中

靶朱綷鞹朱革索朱軾中靶也轡釋雖可通然與

鞹不相類　此弔上者　句九十八 [illegible] 古文䙚

詩蔔生傳䙚而藏之釋文本又𠀤䙚𠀤櫝記明堂

位載弧䙚注弧旌旂所㠯張幅也其汖曰䙚此字

从朿卽櫝古文椟者不从𣎵斤旂省㫃張幅形䙚

字兼疑下有弓韔此當是張旌旂幅之弧㞢衣故

曰䙚衣也 [illegible] 合文　徐釋一字爲韔曰字𠀤[illegible]从衣从

从析聲凡其篆也詩梁山傳靰軾中也韔覆式也

句　上戕有辭此不得更爲韔矣　句九十九 虎

[illegible] 古文韔　徐曰字𠀤弓韔爲弓室故从冂韔大

𠀤卷故从皀　句一百當𠀤讀 [illegible] 古文熏从許

釋徐釋練北 [illegible] 徐曰虎韔裏　句一百又一 [illegible]

古文距朿武劉熒庭方伯喜海威弓攵庯卣弓𠀤

[illegible]形卜拄上是張弓有垂飾形弓篆㞢十是弛弓

形拄弓右故曰右如雞距故曰距拄弓末故曰距

末周制當㠯右距爲貴故曰右亙士卒所用弓必

是上下同兼㠯見左右故右距者爲貴也　徐曰

良弓名禮曲禮右手執簫注簫弭頭也詩采薇傳

象弭弓反末也廣韵弰弓弰集韵弰弓末是簫卽

弰字弭頭卽弓末也積古㙯款識載距末一器據

國策谿子少府時力距來皆射六百步㞢外荀子

繁弱鉅桼古㞢良弓也文選閒居賦谿子巨桼奚
桼同機釋爲弓籥所勁器則此右巨乃當時弓名
㠯籥右手所執而備右巨也巨距鉅盍通轉字
此車中所載者征伐之賜弓爲重故先及㞢　句
一百又二 畫 古文畫同彫說文彫畫也夫乍雕
書峻宇彫牆傳飾畫此从聿从文从周隸畫飾彫
三字㞢意 轉 說文轉車下索也或借縛急就篇顏
注縛杜車下主縛軸令與相連　句一百又三 畫
𨍏 古文滕字乍轃與前徐釋婁㞢字同乍般則
从夌不可解乍滕則記檀弓邊乘滕釋文滕本又
乍滕易咸釋文滕虞乍媵此㞢从夌从女均有可
據而前㞢又滕乘唯正滕則更不可通仍从徐而
坿所疑㠯俟博問君子　徐釋鞶曰樊纓　愚疑
加車郎是別於馬大帶非鞶
句一百又四 金
右弟廿八行十六字内合文一
甬 古文鏞　徐釋釭曰字乍甬說文釭車轂口鐵
也釋名釭空也其中空也甬逈鐘柄釭形佀㞢故
假甬爲釭　廿抒古鐘甬中空徐說釭佀矣弟車
轂中鐵當郎俗所謂車穿者雖中空而奚古鐘甬
甬自非釭也說文鏞下鐘或從甬文疑脫鏞也二

字玉篇廣韻與鏞同大疑誤令習見古銅器佀令筆莆有長方銎二可貫鍇中空可冒軸書形大如軸耑如古鍾甬宋人名曰車杠俗謂之銅杠頭即此金甬北此乘㠯定其古名大不知古鍾甬車甬一字而訂說文之錧甬大一字也　句一百又五

𫗦古文錯詩采芑傳錯衡文衡也釋器鏤謂之錯通俗文金銀要飾謂之錯鏤　徐曰錯字亦道本迹道字假為錯衡　句一百又六

金踵古文踵　徐曰輈之末所㠯納後軫者　金踵當即同令輪鐵記曲禮車輪曳踵　句一百又七

金豙　徐釋柅曰字上豙豙豕怒毛豎豎从五有止義柅為止車物故假豙為柅　句一百又八

剌𩰫　徐釋楘鞪曰字上剌鬧詩小戎傳楘歷錄也梁輈輈句衡也一輈五束束有歷錄此从束从丿丿句衡之篆說文鞪車衡三束也曲轅鞪縛此从鬧束成則鞪成矣　楘字雖不佀而剌字說則通字右似力與勒力同　句一百又九

金簠古文簟弻古文弟　徐曰字上簠弻簟从皿者皿㠯覆器簟大覆也弟上弻者古文弻或上費又輔弼之弼大上佛　金簟弟者㠯金飾簟弟也令弟讀若弗誤

句一百又十 負角古文葡与即与不同甬 徐
曰字卢葡說文引易犕牛乘馬葡即犕者 詩卢
負服余疑大箙壯車外菊 此車前車下車旁車
後者矢從於弓故次及之
右第廿九行十五字 句一百十一馬
亖匹合文即四匹統匹字上畫計兆三匹也 徐
曰書文𠪚之命馬四匹傳四匹曰乘是銘既曰金
車乘又曰馬三匹蓋如左莊十八季傳命之宥之
之意 句一百十二攸古文鋚省勒古文勒 徐
曰鋚革轡首也 說文鋚一曰轡首銅也詩韓奕
鋚吕金爲小環勒金爲之所吕勒馬鑣銜者周禮
巾車朱勒後人吕轡爲勒北人避石勒名 句一
百十三金咿古文鞎 徐曰字卢𠯑从口角聲詩
小戎鋈鞎吕白金爲飾 說文鞎環之有舌者有
舌故从口舌出環如角故从角歟大戴禮引詩卢
鞁 句一百十四金是銘金皆卢金雁古文膺
徐曰鏤膺 詩采芑傳鉤膺樊纓也詩小戎傳膺
馬帶也桉帶壯馬膺故名兆馬大帶之名樊者𠯑
上佀从夕从口疑古文句从角句形疑即鉤膺之
鉤太元注鉤所吕屬鞶也記深衣注鉤讀爲烏喙

必鉤之鉤　馬之賜從於車故後及之椄文之言

賜器莫重於玉色莫尚於朱車莫堅於金故車馬

之制金與錯凡八見秉非所以明金路也　句一

百十五

朱旂　徐曰文龍爲旂　下从二人可見古

旂旅一字㫃即旗㫃行旅從旅扗車後旂下說文

旗期也言與眾期於下　句一百十六

二鈴　合文

古文鈴从命鈴如鸞鈴和鈴二者所以和也　徐

曰鈴扗旂上詩載見注　旂爲車上之表軍中之

望我朱取色之陽二鈴取聲之和賜之有光者也

故車之屬以是主之古文字於緐瑣處大有條理

若此　句一百十七

[古文字] 錫 **女** 汝 **𢆶** 此也 **[古文字]** 左午蝕

右第三十行十六字内合文二

用戠　古文戠省从二止非戊步　徐曰字乍戠與

武字同意叀吾錫汝井云兹朕所用之鉞叀其物

也　虢季子伯盤賜用戉文同而彼不吾兹朕

句一百十八

用政　古文征　徐曰征也正也　盤

文用政緐方用政同記王制諸侯賜弓矢然後征

賜斧鉞然後殺賜圭瓚然後爲鬯自是以賜鉞爲

叀成王錫毛公言此乃朕自用之鉞則又叀之叀

者也叀吾錫汝以見非常之賜大書特書之筆非

弓矢所得比也毛公先朝同姓重臣故錫命特以
是終之而不復如盂鼎之猶有勉辭也　此以上
史書成王命于冊之辭以書洛誥乍冊逸誥推之
即史佚也　此一章將言錫毛公之事而先之以
聯族屬惠族眾朕後以錫予致禮遇之崇為命之
終為一篇之總結為文之後段　右第五章五章
凡三致意煌煌大文而以簡馭繁有條不紊若此
此豈後世能言之士所能及哉　句一百十九

毛公層

自稱國封邑稱官稱字不名是周之禮制也
係曰毛畿內邑武王以封其弟是為毛伯成王
時為王朝卿士稱毛公按左僖二十四年傳毛文
之昭也文十五年傳毛伯衛書顧命毛公傳云稱
公三公六卿次第司空第六毛公領之毛國入為
天子公卿又王云毛文王庶子周禮太宰注毛聃
之屬扗畿內者具言毛公國邑官爵世次獨未及
名字逸周書克殷解王即位于社毛叔鄭奉明水
史記周本紀既入立于社南毛叔鄭奉明水竊謂
顧命毛公六人皆武王舊臣則毛公自是毛叔鄭
漢書古今人表列毛叔鄭于武王時列毛公于成
王時猶之左定四年傳武王之母弟八人聃季為

司空而五叔兼官注又有毛叔聃召一人爲二人其誤顯然可見書文侯之命傳云偁父者不一故召字別之令召文侯名仇字義和推之鄭毛公名而厝迺其字也又桉鐘鼎文鄭直乍奠不从邑說文奠置祭也禮郊特牲蕭合黍稷臭陽達于牆屋故既奠然後焫蕭合羶薌注奠謂薦孰時也特牲饋食所云祝酌奠於鉶南是也詩生民取蕭祭脂傳卽用郊特牲之文惟羶薌乍馨香履帝武歆歆傳歆饗也其香始升上帝居歆箋其馨香始上行上帝則安而歆饗之鄭从奠聲奠有歆義證之古人名字相配亦合又桉竹書紀年康王十二年有毛懿公緐王十二年有毛伯班共王九年有毛遷懿公當卽毛公厝之謚班遷蓋其子若孫緐天子傳毛班郭注毛伯衛之先**對揚天子皇**徐曰大也

右弟三十一行十二字

休句一百二十**用乍䵼鼎**句一百二十一**子=孫=永寶用**句一百二十二此三句是毛公記事之辭惟未書年月日不書年月亦是簡謹處

徐曰對揚皇休用乍䵼鼎詩江漢集傳所云答揚天子美命乍廟器而勒王策命之辭是也　愚謂

此毛公自乍重器與盂鼎詩江漢不同非祭光廟
㞢器毛公文之庶子不得宗祀故不自乍廟器而
其子孫世守之即其廟器矣　徐又曰子〻孫〻
爾雅釋訓云引兼極也三句皆古器物銘習用語
它器尚有萬年等字此不著者吾非則有萬年㞢
意壯且吾非并有所㠯非㞢㞢意壯書梓材云子
子孫孫勿替引㞢其旨微矣　文固簡老大自乍
器彝當如此爾

右弟三十二行十二字内重文二

命彝凡五章一章章二十三句二章章二十
句三章章十四句四章章十七句五章章四
十五句記彝一章章三句共一百二十二句
三十二行四百九十九字𡚁〻為重文則五
百字

徐曰書金縢管叔及其羣弟乃流言于國㠯
下年次諸説互異惟鄭氏可為據鄭云成王
年十二明年將踐阼周公欲代㞢攝政羣叔
流言周公辟㞢居東都時成王年十三也今
按是年為成王嗣位㞢三年鄭云居東二年
成王收捕周公㞢屬黨時成王年十四也今

桉是秊爲成王嗣位之四秊鄭云明秊秋大孰遭雷風之變時周公居東三秊成王秊十五迎周公反則居攝元秊也今桉是秊爲成王嗣位之五秊鄭云居攝四秊對康叔乍康誥五秊乍召誥七秊乍洛誥乍康誥時成王秊十八乍洛誥時成王秊二十一也今桉是秊爲成王嗣位之十二秊又居攝元秊三監及武庚叛周公東征明秊殺武庚及管叔又明秊周公歸凡三秊鄭不云者㠯互見大誥等篇也是銘當扗迎周公反東征時乍擬之尚書百篇當曰毛公之命桉此銘於周書周召文字外自爲周初鉅製非它書所可比擬也

咸豐四秊甲寅夏五月嘉興八十者徐同柏籀莊釋文

秦燔之後羣經大晦兩漢之際衆說淆亂雖古訓多聞非後世所及而天命自然之理聖人大中之心漢儒則未能深造自得而有㠯折衷羣言也是非即此論之三秊亮闇百官總己㠯聽冢宰周必不異於古公位冢宰聽政自是職內事何須有欲代之心居攝二字今經無之即有傳文亦同宅憂之說必不如

𣏌之紀元，況收捕屬黨之誕妄已極乎。夫大聖人之心，非可以博雅測；大聖人之事，又豈可以文字証。其可以百世俟聖人而不惑者，夫惟明於聖人之理而已。明聖人之理，然後可以知聖人之心；知聖人之心，然後可以論聖人之事。當於理者取之，背於理者舍之。徵者信之，闕者疑之而已。未有設以臆武斷者也。是命之作，自壯武庚甫平之後，或周公未歸時與，然不可攷矣。

同治十秊太歲在辛未七月廿又五日癸丑

秋熱，五十九歲海濱病叟鐙下記

周毛公厝鼎銘釋文參訂籀莊先生從古堂本
嘉興徐籀莊同柏曰周之王子弟食采于都
鄙成王時毛公監其地受王命而作是器
桉銘毛公監都鄙自是武王時成王嗣位免
喪後申命之毛公鑄冊命之辭于鼎
王 徐曰成王若曰史述王命作冊之辭若者史文
之謹也 句一 父 徐曰同姓之稱 厝歆 徐曰古
文歆歆字从欠說文云神食气也此从厂者厂广
古通禮郊特牲蕭合黍稷臭陽達于牆屋厂牆屋
之象 厝毛公字不名之故稱字寘其名歆其字
也 句二 不 如字 徐釋丕 顯 不顯顯也 文武
句三 堂 从川从日从土象日出地上光气上射煌
煌朕也此爲皇之正字 天引 孔大也
右弟一行十二字
豩 朕古文厥釁足也 乃德 徐曰書洛誥萬年厭于
乃德馬云厭飫也 亩从十从目十古在字謂目
扗之也卽古文相从心心相悳也加彳德行也
句四 配 配从卩 我有 㝬 配克配彼天也周配天故
天配周也有从夕夕卽肉不从月不省作又 句
五 雁 雁古文膺 受 受 大命 不省作令 句六 銜 銜

文本六 第一葉

文本六

周毛公厝鼎銘釋文【二清抄校稿之抄稿】

毛邊折葉、紙捻冊裝，一冊二十九葉。半葉縱26.2cm，横18.3–18.8cm。版印緑色邊欄、界欄，四周單邊，緑口，雙魚尾。半葉十行，行十九字。首末葉有破損。

此稿是文本五在兩次校改過程中第一次校訂後的他人謄抄稿，文本五的第二次校增夾條内容在文本七中補入。

古文率讀若律　徐曰率猶𢠱褱古文懷　徐曰懷柔

右弟二行十三字

不𡈼廷古文庭省从人从土从乚乚平也㝵也方徐曰詩渠山榦不庭方傳庭㝵也常武徐方來庭傳來王庭也此當兼二訓　即大廷王廷之廷令作𡈼猶有从刀从土合而為一之意作乂則失乚之象而不足見平㝵之訓矣　句七

亾古文罔省不閈徐曰里門曰閈與干城同義　即書文矦之命汝多脩扞我于艱之扞扞衛也从門門所以扞衛也

于文武䀠古文耿从巨从火光徐曰書五政呂覲文王之耿光以揚武王之大烈析言之此曰文武耿光統言之耿光書大傳作鮮光　自當以此䀠字為定　句八

𨾴唯不省天上从•愚謂象天圜形下加大

庸徐曰字作𩫖下同虢季子白伯盤作𩫖字形小異　愚謂𩫖即城墉之字上从版形下作墉形有女牆及築土之象圜點即杵築形

子伯盤之文上下互易耳

右弟三行十四字

𩁹从隹上彐象首喙中𠀂象翼下⺊卜象尾有

朿矣失

政此剔誤通爲一直乃命此以上述文武受天命
句九㚒唯古文多省口不見令惟字光正徐曰
書文戾乃命㚒惟先正鄭云先正先臣謂公卿大
夫 •即正之古文下加止 句十又似讀咢
咢古文諤 徐曰謇諤咢諤古令字辪徐曰讀如
變古文變或作變諤變和而不同之意乃辪 句
十一登 登說文登禮器也从手持肉在豆上此
上加关关㚒聲𦰩𦰩古文勤省下有淼似从火後
饉字可證大命徐曰登成勤勞詩昊天有成命成
王不敢康成謂自成此謂先正成之家語云湯武
臣謇諤而昌㚒即此意 先正者先王之正臣有
正毛公先王文武臣故謂之先正 句十二
右第四行十五字
𦄂肆故也左即令長甬右即聿朿矣失佀通𡍰
皇天亾古文罔省亾又通乘𢑚 古文畢即斁
徐曰字作𢑚見博古圖疑生豆 句十三臨臨保
从子从丨丨即𥙽令字作𠂭昧其義矣我有周徐
曰呂顯臨之保安乘斁 句十四不巩古文恐省
先王配命徐曰易震象彖傳恐致福也言恐而不
恐之義自見詩文王云永言配命 言先王之配

天命者㠯先正而不至恐懼也　此以上言毛公
佐文武受天命
右弟五行十六字　句十五
𠬝古文愍省天[illegible]奭　徐曰字作烇从大𡳿𡳿夾
聲見博古圖齊侯鐘[illegible]俾使也盂鼎乍𠈇𠈇司不
乍劉　徐曰爽失俾使司職司言天仁覆閔下不
得職司若或使之　言天使司牧之君令失其人
也愍天即詩旻天爾雅釋天秋爲旻天郭注旻猶
愍也書多士旻天大降喪于殷馬注秋氣殺也詩
召旻序旻閔也　句十六余余孚合文弗彶級古
文及　徐曰猶云予則罔克　徐句𨛜邦　句十
七庸用也　徐曰民功曰庸害何徐釋曷蓋謂害
曷何通也吉徐曰𧦅也𬁷古文治二𦥑兩手持矩
治絲业形　徐曰讀爲嗣治三古文四方用何𧦅
治治四方也
句十八大
右弟六行十九字内合文一重文一
犾七字上原有鎔闕下抒大半佀四止說文歰不
滑也从四止楚辭大招四酎并孰不歰嗌只考工
記廬人注正於牆牆歰歰不通不順之意廣雅釋
詁歰難也艱難患難字通即大難也又疑降字不

静从青卽青爭止𠬪两手拔艸木相业象書大
誥鰥大民不静　句十九烏佀昆而首上加月石
象烏喙之形虖古文嗚呼　句二十𦢊古文瞿
从㕚从乏而省一止記檀弓瞿𥄎曰呼同　徐曰
讀如懼義與㦬近
句二十一余小子合文
家从宀古文湛古文湛讀爲沈从口从㔾吕七取
物甚曰业義余所臧臧聿咢古文斟夾止𢀚于
𩗢囏古文艱　徐曰斥戉庳及三監事　句二
十二引巩古文恐省巩两手奉揚业形工卽矩恐
偭規越矩也光

右弟七行十六字内合文一

王此以上成王自述嗣位遭家多難與周頌閔予
小子訪落小毖文同本章共三節　右弟一章
句二十三二王字重文曰　句二十四父厝　句
二十五令字為鎔銅所掩余唯𨟭巠古文經
常也　徐曰理也光王命　句二十六二命字重
文女汝辥古文變　徐曰變和我邦徐句　三公
之職書周官論道經邦燮理陰陽也是命也其東
征既平成王初政之日乎　句二十七

右弟八行十八字内重文二

我家内内外𢘾悤古文惷省从兩手奉杵午即杵
讀若舂令俗字作惷書大誥越兹蠢令蠢允蠢蠢
當夫从舂愚而兼知之貌此當兼動愚二義内外
内而管蔡流言外而武庚背畔　徐曰愚而好自
用之謂于小大合文政　句二十八　𤰈甹　徐曰从
二由見博古圖甹鐘詩小毖荓蜂爾雅作甹夆説
文乇甹夆云使也詩荓云不逮傳訓同　由乃甾
謞言即口彳𢼸文猶使也加人也朕太古文仗
句二十九䖒鋙二一䖒許二字重文又讀䖒許䖒
許下一有泐　徐曰讀爲䖒〻許〻詩伐木傳許

許柹貌説文引乇所〻云伐木聲此當讀如愬〻
許所愬一聲之轉䖒〻如震雷愬〻如履虎尾𢗺
恐懼貌　均以爲恐懼則徐釋愬〻似矣以爲與
䖒有二義則許〻者伐木者必椅其巔而衆人共
力之聲也淮南子曰舉大木者呼邪許見詩集傳
程子曰山中伐木非一人所能爲必與同志共之
許〻之云或是恐力不能勝重任而望助之辭文
内不恐引恐䖒許顛越陷𪗲皆畏天命畏民喦不
敢康之意此成王之德所以爲成也歟　句三十
若否謂若將否塞以起下文也　徐曰若順〻否

猶臧否　句三十一
右弟九行十八字内合文一重文二
雩鄚　徐曰鄚本字讀如扈地近豐周禮大宰八
則治都鄙注都之所居曰鄙王子弟所食邑周召
毛聃畢原之屬扗畿内者大司徒造都鄙注王子
弟采地其界曰都鄙所居也雩蓋公族都邑　三古
文四　方猶盂鼎四方雩文言王都之四方子弟食
采之地舉雩以槩其餘也　夂　徐曰終也　母毋　童
古文動省　徐曰蠢動童重古通　句三十二　余
余一人合文　十扗立古文位　徐曰猶云小子同末
扗位　句三十三　孔唯　徐曰惟　乃智古文智大
有泐　徐曰邦國若否知之明也　此以上言都
鄙不至内亂毛公之功
右弟十行十五字内合文一　句三十四　余余
非啚　徐曰字亡盧見石鼓文　受也記曲禮五官
敃貢曰啚　又古文有般古文般言不敢般于遊
田也上左有泐　徐曰字亡嬰下同　說文嬰奢
也　句三十五　女汝母毋敢妄日照許印林瀚曰
荒余謂从亡从女色荒之字也　寍省丁　自言不
敢有般樂之啚公夾不可以荒爲安也　句三十

六虔㚖夙夕𢚓叀古文惠省我一人合文　徐曰
夙夜匪懈虔共爾位則惠我一人矣　句三十七
右第十一行十六字内合文一
𧬊雝和也从攴　徐曰擁任也我邦丰匄蝕尖
合文猷徐曰謀猷．卽申上文燮邦義　句三十
八母毋阞古文誓省𢦏古文緘省鄰公諫簋緘字
加言口、徐曰詩孝槃非矢弗告箋不告君吕蕭
道卽此誓緘之義　卽申上文謇諤義　句三十
九告余余光王若若德徐曰若德順德順德明德
也　句四十用

右第十二行十六字内合文一
昒古文仰卲古文昭金文昭宮皆止部古昭穆字
此當通紹皇天𩰫古文纘說文繼也　許印林曰
𩰫字被宋人釋爲曈字編止字書牢不可破顧所
謂曈京者秉一可通卽石鼓𩰫字夬不得解讀者
皆秉異議何也此𩰫字兩見覆其文義似卽纘
字借縛為纘𩰫疑縛之大篆　徐釋紹曰字止䋰
見石鼓文又薛氏款識舒敦𠩺敦及牧敦匌敦
陳侯因資敦叚練余釋卲為昭為紹練為𩰫為纘
與此同練纘夬一聲之轉徐釋似未安朝字从门

从劉與下同此彖有㴒耳非从窮　許釋恪纘恪
似未協　徐釋造曰字乍窮古文造乍艁又乍窖
此从门朝聲　釋造於此文義可通惟字从彖从
舟不从朝大命　徐曰助王宅天命　句四十一康
𦨶能三四或國　句四十二从許俗許讀爲裕屬
下句　徐句曰惠康小民柔遠能邇安勸小大庶
邦也書舜典鄭說曰能恣也康能二字夾見博古
圖齊侯鐘我弗乍
右弟十三行十六字
光王𢝊　徐釋傎曰顛覆典型　顛越也或釋憂
此以上申命毛公益勤其功之辭本章共二節
統上章言天言先王爲命之總敘爲文之前段
右弟二章　句四十三王曰　句四十四父厝
句四十五雩业厎庶　徐曰謂雩之卿大夫士及
庶人仕官者周禮大宰施則于都鄙注長公卿大
夫王子弟食采邑者兩二卿伍大夫五人殷罪士
輔府吏　句四十六出徐曰自天子所出也入徐
曰入天子之國也事于外　句四十七車古文轂
命車轂
右弟十四行十八字

十

政徐曰詩烝民明命使賦賦政于外傳賦布也敷
與賦同義　句四十八　嬰嬰至也周書大命不嬰
讀若摯同丮下从女金文中他字屢見　徐曰字
止嬰讀如貪欲乘藝之藝極也小大合文　書乘逸
至于小大　句四十九　𣚍埜　徐曰芻薪　詩喬
木翹翹錯薪言刈其楚周禮大宰芻秣之式注蒭
牛馬禾穀也　𧵍賦　徐曰財賄　徐句睬唯正
古文征[illegible]古文般此字甚明上⿱與前登字同
不从般前般字上左雖有泐而亦之同⿱乘疑右
之止巳乃剔誤易辨碓非般字之舟未可遽定為
般⿱與登𩑈相同則字夬當近登有登聲進訓如
書乘逸惟正之供也乘唯正般似少費解或曰正
讀如識而不征之征　徐曰般樂　句五十乙孔
[illegible]其唯王智智　句五十一迺迺
右第十五行十六字内合文一
唯是是[illegible]𢀛我國國　徐曰明知之故縱之是
我自𢀛其國也　此承上章余非高有摯言聿之
卿大夫士為公所屬者若呂聚斂夫謂我智乃是
𢀛我國非如公保余沖子扗佐之智也　句五十
二厤古文歷自令書五政繼自令文同　句五十

三出入𤔲敷命于外　句五十四　乃非

右弟十六行十六字

此前一段中空白纔二行

光告父=厝=　父厝二字重文屬下句　舍命　徐曰詩羔裘曰舍命不渝箋舍處也謂自處其命此則處彼之命　言其屬出入王之政命必先告毛公自公出命故曰舍郎下文于父郎君命也　句五十五五十六　母毋　又有　二又字皆似从夕泐非省　設惷古文惷省　𤔲敷命于外　此言令之命公既戒公之屬並專公之任也本章共二節爲命引起正意　右弟三章

右弟十七行十七字内重文二　句五十七王

曰　句五十八　父厝　句五十九　令余余唯緟古文纘　徐曰紹　光王命　句六十　二命字重文

女汝　亟古文極省周禮天官序官以爲民極極訓正又訓中書君奭乃悉命汝作汝民極蘇氏曰位三公以爲民極也　一方　徐曰㠯雩爲先務　一方自鎬言之三方自雩言之、　句六十一　㢭从冂从弓孔宏異文郎令孔字从口从厶之所本

右弟十八行十六字内重文一

我邦我家　句六十二　母毋顀徐釋顀曰當讀如
唯義近顀大戴禮唯唯顀顀然釋名顀㠯顀云顀
顀然憚之　雖似當讀如顀有過闗意與下勿壅
同于政　句六十三　勿𧪚古文壅詩大車維塵雝
介逮古文逮芁庶广㴉人字半蝕旹古文旹
言勿壅蔽逮及庶人㠯災眚也　句六十四　母毋
右弟十九行十五字
𣪊龏古文共通供𣝗二古文𣝗𣝗字見石鼓文
說文囊張大皃从𣝗省匋省聲𣝗二重文未詳詩
斯干有橐二文而此不可通或鄭重申言之與𣝗
蓋㠯繩韋束兩口之象即古東字今字之冂即○
上又加屮類𦉼业𡊅失兩束之義下譌从木更不
可通　徐釋包曰字㠯龏橐其供給包苞苴　𣝗
或㠯𣝗集韵𣝗張大貌
句六十五　囟迺𢼸古文
侮詩常棣外禦其務當即𢼸之譌今說文𢼸失侮
訓　徐釋敕誤㠯左𢍏為東𦦵鰥寡古文寡言
乘𣪊㠯供飽私𣝗也故乃至侮鰥寡也前戒其為
王聚斂此戒其自私貪墨　句六十六　譱效徐曰
責效乃𠬪友　徐曰即太史友內史友之友正徐
曰即惟厥正人之正　句六十七　母毋𣪊

右弟二十行十五字内重文一

[illegible]古文酒　徐曰右旁乍[illegible]象頭角豐滿形　上
乍兩總角形下乍齒舌形金文舊釋格上三矢者
余謂與此同爲面形从三▲者總角與中笄總也
此與酒誥有正有事無毀酒于酒矧太史友內史
友文同于酉古文酒　句六十八女汝母毋敢
[illegible]豙古文墜省徐釋爰誤十古文在乃服書酒
誥越在外服越在內服惟服也　句六十九[illegible]
古文造从竈此不从半而从豕造字龏疑詩公劉
乃造其曹執豕于牢豕夾曰牢則用可通矣前造
造周也此造造朝也可見徐釋之善已徐此釋圅
有說誤句夫誤[illegible]古文夙夕[illegible][illegible]古文敬字中蝕
念王徐曰逸周書作雒解夫云敬念彼紀周公
敬念周室克造作大邑于土中此則謂諸臣之賢
者乃心罔不在王室也　句七十

右弟廿一行十六字

[illegible]古文俾不[illegible]古文錫加目　徐釋賜曰涵賢于
不賢使其不得王賜　使不賜勿使王不賜也古
文之簡也　句七十一女汝母毋弗帥循也字乍
[illegible]不从㠯古文多乍率記文王世子武王帥而行

IX

之 句七十二 用光王㞢明井 古文型省毋雝于

政率由光王之舊章也毋壅逮庶人㞷文王之衆

保小民也毋敢龏橐廼侮鰥寡文王之惠鮮鰥寡

不敢侮鰥寡也毋敢湎于酒文王之誥教彝酒

也此先王之明型也所以宏大我邦家者也 句

七十三 俗 許印林讀爲裕 書康誥若德裕乃身

裕乃以民甯 徐句曰䢔節毎鐘云不敢弗帥用

文祖皇考穆秉德指明德音此則指新民音 徐

以俗如字屬上䢔訓新民 女 汝 弗

右弟廿二行十六字

以乃辟 㘝 古文臽陷省與不艱陷 汝休弗以我車

陷于艱陷字闕皇父敦陷以字無異以言省定陷

省 徐釋向曰匋陶本字是文右之上㞢耳形陶

復陶穴之象當是向字 當从陷釋 于 囏 艱古

文艱 前一章戒毛公所屬之辭此一章諄諄致

戒毛公之辭統為命之正意爲一篇之主爲文之

中段 右弟四章 句七十四 王曰 句七十五

父厝 句七十六 巳 徐曰語辭 曰 書君奭君巳曰

此言巳命之也 句七十七 㤅 後古文及88古文

絲右半蝕 鄉

15

右弟廿三行十五字
叓 使卽事 徐曰讀如士卿士公卿大夫之通
僃寮 古文寮同官曰寮說文 句七十八大叓
徐曰掌則吕逆都鄙业事寮 句七十九于父
卽君命 徐曰卽就也出納王命爲王之喉古也
句八十女 汝𤔲 此字金文屢見而無定釋 徐
釋畯曰字仳籔左旁从化井會意見博古圖齊侯
鐘及䱷公鼎𤔲公
右弟廿四行十四字
族 古文族原范有失 徐曰禮文王世子庶子
之正于公族鄭注庶子司馬之屬掌國子业倅爲
政于公族者燕義鄭注庶子卽夏官諸子職也周
禮諸子掌國子业倅先鄭云燕義曰古者周天子
之官有庶子之官與周官諸子職同文周禮序官
政官之屬諸子下大夫二人注或曰庶子是公族
下大夫所司而統率于大司馬卿一人曆之司公
族當是命自武王成王特申命之故上文云肇經云
紹而此則云畯耳畯通駿長也它器畯臣畯保義
竝同 畯金文𠂆晄庶子諸子以所司名其官故
前夾曰雩之庶也 句八十一雩參 參古文三

徐曰三卿㞢稱㠯下皆公族㞢仕于王朝者　有
𤔲司　徐曰公有司國有司皆是　句八十二　小子
合文　徐曰主祭祀之小事　句八十三　師氏　徐
曰㠯三德三行教國子　句八十四　虎臣　徐曰虎
賁氏　句八十五　雩朕褻事　徐曰㬤御執王事者
書顧命師氏虎臣百尹御事同文　句八十六
右弟廿五行十五字内合文一
以乃族　古文族今字㞢从方从人乃分方形爲二
干　古文扞省　吾　吾古文吾通禦漢楊君石門頌
彊禦𣥒彊衛衛吾通　徐釋干御曰讀如扞禦詩
兔罝公侯干城傳干扞也御古文𣥒遫此𣥒吾遫
㞢省　王　周禮諸子若有甲兵之事則授之車甲司
士周知邦國都家縣鄙㞢數卿大夫士庶子之數
疏士庶子者夾如宮伯卿大夫之子謂適子庶子
其支庶宿衛王宮者也　句八十七　弔　徐釋爲佋
阮氏齊侯罍下字許釋身以有卹皆未敢定余
疑家省宀言能扞禦則家有所賚也　取　取　上
有卹疑求字書呂刑惟貨惟來釋文馬本𣥒求云
有求請賕也惠棟曰案漢盜律受賕即書惟貨聽
請即書惟求㠯下鍰爲罰金或是賕也徐釋賦此

與前賦字不佋佋均未可定周禮大宰以九賦斂
財賄注財泉穀也疏無泉者取財賄㠯當筭泉之
賦又邦都之賦者大都采地其賦入主外爲公邑
其中公邑之民出泉入王家也□爰乍受與古
幣同古文鍰鍰六鋝也小爾雅廣量鋝謂之鍰
徐曰考工記注六兩大半兩爲鋝前云舍命否者
咸之此云取賦若者賞之　此命之正意已畢後
命毛公與公族之有位有執事者共率乃族衆㠯
藩衛王室而族衆之家皆有所予也蓋周有大賚
必先不施其親而宗子維城尤重本根之芘其中

則申錫毛公之事也　句八十八　□古文錫春秋
文元年天王使毛伯來錫公命公羊傳錫者何賜
也命者何加我服也女汝□古文柜从矩从□
□鬯一□古文卣　句八十九
右弟廿六行十一字
□鄜古文弁□弁籀文乍□玉篇覍攀也所㠯攀
持髮也以鹿皮爲之此从㡀从舁弁字無疑加尸
同薛書夘毀儀禮覲禮注皮弁者天子之朝朝服
也士冠禮注皮弁者㠯白鹿皮爲冠象上古也周
禮弁師注弁者古冠之大稱說文弁名出於槃槃

大也此弁圭是大圭大圭卽介圭也　徐釋瑒曰
字古廟庿薦省𠕋古文冕从薦从冕冕服目薦也
从尸者古文揚从丮或从尸周禮玉人祼圭晉語
古瓚圭說文古瑒圭讀若暢　句九十[illegible]古文
鬲[illegible]徐曰祼圭之瓚也謂之鬲竆者瓚目玉爲
之形似鬲玉人注瓚如盤葢鬲之淺者或如盤也
當是玉盤之寬邊如鬲者竆係玉疑祼時卽以
所執圭置瓚上而灌之非目圭爲柄　句九十一
朱市古文芾　徐曰蔽厀　句九十二[illegible]徐
釋亢黃曰黃讀如衡統之衡　余疑卽蔥衡蔥衡
卽蔥珩黃卽橫通衡又通璜呂覽舉難翟璜古今
人表古翟黃白虎通瑞贄璜者橫也愚謂古上又
加丨卽恖之義蔥璜古古黃皆古省文　句九十
三王古篆文玉環說文肉好若一謂之環余所見
者中厚肉好廉廉隅也　句九十四王玉[illegible]徐曰
字古鋈从金鈺聲白虎通循道無窮則佩環能決
嫌疑則佩玦　余疑从二舍卽吏䙴文若从二金
則與師𨿅阮釋滑余曰𨿅父尊二金字略近　以
上圭瓚偏玉皆玉類而朱芾居其中拄佩上五瑞
目對𢍰瓚目祭芾偏目衰德賜之至重者也　句

九十五金車車𠂤兩輪兩轄貫㠯軸兩服馬駕衡
夾輈之形釋从羊𠂤軒非　周人上輿車之賜爲
重故首及之　句九十六𠦪許釋幩　徐釋乘爲
句曰周禮巾車金路同姓㠯封乘乘馬乘馬路馬
余釋粤綼古文幦即幭說文幦鬖布也周禮曰
駹車犬幦幦覆笭笭式也記𣏟幦鹿幦詩鞹鞃淺
幭傳覆式也正義幭禮記𠂤幦周禮𠂤榠字異而
音同幭又𠂤簚今說文鬃字爾雅釋器注今之幦
車也較古文較說文車輢上曲銅也考工記注
兩輢上出軾者古今注重耳古重較也文官青耳
武官赤耳粤綼較粤幭粤車耳也猶青赤耳也
徐曰字𠂤較見說文綼所以覆者　句九十七
右弟廿七行十七字
朱𡀔徐釋器曰朱鞹之屬句許釋同　余謂徐
夾疑辭器从犬有守義此从幺非器明矣疑是綼
字左桓公傳藻率注㠯韋爲之率綼辭同蓋韋索
也韋索與鞹相類又疑鑾字古鑾从止此从止从
糸省車加四口說文㗊眾口也讀若戢輯車和輯
也列子齊輯乎轡銜之際詩六轡耳耳耳有戢義
㗊有戢音故从㗊歟[illegible]弘古文鞃省詩韓奕傳鞃

軾中也說文車軾韻會玉篇類篇竝引乍車軾中
鞄朱縪鞹朱韋㮃朱軾中鞄也轡釋雖可通然與
鄰不相類　此車上者　句九十八 新𠘧 古文韣
詩葛生傳韣而藏之釋文本又乍櫝記明堂
位戴弧韣注弢旌旂所㠯張幅也其㕙曰韣此字
从朿卽櫝古文椟省不从櫝斤旂省𠘧張幅形韣
字𢀛疑下有弓韔此當是張旌旂幅之弧㞢衣故
曰韣衣也 ⿰衣人 合文　徐釋一字爲幭曰字乍䙗从
㐬析聲𠘧其象也詩梁山傳鞹軾中也幭覆式也
句　上卽有䌫此不得更爲幭矣　句九十九 虎

⿵冂弓 古文韔　徐曰字乍⿵冂弓韔爲弓室故从冂韔夾
乍弢故从㠯　句一百當乍讀 ⿱東土 古文熏从許
釋徐釋綀非 ⿺辶車 徐曰虎韔裏　句一百又一 ⿱右⿰丅八
古文距東武劉燮庭方伯喜海藏弓父庚卣弓乍
卢形卜杜上是張弓有垂飾形弓篆㞢十是弛弓
形杜弓右故曰右如雞距故曰距杜弓末故曰距
末周制當以右距爲貴故曰右亘士卒所用弓必
是上下同𢀛吕見左右故右距者爲貴也　徐曰
良弓名禮曲禮右手執簫注簫弭頭也詩采薇傳
象弭弓反末也廣韻弰弓弰集韻弰弓末是簫卽

猏字弭頭即弓末也積古亝款識載距末一器據

國策谿子少府時力距來皆射六百步𡳿外荀子

繁弱鉅黍古之良弓也文選閒居賦谿子巨黍異

蔡同機釋爲弓簫所飾器則此右巨乃當時有名

𠂤簫右手所執而偁右巨也巨距鉅竝通轉字

此車中所載者征代之賜弓爲重故先及𡳿 句

一百又二 畫 古文畫同彫說文彫畫也夫止雕

書峻宇彫牆傳飾畫此从聿从爻从周兼畫飾彫

三字之意 轉 說文轉車下索也或借縛急就篇顏

注縛𤕟車下主縛軸令輿相連

句一百又三 畫

⿰車桼 古文滕字止⿰車桼 與前徐釋婁之字同止般則

从夌不可解止滕則記檀弓邊乘滕釋文滕本又

止滕易咸釋文滕虞止媵此之从夌从女均有可

據而前之又滕乘唯正滕則更不可通仍从徐而

𢱢所疑𠂤俟博文君子 徐釋犨曰樊纓 愚疑

加車即是別於馬大帶非犨 句一百又四 全

右弟廿八行十六字內合文一

甬 古文銿 徐釋釭曰字止甬說文釭車轂口鐵

也釋名釭空也其中空也甬迺鐘柄釭形佀之故

假甬爲釭 廿杍古鐘甬中空徐說釭佀矣弟車

轂中鐵當卽俗所謂車穿者雖中空而異古鐘甬
甬自非釭也說文鏞下鐘或从甬文疑脫鏞也二
字玉篇廣韵與鏞同矣疑誤令習見古銅器佀令
筆箭有長方鑿二可貫鎋中空可冒軸耑形矣如
軸耑如古鐘甬宋人名曰車杠俗謂之銅杠頭卽
此金甬非此棄㠯定其古名矣不知古鐘甬車甬
一字而訂說文㞢鏞甬矣一字也　句一百又五
衜古文鐕詩釆芑傳鐕衡文衡也釋器鏤謂之
鐕通俗文金銀要飾謂之鐕鏤　徐曰鐕字㠩遁
本迹遾字假爲鐕衡　句一百又六金𡒬古文
𡒬　徐曰輨之末所㠯納後軫者　金𡒬當卽同
令輪鐵記曲禮車輪曳踵　句一百又七金豕
徐釋柅曰字㠩豩豪豕怒尾豎豎从𡗗有止義柅
爲止車物故假豪爲柅　句一百又八剌闌　徐
釋桼轙曰字㠩剌闌詩小戎傳桼歷錄也梁輈輈
句衡也一輈五束束有歷錄此从束从∫∫句衡
之象說文轙車衡三束也曲輮轙縛此从闌束成
則轙成矣　桼字雖不佀而剌字說則通字右佀
力與勒力同　句一百又九金盎古文簟㴉古
文茀　徐曰字㠩盎㴉簟从皿者皿㠯覆器簟矣

覆也弗乍弻者古文弻或乍粤又輔弼之弼夾乍
佛　金簟茀者㠯金飾簟茀也今茀讀若弗誤
句一百又十魚葡　古文葡夕即夕不同角　徐
曰字乍葡說文引易猶半乘馬葡即犕省　詩乍
魚服余疑矢箙扗車外葡　此車前車下車葡車
後者矢從於弓故次及之　句一百十一馬
右弟廿九行十五字
三匹　合文即四匹統匹字上畫計非三匹也　徐
曰書文侯之命馬四匹傳四匹曰乘是銘號曰金
車乘又曰馬三匹蓋如左莊十八季傳命之宥之
之意　句一百十二攸　古文鋚省　勒　古文勒　徐
曰鋚革轡首也　說文鋚一曰轡首銅也詩韓奕
鋈㠯金爲小環勒金爲之所㠯勒馬鑣銜者周禮
巾車朱勒後人㠯轡爲勒北人避石勒名　句一
百十三金⿰口角　古文觼　徐曰字乍⿰口角从口角聲詩
小戎鋈觼㠯白金爲飾　說文觼環之有舌者有
舌故从口舌出環如角故从角與大戴禮引詩乍
觖
句一百十四金　是銘金皆乍金　膺　古文膺
徐曰鏤膺　詩采芑傳鉤膺樊纓也詩小戎傳膺
馬帶也桉帶扗馬膺故名非馬大帶之名樊者⿰口角

收

上佀从勹从口疑古文句从肙句形疑即鉤膺之
鉤大元注鉤所㠯屬䩜也記深衣注鉤讀爲鳥喙
必鉤之鉤　馬之賜從於車故後及之梭文之言
賜器莫重於玉色莫尚於朱車莫堅於金故車馬
之制金與錯凡八見乘非所㠯朙金路也　句一
百十五朱旂徐曰交龍爲旂　下从二人可見古
旂旅一字㫃即旗鄉行旅從旅㫃車後旂下說文
旗期也言與眾期於下　句一百十六二鈴合文
古文鈴从命鈴如鸞鈴和鈴二者所㠯和也　徐
曰鈴㫃旂上詩載見注　旂爲車上之表軍中之
望我朱取色之陽二鈴取聲之和賜之有光者也
故車之屬㠯是主之古文字於龢瑣處夬有條理
若此　句一百十七[illegible]鍚女汝䜌此也朕左半蝕
右弟三十行十六字內合文二
用戠古文鉞省从二止非戉步　徐曰字㞢戠與
戉字同意重言鍚汝㪺云茲朕所用之鉞重其物
也　虢季子伯盤賜用戉文同而彼不言茲朕
句一百十八用政古文征　徐曰征也正也　盤
文用政蠻方用政同記王制諸侯賜弓矢然後征
賜斧鉞然後殺賜圭瓚然後爲鬯自是㠯賜鉞爲

重成王錫毛公言此乃朕自用之鉞則又重之重
者也重言錫汝吕見非常之賜大書特書之筆非
弓矢所得比也毛公先朝同姓重臣故錫命特吕
是終之而不復如盂鼎之猶有勉辭也　此吕上
史書成王命于冊之辭吕書洛誥乍冊逸誥推之
即史佚也　此一章將言錫毛公之事而先之吕
聯族屬惠族眾朕後吕錫予致禮遇之崇爲命之
終爲一篇之總結爲文之後段　右弟五章五章
凡三致意煌煌大文而吕簡馭繁有條不紊若此
此豈後世能言之士所能及哉　句一百十九毛

公厝自稱國封邑稱官稱字不名是周之禮制也
　徐曰毛畿內邑武王吕封其弟是爲毛伯成王
時爲王朝卿士偁毛公按左僖二十四年傳毛文
之昭也文十五年傳毛伯衛書顧命毛公傳云偁
公三公六卿次弟司空弟六毛公領之毛國入爲
天子公卿又王云毛文王庶子周禮太宰注毛聃
之屬杜畿內者具言毛公國邑官爵世次獨未及
名字逸周書克殷解王即位于社毛叔鄭奉明水
史記周本紀號人立于社南毛叔鄭奉明水竊謂
顧命毛公六人皆武王舊臣則毛公自是毛叔鄭

漢書古今人表列毛叔鄭于武王時列毛公于成
王時猶之左定四季傳武王之母弟八人聃季爲
司空而五叔兼官注又有毛叔聃吕一人爲二人
其誤顯肰可見書文矦之命傳云偁父者不一故
吕字別也今吕文矦名仇字義和推之鄭毛公名
而厝迺其字也又桉鐘鼎文鄭直乍奠不從邑說
文奠置祭也禮郊特牲蕭合黍稷臭陽達于牆屋
故既奠肰後焫蕭合羶薌注奠謂薦孰時也特牲
饋食所云祝酌奠于鉶南是也詩生民取蕭祭脂
傳即用郊特牲之文惟羶薌乍馨香履帝武歆歆
傳歆饗也其香始升上帝居歆箋其馨香始上行
上帝則安而歆饗之鄭从奠聲奠有歆義證之古
人名字相配亦合又桉竹書紀季康王十二季有
毛懿公穆王十二季有毛伯班共王九季有毛遷
懿公當即毛公厝之謚班遷蓋其子若孫穆天子
傳毛班郭注毛伯衛之先 對揚天子皇 徐曰大也

右弟三十一行十二字

休 句一百二十 用乍障鼎 句一百二十一子=
孫=永寶用 句一百二十二 此三句是毛公記
事之辭惟未書季月耳不書季月亦是簡謹處

徐曰對揚皇休用乍尊鼎詩江漢集傳所云答揚天子美命乍廟器而勒王策命之辭是也　愚謂此毛公自乍重器與盂鼎詩江漢不同非祭先廟业器毛公文之庶子不得宗祀故不自作廟器而其子孫世守之卽其廟器矣　徐又曰子=孫=爾雅釋訓云引無極也三句皆古器物銘習用語它器尚有萬秊等字此不箸者言永則有萬秊业意扗且言永耔有所吕永之之意扗書榟材云子子孫孫勿替引之其旨微矣　文固簡老夫自乍器辭當如此爾

右第三十二行十二字內重文二

命辭凡五章一章章二十句二章章二十句三章章十四句四章章十七句五章章四十五句記辭一章章三句共一百二十二句三十二行四百九十九字棗=爲重文則五百字

徐曰書金縢管叔及其羣弟乃流言于國呂下秊次諸說互異惟鄭氏可爲據鄭云成王秊十二朙秊將踐阼周公欲代业攝政羣叔流言周公辟业居東都時成王秊十三也令

桉是季爲成王嗣位之三季鄭云居東二季
成王收捕周公之屬黨時成王季十四也今
桉是季爲成王嗣位之四季鄭云明季秋大
熟遭雷風之變時周公居東三季成王季十
五迎周公反則居攝元季也今桉是季爲成
王嗣位之五季鄭云居攝四季對康叔乍康
誥五季乍召誥七季乍洛誥乍康誥時成王
季十八乍洛誥時成王季二十一也今桉是
季爲成王嗣位之十二季又居攝元季三監
及武庚叛周公東征明季殺武庚及管叔又
明季周公歸凡三季鄭不云者㠯互見大誥
等篇也是銘當扗迎周公反東征時乍擬之
尚書百篇當曰毛公之命　桉此銘於周書周召文字外自爲周初鉅製非它書所可比擬也
咸豐四季甲寅夏五月嘉
興八十者徐同柏籀莊釋文
秦燔之後羣經大晦兩漢之際眾說淆亂雖
古訓多聞非後世所及而天命自然之理聖
人大中之心漢儒則未能深造自得而有㠯
折衷羣言之是非卽此論之三季亮闇百官
總己㠯聽冢宰周必不異於古公位冢宰聽

政自是職内事何須有欲代㞢心居攝二字
令經典㞢即有傳文夫同宅憂㞢説必不如
莽㞢紀元況收捕屬黨㞢誣妄已極乎夫大
聖人㞢心非可吕博雅測大聖人㞢事又豈
可吕文字誣其可吕百世俟聖人而不惑者
夫惟明於聖人㞢理而已明聖人㞢理肰後
可吕知聖人㞢心知聖人㞢心肰後可吕論
聖人㞢事當於理者取㞢背於理者舍㞢徵
者信㞢闕者疑㞢而已未有設吕臆武斷者
也是命㞢乍自在武庚甫平㞢後或周公未
歸時與肰不可玆矣
同治十季太歲在辛未七月廿又五日癸丑
秋熱五十九歲海濱病叟鐙下記

三清將定稿
再清每一大篆俱空二格

周毛公厝鼎銘釋文 參訂藴莊先生從古堂本
嘉興徐籀莊同柏曰周之王子弟食采于都
鄙。成王時毛公監其地受王命而作是器
桉銘毛公監都鄙自是武王時成王嗣位冕
毄後中命之毛公鑄冊命之辭于鼎
王 徐曰成王 若曰 史述王命作冊之辭若者史文
之謹也 句一 父 乎篆同令說文 徐曰同姓之稱 厝 歆 徐曰古
文歆歆字从久說文云神食气也此从厂者厂广
古通禮郊特牲蕭合黍稷臭陽達于牆屋厂牆屋
之象 厝毛公字不名之故稱字眞其名歆其字

也 句二 不 如字 徐釋丕 顯 不顯顯也 文武
句三 皇 从川从曰从土象曰出地上光气上射煌
煌肰也此爲皇之正字 天引 引大也
右第一行十二字
㪟 肰古文猒饜足也 乃德 徐曰書洛誥萬季猒于
乃德馬云猒飫也 古从十从目十古杜字謂目
杜之也郎古文相从心心相悳也加彳德行也
句四 配 配从卪 我有唐 配克配彼天也周配天故
天配周也有从夕夕郎肉不从月不省止又 句
五 雁 雁古文膺 受 受 大命 不省作令 句六 衔 衔

文本七

周毛公厝鼎銘釋文【三清將定稿】

毛邊折葉、紙捻冊裝，一冊三十葉。半葉縱26.2–26.4cm，橫18.1–18.3cm。版印邊欄，四周單邊，黑口，雙魚尾。半葉十行，行十九字。他人據文本五謄抄，簠齋再朱筆修訂、句點。首葉邊朱批「三清將定稿　再清每一大篆俱空二格」。

再抄每一大字均空二格以便描填篆字
二字合文仍空二格。重文同。
若口有蝕
凡摹字古寫小字。去尖鋒方合。
其餘摹者留之。俟填大字時帶寫之好。
父篆同令本說文。孫曰同姓之稱
乃
凡玄皆然惟畜否
率不可寫上點

文本七 夾條

古文率讀若律　徐曰率循[illegible]褱古文懷　徐曰
懷柔

右第二行十三字

不廷 廷古文庭省从人从土从乚乚平也直也方
徐曰詩梁山幹不庭方傳庭直也常武徐方來庭
傳來王庭也此當兼二訓　即大廷王廷之廷令
作廷猶有从彳从土合而為一之意作廴則失乚
之象而不足見平直之訓矣　句七　乚 古文囟省

不閈 徐曰里門曰閈與干城同義　即書文侯之
命汝多修扞我于艱之扞扞衛也从門門所以扞
衛也

于文武耿 古文耿从𦣝从火光　徐曰書立政
召覲文王之耿光以揚武王之大烈析言之此曰
文武耿光統言之耿光書大傳作鮮光　自當以
此耿字為定　句八 [illegible] 唯不省 天 上从・愚謂象
天圜形下加大 甫 徐曰字作[illegible]下同號季子白伯
盤作[illegible]字形小異　愚謂[illegible]即城墉之字上从版
形下作墉形有女牆及築土之象圜點即杵築形
子伯盤之文上下互易耳

右第三行十四字

[illegible] 从隹上夕象首喙中田象翼下卜卜象尾有

乃命此㠯上 乃辟

皇（皇）古文

岐此别誤通爲一道乃命此以上述文武受天命

句九 夾𨸏 古文多省口不見令惟字先正 徐曰

書文戾止命大惟先正鄭云先正先臣謂公卿大

夫 ·即正之古文下加止

𢑚古文譌 徐曰䛩譌𢑚譌古令字 辪 徐曰讀如 句十又似讀 𡿺

燮古文燮或作燮譌燮和而不同之意 乃辟 句

十一 𢍜 登說文登禮器也从手持肉扗豆上此

上加𠂆𠂆大聲 員 𦯖古文勤省下有𢚓似从火後

𦯖字可證 大命 徐曰登成勤勞詩昊天有成命成

王不敢康成謂自成此謂先正成之家語云湯武

吕䜭譌而昌大即此意 先正者先王之正臣有

正毛公先王文武臣故謂之先正 句十二

右弟四行十五字

肆 肆故也左即令長旁右即聿𥾝奚失侶通 皇

皇 天亾 古文囧者亾又通兼 奚 古文𦉼即數

徐曰字作奚見博古圖疑生豆 句十三 臨保

从子从丨丨即絲令字作不昧其義矣 我𦘔 徐

曰吕顯臨之保安兼數 句十四 不𢀜 古文恐省

先王配命 徐曰易震彖象傳恐致福也言恐而不

恐之義自見詩文王云永言配命 言先王之配

天命者吕先正而不至恐懼也　此以上言毛公

佐文武受天命　句十五

右弟五行十六字

□古文憖省天□爽　徐曰字仾炷从大㞢㞢大

聲見博古圖齊侯鐘□俾使也盂鼎𠂤□□司不

𠂤刵　徐曰爽失俾使司職司言天仁覆閔下不

得職司若武使之　言天使司牧之君令失其人

也憖天卹詩旻天爾推釋天秋爲旻天郭注旻猶

愍也書多士旻天大降喪于殷馬注秋氣殺也詩

召旻序旻閔也　句十六□余□合文□役古

文及　徐曰猶云予則罔克　徐句□邦　句十

七□用也　徐曰氏功曰庸害何徐釋舀蓋謂害

舀何通也吉徐曰舊也□古文治二𦥑兩手持炬

治絲业形　徐曰讀為嗣治三古文四方用何舊

治治四方也　句十八大

右弟六行十九字內合文一重文一

□字上原有鎔闕下𢪃大半佀四止說文歰不

滑也从四止楚辭大招四酎幷孰不歰嗌只考工

記廬人注正於牆牆歰歰不通不順之意廣雅釋

詁歰難也艱難患難字通卹大難也又疑降字不

二王字上　二命以上　均空一格　靜（空占二格）靜从青
𣪠（二格）父
乚　虢許（四格）　二一（二格）　古（二格）若
見

文本七　夾條

靜从青从爭止字兩手拔艸木梠之象書大誥艱大民不靜 句十九 烏佀隹而首上加月呂篆烏喙之形 虖古文嗚呼 句二十 瞿古文瞿从䀠从𧾷而省一止記檀弓瞿然曰呼同 徐曰讀如懼義與懼近 句二十一 余 余字合文 家 家从宀古文湛古文湛讀爲沈从日从𠙴呂匕取物甚日之義余所藏𡚾鼎古文斟犬止巳 于囏 囏古文艱 徐曰乍戒庸及三監事 句二十二 引𢦏古文恐省丮兩手奉揚之形工卽矩恐偭規越矩也 先

右弟七行十六字内合文一

王此以上成王自述嗣位遭家多難與周頌閔予小子訪落小毖文同本章共三節 右弟一章

句二十三 二 王字重文 曰 句二十四 父厝 句二十五 令 字爲鎔銅所掩 余 隹巠 巠古文經常也 徐曰理也 先王命 二 命字重文 女 汝 𩂣 古文燮 徐曰燮和 句二十六 我 徐句 三公之職書周官論道經邦燮理陰陽也是命也其東征既平成王初政之日乎 句二十七

右弟八行十八字内重文二

文本七　第五葉

我家内内外𢡔 𢡔 古文㥁省从兩手奉杵午卽杵
讀若春今俗字作惷書大誥越茲蠢今蠢允蠢蠢
當夫从春愚而兼知之貌此當兼動愚二義內外
内而管蔡流言外而武庚背畔　徐曰愚而好自
用之謂于小大合文政　句二十八粤粤　徐曰从
二由見博古圖粤鐘詩小毖荓蜂爾雅作粤夆說
文乍⿰言甹律云使也詩荓云不逮傳訓同　由乃甹
譌言卽口久䌛文猶使之加人也朕位古文位
句二十九虩許二一虩許二字重文又讀虩許虩
許下一有沕　徐曰讀爲虩〻許〻詩伐木傳許
許柹貌說文引乍所〻云伐木聲此當讀如愬〻
許所愬一聲之轉虩〻如震雷愬〻如履虎尾坫
恐懼貌　均以爲恐懼則徐釋愬〻似矣以爲與
虩有二義則許〻者伐木者必椅其巔而衆人共
力之聲也淮南子曰舉大木者呼邪許見詩集傳
程子曰山中伐木非一人所能爲必與同志共之
許〻之云或是恐力不能勝重任而望助之辭文
内不恐非恐虩許顛越陷艱皆畏天命畏民嵒不
叚康之意此成王之德所以爲成也歟　句三十
若否若否謂若將否塞以起下文也　徐曰若順〻否

此當通紹皇天𨽱古文纘說文繼也　許印林曰
𨽱字被宋人釋爲𤧪字編此字書牢不可破顧所
謂𤧪京者無一可通即石鼓𨽱字尤不得解讀者
皆無異議何也此鼎𨽱字兩見覈其文義似即纘
字借縛爲纘𨽱疑縛之大篆　徐釋紹曰字乍𨽱
見石鼓文又薛氏款識邿敦尼敦及牧敦訇敦
陳侯因資敦叚緟余釋邵爲昭爲紹緟爲𨽱爲纘
與此同緟纘夫一聲之轉徐釋佋未安朝字从门
从𠛱與下同此彖有泐耳北从𠛱　許釋恪纘恪
似未協　徐釋造曰字乍𠛱古文造乍艁又乍窹
此从门朝聲　釋造於此文義可通惟字从彖从
舟不从朝大命　徐曰助王宅天命　句四十一康
能能三四或國　句四十二从許裕　許讀爲裕屬
下句　徐句曰惠甫小民柔遠能邇安勸小大庶
邦也書舜典鄭說曰能恣也甫能二字尤見博古
圖齊侯鐘我井乍
右第十三行十六字
先王𤔲　徐釋愼曰顛覆典型　顛越也或釋憂
此以上申命毛公益勤其功之辭本章共二節
統上章言天言先王爲命之總敘爲文之前段

或 國古或口域國一字

文

文本七　夾條

此條屬下句寫△

俗 裕从谷。谷有容義。寬裕从衣。㠯衣通俗字。此从硲从示。自是正裕字。蓋古俗裕一字。人㠯寬裕為德。俗㠯寬裕為美也。係句

文

文本七　夾條

近登聲有朕音

諸□地之民口率出泉爲賦

右第二章

句四十三 王曰 句四十四 父厝

徐曰謂䢅之卿大夫士及

句四十五 雩之庶 庶

庶人壯官者周禮大宰施則于都鄙注長公卿大

夫王子弟食采邑者兩二卿伍大夫五人殷罪士

輔府史 句四十六 出 出 徐曰自天子所出也入 徐

曰入天子之國也 專于外 句四十七 專 古文敷

命專 敷

右第十四行十八字

政 徐曰詩烝民明命使賦賦政于外傳賦布也敷

與賦同義 句四十八 ⿱埶女 ⿱埶女至也周書大命不⿱埶女

讀若摯同乎下从女金文中他字屢見 徐曰字

之⿱埶女讀如貪欲乘藝之藝極也 小大 合文 書乘逸

至于小大 句四十九 楚 楚 徐曰芻薪 詩喬

木翹翹錯薪言刈其楚周禮大宰芻秣之式注蕘

半馬禾穀也 賁 賦 徐曰財賄 徐句 [illegible]

大宰五曰賦貢注賦口率出泉也

古文征 [illegible] 古文般此字甚明上 [illegible] 與前登字同

不从般前般字上左雖有泐而 [illegible] 之同 [illegible] 乘疑右

止止 [illegible] 乃別誤易辨確非般字之舟未可遽定爲

般 [illegible] 與登跣相同則字夫當近登有登聲進訓如

書乘逸惟正止供也乘唯正般似少費解或曰正

十

讀如識而不征之征　徐曰般樂　句五十引

甘其惟王智　句五十一　迺

右第十五行十六字內合文一

惟是龏　壼我國　徐曰明知之故縱之是

我自壼其國也　此承上章余非啚有辥言之

卿大夫士爲公所屬者若呂聚斂大謂我智乃是

壼我國非如公保余沖子扗位之智也　句五十

二　麻古文歷　自令　書五政繼自令文同　句五十

三　出入敷命于外　句五十四　乃非

右第十六行十六字

此前一段中空白錢二行

父〻唇〻　父唇二字重文屬下句舍命　徐

曰詩蒸衺曰舍命不渝箋舍處也謂自處其命此

則處彼之命　吾其屬出入王之政命必先告毛

公自公出命故曰舍郎下文于父郎君命也　句

五十五五十六　毋有敢二又字皆佀从月泐

非省　古文惷省　敷命于外　此吾令之命

公鋧戒公之屬益專公之任也本章共二節爲命

引起正意　右第三章　句五十七　王

右第十七行十七字內重文二

古文令書五政

文本七　夾條

文本七　第十一葉

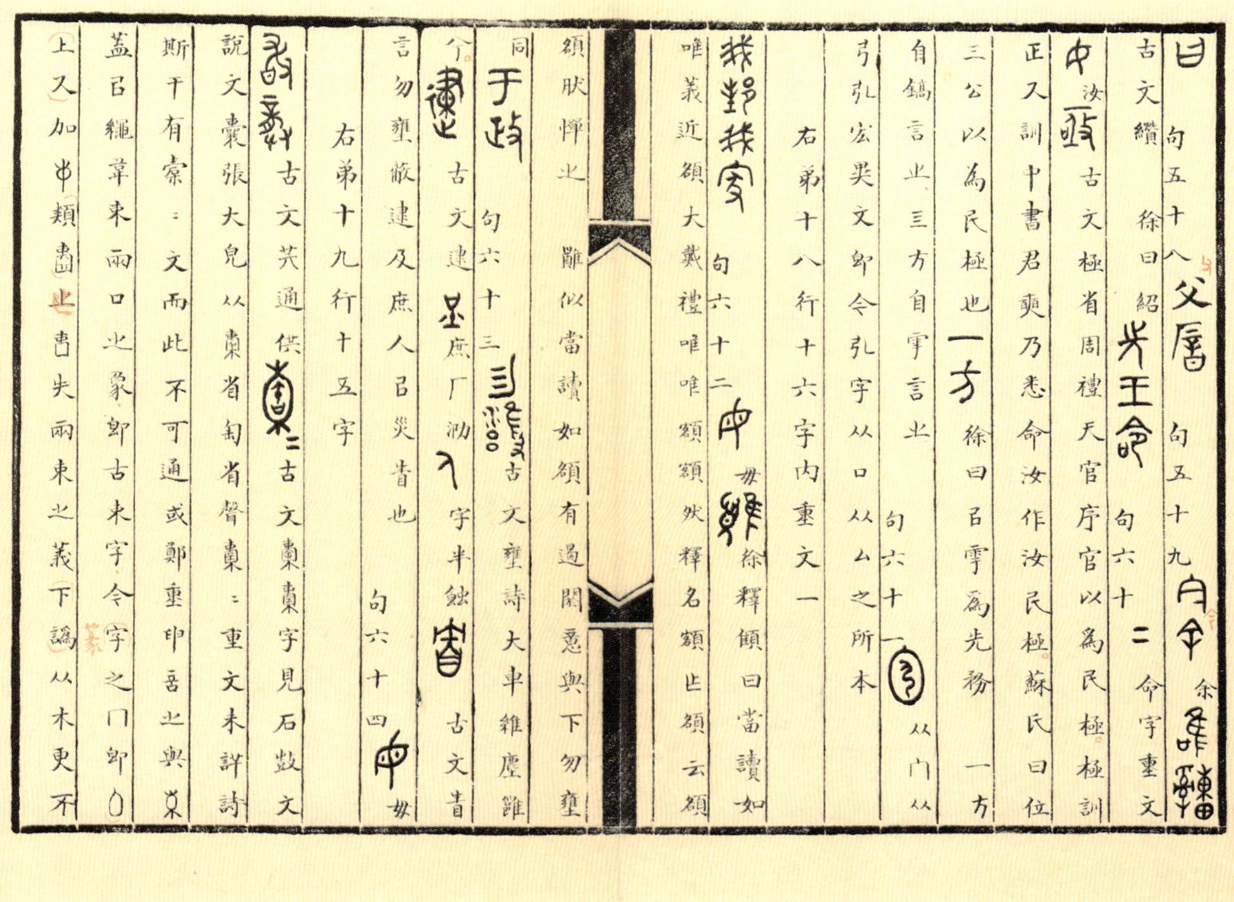

曰 句五十八 父厝 句五十九 余唯肇
古文纘 徐曰紹 先王命 句六十 二 命字重文
女汝亟 古文極省周禮天官序官以爲民極極訓
正又訓中書君奭乃悉命汝作汝民極蘇氏曰位
三公以爲民極也 一方 徐曰召雩爲先務 一方
自鎬言之三方自雩言之 句六十一 宏 从门从
弓弘宏吳文郊令弘字从口从厶之所本
右弟十八行十六字內重文一
我邦我家 句六十二 毋 顀 徐釋頤曰當讀如
唯義近頷大戴禮唯唯頷頷然釋名頷叱頷云頷
頷肰悍之 雖似當讀如頷有遏閼意與下勿壅
同 于政 句六十三 壅 古文壅詩大串維塵雖
兮 建 古文建 庶 厂泐入字半蝕 昔 古文昔
言勿壅蔽建及庶人吕災昔也 句六十四 毋
右弟十九行十五字
敢龏 古文共通供 橐二 古文橐橐字見石鼓文
說文橐張大皃从橐省匋省聲橐二重文未詳詩
斯干有橐二文而此不可通或鄭重申吾之與朿
蓋吕繩草束兩口之象郎古朿字令字之冂郎〇
上又加中類朿之書失兩束之義下譌从木更不

可通　徐釋包曰字𠂤韓橐共供給包苞苴　橐

或𠂤橐集韵橐張大貌　句六十五　[illegible]　迺[illegible]古文

侮詩常棣外禦其務當卽敄之譌令說文敄失侮

訓　徐釋敄誤㠯左史爲東[illegible]　鄉[illegible]古文寡音

兼設㠯供𡚱私橐之故乃至侮鰥寡也前戒其爲

王聚斂此戒其自私貪墨　句六十六[illegible]　徐曰

責效乃羽友　徐曰卽太史友內史友之友[illegible]徐

曰卽惟厥正人之正

右弟二十行十五字內重文一　句六十七[illegible]毋[illegible]設

[illegible]古文酒　徐曰右旁𠂤[illegible]象頭角豐滿形　上

𠂤兩總角形下𠂤齒舌形全文舊釋格上三矢者

余謂與此同爲面形从三一者總角與中笄總也

此與酒誥有正有事無設酒于酒𠛱太史友內史

友文同于酉古文酒　句六十八　中　汝[illegible]毋[illegible]設

[illegible]象古文墜省徐釋爰誤十古文杜[illegible]書酒

誥越杜外服越杜內服惟服也　句六十九[illegible]

古文造从竈此不从半而从豕造字兼疑詩公劉

乃造其曹執豕于牢豕大曰牢則用可通矣前造

造周也此造造朝也可見徐釋之善已徐此釋圉

有說誤句大誤[illegible]古文夙[illegible]古文敬字中鉆

徐釋爰誤上添　盂鼎我戠般墜命[illegible]隱去字[illegible]从乇與遂

敃諆鼎遂字相侶徐釋爰誤

文本七　第十三葉

文本七　夾條

乃了乃辟　以　乃了乃旗　以

身文　以　文　身文

文本七　夾條

念王　徐曰逸周書作雒解大云敬念彼紀周公敬念周室克造作大邑于土中此則謂諸臣之賢者乃心罔不壯王室也　句七十

右第廿一行十六字

俾古文俾不賜古文錫加目　徐釋賜曰澗賢于不賢使其不得王賜　使不賜勿使王不賜也古文之簡也　句七十一

中汝毋毋井跡循也字止跡不从彳古文多止率記文王世子武王帥而行之　句七十二

用先王作明井古文型省毋鼎于政率由先王之舊章也毋墮逮庶人皆文王之惠保小民也毋敢龏橐迺侮鰥寡文王之惠鮮鰥寡不敢侮鰥寡也毋敢湎于酒文王之誥教秉彝酒也此先王之明型也所以宏大我邦家者也　句七十三

俗許印林讀爲裕　書康誥若德裕乃身裕乃以民甯　徐句曰脭節每鐘云不敢弗帥用文祖皇考穆秉德指明德言此則指新民言　徐以俗如字屬上故訓新民

中汝井

右第廿二行十六字

乃了辟古文以陷省與不鼏𣪊汝休弗以我車以于艱以字闔皇父𣪊匜以字秉吳以闔省定陷

文本七　第十四葉

首　徐釋向曰訇陶本字是文右之上止耳形陶

後陶穴之象當是向字　當从陷釋于鬹　鬹古

文辭　前一章戒毛公所屬之辭此一章誥誥致

戒毛公之辭統爲命之正意爲一篇之主爲文之

中段　右第四章　句七十四　王曰　句七十五

父厝　句七十六　巳　徐曰語辭　曰　書君奭君巳曰

此吾巳命之也　句七十七　汝　役古文及𢆶古文

玆右半蝕　御

右第廿三行十五字

事　使卿事　徐曰讀如士卿士公卿大夫之通

偁　寮　古文寮同官曰寮説文無賚字有賚字賚

字賚下云柴祭天也从火从昚均當从此止賚

句七十八　大史　徐曰掌則已逆都鄙之事　寮

句七十九　于父即君命　徐曰即就也出納王命

爲王之喉舌也　句八十　中　汝　此字金文屢見

而無定釋　徐釋畯曰字佳鞍左旁从佳井會意

見博古圖齊侯鐘及緐公鼎　公

右第廿四行十四字

族　古文族原范有失　徐曰禮文王世子庶子

之正于公族鄭注庶子司馬之屬掌國子之倅爲

政于公族者燕義鄭注庶子猶夏官諸子職也周禮諸子掌國子之倅先鄭云燕義曰古者周天子之官有庶子官與周官諸子職同文周禮序官政官之屬諸子下大夫二人注或曰庶子是公族下大夫所司而統率于大司馬御一人厝之司公族當是命自武王成王特申命之故上文云羣經云紹而此則云畯眉畯通駿長也宅器畯臣畯保義𨛭同 畯金文之畯庶子諸子以所司名其官故前夫曰雩之庶也 句八十一 雩參 叄古文三

徐曰三御之稱以下皆公族之仕于王朝者有

𤔲司 徐曰公有司國有司皆是 句八十二 小子合文 徐曰主祭祀之小事 句八十三 師氏 徐曰以三德三行教國子 句八十四 虎臣 徐曰虎賁氏 句八十五 雩朕褻事 徐曰褻御執王事者 書顧命師氏虎臣百尹御事文同

右弟廿五行十五字內合文一 句八十六

以乃族 古文族令字之从方从人乃分㫃形為二

干 古文扞省 吾 吾古文吾通禦漢楊君石門頌彊禦之彊衙衙吾通 徐釋干御曰讀如扞禦詩兎罝公侯干城傳干扞也御古文之遯此之吾遯

三十合文 ⺊

廿六行十四八字内合文一 ⺊二

齊侯罍昭下字徐釋爲

㞢者王周禮諸子若有甲兵之事則授之車甲司
士周知邦國都家縣鄙㞢數卿大夫士庶子之數
疏士庶子者夫如宮伯卿大夫之子謂適子庶子
其支庶宿衛王宮者也 句八十七 徐釋爲佀
阮氏齊侯罍晶下字許釋身以有泐皆未敢定余
疑家省宀音能扞禦則家有所賚也 取上
有泐疑求字書呂刑惟貨惟來釋文馬本㠯求云
有求請賕也惠棟曰案漢盜律受賕卽書惟貨聽
請卽書惟求㠯下鍰爲罰金或是賕也徐釋賦此
與前賦字不佀佀均未可定周禮大宰以九賦斂
財賄注財泉穀也疏無泉者取財賄㠯當筭泉㞢
賦又邦都㞢賦者大都采地其賦入主外爲公邑
其中公邑㞢民出泉入王家也 爰㠯受與古
鍰同古文鍰鍰六鋝也小爾雅廣量鋝謂㞢鍰
徐曰考工記注六兩大半兩爲鋝前云舍命否者
咸㞢此云取賦若者賞㞢 此命之正意已畢復
命毛公與公族㞢有位有執事者共率乃族衆㠯
蕃衛王室而族衆之家皆有所予也蓋周有大賚
必先不施其親而宗子維城尤重本根之芘其下
則申錫毛公㞢事也 句八十八 古文錫春秋

文元年天王使毛伯來錫公命公羊傳錫者何賜也命者何加我服也中汝矩古文柜从矩从吕

鬯一卣古文卣 句八十九

右第廿六行十八字內合文一

鄜古文弁圭弁籀文㝵𢍁玉篇𠃬拳也所㠯拳持髮也以鹿皮爲之此从𠂆从𢍁弁字𠂇疑加尸同薛書卻斂儀禮覲禮注皮弁者天子之朝朝服也士冠禮注皮弁者㠯白鹿皮爲冠象上古也周禮弁師注弁者古冠之大稱說文弁名出於槃槃大也此弁圭是大圭大圭卽介圭也 徐釋瑒曰

字㝵鄜𠂆薦省㝵古文冕从薦从冕冕服㠯薦也从尸者古文揚从丮或从尸周禮玉人祼圭聲語㝵𢍁圭說文㝵瑒圭讀若暢 句九十 瓚古文

鬲寶 徐曰祼圭之瓚也謂之鬲寶者瓚㠯玉爲之形佀鬲玉人注瓚如盤蓋鬲之淺者或如盤也當是玉盤之寬邊如鬲者寶保玉疑祼時卽以所執圭置瓚上而灌之非㠯圭爲柄 句九十一

朱市古文芾 徐曰蔽鄔 句九十二 悤黃 徐釋元黃曰黃讀如衡紞之衡 余疑卽蔥衡蔥衡卽蔥珩黃卽橫通衡又通璜㠯覽舉難翟璜古今

人表㠯翟黄白虎通瑞贄璜者横也愚謂㠯上又
加丨即息之義蒠璜㠯㠯黄皆古省文　句九十
三 王 古篆文玉 環 說文肉好若一謂之環余所見
者中厚肉好兼廉隅也　句九十四 王 玉 鈺 徐曰
守㠯鑿从金鈺聲白虎通循道兼窮則佩環能決
字非从二金或是从仌仌說文有仌字
嫌疑則佩玦　鉴疑从二金即叏昊文若从二金
則與師雝 阮釋滑余曰雝 父尊二金字略近　以
上圭瓚偏玉皆玉類而朱芾居其中杜佩上五瑞
㠯對皂瓚㠯祭芾佩㠯表德賜之至重者也　句
九十五 鑾 車㠯兩輪兩轄貫㠯軸兩服馬駕衡
夾輈之形釋从丫㠯軒非　周人上輿車之賜爲
重故首及之　句九十六 乘 許釋僨　徐釋乘爲
句曰周禮巾車金路同姓㠯封乘乘馬乘馬路馬
余釋彎 緈 古文幂即幭說文幂鬃布也周禮曰
驪車犬幂幂覆笭笭式也記蒿幂鹿幂詩鞹鞃淺
幭傳覆式也正義幭禮記㠯幂周禮㠯㮨字異而
音同幭又㠯篾令說文髤字爾雅釋器注令之翻
車也 轉 較古文較說文車輢上曲銅也考工記注
兩輢上出軾者古今注重耳古重較也文官青耳
武官赤耳彎繡較彎幭彎車耳也猶青赤耳也

徐曰字㞢較見說文緐所㠯覆者　句九十七

右弟廿七行十七字

朱𠾖　徐釋器曰朱鞹之屬句許釋同　余謂徐
大疑辭器从犬有守義此从幺非器明矣疑是綷
字左桓公傳藻率注㠯韋爲之率綷綷同蓋韋索
也韋索與鞹相類又疑轡字古轡从止此从止从
糸省車加四口說文器衆口也讀若戢輯車和輯
也列子齊輯乎轡銜之際詩六轡耳耳耳有戢義
器有戢音故从器歟（衍）引古文靳省詩韓奕傳靳
軾中也說文車軾韻會玉篇類篇竝引㞢車軾中
靳朱綷靳朱韋索朱軾中靳也轡釋雖可通然與
鞹不相類　此車上者　句九十八

𩋆　古文韣
詩葛生傳韣所藏之釋文本又㞢韣㞢櫝記明堂
位載弧韣注弧旌旂所㠯張幅也其衣曰韣此字
从朱卽櫝古文櫝省不从韣斤旂省凡張幅形韣
字兼疑下有弓韔此當是張旌旂幅之弧㞢衣故
曰韣衣也

仌　合文　徐釋一字爲幭曰字㞢[illegible]从
亦析聲凡其象也詩梁山傳靳軾中也幭覆式也
句　上銑有緐此不得更爲幭矣　句九十九

𩊚
𩎟　古文韔　徐曰字㞢目韔爲弓室故从冂韔太

㠯皀故从皀　句一百當㠯讀[illegible]　古文叀从許
釋徐釋練非[illegible]徐曰虎韔裏　句一百又一弓
古文距東武劉樊庭方伯喜海藏弓文庚卣弓㠯
[illegible]形卜壯上是張弓有垂飾形弓篆㞢十是弛弓
形壯弓右故曰右如雞距故曰距壯弓末故曰距
末周制當弓右距爲貴故曰右亙士卒所用弓必
是上下同乘弓見左右故右距者爲貴也　徐曰
良弓名禮曲禮右手執簫注簫弭頭也詩采薇傳
象弭弓反末也廣韻弰弓弰集韻弰弓末是簫卽
弰字弭頭卽弓末也積古叁款識載距末一器據
國策谿子少府時力距來皆射六百步㞢外荀子
繁弱鉅黍古㞢良弓也文選閒居賦谿子巨黍異
秦同機釋爲弓簫所觔器則此右巨乃當時弓名
弓簫右手所執而偁右巨也巨距鉅竝通轉字
此車中所載者征伐之賜弓爲重故先及㞢　句
一百又二畫　古文畫同彫說文彫畫也大㠯雕
書峻宇彫牆傳飾畫此从聿从爻从周隸畫飾彫
三字㞢意轉說文轉車下索也或借縛急就篇顏
注縛壯車下主縛軸令與相連　句一百又三畫
[illegible]古文滕字㠯[illegible]與前徐釋𩰫㞢字同㠯般則

从步不可解止膝則記檀弓邊亦膝釋文膝本又
止膝易成釋文膝虞止膢此㞢从夌从女均有可
據而前㞢又膝亦唯正膝則更不可通仍从徐而
坿所疑㠯俟博問君子　徐釋鞶曰樊纓　愚疑
加車即是別於馬大帶非鞶　句一百又四 金
右第廿八行十六字內合文一
甬古文鏞　徐釋釭曰字止甬說文釭車轂口鐵
也釋名釭空也其中空也甬迺鐘柄釭形佀㞢故
假甬爲釭　世扞古鐘甬中空徐說釭佀矣第車
轂中鐵當即俗所謂車穿者雖中空而異古鐘甬
甬自非釭也說文鏞下鐘或從甬文疑脫鏞也二
字玉篇廣韻與鏞同大疑誤今習見古銅器佀今
筆筩有長方銎二可貫鎋中空可冒軸耑形大如
軸耑如古鐘甬宋人名曰車杠俗謂㞢銅杠頭即
此金甬非此亦㠯定其古名大不知古鐘甬車甬
一字而訂說文㞢鏞甬大一字也　句一百又五
逪古文錯詩采芑傳錯衡文衡也釋器鏤謂之
錯通俗文金銀要飾謂㞢錯鏤　徐曰錯字止道
本迹道字假爲錯衡　句一百又六 金歱古文
歱　徐曰輈㞢末所㠯納後軫者　金歱當即同

今輪鐵記曲禮車輪曳踵　句一百又七 □
徐釋杔曰字之豪豪豕怒毛豎豎从五有之義杔
爲之車物故假豪爲杔　句一百又八 □□ 徐
釋栔轙曰字之剌閵詩小戎傳栔歷錄也梁輈輈
句衡也一輈五束束有歷錄此从束从丿丿句衡
之象說文轙車衡三束也曲轅轙縛此从閵束成
則轙成矣　栔字雖不佀而剌字說則通字右似
力與勒力同　句一百又九 □ 古文簟 □ 古
文茀　徐曰字之簟弼簟从四者四㠯覆器簟夫
覆也茀之弼者古文弼或之弜又輔弼之弼夫之

佛　金簟茀者㠯金飾簟茀也今茀讀若弗誤
句一百又十 □ 古文葡夕郎夕不同甬　徐
曰字之葡說文引易犕半乘馬葡郎犕者　詩之
負服余疑矢箙扗車外旁　此車前車下車旁車
後者矢從㫃弓故次及之
句一百十一 □ 馬
右第廿九行十五字
□ 合文郎四匹統匹字上畫計非三匹也　徐
曰書文侯之命馬四匹傳四匹曰乘是銘既曰金
車乘又曰馬三匹蓋如左莊十八秊傳命之宥之
之意　句一百十二 □ 古文鋚者 □ 古文勒　徐

避石勒名下添按字

㠯金文證之鞗革革皆鋚勒之譌矣

文本七　夾條

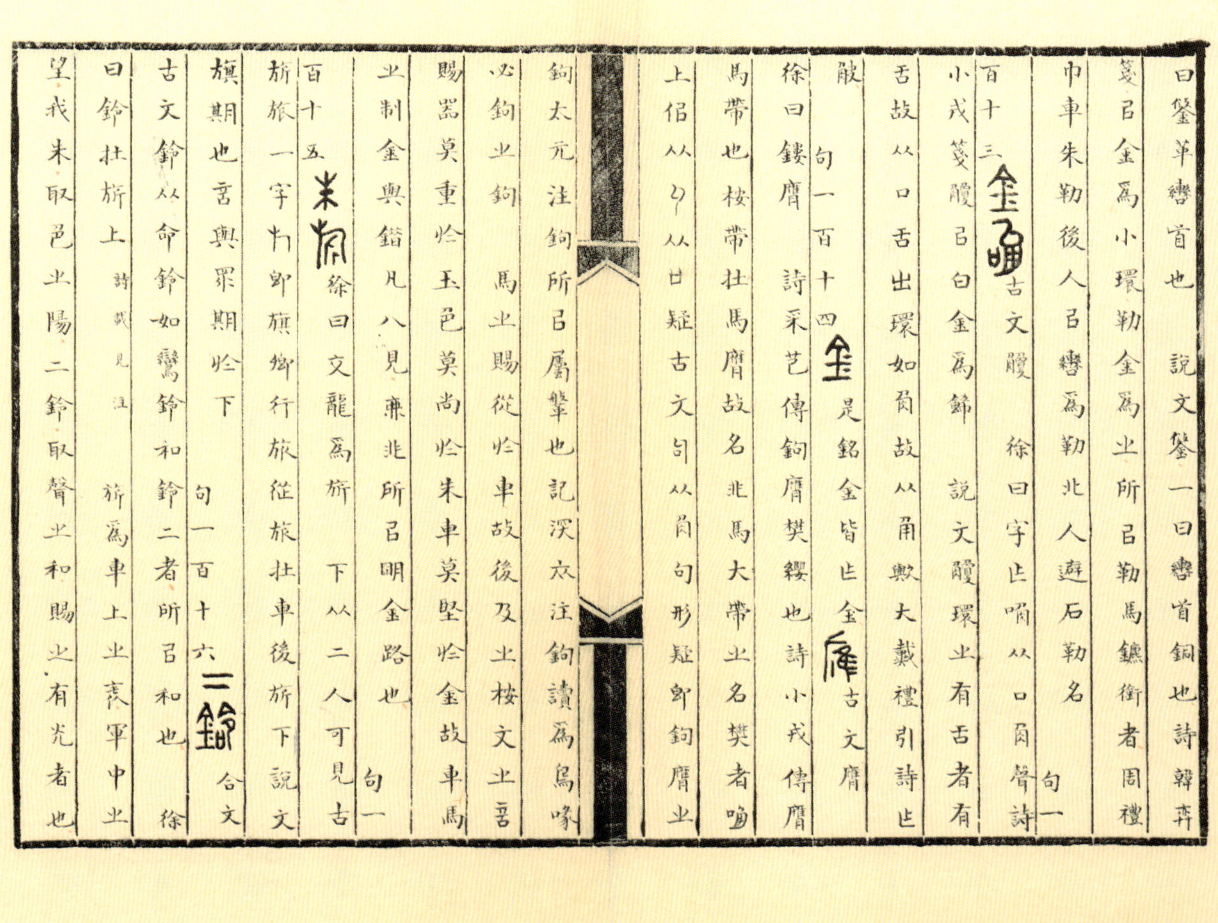
曰鋚革轡首也　說文鋚一曰轡首銅也詩韓弈
鋚㠯金爲小環勒金爲之所㠯勒馬鑣銜者周禮
巾車朱勒後人㠯轡爲勒北人避石勒名
句一
百十三　古文鞶　徐曰字止嗬从口肉聲詩
小戎鋚鞶㠯白金爲飾　說文鞶環之有舌者有
舌故从口舌出環如肉故从角敷大戴禮引詩止
觖
句一百十四　是銘金皆从金　古文膺
徐曰鏤膺　詩采芑傳鉤膺樊纓也詩小戎傳膺
馬帶也桉帶壯馬膺故名北馬大帶之名樊者嗬
上侶从夕从日疑古文句从肉句形疑即鉤膺之
鉤太元注鉤所㠯屬擎也記深衣注鉤讀爲烏喙
必鉤之鉤　馬之賜從於車故後及之桉文之言
賜器莫重於玉色莫尚於朱車莫堅於金故車馬
之制金輿錯凡八見乘北所㠯明金路也　句一
百十五　徐曰文龍爲旂　下从二人可見古
旂旅一字卜即旗御行旅從旅壯車後旂下說文
旗期也言與衆期於下　句一百十六　合文
古文鈴从命鈴如鸞鈴和鈴二者所㠯和也　徐
曰鈴壯旂上　詩箋見注　旂爲車上之表軍中之
望我朱取色之陽二鈴取聲之和賜之有光者也

文本七　第二十四葉

故車之屬以是主之古文字於緐瑣處夫有條理
若此　句一百十七 [古文]錫 中汝 兹此也 [古文]左乎鉞
右弟三十行十六字內合文二
用戉古文鉞省从二止北戊步　徐曰字占戲與
武字同意重吾錫汝矜云茲朕所用之鉞重其物
也　虢季子伯盤賜用戊文同而彼不吾茲朕
句一百十八 用政古文征　徐曰征也正也　盤
文用政蠻方用政同記王制諸侯賜弓矢然後征
賜斧鉞然後殺賜圭瓚然後爲鬯自是以賜鉞爲
重成王錫毛公言此乃朕自用之鉞則又重之重
者也重吾錫汝以見非常之賜大書特書之筆非
弓矢所得比也毛公先朝同姓重臣故錫命特以
是終之而不復如盂鼎之猶有勉辭也　此以上
史書成王命于冊之辭以書洛誥作冊逸誥推之
即史佚也　此一章將吾錫毛公之事而先之以
聯族屬惠族眾然後以錫予致禮遇之崇爲命之
終爲一篇之總結爲文之後段　右第五章五章
凡三致意煌煌大文而以簡馭緐有條不紊若此
此豈後世能吾之士所能及哉　句一百十九 乎
公[古文]自稱國封邑稱官稱字不名是周之禮制也

徐曰毛畿內邑武王吕封其弟是爲毛伯成王
時爲王朝卿士偁毛公校左僖二十四年傳毛文
之昭也文十五年傳毛伯衛書顧命毛公傳云偁
公三公六卿次弟司空弟六毛公領之毛國入爲
天子公卿又王云毛文王庶子周禮太宰注毛聃
之屬杜畿內者具吾毛公國邑官爵世次獨未及
名字逸周書克殷解王即位于社毛叔鄭奉明水
史記周本紀既入立于社南毛叔鄭奉明水竊謂
顧命毛公六人皆武王舊臣則毛公自是毛叔鄭
漢書古今人表列毛叔鄭于武王時列毛公于成
天子芙命乍廟器而勒王策命之辭是也　愚謂
此毛公自乍東器與盂鼎詩江漢不同非祭光廟
之器毛公文之庶子不得宗祀故不自乍廟器而
其子孫世守之即其廟器矣　徐又曰子子孫孫
爾雅釋訓云引秉極也三句皆古器物銘習用語
它器尚有萬年等字此不箸者吾則有萬年之
意杜且吾則井有所吕則之之意杜書梓材云子
子孫孫勿替引之其旨微矣　文固簡老夫自乍
器辭當如此爾

右弟三十二行十二字內東文二

命辭凡五章一章章二十三句二章章二十
句三章章十四句四章章十七句五章章四
十五句記辭一章章三句共一百二十二句
三十二行四百九十九字㒸〻爲重文則五
百字
徐曰書金縢管叔及其羣弟乃流言于國曰
下秊次諸說互異惟鄭氏可爲據鄭云成王
秊十二明秊將踐阼周公欲代之攝政羣叔
流言周公辟之居東都時成王秊十三也令
椄是秊爲成王嗣位之三秊鄭云居東二秊
天子芙命乍廟器而勒王策命之辭是也　愚謂
此毛公自乍重器與盂鼎詩江漢不同非祭先廟
之器毛公文之庶子不得宗祀故不自乍廟器而
其子孫世守之即其廟器矣　徐又曰子〻孫〻
爾雅釋訓云引無極也三句皆古器物銘習用語
它器尚有萬秊等字此不箸者言引則有萬秊之
意扗且言引并有所弓引之之意扗書梓材云子
子孫孫勿替引之其旨微矣　文固簡老大自乍
器辭當如此爾
右弟三十二行十二字内重文二

則五百字　下據（合文重文各十）鑄字陰款界弓陽識闌文字不
盡扗闌内　添寫廿三字
作

文本七　夾條

文本七　第二十七葉

録文[一]

命辭凡五章。一章，章二十三句；二章，章二十句；三章，章十四句；四章，章十七句；五章，章四十五句。記辭一章，章三句。共一百二十二句，三十二行，四百九十九字，⿱小東⿱小東爲重文，則五百字。

徐曰：《書・金縢》：「管叔及其群弟乃流言于國。」以下季次，諸説互異，惟鄭氏可爲據。鄭云：「成王季十二，明季將踐阼，周公欲代之攝政。群叔流言，周公辟之，居東都，時成王季十三也。」今桉，是季爲成王嗣位之三季。鄭云：「居東二季，成王收捕周公之屬黨，時成王季十四也。」今桉，是季爲成王嗣位之四季。鄭云：「明季秋，大熟，遭雷風之變。時周公居東三季，成王季十五，迎周公反，則居攝元季也。」今桉，是季爲成王嗣位之五季。鄭云：「居攝四季，封康叔，作《康誥》。」「五季，作《召誥》。七年，作《洛誥》。」作《康誥》時成王季十八，作《洛誥》時成王季二十一也。今桉，是季爲成王嗣位之十二季。又居攝元季，三監及武庚叛，周公東征。明季殺武庚及管叔。又明季，周公歸。凡三季，鄭不云者，以互見《大誥》

[一] 録文爲第二十八至三十葉的題識。

等篇也。是銘當在迎周公反東征時作。擬之《尚書》百篇，當曰毛公之命。桉，此銘於《周書》周召文字外，自爲周初鉅製，非它書所可比儗也。咸豐四秊甲寅夏五月嘉興八十者徐同柏籀莊釋文。

秦燔之後，群經大晦，兩漢之際，眾說淆亂。雖古訓多聞，非後世所及，而天命自然之理，聖人大中之心，漢儒則未能深造自得，而有以折衷群言之是非，即此論之，三秊亮闇，百官總己以聽冢宰，周必不異於古。公位冢宰，聽政自是職內事，何須有欲代之心。「居攝」二字，今經無之，即有傳文，亦同宅憂之說，必不如莽之紀元，況收捕屬黨之誕妄已極乎！夫大聖人之心，非可以博雅測。大聖人之事，又豈可以文字誣。其可以百世俟聖人而不惑者，亦惟明於聖人之理而已。明聖人之理，然後可以知聖人之心。知聖人之心，然後可以論聖人之事。當於理者取之，背於理者舍之，徵者信之，闕者疑之而已，未有敢以臆武斷者也。是命之作，自在武庚甫平之後，或周公未歸時與。然不可攷矣。

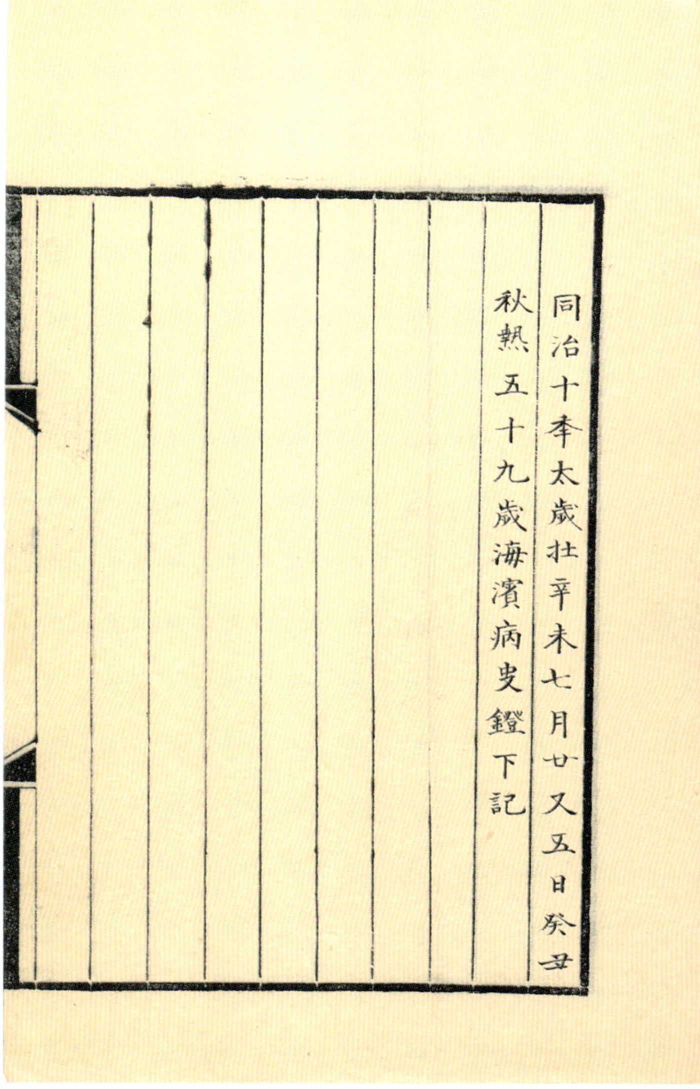
同治十秊太歲在辛未七月廿又五日癸丑
秋熱五十九歲海濱病叟鐙下記

文本七　第三十葉

同治十季太歲在辛未七月廿又五日癸丑秋熱五十九歲海濱病史鐙下記。

周毛公鼎考釋【抄校底稿】

毛邊折葉，十七葉，縱25.7–26cm，橫36.5–36.8cm。題名據文意代擬。

他人抄寫，簠齋再墨筆、朱筆校改批注。前十五葉爲考釋，簠齋朱書標題「周毛公鼎」。後二葉爲釋文，標題「毛公厝鼎」，末行朱書「宜橫裝一卷，如小直幅，拓四行一條，前後均有字景接續每條，釋文八條，之後再録全釋考據，便於書寫」。另附一葉，墨書「傳古鼎草底」，紙張與其他十七葉略異。

此稿的考釋闡發比同治十年（一八七一）各文本要廣博，有的考釋加入了對吴大澂之見的評論。簠齋與吴大澂通函始於同治十二年八月，此稿寫作時間當在同治十二年八月之後。

詩梁山榦不庭方傳庭直也常武徐方來庭傳來王庭也重門日開與于城同義

耿光書大傳作鮮

不廷古从入从土从乚方。匹罔古省門又通無說文

書周官四征不庭（不庭猶不朝）

从入从乚不閈高也左高其閈閎于文武耽說文耽耳著頰也

書君奭罔不率俾

从耳炷省聲杜林說耽光也光耿。唯古或从日不从火

書立政以覲文王之耿光此从火（義同）

天㽞古通用

古㽞字从日从版（𥫶）形㽞朴形古鉥朴从山此从三

从是東朴多入形•𥫶土形

號季子白盤作㽞召伯虎敦作㽞

三行十四字

書太甲上用集大命 天監厥德

書文侯之命亦惟先正鄭云先正先臣謂公卿大夫

集乁乃命。亦唯古惟字先先正正𡀈咢說文𠯑此从

㜏从㠯古諤字省謇諤也辥辥古通乂乃辟辟从卩

讀如嬖又从辛

又作鄂直言也（字林）辨厲也（大戴禮注）漢書霍光傳注

不从尸从⊙不从日𦰩豈古字堇𦰩

堇古勤字省大命

凡言鄂者皆謂阻礙不依順也以或枝不順形

說文燮大孰也从又持炎辛辛者物孰味也蘇俠切曾伯霥作燮晉公盦作燮皆从丁从林丁或辛古文

諤燮和而不同之意燮又不从辛則無辥音 豈成勤勞詩昊天有成命成王不敢康成謂自成此謂先王成之

家語云湯武以謇諤而昌亦即此意 書以豈豈乃辟 豈成也

四行十五字

薛尚功法帖 阮本師𩛥敦文同此者不顯文武 肆皇天彼之帝亡 昊斁彼之昊臨保我有周 雩三方 令余唯𤔲京乃命二汝擁我邦 又見拔敦 芟敦 師敦

小大猷 率以乃友干吾王身 裕汝弗以乃辟陷于艱

肆 肆說文之隸今經典之肆說文之隸此訓故乃通是

訓故之肆正字 皇 皇 天 天 亡 亡古通無 斁 斁古文之

射斁皆訓厭斁

有丿𠮛者昊清鄉不繹斁 古 斁之射以此 臨 臨古文丿

𢆶 保 保古之保丿 保 也說文有㒒無保 保古文之字皆

二篆之[illegible]又之[illegible]

說之爲之丿之子不筆勝于形 我 我 有 有 周 周丿由 不 丕

恐 古文省也 不恐也 先 先王 配 配天大命 命。

詩文王永言配命

與左傳何恃而不恐同意此言恃天命

敢 敢古毁字 天 天當即昊天 詩書 爾雅秋曰昊天 昊閔

也又猶毁也 差 差者也 [illegible]不佀易有誤 俾 俾 使 古文 司。司不丿

昊字見博古圖 疑出豆疑此丿 昊當即昊此 謚

不顯不臨無 射不保 以顯臨此保 安無 斁 厭

易震象彖傳 恐致福也言 恐而不恐此義 自見

五行十六字

猶云予則罔克

巠司之爲巠或（同）毋其官之義 余余古文省 少小子二字

合文 共律厥古爲之 粦（多則四克 檢身若不及）粦 䔡（古通用）古墉字爲庸由之誤爲用

日之誤 石鼓肅肅 己先此義有淵 害古通何曷 吉 善也

䌛䌛 嗣古文爲巠省司（楷之誤）二嗣 重文 三古四字 方 大

說文𤔔不滑也 爲四之楚辭大招四酎並設不𤔔嗌只 攷工記廬人注玉於牆之𤔔 廣雅釋詁𤔔難也

八行 十九字 內重文一

康誥今惟民不靜 多方爾乃迪屢不靜

讀如懮 義與懮近

𤔔𤔔古文不靜（右上𤔔 竹汜）靜古文 謂𢦏東 烏 即鳴 古文 惪乎

爲正倒各二之不能行爲𤔔者當作𤔔 不靜即不靖 書大誥民不靜

虖即呼古文 𢓊 瞿古文爲𢓊 又爲乇 不爲之 余

漢書注瞿然失守貌 說文瞿隻佳欲逸走也 此兼其義

少小子二字合文 家 家古文爲〇不爲冖 湛 湛爲日爲

之爲八八日之是也 湛 沈也（古字）𡀚 嘻 古𡀚字爲喜之嘻爲

詩抑荒湛于酒 漢書五行志作沈

𡀚之𡀚引𢍏 恐 米

說文古文𡀚𡀚 大誥𡀚大投𡀚

古文兩手奉工 即矩 恐 偭越規矩故恐

作武東及三監事

七行 十八字

永恐先王 猶書金縢 惑我先王

乃上成王自敘

王二 王重文 旦 乂 父 居。□ 字不見，當是今字，器字有薄銅掩者，其下仍有字，土蓋字有離土者，銅細能入，故掩之。古不鑄器，成字畫少不完，未駐之，如此。今余唯（隹从口）古字

肇（古肇字从戈）肇 說文之肇 肇

巠 巠古經字，省系絲之杜機（經常也 經理也）

先 先王

武王命為三公，成王申 初政

燮邦即命之 書周官 茲惟三公論道經邦燮理陰陽

命二 二命重文 內 汝古文不从水（書文侯之命汝克昭乃顯祖）

辟 辟古變字 我邦。（燮理三公之職）

我家 家不从 ○ 內 內从入冂 外 外从月，或與閒之从 D

同卜 或古之闌形，冂入為內，闌D為外，恐近穿鑿（臬 从執木 卜執木形）

㥯 憂

古文省 說文愚也，或即今本書大誥越茲蠢之蠢（今蠢 文蠢）

于 小大 二字合文

政。正 之 正

甹 古甹字 詩小毖莫予荓蜂

甹由見博古圖 甹鐘 詩小毖荓蜂 爾雅作甹夆 說文作𠭴

爾雅釋訓佌莫予甹夆俜（荓音俜）[彳甹]說文使也普丁切甹蜂使

蜂猶使雀（言使管叔監殷也）訓使則當連下讀否則古訓不可詳矣朕（眹）

太古立（字）从大一郎丁从一一郎地古位（字）立一字不从丁虩

虩从虎从𣳚𣳚古隙字梧許二二 吳清卿釋上下古文余

讀爲虩虩許詩
伐木許許傳柿貌
說文引作所所云伐
木聲也當讀如
䜣䜣許所䜣一聲
之轉虩虩如震雷
威䜣䜣如履虎尾
並恐懼貌

謂虩許重文如易震震來虩虩詩伐伐木木許許皆聲[illegible]若（如）順也或

如釋上下則虩許與上爲句上下若否句

語辭否塞也

易否象上下不交而天下无邦

九行十八字

𨞷本字讀如豐地近豐周禮太宰八則治都鄙注都之所居曰鄙王子弟所食邑周召毛聃畢原之屬在畿內者大司徒造都
鄙注王子弟采地其界曰都鄙所居也𨞷蓋公族都邑

兴置三方雩皆見
彼三貝非語辭也雩字矣

𩁹𨞷古文省吳清卿釋甹爲語辭下文甹止庶不可通

盂鼎畯正乍[illegible]封雩（則）未是地名非甹字又𩁹丁𡎚戈一乙

增韵𨞷杜右扶風縣
今屬鳳翔徐廣史記
音義豐在京兆𨞷縣
皇甫謐曰豐在𨞷縣豐
水之西鄭康成說豐鎬
相去二十五里括地志豐宮
在雍州𨞷縣東三十五里
左莊廿八年傳凡邑有宗廟
先君之主曰都無曰邑周禮
司馬法王國百里爲郊五
百里爲都

三古四字方𢦏能終也 毋古母母一字𩁹東土古動字省

从𩁹从東从土 鍾（同）从止白虎通鍾之爲言動也

春秋動童 童古通 古鍾从辛从四从東春多省土从土春多省四

薛尚功法帖司寇匜文雩止三才 師𩁹敦雩三才

令亏一人合文 十 猶古小平同未社仕 社古文 [illegible] 仕 弘 大也 古文唯 古 雖 或从口 惟字 从口

了 乃 [illegible] 智 令 智古文从于从口 令

非 非 [illegible] 鄭古文从二亭此廓省 [illegible] 夕掩 [illegible] 彝一字此[illegible]

徐曰字 合 作[illegible]見石鼓文 或謂廓擅加賦

此曰余非[illegible] 後曰乘唯正[illegible] 上从[illegible]

徐曰字作[illegible]下同

說文[illegible] 後若釋[illegible]古文作[illegible]此承上客唯乃智與後客其唯王智同當亦言肝賦非[illegible]有過越

當同

女汝古文 後入僧 汝 水 字別止 [illegible] 古母字 [illegible] 古邑

荒字从女从[illegible]當即古荒字荒[illegible]止行也令[illegible]爲 誕 [illegible]

[illegible]見晉姜鼎 辭[illegible]

止[illegible]字下从[illegible]省丁書無[illegible]不[illegible]荒[illegible]夙

古文[illegible]夕[illegible] 古文省 [illegible] 亏一人合文

[illegible]婚 [illegible]婚字極相似 當是[illegible] 說文婚籀文[illegible] [illegible]字[illegible]作[illegible]

夙亦[illegible] 爾位[illegible]

十行 十六字

十一行 十六字

徐云擁任也

謀猷

詩孝槃永矢弗告箋不告君以善言
道卽此誓言緘止義

郁公諆簠字从言从口

若德順德之明德

雝古擁字从雝从攵說文作攤抱也爾雅釋言邕載也

謝注擁者護也載說文邕从巛从邑四方有水自邕城

池者巛不可邕此从水是籀文𠂤邕巛亦謌从呂與

此同呂當是古營字城池以人力經營者故从止宮也

从呂亦當爲呂（不可通）从隹雝和也我邦小大猷中析 折 家語

賢君忠士折口注折口杜口或曰誓省威緘省口吉令

先王若順德（書康誥若德裕乃身）詩抑順德止（吉也 話言）介德聞

卲卬古卬御字

卲卬古卬御字卲卲召也它畏文古昭紹字皇天

日照許印林瀚曰䪝字被宋人釋爲曈字編之字書字不可破顧所謂曈字者無一可通即石鼓䪝字亦不得解

此鼎䪝字兩見兩敦其文并我作即纘字俗縛爲纘䪝即縛之大篆

䪝 䪝宋人釋曈非許印林釋纘陳侯因資錞卲當即卲

說文纘繼也

紹練當即䪝省同是纘古文「雖」字又見𤔲向父敦釋雖未

師𢼸父敦蓋

字作䪝見石鼓文

又見𨸏尊款識

邵敦屍敦角牧

敦寰敦

易天造草昧書康誥用肇造我區夏

定尚無以易之 𦎧 字未晰 作與後字同作豪作月作〇

徐曰字作𦎧古文造作𦨇又作𥩟此作宀朝聲 造成也

朝不作月亦不作豪

頌鼎造字

作宀作月

同作告異

命刀造之作……作此

此作豪

或曰古造字大命。康 康 能 能 三古四字或。古國字俗古

猶助王宅天命

安也

善也又猶安也相安而言也

書康誥裕乃以民寧不女瑕有師俗父鼎 洛誥彼裕我民

裕字乃若谷乃止裕也作衣之止裕也今專以爲風俗字

康能三國猶惠康小民柔遠能邇安勸小大庶邦也書舜典鄭說能恣也康能亦見博古圖

書虞典柔

遠能邇之能

詩民勞箋能

猶伽也

書君奭裕我不以後人迷義同此裕字當連下如此讀

我丼止

命侯鐘

光先王𩓣。一顛古字作七 杜股 詩賓之初筵箋無使顛

徐釋偵曰顛覆典型

作執其股則顛非作乃近𩕲

顛如太甲顛覆湯之典刑

之顛 今作

眞作頁作複

作釋文顛本作偵儀禮注或偵倒衣裳釋文偵本又作顛

楚辭擷鳴鼓些注擊也此作七作止王曰。𢆶屠。學之厎。

人杜官者周禮太宰施則于都鄙注長公卿大夫王子弟食采邑者兩二鄉伍夫夫五人殷罰士輔府吏

庶出出自天子所出也吳清卿曰眾納屢形古禮出則納屢人事事于天子之國也

外專專古文令經典亡敷命專尃

詩烝民明命使賦＝政于外傳賦布也敷與賦同義

賦布敷三字互訓

字作埶讀如貪欲無藝之藝藝極也

政。詩敷政攸攸埶埶說文至也周書曰大命不埶讀若埶此章用上小大小大合文楚楚說文叢木一名荊荊薪

詩喬木言刈其楚周禮太宰芻秣之式注芻牛馬穀也

也周禮薙氏燋焌用荊疏楚卽荊詩賓之初筵籩豆有楚傳列貌賦。財賄無唯正正供正般樂。

周禮太宰九曰邦賦注賦口率出泉也疏采地之民口率出泉爲賦

賸古文賸雛騷賸罪車使徑詩注賸過也儀禮公食大夫禮眾人賸羞者注賸當作賸燕禮注今文賸皆作賸此言無過越(兼)惟正之供也

乃弘大也其唯王智。智古文迺迺

言乃眾斂巧取民財爲智

書仲虺之誥謂人莫己若者亡罔命僕臣諛厥后自聖

唯惟是是古文𠷎喪古文我 或國古文省 厤歷古文

明知之故縱之是我自喪其國也

再命之相代言如傳說

司空宅百揆如舜之命禹

同新班字 自令 書無遂繼自今一立政三當同此繼

薛尚功法帖本 伐非龍毀文有出入并命又又卿命乃非先吉伐毋敢厌又人吉汝

或厤謌出出入入 尃尃命于外 乃非

詩箋𢦏舍命不渝箋舍處也謂自處其命此則處彼之命 王注舍受也 昔而舍猶傳命而有詩論定意舍𢦏後出也

先先吉文 二 辟二 舍命 毋 敢尃尃命于外

𢦏 𢦏省亦兼恐懼動之義

王

詩烝民出納王命王之喉舌賦政于外四方爰發 明命使賦傳賦布也 傳喉舌冢宰也賦敷皆訓布

三命言封國于毛而申戒之

曰父厝令 令余 唯惟古文 𨸏纘古文 先王命 二命

武王命毛公監都鄙于毛成王申命之

書君奭乃悉命汝作汝民極

義同新民至善之謂

重文 女汝 亟極古文省 一方 國 宮古文从口从乙說文

宀交覆深屋也 宮屋深響也 宮屋響也 是古文（自宮下）

一戒
毋（扞）格政典
穀梁僖九年傳毋雍泉
釋文雍塞也
詩大車維塵雝兮
雝猶小蔽也
勿災逑民身

我邦 邦 我家 家 中 毋雍 雝 說文顱出頟也書益稷

罔晝夜雝雝疏頟頟是不休息止意于政 引 勿雍 雝古

當讀如唯義近頟大戴禮唯唯頟頟耿耿燀也釋名頟從雝云頟頟耿燀止

文逑 逑古文吳清卿釋建 庶 不 省 眚古文書舜

典眚災肆赦傳（眚）過也說文眚目病生翳也从目生聲與

傳注不同此亦不从生目易復有災眚釋文引鄭注異

書舜典眚過無大康誥非終乃惟眚災

自內生曰眚此下从自上从屮（似失）與鄭注近當是正字也

毋

二戒
毋敢龏橐

敢 敢 龏 龏共古文 古龔恭 共供字通書堯典象恭滔天漢書王尊

徐鍇曰
字作龔廾橐共
供給包苞
或作橐 集韻橐
張大貌

傳作豥龔全文恭多作龔説文龔給也此通供橐橐説

文橐橐張大皃 竹橐省匋省聲橐橐也橐橐省當米 橐是供

書不敢侮鰥寡見
康誥無還 詩常
棣外御其務當
郎敄止謡

橐也史記酈生陸賈傳索隱引埤蒼無底曰橐迺 迺

敄 敄古通侮鰥 鰥鰥 寡 寡寡不敢侮鰥寡文王之德也貪

墨則必侮鰥寡矣義敄 責敄 效了乃𠬝𠬝友正 正書酒誥太史

即惟殿正人之正

友內史友
三戒

母 母敢 敢

右旁作酋象頭有豊滿形

湎 湎古文于酉 酒古文書酒誥罔敢湎于酒同 女 汝中

鄭注飲酒齊色曰湎詩蕩釋文同書沈湎冒色

書忠貢五百侯服 服事也
有服在百僚
詩蕩曾是在服注
服政事也
乃也 固不在王室

毋敢友 家古文即隊 墜十社古文了服 服朝 造古文

書康誥不廢在王命明乃服命

明夙夕 夕日 上式 敬古文有勵念 念王

造至也如孟子不能造朝之造夙夜在公之義

七

賜或如孟子所謂慶以地俾不賜勿使不賜也

邢節女鐘云不叡弗帥用文祖皇考穆秉德 辥帖牧

殷文汝毋設 弗帥鼓

先王乍明井

俾俾不賜賜 女汝毋毋弗帥帥古文用先王

乍明明井古刑型字俗俗字 俗古裕女汝弗

詩抑罔敷求先王克共明刑

率舊章保小民惠鰥寡無彝酒、

先王乍明型也

以、乃辟辟圅𦥑古文陷于艱囏 王曰父厝

不𣪘敦蓋中戎大以我車圅于艱 文同 又同聞皇考敦匜◯字彼省門

已已古已矣屋已一字 彼古文及于 茲卿卿

語辭 書君奭君已曰時我言已命止

卽卿士

卿事寮 六卿或司空屬

官

讀如士卿士公卿大夫止通偁

太史掌則以逆都鄙止治

事事古文大太史史寮寮古文說文寮于內寮聲此

同使

于內于朱于呂經典說文尞寮寮僚皆于大漢祝睦碑

僚屬作尞上于木謂者景君墓表百僚作遺夏堪碑官

僚作遺大上于木而此木又于朱目卽呂作目而或譌

今傳世全文頌鼎曰尹氏受王命書王呼史冊號生冊命頌詩尹氏大師=受王命書與此先告父曆舍命同史冊命與此太史寮

于父卽君命同師奎父鼎王呼內史駒冊命師奎父師虎敦曰王呼內史吳曰冊命虎師眈敦曰王呼乍冊內史冊命剌鼎曰王呼乍

命內史冊命皆曰內史寰盤曰史𢦏受王命書王呼史減冊命史𢦏當是內史減其外史與焦山鼎 許惠鼎曰王呼史友冊命吳方尊蓋

曰王呼史戊冊命師酉敦曰王呼史𢦏冊命則乍曰史事異與時異後與此乃以爲正典矣

書顧命太史秉書御王冊命

太史寮

周禮春官太史掌則以逆都鄙

鄭注六典八灋八則之治

則冢宰所建以治

百官太史又建焉凡邦國都鄙及萬民之有約劑者

又大師抱天時與太藏焉以貳六官

師同車鄭司農

謂太師爲瞽引

國語吾非瞽史

焉知天道

卿六卿固同寮

太史掌王冊命

亦同寮也故

並及之

大國三卿周禮

太宰設其參

三卿之備乃下皆公

族之仕于王朝者

公有司國有司皆是

貝或省火皆可證此而轉謂有因也書皋陶謨百僚師

卿事太史皆毛公同官故皆曰寮

師釋文本之作寮左文七年傳同官爲寮大史寮寮

于父卽君命中汝雖

又見師眴敦俞父敦之又有畯臣

徐籀莊釋此字爲畯嗣司公

于父卽君命卽岩言先告父曆舍命

若是作井會意當卽浚書皋陶謨夙夜浚明有家馬注浚大也詩意

嘻浚發爾和釋文浚本又作駿=大也

卽就也出納王命爲王之喉舌也

字作𢽊作𢽊左旁作作井會意見博古圖命敦鐘及穆公鼎

禮文王世子庶子之正于公族鄭注庶子司馬之屬掌國子之倅爲政於公族者燕義鄭注卽夏官諸子職也

周禮諸子掌國子之倅先鄭云燕義曰古者周天子之官有庶子官與周官諸子職同文周禮序官政官

之屬諸子下大夫二人注或曰庶子是公族下大夫所司而統率于大司馬卿一人居之司公族當是命自武王成王

特申命之故上文云肇經云紹而此則云畯尹畯通駿長也也器畯臣畯保義並同

𡨦族古文瀕有先下一字晰

䨥參參三古文有嗣三有司或三卿之屬

小子合文見小子主祭祀之事

周禮春夏官師氏以三德三行教國子

師氏見地官虎臣虎臣見師酉敦及詩

泮水泮水作非官名此或卽虎賁書顧命師氏虎臣傳師氏

後漢書蘇竟傳注 大夫官府臣府貴氏 雩賊 朕 埶〻埶〻事埶〻事當即執〻事〻左 猶言

楚語居寢有
暬御之箴注暬
近也

召也或曰即暬詩雨無正傳暬御侍御也國語

暬御執王享者
干御讀如扞御宗詩
兔罝公侯干城傳干扞也
御古文作禦此作吾
禦之省

以乃族干扞古文省（即戰）吾 吾 禦宗古文即敔 左僖二十四年傳周之有懿德也猶

曰莫如兄弟故封建之其懷柔天下也猶懼有外侮扞禦侮者莫如親親故以親屏周外而封建內而宿衛皆親親

扞御宗之義（同此）如此方爲理周法密與上卒褱不廷作極一方一義

王身 身 取 責 上从午或有剔誤或即賦 出 卅 三十合文

取或如取于民有制之取有事于扞禦者則減取之其賦與

周禮太宰六日邦都之賦疏大都采地其賦入主外爲公邑其中公邑之民出泉入王家也

即世字 寽 寽爰今經典作鍰考工記冶氏重三鋝司農

注環重六兩大半兩說文解字云鋝鍰也此曰三十鍰

是二百兩寽與古貨文同又作爰作寽寽當即鍰古文

省曰取卅鋝或衛之一人之（佚）與 秩 汝 錫古文女汝 㭆

薛尚功法帖𢦏敗取貸五敗釋服口五服以此改之當是取口五寽又見博古圖

九

秬古文作鬯作未不作夫不作來[illegible][illegible]古文一[illegible]卣古文

詩旱麓傳九命然後錫秬鬯圭瓚

[illegible]弁古文作西鹿省鹿弁也儀禮士冠禮皮弁服注以白鹿皮為冠象上古也作[illegible]說文覍冕也周曰覍籀文作[illegible]是[illegible]（目）止謚作卩節文言弁止飾字又見器侯駿方鼎彼文如（訓樂）小弁止弁圭（足以證此詩書卿卿作卩）儀禮士冠禮周弁注弁名出於槃槃大也言所以自光大也則此弁圭是大圭（如介圭止珎大圭止琫）[illegible]鬲[illegible]

鬲[illegible]（彝段）當即瓚考工記玉人注瓚如盤盤與鬲相近或古制如鬲而名以鬲寶與

制
周禮賜圭瓚
然後為鬯未賜
圭瓚則資鬯

朱市芾古文[illegible]（蔽黑）作[illegible]作一即聰古文[illegible]止一為聰即悤

偺上葱黄　黄即璜古文（横省亦古文省）亦横古文（又作珩衡）葱璜即葱衡（珩）見詩采芑禮記玉藻

王　玉環　環說文璧也肉好若一謂之環

王

字作鍙从金𨱔聲白虎通循道無窮則佩環能決嫌疑則佩玦

鋅玟古文　余　說文余从八舍省聲　余余二余也

周禮巾車金路同姓以封

金𨏥　車古文从兩服馬形丁衡軛形後世誤以為𨏥字

𦥑與朱皆一字貫二物若幩則三物無別畫𢑥畫轉亦以此等非尚（美）澤𦥑也

說文籀文車作𨏥　即𦥑止𦫳

𣝣𦥑古文繹　緐　幦古文从糸

𦥑舊釋幩禮記檀弓華而睆注華畫也書顧命華玉仍几傳華彩色

幦或作𧙬儀禮既夕記鹿淺幦周禮巾車作鹿淺𧙬

公羊昭二十五年傳以幦爲席注幦巾車覆笭也廣雅釋器西覆笭謂之幦說文幦髤桼布也周禮曰駹車犬幦巾禮記少儀拖諸幦注幦巾車覆闌也

𨏥　較說文車騎上曲銅也

朱

𥿋　䋣古文从四品从止上有筆畫未晰禮記玉藻

士練帶率注率繂也左桓二年傳藻率鞞鞛服注率為

㕞布ㄋ弓古文通鞃詩韓奕鞹鞃淺幭傳鞃軾中也說文鞃車式也讀若穹則近此宜謂車式則不及詩傳

靳韣古文衣(衣)韣衣二字合文禮記明堂位載弢韣注弢旌旂所以張幅也其衣曰韣古之旂幅皆有弓以張之故於之（即幅）即弓此竹朱即朱(古)同櫝不竹蜀斤即旂省衣幅形(杜)風中形合為一韣字又加衣字以明之韣尊之朱斤衣=之者名不可名格中虎冟韔古文詩小戎(今經典作韔)虎交韔二弓(鏤膺傳弓室也交韔)釋文韔(弢也)本作暢詩采綠言韔其弓釋文韔本作冟=與冟相似又轉訛暢非全文何以正之熏古文今經典之纁考(攷)工記鍾氏三入為纁說文熏中𡆧熏象

也禮記玉藻疏元袞纁裏疏纁朱同類校纁或曰絳或淺

絳或赤色或朱之小別自是黑色所兼朱赤者叀右冂

距古文阮氏款識有距末其制是弓末容弦者古弓字

皆此彡上有彩飾而下無或卽右距止形與畫畫

古文作叀作乂作周〻彫省畫也鏤也乂卽乂乂交也交畫叀

卽聿字金文或此字也轉轉說文車下索也畫畫

䡈䡈古文縢作車〻縢也畫䡈猶絲縢詩閟宮朱英綠縢傳繩也小戎傳縢約也易咸縢口說也釋文縢虞作媵此作安近之當書此䡈

金

甬甬攷工記鳧氏舞上謂之甬注鐘柄釭說文車轂中

釋名釋車釭空也其中空也
金甬又見彔伯𣪘

鐵也今傳世車釭皆銅者制仍鐘甬中有容轄長方穿
此甬是車釭古名矣鋚鑃
鑃古文从乏詩廣雅釋器鏤謂
也鑃國御覽七百五十六引通俗文金銀要飾謂之鑃鏤說文鑃金
涂也桉先鑃使文鑃褋而後涂之則說文之說剝而以
金銀絲入之或以銆金銀片則通俗文之說鑃古或作𨰜
衡詩采芑約軧錯衡傳文衡也韓奕同莊子加之以衡
阨釋文衡轅前橫木縳軛者也金𨰌踵今作踵攷工記輈
人五分其頸圍去一以爲踵圍注踵承後軫者也金豪
豪說文豕怒毛豎

易姤繫于金柅馬注柅者柱車也下所以止輪令不動也釋文王肅作抳子夏作鑈蜀才本作尼

十一

楘古楘字詩小戎五楘梁輈釋文楘曲轅上束也（釋）楘本

又作鞪攷工記輈人注同說文楘車歷錄束交也此上

楘近古文勒字故又作鞪从革从束卽上束束交是楘字之義从丨曲形[illegible]

[illegible]古䡈字說文𢍏所以枝鬲者从𢍏省鬲省渠容切此

从戌當𢍏是𢍏之正字說文䡈車衡三束也曲轅䡈縛

直轅𨍭縛　金[illegible]　簟

簟古文从[illegible]从皿詩載驅簟茀朱鞹傳

弼古又作弢

簟方文席也弼弼古文荀子臣道謂之拂注弼所以輔

正弓弩者也孝經左輔右弼釋文弼本又作拂詩敬之

佛時仔肩作佛載驅傳車之蔽曰茀弼通拂佛故古弼

字今經典作茀也[illegible]　𠬝　葡

箙古葡字卽服易繫辭下傳

服牛椉馬說文作犕从牛𠂤是籀文葡卽服正字又說

文又謂𠂤爲箙也服矢服見詩采薇象弭魚服箋傳魚

服魚皮也說文作箙周禮仲秋獻矢箙漢書注文選注皆

曰卽今步叉[馬]馬

三[四] 三四合文

兩服兩驂爲三四牡四黃駟鐵皆言四知[四]上一畫俗

屬上爲四書文侯之命馬四匹攸鞗古文不从革[勒]

勒古文革作[勒]今經典誤省力作革詩蓼蕭鞗革沖沖

傳鞗轡也悠長也條同攸（悠條均通攸）勒言長勒非鞗卽轡金文作

有裨于經如此金[𩍾]（䪅）䪅古文詩小戎鋈以䪅軜說文䪅

十二

說文鐈䥐或从金錄莊子服[illegible]

漢書天文志暈適背穴注引孟康穴多作鐍其形如玉鐍也

環从止有舌者故此㠯甘象環㠯冎象舌出也

金厈膺 古文詩小戎虎韔鏤膺傳膺馬帶也采芑崧高韓奕鉤膺𥮊膺樊纓也文選東京賦繁纓薛注鞶今之馬大帶也禮記禮器大路繁纓一就疏繁謂馬腹帶也獨斷下繁纓在馬膺前如索帬者是也桉此是馬膺帶上金飾腹帶不能有纓疏非也

繁與般革古字通

有鉤有纓

朱旂 朱旂朱正色

二鈴 二鈴合文 廿命 鈴古文爾雅釋天有鈴曰旂詩載見和鈴央央傳鈴扗旂上左桓二季傳錫鸞和鈴注鈴扗旂國語吳語皆白常白旂注交龍曰旂釋名釋兵交龍爲旂旂倚也畫作兩龍相依倚諸侯所建也桉此則古人也旂皆有鈴有鈴者皆畫交

孫注鈴扗旂上旂者畫龍

龍皆名和鈴令傳世之銅鈴舊說謂之舞鐃者余謂是
車之和鈴旂上之鈴則未見或近今之鈴也曰二鈴則
鈴之大小多少古皆有定制也易錫古文內汝古文𢆶
𢆶古文玆 朕古文身有澂吳清卿誤以爲弁

十三

用戉

戉 鉞古文止戈象此从二止从歲當是周初史書
開籀者或止戈爲武止義書牧誓王左杖黃鉞傳以黃
金飾斧廣雅釋器戉斧也用鉞是武王有天下所用成
王世守之此用鉞是與成王所用者同是王斧从止者
文選王元長曲水詩序文鉞碧砮之瑛注鉞當爲越走

政古文正征字政者正也𢓊相通佀有古訓令傳出政見論語家語禮記大戴記管子征政或讀征征正也見國語周語魯語楚語注又見孟子令傳世虢季子白盤賜用戉用政緐方文同此禮記王制諸侯賜斧弓矢肰後征賜鈇鉞肰後殺之周禮也

此㠯上當依尚書例㠯毛公之命名篇

毛 毛國名周公相成王時所封左僖二十四年傳魯衛毛聃註十六國皆文王子也正義曰昭二十八年傳稱武王兄弟之國十五人此十六彼十五者人異故說異耳又此十六國所在之地其毛聃闕定四年傳聃季授土註聃季周公弟司空又聃季爲司空五叔無官

以八則治都鄙注
都之所居曰鄙都
鄙公卿大夫之采邑
王子弟所食邑周
召毛聃畢原之屬
扗畿内者
小宰注羣都諸
采邑也
大司徒注都鄙王
子弟公卿大夫采地
其界曰都鄙所居也
釋 云春秋傳云遷鄭
焉而鄙留是鄙所居
不遷也載師職云大都
任畺地則三公之采也云
王子弟所食邑者親王
子母弟與公同處而百
里禮記禮運天子
有田以處其子孫

註述五叔又偁毛叔聃聃與聃季同毛與毛公同佰毛
聃聃字以名誤剖爲國而爲十六至與昭二十八季傳
異或因文加名使讀而爲十六字故毛聃二字仍相連
當仍是十五國毛采邑周禮天官太宰乃施則于都鄙
設其長註長謂公卿大夫王子弟食采邑者桉毛地所
扗雖闕文内雩止庻若是鄠省則秦漢鄠縣地至隋尚
是古城今鄠縣北二里故鄠城是西都賦曰鄠杜濱其
足
公
公三公書顧命傳畢毛偁公則三公矣此先後六
卿次第司空第六毛公領之召芮彤畢衛毛皆國名入
爲天子公卿桉周公爲太師召公爲太保書畢命父師

傅畢公代周公爲太師則毛公當爲太傅矣司空授土同則毛公是聃季矣

厝歆古文詩烝民上帝居歆之歆毛公字自偁字自偁公如書文侯之命〔天子之三公與〕叔父之禮也毛公厝毛叔聃聃季自是一人史記周本紀毛叔鄭奉明水鄭古金文皆作奠奠名厝字義合唯未見它書史記管蔡世家次曰冉季載冉季載冣少又云冉季康叔皆有馴行於是周公舉康叔爲周司寇冉季爲周司空冉正義作聃自是傳寫之失名載又無可攷此鼎與聃敦同出關中自當以古器定書傳毛公司空聃爲一人而闕其餘待攷而已

對對䀻揚古夂天下羊沵子皇皇

休休說文息止也从人依木古金文木休多上下曲或曰佀

休休命皇休大美大命

不从木余謂木止上曲覆者乃可休息喬木則不可也

木梢長者枝長故上下曲也

易順天休命釋文休美也書說命敭對揚天子之休命傳

對答也答受美命而偁揚之詩江漢集傳答揚天子美

命作廟器而勒王策命之辭 用用 乍作自作 隮彝 隮尊古文

皆从乍尊重也 鼎鼎 子=孫= 子孫重文 永寶用

十五

文本八　第十五葉

成王自叙惜無年月不如孟鼎紀廿三祀其在周公既沒之後乎

毛公厝鼎

文三十二行 前後各十六行 共五百又六字

王若曰父厝不顯文武皇天弘

厭氒德配我有周膺受大命衒懷

不廷方亡不閈于文武耿光唯天庸

集乃命亦唯先正署辥乃辟𡕤勤大命

肆皇天亡斁臨保我有周不巩先王配命

敃愍天疾畏司余小子弗役邦將害吉𦊆𦊆四方大

縱不靜烏虖懼余小子圂湛于艱永巩先

王二曰父厝今余唯肇巠先王命二女辥我

卽四矢卽敦此省

從許則役吉句讀若黄二

一命為三公經邦變理

一行十二字 二行十三字 三行十四字 四行十五字 五行十六字 六行十九字 七行十六字 八行十八字

𢦏（内）一

我家内外惷（惷 即蠢）于尖（乍复）政嘚（使也；𤔲 即粦）朕太佐號信三（號信重文）害否（如也 塞也）

雩四（三）方死（死 絲同）母童（動）今（余）一人（复）十（在）太佐弘唯乃智今（余）

非（鄙）章（言）又（有𤔲）𤔲（般 般樂）女母敢妄（荒从女 色荒字）寍虔夙夕（惠）我一人（复）

𨿽（和也 𨿽徐擁）我𢦏（𢦏 勤）尖（复）猷母折（折）緘（緘）告今（余）先王害德用

印（仰）卲（昭通紹）皇天𤕪（許釋 纘）𦅫（緟）大命康能（猶能 適也能）三或（國）俗（裕）我弗作

先王（憂）𤔲（𣏟）王曰父厝雩之庶出入吏于外尃（敷）命尃（敷）

政𤔲（同𦅫）尖（复）楙（楚）賣（賦）無唯正𦅫般弘其唯王智廼

唯是喪我或（國）麻自今出入尃（敷）命于外乃非

陳侯因資錞𠂇𠳵緐

郎醬省

二命爲相代言如傅說

八行十八字

十行十八字

十一行十六字

十二行十八字

十三行十八字

十四行十八字

十五行十六字

十六行十六字

前半

合莊齋中二行空

三命 戒止 封國于毛而

先告父二重文厝二重文舍命毋敢惷專敷命于外王

曰父厝令今余唯肇續先王命二重文女亟極一方宏宏

我邦我家母顀頧于政勿雝壅逮庶人汸人汸宵胥毋

敢龏供二重文橐橐二重文迺敄侮鰥寡善效乃友正毋敢

湎于酉酒女毋敢家墜在乃服豳夙夕敬念王

畀不賜賜女母弗帥用先王作明井型俗裕女弗

以乃辟圉陷于難艱王曰父厝已曰彶兹卿

事寮大史寮于父即君命女𤔔駿嗣公

族雩參有嗣小子師氏虎臣雩朕褻襃事

四命 大司公族 統宿衛 如諸父守貴宮貴室 諸子諸孫守下宮下室

以下親之之義

後半

十七行 十六字

十八行 十六字

十九行 十五字

二十行 十四字

廿一行 十六字

廿二行 十六字

廿三行 十五字

廿四行 十四字

廿五行 十五字

錫𩰫圭

錫圭瓚

鬲寬未詳疑是玉瓚

錫命服　錫佩玉

錫命車

錫馬

錫旂

錫鍚

號季子白盤賜用戉用政蠻方又古𢦏（戉）為鉞則𢦏（戉）字止說非

止自此

吕以乃族干（扞）吾（敔　禦）王身取責（債）（許：責）卅（三十）寽爰（鍰）錫女秬（秬）鬯

一卣（卣）

𩰫（𩰫）

䣄（升）圭鬲寶朱市（芾）𢇛（悤）（疑古聰字，𢇛即蔥）黄（璜）（即衡）玉環玉𤦴（珪）金車𠦪（賁）縟（緐）較

朱𩊓（鞹）（許：鞃）𩋾（靳）（鞹）𩌏（𩍐）虎冟（幎）𧝎（纁）裏右𨋈（軛）畫𩌏（𩍐）畫𨍖（轉）（即鞶）金

甬（筩）（錯）衡金𨊠（踵）金豙（家）（柀）𦅼（約）（盛）（鑾）金簟（簟）弼（弻）（茀）魚葡（箙）（服）馬

亖（四）（三匹合文）攸（鋚）勒金嚨（膺）金雁（膺）朱旂二鈴（二鈴合文）錫女茲

关（朕）用歲（戉）（自止）用政（征）毛公厝對揚天子（三公）（自字）皇

休用作障（尊）鼎子二（重文）孫二（重文）永寶用

冟積叢一卷如小直幅拓四行一條前後均有字景接續每條釋文八條止後再錄全釋攷據俟於書寫

廿六行十七字

廿七行十七字

廿八行十六字

廿九行十五字

三十行十六字

三十一行十二字

三十二行十二字

毛公鼎考释零稿散葉

捐贈手稿中有一包用毛邊紙裹護，包面篆書「毛公鼎釋零稿」的片紙或散葉。整理如下：

一、簠齋手書的考釋草稿片段或零葉，有十四紙。其中有長條毛邊紙一葉，内文是文本二中第十一葉的草稿。

二、他抄稿有毛邊折葉十四葉，紙式和内文與文本五一致，但内文不全。有護包紙一葉，上有「履祥字號」印。

三、簠齋交代謄清者注意事項的紙條四片，其中一片曰：「頭二頁先寫二分，要寫得清楚。其後分二次來換寫可也。此次費心六七日，謝謝。每頁照二百字，每字照加數。寫了不用者一並算上爲要。昨晚寫到成王年二十一也。今桉是。」

周聃毁考釋稿

對此器的稱名，簠齋謂之聃毁，《殷周金文集成》中稱大豐毁、天亡毁，清咸豐三年（一八五三）簠齋從關中蘇兆年處所得。

捐贈手稿中的周聃毁各考釋文稿，被置於一毛邊紙封護的包裹中，包面篆書「周聃毁釋文全」。內有前後關聯的十五個文本，以及幾片零稿散葉。從寫作時序和內容異同看，可將十五個文本分爲四組：

一、「四耳毁」釋文各稿，包括文本一、二。是該器的最早考釋稿，未署年款。從標題「四耳毁」和內文看，寫稿時間當在確定作器者爲「聃」之前，即清同治十二年（一八七三）七月三十日。

二、「新定釋文」各稿，包括文本三、四。文本三標題「毛公聃毁新定釋文」，寫於同治十二年七月三十日，考定了作器者的新釋文，題記云：「余得此器於關中蘇兆年三十年矣。各家俱無定釋，徐籀莊名之曰『祀刊毁』，而不知作器者名。舊釋『朕』之字，余久疑爲『聃』，而未敢定。癸酉七月三十日丙子再釋審之，乃確是『聃』字，則是器爲毛公所作之器明矣。」文本四是簠齋據文本三手書的清寫稿，標題「周毛叔聃毁釋文」，斷句與文本三略異。無題記。

三、「釋説」各稿，包括文本五、六、七，未署年款。文本五爲簠齋手書底稿，文本六、七是抄校、清抄稿。簠齋對釋文、斷句進一步修訂，形成「周聃毁文釋説」。其寫作時間似在同治十二年八月至次年十月之間，這點可從內文的分句修訂來推知。文本五中的分句從文本四的二十句修改爲二十二句。這種分句的變更在另一組署年款的「周聃毁説釋」（文本八、十二）中也有體現：文本八分句二十，同治十二年癸酉八月三日寫成；文本十二分句二十二，同治十三年甲戌十月定本。也就是説，「釋説」各稿（文本五至七）的寫作時間當在同治十二年八月三日之後至同治十三年十月之前。

四、「説釋」各稿，包括文本八至十五，文本八爲簠齋手書底稿，其餘文本皆他人謄抄、簠齋再校改。這組文稿的行文方式與前述的釋文、釋説有所不同，寓釋於説，即先以「其曰」引出器銘字辭，再進行闡述，簠齋稱爲「周聃毁説釋」。文稿幾經校改修定，有三個時間節點的定本：同治十二年癸酉八月三日定本（文本八至十一）、同治十三年甲戌十月再定本（文本十二）、光緒八年壬午七月十九日又定本（文本十三至十五），可看出簠齋前後之間的校改動態。

周聃毁（天亡毁）各考釋文本整理表

寫作時序	文本編號	題名	本别	備注
［清同治十二年七月三十日前］	文本一	四耳毁［標題］	簠齋手書底稿並校改	
	文本二	四耳毁［代擬］	簠齋手書稿並校改	文稿二份，内容皆與文本一有承接，但考釋闡發更詳博
同治十二年七月三十日	文本三	毛公聃毁新定釋文［標題］	一稿。簠齋手書並校增	釋文分十九句。有題記
	文本四	周毛叔聃毁釋文［標題］	二稿。簠齋手書清稿並略校改	釋文分二十句。無題記
［同治十二年八月三日後至同治十三年十月前］	文本五	周聃毁文釋説［代擬］	簠齋手書並校改	題名據文本六代擬
	文本六	周聃毁文釋説［標題］	他抄並簠齋校改	據文本五謄抄
	文本七	周聃毁文釋説［標題］	他抄清稿	據文本六謄抄
同治十二年癸酉八月三日，説釋成稿	文本八	周聃毁説釋［代擬］	簠齋手書底稿並校改	題名據文本十二代擬。末署「八月三日己卯六十一歲海濱病史記」
	文本九	周聃毁説釋［代擬］	二稿。他抄並簠齋增改	據文本八謄抄
	文本十	周聃毁説釋［代擬］	三稿。他抄並簠齋再增改	據文本九謄抄
	文本十一	周聃毁説釋［代擬］	三稿的清抄稿	據文本十謄抄
同治十三年甲戌十月，説釋再定稿	文本十二	周聃毁説釋［標題］	他抄清稿	據文本十一謄抄。僅文末款署略不同。末署「八月三日己卯六十一歲海濱病史記，甲戌十月定本」
光緒八年壬午七月十九日，説釋又定稿	文本十三	周聃毁説釋［代擬］	他抄並簠齋校改	末署「八月三日己卯海濱病史説，甲戌十月再定，壬午七月十九日癸卯又定，時年七十」
	文本十四	周聃毁説釋［代擬］	他抄並簠齋再校改	據文本十三謄抄
	文本十五	周聃毁説釋［代擬］	他抄清稿	據文本十四謄抄

四百餘

○徐許皆云當是乙字

口 亥8△ 句 ⼯ 下半未晰

徐釋王、

吳鋟

爲

此一字許云以丁丑

許云即昊字言天佑大豐

逆推當是乙亥

也

亥下有𠂤形疑郎

昊字

又有8

孫 許云佑大豐8△

王8

日 徐釋域○ 王8 祀8○ 刊 帝報于天8

許曰日疑肜 釋名

三方8△

後降○作二雨

孫 室天8 降△

徐釋天○

友○ 此

徐釋祚 余 徐釋左 又8

許云此疑𠂤省𠂤今衣之蒙(?)

許釋若通依 徐釋祐

帝謂君8 如字 王8 衣 祀 刊○ 王8 不8 顯8 孝8 文8 王8

8許疑衍省

喜通○

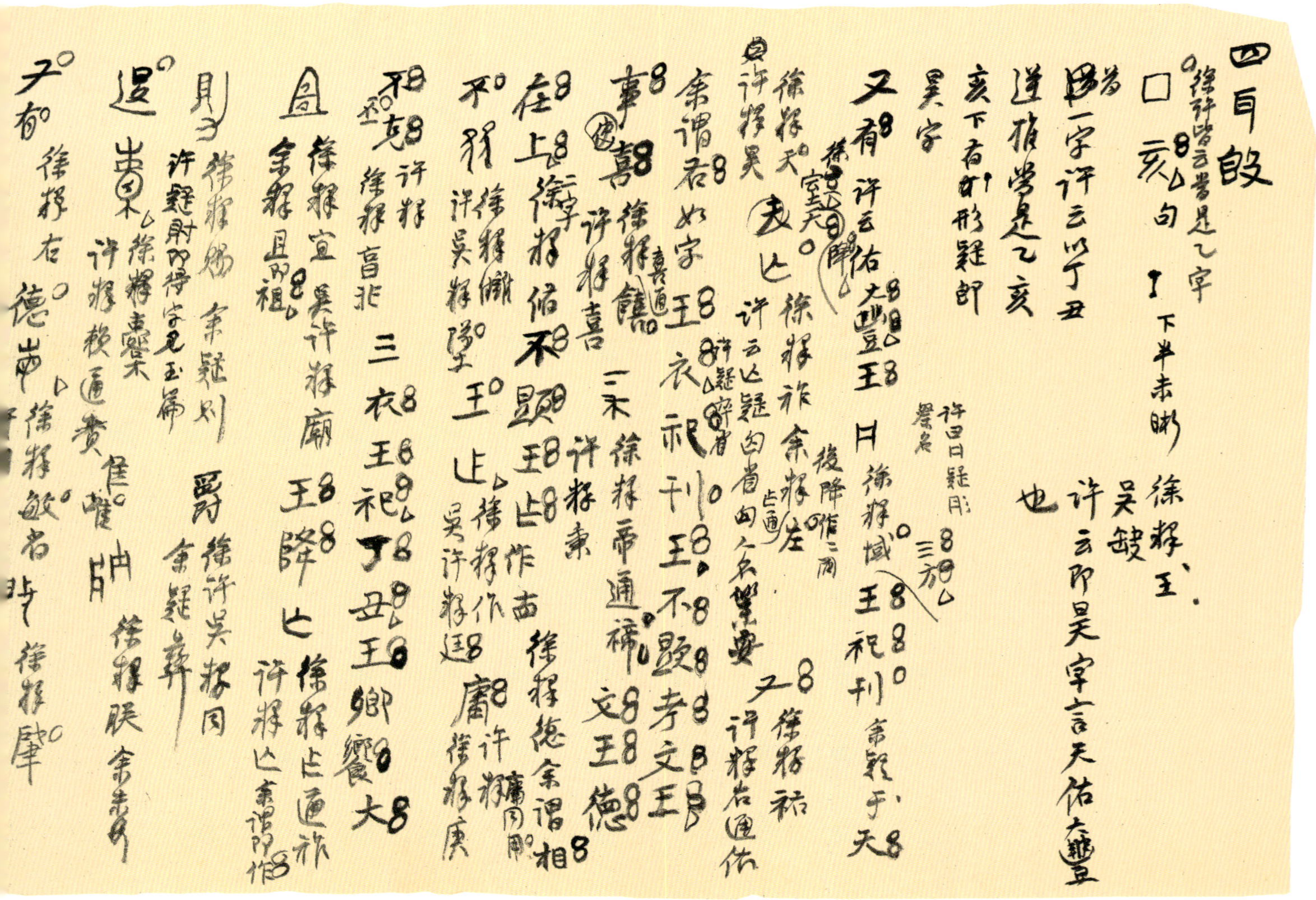

文本一

四耳毀釋文

長條毛邊紙一葉，縱26.4cm，橫73.8–74cm。有標題「四耳毀」。簠齋手書再校改。字釋列注徐（同柏）釋、許（瀚）釋之見。行文中沒有過多的考釋闡發。

二作于萬十尊

綫曰王域三方。猶商頌正域彼三四方。祀刊有劉宅 即祀典之之

删迷之之戠天室見史記周本紀。及逸周書度邑

解。即明也。天室明也。隨事異稱

諸侯率正和會、或投孝侯宗祀即書洛誥宗禮以此

為營洛後事。按周以後傳箋文王受命作祭天

是以武王困于文王周公困于文武故中庸言纘

緒成德而是鉞則云之於犯刑也

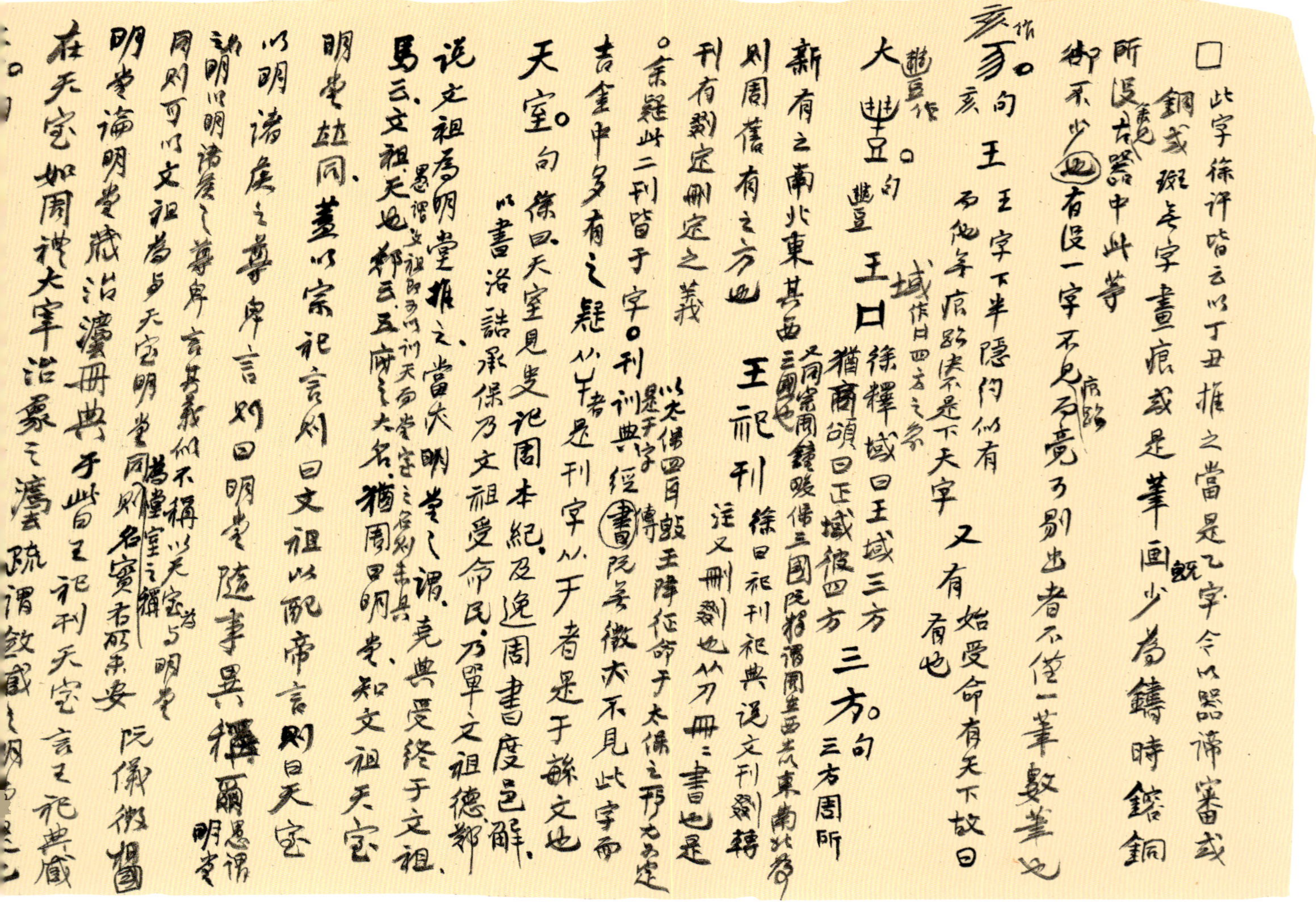

□ 此字徐𠦪皆云以丁丑推之當是乙字今以器諦審或
銅或[illegible]字畫痕或是筆画少為鑄時鎔銅
所浸 古器中此等
御不少也 有浸一字不見而竟乃别出者不僅一筆數筆也
亥作𧰨。句 亥 王 王字下半隱约似有而他無痕跡決不是下天字 又有 始受命有天下故曰有也
大豐作豐。句 豐 王口 域作曰四方之义 徐釋域曰王域三方 三方。句 三方周所
猶商頌曰正域彼四方 又同宗周鐘[illegible]三國既[illegible]周[illegible]東南北為
新有之南北東其西三國也
則周舊有之方也 王祀刊 徐曰祀刊祀典說文刊剟轉
注又刪剟也从刀冊冊書也是
刊有剟定刪定之義
○余疑此二刊皆于字。刊訓典經書傳既無徵亦不見此字而 以大保四日鼓王降征命于太保之形尤可定是于字
吉金中多有之疑从于者是刊字从于者是于𢆶文也
天室。句 徐曰天室見史記周本紀及逸周書度邑解
以書洛誥承保乃文祖受命民乃單文祖德鄭
說文祖為明堂推之當夫明堂之謂、堯典受終于文祖、
馬云文祖天也鄭云五府之大名猶周曰明堂知文祖天室 愚謂文祖即所以訓天而堂室之名則未具
明堂並同。蓋以宗祀言則曰文祖以配帝言則曰天室
以明諸侯之尊卑言則曰明堂隨事異稱爾 愚謂明堂
謂明以明諸侯之尊卑言其義似不稱以天室為與明堂
同則可以文祖為與天室明堂同則名實者殆未安 為堂室之稱
明堂論明堂[illegible]治灋冊典于此曰王祀刊天室言王祀典藏 阮儀徵揅
在天室如周禮大宰治象之灋 疏謂斂藏之內[illegible]

四耳𣪘釋文（殘稿）

殘稿二份。長條毛邊紙各一葉，縱26.3cm，橫73.5–73.9cm。題名據文本一代擬。

簠齋手書再校改。一份（文本二之一）篇首全，文末止於「王廷」，未寫完。另一份（文本二之二）篇首缺，起於「衣祀」，篇末全。這兩份不是同一次的寫稿，兩稿中有同銘字如「衣」的考釋，但不完全一致。

這兩份稿中的考釋闡發較詳博，與文本一有直接的承接關係。如文本一篇末的一則「徐曰王域三方……」補充文字，被納入文本二之一的行文中。

又右王。句 徐釋降天祚祐為向云降天即天降指克殷事史記武王使告商百姓曰上天降休

衣 徐曰衣讀如康誥殪句 衣[illegible]言之衣

考文王。句 叀事 饎喜 徐釋饎。喜饎糦之省 禘。句。字上㊂采 采 采帝、禘之省 祀刊于王丕不顯 顯

文王德十杜二。句 上不顯 ㊐ 王上作相。句 不

䝅 豕即隊之省 隊 豩為豕之緐文 王遥。句 上 廷有从㞷者

衣 徐讀如虞諧紹閔衣德言之衣
祀刊于王不顯 作㬎 孝文王。句 事
饎 作喜古文省 徐曰 與詩天保吉蠲為饎禴祠烝
嘗同文傳饎酒食也亦作糦商頌大糦是
承箋糦黍稷也 禘 作采郎帝古文禘省
氏淵如三禘釋一圜丘之祭 徐曰禘宗祀之祭陽湖孫
禘嚳鄭注禘謂祭昊天于圜丘是一郊天之
祭配以后稷大傳王者禘其祖之所自出以其祖配
之注大祭其先祖所由生謂郊祀天也孝經郊祀
后稷以配天是一明堂之祭配以文王詩序雝禘
大祖也箋大祖謂文王孝經宗祀文王於明堂以
配上帝是此 言王不顯考文王則為宗祀之
祭矣 文王德杜 作十上。句 作二 不顯。句 與詩文王文王
杜上 於乎不顯
文王之德之純 國同文 王 作乍 相。句 古文相 與三德字俱異 不
墜 隊作𨻰省𠂤土䂂餘文 王廷。句 廷作乍廷 省从𠃊者
庸 不丕克三衣王祀。句 丁丑。句 王
饗 作鄉古文省 大祖。句 作且 [illegible]宜 吳許釋
廟 [illegible]釋 祖且 古異文
與禘大祖也 [illegible]

……大祝大會同

宜于社孝經四海之內各以其職來助祭故祀事

既成越日而饗食諸侯大宜于社也

王降作 从匕 徐釋祚為句讀胙如國語胙以天下 胙四岳國之胙 余謂即作

則 句 則作𠟭 徐釋賜 許釋疑財字財即得見 玉篇

[illegible] 徐曰象爵形上从木加細之象 許吳釋並同

王降胙 句 从匕 賜 作𡭴 象手持貝形

爵 句

退 止𢓴（古文退） 櫜 句

止[illegible] 徐曰即詩載載櫜王降胙賜爵退櫜

言因祭而遂爵命諸侯禮畢記將師之士使為諸

侯兔之曰建櫜當即其事

唯朕有德敏 句 肇 王休刊于[illegible] 句

徐曰惟朕之曰命諸侯之辭 右助也 敏戒肇即肇

敏詩江漢傳肇謀敏疾也 敏作每 肇作段

並古文省 周禮司約凡大約劑書于宗彝 鄭注

大約劑邦國約也 此刊尊即書于宗彝之意 以書

紀年武王十二年伐殷敗之于坶野夏四月王歸于豐

饗于太廟命監殷 十三年薦殷于太廟 遂大封

文本二之二

毛公聃毁新定釋文

長條毛邊紙、朱絲界欄一葉，縱22.8cm，橫35.1－35.7cm。寫作時間：清同治十二年癸酉（一八七三）七月三十日。簠齋手書，再校改增補。標題「毛公聃毁新定釋文」，釋文分句十九。後有行書題記。

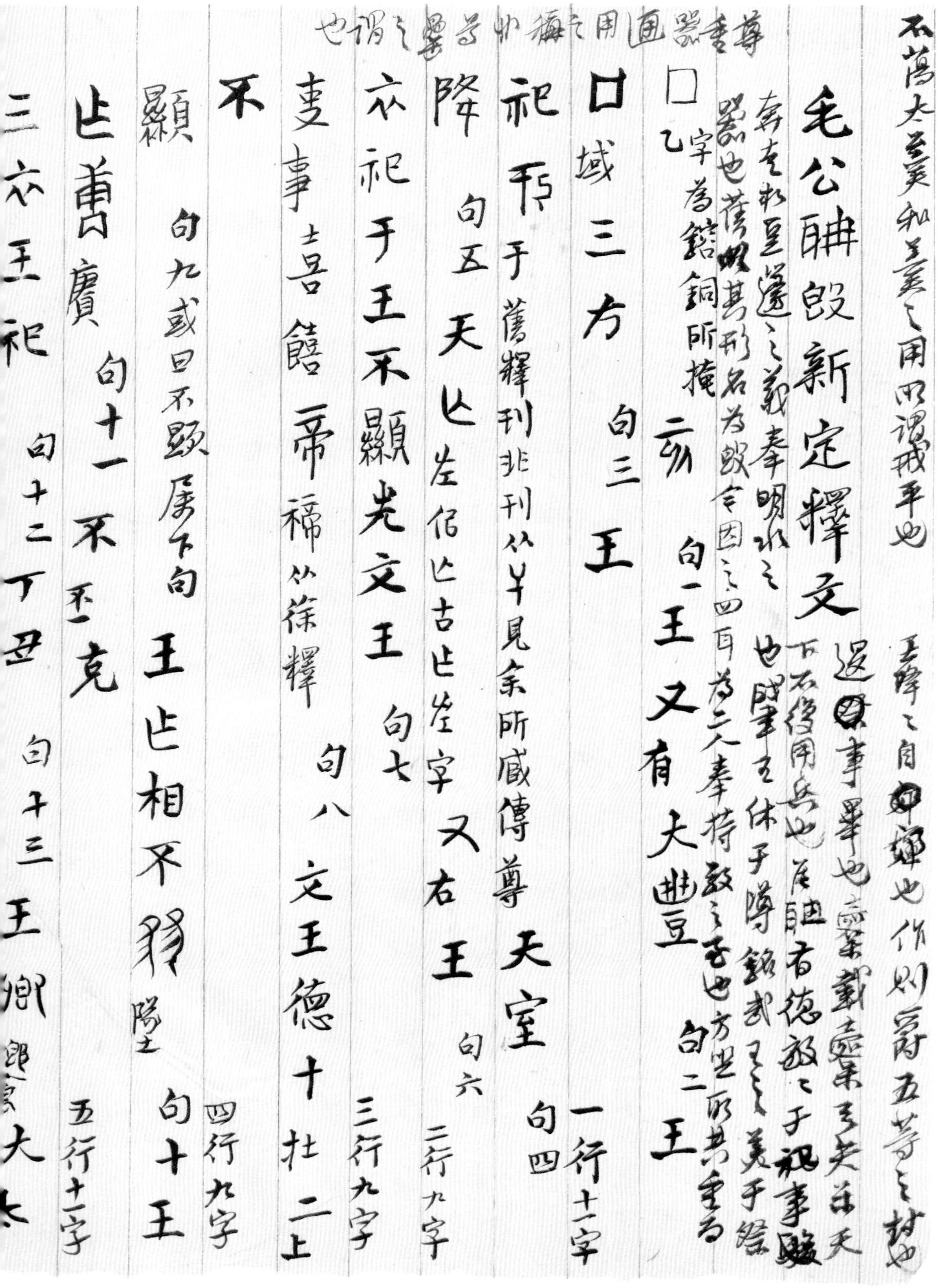

且祖 句十四 王降 六行十二字

止助則爵（从木留爵） 句十五 復遏 句十六 𥻆橐 句十七

雀唯（即令惟） 𨟻内（𨟻𨟻季毛公名也，舊釋朕非） 七行七字

又有德每敏 句十八 敃（十肇）肇王休于尊

句十九 八行八字

共九十六字 王祀王謂文王也 慶和也亦作慶猶尚其子和之也 不丕一也丕克三右

余得此器于關中蘇兆年三十年矣名家俱未定釋餘讀

茲名之曰祀刊毁而不知此器者名舊釋朕之字余疑為𨟻

而未敢定癸酉七月二十日丙子再釋而審之乃𨟻是𨟻字

則是器為毛公所作之器明矣

乙亥王有者昔商有令周有之辭（以武成之王來自商至于豐）亥上之字以下丁丑行之當是

三方戓南東北西四舊杜域中（卯乘天大定也）与王祀于天室吉武功成而祀天于

明堂也降王降自天室也天左右王天佑王𥁕大命也衣戎衣也衣祀于

王不顯考文王宗祀文王于明堂以配上帝也熏饎見詩天保事饎

禘有事于饎以禘祭也文王德在上不顯之顯也王作相不墜上相文王

西不墜其天命也丁丑王饗大宜王饗大祖后稷武成言丁未祀于周廟

而不忘文王之祀配天此之饗后稷而不忘之嘗望之祀天可互證矣

文本四

周毛叔聃毁釋文

二份。一份（文本四之一）完整，一份（文本四之二）未完殘稿。用紙相同，皆長條毛邊紙、朱絲界欄，各一葉。完整稿縱22.8–23.1cm，橫45.6–45.9cm；殘稿縱22.8–23cm，橫42.2–42.5cm。皆簠齋手書，標題相同，皆爲「周毛叔聃毁釋文」。未完殘稿内容基本同於完整稿。

此完整稿，僅有釋文，與文本三有承接關係。釋文分句二十。句九、十以及句十五之後的斷句，與文本三不同。無題記。

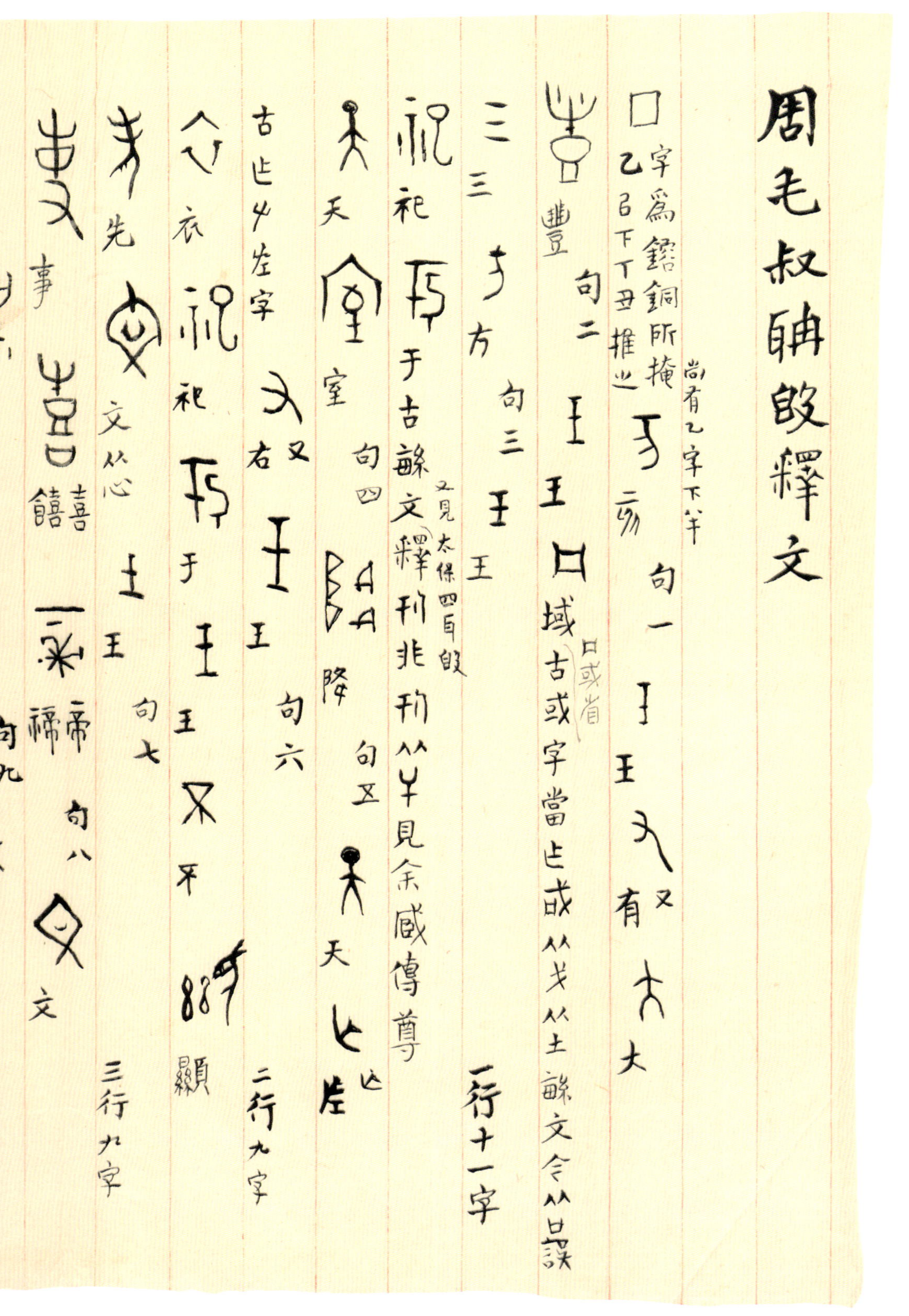

顯 王 乍 相 不 隊土䵼文釋雔𩀱非 王 乍 不 或曰反雔爲隊土也

王 乍 𦘔 不 克 乍 𦘔賡或曰庚 句十一 又行十一字

三 衣 王 祀 丁 三 衣 王 祀 句十二 不

又 母中有㳄非又字 句十三 王 王 鄉 鄉二手跽奉會也 王 鄉食

太 祖 且 句十四 王 王 降 句十五 六行十二字

乍 乍 乍 从手持貝古賜錫字 䏮 䏮時 䏮時形上加桺 句十六

复 遑 句十七 叀 䭔从矢杜叀形 句十八 隹 隹 唯古乗惟字

䎽 䎽 䎽季毛公也 䈞 釋朕非如此 重器豈能乘乍者名 七行七字

又 有 德 德二德字皆不晰 敏 句十九

𦘔 肇 王 王 休 休 于 于 鬳 合文殷省 句二十 八行八字

周毛叔䡞毁釋文

乁　字爲鏽銅所掩尚隱隱有乙字下半　乙吕下丁丑推定之
亏　句一
王　王

又　有
大　大
豐　豐　句二
王　王
口　域口或省

古或字當止或加戈加土繇文
三　三
方　方　句三

王
祀　祀
于　于古繇文又見太保四耳毁釋刊非刊从亏見
一行十一字

余箴傳尊
天　天
室　室　句四
降　降　AA　句五

天　天
左　左从𠂇非以手形也
又　右　句六

王　王
二行九字

文本四之二 殘稿

文本五

周聃𣪘文釋說【底稿】

毛邊紙一葉，縱17.8–18.1cm，橫25.8cm。題名據文本六代擬。寫作時間當在同治十二年（一八七三）八月三日之後至同治十三年十月之前。

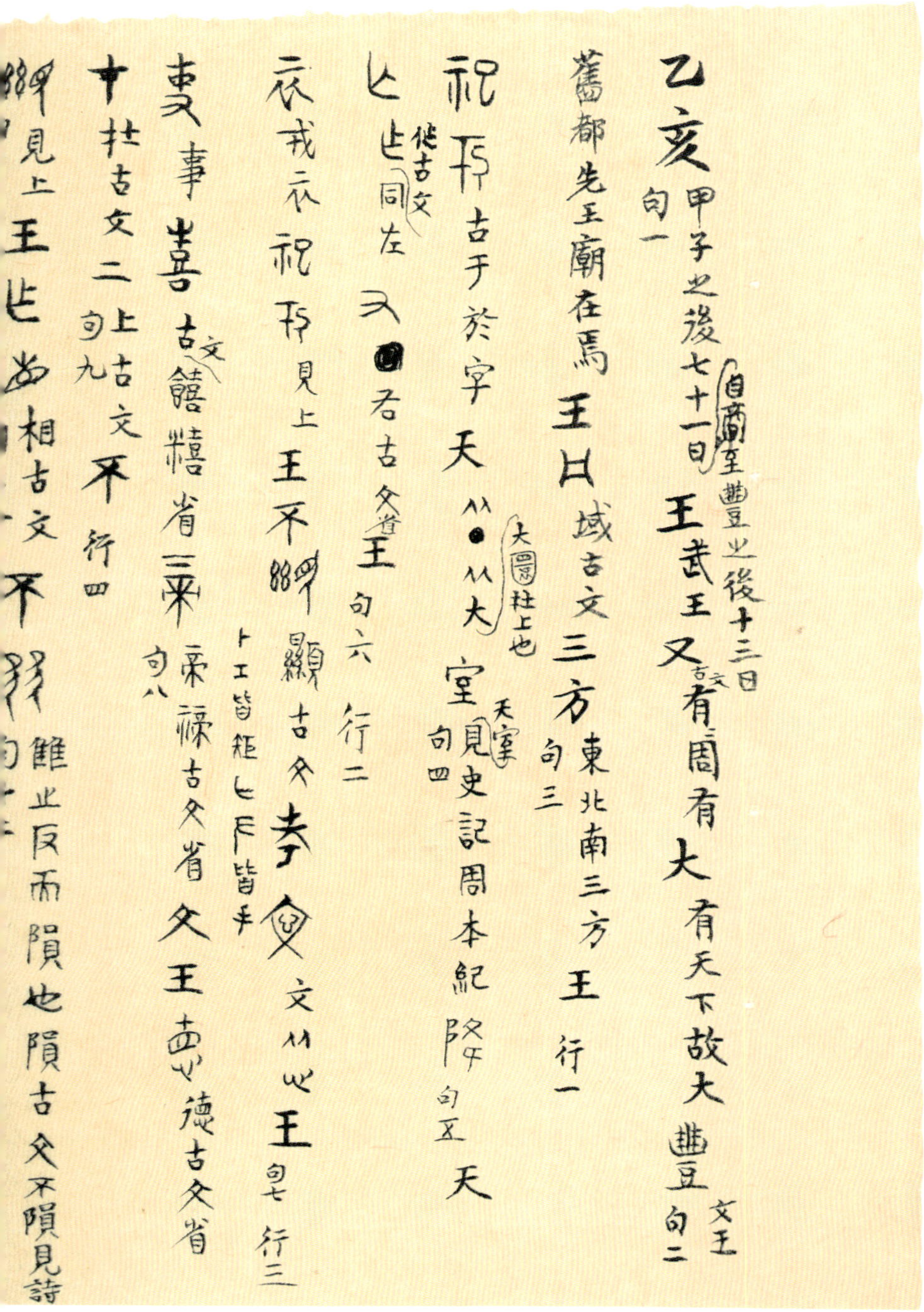

簠齋手書並校改。釋文、斷句較前稿有較多修訂，分句二十二。此稿是文本六《周聃𣪘文釋說》的直接底稿。

乙亥 甲子之後七十一日（自商至豐之後十三日） 句一 王 武王 又（古文有） 周有 大 有天下故大 豐 文王 句二
舊都先王廟在焉 王 凡 域古文 三方 句三 東北南三方 王 行一
祀 古于於字 天 从●从大（大圜在上也） 室（天室） 句四 見史記周本紀 降 句五 天
亡 止（从古文）同左 又 ● 右古文省 王 句六 行二
衣 我衣 祀 于 見上 王不 顯 顯古文 考 文 文从心 王 句七 行三
事 喜 （古文）饎 糦省 𠦪 句八 𠦪 禄古文省 文王 德 德古文省
十 在古文 二 上 句九 上古文 不 行四
見上 王 亡 尤 相古文 不 雖止反而隕也隕古文不隕見詩

王乍乍異文甫屢[illegible]不[illegible]克　句十三　行五

三三獻　衣見上　王　祀　句十四　·丁古文丁　[illegible]古文[illegible]　句十五　此有北　渤乙亥止後二日

王　[illegible]　鄉古文鄉亯大鄉亯　大太古文　[illegible]　且　句十六　且古文祖　后稷　郊祀太祖　王

[illegible]　降　句十七　降自[illegible]　行六　[illegible]

乍　乍省文　[illegible]賜古文　[illegible]　貿从力　[illegible]形从木加[illegible]等止　句十八　[illegible]古文　[illegible]　退　句十九　退得古文

[illegible]　[illegible]弓矢　句二十　[illegible]惟古文又作唯　聃　行七　[illegible]名今本俱作聃

又　又有　[illegible]見上　[illegible]俱有渤　[illegible]敏古文　句二十一　[illegible]　[illegible]古文　王　休　美也

[illegible]見上　[illegible]　句二十二　[illegible]白合文白郎殷省　行八　字七十七

文本五

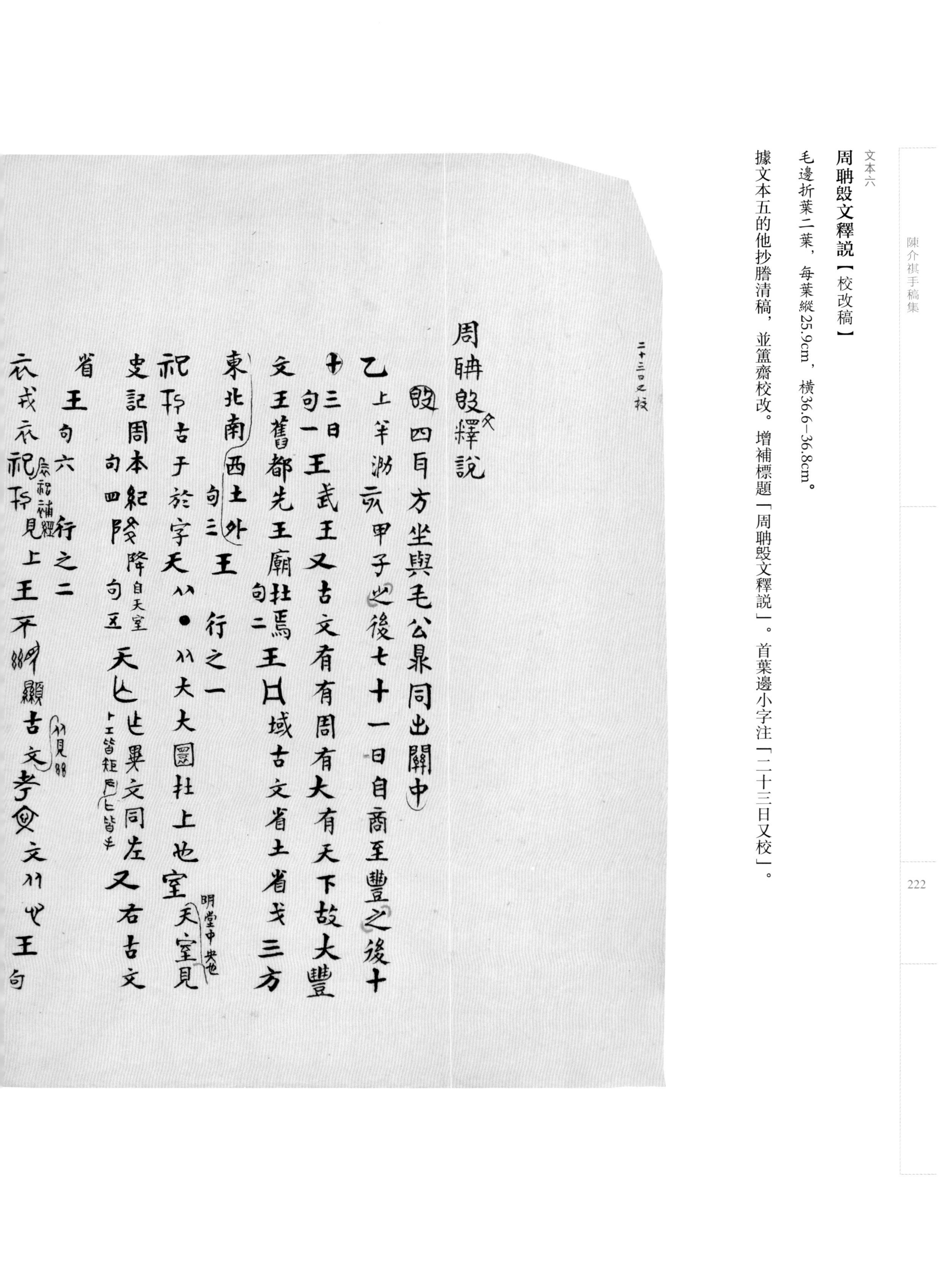

周聃毁文釋說【校改稿】

毛邊折葉二葉，每葉縱25.9cm，橫36.6–36.8cm。

據文本五的他抄謄清稿，並簠齋校改。增補標題「周聃毁文釋說」。首葉邊小字注「二十三日又校」。

七　行之三

叀事喜古文糦（饎）省 黍稷非酒食 𥝌 禾古文禱省 文王不禱 句八 文王惪德古文

省 十 杜古文 二 上古文不 句九 行之四

𤔲見上 句十 王乍 乍 光 相古文 顯相 句十一 不猌雝之反 翼 而隕也

隕古文不隕見詩 王乍乍異夂善 賡从丙同宰棫

㝵鋻内文 續也 句十二 不讀丕 大也 克 能也 行之五

句十三 三 三 獻 祀 衣見上 三王太王王季文王 王祀 句十四 武 武 衣祀止此 ● 丁古文 𠬪 丑古文乍

丑 此有汭 武成既生霸朝見由豐至鎬 當是武王 正 天子位 王 𣄰 鄉古文鄉會 大鄉會 王事 大 太古文 且古文

句十五 祖郊祀太祖 太祖后稷 天子七廟 王降 降自 太廟 句十六 句十七 行之六

乜乍省文 賜古文 𠕀貝什力 𧆞止古文多𧰼

形此从木加栅形尤奇古（封留時王子命之事）句十八 𢓊退𢓊古文𣎵 橐橐弓矢[illegible]事止此 句十九 句二十

[illegible]隹古文惟又作唯肭毛亦名今本俱作䏲 行之七

又有壺見上（[illegible]壺字）俱有𣶃壺敲古文𦟀（省謂明水）句二十一 𣪘肇古文王休

[illegible]（見[illegible]）隩𣪕合文曰郘𣪕省此器紀銘 句二十二 行之八 字七十

七

文本六 第二葉

孝𢜩文中从心王追王句七行此三
𠭯事喜古文糦饎省柔稷粢帝古文禘省不王不禘句八
文王悳德古文省十扗古文二上古文句九不行之四
𨙵見上句十王㞢古文相句十一顯相不𢔶雝也翼㞋而隕也
隕古文不隕見詩句十二王止㞢異文𢦏賚从丙同字桋爾
鑾內文句十三不讀丕大也克能也行此五
三三獻示見上王文王祀我示祀止此句十四●丁古文𢦏
丑古文作𢦏此有㓊𢧐成飤生魄日當是由豐至鎬
𢦏見聿簋自
正天子句十五佐王𨙵鄉古文饗大饗王事大太大古一字
𠂤且古文祖太祖后稷天子七廟此太廟句十六王陖降自

太廟
句十七　行之六
比比省文□賜古文从力□□之古文多象形此尤
奇古（封□王命）□退得古文羣后退□□□弓矢武成事止
句十八　句十九　句二十
□隹本作唯古無惟字肭毛赤名令本俱作□　行之七
又有□見上二字俱少泐□鼓古文省謂奉明水□　句二十一
肇古文王休□見上□𩃬𣪘合文白郎𣪘省作器銘　句二十二
行之八　字七十七

文本八

周聃𣪘說釋【底稿】

長條毛邊紙、朱絲界欄二葉，縱22.7–23.2cm，横26–26.4cm。題名據文本十二代擬。寫作時間：同治十二年（一八七三）八月三日。

簠齋手書並校改。釋文分句二十。末署「八月三日己卯六十一歲海濱病史記」。

余得是器于關中蘇兆年三十年矣諸家俱兼定

釋徐籀莊名曰祀刊敢亦未辨作者名舊釋朕

也字余疑久曰子作器紀武王有天下祭告武成

于天于父于太祖事而自稱朕兼名必不如是也

不敢謹後疑朕侶聃侶而未敢定同治癸酉七月三十

日丙子復審釋也波是聃字則是器爲毛公所

作明矣文八行行十二字者一十一字者二九字者三

八字七字者名一共七十六字爲句二十其曰乙亥

也曰紂也于甲子推也則是後七十一日也其曰王

有大豐有者商有今周有也文郎武成也王來

自商至于豐也之旨文之廟在豐故先至豐也受命文考故反命而其曰王域三方猶商頌肇域彼

四方此曰三方西土舊在域中也其曰王祀于天

室天室文見史記周本紀書王入太室祼疏廟

有五室中央曰太室桓譚新論天稱明故命曰

明堂內有太室禮象天也或太室爲天室之爲

與蓋武王至豐告武功成于天而祀天于明堂
中之天室也降其曰降王降自天室也其曰
天左右王能左右之曰吕言天佐王使受大命也其
曰衣祀于王不顯光文王衣戎衣也告武成而
戎衣吕祀也不顯顯也宗祀文王于明堂吕配
上帝之禮也其曰事饎禧事有事也饎見詩
小雅天保吉蠲爲饎字大佐糦商頌元鳥大糦是承傳糦黍
稷也禧宗祀之祭曰禘配吕文王是明堂之祭曰禘之一
也其曰文王德在上詩文王之文也其曰不顯王佐相
不墜言武王大有不顯之德克相上帝不墜受
命不墜大也其曰王佐賡賡和也猶易中孚其子
和之也或曰賡即庚新也其命維新也其曰不克三衣王祀不丕同王文王三三獻
言大能衣戎衣三獻吕祀文王也其曰丁丑乙亥之越一日
豐至鎬而郊社也其曰王饗食太祖太祖始也后
禮記祭法注太廟始祖廟
稷周之始祖也郊祀后稷以配天前即書之柴
望大告武成前已言祀天室此不言郊文簡
而事備也其曰王降降自郊也其曰作賜
四方諸侯皆于周受命而定周
命群侯也其曰退事畢也詩周頌載

弓矢禮樂記將師之士使爲諸侯名之曰建
櫜天下知武王之不復用兵也其曰惟聃有德
敬聃（毛叔名成王時爲三公）左定四年傳武王之母弟八人聃季爲司
空而五叔無官書顧命毛公傳僞公三公六卿
次第司空第六毛公領之左僖二十四年傳毛文之
昭也史記周本紀毛叔鄭奉明水漢書古今
人表列毛叔鄭于武王時左定四年傳注又有毛
叔聃吕聃季毛叔聃爲二人今此段與毛公鼎同
出關中自是一人之器聃名厝字武王封吕畿內
毛邑之國成王末年尚存位爲司空兼三公者徐氏毛叔
鄭也奠名厝字之說既不可定而毛叔聃毛
聃（杜注之）毛叔聃是碻有毛國聃名者不然
國有二聃名（右二；武王兄弟）同封毛國同爲司空者則
毛叔鄭之名均疑可矣有德者詩大雅思齊
肆成人有德文同傳冠以上爲成人（年少；非太子難）
敬于祀事如駿奔走之大事也器上如

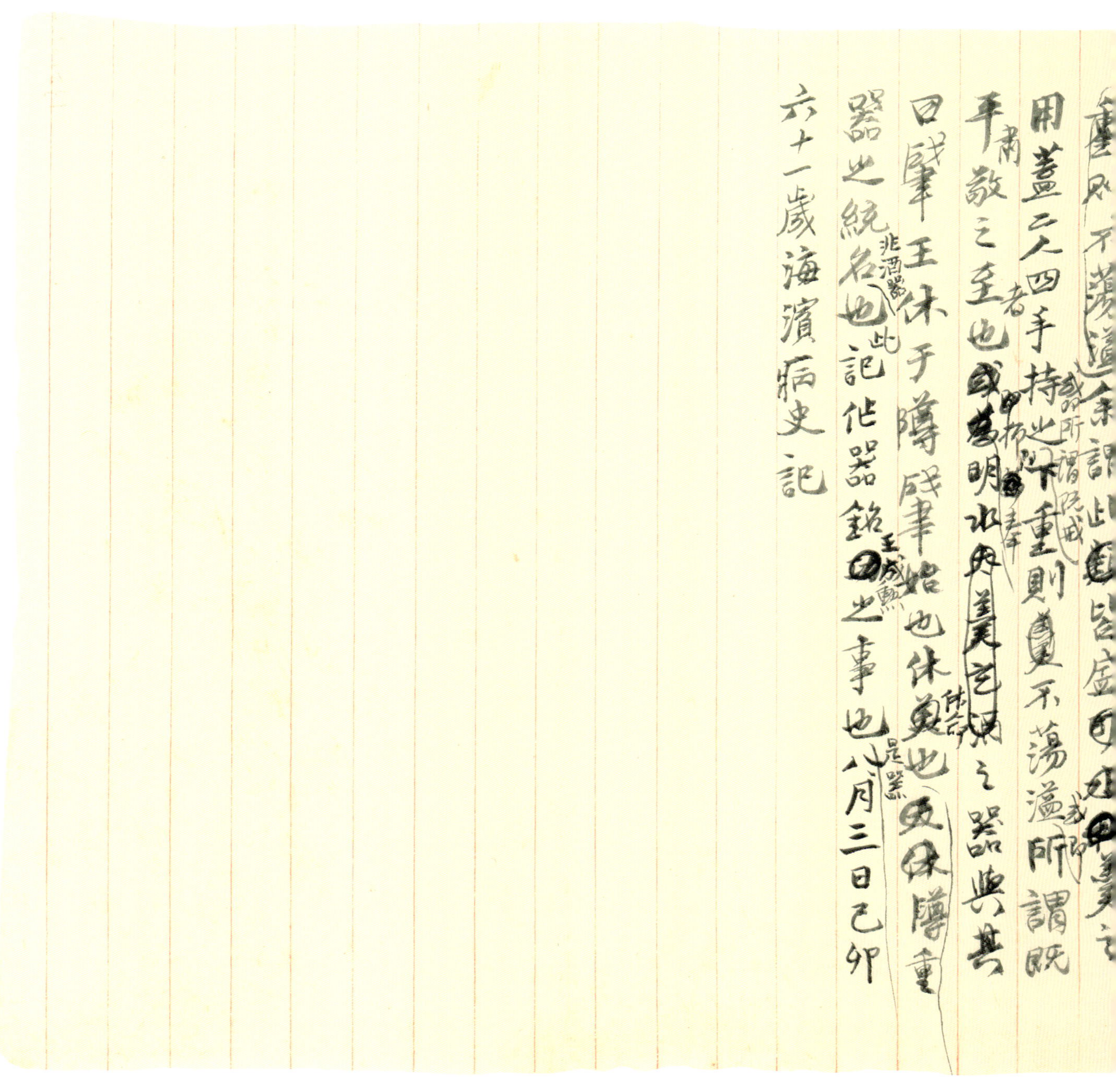

壺凡不蕩溢余謂此[illegible]皆盛[illegible]甲羹[illegible]
用蓋二人四手持之下重則[illegible]不蕩溢所謂既
平肅敬之至也或[illegible]明水[illegible]羹[illegible]之器與其
曰戕肇王休于尊戕肇始也休[illegible]也[illegible]休尊重
器也統名也此記作器銘[illegible]之事也八月三日己卯
六十一歲海濱病史記

文本八 第二葉

文本九

周聃毁説釋【校改增補稿】

毛邊折葉三葉，每葉縱26.5cm，橫36.9cm。題名據文本十二代擬。

他人據文本八謄抄，簠齋再墨筆、朱筆校改句點，並另附紙增補。

余得是器於關中蘇兆年三十年矣諸家俱无定釋徐籀莊名㠯祀刊敦未辨作者名舊釋朕之字余久疑臣子作器紀武王有天下祭告武成于天于父于太祖事而自稱朕无名必不如是之不敬謹後疑朕字佀聃而未敢定同治癸酉七月三十日丙子復審釋此決是聃字則是器爲毛叔所作明矣文八行行十二字者一十一字者二九字者三八字七字者各一共七十六字爲句二十其曰乙亥㠯紂亡于甲子推之則是後七十一日也其曰王有大豐有者皆商有令周有之文即武成王來自商至于豐之豐日也文之廟社豐受命文考故反命而先至豐也其曰王

域三方正天下之經界也猶詩商頌元鳥肇域彼四方此曰三方西土舊在域中也其曰王祀于天室天室文見史記周本紀書王入太室祼疏廟有五室中央曰太室桓譚新論天稱明故命曰明堂內有太室體象天地或太室為天室之譌與（竊疑明堂中央當下方如壇以象地上圓牖明以象天因名曰天室與）蓋武王至豐告武功成于天而祀天于明堂中之天室也其曰降王降自天室也其曰天左右王能左右之曰以言天佐王使受大命也其曰衣祀于王不顯先文王衣戎衣也告武成而戎衣以祀也不顯顯也宗祀文王于明堂以配上帝之禮也其曰事饎禘事有事也饎見詩天保吉蠲為饎字亦作糦商頌元鳥大糦是承傳糦黍

禮大傳禮不王不禘之義王者德合天人也大禮也

稷也宗祀之祭曰禘配以文王是明堂之祭禘之一也其曰文王德壯上詩文王之文也其曰不顯王伂相不墜言武王大有不顯之德克相上帝受命不墜也其曰王伂賡賡和也猶易中孚其子和之也（武曰賡即庚庚新也其命維新也）其曰不克三衣王祀不丕同王文王三三獻言大能衣戎衣三獻以祀文王也（此以上言王豐之事也）其曰丁丑乙亥之歲越二日由豐至鎬而郊社也其曰王饗太祖太祖始祖禮記祭統注太廟始祖廟也后稷周之始祖也郊祀后稷以配天即書之柴望大告武成前已言祀天室故此不言郊文簡而事備也其曰王降降自郊也其曰作賜爵錫爵也爵上爵形从木加柶篆之最古者也其曰退

尊重器之統名非酒器也从日即㲃合文之省也四方諸侯皆于周受命定列爵惟五分土惟三之封制、㠯命羣侯也、其曰遝事畢也、其曰橐詩周頌時邁載橐弓矢禮樂記、將帥之士、使為諸侯名之曰建橐示天下之不復用兵也其曰惟聃有德敏聃毛叔名成王時為毛公左定四年傳武王母弟八人聃季為司空而五叔無官書顧命毛公傳偁毛公六卿次第司空第六毛公領之左傳十四年傳毛文之昭也史記周本紀毛叔鄭奉明水潐書古今人表列毛叔鄭于武王時左定四年傳注又有毛叔聃㠯聃季毛叔聃為二人今此毀與毛公鼎同出關中自是

文本九　第二葉（增修前）

禮大傳：禮不王不禘之義。王者德合天人之大禮也。

禝也、宗祀之祭曰禘、配㠯文王、是明堂之祭、禘之一也、其曰文王德壯上、詩文王之文也、其曰不顯王乍相不墜言武王大有不顯之德、克相上帝、受命不墜也、其曰王乍賡、賡和也、猶易中孚其子和之也（武曰賡即庚，新也，其命維新也）、其曰不克三衣王祀、不丕同、王、文王、三、三獻、言大能衣戎衣三獻㠯祀文王也（此㠯上言呈豐豆之事也）、其曰丁丑乙亥之歲越二日、由豐至鎬而郊社也、其曰王饗太祖、太祖、始祖、禮記祭統注、太廟、始祖廟也、后稷、周之始祖也、郊祀后稷以配天、即書之柴望大告武成、前已言祀天室、故此不言郊、文簡而事備也、其曰王降、降自郊也、其曰作賜爵、錫爵也、爵古爵形、从木加柶、篆之最古者也、其曰退

彝重器之統名非酒器也从日卽殷合文之省也四方諸
侯皆于周受命定列爵惟五分土惟三之封制呂命羣侯
也、其曰遝事畢也、其曰橐詩周頌時邁載橐弓矢禮樂記、
將帥之士、使爲諸侯、名之曰建橐示天下之不復用兵也此言上言至鎬卽位之事也
其曰惟聃有德敏䎽聃季于叔名成王時爲王公卒定四年傳

聃季

聃武王母弟八人之少者也左定四年傳武王之母弟八人聃季爲司空而五叔無官言名言官
而不及封國書顧命毛公傳云稱公三公六卿次司空第六毛公領之毛國入爲天子公卿言封
國言並公其次第在司空而不及其名顧命六人皆武王舊臣自是毛叔兼公而稱爲公司空聃季位
而次第六自是聃季矣周禮太宰注毛聃之屬拄職內者遂叔字言封國言名而定四年傳注
又有毛叔聃則與以聃季毛叔聃爲二人[illegible]史記周本紀毛叔鄭奉明水[illegible]與毛叔聃
異名爲一人而其稱叔爲武王之弟封國于毛則又同[illegible]今此殷與毛公鼎厝鼎同出關
中自是一人之器聃名厝字者所爲係氏鄭古此莫莫名款字之說甚善而史記之
鄭自不及此器之聃爲足徵信則毛叔鄭之名自當闕疑而不必強解矣
武王時呂弟稱叔於目爵爲伯其國邑曰毛位列六卿而官爲司空於成王時兼三公者也

此行在少者下

人之器聃名庴字武王封己畿内毛邑之國成王末季尚抒位司空兼三公者徐氏毛叔鄭奠名庴字之説既不可定而周禮太宰注毛聃　屬杜注之毛叔聃是碻有毛國聃名者佀不能武王兄弟有二聃名有二同封毛國同爲司空者則毛叔鄭之名抒疑可矣（季[illegible]年少）有德與詩大雅思齊肆成人有德文同傳冠己上爲成人非夸辭也敏敏于祀事如駿奔走之大而疾也器上如敃四百下方如坐机余謂凡此制者皆盛和美之用蓋二八四手持之或即所謂既戒（而爲聃之事所執）下重則不蕩溢或即所謂既平肅敬之至者也（此言己有德而得與其事也）抑即奉明水之器與其曰肇王休于障肇始也休休命也謂武王

受天休命之美，如對揚王休命之文也。尊，重器之統名，非

酒器也（从自从廾，省與尊彝合文也）。此記作器銘王成大勳之事也。是器文少于書武成（此言受爵得此器，蓋以親見武王受天休命之实，記于尊故也）

文三百六十九字（武人之事括以二十言，大十六字），于伐商事為略，而于受天有大命為詳。

非師文王周公之文焉能至此哉。乙亥、丁丑二日自校傳

寫之，武成為可信，惟月與朔望無徵，不能定為何日耳。八

月三日己卯六十一歲海濱病史記

文本九　第三葉

文本十

周聃毀說釋【再校改稿】

毛邊折葉、紙捻册裝。一册六葉，内文四葉，前後書衣各一葉。半葉縱26.2cm，横18.5cm。半葉十行，行二十二字。題名據文本十二代擬。

他人據文本九謄抄，簠齋有多處再校改，並朱筆句點。

余得是器於關中蘇兆年三十年矣諸家俱兼定釋徐籀
莊名吕祀刊敦夫未辨作者名舊釋朕之字余久疑臣子
作器紀武王有天下祭告武成于天于父于太祖事而自
稱朕兼名必不如是之不敬謹後疑朕字侶聃而未敢定
同治癸酉七月三十日丙子復審釋此決是聃字則是器
爲毛叔所作明矣文八行行十二字者一十一字者二九
字者三八字七字者各一共七十六字爲句二十其曰乙
亥吕紂亾于甲子推之則是後七十一日也其曰王有大
豐有者皆商有令周有之文卽武成王來自商至于豐之
日也文之廟社豐受命文考故反命而先至豐也其曰王

魯公祼于天室降而祀周公臣而不臣周公必不饗也孔子所㠯不欲觀魯禘之既灌而往也

域三方正天下之經界也、猶詩商頌元鳥肇域彼四方、此曰三方西土舊壯域中也、其曰王祀于天室、（此言有天王始事也）天室文見史記周本紀書王入太室祼、疏、廟有五室、中央曰太室、桓譚新論、天稱明、故命曰明堂、內有太室、體象天地、或太室為天室之謚與竊肊明堂中央當下方如壇、㠯象地、上圜牖明㠯象天因名曰天室與蓋武王至豐告武功成于天、而祀天于明堂中之天室也、其曰降、王降自天室也、其曰天左右王、能左右之曰㠯言天佐王使受大命也、其曰衣祀于王不顯光文王、（德之所㠯配天也）衣、戎衣也、告武成而戎衣㠯祀也、不顯顯也、宗祀文王于明堂㠯配上帝之禮也、其曰事饎禘、事有事也、饎見詩天保吉蠲為饎、字夫作糦、商頌元鳥大糦是承、傳、糦、黍稷也、宗祀之祭曰禘、配呂文王、是明堂之祭、禘之一也、（禮大傳禮不王不禘也、某我也、王者德合天人之禮也、此言禘告文王之事也）其曰文王德壯上詩文王之文也、其曰不顯王作相不墜言武王夫有不顯之德克相上帝受命不墜也、其曰王作賡賡和也、猶易中孚其子和之也、或曰賡即庚新也、其命維新也、其曰不克三衣王祀、不丕同、王、文王、三、三獻、言大能衣戎衣三獻呂祀文王也、（此言文武之德也）其曰丁丑乙亥之越二日由豐至鎬而郊社也、（此呂上紀至豐之事也）其曰王饗太祖、太祖、始祖禮記祭統注、太廟、始祖廟也、后稷、周之始祖也、郊祀后稷以配天、卹書之柴望大告武成、前已言祀天室、故此不言郊、文簡而事備也。其曰王降，降自郊也。其曰作賜爵，錫爵也。
爵乍爵形，从木加栖篆之最古者也。四方諸侯皆于周受
命，定列爵惟五、分土惟三之封制，㠯命羣侯也。（此言封建之事也。）其曰遝事
畢也。其曰橐，詩周頌時邁載橐弓矢，禮樂記將帥之士使
爲諸侯，名之曰建橐，示天下之不復用兵也。（此言偃武之事也。此㠯上紀至鎬卽位之事也。）其曰惟聃有
德敏，聃，聃季，武王母弟八人之少者，武王時㠯弟稱叔於
爵爲伯，國邑曰毛，列六卿而官司空，成王時兼三公者也。
左定四年傳武王之母弟八人，聃季爲司空，而五叔無官，
言名言官而不及封國。書顧命毛公，傳云稱公，三公、六卿
次弟司空第六，毛公領之，毛國入爲天子公卿，言封國言

兼公言次第在司空而不及其名顧命六人皆武王舊臣自是毛叔兼公而稱公聃季位司空而次第六矣周禮太宰注毛聃之屬杜畿內者言名而遺叔定四年傳注又有毛叔聃則誤以聃季毛叔聃為二人史記周本紀毛叔鄭奉明水與毛叔聃異名而其稱叔為武王之弟封國于毛則又同今此敦與毛公父厝鼎同出關中自是一人之器聃名厝字者所為徐氏鄭古乇奠奠名歆字之說甚善而史記之鄭不及此器之聃為足徵信則毛叔鄭之名自當闕疑而不必强解矣有德與詩大雅思齊肆成人有德文同傳冠已上為成人季年少非夸辭也敏敏于祀

事如駿奔走之大而疾也器上如毁四耳下方如坐机余謂凡此制者皆盛和羹之用蓋二人四手持之或即所謂既戒下重則不蕩溢或即所謂既平肅敬之至者也抑即奉明水之器而為聃所執之事與此言吕有德而得與其事也其曰肇王休于障肇始也休休命也謂武王受天休命之美如對揚王休命之文也障重器之統名非酒器从日毁文之省障毁之合文也此言受爵得始止器爰敬吕親見武王受天休命之實紀于障毁也是器文少于書武成文三百六十一丸字于伐商事為略而于受天有大命為詳至大之事括吕二十言七十六字非師文王周公之文焉能

八

至此哉丁丑王饗太祖與武成丁未祀于周廟爲日不同即以武成文攷之一月癸巳自周代商癸亥陳于商郊是師行三十一日而至四月至豐則十四五日爲乙亥越二日爲丁丑是克商四十日行大當行三十一日而反從武成之丁未則三月十六七日而非四月距甲子四十四日班師行三十日（先丁未至豐則）在商僅（不足）十餘日反政釋囚封墓式閭散財發粟大賚四海之事不能如是之速武成本文已自齟齬則乙亥丁丑二日自校傳寫之武成爲可信惟月與朔望無徵不能定爲何日耳八月三日己卯六十一歲海濱病史記

文本十 第四葉

周聃𣪘說釋

余得是器於關中蘇兆年三十年矣、諸家俱無定釋、徐籀莊名㠯祀刊𣪘、亦未辨作者名、舊釋朕之字、余久疑臣子作器、紀武王有天下祭告武成于天于父于太祖事、而自稱朕無名、必不如是之不敬謹、後疑朕字佀聃而未敢定、同治癸酉七月三十日丙子、復審釋之、決是聃字、則是器為毛叔所作明矣、文八行、行十二字者一、十一字者二、九字者三、八字七字者各一、共七十六字、為句二十二、其曰乙亥、㠯紂匕于甲子推之、則是後七十一日也、其曰王有大豐、有者、皆商有令周有之文、即武余得是器於關中蘇兆年三十年矣、諸家俱乖定釋、徐籀莊名㠯祀刊毁、亦未辨作者名、舊釋朕之字、余久疑臣子作器、紀武王有天下、祭告武成于天、于父于太祖事、而自稱朕、乖名、必不如是之不敬、謹後疑朕字㠯聃、而未敢定同治癸酉七月三十日丙子、復審釋、乃決是聃字、則是器爲毛叔所作明矣、文八行、行十二字者一、十一字者二、九字者三、八字七字者各一、共七十六字、爲句二十、其曰乙亥㠯紂亾于甲子推之、則是後七十一日也、其曰王有大豐有者、䈞商有令、周有之文、即武成王來自商至于豐之日也、文之廟扗豐、受命文考、故反命而先至豐也、其曰王

域三方、正天下之經界也、猶詩商頌元鳥正域彼四方、此曰三方、西土舊扗域中也、此言有天下之始事也、其曰王祀于天室、天室文見史記周本紀、書王入太室祼、疏廟有五室、中央曰太室、桓譚新論、天稱明、故命曰明堂、內有太室、體象天地、□□字㠯或太室爲天室之譌、與竊肊明堂中央、當下方如壇㠯象地、上圜牖明㠯象天、因名曰天室與魯公祼于天室、降而祀周公、臣而不臣、周公必不饗之、孔子所㠯不欲觀魯禘之自既灌而往也、此言武王至豐、告武功成于天、而祀天于明堂中央天室之事也、其曰降、王降自天室也、其曰天左右王、能左右之曰㠯、言天佐王使

文本十一之一 第一葉

文本十一

周聃毁說釋【清抄稿】

二份，皆毛邊折葉、紙捻册裝，各一册。每册皆六葉，內文四葉，前後書衣各一葉。半葉皆縱26.2cm，横18.5cm。半葉皆十行，行二十二字。

題名據文本十二代擬。

二份皆爲他人謄清抄稿。其中一份（文本十一之一）據文本十謄清抄寫，有句點和校訂，在第一葉第十九行、第四葉倒數第二行分别校注漏字「央」、「定」。另一份（文本十一之二）是據前者的再謄抄，將漏字寫入行内。

釋文分句二十。

受大命也、其曰衣祀于王不顯光文王、衣、戎衣也、告武成
而戎衣㠯祀也、不顯、顯也、德之所㠯配天也、宗祀文王于
明堂㠯配上帝之禮也、其曰事饎禘、事、有事也、饎見詩天
保吉蠲為饎、字大佔糦、商頌元鳥大糦是承、傳糦黍稷也、
宗祀之祭曰禘、配㠯文王、是明堂之祭、禘之一也、禮大傳
禮不王不禘之義也、王者德合天人之禮也、此言禘告文
王之事也、其曰文王德扗上、詩文王之文也、其曰不顯王
佔相不墜、言武王大有不顯之德、克相上帝、受命不墜也、
其曰王佔賡、賡、和也、猶易中孚其子和之也、或曰賡即庚、
新也、其命維新也、其曰不克三衣王祀、不丕同、王、文王、三、

三獻、言大能衣戎衣、三獻㠯祀文王也、此言文武之德也、
此㠯上紀至豐之事也、其曰丁丑、乙亥之越一日、由豐至
鎬而郊社也、其曰王饗太祖、太祖、始祖、禮記祭統注、太廟、
始祖廟也、后稷、周之始祖也、郊祀后稷以配天、即書之柴
望大告武成、前已言祀天室、故此不言郊、文簡而事備也、
此言受命之事也、其曰王降、降自郊也、其曰作賜爵、錫爵
也、爵占爵形、从木加柶、篆之最古者也、四方諸侯皆于周
受命、定列爵惟五、分土惟三之封制、㠯命羣侯也、此言封
建之事也、其曰退、事畢也、其曰櫜、詩周頌時邁載櫜弓矢、
禮樂記將帥之士、使為諸侯、名之曰建櫜、示天下之不復

用兵也、此言偃武之終事也、此㠯上紀王鎬即位之事也」其曰惟聃有德敏聃、聃季武王母弟八人之少者、武王時㠯弟稱叔於爵為伯、國邑曰毛、列六卿而官司空、成王時兼三公者也、左定四年傳、武王之母弟八人、聃季為司空、而五叔無官、言名言官而不及封國、書顧命、毛公、傳云、稱公三公、六卿次第、司空第六、毛公領之、毛國入為天子公卿、言封國言兼公言次第在司空而不及其名、顧命六人皆武王舊臣、自是毛叔兼公而稱公、聃季位司空而次第六矣、周禮太宰注、毛聃之屬扗畿內者、言封國言名而遺叔、定四年傳注、又有毛叔聃、則誤以聃季毛叔聃為二人、

史記周本紀、毛叔鄭奉明水、與毛叔聃異名、而其稱叔為武王之弟、封國于毛則又同、今此殷與毛公父厝鼎同出關中、自是一人之噐、聃名厝字者所為、徐氏鄭古占奠奠名歆字之說甚善、而史記之鄭、不及此噐之聃為足徵信、則毛叔鄭之名、自當闕疑而不必強解矣、有德、與詩大雅思齊肆成人有德文同、傳、冠㠯上為成人、季年少、非夸辭也、敏、敏于祀事、如駿奔走之大而疾也、噐上如殷、四耳、下方如坐机、余謂凡此制者、皆盛和羹之用、蓋二人四手持之、或即所謂既戒、下重則不蕩溢、或即所謂既平、肅敬之至者也、抑即奉明水之噐、而為聃所執之事與、此言㠯有

德而得與其事也、其曰肇王休于𨽥、肇、始也、休、休命也、謂武王受天休命之美、如對揚王休命之文也、𨽥、重器之統名、非酒器、从𠂤、殷文之省、𨽥殷之合文也、此言受爵始得此器、敬㠯親見武王受天休命之實、紀于𨽥殷也、」是器文少于書武成文三百六十一字、于伐商事為略、而于受天有大命為詳、至大之事、括㠯二十言七十六字、非師文王周公之文焉能至此哉、丁丑王饗太祖、與武成丁未祀于周廟、為日不同、即㠯武成文歿之一月癸巳自周伐商、癸亥陳于商郊、是師行三十一日而至、四月至豐、則十四五日為乙亥、越二日為丁丑、是克商四十日行、大當行三十一日而反、從武成之丁未、則三月十六七日、而非四月、距甲子四十四日、班師行三十日、先丁未至豐、則在商不足十日、反政釋囚封墓式閭散財發粟大賚四海之事、不能如是之速、武成本文、已自齟齬、則乙亥丁丑二日、自校傳寫之武成為可信、惟朔望無徵、不能定為何日耳、八月三日

己卯六十一歲海濱病史記

周聃毀説釋

余得是器於關中蘇兆年三十年矣、諸家俱無定釋、徐籀莊名曰祀刊毀、亦未辨作者名、舊釋朕之字、余久疑臣子作器、紀武王有天下祭告武成于天于父于太祖事、而自稱朕無名、必不如是之不敬謹、後疑朕字佀聃而未敢定、同治癸酉七月三十日丙子、復審釋之、決是聃字、則是器爲毛叔所作明矣、文八行、行十二字者一、十一字者二、九字者三、八字七字者各一、共七十六字、爲句二十二、其曰乙亥、曰紂亡于甲子推之、則是後七十一日也、其曰王有大豐、有者、皆商有今周有之文、即武成王來自商至于豐之日也、文之廟壮豐、受命文考、故反命而先至豐也、其曰王域三方、正天下之經界也、猶詩商頌元鳥正域彼四方、此曰三方、西土舊壮域中也、此言有天下之始事也、其曰王祀于天室、天室文見史記周本紀、書王入太室祼、疏、廟有五室、中央曰太室、桓譚新論、天稱明、故命曰明堂、内有太室、體象天地、[glyph][glyph]字佀、或太室爲天室之譌與、竊肌明堂中央、當下方如壇曰象地、上圜牖明曰象天、因名曰天室與、魯公祼于天室、降而祀周公、臣而不臣、周公必不饗之、孔子所曰不

文本十二之一　第一葉

文本十二

周聃毀説釋（同治十三年甲戌十月説釋定本）

七份，皆毛邊折葉、紙捻册裝，各一册。每册皆七葉，内文五葉，前後書衣各一葉。半葉皆縱26.2cm，横18.3cm。半葉皆十行，行十九字。定稿時間：同治十三年（一八七四）十月。

他抄清稿，七份皆同，係同一人抄寫。其中一份（文本十二之一）簠齋再審校：增寫標題「周聃毀説釋」、批點句讀、校改一字「備」爲「備」。

内文承續文本十一，但有幾處較明顯的修改。如首葉第八行從原來的「爲句二十」，改作「爲句二十二」，並在後面的行文中有相應的更改。末署「八月三日己卯六十一歲海濱病史記，甲戌十月定本」。

欲觀魯禘之自既灌而往也、此言武王至豐、告武功成于天、而祀天于明堂中央天室之事也、其曰降、王降自天室也、其曰天左右王、能左右之曰㠯、言天佐王使受大命也、其曰衣祀于王不顯考文王、衣、戎衣也、告武成而戎衣㠯祀也、不顯、顯也、德之所㠯配天也、宗祀文王于明堂㠯配上帝之禮也、其曰事饎禘事、有事也、饎見詩天保吉蠲為饎、字亦作糦、商頌元鳥大糦是承、傳、糦、黍稷也、宗祀之祭曰禘、配㠯文王、是明堂之祭、禘之一也、禮大傳禮不王不禘之義也、王者德合天人之禮也、此言禘告文王之事也、其曰文王德扗上、詩文王之文也、其曰不顯、詩大雅周頌之文也、其曰王乍相、猶書之言克相上帝也、其曰不隕、[illegible]象首翼尾飛形、此乍羽、是戢翼形、隕墜字也、言文王之不隕墜厥聲問如詩生民文也、其曰王乍賡、言武王能賡和之、如易中孚九二文也、其曰不克三衣王祀、不、丕同、王、文王、三、三獻、言大能衣戎衣三獻㠯祀文王也、此言文武之德也、此㠯上紀至豐之事也、其曰丁丑、乙亥之越一日、由豐至鎬而郊社也、其曰王饗太祖、太祖、始祖、禮記祭統注、太廟、始祖廟也、后稷、周之始祖也、郊祀后稷以配天、即書之柴望大告武成、前已言祀天室、故此不言郊、文簡而事備也、此言受命之事也、其曰王降、降自郊也、其曰作賜爵、錫爵也、爵乍爵形、从木加柶、篆之最古者、也四方諸侯皆于周受命、定列爵惟五分土惟三之封制召命羣侯也、此言封建之事也、其曰逞、事畢而羣侯逞也、其曰櫜、詩周頌時邁載櫜弓矢、禮樂記將帥之士使為諸侯名之曰建櫜示天下之不復用兵也、此言偃武之終事也、此召上紀至鎬即位之事也、其曰惟耼有德敏、耼、耼季、武王母弟八人之少者、武王時、召弟稱叔、於爵為伯、國邑曰毛、列六卿而官司空、成王時兼三公者也、左定四年傳、武王之母弟八人、耼季為司空、而五叔無官、言名言官而不及封國、書顧命毛公傳云、稱公、三公、六卿次弟、司空弟六、毛公領之、毛國入為天子公卿、言封國言兼公言次弟在司空而不及其名、顧命六人、皆武王舊臣、自是毛叔兼公而稱公、耼季位司空而次弟六矣、周禮太宰注、毛耼之屬扗畿內者、言封國言名而遺叔、定四年傳注、又有毛叔耼、則誤以耼季毛叔耼為二人、史記周本紀毛

叔鄭奉明水、與毛叔聃異名、而其稱叔為武王之
弟封國于毛則又同、今此毁與毛公父厝鼎同出
關中、自是一人之器、聃名厝字者所為、徐氏鄭古
㞢奠奠名歆字之説甚善、而史記之鄭、不及此器
之聃為足徵信、則毛叔鄭之名、自當闕疑而不必
强解矣、有德、與詩大雅思齊肆成人有德文同、傳、
冠㠯上為成人、季年少、非夸辭也、敏、敏于祀事、如
駿奔走之大而疾也、器上如毁、四耳、下方、如坐机、
余謂凡此制者、皆盛大羹和羹之用、蓋二人四手
持之、或即所謂既戒、下重則不蕩溢、或即所謂既
平、肅敬之至者也、抑即奉明水之器、而為聃所執
之事與、此言㠯有德而得與其事也、其曰肇王休
于障、肇、始也、休、休命也、謂武王受天休命之美、如
對揚王休命之文也、障、重器之統名、非酒器、从阜、
毁文之省、障毁之合文也、此言受爵始得㞢器、敬
㠯親見武王受天休命之實紀于障毁也、是器文
少于書武成文三百六十一字、于伐商事為略、而
于受天有大命為詳、至大之事、括㠯二十二言、七
十六字、非師文王周公之文焉能至此哉、丁丑王
饗太祖、與武成丁未祀于周廟、為日不同、即㠯武

成文攷之、一月癸巳自周伐商、癸亥陳于商郊、是師行三十一日而至、四月至豐、則十四五日為乙亥、越二日為丁丑、是克商四十日行、亦當行三十一日而反、從武成之丁未、則三月十六七日、而非四月、距甲子四十四日、班師行三十日、先丁未至豐、則在商不足十日、反政釋囚封墓式閭散財發粟大賚四海之事、不能如是之速、武成本文、已自齟齬、則乙亥丁丑二日、自校傳寫之武成為可信、惟朔望無徵、不能定為何日耳、八月三日己卯六十一歲海濱病史記甲戌十月定本

文本十二之一 第五葉

文本十三

周聃𣪘說釋【校改稿】（光緒八年壬午七月 說釋又定本）

毛邊折葉、紙捻册裝，一册五葉。半葉縱25.8cm，横18.3cm。半葉九行，行二十字。題名據文本十二代擬。定稿時間：光緒八年壬午（一八八二）七月十九日。

他人清抄，與文本十二有承續。簠齋再墨筆校改句點，有多處增删。末署「八月三日己卯海濱病史説，甲戌十月再定，壬午七月十九日癸卯又定，時年七十」。

余得是器於關中蘇兆年三十年矣諸家俱無定釋
徐籀莊名同柏刊𣪘亦未辨作者名舊釋朕之字余
久疑臣子作器紀武王有天下祭告武成于天于父
于太祖事而自稱朕無不名必不如是之不敬謹後疑
朕字侶聃而未敢定同治癸酉七月三十日丙子復
審釋之決是聃字非朕則是器爲毛叔所作明矣文
八行行十二字者一十一字者二九字者四七字者
一共七十七字爲句二十二其曰乙亥𠯑紂亾于甲
子推之則是後七十一日四月既生魄也其曰王有

大豐有者、𥫔商有令周有之文、書武成厥四月哉生
明王來自商至于豐之後既生魄庶邦冢君暨百官
受命于周之日也、文之廟扗豐、受命文考、故反命
先至豐告文廟、猶有大豐之事也、其曰王域三方、正
天下之經界也、猶詩商頌元鳥正域彼四方、此曰三
方、西土舊扗域中也、此言武王有天下之始事也、其
曰王祀于天室、明堂之天室也、天室文見史記周本
紀、書王入太室祼疏、廟有五室、中央曰太室、桓譚新
論、天稱明、故命曰明堂、內有太室、體象天地、大字
侶、或太室為天室之譌與、竊肌明堂中央當下方如

壇㠯象也、上圜牖明㠯象天、而名曰天室、魯公祼于天室、降而祀周公、臣而不臣、周公必不饗之、孔子所㠯不欲觀魯禘之自旣灌而往也、此言武王至豐告武功成于天、而祀天于明堂中央天室之事也、其曰降、王降自天室也、其曰天左右王、能左右之、曰紹言天實佐王使成武功而受大命也、其曰衣祀于王、不顯、顯也、不顯考文王、衣、戎衣、戎衣受命而征、戎衣反命而祀也、文王之德之純所以配天也、宗祀文王于明堂㠯配上帝之禮也、其曰事饎禘、事、有事也、饎見詩天保吉蠲為饎、字亦作糦、商頌元鳥大糦是承、傳、糦、黍稷也、宗祀之祭曰禘、配㠯文王是明堂之祭、禘之一也、禮大傳禮不

王不禘之義也王者德合天人之禮也、此言武王反
命文考禘告文王之〔於明堂〕事也、其曰文王德𤴓上、詩文王
之文也、其曰不顯、詩大雅周頌之文也、其曰王𠂤相、
猶書之言克相上帝也、其曰不隕、隹象首翼尾飛形、
此𠂤羽是戠翼形為雝之反〔是〕隕墜字也、言文王之不
隕墜厥聲問如詩生民文也、其曰王𠂤賡言武王能
繼續賡和之、如易中孚九二文也、其曰不克三衣王
祀、不、丕同、王、文王、三、三獻、言大能衣戎衣三獻𠂤祀
文王也、此言文武之德〔以覺受命之本〕也、此𠂤上紀武王至豐奈吉
受命之事也、其曰丁丑、乙亥之越二日也、〔是先一日武王自豐至鎬〕其曰王饗

太祖、饗、大饗、太祖、始祖也、禮記祭統注、太廟、始祖廟也、后稷周之始祖也、書之周廟、鎬京周天子始祖之太廟也、此言武王至鎬受命太祖之事也、其曰王降、降自周廟也、其曰作賜爵、錫爵也、爵乍爵形、以木加柶、篆之最古者也、四方諸侯皆于周廟受命定列爵惟五分土惟三之封制、臣命羣侯也、此言封建之事也、其曰退事畢而羣后退也、其曰櫜、詩周頌時邁載櫜弓矢、禮樂記將帥之士使為諸侯名之曰建櫜示天下之不復用兵也、此言偃武之事也、此吕上紀武王至鎬祭告即位之事也、其曰惟融有德敏融、融季、武王母弟八人之少者、武王時吕弟稱叔於爵為伯、國邑曰毛、列六卿而官司空、成王時兼三公者也、左定四秊傳、武王之母弟八人、聃季為司空而五叔無官、言名言官而不及封國、書顧命毛公傳云稱公、三公、六卿次弟、司空弟六、毛公領之、毛國入為天子公卿、言封國、言兼公、言次弟在司空而不及其名、顧命六人、皆武王舊臣、自是毛叔兼公而稱公、聃季位司空而次弟六矣、周禮太宰注、毛聃之屬扗畿內者、言封國言名而遺叔、定四秊傳注、又有毛叔聃、則誤以聃季毛叔聃為二人、史記周本紀、毛叔鄭奉明水、與毛叔聃異名·而其稱叔為武王之弟封國于毛則又同、今此段與毛公父厝鼎同出關中、自是一人之器、聃名厝字者所爲、徐氏鄭(同柏)古占莫、莫名歆字之説、甚善、而史記之鄭、不及此器之聃為足徵信、則毛叔鄭之名、自當闕疑、而不必强解(傅)矣、有德與詩大雅思齊肆成人有德文同、傳冠呂上爲成人、季年少、非夸辭也、敏、敏于司事、如駿奔走之大而疾也、器上如段、四耳、下方如坐机、余謂凡此制者、皆盛太羹和羹之用、蓋二人四手持之、或即所謂既戒、下重則不蕩溢、或即所謂既平、肅敬之至者也、抑即奉明水之器、而

爲䎙所執之事與此言吕有德而得與其事也其曰
肇王休于尊白肇始也休休命也謂武王受天休命
之美如對揚王休命之文也尊重器之統名非酒器
下从𠂤殷文之省尊殷之合文也此言受爵始得匕器
敬吕親見武王受天休命之實紀其事于尊殷也是器文
少于書武成文三百六十一字于伐商事為略而于
受天有大命為詳至大之事括吕二十一言七〔六〕十七〔六〕
字非師文王周公之文焉能至此哉丁丑王饗太祖
與武成丁未祀于周廟為日不同即吕武成文攷之
一月癸巳自周伐商為武王十三年正月三日竹書

紀季元年辛卯、正月自是庚寅戊午、師逾孟津、為正
月二十八日、癸亥、陳于商郊、為二月三日、是師行三
十一日而至、厥四月、哉生明、王來自商、至于豐、為四
月三日、既生魄、是杜商二十八日、受命于周、舊註云望後四或以為是十六日未言是何日哉生魄
相校則似十七日為乙亥十二月皆小建十九日
若與哉生魄文相通
為丁丑壬申為癸酉相校則十六日為乙亥十八日
為丁丑、三日為壬戌、而二三月中有一小建、若與哉
異、則乙亥為十七日、而二三月甲為二小建、與文乙
亥丁丑未定者不過先後一日、武成丁未庚戌、則非是年四
月中所有、其誤明矣、曲從之則三月望後之丁未距甲子四僅

十四日、班師行三十日至豐、尚且不足、況反政釋囚封墓式閭散財發粟諸大事乎、古器之文、自校傳寫釋再再不如無書之疑之武成為真、武成之文、亦幸得古器而定、雖朔閏未盡可徵、豈尋常之稗補經史哉、又古器文王受命受冊率由舊章而皆于廟、曰多紀既生霸自是重武王始命諸侯百官之日、敢沿用之、大明聖人之下日亦自有惠迪之理、又紀日曰旁死魄、既死魄曰曰哉生明、曰朏、曰既望、曰哉生魄、曰既生魄、皆周史書法也、竝坿及之、八月三日乙卯海濱病叟說甲戌十月再定壬午七月十九日癸卯又定時年七十

余得是器於關中蘇兆年三十年矣諸家俱無定釋
徐籀莊名同柏刊𣪘亦未辨作者名舊釋朕之字余
久疑臣子作器紀武王有天下祭告武成于天于父
于太祖事而自稱朕不名必不如是之不敬謹後疑
朕字侶聃而未敢定同治癸酉七月三十日丙子復
審釋之決是聃字非朕則是器爲毛叔所作明矣文
八行行十二字者一十一字者二九字者四七字者
一共七十七字爲句二十二其曰乙亥呂紂亾于甲
子推之則是後七十一日四月既生魄也其曰王有
大豐有者笞商有今周有之文大者大商大邑周之
文有天下之稱書武成厥四月哉生明王來自商至
于豐之後十三日既生魄庶邦冢君暨百官受命于
周之日也文之廟扗豐受命文考故反命先至豐告
廟而曰有大豐也其曰王域三方正天下之經界也
猶詩商頌元鳥正域彼四方西土舊扗域中故曰域
三方也其曰王祀于天室明堂之天室也天室文見
史記周本紀書王入太室祼疏廟有五室中央曰太
室桓譚新論天稱明故命曰明堂內有太室體象天
地天大字侶或太爲天之譌與抑天室亦名太室與

文本十四

周聃𣪘說釋【再抄校稿】

毛邊折葉，紙捻册裝，一册六葉。半葉縱25.8cm，橫18–18.5cm。半葉九行，行二十字。題名據文本十二代擬。

他人據文本十三清抄，簠齋再墨筆多處增删校改、朱筆句點。

竊肊明堂中央當下方如壇㠯象地上圜牖明㠯象天而名曰天室也魯公祼于天室降而祀周公臣而不臣周公必不饗之孔子所㠯不欲觀魯禘之自旣灌而往也此言武王至豐告武功成于天而祀天于明堂中央天室之事也其曰降王降自天室也其曰天左右王能左右之曰㠯言天實佐王使成武功而受大命也其曰衣祀于王不顯考文王衣戎衣戎衣受命而征戎衣反命而祀也不顯顯也文王之德之純所以配天也其曰事饎禘事有事也饎見詩天保吉蠲為饎字亦作糦商頌元鳥大糦是承傳糦黍稷也宗祀之祭曰禘配㠯文王是明堂之祭禘之一也禮大傳禮不王不禘之義也王者德合天人之禮也此言武王反命文考禘告文王於明堂之事也其曰文王德扗上詩文王之文也其曰不顯詩大雅周頌之文也其曰王乍相猶書之言克相上帝也其曰不隕[illegible]象首翼尾飛形此為雝之反是隕墜字也言文王之不隕墜厥聲問如詩生民文也其曰王乍賡言武王能繼續賡和之如易中孚九二文也其曰不克三衣王祀（太王王季）不丕同王文王三三獻言大能衣戎衣三獻㠯祀文王也此言文武之德以見受命之本也此

吕上紀武王至豐之事也其曰丁丑乙亥之越二日是先一日武王自豐至鎬也其曰王饗太祖饗大饗太祖始祖也禮記祭統注太廟始祖廟也后稷周之始祖也書之周廟鎬京周天子始祖之太廟也此言武王以天子禮饗太祖於新廟也其曰王降降自周廟也其曰作賜爵賜錫也爵占爵形有文采从木加柶篆之奇古者也此言武王定列爵惟五分土惟三之封制命羣侯于周廟也其曰退事畢而羣后退也其曰櫜詩周頌時邁載櫜弓矢禮樂記將帥之士使為諸侯名之曰建櫜示天下之不復用兵也此言天下之偃武也此吕上紀武王至鎬之事也其曰惟聃有德敏聃聃季武王母弟八人之少者武王時吕弟稱叔於爵為伯國邑曰毛列六卿而官司空成王時兼三公者也左定四季傳武王之母弟八人聃季為司空而五叔無官言名言官而不及封國書顧命毛公傳云稱公三公六卿次弟司空弟六毛公領之毛國入為天子公卿言封國言兼公言司空次弟而不及其名顧命六ㄙ皆武王舊臣自是毛公兼公而稱公聃季位司空而次弟六矣周禮太宰注毛聃之屬扗畿内者言封國言名而遺叔定四季傳注又有毛

叔聃則誤似聃季毛叔聃為二人史記周本紀毛叔
鄭奉明水與毛叔聃異名而其稱叔為武王之弟封
國于毛則又同今此毁與毛公父䣄鼎同出關中自
是一人之器聃名䣄字者所爲徐氏同柏鄭古匕奠
奠名歆字之説甚善而史記之鄭不及此器之聃爲
足徵信則毛叔鄭之名自當闕疑而不必强傅矣有
德與詩大雅思齊肆成人有德文同傳冠吕上為成
人季年少非夸辭也敏敏于司事如駿奔走之大而
疾也器上如毁四耳下方如机坐余謂凡此制者皆
盛太羹和羹之用蓋二人四手持之或即所謂既戒
下重則不蕩溢或即所謂既平肅敬之至者也抑即
奉明水之用而爲聃所職之器與此言吕有德而得
與於祭事也其曰肈王休于尊白肈始也休休命也
謂武王受天休命之美如對揚王休命之文也尊重
器之統名非酒器下从𠙵毁文之省尊毁之合文也
此言受爵始得匕器敬吕親見武王受天休命之實
紀其事于尊毁也是器文少于書武成文三百六十
一字于伐商事為略而于受天有大命為詳至大之
事括吕二十言六十六字非師文王周公之文焉能
至此哉丁丑王饗太祖與武成丁未祀于周廟為日
其文之美則第六言能知聖人以畏天之心將事第九言文之中峰理之精義

事之大本十言至十四言能知武之達孝餘則至簡至明其理尤不讓二典矣

不同即吕武成文攷之一月癸巳自周伐商為武王十三年正月三日竹書紀秊元年辛卯正月自是庚寅戊午師逾孟津為正月二十八日癸亥陳于商郊為二月三日是師行三十一日而至厥四月哉生明王來自商至于豐為四月三日是扗商二十八日既生魄受命于周註云望後未言是何日若與哉生魄文通則十六日乙亥十八日丁丑三日壬戌而二三月中有一小建若與哉異則乙亥十七日而二三月為二小建叚文乙亥丁丑未定者不過先後一日武成丁未庚戌則非是年四月中所有其誤明矣曲從徇之則三月望後之丁未距甲子僅四十四日班師行三十日至豐尚且不足況扗商有反政釋囚封墓式閭散財發粟諸大事乎古器之文自校傳寫之武成為真武成之文亦幸得周初古器而定可釋不如無書之疑雖朔閏未盡可有徵豈尋常之裨補經史哉又古器文王命受冊皆于廟日多紀既生霸自是重武王始命諸侯百官之日率由舊章而沿用之大聖人之卜日亦自有惠迪之理又紀日曰既死魄曰旁死魄曰哉生明曰朏曰既望曰哉生魄曰既生魄皆周史書法也竝坿及之八月三日乙卯海濱病史說甲戌十月再

定壬午七月十九日癸卯又定時年七十

文本十五 第一葉

文本十五

周聃毁說釋【清抄稿】

毛邊折葉七葉，内文六葉，包護一葉。每葉縱25.8cm，横36.2–36.6cm。半葉九行，行二十字。題名據文本十二代擬。

他人據文本十四清抄，簠齋再有二處墨筆增補二字「翼」、「達」。

録文

余得是器於關中蘇兆秊三十秊矣，諸家俱無定釋，徐籀莊名以祀刊毁，亦未辨作者名。舊釋「朕」之字，余久疑臣子作器，紀武王有天下祭告武成于天、于父、于太祖事，而自稱朕不名，必不如是之不敬謹。後疑「朕」字似「聃」而未敢定。同治癸酉七月三十日丙子，復審釋之，決是「聃」字非「朕」，則是器爲毛叔所作明矣。文八行，行十二字者一，十一字者二，九字者四，七字者一，共七十七字，爲句二十二。其曰「乙亥」，以紂亡于甲子推之，則是後七十一日四月既生魄也。其曰「王有大豐」，有者，昔商有今周有之文。大者，大商大邑周之文，有天下之稱。《書·武成》：「厥四月，哉生明，王來自商，至于豐。」之後十三日，既生魄，庶邦冢君暨百官受命于周之日也。文之廟在豐，受命文考，故反命先至豐告廟，而曰有大豐也。其曰「王域三方」，正天下之經界也，猶《詩·商頌·玄鳥[一]》「正域彼四方」，西土舊在域中，故曰域三方也。其曰「王祀于天室」，明堂之天室也。天室文見《史記·周本紀》。《書》「王入太室祼」疏：「廟有五室，中央曰太室。」桓譚《新論》：「天稱明，故命曰明堂。」内有太室，體象天地，亣大字似，或「太」爲「天」之譌與？抑「天室」亦名「太室」與？

[一]「玄」字原本作「元」，係避諱而改。今改回「玄」字。下同。

竊臆明堂中央，當下方如壇以象地，上圜牖明以象天，而名曰天室也。魯公祼于天室，降而祀周公，臣而不臣，周公必不饗之，孔子所以不欲觀魯禘之自既灌而往也。此言武王至豐告武功成于天而祀天于明堂中央天室之事也。其曰「降」，王降自天室也。其曰「天左右王」，能左右之曰以，言天實佐王使成武功而受大命也。其曰「衣祀于王不顯考文王」，衣，戎衣，戎衣受命而征，戎衣反命而祀也；不顯，顯也，文王之德之純所以配天也。其曰「事饎禘」，事，有事也；饎，見《詩・天保》「吉蠲爲饎」，字亦作「糦」，《商頌・玄鳥》「大糦是承」，《傳》：「糦，黍稷也。」宗祀之祭曰禘，配以文王，是明堂之祭，禘之一也。《禮・大傳》「禮，不王不禘」之義也。王者德合天人之禮也。此言武王反命文考禘告文王於明堂之事也。其曰「文王德在上」，《詩・文王》之文也。其曰「不顯」，《詩・大雅》、《周頌》之文也。其曰「王作相」，猶《書》之「克相上帝」也。其曰「不隕」，飞象首翼尾飛形，此爲雝翼之反，是隕墜字也，言文王之不隕墜厥聲問，如《詩・生民》文也。其曰「王作賡」，言武王能繼續賡和之，如《易・中孚》九二文也。其曰「不克三衣王祀」，「不」、「丕」同；王，文王；三，三獻，言大能衣戎衣三獻以祀文王也。此言文武之德，以見受命之本也。此以上紀武王至豐之事也。其曰「丁丑」，乙亥之越二日，是先一日武王自豐至鎬也。其曰「王饗太祖」，饗，大饗；太祖，始祖也。《禮記·祭統》注：「太廟，始祖廟也。」后稷，周之始祖也。《書》之周廟，鎬京，周天子始祖之太廟也。此言武王以天子禮饗太祖於新廟也。其曰「王降」，降自周廟也。其曰「作賜爵」，賜，錫也；爵作爵形，有文采，从木加椢，篆之奇古者也。此言武王定列爵惟五分土惟三之封制，命群侯于周廟也。其曰「退」，事畢而群后退也。其曰「櫜」，《詩·周頌·時邁》「載櫜弓矢」，《禮·樂記》「將帥之士使爲諸侯，名之曰『建櫜』」，示天下之不復用兵也。此言天下之偃武也。此以上紀武王至鎬之事也。其曰「惟聃有德敏」，聃，聃季，武王母弟八人之少者。武王時，以弟稱叔，於爵爲伯，國邑曰毛，列六卿而官司空，成王時兼三公者也。《左·定四季傳》：「武王之母弟八人」，「聃季爲司空，五叔無官」。言名言官而不及封國。《書·顧命》「毛公」傳云：稱公，三公，六卿次弟，司空弟六，毛國入爲天子公卿。言封國言兼公言司空次弟而不及其名。顧命六人，皆武王舊臣，自是毛公兼公而稱公，聃季位司空而次弟六矣。《周禮·太宰》注：毛聃之屬在畿內者，言封國言名而遺叔。《定四季傳》注又有毛叔聃則似聃季毛叔聃爲二人史記周本紀毛叔鄭奉明水與毛叔聃異名而其稱叔爲武王之弟封國于毛則又同今此毁與毛公父厝鼎同出關中自是一人之器聃名厝字者所爲徐氏同柏鄭古乍奠奠名歆字之説甚善而史記之鄭不及此器之聃爲足徵信則毛叔鄭之名自當闕疑而不必强傅矣有德與詩大雅思齊肆成人有德文同傳冠㠯上爲成人季年少非夸辭也敏敏于司事如駿奔走之大而疾也器上如毁四耳下方如坐机余謂凡此制者皆盛太羹和羹之用蓋二人四手持之或即所謂既戒下重則不蕩溢或即所謂既平肅敬之至者也抑即奉明水之用而爲聃所執之器與此言㠯有德而得與於祭事也其曰肇王休于尊白肇始也休休命也謂武王受天休命之美如對揚王休命之文也尊重器之統名非酒器下从𠙵毁文之省尊毁之合文也此言受爵始得乍器敬㠯親見武王受天休命之實紀其事于尊毁也是器文少于書武成文三百六十一字于伐商事爲略而于受天有大命爲詳至大之事括㠯二十言六十六字非師文王周公之文焉能至此哉其文之美則弟六言能知聖人㠯畏天之心將事弟

聃，則似聃季、毛叔聃爲二人。《史記·周本紀》「毛叔鄭奉明水」，與毛叔聃異名，而其稱叔，爲武王之弟，封國于毛，則又同。今此毁與毛公父厝鼎同出關中，自是一人之器。聃名厝字者所爲。徐氏同柏「鄭古作奠，奠名歆字」之説甚善。而《史記》之鄭，不及此器之聃爲足徵信，則毛叔鄭之名，自當闕疑而不必强傅矣。「有德」，與《詩·大雅·思齊》「肆成人有德」文同，《傳》「冠以上爲成人」，季年少，非夸辭也。「敏」，敏于司事，如駿奔走之大而疾也。器上如毁，四耳，下方如坐机。余謂凡此制者，皆盛太羹和羹之用，蓋二人四手持之，或即所謂既戒，下重則不蕩溢，或即所謂既平，肅敬之至者也。抑即奉明水之用，而爲聃所執之器與？此言以有德而得與於祭事也。其曰「肇王休于尊白」，肇，始也；休，休命也。謂武王受天休命之美，如對揚王休命之文也。尊，重器之統名，非酒器，下从𠙵，毁文之省，尊毁之合文也。此言受爵始得作器，敬以親見武王受天休命之實，紀其事于尊毁也。是器文少于《書·武成》，文三百六十一字，于伐商事爲略，而于受天有大命爲詳。至大之事，括以二十言六十六字，非師文王周公之文，焉能至此哉。其文之美，則弟六言能知聖人以畏天之心將事。弟九言，文之中峰，理之精義，事之大本。十言至十四言，能知武王之達孝。餘則至簡至明，其理尤不讓二典矣。「丁丑王饗太祖」，與《武成》「丁未祀于周廟」，爲日不同，即以《武成》文攷之，一月癸巳自周伐商，爲武王十三年正月三日，《竹書紀秊》元年辛卯，正月自是庚寅，戊午師逾孟津，爲正月二十八日。癸亥陳于商郊，爲二月三日，是師行三十一日而至。「厥四月，哉生明，王來自商，至于豐」，爲四月三日，是在商二十八日。「既生魄」、「受命于周」，註云「望後」，未言是何日。若與「哉生魄」文通，則十六日乙亥，十八日丁丑，三日壬戌，而二三月中有一小建。若與哉異，則乙亥十七日，而二三月爲二小建。殷文乙亥丁丑，未定者，不過先後一日，《武成》丁未庚戌，則非是年四月中所有，其誤明矣。曲徇之，則三月望後之丁未，距甲子僅四十四日，班師行三十日至豐，尚且不足，況在商有反政釋囚封墓式閭散財發粟諸大事乎。古器之文，自校傳寫之《武成》爲真。《武成》之文，亦幸得周初古器而定，可釋「不如無《書》」之疑。雖朔閏未盡有徵，豈尋常之裨補經史哉。又古器文，王命受册皆于廟，日多紀「既生霸」，自是重武王始命諸侯百官之日，率由舊章而沿用之。大聖人之卜日，

亦自有惠迪之理又紀日曰既死魄曰旁死魄曰哉
生明曰朏曰既望曰哉生魄曰既生魄皆周史書法
也竝坿及之八月三日乙卯海濱病史說甲戌十月
再定壬午七月十九日癸卯又定時年七十

亦自有惠迪之理。又紀日曰「既死魄」，曰「旁死魄」，曰「哉生明」，曰「朏」，曰「既望」，曰「哉生魄」，曰「既生魄」，皆周史書法也，竝坿及之。八月三日乙卯海濱病史說，甲戌十月再定，壬午七月十九日癸卯又定，時年七十。

周聃毁文考釋零稿散葉

毛邊七紙，大小不等，爲簠齋手書校訂文稿的散紙夾條。

和毫　者皆添字　其日[illegible]

武曰賡即庚，新也。其命維新也。

添此十二字。已寫出，則當刪。

爲之補上。

此言呂有德而得與其事也。其曰肇王休于尊，引

尊重器之統名，非酒器。从日，殷文也之省。尊殷也之合文也。此言

以德受爵得此器，爰呂親見武王受天休命也，實紀于尊

殷也。下接是此段也　丁卯　丁丑　丁亥　丁酉　丁未

是器文少于武成文三百一十九字，于代商事爲略，而于受天有大命至大之事括呂二十二言，書

爲詳，非師文王周公之文焉能至此哉。乙亥丁丑二日自校，傳寫之

信。惟月朔望未能無徵，不能定爲何日耳。八月三日云了

補十二字

攷武成惟一月壬辰旁死魄爲孟春建寅之月之二日癸巳爲（越翼）
三日武王朝步自周于征伐商既戊午師逾孟津爲一月
二十八日己時厥明爲己未王乃大巡六師明誓衆士見泰誓
癸亥陳于商郊　師行三日至商（十三）
（恰此）丁丑王祀于太祖与武成丁未祀于周廟異日（爲日不同）即以武成攷之（癸巳伐商癸亥陳于商郊）
（以厥）四月至（于）豐明（攷之）十六日（四五日爲乙亥十七）爲丁丑克商後四十五日從丁未則三（行三十日至豐反）
月十六七日爲非四月距甲子四十四日在商僅十餘日耕（反政）
四封之武開散財發粟大賚四海之事不終如是之速
書文已自相齟齬

毛公之命　以文侯之命例之　是命當在周公薨後命毛公代周公位太師領司空故命次第六左傳聃季為司空

左僖二十四年傳[illegible]衛毛聃十六國注十六國皆文王子也正義曰其

毛聃閱

其四章曰兄弟閱于牆外禦其侮

其懷柔天下也猶懼有外侮扞禦侮者莫如親親故以親屏周

毛封建國名周公所封左僖

定四年傳聃季授土注聃季周公弟司空正義史記太姒十子

聃季最少是周公弟也周禮司空主土故聃季授土為司空

聃季為司空　注五叔以管叔　蔡叔　成叔　霍叔　毛叔

聃也　正義曰史記云　聃叔載　杜云毛叔聃　或杜別有所

見不以管蔡世家為說

隕墜也又隊 隊墜古字古止從八豕也左文十八年傳不隕其名（亦不隕厥問）
同隕殞又落也晉書隕自天殞 隋堯也 下也 失也 李注
隕越也 隕猶隕也 隕落也 公羊隕作實

一節曰
第二句言者言大者玉器 第三首三方者西 四言祀天室者天子明堂 五 六是聖人畏天之心將事
祇知之 七言及命祭告文王 八言王者之祭 九文之本華。理之精義。事之大本。十中四上文
見武王之孝
十五紀者武館 十六言世享之祖者銘廟者郊 十七 十八銘廟者室廟 十九祭告事畢
二十匽武 廿一 廿四句祭事 廿二四言作器勒銘者受賞
其文之美則第六言能知聖人以畏天之心將事第九言文之中峰 理之精義事之大本 十言至十四言
能知武王之孝餘則至簡至明其理尤不讓二典矣

毛國名周所封左傳二十四年傳管蔡郕霍魯衛毛聃注十六國皆文王子也 正義曰 昭二十八年
傳稱武王克商之國十五人此十六者五者人異故諸異耳 又云此十六國所在之地
其毛聃闕定四年傳聃季授土注聃季周公弟司空又聃季為司空五叔無
官注五叔 管叔蔡叔成叔霍叔毛叔聃 字以名之列為國而為十六國與昭
二十八年傳異當仍是十五國 毛采邑 周禮天官太宰乃施則于都鄙注其
注長謂公卿大夫王子弟食采邑者
毛地所在雖闕以文考字從鄭省從之 是秦鄭 如寰字記自唐武隋皆於古城置鄭即今如此二字故鄭城是也
西郊武田郊杜 實其足

公

公三公書顧命（傳）畢毛稱公則三公矣此先後六卿次第司空第六毛公領之

召芮彤畢衛毛皆國名入為天子公卿周公為太師召公為太保書

畢命父師傳畢公代周公為太師則毛公嘗為太傅矣（顧司空與授土同則 毛公是聃季矣）

厝

𣪘古文國詩遐民上帝居𣪘之𣪘毛公字也自稱公稱字天子之

三公與叔（四叔）父之禮也史記周本紀（毛公厝毛叔聃毛聃聃季自是一人）毛叔鄭奉明水鄭古金文皆作奠

奠名𣪘字極合義理而（惟奠名）究未見此鼎又與聃𣪘同出（關中）自嘗以古器

及書傳為正史記管蔡世家沈曰冉季載載之家少又冉季康叔皆有馴行於

是周公舉康叔為周（周）司寇冉季為周司空聃（聃）又作冉名載又云未（康叔冉季皆年少）得封與書康誥異

右傳正義引史記作聃季載

右傳二十四年（年）傳周之有懿德也猶曰莫如兄弟故封建之其懷柔天下也

猶懼有外侮扞御侮者莫如親親故以親屏周

天室見史記周本紀　事饎禘与詩天保吉蠲為饎禴祠烝嘗同文

饎亦作糦　商頌大糦是承傳糦黍稷也　禘宗祀之祭一圜丘之祭

配以帝嚳一郊天之祭配以后稷一明堂之祭配以文王

象兩附形上从木加四之象

橐即詩載橐　樂記將帥之士使為諸侯名之曰建橐

左定四年傳武王之母弟八人聃季為司空五叔無官　言名言官不由及封顧命毛公傳

猶公為大卿與聃季同司空第六毛公錄之言封之蕭公言成叔武第不及名左　傳毛伯衛言土

言爵言名（信毛公之後）左傳二十四年傳毛文之昭也　史記周本紀毛叔鄭奉明水　漢書古今人表列毛

叔鄭于武王時列毛公于成王時周禮太宰注毛聃之屬在畿內者（似遺叔字）定四年傳注文有毛叔聃

以聃季毛叔聃武王之弟不應名二聃名者有二封于毛國者但則聃季毛叔聃自是（先後為三公為司空者）

其曰王域三方（正天下之）疆域（經界）也　猶詩商頌元鳥肇域彼四方

其曰作鬻彝錫爵也（云云）爵止彝形从木加四篆也嚴古者也其曰還

尊彝器也通稱（統名）非酒器也从日从毁省文也省也（尊毁也合文）

休蔑也（蔑休命也）謂武王受天休命之美如對揚王休之文也（對揚休命）

器侯馭方鼎考釋稿

器侯馭方鼎是簠齋光緒十年（一八八四）閏五月十九日所得器。

捐贈手稿中此器考釋稿一包，毛邊紙包面篆書「器侯馭方鼎釋文」。内有文稿二份，一份是抄校稿，即他人清抄後簠齋再校改（文本一）；另一份是抄校稿的再謄清抄稿（文本二）。文末題記述及得器和作釋時間以及此銘文字的特點。

周器侯馭方圜鼎釋文
鼎高建初尺一尺四寸九分耳高三寸左舊續腹深
八寸一分强足高五寸六分强口徑一尺三寸二分
口下環饕餮文一周足上虎首形口上缺處舊補損
七字行十又半字約八十九色澤黯然綠久如黑出土傳世當
近千年矣原剔多損誤字
王南征 王或昭王左傳四年傳昭王南征而不復或宣
王王自將伐淮徐事見詩常武此事書闕自是西周之世
字亦近宣王時 句一 伐角 國名東漢有角閎角善叔或
是封于角之後或曰角訓觸觸淮南齊俗作單 句二 [illegible]佀
獻獻通祖祖祭名字文見太保四耳敢 句三 唯隹同古金文
無惟字 [illegible]
自征 句四 十 古文杜省杜 坏爾雅釋地山一成坏釋 行一字八
文坯本作伾書禹貢至于大伾傳山再成曰伾釋文伾
本作岯或作伾此从土从不同爾雅土下誤剔長
器 國名漢陽葉東鄉戚器侯占王姞[illegible]敢字作[illegible]自是 句五
从犬此作[illegible]又少異吳氏筠清館釋敢為鄂誤 [illegible]侯[illegible]
馭古文[illegible]田鼎同石鼓作䮂說文作馭 方 馭方器侯名
薛氏款識法帖穆公鼎文亦唯[illegible]匽[illegible]方雖摹失釋誤

文本一 第一葉

文本一

周器侯馭方鼎釋文【抄校稿】

毛邊折葉，紙捻冊裝，一冊六葉。半葉內文四葉，前後書衣各一葉。半葉縱26.2cm，橫18cm。半葉十行，行二十一字。寫作時間：清光緒十年（一八八四）閏五月二十日。此稿中另有夾條二片。

他人清抄，簠齋再朱筆句點，並在第二葉校改一字。

篇首記曰：「鼎高建初尺一尺四寸九分，耳高三寸，左舊續，腹深八寸一分强，足高五寸六分强，口徑一尺三寸二分，口下環饕餮文一周，足上虎首形，口上缺處，舊補損七字，行十又半，字約八十九，色澤黯然，緑久如黑，出土傳世，當近千年矣。原剔多損誤字。」

篇末記曰：「文是紀事體，無册辭。字近石鼓、虢季子白盤、兮田盤，是宣王時史籀大篆體。光緒甲申閏五月十九日壬戌收此，次日以舊釋訂正之。」

自是一人為此鼎切證揩不得親見古拓薛呂器出秦
中又有穆公字遂目為秦筠清戊彝偽器用薛文故夫
有此四字此鼎疑與薛釋器同時出土

二行八字

內　或納省=立賓令恭代字=有瀏國語晉語聞子與龢未
賓注賓息也　于王　句六　了乃𢓜弁古文从西弁呂鹿
皮為止毛公鼎弁圭作𩰫同皆从入薛書郙敢作鄙小
異當是摹失詩小弁=彼鷽斯傳弁樂也止　句七　馭

三行八字

方𦉢　友古文字未晰見孝鼎又師𩁹方尊作𦉢說文古
文作𦍩當即𦉢止謁　王　古有友君之禮故太史內史
呂友名官　句八　二　王重文　休　古文木無上曲者此从禾
余謂木棍長者枝=長乃可休息喬木則不可休息禾枝
長也故从禾下為休　句九　㝔　㝔古文安从广同燕安
息止貌　句十　乃　射　射古文象形見𩁹田鼎石鼓說文
作䠶是呂弓矢形為身呂寸為寸止謁从矢从身字則
叟遠矣　句十一　馭

四行一重文八字

方𦉢　合古文从𩁹　見𩁹田鼎靜敢禮記燕義秋合諸射
是古君臣燕飲有合射止禮漢書吾邱壽王傳愚聞聖

王合䠶吕明教矣字未晰　王䠶　句十二　馭方休　句
十三　闌　諫古文从門作[glyph]見盂鼎是闌門納諫義此諫
从門省言非闌盡止闌䠶而休諫燕飲自皆是古禮
王　句十四　二　王重文　宴　易需君子吕飲食宴樂古宴　行五字八
燕同　句十五　同酉　酒古文不从氺君有莫敢敵止義自
不同酒令同酒或燕飲止𩚬禮否則不敢施于彝鼎　句
十六　王寴　親古文从宀見叀[glyph]壺[glyph]令皆釋錫从[glyph][glyph]
[glyph]則賜馭　行六字八

囗方字補損囗　補損或是玉字　五㲅　㲅古文从王从冂。
當是从子有泐說文二玉相合為一㲅玨或从㱿左莊
十八季傳賜玉五㲅注雙玉為㲅𣪊作㱿从子說文
㲅乳也从子㲅聲此與卵𣪊从王从㲅省士取義于乳
指事于玉玨玉之比者或令傳世俗偁三合璧者與　句
十七馬三匹　三匹合文金文皆𠯑匹上一畫為三文見
書文侯之命　句十八　矢五
囗損補或束或它字不可知矣　句十九　囗馭損補方[glyph]　行七字八又合文一
拜古文[glyph]稽[glyph]首　句二十款

口損補當是對口揚損補左半微扦天子不顯休聲（行八字八）休聲美聲猶令聞無冊命之辭故不曰休命 句二十一

用損半乍隩尊古文字有泐鼎 句二十二 其邁萬丬乇（行九字八）

秊（行十字七）

子孫永寶用 句二十三

文是紀事體無冊辭字近石鼓號季子白盤兮田盤（行十一字五子孫重文則七）

是宣王時史籀大篆體光緒甲申閏五月十九日壬

戌收此次日吕舊釋訂正之

馭方休○句十三　逨王○句十四 二字重文 宴 句十五　周面 句十六　王寵賜

馭方○句十七　玉五瑴 句十八　馬四匹 句十九　矢五口 句廿　佑首 句二十一

休彥 句二十二　休彥 隮鼎 句二十三　寶用 句二十四

照此再清改　有○是要注者　無○是注句、者

王重文下則休句玉酒句皆不用

近篆者四寫。亦記

簠齋藏三代器

方

簠齋藏三代器

征孫自。……王……

文本一　夾條二片

周器侯馭方鼎釋文

文本二　書衣

文本二

周器侯馭方鼎釋文【清抄稿】

毛邊折葉、紙捻册裝，一册六葉。内文四葉，前後書衣各一葉。半葉縱26.2cm，横18cm。半葉十行，行二十一字。

他人據文本一清抄。簠齋書衣墨書題名「周器侯馭方鼎釋文」，末葉附記：「六月二日清本，三日校。」

周器侯馭方圜鼎釋文

鼎高建初尺一尺四寸九分耳高三寸左舊續腹深
八寸一分强足高五寸六分强口徑一尺三寸二分
口下環饕餮文一周足上虎首形口上缺處舊補損
七字行十又半字約八十九色澤黯胅（絲久如黑）出土傳世當
近千季矣原剔多損誤字

王南征　王或昭王左僖四季傳昭王南征而不復或宣
王=自將伐淮徐事見詩常武此事書闕自是西周之世
字亦近宣王時　句一　伐角　國名東漢有角閎角善叔或
是封于角之後或曰角訓䚡=淮南齊俗作䚡　句二　[illegible]　佁
[illegible]=通祖=祭名字文見太保四耳敓　句三　唯　隹同古金文
無惟字　[illegible]

自征　句四　十　古文杜省　杜　坏爾雅釋地山一成坯釋　行一字八
文坯本作伾書禹貢至于大伾傳山再成曰伾釋文伾
本作岯或作邳此从土从不同爾雅土下誤剔長　句五
器　國名漢陽葉東鄉㦰器侯占王姞[illegible]敓字作[illegible]自是
从犬此作[illegible]又少異吳氏筠清館釋敓爲鄂誤　[illegible]　侯　[illegible]
馭古文[illegible]田鼎同石鼓作馭說文作馭　方　馭方器侯名
薛氏款識法帖穆公鼎文[illegible]唯[illegible][illegible][illegible]方雖摹失釋誤

自是一人為此鼎切證惜不得親見古拓薛呂器出秦
中又有穆公字遂目為秦篆清戊彝僞器用薛文故大
有此四字此鼎疑與薛釋器同時出土
行二 字八
内 或納省〻立寍令恭代字〻有泐國語晉語聞子與龢未
寍注寍息也 于王 句六
了 乃[illegible]弁古文从西弁呂鹿
皮為止毛公鼎弁圭作[illegible]同皆从乙薛書邾飲作[illegible]小
異當是摹誤詩小弁〻彼鷽斯傳弁樂也 止 句七 駇
行三 字八
方[illegible]友古文字未晰見孝鼎又師𩵦方尊作[illegible]説文古
文作[illegible]〻當即[illegible]止謂 王 古有友君之禮故太史内史
呂友名官 句八 二 王重文 休 古文木無上曲者此从禾
余謂木梶長者枝〻長〻乃可休息喬木則不可休息禾枝
長也故人依禾下為休 句九 宴 宴古文宴从广同燕安
息止貌 句十 乃[illegible]射古文象形見[illegible]田鼎石鼓説文
作躲是呂弓矢形為身呂手爲寸止謂从矢从身字則
叟遠矣 句十一 駇
行四 字八重文一
方[illegible]合古文从[illegible]見[illegible]田鼎靜敦禮記燕義秋合諸射
是古君臣燕飲有合射止禮漢書吾丘壽王傳愚聞聖

王合射吕明教矣字未晰 王射 句十二 馭方休 句

十三 闌 諫古文从門作𨻰見盂鼎是闢門納諫義此諫从門省言非闌盡止闌射而休諫燕飲自皆是古禮

行五 字八

王 句十四 二 王重文 宴 易需君子吕飲食宴樂古宴燕同 句十五 同酉 酒古文不从水君有莫敢敵止義自不同酒令同酒或燕飲止𩠹禮否則不敢施于彝鼎

十六 王寴 親古文从宀見吏𢿦壺令皆釋錫从 句 則賜馭

行六 字八

□方字補損□補損字或是玉 五敲 𣪊古文从王从門○當是从子有泐說文二玉相合為一𣪊珏或从𣪊左莊十八年傳賜玉五𣪊注雙玉為𣪊非𣪊从𣪊从乎說文𣪊乳也从子𣪊聲此與卵𣪊从王从𣪊省士取義于乳指事于玉珏玉之比者或今傳世俗偁三合璧者與

句十七 馬三匹 三匹合文金文皆借匹上一畫為三文見書文侯止命 句十八 矢五

行七 字八又合文一

□損補或東或它字不可知矣 句十九 □馭損補 方𤔲

拜古文𩒨 稽首首 句二十 敢

行八字八 □損補當是對□揚損補左半微存天子丕顯休釐休釐美釐猶令聞無冊命之辭故不曰休命句二十一

行九字八 用損半乍隮尊古文字有涉鼎句二十二其邁萬年

秊

行十字七 子孫永寶用句二十三

行十一字七 子孫重文則七字五 文是紀事體無冊辭字近石鼓號季子白盤兮田盤是宣王時史籀大篆體光緒甲申閏五月十九日壬戌收此次日以舊釋訂正之

六月二日清本三日校

陳介祺手稿集

陳介祺／著
赫俊紅／整理

中華書局

區鍒攷記

甲戌五月改本

咸豐丁巳閒膠㐫靈山衛古城旁土中出古銅器三時張小雲明經祖樾主講其地屬爲購得之皆有銘於外其二器形如罌小口大腹=有兩柄可持而傾一九行=十二字共一百八字泐缺三十餘字文有子和子字陳字是田常曾孫太公和所作器也又有㗊字當是豆區釜鍾之區器之名也陳完敬仲之如齊在桓公十四年以陳字爲田氏（應劭曰始食采地）周敬王三十九年田常專權齊自是稱田氏答釐子乞事景公爲大夫其收賦稅於民以小斗受之其粟予民以大斗敬王四年乙酉彗星見於齊分野晏子曰田氏有德於齊可畏蓋謂此也乞子常是爲田成子復脩

區鋘考釋稿

簠齋於咸豐七年（一八五七）得區鋘三器。兩器是區，一器是鋘。區、鋘皆爲量器，其換算關係是十鋘正及區頸之下。捐贈手稿中，區鋘三器考釋稿一包，毛邊紙包面篆書「區鋘釋文」，文稿七份。考釋內容分器銘釋文和考記兩部分。從寫作時序和內容異同看，可分爲六個文本：文本一、六，爲兩區的單篇釋文；文本二、三、五，爲單篇的「區鋘考記」；文本四，是集區鋘三器釋文與考記的合册。

從寫作和校改的時間看，「考記」初成於同治五年丙寅（一八六六）三月廿八日（文本二、三，簠齋手書），四月廿五日再改（文本四，他抄後簠齋一校改），同治十三年甲戌（一八七四）五月又改（文本四，簠齋二校改）。文本五是據文本四的一校改稿再謄清的抄稿。單篇的兩區釋文（文本一、六）爲簠齋手書，未署年款。若與署年款的文本四中的釋文對勘，文本一（無標題）係釋文的最初稿，當寫於同治五年四月廿五日之前。文本六，有標題，分別爲「齊太公子和子區釋文」、「齊陳猷區釋文」，當寫於文本四（同治五年四月廿五日）之後，簠齋又作校改。從朱筆批注吴大澂之見的行文字跡來看，校改時間當在同治十三年甲戌五月，與文本四考記的二校改時間相同。

區鋘考釋各文本整理表

寫作時序	文本編號	題名	本別	備注
〔同治五年四月廿五日之前〕	文本一	兩區釋文〔代擬〕	簠齋手書底稿	題名據文意代擬
同治五年丙寅三月廿八日	文本二	區鋘考記〔代擬〕	丙寅三月草底稿。簠齋手書並校改	題名據文本四代擬
	文本三	區鋘考記〔代擬〕	丙寅三月再稿。簠齋手書並校改	題名據文本四代擬
同治五年四月廿五日校改，同治十三年五月又改	文本四	區鋘釋文並考記〔考記有標題〕	抄校稿。考記係他抄，簠齋丙寅四月校改，甲戌五月又改	釋文無標題。考記有標題，內文與文本三有承續
同治五年四月廿五日	文本五	區鋘考記〔標題〕	他抄清稿。據文本四（丙寅四月校改）謄抄	二份。內文相同
〔同治五年四月廿五日之後〕	文本六	兩區釋文〔代擬〕	簠齋手書並校改	題名據兩篇釋文的題目代擬。與文本四有承續

文本一

文本一

兩區釋文【底稿】

宣紙一葉，縱32cm，橫36–36.3cm。

題名據文意代擬。

簠齋手書稿。釋文之後有題記：「器有區字，當是器名，豆區釜鍾之區也。出膠西靈山衛古城旁，其城當即齊之古城也。器有二。又一器名鋘，似半匏而有流。名曰鋘，當是量米入區者。十鋘至內口，蓋除口不計也。」

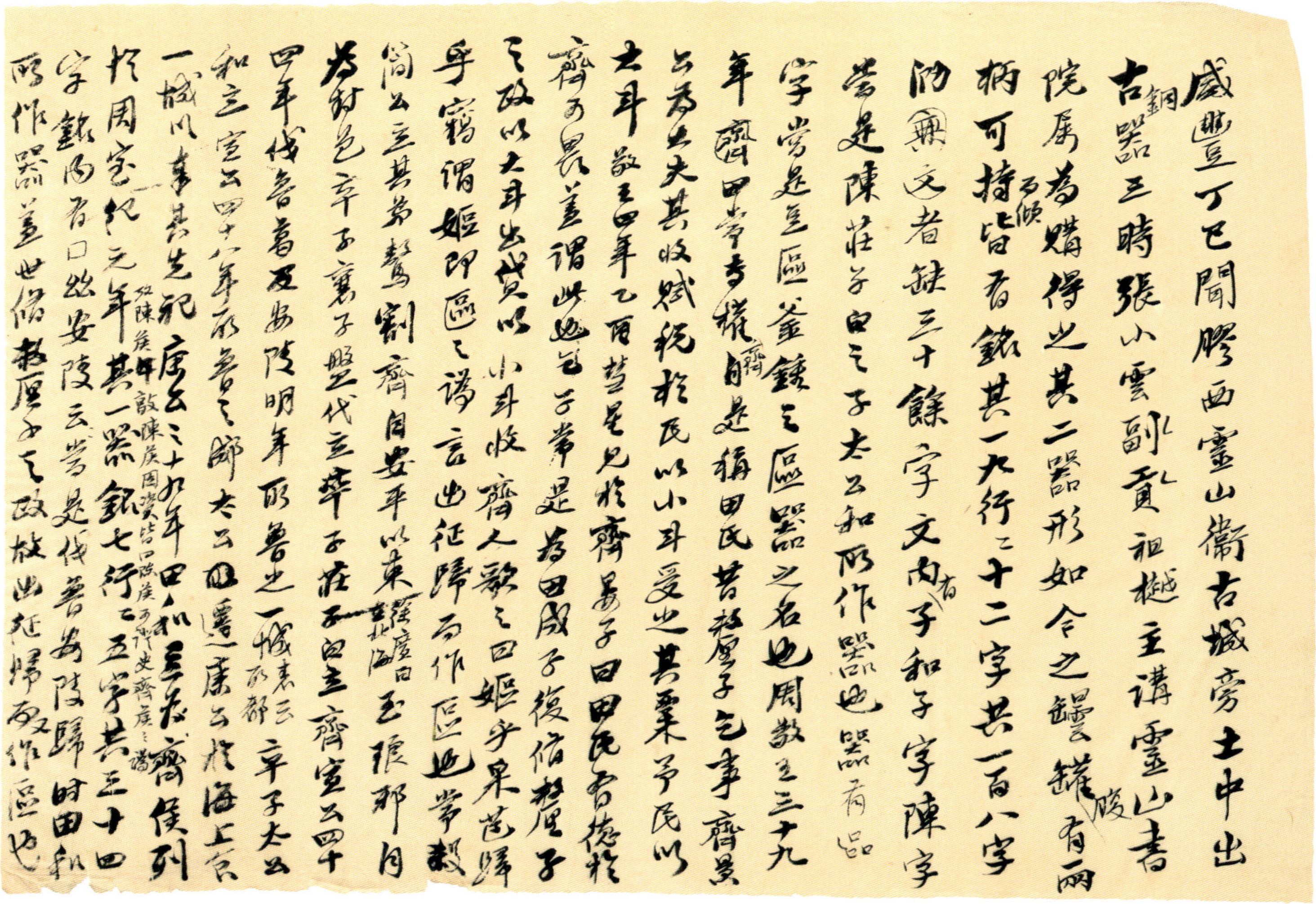

咸豐丁巳閏膠西靈山衛古城旁土中出
古銅器三時張小雲副貳祖樾主講靈山書
院屬為購得之其二器形如今之[illegible]鑵有兩
柄可持皆有銘其一九行〻十二字共一百八字
泐[illegible]文者缺三十餘字文內有子和子字陳字
當是陳莊子白之子太公和所作器也器有品
字當是區釜鍾之區器之名也周敬王三十九
年齊田常專權自是稱田氏昔釐子乞之事齊景
公為大夫其收賦稅於民以小斗受之其粟予民以
大斗敬王四年乙酉彗星見於齊晏子曰田氏有德於
齊可畏蓋謂此也至子常是為田成子復修釐子
之政以大斗出貸以小斗收齊人歌之曰嫗乎采芑歸
乎竊謂嫗即區之諺言也征歸而作區也當歟
簡公立其弟驁割齊自安平以東至琅邪自
為封邑卒子襄子盤代立卒子莊子白立齊宣公四十
四年伐魯葛及安陵明年取魯之一城[illegible]辛子太公
和立宣公四十八年取魯之郕太公遷康公於海上食
一城以奉其先祀康公之十九年田和立為齊侯列
於周室紀元年其一器銘七行〻五字共三十四
字歟內有口然安陵云當是伐魯安陵歸時田和
所作器蓋世傳釐子之政故出征歸而作區也

文本二

區鋘考記【草底稿】

長條毛邊紙二葉。第一葉縱25.5–25.9cm，橫36.5cm，二十一行；第二葉縱25.6–26cm，橫59.1–59.5cm，八行。

題名據文本四代擬。寫作時間：同治五年（一八六六）三月廿八日。

簠齋手書，有多處墨筆修改。此稿是文本三的底稿。末署「同治丙寅三月廿八日夜」。另有簠齋手書一紙，是與考記相關的資料《史記·田世家》。

文本二　第一葉

地在齊之極東，故曰左關也。又一器作半甗而有流，

銘曰：左關之鋘。以國區量之，十鋘不及區斗之

四，下或者收粟用以十鋘，而發粟時以滿區歟？

余曾於都門得一器（鼎），銘曰陳侯因資，乃說史作因

齊之誤，蓋資、齊音近而訛耳。海豐吳子苾閣

部亦有一器（陳侯午敦），積古齋款識有陳逆簠（陳逆也），

字（敵）體皆相類，蓋皆田氏所作器也。

同治丙寅三月廿八日夜

以陳字為田氏

史記田世家

陳完，陳厲公佗子，生周（二年生 三年周史上完）奔齊，為工正，生穉孟夷，〻〻生

湣孟莊，〻〻生文子須無，〻〻生桓子無宇，〻〻生武子開與

釐子乞，〻〻事齊景公為大夫，其收賦稅於民以小斗受

之，其粟予民以大斗。由子常，是為田成子，復修釐子之

政，以大斗出貸，以小斗收。齊人歌之曰：嫗乎采芑，歸乎

（殺簡公）（自是齊屬田氏）常立簡公弟驁，割齊，自安平（徐廣曰在北海）以東至琅邪，自為封邑。（明年……）

卒，子襄子盤代立，嘗謀為國，於（宣公四十八年）伐晉，晉及與陳宗子

宗子莊子白立。（一稱……）

太公和立。宣公四十八年，取魯之郕。太公乃遷康公於海上，食一

城，以奉其先祀。康公十九年，田和立為齊侯，列於周室，紀

元年。立二年，卒。子桓公午立。（卒于國 王國齊立）六年，魯伐我，入陽關。（徐廣……）

年。卒，子宣王辟疆立。卒，子湣王地立。

同敦之四年

乙酉 楚墨見 易為田氏 ……於 …… 異

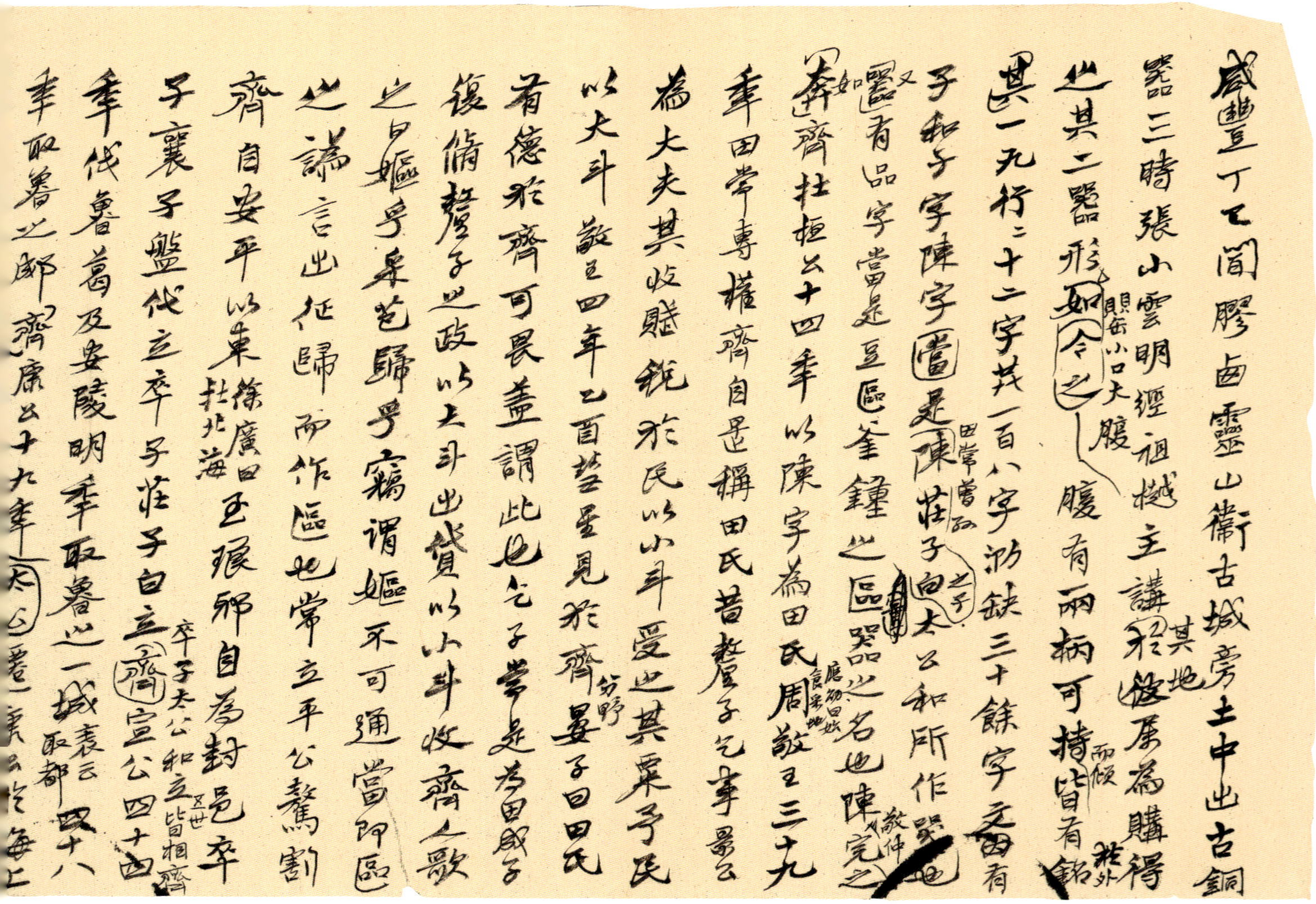

文本三

區鋘考記【再稿】

長條毛邊紙一葉，縱26.2cm，橫73.4–74cm。題名據文本四代擬。寫作時間：同治五年（一八六六）三月廿八日。

承續文本二，簠齋手書再稿，又校改。末署「同治丙寅三月廿八日夜」。

其先祀明年田和卒距伐安陵之年三十年
事爾其豨太公所作之器無疑矣其一器
鋘七行行五字共三十四字第一行文曰陳猷
立事歲敦齊侯甗文曰國差立事歲與
此文相類彼當是國惠子夏相齊景公時
所作此乃太公和相齊宣公時所作器曰立
事者所書立政立事之文猶某某爲相之日也
彼曰國差此曰陳猷均未可攷或謂彊爲之說而
或以子和子三文疑爲太公之字而猷其名與
曰□丝安陵當是伐魯安陵歸時所作蓋世
脩聲子之政故出征歸而又作區也文內左關
字數見地當海濱齊之極東故曰左關令故
城當即其址矣其器似年範而有流銘曰左
關之鋘鋘說文以區量之十鋘及區頸之下
或者收粟時以十鋘而簸粟時以滿區與
余皆於都市得之器銘曰陳侯因資可證史
作因齊作齊侯之誤乘棣吳子苾閣部收
一陳侯午敦桓公又陳逆敦阮
氏所收陳逆簠字體皆同蓋皆田氏所作器
也 同治丙寅三月廿八日夜

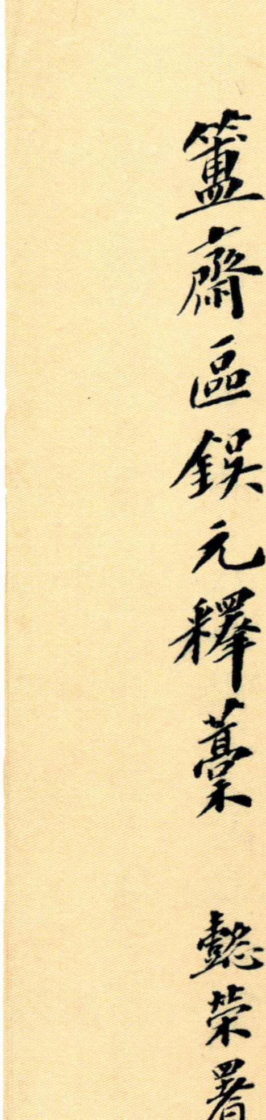

文本四　書衣

文本四

區鍨釋文並考記【抄校稿】

毛邊折葉，紙捻册裝。一册六葉，內文四葉，前後書衣各一葉。半葉26.3cm，橫18.6cm。

書衣王懿榮題「簠齋區鍨元釋稿　懿榮署」。成稿時間：同治五年（一八六六）四月廿五日。

內文前爲兩區一鍨的器銘釋文，後爲考注。釋文爲簠齋手書，朱筆批注。考記爲他人謄抄稿，半葉十行、行二十二字，與文本三有承續，簠齋再校改、句點，增添標題「區鍨考記」。末署「同治丙寅三月廿八日夜作，四月廿五日雨後海濱病史書」。

該文本在同治十三年（一八七四）五月簠齋又作校改，標題下朱筆注「甲戌五月改本」。

陳□當是猷字立事歲禝月丙午子和子 一行十二字

□父□寅吝御咊□尙□命誃陳得具 二行十二字

左關釜節□□□左關鈉節于廩釜 三行十二字

釜關人築桿鏚釜閉□□外 四行十二字

盟釜而車人制之而□□□返 五行十二字

□關人不用命戮□□御關人 六行十二字

□□其事中刑□□□□鈞 七行十二字

□□其久辟□□□□□□ 八行十二字

□□□于其事區夫邱關釜 九行十二字

陳猷立事歲。一行

酎 四月 月 戊寅。二行

茲安陵。命 三行

左關卒。發敕 四行

成左關之叙 釜 五行

節于鄺。叙 敦 六行

曰陳綏 七行

文本四 第一葉

齊左關鋘釋文

左關

之鋘

右鋘文鑿款四字器如半匏有流上曲其脣如半匏之柄十鋘正反

區頸

文本四 第二葉

區錄攷記

甲戌五月改本

咸豐丁巳間，膠西靈山衛古城旁土中出古銅器三，時張小雲明經祖樾主講其地，屬爲購得之，皆有銘於外。其二器形如罌，小口大腹，腹有兩柄可持而傾，一九行，行十二字，共一百八字，泐缺幾二十字，文有子和子字、陳字，是田常曾孫太公和所作器也。又有品字，當是豆區釜鍾之區器之名也。陳完敬仲之如齊在桓公十四年，以陳字爲田氏（應劭曰：始食采地）。周敬王三十九年，田常專權，齊自是稱田氏。管釐子乞事景公爲大夫，其收賦稅於民以小斗受之，其粟予民以大斗。敬王四年乙酉，彗星見於齊分野，晏子曰：田氏有德於齊，可畏。蓋謂此也。乞子常，是爲田成子，復脩墜成襄莊[illegible]自是謚太公蓋疑師尚之稱伯非謚子和子曰是字之稱猷名而和字爲通吴清卿云字爲璺之或體爲襄子所作伯未安

墜子之敀以大斗出貸以小斗收齊人歌之曰嫗乎采芑歸乎竊謂嫗不可通當即區之譌言出征歸而作區也常太平公驁割齊自安平以東徐廣曰在北海至琅邪自爲封邑卒子襄子盤代立卒子莊子白立卒子太公和立五世皆相齊宣公四十四年伐魯葛及安陵明年取魯之一城表云取都四十八年取魯之郕康公十九年田和立爲齊侯列於周室紀元年遷康公於海上食一城以奉其先祀明年田和卒距伐安陵之年三十年爾其均爲太公所作之器無疑矣又一七行=五字共三十四字弟一行文曰陳猷立事歲與齊甗文曰國差立事歲者同彶當是國惠子夏相景公

莊子相齊宣公

表云伐魯莒及安陽

莊子卒子太公和立田太公相齊宣公宣公

太公之相齊在宣公四十五六年

七

伯

時所作器此乃陳太公和相宣公時所作器曰立事者即書立政立事之文猶云某某為相之日也惟彼曰銮此曰猷者未敢彊為之說或者子和子為太公之字而猷其名與曰敘丝安陵正是田和為相（宣公）伐魯安陵歸時所作蓋世脩釐子之政故出征歸而入作區也文左關字數見地濱海杜齊之左故曰左關今故城當即其址矣其一似半鉋而有流（前圖如眉）（半鉋史柄）文曰左關之鋘（鋘說文）以區量（之量）之十鋘正及區頸之下或者收粟時以十鋘而發粟時以滿區與余皆於都市得一器文曰陳侯因資可證史作因齊作齊侯田侯之（阮書有）誤無棣吳子苾閣部收一陳侯午敦為桓公器又見陳逆

簠文阮氏所收陳逆𣪘文葉氏所拓字體並同蓋皆田氏所作器也

同治丙寅三月廿八日夜作四月廿五日雨後書海濱病史書

田常殺簡公史記陳恒弑簡公恒名常宣成謚是年為周敬王三十九年庚申魯西狩獲麟之年

平公十七年注中行文子謂田常乃今知所亡自庚申至宣公四十四年己巳計七十年甲至田和卒之壬丙申

計二十七年總計九十七年〻佀仍是太公和所作

田莊子相齊宣公〻四十三年伐晉明年伐魯葛及安陵明年取魯之一城莊子卒子太公和立田太公相齊宣公〻

四十八年取魯之郕是田和相齊在宣公四十又六年

區鋘攷記

咸豐丁巳閒膠西靈山衛古城旁土中出古銅器三時張小雲明經祖樾主講其地屬為購得之皆有銘於外其二器形如罍小口大腹腹有兩柄可持而傾一九行行十二字共一百八字泐缺三十餘字文有陳字子和子字是田常曾孫太公和所作器也又有𠯑字當是豆區釜鍾之區器之名也陳完敬仲之如齊在桓公十四秊以陳字為田氏(應劭曰始食采地)周敬王三十九秊田常專權齊自是稱田氏昔釐子乞事景公為大夫其收賦稅於民以小斗受之其粟予民以大斗敬王四秊乙酉彗星見於齊分野晏子曰田氏有德於齊可畏蓋謂此也乞子常是為田成子復脩釐子之政以大斗出貸以小斗收齊人歌之曰嫗乎采芑歸乎竊謂嫗不可通當即區之譌言出征歸而作區也常立平公騖割齊自安平以東(徐廣曰在北海)至琅邪自為封邑卒子襄子盤代立卒子莊子白立卒子太公和立五世皆相齊宣公四十四秊伐魯葛及安陵明秊取魯之一城(索隱云取都)四十八秊取魯之郕康公十九秊田和立為齊侯列於周室紀元秊遷康公於海上食一城以奉其先祀明秊田和卒距伐安陵之秊三十秊爾其均為太公所作之器無疑矣又一七行行五字共三十四字弟一行文曰陳猷立事

文本五之一　第一葉

文本五

區鋘考記【清抄稿】

二份，内文相同，版式不同。一份（文本五之一）爲毛邊折葉，二葉；每葉縱26.2cm，横36.8–37.2cm；半葉十行，行二十二字。另一份（文本五之二）爲毛邊折葉，二葉；每葉縱26.4cm，横33.6cm；松竹齋朱色界格印版，半葉九行，行二十五字。

他人據文本四的第一次（丙寅四月）校改稿清抄。

録文

區鋘攷記

咸豐丁巳閒，膠西靈山衛古城旁土中出古銅器三，時張小雲明經祖樾主講其地，屬為購得之，皆有銘於外。其二器形如罍，小口大腹，腹有兩柄，可持而傾。一，九行，行十二字，共一百八字，泐缺三十餘字。文有陳字子和子字，是田常曾孫太公和所作器也。又有𠯑字，當是豆區釜鍾之區，器之名也。陳完敬仲之如齊，在桓公十四秊，以陳字為田氏。應劭曰：「始食采地。」周敬王三十九秊，田常專權，齊自是稱田氏。昔釐子乞事景公為大夫，其收賦稅於民，以小斗受之，其粟予民以大斗。敬王四秊乙酉，彗星見於齊分野，晏子曰：「田氏有德於齊，可畏。」蓋謂此也。乞子常，是為田成子，復脩釐子之政，以大斗出貸，以小斗收。齊人歌之曰：「嫗乎，采芑歸乎。」竊謂「嫗」不可通，當即「區」之譌，言出征歸而作區也。常立平公騖，「割齊自安平以東徐廣曰：『在北海。』至琅邪，自為封邑」。

歲與齊甗文曰國差立事歲者同彼當是國惠子夏相景公時所作器此乃陳太公和相宣公時所作器曰立事者即書立政立事之文猶云某某為相之日也惟彼曰差此曰猷者未敢彊為之說或者子和子為太公之字而猷其名與曰𢦏88安陵正是田和為相伐魯安陵歸時所作蓋世脩釐子之政故出征歸而又作區也文左闢字數見地濱海在齊之左故曰左闢今故城當即其址矣其一似半匏而有流文曰左闢之鍨（鍨說文未收）以之量區十鍨正及區頸之下或者收粟時以十鍨而發粟時以滿區與余昔於都市得一器文曰陳侯因資可證史作因齊作齊侯田侯之誤無棣吳子苾閣部收一陳侯午敦為桓公器又阮書有陳逆簠陳逆敦文又葉氏所拓毁文字體竝同蓋皆田氏所作器也

同治丙寅三月廿八日夜作四月廿五日雨後海濱病史書

卒，子襄子盤代立。卒，子莊子白立。卒，子太公和立。五世皆相齊。宣公四十四年，伐魯葛及安陵。明年，取魯之一城。《表》云：「取都。」四十八年，取魯之郕。康公十九年，田和立為齊侯，列於周室。紀元年，遷康公於海上，食一城以奉其先祀。明年，田和卒，距伐安陵之年三十年爾。其均為太公所作之器無疑矣。又一，七行，行五字，共三十四字。弟一行文曰「陳猷立事歲」，與齊甗文曰「國差立事歲」者同。彼當是國惠子夏相景公時所作器。此乃陳太公和相宣公時所作器。曰「立事」者，即《書》立政立事之文，猶云某某為相之日也。惟彼曰「差」此曰「猷」者，未敢彊為之說，或者子和子為太公之字而猷其名與？曰「𢦏88安陵」，正是田和為相伐魯安陵歸時所作。蓋世脩釐子之政，故出征歸而又作區也。文「左闢」字數見，地濱海在齊之左，故曰「左闢」，今故城當即其址矣。其一似半匏而有流，文曰「左闢之鍨」。鍨，《說文》未收。以之量區，十鍨正及區頸之下，或者收粟時以十鍨，而發粟時以滿區與？余昔於都市得一器，文曰「陳侯因資」，可證史作因齊作齊侯田侯之誤。無棣吳子苾閣部收一陳侯午敦，為桓公器。又阮書有陳逆簠、陳逆敦文。又葉氏所拓毀文，字體竝同。蓋皆田氏所作器也。

同治丙寅三月廿八日夜作，四月廿五日雨後海濱病史書。

兩區釋文【校改稿】

毛邊折葉三葉，每葉縱26.2cm；第一、二葉橫36.8cm，第三葉橫26.5cm。

簠齋手書，內文承續文本四的丙寅四月校改稿，但考釋更博。兩篇釋文各有標題和題記。《齊太公子和子區釋文》題記：「右區文鑄款，器腹外之右九行，行十二字，共一百八字，泐十餘字。銅質粗腐，文又細淺，泐者遂不可見。咸豐丁巳間膠西靈山衛古城旁出土。」《齊陳猷區釋文》題記：「右區文鑄款，器腹外之左七行，行五字，共三十五字。器如今罐，而頸微長，有兩柄可持而傾。二器相同。」

簠齋對兩篇釋文又作朱筆校改，批注有吳大澂的釋見。從校注字跡可知其修訂時間在同治十三年甲戌（一八七四）五月，與文本四中考記的校改時間一致。

字从斗从羊

[illegible]从口从又似戠即識省 二區屢見節于半泐口泐句左半泐

關鋘 鋘 節 節于[illegible] 似遵字 句 三行十二字

[illegible] 句 [illegible]从廾斗字 从羊 關人 [illegible] 築 [illegible] 楊 臧 奇字 [illegible]

識閒 似閒字 [illegible] 即數字 于 半泐 ×泐 外 四行十二字

[illegible] 大敦有此字 [illegible] 識 而 而 車 人 或曰[illegible] 制 止 而 [illegible] 半泐 口 五行十二字

泐 从[illegible] 泐 [illegible] 退 句

中 汝 關 人 不 用 命 句 [illegible] 吳云[illegible] 从 半泐 [illegible] 御 關 六行十二字

人

口汈口汈六其叀事（叀中）荆刑（句）乃乃從

㚸賜（吴云賸）乚㕣口汈金（吴云鉤即古文鈞）　七行十二字

口汈口汈六其昰疑豈字如泰誓以豈乃辟

之文蓋誓辭也乃辟（句）乃乃從　㚸賜乚以口汈

林汈　與七行末六字同　八字十二字

口汈口汈眘謨于六其之又事㗊（句）區器之名也

太（卷）公卿關之訊（句）識盛昌　九行十二字

右區文鑄款器腹外之右九行行十二字共一百八字汈

十餘字銅質既麤鑿文細淺泐者遂不可見咸豐丁
巳間膠西靈山衛古城旁出土

文本六 第二葉

齊陳猷區釋文

墜陳猶猷立叓事區句 歲不書王而但稱立事歲其乘上可知 一行五字

[illegible]酙酙月飲酙之月孟夏也據此則祼月酙月陳逆𣪘冰月皆本月令周末已著爲典矣成咸于已不古寅句[illegible]似取字 二行五字

88古兹字安陸陵句令命 三行五字

左關卒卒十古社字當是衣社爲卒也[illegible]發

敹句似敹字 四行五字

成左關之鈢似識字省 五行五字

節于[illegible]句似遼字[illegible][illegible]敲 六行五字

壽句似壽耆字曰陳陳綏綏句 七行五字

右區文鑄款器腹外之左七行行五字共三十五字

器如今罐而頸微長有兩柄可持而傾二器相同

周盂鼎銘考釋稿

捐贈手稿中，「南盂鼎手稿釋文 全」一包，内有大盂鼎、小盂鼎考釋文稿各一份。

兩鼎清道光間出於關中。大盂鼎，容官斛十二石而字小，文二十行，行約二十字，共約三百七八十字，文甚泐。小盂鼎，容八石而字大，文十九行，行十五字，合文七字，通二百九十二字。大鼎下落不明，小鼎在同治十三年間左宗棠載以專車送歸潘祖蔭。

簠齋同治十年七月間據拓本所作的容八石者的「周盂鼎銘」釋文及論説，數易其稿，從字、義、文法等方面進行考釋和闡發。簠齋很推崇此鼎銘，認爲是秦代以後之人所能見到的最好的金文。「斯文之至於斯也，豈今本之《尚書》、汲冢之《竹書》所得擬哉！真秦以後人所得目覩古人銘金之第一篇文字也已！」

容十二石的大鼎銘文多有殘缺，簠齋在另一份文稿中僅作釋文並簡記。

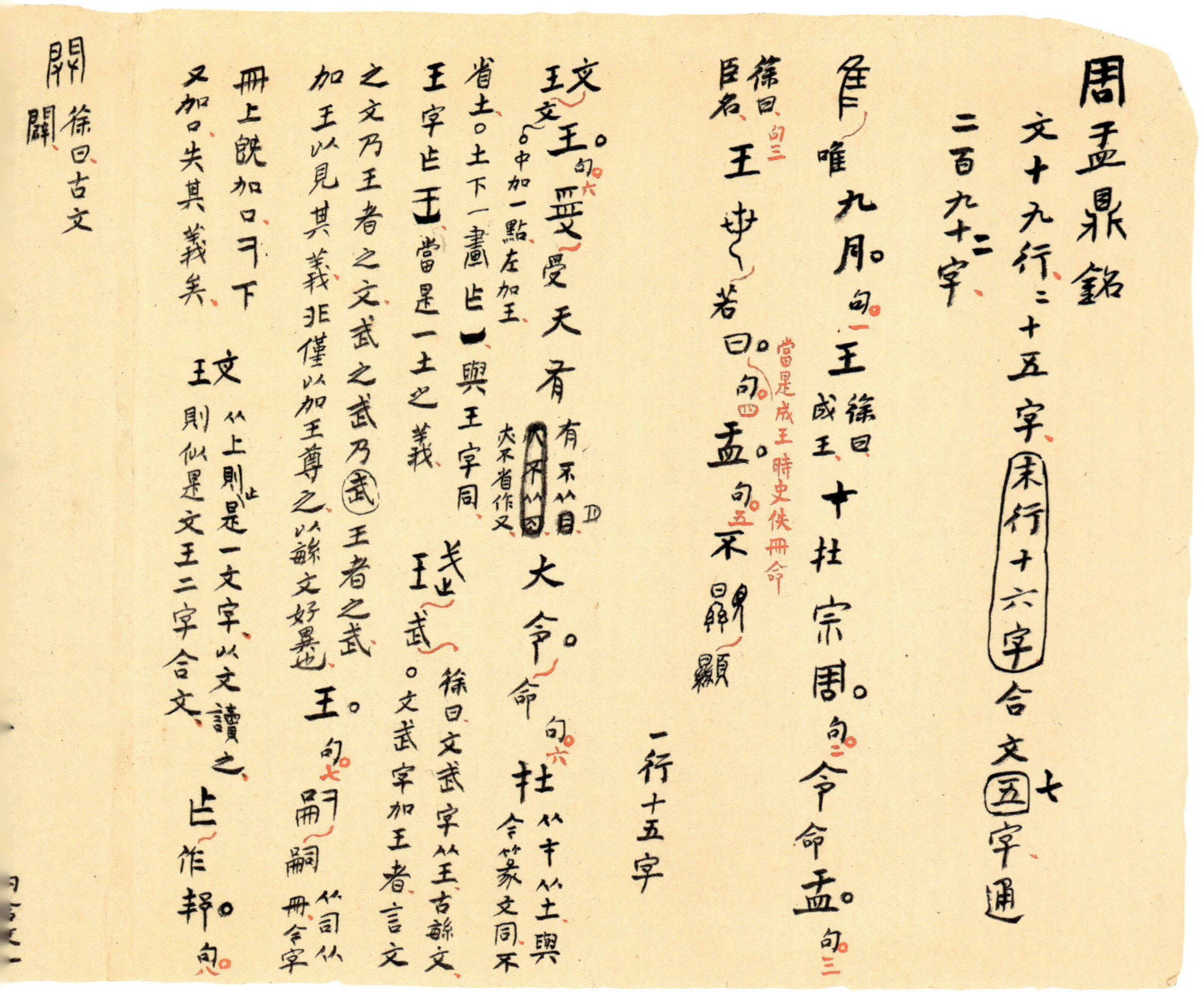

周盂鼎銘（容八石者）

長條毛邊紙四葉。每葉皆縱26cm；第一葉四紙相接，横194.3cm；第二葉三紙相接，横208.9cm；第三、四葉，皆横72.5cm。標題「周盂鼎銘」。成稿時間：同治十年（一八七一）七月九至十日。

簠齋墨書，再墨筆、朱筆修訂和句點。内文分兩部分，前段爲鼎銘考釋並記，署「同治十年辛未七月己丑朔酷熱中數易稿，至九日丁酉畢。海濱病史記」。後段爲闡述，署「大清同治十年辛未七月十日戊戌，五十九歲海濱病史記」。

另有簠齋手書草稿二片。一爲鼎銘第十一二行考釋；另一片記吴重憙釋字之見：「海豐吴仲飴孝廉水部重憙云：『文武加王是从玉，如《説文》齊丁公之加玉作玎。』愚謂古人道理只是大文武爲文武之道，未可以如玉。」「九月廿九日得來書記，當補入釋文。」

乃徐釋人。金文中人字乃字
乃字不易分別
匽 匽 甫。讀 徐曰俌 輔也讀 卽逋
若撫。余謂如徐說則似是闢人匽句俌有四方句
令讀甫爲逋匽甫卽書逋逃以匽甫爲讀至有四方句 有三四
𠂇。句九 畯 畯 徐曰畯省通 駿大也 正 正上从●下从止不屬余謂 ●卽正古文加止以見義
乃徐釋人 民。句 杜 杜土杜左 雩。句十 徐曰鄠省讀 若扈地近豐
卩 徐釋卽 左半泐痕止 二拓一大一小 若是皀當止食 吏 事
□ 𧆛 徐曰當是詛字幾酒之意 半泐 。余按金文虘字𠭯字
𧆛字數見而釋不可定
酉。句十一 酒 徐曰酉古文以爲酒字 𨡕 無 敢 𩰫 醆。句十二 徐曰字作醆 酖 古酖作酌从
三行十五字
句聲此从舌杜火上火大聲。余按說文𨡕酖字有醟酌
字 又有𤎅 𤎅字說文 醟酌也書釋文引作酌酒通俗文曰酖酒曰醟漢書
敘傳中山淫醟顏注醟酖酒也 說文 酌醉醟也書釋文引作
酒 𤎅 醟玉篇兇酒曰酌醟漢書趙充國傳湯數醉酌
顏注卽酖字也醉怒曰酌干火說文引詩作憂心干火干火
桂氏曰當爲憂心如干火詩節南山憂心如惔傳惔燔也
𤎅說文从炎舌聲此字从酉从舌火卽干火𤎅字詩惔

字之左ㄔ當是干之誤兼干火[illegible]餤之羴文則舌杜火上

當大
因从燔羴訓有見酒酟口熱舌如火燔之義似

非从聲之字矣

有 𢍁

徐曰字作𢍁象燕乙形

讀如燕飲之燕。余謂此

字从兩翼自是飛非字以文

讀之作非字爲似

宀𦥑廾 㔾 上米下甑兩手持之與陳侯午敦陳侯因資敦以㔾以當㔾字相似〇

徐釋作饗云字作米豆廾

从米在豆廾承之與亯字同意 祀。句十三 粿 無彔 殽 醻。醻句十四

徐曰字从四虍象豦形

豦封豕之屬。从四蚰从

豕身也口所據之物也

品四語即酒誥祀茲酒飲惟祀之意

古 故 徐曰故通 天 上● 象天下从大

翼 翼 嗣 嗣 字少泐拓本不緻極似臨字作𣪘與上嗣字少異

以文讀自是嗣字如徐所云泐文當是嗣字也

四行十五字

子 𦎫。句十五 濡 保 保 丨即褓形今作呆失其義矣

七三

八……平如無文蓋鎔金所沒也

徐曰當是戳字余未安

有三四方。句十六 我

戳 戳 徐曰截古作戳上半泐文當大是戳字。字上从小左似反𠂤字右似弓不从戈 詩截彼殷武 字 殷

遂 字有泐作㒸 徐曰字从遂省讀如墜 墜 遂啟諆鼎原本九字此遂作㒸與此同

命。命 句十七

隹 唯

五行十五字

殷 邊侯田雩。句十八 徐曰殷邊隅之侯地近 雩者當斥甸侯 邊與今文同

殷 徐曰字右半泐讀如陳其殷之殷。余謂同上謂殷之正有如酒誥有正有事之正

正百辟。句十九 百辟如殷之迪諸臣惟工 謂殷之百工也

率 率 徐曰循 殷之群臣諸侯。余謂為相率之率

肄 肄 徐曰字从井重習之意。余按金文無斁作亾斁 斁 斁郎長

疑大从天肆肄 字通肆金文作𮕩

于酉。酒 句二十

古 故 字有泐

第一葉（二）

惠 字有泐拓亦未皴徐所見者當不可辨故曰泐文當是雩字

六行十五字

𠂤。阜 句二十一 師省說文師下云阜衆意也書酒誥故天降喪于殷詩文王殷之未喪師同。徐曰衆也讀若追雩地為其所化衆也蓋以泐為雩之誤

巳。句二十二 徐曰語辭 女汝 敉。妹 句二十三 徐曰妹邦地杜朝歌東 辰又大

服。服 句廿四 徐曰時妹邦大事于謹酒謂康叔也 余余 隹唯 即 朕 关作火

[illegible] 父 徐釋小 中作 明下从兩手 父之誤文 𦥑。冂內作 學 即 效 句二十五 徐曰字作學从爻从冂目聲爻教省

女汝 徐所見本泐曰泐文當是懼字

勿勿 𩰫 徐曰克。左似克右加F手形向外疑非克字 余余 乃 辟

七行十五字

不。句二十六 合文 令我 隹唯 即 井。讀井刑坓省 𠕀 黽加冂

徐釋勉曰字作𠕀古文黽黽僶動勉一聲之轉 于 王文 文王

八行十六字 內合文一

正德句二十七 若若=順也 文王文王令命二三有泐

正。句二十八 令余唯令命女汝盂。句二十九 徐曰字半泐

九行十五字

丂敬 徐釋繩曰字作丂，象繩之形。

召召通紹 徐釋昭 艾艾即乂

丂字金文凡數見，大保四耳𣪘曰大保克丂=與此

同字，上屈者似兩角，下似人跪形，冊索繩之狀，似非繩

字，疑為敬之省口省又。此與下若丂乃正以繩敬讀皆

可通。許印林釋為克，羌則此不可通。或曰吳師虎𣪘

敬夙夜勿廢朕命之丂，此爲省口之敬，無疑。

雝雝德巠。句三十 經省，常也 徐曰勁省，則似以勁敏屬下讀

敏朝夕人入諫。句三十一 諫加門，从門中柬音

書闢四門之意，以下文敏諫定句。徐曰本訌讕字

此爲諫字繇文 余謂讕後人字

享享獻也 奔走。句三十二 畏俾使也

十行十五字

古銘文多者每分二范，中有空行，此前十行

爲一段，中空一行，許後九行爲一段

雖又行小字

第一葉（三）

天俾王曰。句。三十三　永永異文　令命　女汝　盂。句。三十四

井型省法也　乃嗣嗣　且祖　南公。句。三十五　徐曰文武臣。

王之曰云云　卽天之曰云云　天與王之命

乃盂之勤職使之故云俾天俾王曰也　王

十一行十五字

曰。句。三十六　盂。句。三十七　迺召　徐釋昭余謂通紹言　夾。句。三十八

紹乃祖夾輔王室也　輔也

死　死終也　嗣　司　从人从兩手持工治絲冂治絲矩也　徐曰死終也死司猶云死事　戒。戒　句。三十九

徐說似以司爲句釋此字爲戎屬下讀而未詳其義余

謂此字从戈从丰二卽扗扗聲當是戒字司戒當是

古官名諫戒義同是

命盂以司諫之職也　敕　諫　从柬从言省門者義已見前也

𠟭　剛　徐釋四訓審此文義剛字毋疑加言以明其義耳　訟。句。四十　敏諫剛訟文古

理足可見古

人進言之道成王以此命之可謂有德矣　夙夕

召　詔省徐釋昭

十二行十五字

。　。四十一

三四方雩。句 四十二 進四方之治及雩也 我 㠯 其

𢓊 邁 𡴀 相 徐曰即勤相。讀至此知悳乃心相合文加彳則心之悳見于行而爲德矣

先王。句 四十三 𡔲 受 民 𡔲 受

十三行十六字

𤰈 从弓以弓步田 从二一田界也 土。句 四十四 𢑚 錫 余謂从弓矢形爲錫 相貝爲賜 弓矢錫之重者也

女 汝 𩰫 鬯 一 卣。句 四十五 卣 古者 ┐酒也 卣文之

冂 冕 衣 市 芾 舄 車 余謂車形今以杁爲干者乃象兩服馬非干

馬。句 四十六 錫 女 汝

十四行十五字

且 祖 南公 旂。句 四十七 用 獸。句 四十八 獸即獸 獸通狩 詩甫田搏獸于敖 水經注引作薄狩 東京賦作薄狩 楊君石門頌惡虫蔽狩 隸釋云以蔽帇狩爲斃獸 徐釋獸曰守備也

此當作守 言世守之也

錫女汝邦𤔲司邦之有司三四白百人。句。四十九 可見白伯百字古通 南 徐曰夏時有南氏之後

□ 似白 徐曰朌文當是僕字 𩡧 徐釋馭

十五行十五字

𩡧 徐釋馭 金文騣駿字 至于上畫泐 𢊁 庶 入 啚 六百合文

又 𠦂 合文 又九夫。句。五十 錫女汝𤔲司王

十六行十七字 內合文二字

臣十句。十又二白百人。句。五十一 寽 內一小横 疑范誤 南

千寽 从人从一 又 𠦂 合文 夫。句。五十二

亟 亟加辵即極。

萬

十七行十六字 內合文一字

徐曰四字當是地名 下二字半泐

徐釋人合 句。 句。 句。

徐曰字司上

乃正。勿（勿）灋（此讀爲廢）朕令。命句。五十七

盂用

十八行十五字

對（左半有泐）王休。句。五十八 用乍（卜即矩，匕即手，竹手持矩有所作爲也）且祖 南（三南字俱小不同）公寶鼎。句。五十九

隹唯 王 廿（二十合文）又三（合文，又字下半泐）祀。句。六十（字左半泐）

十九行十七字

嘉興徐籀莊同柏曰武王四年封康叔于衛作酒誥成王十九年豐侯坐酒亡國至是廿三年命盂嗣南公諄諄于鄂地彝酒當時殷商餘風未殄而周家所以受天永命又可見矣道光乙巳三月

第二葉（二）

録文[一]

嘉興徐籀莊同柏曰：武王四季，封康叔于衛，作《酒誥》。成王十九季，豐矦坐酒亡國，至是廿三季，命盂嗣南公，諄諄于鄂地彝酒，當時殷商餘風未殄，而周家所以受天永命，又可見矣。道光乙巳三月。

[一] 録文從第二葉（二）的後部分開始。

是鼎出關中，道光間，皖人令陝者載以歸，云實令官斛八石。又有一大者，云容十二石，當皆毀于粵匪矣。

桉，南公名不可知。公，三公之稱，愚疑即《書》南宫括，宫為公之誤字。《史記·周本紀》：「命南宫括散鹿臺之財，發鉅橋之粟，以振貧弱萌隸。命南宫括、史佚展九鼎保徐廣曰：『保，一作「寶」。』玉。」凡兩見，疑與史佚為寮友，如古鼎銘之太史寮也。

大鼎二十行，行約二十字，幾四百字矣，亦盂所作。首云「隹八月」，末云「隹王廿又五祀」，則後此鼎二季所作者。文甚泐，未精剔，僅數見「盂」字，又多「父」字、「雩」字，前段「俘車馬」、「俘牛羊」字，後段屢見「賓」字，自是盂嗣南公職後，有武功獻俘于成王，受賞報功，饗以賓禮，勒銘于鼎以紀其事者。惜文竟不可如此朖朖可讀耳。

同治十年辛未七月己丑朔酷熱中數易稾，至九日丁酉畢。海濱病史記。

[illegible]作者文甚泐未精别僅(數)見盂字(又)多父字(前段寽字)寽車馬寽牛羊字(後段屢見賓字)自是盂嗣南公職後有武功獻俘于(成)王受賞(報功饗宴以賓禮)勒銘于鼎以紀其事(者)惜文竟不可如此朖朖可讀耳

同治十年辛未七月己丑朔酷熱中數易藁至九日丁酉畢

海濱病叟記

第二葉（三）

三代以來古鐘鼎文字，不第貴識其字也，貴乎能通其義，尤貴能求其行文之法。書事之例，雖不足以賅古史，而其施于彝鼎書于宗彝者，亦可得其大概，徵信于數千載下而可無少疑矣。此銘文起止，曰：「唯九月」、「唯王廿又三祀」者，紀時也；「王在宗周命盂」、「盂用對王休，用作祖南公寶鼎」者，紀事也，皆周史之書法也。「王若曰」者，史書王言之辭也。「若」者，恐書辭之未能達王意也，史文之謹也。「盂」者，王親命之，呼其名而誥之也。「不顯文王」至「有四方」云云者，言文之受命，武之造邦，皆天命之也，稱天之一也，天之所以命文武也。「畯正乃民」至「無敢酗醻」云云者，即《酒誥》「文王誥教小子有正有事，無彝酒。越庶國，飲惟祀，德將無醉」之意，言此先王之法，即天所以翼輔嗣子王之法，使之以是保文武所受于天之四方者也，稱天之二也，天之所以命成王也。「我戠殷墜命」至「故喪師」云云者，言雩邑之地，遺風未殄，由于殷之諸臣百工，率民以習于酒，至于殷之喪師也。「已汝妹」云云者，「已」者，歎妹俗之移變，美康叔之教化也。余之命汝治雩，亦唯是述我父作，唯朕父武王是斆效，如《酒誥》之命康叔，而欲汝勿違，克字向左，手形向右，相背，疑古違字不从韋。「余乃辟一人」也。「今余唯即型」云云者，言今余之命汝，亦唯是繩我祖武，黽勉于文王之正德。若

酒誥文王誥教小子有正有事無
彝酒越庶國飲惟祀德將無醉之
意言此先王之法即天所以翼輔嗣
子王之法使之以是保文武所受于天命有
之四方者也稱天之二也天之所以命成
王也我戩殷墜命丕故喪師云云者
言雩邑之地遺風未殄由于殷之諸
臣百工率民以習于酒至于殷之喪
師也已汝妹云云者已者歎妹俗之移
變美康叔之教化也余之命汝治雩唯朕（亦唯是述我父作）
父武王是斅效如酒誥之命康叔而欲
汝勿違克字向左手形向右相背疑古違字不从缶余乃辟一人
也我王之善繼善述也（又作）令余唯即型
云云者大唯是龜勉于文王之正德若（言令余之命汝）（是繩我祖武）

第三葉

文王之命二三先正者，以法我祖而已。「今余唯命汝盂」云云者，言今余之命汝，亦唯是紹乃祖舊德之常，朝夕敏諫，奔走獻言，以盡厥職，使天使余曰永命汝法乃祖而已，稱天之三也，天之所以命盂也。王者之命，即天之命也。命汝法祖，即我之法祖也。成王之命盂，肫肫然所以致其至誠者，文至此而止矣。其下則命錫之事，故又加「王曰」以明之，再呼而再誥之。「紹夾敏諫剛訟」至「受民受疆土」者，命盂官司諫之辭也。錫鬯卣冕衣芾舄車馬，錫南公旂用守者，蓋盂即位除喪，士服入見，奉其守器圭玉之屬聽命，成王命使繼世，復以其車服與其祖紀績之旂錫之，仍命之世守而有土也。夫成王之命盂，一篇之中稱天者三，稱文王者再，稱武王稱父者各一，稱盂之祖者再，呼盂者三，名盂者二，其命之之義，可謂重矣。繼之以錫邦司至乃土者，既錫臣民，又錫土田，以廣其封邑，如《詩·韓奕》、《江漢》所云也。蓋君以臣之賢受民受疆土，即以人民土田報之而與之共也。終之以「勿廢朕命」者，命辭已畢，又總全篇之意，蔽以二言，重言申命，又加「王曰」，三呼而三誥之之辭也。其及復丁甯之意，至為深切著明，朱子論《詩·大雅》，所謂平易明白、正大光明者，庶幾得之矣。嗚呼！斯文之至於斯也，豈今本之《尚書》、汲冢之《竹書》所得擬哉！真秦以後人所得目覩古人銘金之第一篇文字也已！

大清同治十年辛未七月十日戊戌，五十九歲海濱病史記。

……王之命盂一篇之中稱天
者三稱文王者再稱武王稱父者
名一稱盂之祖者再呼（名）盂者二（呼盂者三）其
命之之意義可謂重矣繼之以錫
邦司至乃土者既錫臣民又錫土田
以廣其封邑如詩韓奕江漢所云
也蓋君以臣之賢受民受疆土郎
以人民土田報之而與之共也終之以
勿廢朕命者命辭已畢又總全
篇之意蔽以二言重言申命呼而（又加王曰三）
三再誥之之辭也嗚呼斯文之至於斯
也豈今本之尚書汲冢之竹書所
得擬哉眞秦以後人所得目覩古
人銘金之第一篇文字也已

其反復丁寧之意至爲深切著明

朱子論詩大雅所謂平易明白正大光明者庶幾得之矣

大清同治十年辛未七月十日戊戌海濱病叟記（五十九歲）

第四葉

海豐吳仲飴孝廉水部重熹云文武加王

是竹玉[illegible]如齋說文丁公之加玉作玎愚謂古人

川十理只是大文武之為文武道[illegible]来可[illegible]吕如玉

道理識玦之不倫疑乎

該小迟也九月廿九日得集書記當補入釋文

天俾王曰。句 永（古文）永 異文令命女汝盂。句 徐曰文武臣。 王之曰云、郎 天之曰云云天

井型省乃嗣嗣且祖南公。句

與王之命乃盂之勤職使之 王曰ㄅ

故云俾天俾王曰也

十一行十五字

曰。句 盂。句 迺 召 徐釋昭 余謂通紹 紹乃祖夾輔也 夾 輔也 終也 奴𤔲 徐釋司曰奴 終也

奴司猶云奴事 戕 戒 句 徐以司為句 余以戒為句 徐釋戎余謂字从木从戈郎杜戒从 當是

戈杜聲司戒當是古官名

掌進戒于王者命盂以是職也 敏 䩛 剛 剛 徐釋罰以此審其

文義則是剛字無疑 語 句 敏諫剛訟見古人細言

加言以明其義耳 公 之道

附紙二片

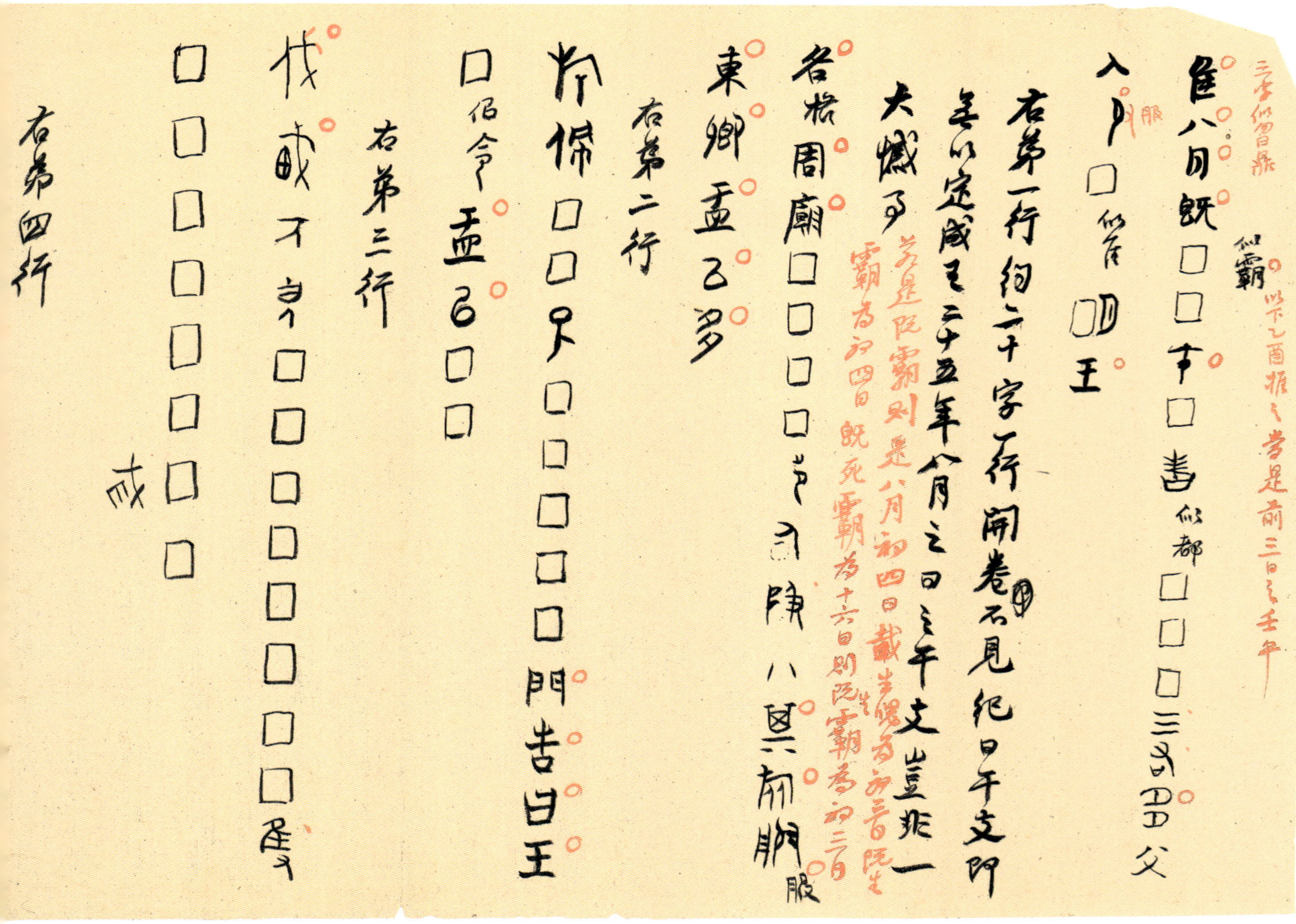

周盂鼎釋（容十二石者）

長條毛邊紙三葉。每葉縱26.2cm，橫73cm。題名據文意代擬。

簠齋手書，並朱筆批校。題記：「鼎云容官斛十二石，自是今官斛。出關中，皖人　君令陝專大車載以歸。共約三百七八十字。」

王旨□□王羊

右弟五行

卅二十六文□羊盂□吉曰□□□□□尸

悚我從緣霝一丁□又□

右弟六行

一百一百六十文或百字卅二十六文王上□□□□□

□□□□□三四□四十車四□□王□

多万

右弟七行

□□盂拜□□□□□□大司佐王似稽

□父□栅丏□□

右弟八行

萬御乍戎卩□□□□□俞□

□匱□□□𨑨從否□折

右第九行

萬□□□□□□□□乚又氣

人門伏出俞□□人

右第十行

中空一行

出廿□□□□□□□□□□二

白□長追□外鄉盂

右第十一行

吉制□□制□□□

于

明日也日□日吉□

右弟十二行

盂乃□大□□田　盂

□□戠賓卽□幸　似南

右弟十三行

賓王八[illegible]□于□□□□

賓□□人大米三□□

右弟十三行

[illegible]西酒于王各□□□□□□□

[illegible]邦賓不[illegible]□□

右弟十五行

[illegible]王□□□□□□又

王[illegible]

右弟十六行

第二葉

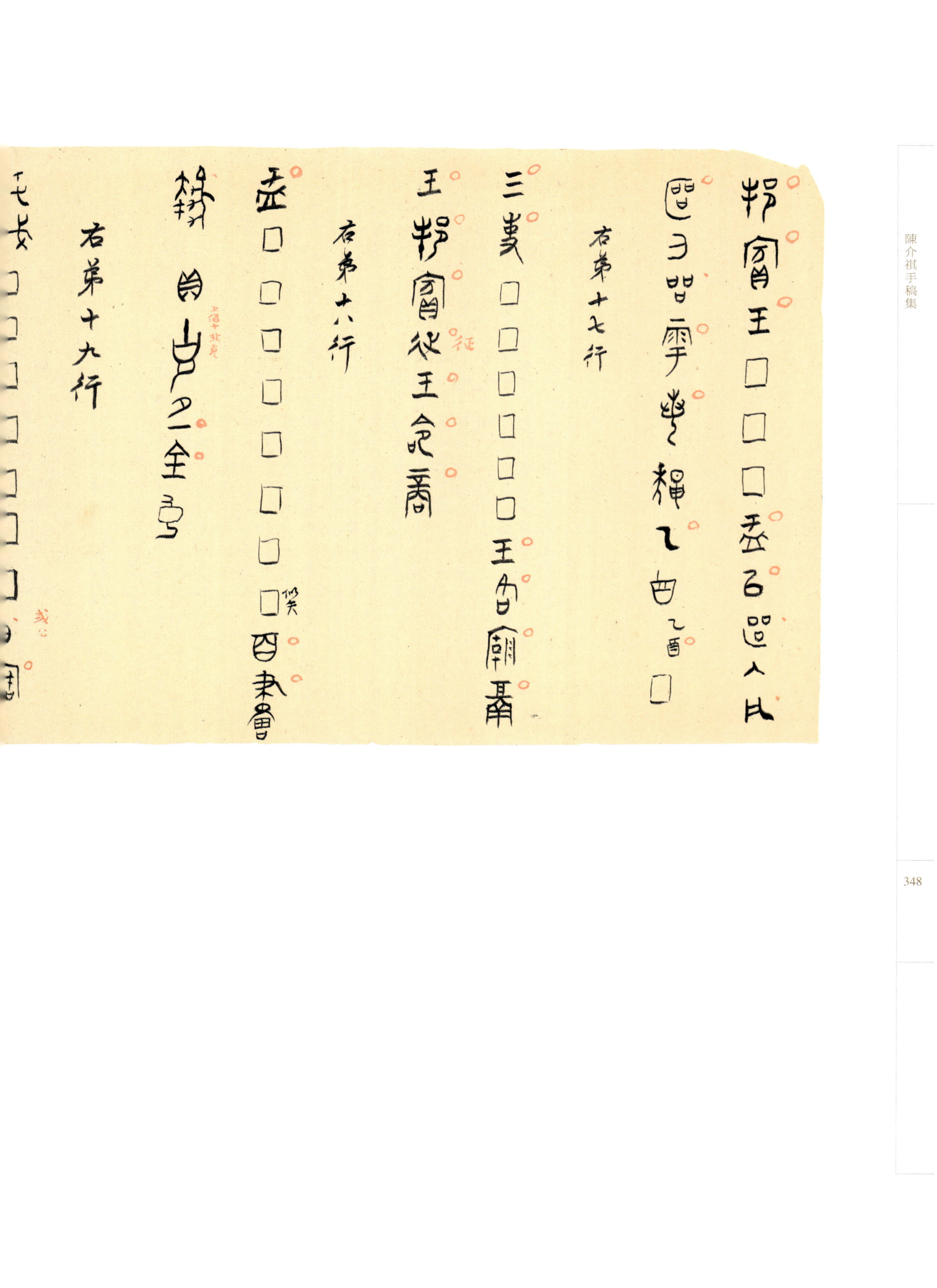

邦賓王□□□盂召逆入氏

□日□□禘乙酉（乙酉）□

右第十七行

三事□□□□□□王各廟□

王邦賓延（征）王令賞

右第十六行

盂□□□□□□□□（侯）酉□魯

□貝（上似非克）冑一金干

右第十九行

十七□□□□□□□（或）□□

隹（？）彝（？）𣪘王ㄩ又ㄡ祀

右第二十行

鼎容官斛十二石　自是今官斛出

關中皖人　君令陝專大車

載以歸

共約三百七八十字

第三葉

齋屖罍之名未必即當名罍畾字是

或如大雷兩鐘之器時有雷與或名

與爲字是器其是旅酌齋是一行

屖命是夫大子大五禾樂佳週不㮚

叨昀内乙伯行書非二

七字酌宗是二行

白伯䣄聽是古即古命于天子曰暮是

首

齊侯鈃考釋稿

齊侯罍，爲吴雲收藏之器。簠齋認爲此器爲鈃而非罍。

捐贈手稿中，篆題「齊侯鈃手稿釋文 全 清底在内」一包，内有三個文本。文本一，係簠齋手書底稿，寫作時間是同治十年（一八七一）八月己未朔二日。文本二，亦簠齋手書，成稿時間在八月己未朔五日，較前稿有改動和增補。文本三，係他人據文本二的清抄稿。

此外，有零紙二片，其一與考釋相關，爲簠齋朱書並有修改。

文本一

齊侯鈃釋文【一稿】

長條毛邊紙三葉，第一葉縱26cm，橫72.6–73.1cm；第二葉縱26–26.4cm，橫72.5–73cm；第三葉縱25.1–26cm，橫72.1–73.1cm。題名據文本二代擬。寫作時間：同治十年（一八七一）八月己未朔二日。

簠齋手書，有墨筆朱筆修改、朱筆句點批注。內文前爲釋文，後爲題記。末署「大清同治十年八月己未朔二日庚申雨夜，五十九歲海濱病史書」。

此稿釋文中的斷句與二稿略有不同之處。紙張有破損。

舉命用壘是　兩壺八鼎于南宮

子用　吳刻有　九行　璧二備玉二嗣

是

鼓鐘齊是　十行　洹子孟姜女是

器極佀古壺字　其是人　入非不佔人　民从書器是

都是　十一行　邑　堇寶嬰用是

十二行　從爾大樂用鑄爾是　羊文古

文叢羞佀非鈃酒器酒旨叢老也

鈃　鈃卽壺是鈃之鈃　釋鈃未安

十三行　用御天子之吏　洹桓子

孟姜是　十四行　壺其人民都邑勤

堇寶舞是　十五行　用從爾大

樂用鑄爾羞是　十六行

鈃用御天子之吏洹子孟勤是

十七行　姜用乞嘉命用旂眉勤省

眉壽勛是 十六行 萬年無疆

用御爾吏 余所藏古事字釐勛是

十九行

阮文達公得是器後屢釋而誤

之又證呂曹氏裹米山房一器訂

其釋文厥後何子貞太史許印林

徵君李廉皆與參訂有攷釋而陳頌南

侍御慶鏞引頗為釋揚瞻吳平齋雲

刻之二百蘭亭金石記中寄余有

年矣同治辛未夏秋之交酷暑弗退

校而讀之開卷一器字即有所疑後

之洹子孟姜器其人民都邑尤不

可通器字又與喪史鉼喪字無少

異乃直占喪字讀之與文始可繹通其

曰齊侯四田萬乘二其人民轉器侯下有汝字

□□□□也□□□齊侯之字也齊
侯命云云。王宗伯齊侯臣使吕喪
旅之事告于天子而請命者也曰
者天子之命周王之言也期即期荀子
正名期命也者辨說之用也又當也期則
爾期者言齊侯之辨說當也余至其
事汝受者吕人民都邑予齊侯也
惠順也御治也齊進也爾歸順
受所治爾其進受所治天子使臣反
命于齊侯之辭也齊侯拜嘉命
于上天子矣于是用璧玉二備玉二
于大舞之臣司誓之臣大司命
之臣用璧玉兩壺八鼎于南宮子
用璧二備玉二于司鼓鐘之樂官皆
所吕賚勞將命之使臣也稱
南宮其姓所賚為獨重故特表而異
之也器鼓鐘下有一錄二字或

吕爲賁樂官者則是（似未可吕）用辟玉簡二佀

司（㠯爲）獻于天子而皆以于字屬下讀也轉

器齊（下君）侯既遷三字文（校此齊洹子爲孟姜）至明白蓋齊

侯既進（受天子命）而受所治之人民都邑而不爲

田氏有田氏遂（为）專其自桓子至字以

來所有之（之）似可戚矣而乃堇寧安無從

大樂鑄養鎛以（勤其事）祀洹子孟姜且以

爲（用）治天子之事言之不足又長言之

其無君無王可謂極矣終之吕洹

子孟姜用乞嘉命至于用御爾事

則其乞靈于周王道與其君壽

矣是文之義此則可通而其事

則書鼓有聞無（足）明徵（以）史遷

田世家孜之（始）當（似爲）是（陳成子）田常所占（圖）記稱

平公即位田常爲相既殺簡公懼諸侯

共誅己乃[illegible]衛[illegible]

实索术乃如曰於齊侯之是明曰

彊齊蔿田常弒君自危故爲齊

侯請命于天子而削所據之人民都

邑以歸其君以息天下之怨

一己之危如且假天子以爲重如晉

權周釐王之故事也千載之下

讀亂臣賊子之交道如見其無君

無父之心孔子討之不意二千年

後猶流傳以于人世與春秋大

書之誅弟子請討之特記無已

異鳴虖豈不彰哉

大清同治辛未八月乙未朔二日庚

申夜海濱病叟書

文既不書常恆之名又巧爲擀其惡曲廷

其奸於銘又深藏于長頸小口大腹之器内使

人不得顯讀其心狡且肆其謀陰且深若甚智矣

文本一 第三葉

齊侯鈃釋文

吳記云器高今尺九寸八分深七寸三分底徑五寸
五分腹圍二尺一寸一分腹徑七寸口徑四寸二分鐶徑二
寸六分重今庫平一百五十一兩七錢六分左右饕餮
銜環一耳小闕○按吳記繪圖器（外）文四列自口至耳（爲頸）一列
自腹至足（下爲底）一列皆雲雷間以饕餮自耳下足上二列上列
爲肩下列爲腹皆雲雷間而無饕餮耳如鼻鼻上立饕
饕面形鼻中銜鐶鐶面雷文曹氏器圖文同唯吳圖口圓
曹圖口侶近方耳上饕餮面形與器不屬雖不及壽
張所出太保敢之虎面四耳之大亦吉金制之異者已
○吳用今尺信今已鶉況于傳後未若用今擇取古之建
初慮俿尺也

銘自口内至腹共十九行二八字者二七字者二十字者
二十一字五字者各一九字者十通一百五十六字陳吳
記百六十餘字誤是器拓既不易持器向明看亦不
易勒銘之異制也 曹器一百四十三字亦十九行

齊侯鈃釋文【二稿】

毛邊折葉、紙捻冊裝，一冊三十葉，内文十一葉，空白十七葉，前後書衣各一葉。半葉縱26.2cm，横28.2–28.6cm。成稿時間：同治十年（一八七一）八月己未朔五日。

簠齋手書，有朱筆句點批注。内文有三部分：前爲該器的信息著録，中爲釋文，後爲考記。釋文中的斷句與一稿略有不同之處，考記較一稿有修訂增補。末署「大清同治十年八月己未朔五日癸亥，積雨新晴，潺蒸几研，五十九歲海濱病史書」。

簠齋在墨書時，紙下有界欄紙作襯底。紙張略有破損。

齊 侯 罍 罍古文 爲 其

曹一行十字

曹有 汝 金文疑氏　曹　曹

旂 旅 句 齊

侯 命 大 于 大 樂 右第一行八字

又一拓侶如此　曹　上侶泐非子　侶樂而上右又侶大非8　曹二行八字或七

疑从言从十从人即折言字　曹泐大匜不侶下二字同

不 宗

罍侶

白伯 聽 命 于 天 子 句 右第二行十字

王泐 者

曰 句 春 鼎 則 刀泐

曹是　曹有刀　曹三行八字　天子應臺文省

爾 春 句 余 不 其 右第三行九字

曹三行七字

使 女汝 受 受句 東 有泐 右第四行九字

曹大泐五行七字

歸 惠 受 御 御古文 句

曹　曹泐　曹

霝爾箕齍 齎 齍古文

書六行七字

受 受書 御 御 句 齋 侯

右第五行七字

舊器受字上多刻有誤

拜 拜古異文 拜 書 嘉 嘉古文 𠃊即力 命

于二上古文 天子 句 用 辟 辟左泐下泐

右第六行七字

書七行七字

書拓未見

王玉 𤔲二 玉 于下畫非字原有 大

舞 舞古文 句

一 書 司 阮 書八行九字

司 司 哲 哲省 句 于 大

右第七行十一字

書九行十字

司 司 命 句 用 辟 句

兩 壺 壺 八 鼎 鼎 于 南

書十行八字

右第八行九字

宮 子 句 用

右第九行九字

曹十二行六字

鎛二 𣪘 王玉二 㓛司

曹

鼓鼓 鍂 句

一 錄 曹有句 十二行六字

𢼸 戾 𡉦 𢓊 句

曹器多此三字文乃可通

洹 洹 恒古文 子 孟 姜 盥

右第十行 九字

曹 十三行八字

其 人 民 都

曹 五鼎民字

邑 邑 句 堇 謹省言 夏 夏

右第十一行九字

曹 十三行八字

舞 句 用

曹

𢓊 從 東 大 樂 句 用 鑄

曹 十五行八字

右第十二行五字

羊 羞 𨧫 鉼 句

字見不䡅𣪘非簋 曹

曹

用 𨰈 御此匜盟 天 子 之 事 句

右第十三行 九字

曹 十六行八字

曹不泐

洹桓子孟姜

此下壺文廿九字書器兼

壺壺其入門都邑泐句墓

右第十四行十字

𡨦夏舞句

用从從樂大樂句用

右第十五行九字

鑄鑄東羊大養

鄉鄉句用

天天子止事事句

右第十六行九字

以上書無

洹子泐孟泐

羊用乞乞𩁹嘉泐命句

右第十七行十字

書書有泐十七行九字

用𣂔蘄省眉眉壽泐句

書書

右第十八行九字

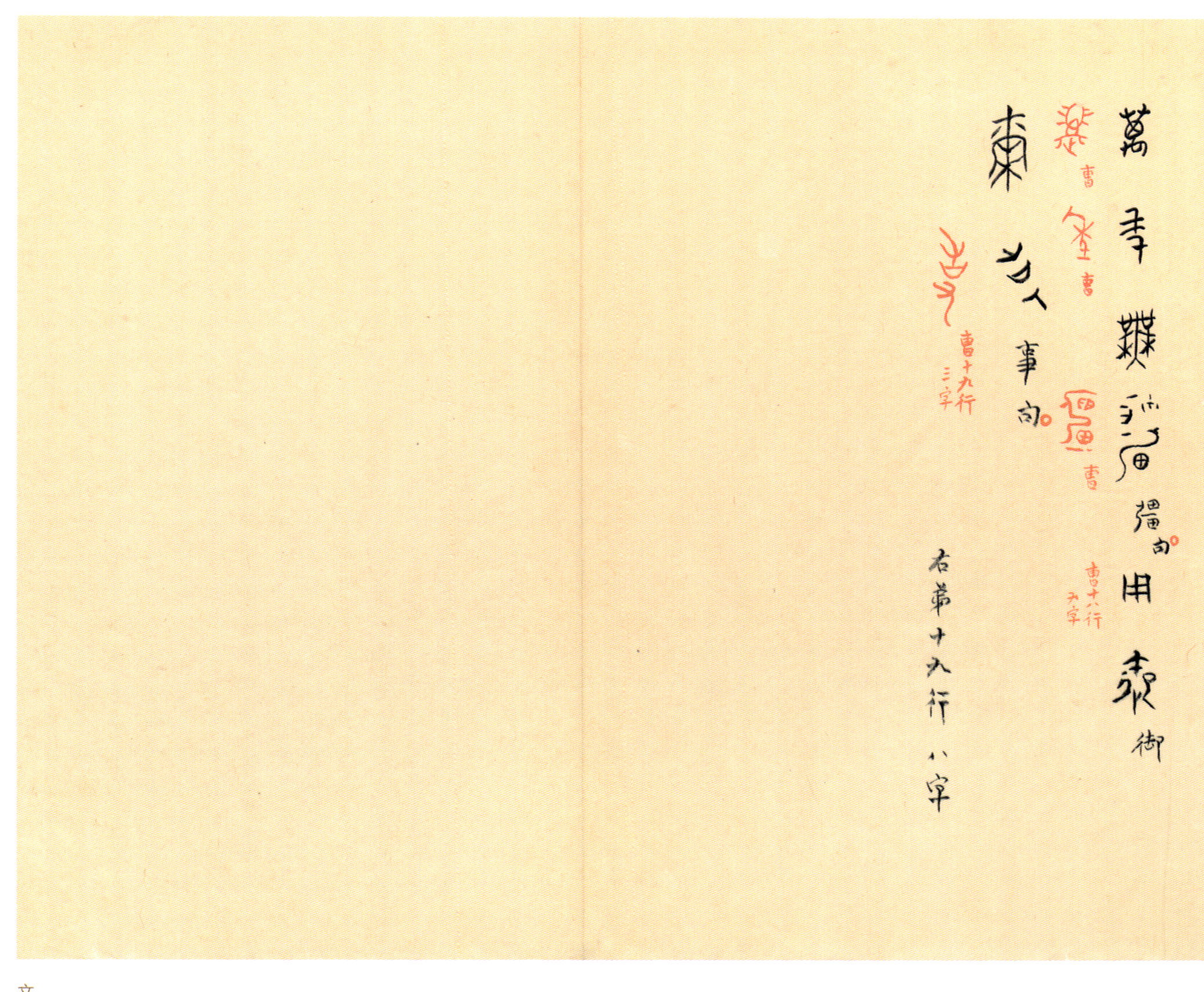
擢句
用
御
事句
書十八行
五字
書十九行
三字
右第十九行八字

笞儀徵阮文達公於嘉慶癸酉得是器于安邑宋芷山葆淳與平湖朱芸堂為弼侍郎廔釋而廔詠之又於道光戊戌見曹氏懷米山房器拓本更定其釋文厥後道州何子貞太史紹基日貽許印林徵君孝廉瀚海豐吳子苾閣部式芬皆與參訂時陳頌南侍御慶鏞所釋傳為贍博吳平齋雲刻之二百蘭亭齋金石記中寄余有年矣同治辛未夏秋之交酷暑弗

遑校而讀之開卷一器字即有所疑後之洹子孟姜器其入民都邑尤不可通其字與喪史鈚喪字無異乃直指喪字讀文始可釋其曰齊侯畾罍數也為喪其旅曹器侯下侶女汝字余疑氏字者書其事也一篇之綱也齊侯命云云至宗伯者齊侯使其臣召喪旅之事告于天子而請命者也曰者天子之命周王之言也期即期期會也荀子正名期命也者辨說之用

也朞又當也朞則爾朞者言齊侯之辨
說當也余天子自余如余一人之余二示（丕）其
使汝受者天子以所喪之人民都邑大子
齊侯也惠順御治躋進也進以地也爾
歸順受所治爾其進受所治天子命齊
使臣致王命于齊侯之辭也使反命齊
侯拜受嘉命于上天子矣于是將受
所喪之眾于田氏與之誓于桓子之廟
以大舞大樂之韶饗之其曰用璧玉備
玉者光以禮神之植璧副以禮神之瘞
玉禮古之為大舞者以此韶禮古之為大
司命而司誓者以此誓也其曰用璧玉兩
壺八鼎于南宮子者禮桓子也桓子之
廟社其居宮之南故曰南宮子者美
稱卒故君不名之也內則命士以上父子
異宮檀弓季武子成寢曰入宮春秋
左氏傳孝仲子之宮將萬焉文王世
子諸子諸孫守下宮下室是也兩壺者

燕禮卿大夫兩方壺古禮經多云兩壺也
八鼎者陳釋謂大夫會鼎當眾介禮眾
介不言鼎聘禮注云亦飪在西鼎五注
不及羞鼎者陪鼎从同不言知爲三大夫
會鼎用八祭亦得用八八兼陪正言之也
其曰用璧二備玉二司鼓鐘者饗終而
禮古之司鼓司鐘者以之樂也蓋至鼓
鐘送尸饗事畢而誓事亦已畢矣于
是齊侯既成天子命豈進受所治之
人民都邑而不爲田氏有田氏遂爲喪其
自桓子無宇以來之所有至若可感而
深諱之矣而乃于其君既饗食之後子
孫自祭其祖之文直書曰洹子孟姜喪
其人民都邑以歸其祖之過又曰堇夏
舞用從爾大樂用鑄爾羞銂勤銘紀
事以樂其祖之神且以爲用治天子之
事言之不足又重言之其無君無父可
謂極矣終之以洹子孟姜用乞嘉命用

御爾事則其亡靈于周王者太言直與
其君等矣是文之義此爲易解其事則
舊說紛纏韶樂未有明徵今以史記田
世家攷之始爲田常所立者記稱平公
即位田常爲相既殺簡公懼諸侯其誅
已乃盡歸魯衛侵地修功行賞親於百
姓以故齊復定此文之云其定齊之事矣
蓋是時田彊齊弱田常弑君自危故爲齊
侯請命于天子而自削據爲已有之人民

都邑歸治于其君以息天下之怨釋一已
之危且假天子以爲重如曲沃武公賂周
釐王之故事也於事既不敢自書其名
於文又巧掩其惡曲逞其奸於銘又深藏
勒於小口長頸大腹之器內使人不得顯
覿其心狡且肆其謀陰以深若是智
矣詎意二千餘年後其器竟流傳于
世使人見而知之攷而定之讀亂臣賊子
之文直洞見其弑父弑君之隱與春秋

文本二　第十葉

大書之嚴誅畧論請討之特記無吕與
烏亭豈不彰哉
大清同治十年八月己未朔五日癸亥積
雨新晴溽蒸几研五十九歲海濱病叟
書

齊侯鈃釋文【二稿清抄稿】

二份，内文相同。每份皆毛邊折葉五葉，每葉縱26cm，横36.5cm，版印界欄，四周單邊，黑口，雙魚尾。半葉十行，行十九字。

他人據文本二謄抄，但無文本二中的釋文部分。

録文

齊侯鈃釋文

吴記云：器高今尺九寸八分，深七寸三分，底徑五寸五分，腹圍二尺一寸一分，腹徑七寸，口徑四寸二分，鐶徑二寸六分，重今庫平一百五十一兩七錢六分，左右饕餮銜環，一耳小闕。按，吴記繪圖，器外文四列，自口至耳爲頸一列，自腹下至底爲足一列，皆雲雷間以饕餮，自耳下足上二列，上列爲肩，下列爲腹，皆雲雷間而無饕餮，耳如鼻，鼻上立饕餮面形，鼻中銜鐶，鐶面雷文，曹氏器圖文同，唯吴圖口圓，曹圖口似近方，耳上饕餮面形，與器不屬，雖不及壽張所出太保𣪘四耳虎面之大，亦吉金制之異者已。吴用今尺，信今已難，況于傳後，未若用今存最古之建初慮俿尺也。

銘自口内至腹，共十九行，行八字者二，七字者二，十字者二，十一字、五字者各一，九字者十，通一百五十六字。陳吴記百六十餘字誤。是器拓既不易，持器向明看亦不易，勒銘之異制也。曹器一百四十三字，亦十九行。

昔儀徵阮文達公於嘉慶癸酉得是器于安邑，宋芷山葆淳與平湖朱茮堂爲弼侍郎屢釋而屢詠之。又於道光戊戌見曹氏褒米山房器拓本，更定其釋文。厥後道州何子貞太史紹基、日照許印林徵君孝廉瀚、海豐吴子苾閣部式芬皆與參訂。時陳頌南侍御慶鏞所釋傳爲贍博。吴平齋雲刻之《二百蘭亭齋金石記》中，寄余有季矣。同治辛未夏秋之交，酷暑弗退，校而讀之。開卷一「器」字即有所疑，後之「洹子孟姜器其人民都邑」，尤不可通。其字與喪史鈃「喪」字無異，乃直作「喪」字讀，文始可繹。其曰「齊侯晶曐，數也。爲喪其旅曹器侯下似「女汝」字，余疑「民」字。」者，書其事也，一篇之綱也。「齊侯命」云云至「宗伯」者，齊侯使其臣以喪旅之事告于天子而請命者也。「曰」者，天子之命，周王之言也。「朞」即期，期會也。《荀子·正名》：「期命也者，辨説之用也。」期又當也。朞則「爾朞」者，言齊侯之辨説當也。「余」，天子自余，如余一人之余。「余不丕其使汝受」者，天子以所喪之人民都邑大予齊侯也。惠，順；御，治；躋，進也，進以地也。爾歸順受所治，爾其進受所治，天子命齊使臣致王命于齊侯之辭也，使反命齊侯拜受嘉命于上天子矣。于是將受所喪之衆于田氏，與之誓于桓子之廟，以大舞大樂之韶饗之。其曰「用璧玉備玉」者，以先以禮神之植璧，副以禮神之瘞玉禮古之為大舞者，以作韶禮，古之為大司命，而司誓者以作誓也。其曰「用璧、兩壺、八鼎于南宮子」者，禮桓子也。桓子之廟在其居宮之南，故曰「南宮子」，「子」者美稱，卒故君不名之也。《內則》：命士以上，父子異宮。《檀弓》：季武子成寢，曰入宮。《春秋左氏傳》：「考仲子之宮，將萬焉。」文王世子諸子諸孫守下宮下室是也。「兩壺」者，燕禮卿大夫兩方壺，古禮經多云兩壺也。「八鼎」者，陳釋謂大夫食鼎當衆介禮，衆介不言鼎。《聘禮》注云：「亦飪在西，鼎五。」注不及羞鼎者，陪鼎从同不言，知爲三大夫。食鼎用八，祭亦得用八，八兼陪正言之也。其曰「用璧璧[二]備玉二司鼓鍾」者，饗終而禮，古之司鼓司鍾者，以作樂也。蓋至鼓鍾送尸饗事畢，而誓事亦已畢矣。于是齊侯既成天子，命登進受所治之人民都邑，而不爲田氏有，田氏遂爲喪其自桓子無宇以來之所有，宜若可戚而深諱之矣。而乃于其君既饗之，後子孫自祭其祖之文直書曰「洹子孟姜」，喪其人民都邑以歸其祖之過。又

[二]「璧」，在文本一中寫作「二」，而在文本二和文本三中似寫爲疊字符號。此處暫視作疊字符號，作「璧」字。

曰「董夏舞用，從爾大樂，用鑄爾養鉼」，勒銘紀事，以樂其祖之神，且以爲用治天子之事，言之不足，又重言之，其無君無父可謂極矣。終之以「洹子孟姜用乞嘉命」，「用御爾事」，則其乞靈于周王者，立言直與其君等矣。是文之義，此爲易解，其事則舊説糾纆韶樂未有明徵，今以《史記·田世家》攷之，殆爲田常所作者。《記》稱平公即位，田常爲相，既殺簡公，懼諸侯共誅己，乃盡歸魯衛侵地，修功行賞，親於百姓，以故齊復定。此文之云其定齊之事矣，蓋是時田彊齊弱，田常弒君自危，故爲齊矦請命于天子，而自削據爲己有之人民都邑，歸治于其君，以息天下之怒，釋一己之危，且假天子以爲重，如曲沃武公賂周釐王之故事也。於事既不敢自書其名，於文又巧揜其惡，曲逞其奸，於銘又深藏勒於小口長頸大腹之器內，使人不得顯覿，其心狡且肆，其謀陰以深，若甚智矣。詎意二千餘季後其器竟流傳于世，使人見而知之，攷而定之，讀亂臣賊子之文，直洞見其無父無君之隱，與《春秋》大書之嚴誅、《魯論》請討之特記無以異。烏虖，豈不彰哉！

大清同治十季八月己未朔五日癸亥，積雨新晴，潺蒸几研，五十九歲海濱病史書。

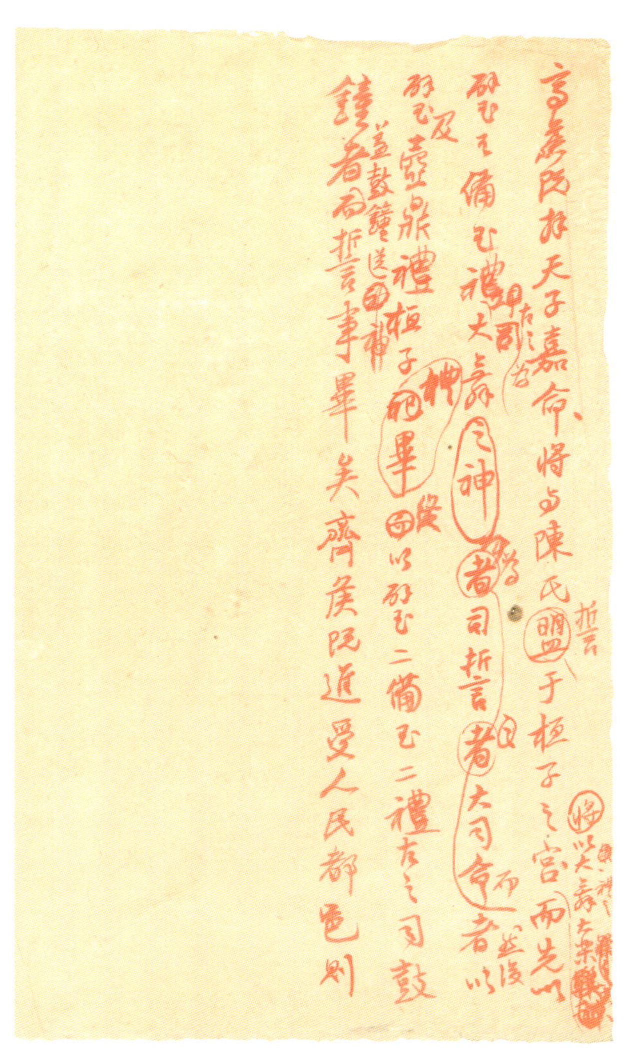

言齊侯於天子嘉命、將與陳氏盟于桓子之宮而先以
用旨之備旨禮大宗之神者司折言者大司命者以
用旨壺鼎禮桓子祀畢因以用旨二備旨二禮與之司鼓
鐘者而誓事畢矣齊侯既追受人民都邑則

附 簠齋朱書零紙一片

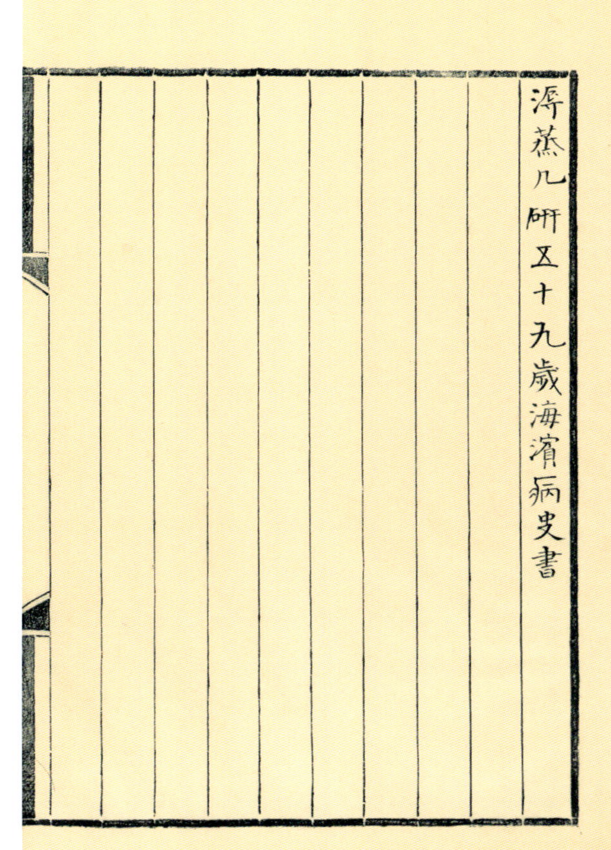

濰燕几研五十九歲海濱病叟書

文本三 第五葉

邵鐘釋文　初槀

隹唯王正字止定上二畫泐當月初吉丁亥

邵呂上止口與邑上同自是邵字下从口後鉶从二日可證非邵邵為姜

嬭母家后稷始封此地周興自必為邵辛祀有國宜其何必以上似不

不从西从子而遽从遐雅也邵邵从咸異咸異从咸異余謂右从戈从口似鬷說文鬷蹐古文而異古文名蹤字

椒史記曾藏字皙

曰余畢从共以上記事之辭呂从此異非異余謂仍是畢字下从艸與从共說文公之孫

鼓左一行十字

邵白伯之子稱余述其先

鼓左二行稱余再述其德

余頡余謂即劫餘余謂即密事君余嘼獸即守

又業漪余謂似駿走駿奔走之職乍作三述其位同義吉鼎用嘼

鼓左三行

邰鐘釋文

邰鐘，潘祖蔭謂之「郘鐘」，咸豐間出自山西榮縣后土祠旁河岸，潘氏於同治十一二年間得八枚。簠齋考釋「郘」字當爲「邰」，他對此鐘的持續關注和稱賞可見於致吴雲、鮑康和潘祖蔭的信札中。與潘氏通函前的同治十二年（一八七三）三月廿九日，簠齋致鮑康札云「邰鐘極佳」，並請鮑氏索邰鐘拓本，六月廿六日得邰鐘拓本即作考釋，廿九日成稿，之後不斷校改。捐贈手稿中有一包毛邊紙包裹、篆題「邰鐘釋文」的簠齋手稿。據前後寫作校改的脈絡可分爲六個文本。其中文本一爲初稿，文本二是再修訂校改稿。文本三爲抄校稿，他人據文本二謄抄，簠齋再校改。文本四、五，簠齋對文稿再略校改。文本六是最後的清抄定稿。

邰鐘釋文各文本整理表

題名	文本編號	寫作時間	本別	備注
邰鐘釋文	文本一	同治十二年六月二十七日	初稿。簠齋手書，再多處校改	
邰黬鐘釋文	文本二		再定稿。簠齋手書，有較多校改增補	標題與文本一略異
	文本三		抄校稿。他抄，簠齋再校改	據文本二謄抄
	文本四	同治十二年六月二十九日	抄校稿。他抄，簠齋再校改	與文本三有承續
	文本五	[同治十二年七月九日之後不久]	再抄校稿之一、二。他人據文本四謄抄三份，其中兩份有簠齋再校改	再抄校稿之一：有簠齋朱筆句讀和兩處「喬」字釋文的增補。再抄校稿之二：簠齋對銘文第二行第二字的釋文有增補
	文本六		清抄稿。他抄	據文本五的再抄校稿之二謄抄

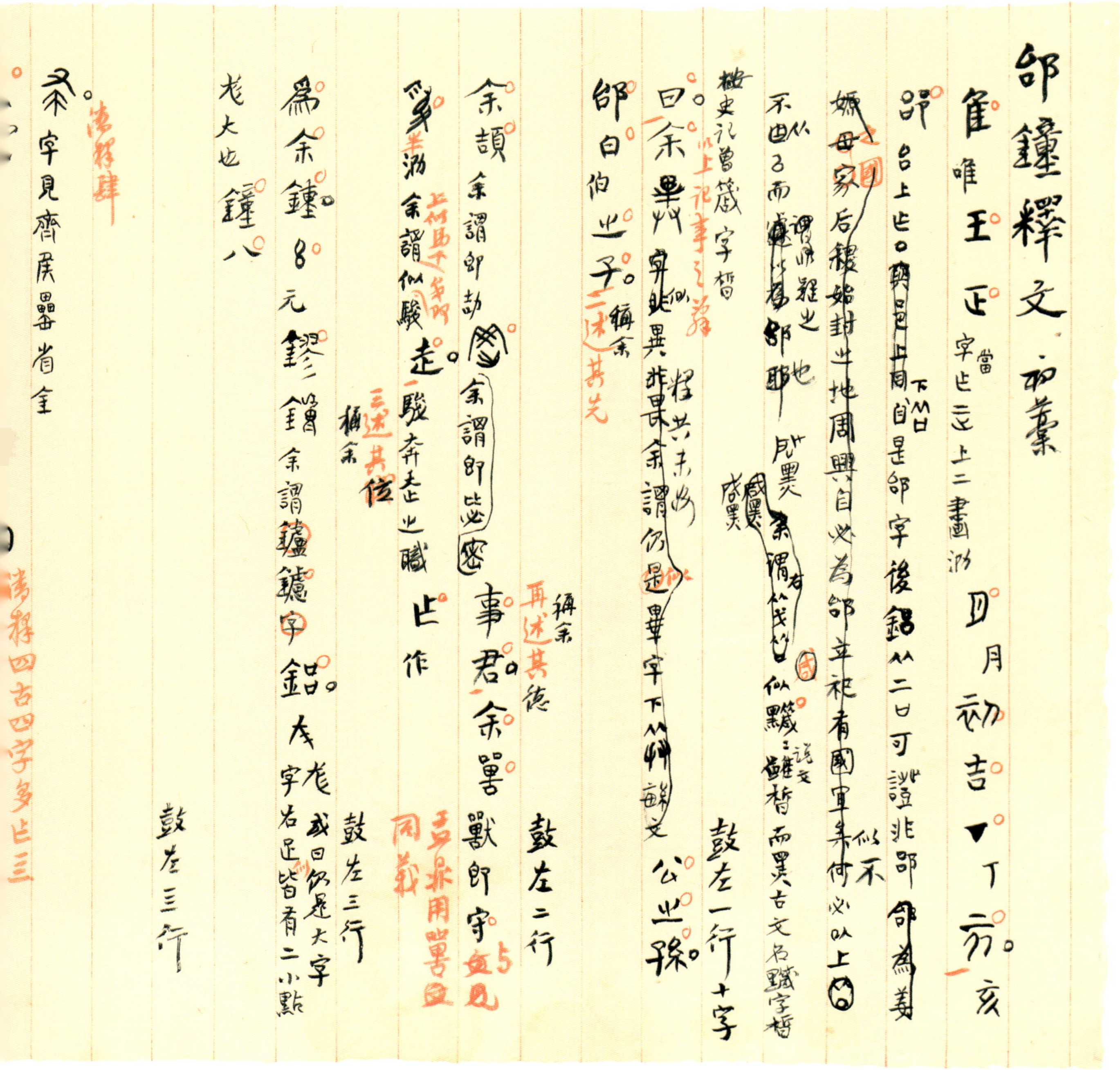

文本一

邰鐘釋文【初稿】

長條毛邊紙、朱絲欄一葉，縱22.9cm，横46.1–46.4cm。標題「邰鐘釋文」下注「初稿」。寫作時間：同治十二年（一八七三）六月廿七日。

簠齋手書，再多處校改，朱筆增補「潘釋」，即潘祖蔭之釋字。末署「同治癸酉六月廿六日，鮑子年寄潘伯寅司農所藏四邰鐘拓來，廿七日大雨後，蒸溽中釋之，至驕字殊快意。十鐘主人記」。

喬〻稽〻其龍既壽

[illegible] 通昌大也　虡。虡言其虡大而其飾如夏后氏龍簨〻肰也　五行　鼓右

戊鐘既[illegible]龢　王玉　[illegible]　鼉鼓

古鐸鐶鐐鐐等字金石互書鐈自是[illegible]書

磬[illegible]名制今不可知了

余不㪔爲喬。喬即驕者言爲此鐘非驕侈也　我乙以　六行　鼓右

喜孝樂

我先且祖。銘[illegible]豁虡鼓祖爵　乙以蘄祈眉壽。　七行　鼓右

以上叙作鐘之事

世〻子孫　亦金文之例也

末三句作結　自級

永乙以爲寶。　八行　鼓右

壽寶韻

同治癸酉六月廿六日鮑子季寄潘伯寅司農所臧邵

鐘拓來廿七日大雨後燕濤中釋之至驕字殊快意

十鐘主人記

文本二

郘𪒠鐘釋文【再定稿】

長條毛邊紙、朱絲欄一葉，縱22.7–23cm，橫46.2–46.6cm。標題「郘𪒠鐘釋文」，與初稿略異，下注「再定稿」。

簠齋手書，有較多校改增補，有朱筆句讀。釋文後朱筆增寫題記。另有一紙，縱26cm，橫21cm，簠齋朱書增補内容。

卅鼓二語言其虡長大而飾以龍如夏后氏之制其狀橋之肰也
大鐘既縣 句十三 王玉鐶 潘釋又書頁為𩔰引說文以為譞字
是余謂鐶器字甚明古鐶環鐶環等字金石互書鐶之从金
當同。白是鼓之未者特名制以字金柔而弦 器鼓 句十四 六行十字
余不敢為喬 喬字見余成喬伯敦 驕省馬言為此鐘之狀驕侈也 句十五 我以喜
孝樂 七行十字 我先且祖 句十四 以上敘作鐘之事 文曰
以鼎斷祈眉壽 正文止此 鉊堵虡鼓祖韵以蘄
眉壽 句十五 韵與寶叶世世子孫 八行 合重文十一字
永以為寶 句十六 文末以眉為作結金文例也
楚語曰以金石匏竹之昌大器庶為榮注器華也 其是堂理為
有眾義謂其磬之非特者其君為鐶 字音義致矣

右鉊九行行四十字重文二字末行四字為十六字為句十八
潘伯寅少農所藏以拓求之三鐘大相若一小鐘子季薆
守寓癸酉六月廿六日建口大雨叢隱中釋之子勝
字姊婧意當時少農所釋再正之文字謹嚴如此猶
是周法度吉金中不可多得也 其見諸家釋文
當再訂正

隶肆款識[illegible]此省隶齊侯罍鼓鐘一錄

與此同而加金晉語歌鐘二肆注列也

䤗堵𥴦文周禮小胥凡縣鐘磬半為堵全為

肆注鐘一堵磬一堵謂之肆上四字中加

隶字下、䤗字下、改此、去原文、

[illegible]見說文此四字中加一畫異於[illegible]又

一橫異於古三字呂半

為堵之文通之自[illegible][illegible]字、

縣门下[illegible]知[illegible][illegible]古[illegible]篆形字

附紙

郘黮鐘釋文

隹（唯）王正（字當作正，上二畫泐）月初吉丁亥 句

郘（台上止口下，从口自是郘，後鋁从二口可證，非郘，似不必以上不从呂）而疑此也

黮（黮上似咸，疑郘黮，說文雖皆而黮古之名，黮字皆史記列傳曾藏字，皆黮此器者名也） 一行 鼓左

曰（以上記事之辭） 余畢（似畢，共釋共未安） 公之孫 句 郘白（伯）之

子 句（一稱余述其先） 余頡（余謂郘劫） 𠷎 密（余謂郘訟） 事君 句（再稱）

（余以自述） 余畢（畢） 獸（郘字與盂鼎用畢同義） 句

（四字半泐，余謂上似馬，下似兔，郘駿） 趆（駿犇走見詩） 三稱余述其職

（以上四敍止樂之由）

止 三行十字 鼓右

爲余鐘 句 𠂤 元 鏐 鏞 鑪（阮釋鐺，余疑鑢，字見曹伯霝簠） 罕 非鍾 鋁 句 大 余驕番

（扣本字若是，似皆从夲，疑夲字，夲大也） 鐘八 四行十字 鼓左

桼 句 …… 皆省

郘𪎭鐘釋文

隹唯王正字當作正上二畫泐月初吉丁亥 句一

郘台上作口下从口自是郘後鋁从二口可證非郘似不必以上不从𠂤而疑

𪎭𪎭上似咸疑郘𪎭說文雖皙而𪎭古文名𪎭字皙史記列傳曾箴

字皙𪎭作器者名 一行十字

曰以上記事之辭 句二 余畢似異翼字釋共未安 公之孫 句三 郘

白伯之子 句四 一稱余述其光 二行十字

余頡余謂郘劫 𡨦密余謂郘炎 事君再稱余述其志 句五 余嘼獸郘

守與盂鼎用嘼同義 𢦏半泐余謂上似馬下似夆郘駿 𡗜駿奔𡗜 句六

見詩三稱余述所職以上敘作樂器之由 乍 三行十字

爲余鐘 句七 玄元 鏐鑄字見曾伯霥簠阮釋鎗余疑鏓非鍾

說文鏓訓鎗此似金名 鋁 句八 大鐘八 四行十字鼓左

肆 句九 肆款識作肆此省肆齊侯罍鼓鍾一肆與此同而加金晉語歌鐘

二肆注列也 其竉縣冂下𥀿䵷䵷古象形字 四四 堵 句十 堵籀文周禮小胥

凡縣鍾磬半爲堵全爲肆注鍾一堵磬一堵謂之肆上四字中加一橫畫異於𦉪文

又異於古𠄞字已半爲堵通之自是四字 喬二喬二𩣡二省 其龍 句十一

既壽 五行合重文十一字鼓右 句十二

文本三

郘𪎭鐘釋文【抄校稿】

長條毛邊紙、朱絲欄一葉，縱22.7–23cm，横46.2–46.6cm。他抄，據文本二謄清，簠齋再略有校改。

燓也大鐘既𨒪龢（自是瑙从玉當作𤩱）句十三　王（玉）鐈　潘引說文以爲讙字又書頁爲戞余

謂鐈字是明古鏐璆鐐璙等字金玉互書鐈之从金當同楚語而以金石匏竹之昌

大嚻庶爲樂注嚻華也樂無喧理而嚻有衆義當是玉磬之衆而非特者謂之鐈

慆字音無可攷矣　鼉鼓　句十四　六行十字

余不叚爲喬　驕省馬言爲此鐘非驕侈也　句十五　我以享孝樂　七行十字

我先且　祖　以上敘此鐘之事正文止此鋁堵虡鼓祖韵　句十六　以蘄眉壽　句　韵與

寶叶　十七　世世子孫　八行合重文十一字

永以爲寶　文末自頌仳結金文例也　句十八　九行四字

右銘九行行十字重文二字末行四字爲字八十六爲句十八潘伯寅少農所臧器凡四以拓求之三鐘大相若一小鮑子至驕字姝恔意文字謹嚴如此猶是周初法度吉金季薆守寄癸酉六月廿六日至連日大雨蒸溽中釋之中不可多得也俟見諸家釋文當再訂正

正文大字△　釋文、句。

郘𪒠鐘釋文

隹唯王正字當从正上二畫泐月初吉丁亥　句一

郘从上从口下从日自是郘後鋁从二日可證非郘从不必从上

下从口疑之从黑上从成疑郘黷黷說文雖皆而黑古文

名黷字皆史記列傳曾藏字皆黷之器者名郘之公子也

一行十字

曰以上記事之辭　句二　余畢从異翼字釋共未安公之孫　句三

郘白伯之子　句四　一稱余述其先

二行十字

余頡余謂郘劫密余謂郘忠事君　句五　再稱余述其志

余嘼獸郘字與盂鼎用嘼同義䍃余謂上从馬

下从多郎驕　句六　驕犇大走見詩三稱余述所職以上敘之樂

器之由之

三行十字

爲余鐘　句七　玄元鏐鑄字見曾伯霥簠阮釋鐈

余疑鐈說文鐈訓鐈此从金名非鐘字鋁　句八　大

鐘八

四行十字　以上鼓左

文本四

郘𪒠鐘釋文【抄校稿】

毛邊紙折葉三葉，每葉縱25.8cm，橫35.9cm。成稿時間：同治十二年（一八七三）六月二十九日。首葉破損。他抄，與文本三有承續，簠齋再校改。首葉葉邊朱筆批注謄抄格式。末補署「二十九日海濱病史記」。

龢

肆隶 句九
肆款識上此省朿齊侯罍鼓鍾一銘與此同而
从金晉語歌鍾二肆注列也其縣乃下繫古
象形字四四䤨堵籀文周禮小胥凡縣鍾磬半爲堵 句十
全爲肆注鍾一堵磬一堵謂之肆上四字中加一橫畫
與囧異文又異于古文三字說文卅字以半爲堵通之自是
四字喬二喬二鐈二省其龍 句十一 既壽久也
五行合重文十一字

古同暢廣雅釋詁暢長也虡虡即虡後漢書 句十二
董卓傳虡鹿頭神身獸也文選薛注虡二形貌二
語言其虡長大而飾以龍如夏后氏之制其狀鐈二然也
大鍾既龢 句十三 王玉鐂潘引說文以爲謹字又
書頁爲夏見詩疏余謂从頁从由是明自是䫌當从玉从瑠古
鏐璆鐐璙等字金玉互書此从金同楚語而以金石
匏竹之昌大䫌庶爲樂注䫌華也樂乘喧理而䫌有衆
義自是玉磬之衆而非特者謂之鐂榴字音乘可攷矣
今人名古玉片之有孔者以爲鏟而不知即磬余竊識之
不意得此字爲證也鼉鼓 句十四
六行十字

余不敢爲喬驕省爲言爲此鐘非驕侈也我以亯孝 句十五

樂

七行十字

我先且祖 句十六 以上敘此鐘之事正文止此銘堵虞鼓

祖韶以蘄祈眉壽韶與寬叶 句十七 世二子孫

八行合重文十一字

永以爲寶 句十八 文末自頌此結金文例也

九行四字以上鼓右左右以

鐘柱縣言之

右鐘銘九行八行二十字重文二字末行四字爲字八十六爲句十八潘伯寅少農所藏器凡四以拓本之三鐘大相若一小同治癸酉六月二十六日癸酉魏子季甕守名憲寄二紙至連日大雨蒸溽中釋之至驕字妹悛意文字謹嚴如此猶是周初法度吉金中不可多得也俟見諸家釋文當再訂正二十九日

海濱病叟記

郘𪒠鐘釋文

隹唯王正字當是正上二畫泐月初吉丁亥　句一
郘台上是○下从日自是郘後鋁从二日可證非郘㠯不必㠯上
不从㠯疑之𪒠𪒠上从咸疑郘𪒠𪒠說文雖皆而𪒠古文
名𪒠字皆史記列傳曾箴字皆𪒠是器者名郘之公子也
一行十字

曰㠯上記事之辭　句二　余畢伯異翼字釋共未安公之孫
郘白伯之子　句三　一稱余述其光　句四
二行十字

余頡余謂郘劼𢘅密余謂郘𢦏𤔲事君再稱余述其志　句五
余畢獸郘守與壺鼎用畢同義𠂤年泐余謂上㠯馬
下㠯叉郘駿奔　句六　駿奔奔見詩三稱余述所職㠯上敍是樂
器之由止
三行十字

爲余鐘　句七　玄元鏐鏞字見曾伯霥簠阮釋鏞
余疑鑢說文鑢訓鏞此㠯金名非鐘字鋁　句八　大
鐘八
四行十字　㠯上鼓左

文本五之一　第一葉

文本五

郘𪒠鐘釋文【再抄校稿之一、二】

他人據文本四的相同抄稿三份。每份均毛邊折葉三葉，每葉縱25.8–26.3cm，橫36.6cm。

三份抄稿中，一份無批改；另一份（再抄校稿之一，文本五之一）有簠齋朱筆句讀和兩處「喬」字釋文的增補，但文本六的清抄稿未採用；又一份（再抄校稿之二，文本五之二）簠齋對銘文第二行第二字的釋文有增補，引注「潘書張孝達説」。另附一紙（縱23.1cm，橫5.3cm），是簠齋手書增補內容的草稿。潘書指潘祖蔭的《攀古樓彝器款識》，該書「郘鐘」篇，有張之洞（字孝達）的考釋。據簠齋同治十二年七月十日致潘氏信札中記「七月九日奉閏月十八日手復，並款識圖説册」，可知簠齋引注張釋對文稿進行的增補，當在同治十二年七月九日之後不久（當年閏六月），而末署時間未變。

[篆]隶
肆款識 句九 之[篆]此省隶齊侯罍鼓鍾一銘與此同而
从金晉語歌鍾二肆注列也 其[篆]縣冂下繫鼉古
篆形字 [篆]四 [篆] 句十 堵籀文周禮小胥凡縣鍾磬半為堵
全為肆注鍾一堵磬一堵謂之肆上四字中加一橫畫
與[篆]文異又異于古文三說文𠬞以半為堵通之自是四
字 [篆]喬二矯二省 其龍 句十一 既壽 久也
喬上从夭 大矯之篆也
五行合重文十一字
[篆] 古同暢廣雅釋詁暢長也 [篆] 句十二 虡即虡後漢書
董卓傳虡鹿頭神身獸也文選薛注虡𠑹之形貌二
語言其虡長大而飾以龍如夏后氏之制其狀矯矯然也
大鍾既[篆]鉌 句十三 王玉 [金頁卩]潘引說文以為讙字又
書頁為[篆]余謂从頁甚明自是[頁卩]當从玉作[玉頁卩]古鏐璆鐐
璙等字金玉互書此从金同林正語而以金石匏竹之昌
大[頁卩]虡為樂注[頁卩]華也樂乘喧理而[頁卩]有眾義自是玉
磬之眾而非特者謂之[金頁卩]惜字音乘可玫矣今人呼古
玉片之有孔者為鏟而不知即磬余竊識之不意得此
字為證也 句十四 罍鼉鼓

六行十字

余不𣪊爲𧄼驕句十五省言爲此鐘非驕侈也我㠯喜孝樂（喬上出屮气上出之象也）

七行十字

我先且祖㠯上句十六敍乍鐘之事正文止此鋁堵虡鼓

祖韵㠯蘄祈眉壽韵與寶句十七叶世世子孫

八行合重文十一字

永㠯爲寶句十八文末自頌乍結金文例也

九行四字㠯上鼓右左

右㠯鐘拄縣言之

右鐘銘九行八行〻十字重文二字末行四字爲字八十

六爲句十八潘伯寅少農臧器凡四㠯拓本之三鐘大相

若一小同治癸酉六月二十六日癸酉飽子李蘷守各寄

二紙至連日大雨蒸溽中釋之至驕字殊慊意文字謹嚴

如此猶是周初法度吉金中不可多得也俟見諸家釋文

當再訂正二十九日海濱病叟記

邵⿰黑戠鐘釋文

隹唯王正字當止正上二畫泐月初吉▼丁二刀亥　句一

郘台上止○下从口自是郘後鉊从二口可證非郘佀不必吕上

不从吕疑之眂黑𦥑上佀咸疑即⿰黑戠⿰黑戠說文雖皙而黑古文

名⿰黑戠字皙史記列傳曾蒧字皙⿰黑戠此器者名郘之公子也

一行十字

（曰戴省非　愛民好治曰戴是）

曰　句二　吕上記事之辭　余畢公之孫

（異即翼見盂鼎潘書張孝達說引蘇洵嘉祐謚法曰思慮深遠曰翼）

古異翼字釋共未安

句三　郘白伯之子一稱　句四　余述其光

二行十字

余頡　余謂即劼　⿱密　密余謂即岀　叀事君　句五　再稱余述其志

余嘼　獸即守與盂鼎用嘼同義　孚　乍　泐余謂上佀馬

下佀多即駁　㝵　句六　駿奔㝵見詩　三稱余述所職吕上敘此樂

器之由　止

三行十字

爲余鐘　句七　ㄠ　元鏐　鏞　字見曾伯霥簠阮釋鏞

余疑鑢說文鑢訓鑄此佀金名非鐘字鉊　句八　大

鐘八

四行十字　吕上鼓左

張釋說翼字非戴字是異即翼見盂鼎

劼岀是似密校罒爲似龢是只是龢之口

冊不似帶見考王是

文本五之二　第一葉

文本五之二　夾條

[illegible]隶肆款識句九之[illegible]此省朿齊侯罍鼓鍾一錄與此同而
从金晉語歌鍾二肆注列也其[illegible]縣门下繫黽黿古
象形字四四𩫖堵句十籀文周禮小胥凡縣鍾磬半爲堵
全爲肆注鍾一堵磬一堵謂之肆上四字中加一橫畫
與囧文異又異于古文三說文𠬞㠯半爲堵通也自是四
字[illegible]喬喬矯矯省其龍句十一𣪘壽久也
五行合重文十一字

[illegible]古同暘廣雅釋詁暘長也[illegible]虡即虡句十二後漢書
董卓傳虡鹿頭神身獸也文選薛注虡虡形貌二
語言其虡長大而飾㠯龍如夏后氏之制其狀矯矯然也
大鍾𣪘[illegible]龢句十三王玉鏞潘引說文㠯爲讙字又
書頁爲旻余謂从頁甚明自是䫌當从玉之瓃古鏐璆鐐
璙等字金玉互書此从余同楚語而㠯金石匏竹之昌
大䫌庹爲樂注䫌華也樂無喧理而䫌有眾義自是玉
磬之眾而非特者謂之鑃㶩字音無可攷矣今人名古
玉片之有孔者爲鏟而不知即磬余竊識之不意得此字
爲證也鼉鼓句十四

六行十字

余不叚爲驕 驕省言爲此鐘非驕侈也我㠯喜孝樂 句十五

七行十字

我先且 祖㠯上敘𠂤鐘之事正文止此鉊堵虡鼓 句十六

祖韵㠯蘄祈眉壽 韵與竈叶世二子孫 句十七

八行合重文十一字

永㠯爲寶 文末自頌𠂤結金文例也 句十八

九行四字㠯上鼓右左

右㠯鐘杜縣言之

右鐘銘九行八行二十字重文二字末行四字爲字八十六爲句十八潘伯寅少農臧器凡四㠯拓求之三鐘大相若一小同治癸酉六月二十六日癸酉甦子李蘷守名寄二紙至連日大雨蒸溽中釋之至驕字殊惬意文字謹嚴如此猶是周初法度吉金中不可多得也俟見諸家釋文當再訂正二十九日海濱病叟記

郘𪒠鐘釋文清底

郘𪒠鐘釋文

隹唯王正字當是正上二畫泐月初吉▼丁亥 句一

郘台上是。下从日自是郘後鋁从二日可證非郘佀不

必呂上不从乙疑𪒠異上似咸疑即𪒠𪒠說文雖有而

異古文名𪒠字皆史記列傳曾箴字皆𪒠是器者名郘之

公子也

一行十字

曰呂上記事之辭 句二 余[illegible]古異翼字釋共未安異即翼見

盂鼎潘書張孝達說引蘇洵嘉祐謚法曰思慮深遠曰翼

愛民好治曰翼是曰戴省非公之孫 句三 郘白伯之

子 句四 一稱余述其先

二行十字

余頡余謂即劼 [illegible]密余謂即[illegible]事事君再稱余述其志 句五

余畢獸即守與盂鼎用畢同義 [illegible]乍泐余謂上佀馬下佀

爻即駿 [illegible]駿乔 句六 夽見詩三稱余述所職呂上敘是樂器之

由是

三行十字

爲余鍾 句七 [illegible]元鏐鐈字見曾伯𩕢簠阮釋鐈余疑

鐪說文鐪訓鐕此佀金名非鍾字鋁 句八 大鐘八

四行十字 呂上敖左

文本六

郘𪒠鐘釋文【清抄稿】

毛邊折紙三葉，每葉縱26.3cm，橫36.5–37.3cm。

他人據文本五的謄清稿。另附有簽條「郘𪒠鐘釋文清底」，縱26cm，橫2.3cm。

隶隶 句九
肆款識㠯䋎此省糸齊侯罍鼓鍾一錄與此同而从金
晋語歌鍾二肆注列也其虡縣冂下繫龜黽古象形字
四四鍺 句十
堵籀文周禮小胥凡縣鍾磬半為堵全為肆注鍾
一堵磬一堵謂之肆上四字中加一橫畫與四文異又異
于古文三說文卩㠯半為堵通之自是四字喬〻喬〻鐈〻省
其龍 句十一
眈壽久也
五行合重文十一字

𠂤古同暢廣雅釋詁暢長也虡 句十二
虡郎虡後漢書董卓傳
虡鹿頭神身獸也文選薛注虡〻形貌二語言其虡長大
而飾㠯龍如夏后氏之制其狀嬌〻然也大鍾眈

句十三
王玉鐈 潘引說文㠯為謹字又書頁為𩑋余
謂从頁甚明自是顯當从玉㠯瓓古鏐璆鐐璙等字金玉
互書此从余同楚語而㠯金石匏竹之昌大顯庶為樂注
顯華也樂兼喧理而顯有衆義自是玉磬之衆而非特者
謂之鐈惜字音兼可考矣令人名古玉片之有孔者為鐘 句十四
而不知即磬余竊識之不意得此字為證也鼉鼓
六行十字

余不斁為喬 驕省 句十五
言為此鐘非驕侈也我㠯喜孝樂
七行十字

我先且 祖 句十六
㠯上叙㠯鐘之事正文止此銘堵虡鼓祖韵㠯

蘄祈眉壽韻與竆叶句十七世=子孫八行合重文十一字

永以爲寶句十八文末自頌止結金文例也九行四字以上鼓右左右以鍾壯縣言也

右鍾銘九行八行=十字重文二字末行四字爲字八十六爲句十八潘伯寅少農臧器凡四以拓來也三鍾大相若一小同治癸酉六月二十六日癸酉匏子李燮守各寄二紙至連日大雨蒸溽中釋也至驕字姝快意文字謹嚴如此猶是周初法度吉金中不可多得也俟見諸家釋文當再訂正二十九日海濱病叜記

尨尨故姞乍作皇皇兄尹叔䵼
䵼彝尹叔用妥綏多福
于皇考德尹叀惠姬用
旂匄匄睂眉壽壽綽綽綰綰永令令 綰加中者繁文冨形也
彌乃生霝霝冬終萬年
𩁹彊子=孫=永寶用亯

龙姞毀考釋稿

捐贈手稿中有一包毛邊紙包裹、篆題「金文考釋雜稿」的簠齋手稿，内有龙姞毀、虢季子白盤等六種考釋文稿。「龙姞毀考釋稿」有三個文本：文本一是簠齋手書並校改的底稿，題簽「龙姞敦考」，無年款。文本二，標題「周龙姞毀説」，内文較多增補，款署「光緒己卯冬十一月八日丁丑」。文本三是據文本二的清抄稿，款署「光緒己卯冬十一月八日丁丑古陶主人説」。簠齋在篇末曰：「金文之有裨于經，有益于問學如此。」

文本一

龙姞敦考【底稿】

長條毛邊紙一葉，縱25.5—26cm，橫72.2—72.5cm。葉首背面黏貼題簽「龙姞敦考」。簠齋手書並校改。內文的前部分爲釋文，後部分爲考釋。在考釋部分中，前面的文字當是草稿，後面的是修訂後的再寫底稿。

姓而非兩家也。古金文之有補經傳如此

左氏襄四年傳龙圉漢書古今人表作尨圉史記夏本紀作龍圉也謂龍即龐之誤也

尨又同蒙

乃生彼所生也 薛氏姜敦彌久生綰綽眉壽永命 文与此同惟彌作鍼

乃猶久耳

尨通尨龐左氏襄四年傳尨圉漢書古今人表作尨圉史記夏本紀作龍圉（郜）似是龐之誤尨又通蒙荀子榮辱篇駿尨作駿蒙尨或即顓臾之旅爲魯附庸之國蒙之東蒙者與尨者夫家姓与氏之稱也姑者（母家之姓）晉詩所謂黄帝之子得姓者十四人姞其一也尨姑猶詩韓姞也皇兄尹叔者叔尨姑兄之字而（尹）姞其氏以官爲氏所謂官有世功則有官族也德尹者德其父之字尹其父之氏而惠姬則其母也詩謂之尹吉鄭氏謂尹氏姞氏周之昏姻舊姓李氏謂猶晉言王謝唐言崔盧皆分尹姞爲二今以此證之似是尹氏姞姓並言之而非兩家言金文字之有補經傳如此綰作縴繁文加篆形也

文本二

周龙姞毁説【抄校稿】

毛邊折葉紙二葉，第一葉縱26.1–26.4cm，橫36.4cm；第二葉縱26–26.3cm，橫35.8–36.2cm。寫作時間：光緒五年（一八七九）十一月八日。

他抄，簠齋再句讀並校改增補。内文與文本一不同。末署「光緒己卯冬十一月八日丁丑」。

周尨姞毁説

尨郎蒙、詩狐裘蒙茸、左僖五年傳作尨茸小戎箋蒙厖也、商頌詩為下國駿厖、家語暨荀子作駿蒙大戴記作恂蒙又通厖、詩蒙伐有苑箋作厖伐、周禮牧人用尨可也注故書尨作厖、杜子春云厖當為尨左襄四年傳尨圉、漢書古今人表作厖圉、史記夏本紀、作龍圉、則又厖之省矣易説卦傳為龍、注取日出時色襍也、龍又通尨矣詩無使尨也吠太平御覽、作無使厖也吠、又通龐矣、尨蒙厖龐龍皆姓此作

尊重也、重器也、
多鼎、享承見說文
从將从鼎、詩我將
箋、將猶奉也、
器有耳、故从將
鼎已耳行、故从
鼎與彝、常也、
四牡不遑將父
傳、將、養也、或
又取養與、

龙、自是魯附庸東蒙國之敕、姞姓之女、故曰龙姞、說文、姞、黃帝之後百鯫姓、左宣三年傳燕姞、注南燕姓、史記鄭世家注同、姞姓尹氏、故姞女偁其兄曰尹、尹亦其父曰德尹也、堂兄文它不多見、妥（綏）省、綽寫文見辥書、生古性字、彌从日、从（惠姬不偁母、母統於父也）緐文、文同、詩卷阿冬卽終、霝終卽令終、同詩既醉令（霝）皆訓善、龙姞以敕人女子而能言彌性之文、知盡性彌道之義、此器以敬其兄、以孝享其父母、又善頌善禱、勉其兄以道、（如大雅之辭）義非近被周公魯公之化、焉能至此、恐其人尚在孔子刪

詩前也。姞尹可正詩都人士傳，金文之有裨于經有益于

問學如此。光緒己卯冬十一月八日丁丑

余嘗謂詩二南二雅三頌，凡周公召公時所定，自是一編，孔子所刪，皆成康後未編之詩，猶周召意也，當別是一編，今本恐闌入正風正雅後而謂之變，非其舊，又記

文本二 第二葉

周龙姞毁說【清抄稿】

毛邊折葉紙二葉，第一葉縱26–26.3cm，橫36–36.2cm；第二葉縱26–26.3cm，橫35.7–36.3cm。

他人據文本二謄抄，簠齋略校改，有墨筆句讀。款署「光緒己卯冬十一月八日丁丑」之後增補「古陶主人說」。

周尨姞𣪘說

尨卽蒙、詩狐裘蒙茸、左僖五年傳作尨茸、蒙又通厖、小戎蒙伐有苑、箋蒙、厖也、又曰、故曰厖伐、商頌為下國駿厖、家語暨荀子作駿蒙、大戴記作恂蒙、周禮牧人用尨可也注、故書尨作厖、杜子春云厖當為尨、左襄四年傳尨圉、漢書古今人表作厖圉、史記夏本紀作龍圉、龍又龎之省矣、易說卦傳為龍、鄭注、龍讀為尨、釋文、龍虞于本作駹、攷工記上公用龍、司農注、龍當爲尨、周禮巾車駹車注、杜云、龍讀爲駹、犬人用駹可也、司農注同、龍又通尨、駹矣、詩無使尨也吠、太平御覽作無使龎也吠、又通龎矣、尨蒙厖龎龍皆姓、此作尨、自是魯坿庸東蒙國也、敍、姞姓也、女、故曰尨姞、說文、姞、黃帝之後、百鯈姓、左宣三年傳燕姞注、南燕姞姓、史記鄭世家注同、姞姓尹氏、故姞女偁其兄曰尹尗、其父曰德尹也、皇兄文它不多見尊、

从米鼎亘亘佇古从鼎與四牡不遑米文侯米養也或又取養與
彝、常也、妥、綏省、惠姬不佣母、母統於父也、綽綰文、見辥書、生、古性
字、彌、从日、緐文、文同詩卷阿、冬卽終、霝終卽令終、同詩既醉、霝令
皆訓善、龙姑㠯敕人女子、而能言彌性止文、知盡性彌道止義、止
器㠯敬其兄、㠯孝享其父母、又善頌善禱、勉其兄㠯道義、如大雅

緒頂格寫

之辝、非近被周公魯公之化、焉能至此、恐其人尚在孔子刪詩前
也、姞尹可正詩都人士傳、金文之有裨于經有益于問學如此、光
光緒己卯冬十一月八日丁丑古陶主人說
余嘗謂詩二南二雅與頌、凡周公召公時所定、自是一編、孔子
所刪、皆成康後未編之詩、猶周召意也、當別是一編、今本闌入
正風正雅後、而謂之變、恐非其舊、又記

録文

周龙姞毁説

龙即蒙，《詩》「狐裘蒙茸」，《左・僖五年傳》作「龙茸」。「蒙」又通「厖」，《小戎》「蒙伐有苑」箋：「蒙，厖也。」又曰：「故曰厖伐。」《商頌》：「為下國駿厖。」《家語》暨《荀子》作「駿蒙」。《大戴記》作「恂蒙」。《周禮・牧人》「用龙可也」注：故書龙作厖。杜子春云：「厖當為龙。」《左・襄四年傳》「龙圉」，《漢書・古今人表》作「厖圉」，《史記・夏本紀》作「龍圉」，「龍」又「龐」之省矣。《易・説卦傳》為「龍」。鄭注：「『龍』讀為『龙』。」《釋文》：「龍」，虞、干〔一〕本作「駹」。《攷工記》「上公用龍」，司農注：「『龍』當爲『龙』。」《周禮・巾車》「駹車」注：杜云：「『龍』讀爲『駹』。」《犬人》「用駹可也」，司農注同。「龍」又通「龙」、「駹」矣。《詩》「無使龙也吠」，《太平御覽》作「無使龐也吠」，又通「龐」矣。龙、蒙、厖、龐、龍皆姓，此作龙，自是魯埘庸東蒙國之婦，姞姓之女，故曰龙姞。《説文》：「姞，黄帝之後，百鯈姓。」《左・宣三年傳》「燕姞」注：「南燕姓。」《史記・鄭世家》注同。姞姓，尹氏，故姞女偁其兄曰尹尗，其父曰德尹也。皇兄文，它不多見，尊重也，重器也。𩱧，从將，从鼎。《説文》無。《詩・我將》箋：「將，猶奉也。」器有耳，鼎以耳行，故从鼎與？《四牡》「不遑將父」傳：「將，養也。」或又取養與？彝，常也。妥，綏省。惠姬不偁母，母統於父也。綽綰文，見薛書。生，古性字。彌，从日，緐文，文同《詩・卷阿》。冬即終，霝終即令終，同《詩・既醉》，霝令皆訓譱。龙姞以婦人女子，而能言彌性之文，知盡性彌道之義，作器以敬其兄，以孝亯其父母。又譱頌譱禱，勉其兄以道義，如《大雅》之辭，非近被周公魯公之化，焉能至此。恐其人尚在孔子删《詩》前也。姞尹可正《詩・都人士》傳。金文之有裨于經，有益于問學如此。光緒己卯冬十一月八日丁丑古陶主人説。

余嘗謂《詩》二《南》二《雅》與《頌》，凡周公召公時所定，自是一編。孔子所删，皆成康後未編之詩，猶周召意也，當别是一編。今本闌入正風正雅後而謂之變，恐非其舊。又記。

〔一〕「干」原本作「于」，據《經典釋文・周易音義》（清阮元校刻《十三經注疏（清嘉慶刊本）》，中華書局，二〇〇九年）改。

虢季子白盤等考釋稿

簠齋據所藏金文拓本而作的考釋稿還有：虢季子白盤釋記、厭叔多父盤釋記、大毁（蓋）考釋、大毁蓋釋記、師嫠毁釋文、令鼎釋文，多爲其早年所寫的草底稿。捐贈時這些文稿皆被置於「金文考釋雜稿」一包中。

號季子白盤釋記

毛邊紙一葉，縱25.9–26.5cm，橫26.1–26.3cm。題名據文意代擬。內文似前缺。寫作時間據考當在道光二十一年（一八四一）六月。

簠齋手書並多有修改。內文記號季子白盤拓本的來源及對銘文中闕疑字的考釋，其中寫道：「右盤出長安郡縣禮郿。假傳爲周公習禮處。東武劉燕庭年丈爲觀察，屬其友粟園手拓數紙歸，以其一贈余。今春燕翁來都，粟園六月來，相從論古以永日。粟園出盤銘，屬爲審釋，因與燕翁詳加審定，闕疑者三。既注於下方。粟園後屬攜歸。」

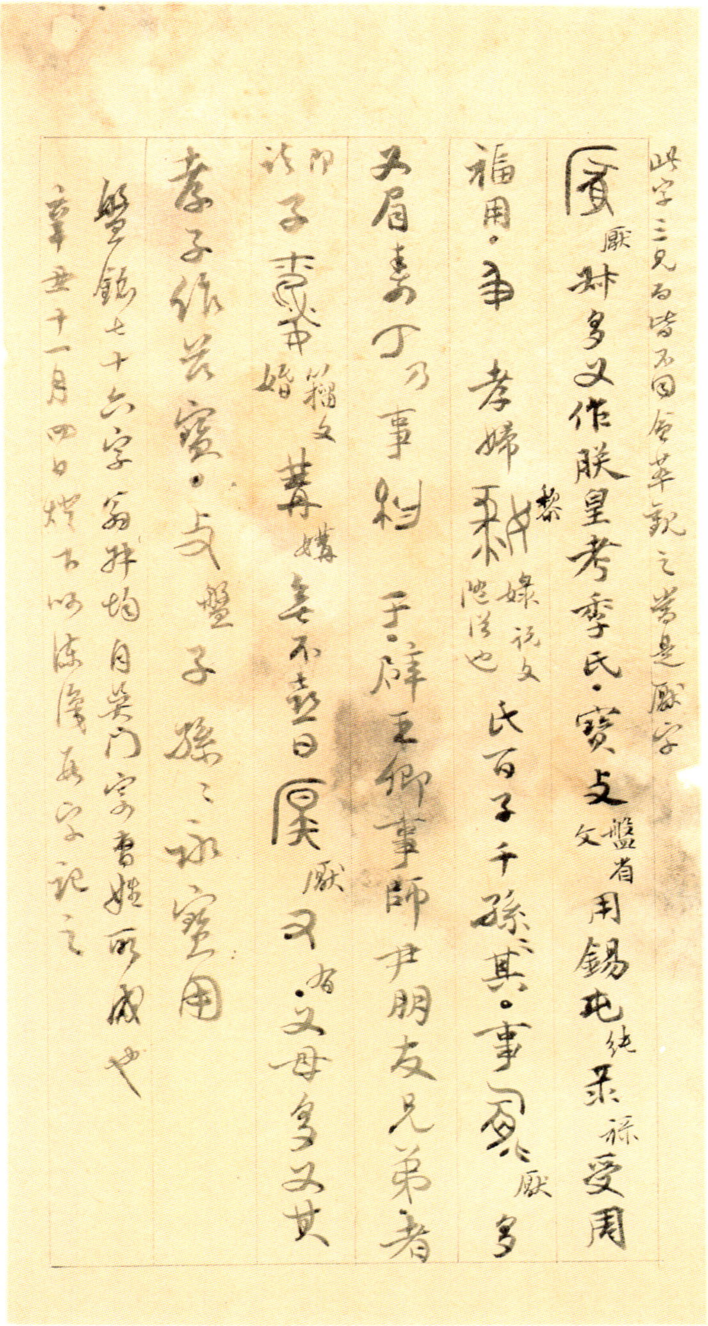

厭叔多父盤釋記

烏絲欄一葉，縱22.8–26.5cm，橫12cm。題名據文意代擬。

寫作時間：道光二十一年（一八四一）十一月四日。

簠齋手書。釋文後題記：「盤銘七十六字，翁叔均自吳門寄，曹姓所藏也。辛丑十一月四日燈下呵凍識數字記之。」

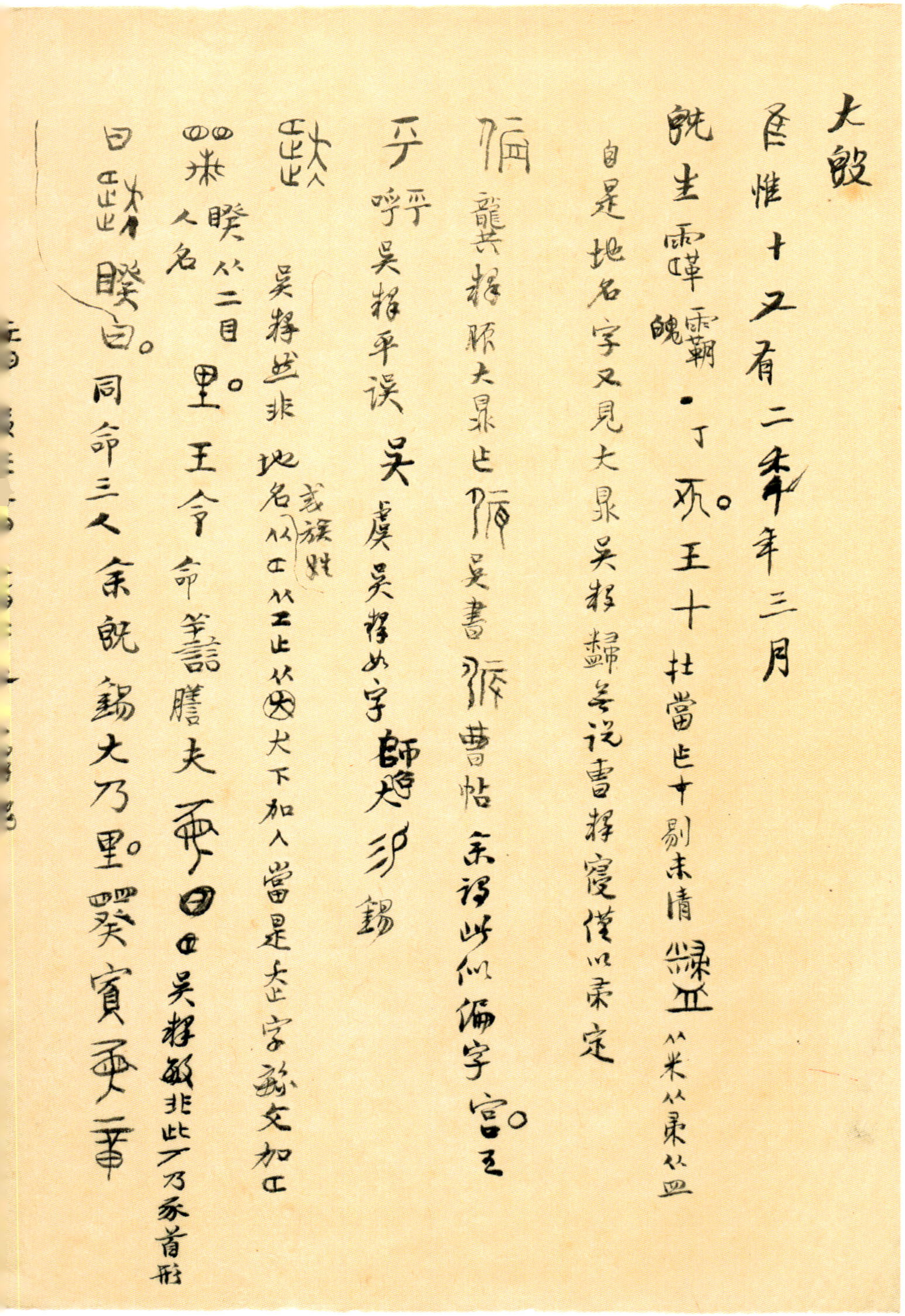

大段考釋

長條毛邊紙一葉，縱25.7cm，横35.8–36.1cm。

簠齋墨書並略修改。

大段

隹十又有二年三月

既生霸丁亥。王十

自是地名字，又見大鼎，吳釋歸，吳説書釋寢，從以隶定

龔共釋服，大鼎亦作，吳書曹帖，余謂此似偏字宫。

乎　呼　吳釋平，誤。吳

虞　吳釋如字，師，錫

吳釋，非地名，或族姓

睽　从二目，人名

王命膳夫，吳釋非，此乃豕首形

日睽曰，同命三人，余既錫大乃里。

帛束　⿱一革帛似是五采帛古彰字⿱一革帛可通于旂而不可通于朱帛

⿱罒癸令　命猶告也　[illegible]曰。天子。余弗[illegible]敢

。⿱林夵　斉字見鐘以義通之當是古斉字　[illegible]6以⿱罒癸⿱貝工

吳釋楚非

宗迥古受字異文吳釋旹舟二字謬　大錫里。大寶。

寶[illegible]。𨟻　割古文吳釋執非割者從吾也⿱一革部馬兩。

寶⿱罒癸。　吳摹⊙作◎誤　𨟻

吳釋部　⿱一革帛束。大　副走詩吳釋第作設者名拜稽首。敢對

揚　字从王吳釋揚王二字誤　不顯休。用作　朕皇考[illegible]　白伯𢷋

設。其子子孫孫永寶用

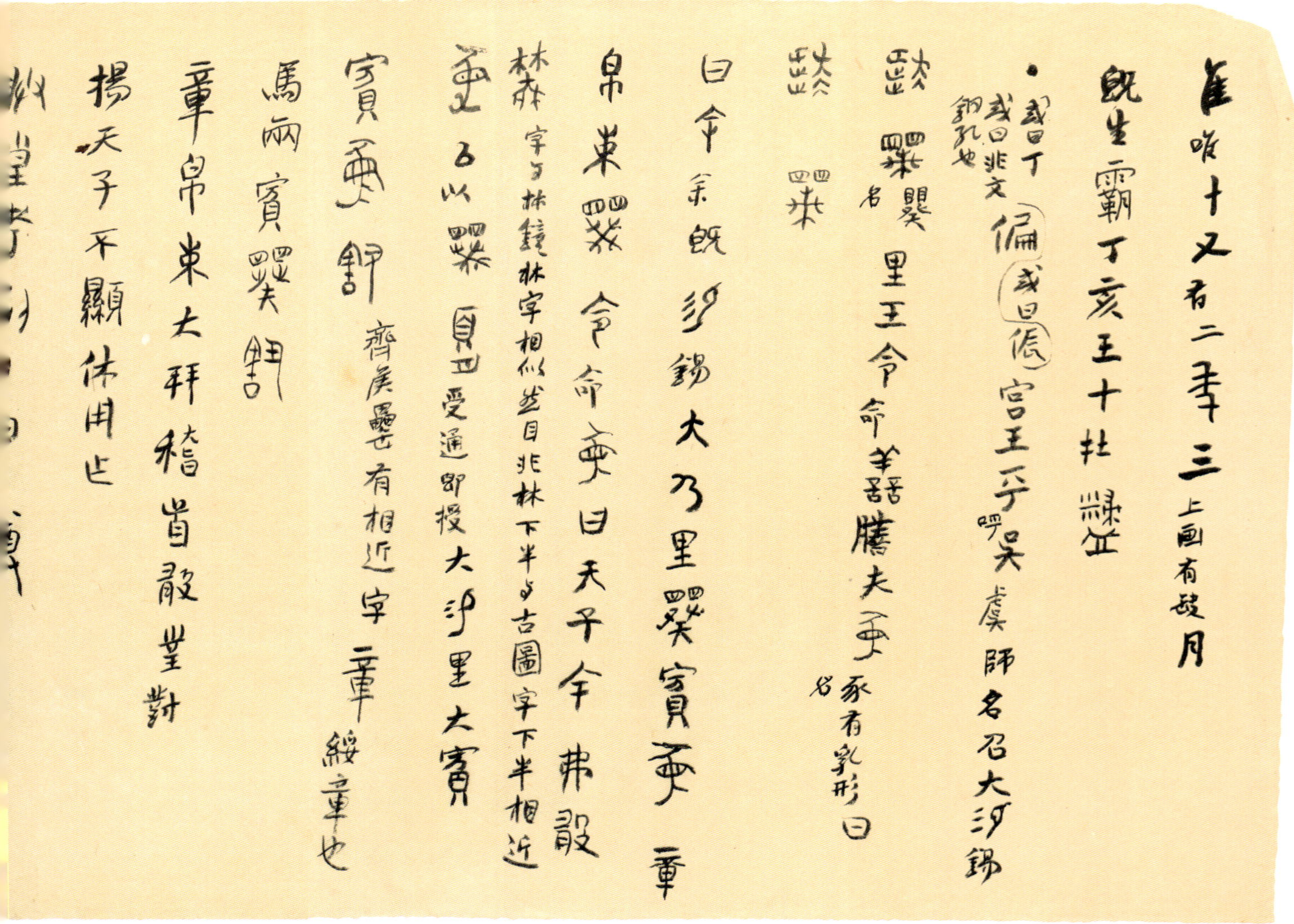

大𣪘蓋釋記

長條毛邊紙一葉，縱26cm，橫72.7–73.5cm。

簠齋墨書，略修改。釋文後有題識，述及銘文之義理。

右大段蓋十二行一百八字其唯十又二年三月既生霸丁亥者紀時也王在䌛偁宫者紀地也王呼虞師召大錫𧻚睽里者紀事也王命膳夫豖曰𧻚睽曰者王命𧻚睽曰使膳夫豖代曰也余既錫大乃里睽賓璋帛束者王之言也睽命豖曰天子余弗敢𡚬者即吝答王之辭（告豖以）言（豖）賓以璋与帛束弗敢吝也于是豖以睽履大錫里大賓賓豖与睽以賓禮也（指承上之義）賓豖之物維何㪿璋（里与賓之文与史頌鼎殷同）與馬兩也賓睽之物維何㪿璋与帛束也豖以馬敬王使也大拜稽首以下則作器之辭也

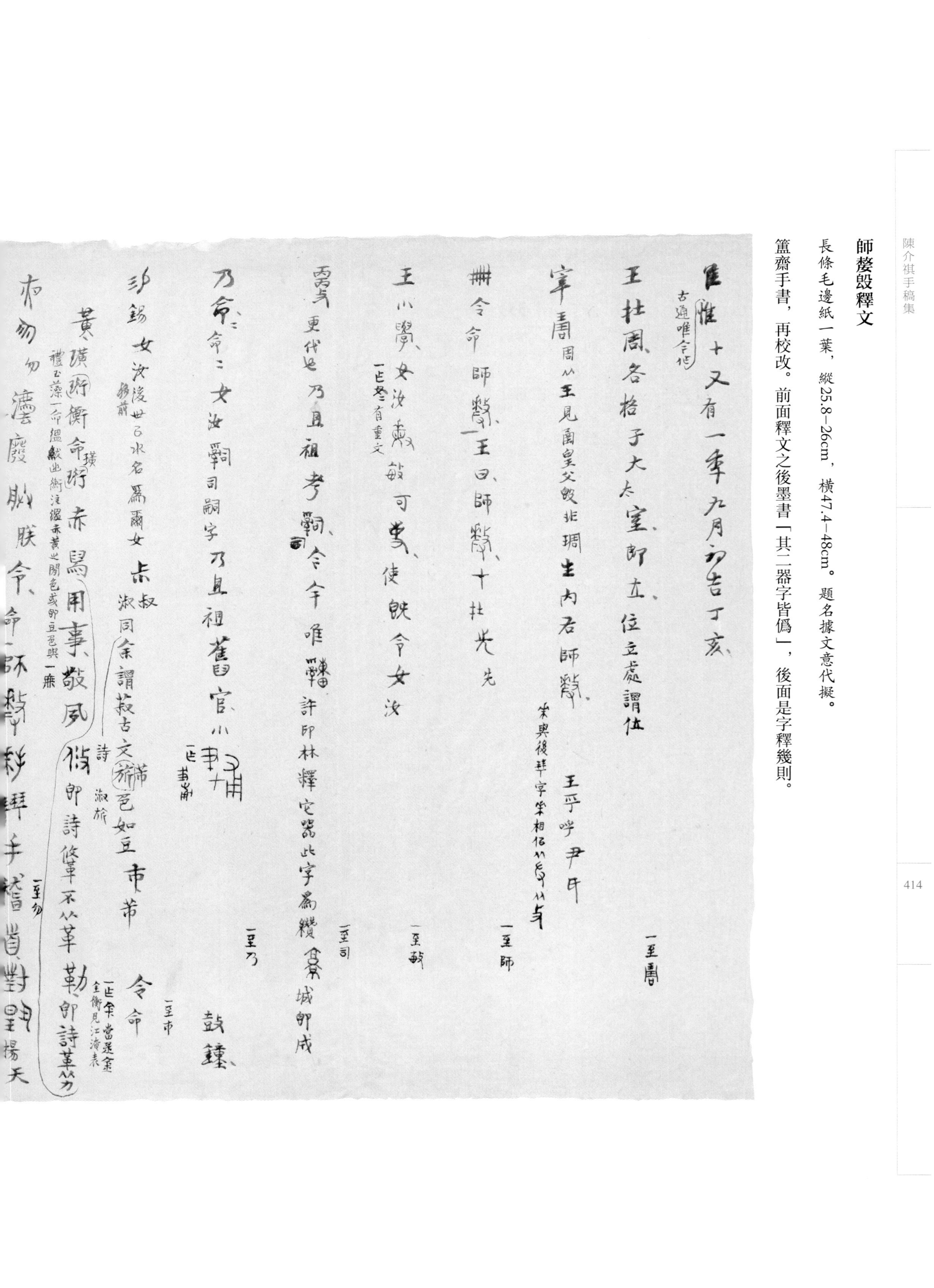

師嫠𣪕釋文

長條毛邊紙一葉，縱25.8－26cm，橫47.4－48cm。題名據文意代擬。

簠齋手書，再校改。前面釋文之後墨書「其二器字皆僞」，後面是字釋幾則。

至萬

萬季子子孫孫永寶用

其二器字皆備

拊

說文拊揗也从手付聲　禮記樂記治亂以相注拊者以韋為表裝之以糠糠一名相　明堂位拊搏注拊搏以葦（當是韋字）為之充之以糠形如小鼓　漢書吳王濞傳注拊鞈擊之　周禮小師擊拊注拊者擊石大師擊拊注付字當作拊（故書拊為付）拊形如鼓以韋為之著之以糠　荀子禮論縣一鐘尚拊之膈注拊樂器名

傅

史記魯世家與人徒以傅士宗隱傳即付也考工記矢後可以傅眾者疏傅謂付之

甫父古一字

杭大宗道古堂文集鼛鐘傳卷三十四　辨周禮鼓人掌文鼓通鼓革之屬拊與鼓鼛鼓己也　拊狀如革囊實以糠擊之以節樂樂記所謂會守拊鼓小師所謂登歌擊拊是也至謂書搏拊之拊為鼓拊之拊則大謬耳　堂上之樂待拊而作堂下之樂待鼓而作堂上門內之治以拊為父堂下門外之治以鼓為君內則父外則君自人之大倫也鼓人之所係大矣哉

令鼎釋文

毛邊紙一葉，縱24.7cm，橫12.8cm。題名據文意代擬。據簠齋同治十一年（一八七二）九月二日致吴雲書札，稱此鼎爲「諆田鼎」。

簠齋手書。釋文後有題記：「王大農林舊藏，吴門蔣氏有木櫝一具，爲董香光題識，今失，器歸錢唐夏松如之盛茂才。徐問蘧語。」

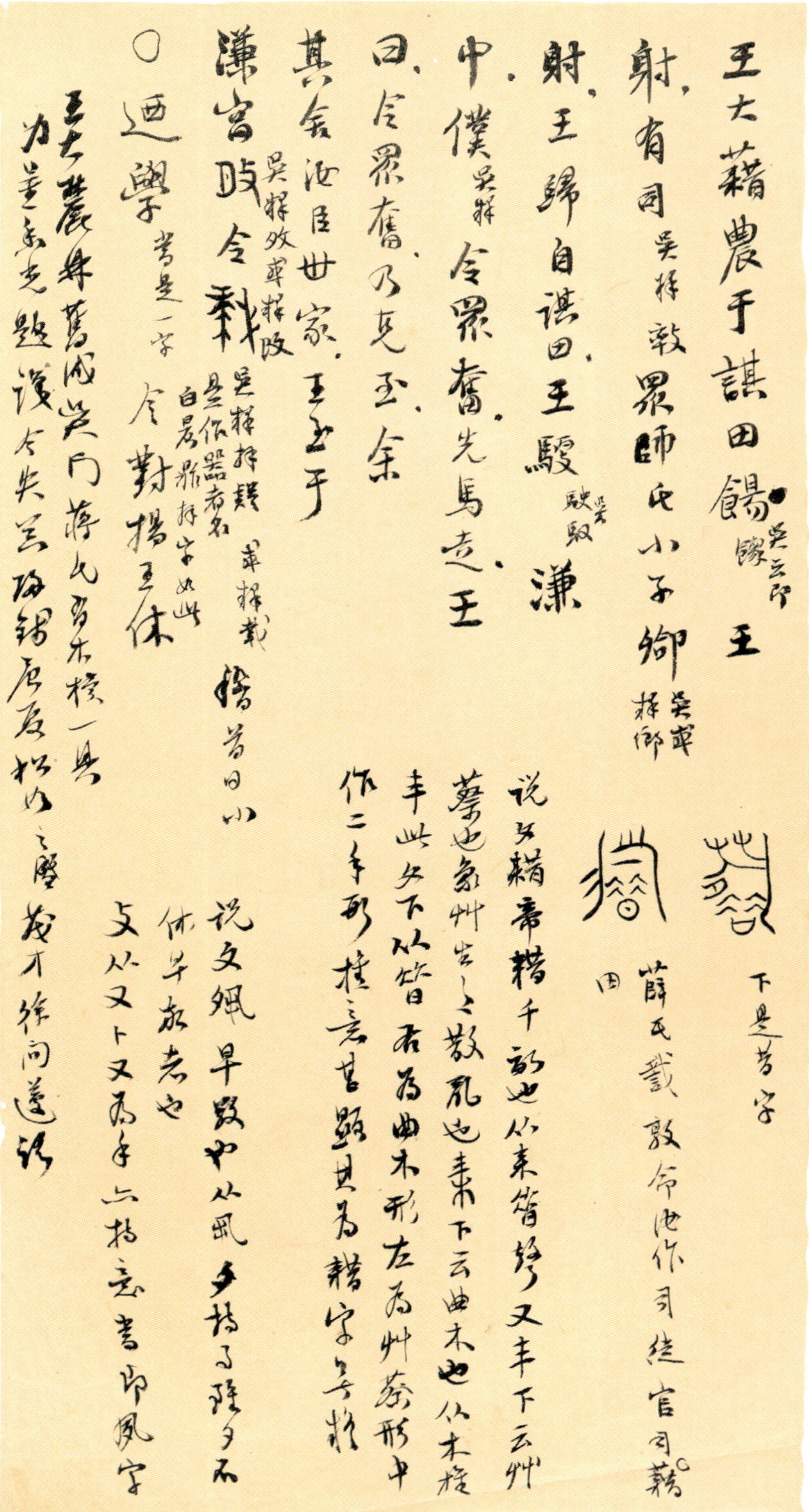

秦權量銅詔版考釋詩記

簠齋對秦金石遺存的收藏，始於道光二十三年（一八四三）所得的一秦詔銅版，當時同出關中的另外四塊秦詔版被劉喜海收得。同治五年（一八六六）夏，劉氏舊藏四詔版歸簠齋。同治六年陝西古董商蘇兆年寄至一始皇詔銅版。同治十二年春，蘇兆年之弟蘇億年又寄至一始皇銅詔版。同治十三年三四月間，通過與潘祖蔭、鮑康藏器的互換，易得原歸鮑康的秦銅量；同年四月又得一出自山東瑯琊臺西南古城址的秦鐵權。

簠齋對秦器的詩詠和考釋伴隨其收藏過程而展開。

捐贈手稿中的「秦器考釋」一包文稿，內有簠齋自同治五年夏至同治十二年七月間的寫作文稿，包括單獨成篇的五種：同治六年的丙寅詠詩、秦量詔版考記、秦量詔版八首，同治十二年的癸酉詠詩、秦斯相書木量銅詔版釋文。約在同治十二年七月底，簠齋有關秦詔版的文稿彙集成《秦銅詔版釋文詩記》册。

此外，簠齋同治九年九月就李佐賢藏秦量寫成《利津李太守秦量考》，此稿在捐獻時被置入「金文考釋雜稿」一包中。捐贈手稿中還附有民國時陳文會輯抄的《秦權量銅詔版釋文詩記》册，可看出同治十三年四月之後簠齋對秦詔版施用在鐵權及量器上的區分。

秦量銅詔版釋文詩記五種各文本整理表

釋文詩記名稱	寫作或成稿時間	文本編號	文本情況	備注
「泰山九字」丙寅詠詩	同治五年夏	文本一	單篇底稿	題名據文意代擬
	同治六年夏	文本二	合文。簠齋手書並校改	附入《秦量詔版考記》校改二稿的文末
	同治十二年春	文本三	合文。簠齋手書並校改	附入《癸酉詠詩》底稿的篇首
	約同治十二年七月底	文本四	集册抄稿。集入《秦銅詔版釋文詩記》册	他人據文本三謄抄
秦量詔版考記（附詩二首《詠秦量》、《詠吕戈》）	同治六年夏	文本一	底稿。簠齋手書並多處校改	題名據文本四代擬
		文本二	校改一稿。簠齋手書	內文承續文本一，略有校改
		文本三	校改二稿。簠齋手書	內文承續文本一。末附丙寅詠詩
		文本四	抄校稿。他抄，簠齋再略校改批注	據文本二謄抄
	約同治十二年七月底	文本五	集册抄稿。集入《秦銅詔版釋文詩記》册	他人據文本四抄録
秦量詔版八首	同治七年十一月四日	文本一	底稿。簠齋手書並校改	題名據文本三代擬
		文本二	定稿。簠齋手書清寫	詠詩八首承續文本一。文末增加題記
		文本三	抄校稿。他抄，簠齋再校注	據文本二謄抄
	約同治十二年七月底	文本四	集册抄稿。集入《秦銅詔版釋文詩記》册	他人據文本三抄録
「書勢堂皇」癸酉詠詩	同治十二年春	文本一	底稿。簠齋手書並校改	題名據文意代擬
	約同治十二年七月底	文本二	集册抄稿。集入《秦銅詔版釋文詩記》册	他人據文本一抄録
秦斯相書木量銅詔版釋文	同治十二年七月望	文本一	底稿。簠齋手書並校改	書衣有題名
	約同治十二年七月底	文本二	集册抄稿。集入《秦銅詔版釋文詩記》册	他人據文本一抄録

丙寅詠詩

該詩在簠齋文稿中出現四次。文本一是單篇底稿；文本二爲合文稿，此詩附入《秦量詔版考記》校改二稿的文末，簠齋手書，成稿時間在同治六年（一八六七）夏，此文本的圖版參見第430-431頁；文本三亦爲合文稿，此詩附入《癸酉詠詩》底稿的篇首，簠齋手書，成稿時間在同治十二年（一八七三）春，此文本的圖版參見第447頁；文本四爲他人據文本三抄録，集入《秦銅詔版釋文詩記》册，該集册約成於同治十二年癸酉（一八七三）七月底，此文本的圖版及録文參見第476頁。此詩在上述四個文本中不斷被校改，前後有承續關係。

泰山九字 一
琅邪一片
二石五金
相斯眞面
變籀開隸 二
小篆出祖
工[illegible]陽冰
豈可同語
祖龍銷兵
遺兹量銅
歸我簠齋

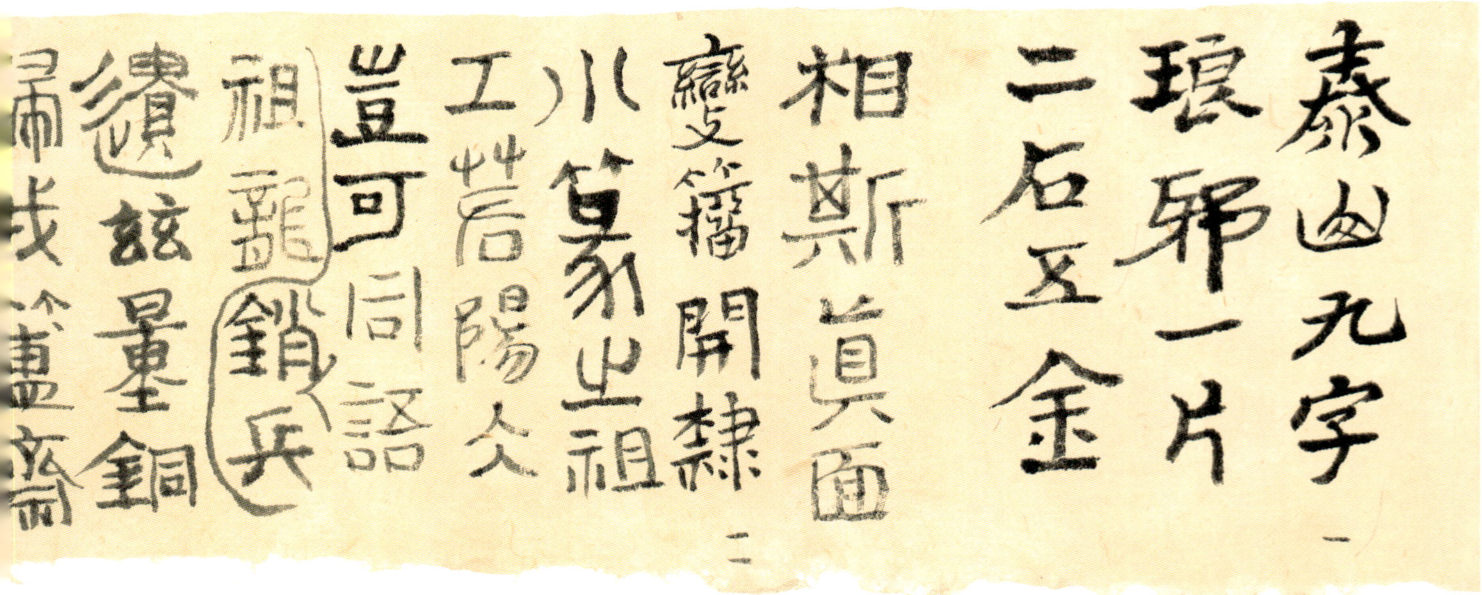

「泰山九字」丙寅詠詩【底稿】

長條毛邊紙一葉，縱8.7–10cm，橫48.7cm。題名代擬。寫作時間：同治五年（一八六六）夏。

簠齋手書並校改。

淛東臣
具刻詔書 三
從臣所請
以吏爲師
輙掌手從溥扗領
因明白矣語可
辭不可解間爲
後世官書作偁
大夫稱五紀
嘉興三行
金石臢蹟
獨得始見 自王

秦量詔版考記（附詩二首）

該考記有五個文本。文本一是簠齋手書底稿；文本二是簠齋手書的一校改稿；文本三是簠齋手書的二校改稿；文本四是他抄謄清稿；文本五爲他人據文本四抄録，集入《秦銅詔版釋文詩記》册，該集册約成於同治十二年癸酉（一八七三）七月底，此文本的圖版及録文參見第473–474頁。據書寫及修改痕跡，可看出各文本前後的承續關係。

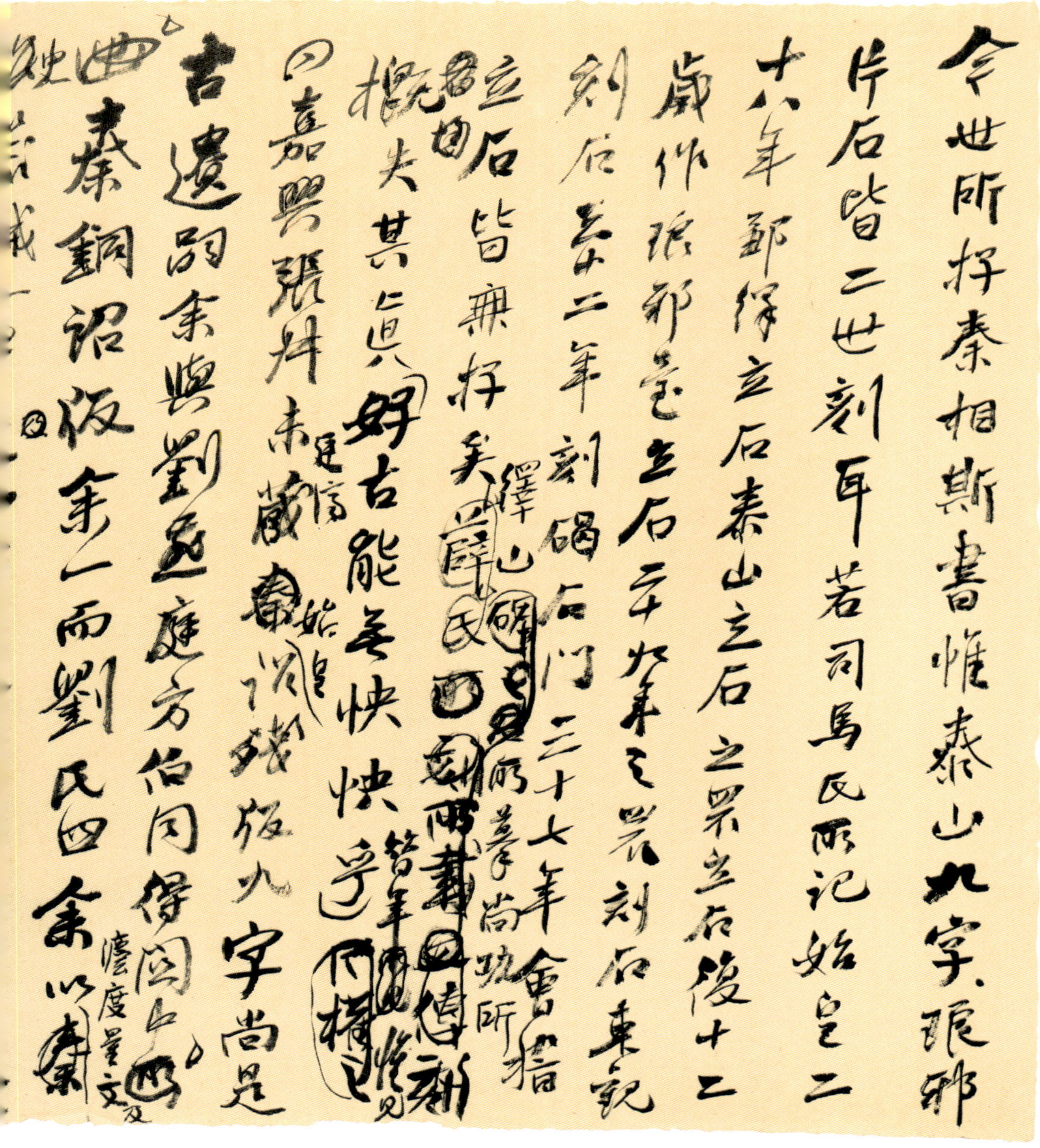

文本一

秦量詔版考記（附詩二首）【底稿】

長條毛邊紙二葉，第一葉縱25.8cm，橫55.5–55.8cm；第二葉縱12.8cm，橫17.9cm。題名據文本四代擬。

簠齋手書並多處校改。後附詠詩二首《詠秦量》、《詠吕戈》。詩題源自文本四中的標題。考記寫作時間當在同治六年丁卯（一八六七）夏簠齋得到蘇兆年所寄的一始皇詔版不久。

其銘或凹陷有字或背有鑿蓋以施（又鑄始皇詔於背）
之木量者其中並刻始皇詔於前亦皆
二世所為獨於始皇為闕如好古者同
快快焉同治丙寅劉氏之版既悉歸余丁卯
又得此年思以一版驗之獨為始皇
詔而不稱始則陳帝謚法世以計無之前
所作者張耕未成而是始皇詔殘字
而始皇二世之刻如備斯相[illegible]之筆者為廷尉為
度量文章布之天下李斯
更定畫平斗斛
書獄中上書所謂
以相秉之名[illegible]者
其為斯書無疑矣
學於荀卿為之學不知為史舍人侍郎為秦之客卿逐客以至為師
刑清度斯皆有力李斯於經賀也[illegible]貴之術
十年李斯因尹用李斯謀廷尉專任獄吏左丞相
相之書亦供備識希世之珍已

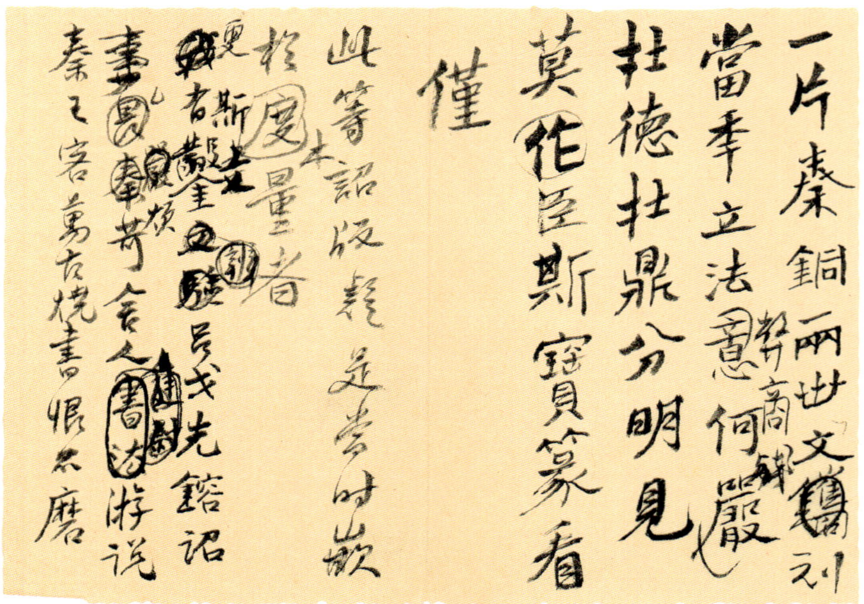
一片秦銅兩世文
當年立法意何嚴
杜德杜鼎分明見
莫作臣斯寶篆看
僅
此等詔版難是當時山嶽
於度量者
[illegible]
[illegible]
秦之害萬古燒書恨未磨

文本一 第二葉

今世所存秦相斯書惟泰山九字
琅邪片石皆二世刻耳若司馬氏
所記始皇二十八年鄒嶧立石泰
山立石之罘立石復十二歲作琅
邪臺立石二十九年之罘刻石東
觀刻石三十二年刻碣石門三十
七年會稽立石皆無存矣嶧山所

文本二

秦量詔版考記（附詩二首）【校改一稿】

長條毛邊紙，原爲一葉，縱14.5–15.5cm，横54.2–54.4cm，再裁成五片。題名據文本四代擬。

簠齋手書，内文承續文本一，略有校改。

摹尚功所刻概失其真曩年惟見
嘉興張叔未廷濟藏始皇殘版十二
字尚是古遺嗣余與劉燕庭方伯
同得關中所出銅版余一而劉氏
四劉氏名為秦銅詔版余以處度
量文及史苑械一量文證之定為
秦量詔版此即二世詔後所謂具
刻詔書金石刻之金刻而李斯獄
中上書所謂更剋畫平斗斛度量
文章布之天下以樹秦之名者其
為斯書實無疑矣版或四角有穿
或背有鑿栿當以施於木量其一
并列始皇詔於前又大書鑄於皇
詔字於背六皆二世所為獨於始皇

皇為斵如好古者同快快焉同治丙寅劉氏之版既來歸余丁卯夏蘇兆年忽以一版至驗之獨為始皇詔而辭未稱始則是除帝謚法世以計數之文而作者於是始皇二世之刻始備斯為廷尉為相時之書亦俱備識希世之珍已

一片秦銅兩世刻當年任沈弊轍殘杜德杜鼎分明見篆僅臣斯寶篆看

憂青鑒文驗呂戈先鍇詔事畏嚴苛舍人游說秦王客萬古燒書恨不磨

余藏有呂不韋戈鑄款詔事

一面鑒十五字曰五年相邦呂不韋結一行詔事圖丞蕺工寅一行

戈大銅精沈沙陷穿堅好[illegible]去

鑒紋如髮文以詔事二字篆法[illegible]

人墨斵書

僅可賻拓審

今世所存秦相斯書惟泰山九字琅邪片石皆二世刻耳若司馬氏所記始皇二十八年鄒嶧立石泰山立石之罘立石復十二歲作琅邪臺立石二十九年之罘刻石東觀刻石三十二年刻碣石門三十七年會稽立石皆無存矣嶧山所摹尚功所刻概失其眞昔年惟見嘉興張叔未廷濟藏始皇詔殘版九字尚是古遺嗣余與劉燕庭方伯同得關中所出銅版余一而劉氏四劉氏名爲秦銅詔版余以灋度量文及史器械一量文證之定爲秦量詔版此即二世詔後所謂具刻詔書金石刻之金刻而李斯獄中上書所謂更剋畫平斗斛度量文章布之天下以樹秦之名者其爲斯書實無疑矣版或四角有穿或背有鑿杙當以施於木量其一并列始皇詔於前又大書鑄始皇詔字於背文皆二世所爲獨於始皇爲闕如好古者同快快焉同治丙寅劉氏

文本三

秦量詔版考記（附詩二首、丙寅詠詩）

【校改二稿】

長條毛邊紙一葉，縱25.5–25.9cm，橫72.3–73cm。題名據文本四代擬。

簠齋手書，内文承續文本一。附詩二首有增改。末附「泰山九字」丙寅詠詩，據上述丙寅詠詩底稿校改。

馬之獨稱始皇詔而……稱始皇……帝

謚法世以計數之前所作者於是始皇二世之

（金）刻始備斯爲廷尉爲相時之書文俱備誠希

世之珍已

一片秦銅兩世刓當年在洛弊（鞅）殘杜

德杜鼎分明見莫僅臣斯寶篆看

叜有鑒文驗呂戈先鎔詔事（辭）嚴苛舍

人游說（秦）王客萬古燒書恨不磨　余藏有

呂不韋戈鑄詔事二字又鑒金款中五字戈大而銅精沈沙嵌

穿堅石可去

文曰五年相邦呂不韋造詔事圖丞蕺

工寅……以詔事二字定爲始皇五年李斯

泰山九字瑯邪一片二石五金相斯眞面

書時人……

大夫五紀嘉禾三行金石賸蹟獨見始皇

瑯邪刻石二世詔前有始皇時從臣題名五大夫楊樛

變籒（開）先（遂）隸小篆之祖工若陽冰豈可同語

兵銷祖龍遺兹量銅歸我簠齋海東日紅

丙寅夏

又鑒數二字曰……又一

面

文本四

秦量詔版考記（附詩二首）【抄校稿】

毛邊折葉紙二葉。第一葉縱25.7–25.9cm，橫36.3cm；第二葉縱26cm，橫36.7–37.5cm。半葉十行。

他人據文本二謄抄，簠齋再略校改批注。增補標題「秦量詔版考記」，及詩題「詠秦量」、「詠呂戈」。

另黏附一題簽「秦量詔版考記」。

秦量詔版考記

秦量詔版考記

今世所存秦相斯書惟泰山九字琅邪片石皆二世刻日若司馬氏所記始皇二十八年鄒嶧立石泰山立石之罘立石復十二歲作琅邪臺立石二十九年之罘刻石東觀刻石三十二年刻碣石門三十七年會稽立石皆無存矣嶧山所摹尚协所刻概失其真昔年惟見嘉興張叔未廷濟藏始皇殘版十二字尚是古遺嗣余與劉燕庭方伯同得關中所出銅版余一而劉氏四劉氏名為秦銅詔版余以漢度量文及史器械一量文證之定為秦量詔版此即二世詔後所謂具刻詔書金石刻之金刻而李斯獄中上書所謂更剋畫平斗斛度量文章布之天下以樹秦之名

出其為斯書實無疑矣版或四角有篆或背有鑿杙當以施於木量其一并列始皇詔於前又大書鑄始皇詔字於背似亦皆二世所為狀於始皇為潤如好古者同快之而同治丙寅劉氏之版既悉歸余丁卯夏蘇兆年忽以一版至驗之[illegible]為始皇詔而辭未稱始則是除帝謚法世以計數之前所作者於是始皇二世之制始備斯為廷尉為相時之書亦俱備誠希世之珍也已

另一頁 詠秦量

一片秦銅兩世刻當年任法聽鞅殘杜德杜郵分明是莫僅見斯寶篆看

詠呂戈

更有鑿文驗呂戈先鐫詔事畏嚴苛舍人游說秦王客著

文本四 第一葉

下未寫完

〇古燒書恨不磨余藏有呂不韋戈鑄款詔事二字又鑿款●屬邦二字●又一面鑿十五字曰五年

屬邦

相邦呂不韋造一行詔事圖丞蕺工寅一行戈大銅精沈沙陷穿堅樹不甚鑿文加發僅可審拓以詔事二字篆法定為始皇五年李斯為呂不韋舍人時也

文本四　第二葉

秦量詔版八首

繹泰琅邪之罘東觀碣門會稽頌德爾徧胡至後世十無
一存亡偕日喪燔豈野焚
昔載斤權今出詔版金後石旁胡亥乍戕晚出愈奇獨操
廿六片羽吉光羞登趙錄
端平法度作始之年器械一量遷史信傳壽金出卤文堪
覆按圖書若存禮樂何歎
號乘上古厺泰著皇計數除謚沙丘道亡襲號稱功述兼
金刻閱茲寸銅孰匹樂石
蒼頡作篇省改籀史小篆入神千秋矩軌具刻詔書從臣

秦量詔版八首

該組詠詩有四個文本，前後有承續關係。文本一爲簠齋手書底稿，文本二爲簠齋清寫定稿。文本三爲他人據文本二謄抄，簠齋再校改。文本四爲他人據文本三抄録，集入《秦銅詔版釋文詩記》册，該集册約成於同治十二年癸酉（一八七三）七月底，此文本的圖版及録文參見第475頁。

詠詩八首的寫作時間及緣起，簠齋在文本三的題記中述及，即同治五年丙寅（一八六六）得劉喜海舊藏四件詔版，寫詩詠之。同治六年又得一始皇詔版，作《秦量詔版考記》並詠詩。同治七年戊辰冬日，因拓裝詔版再詠詩八首，款署「退脩居士十一月四日」。

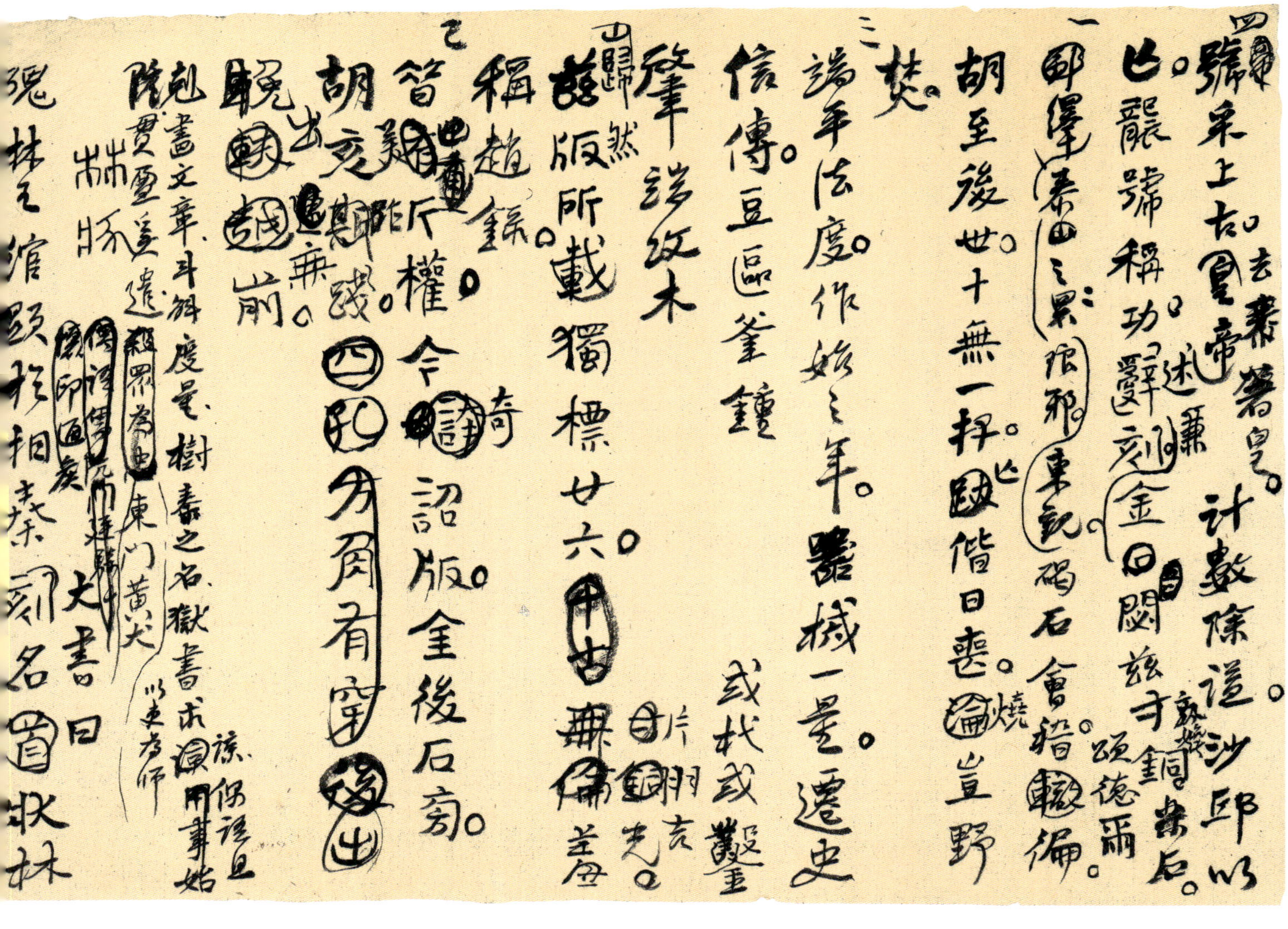

秦量詔版八首【底稿之一、二】

二份。長條毛邊紙各一葉，皆縱25.7–25.9cm，橫72.2–72.8cm。題名據文本三代擬。寫作時間：同治七年（一八六八）十一月四日（據文本二題記）。

二份皆爲簠齋手書底稿。其中一份（底稿之一）詠詩八首，詩後補注《漢書·藝文志》的内容。文字和次序有較大修改。另一份（底稿之二）承續前者的批改，但僅書詩六首，未寫完。

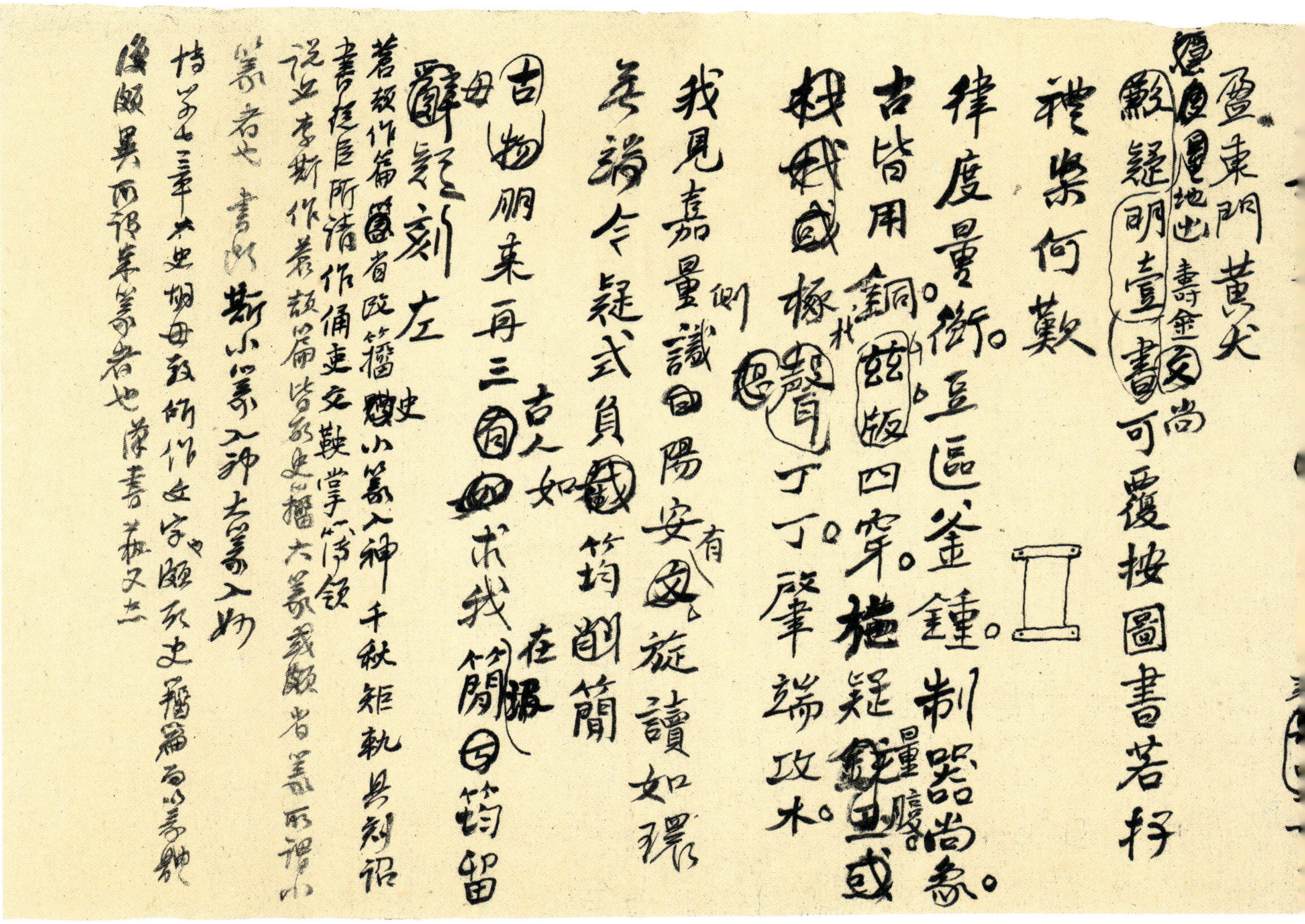

區東門黃犬
隱良量地出壽金文尚
穀疑明壹書可覆按圖書若抒
禮樂何歎
律度量衡。豆區釜鍾。制器尚象。
古皆用銅。弦版四穿。權疑鍾量盤或
枝戟戟或椽聲丁丁。犖端攻木。
思
我見嘉量識側曰陽安有文旋讀如環
無端令疑式負戴筠劃簡
古物朋來再三古人如圈而求我簡在隙曰筠留
辭疑刻左母
蒼頡作篇籀省改籀史小篆入神千秋矩軌具刻詔
書程邈所請作隸吏文缺掌以侍錄
說文李斯作蒼頡篇皆取史籀大篆或頗省改所謂小
篆者也　書似　斯小篆入神大篆入妙
詩序七三年太史胡毋敬所作文字也頗取史籀篇而小篆體
後頗異而謂李篆者也　漢書藝文志

底稿之一

繹泰琅邪也眾来觀碣石會稽
頌德兩徧胡亥後世十六字一行也
皆曰悉燒（熾）豈野焚
皆（載）斤權令稱詔版金後石旁
胡亥所踐晚出愈奇獨標廿六
片羽吉光羞登趙錄
端平法度作始之年器械一量
遷史作傳壽金出西（又）尚回（堪）霞按
圖書若（籍）禮樂何勤
號来上古去秦蓋匪什數除謹
沙邱道亡龍號稱功述並金刻
劉菡寸同執[illegible]

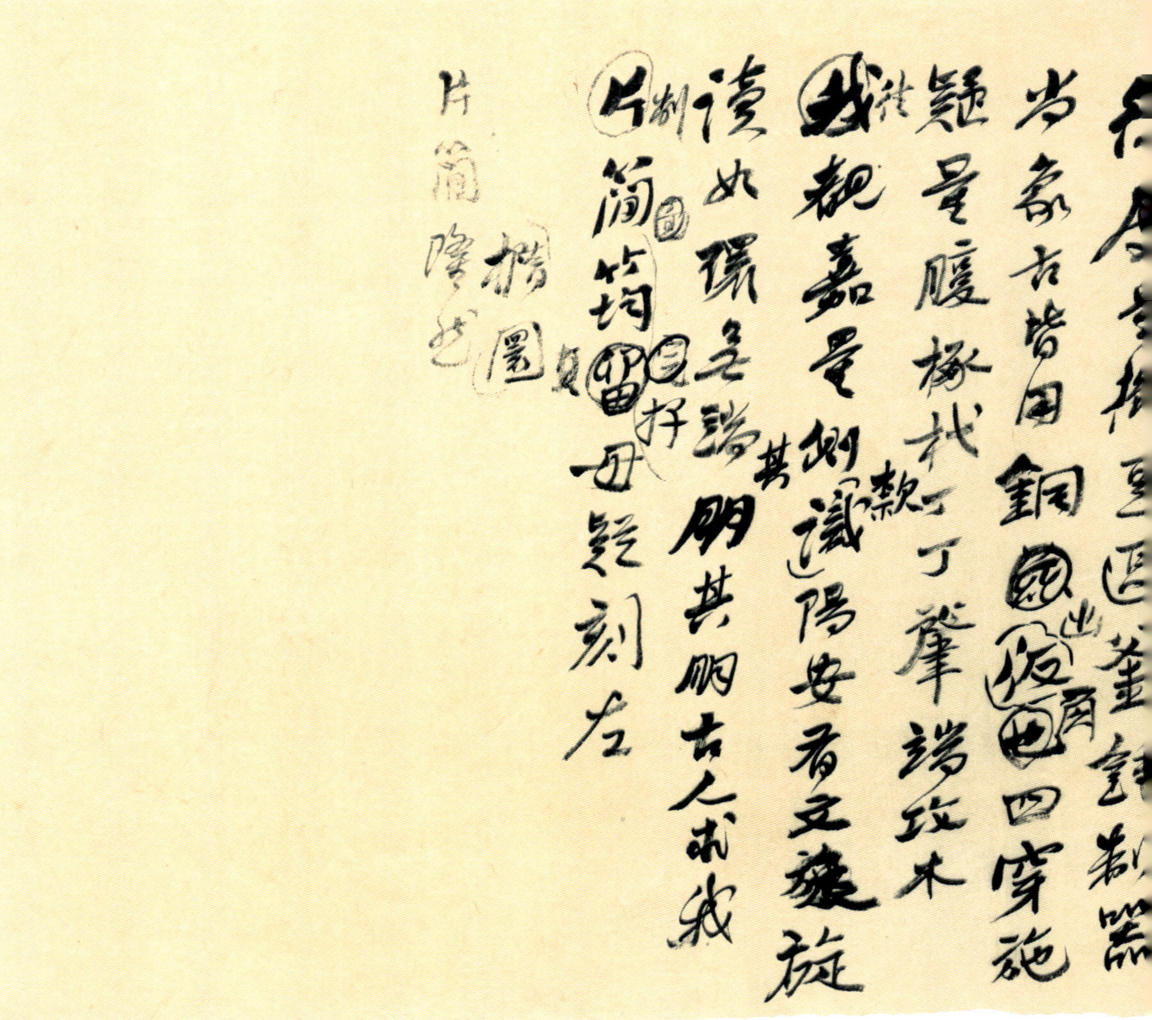

底稿之二

繹泰琅邪之罘東觀碣門會稽頌
德爾偏胡亥後世十無一存亡偕日
喪燔豈野焚
笞載斤權令出詔版金後石旁
胡亥所賤晚出愈奇獨標廿六
片羽吉光蕃豈趙錄
端平法度作始之年器械一量
還史信傳壽金出卤文堪覆
按圖書著存禮樂何鬆
號采上古去泰著皇計數除
謚沙邱道亡龍號稱功述
兼金刻闕兹寸銅孰匹樂
石
蒼頡作篇省改〻畱史八〻篆

文本二

秦量詔版八首【定稿】

毛邊長條紙一葉，縱25.9cm，橫71.9–72.4cm，共二十八行。題名據文本三代擬。

詠詩八首承續文本一，簠齋手書清寫。末有題記：「丙寅得四版，既詩紀之。丁卯復獲始皇版。戊辰冬日鄉田無警，拓裝再詠之。退脩居士十一月四日。」

又神千秋矩軌昇刻詔書從
臣所請作俑吏文鞅掌簿領
兇畫文章斗斛度量樹秦
也名獄書諒偶語且阬貫
盈奚遣以吏爲師東門黃犬
律度量衡互區釜鍾制器
尚象古皆用銅出爲四穿施
至量腹椓杙丁丁釐端攻木
往觀嘉量側彩陽安看文徒
讀如圜乘端其朋其朋古人
亦我簡金隆然試驗刻左
丙寅得四版既詩紀也丁卯復獲始
皇版戊辰冬日鄉田乘敬言拓裝
再詠也 遐僊居士 十一月三日

文本二

文本三

秦量詔版八首【抄校稿】

毛邊折葉紙一葉，縱26cm，横36.5–37.5cm。

他人據文本二謄抄，簠齋再校注，增寫標題「秦量詔版八首」。

此稿與《秦量詔版考記》的文本四係同一人謄抄。

秦量詔版八首

繹泰琅邪之罘東觀碣門會稽頌德尔徧刊至後世十無

一存亡佾日喪燔豈野焚

昔載斤權令出詔版金及石旁胡亥作識晚出愈奇独標

廿六斤羽書光蓋登趙録

端平法度作始之事器械一量還史信傳壽金出卣文懷

覆按圖書若存礼樂何歎

號采上古去泰著皇計数除謚沙邱道亡襲號称功述兼

金刻閟兹寸銅勳區乐石

蒼頡作篇省改籀史小篆入神千秋矩軌畀刻詔書從臣

所請作備吏文鞅掌簿領剋畫文章斗斛度量樹秦之名

又一首

獄書求諒偶語且阬貫盈奚遣以吏為師東門黄犬律度
量衡豆區釜鍾制器尚象古皆用銅出角四穿施直量腹
椽杙　丁丁摩端攻木
往靚嘉量側款陽安有文旋讀以圜無端其朋其朋古人
求我簡金陰然試驗刻右
丙寅得四版既詩紀之丁卯復獲始皇版戊辰冬日鄉
田無詈拓裝再詠之　退脩居士十一月三日

文本三

癸酉詠詩

癸酉（同治十二年）春，簠齋再得一始皇詔銅版，喜極而詠詩。詠詩草稿無標題，暫稱爲「癸酉詠詩」。有兩個文本：文本一爲底稿。文本二爲他人據文本一抄録，且另附簠齋與長孫阜論説三代文字之詩，集入《秦銅詔版釋文詩記》册，該集册約成於同治十二年癸酉（一八七三）七月底，此文本的圖版及録文參見第477頁。

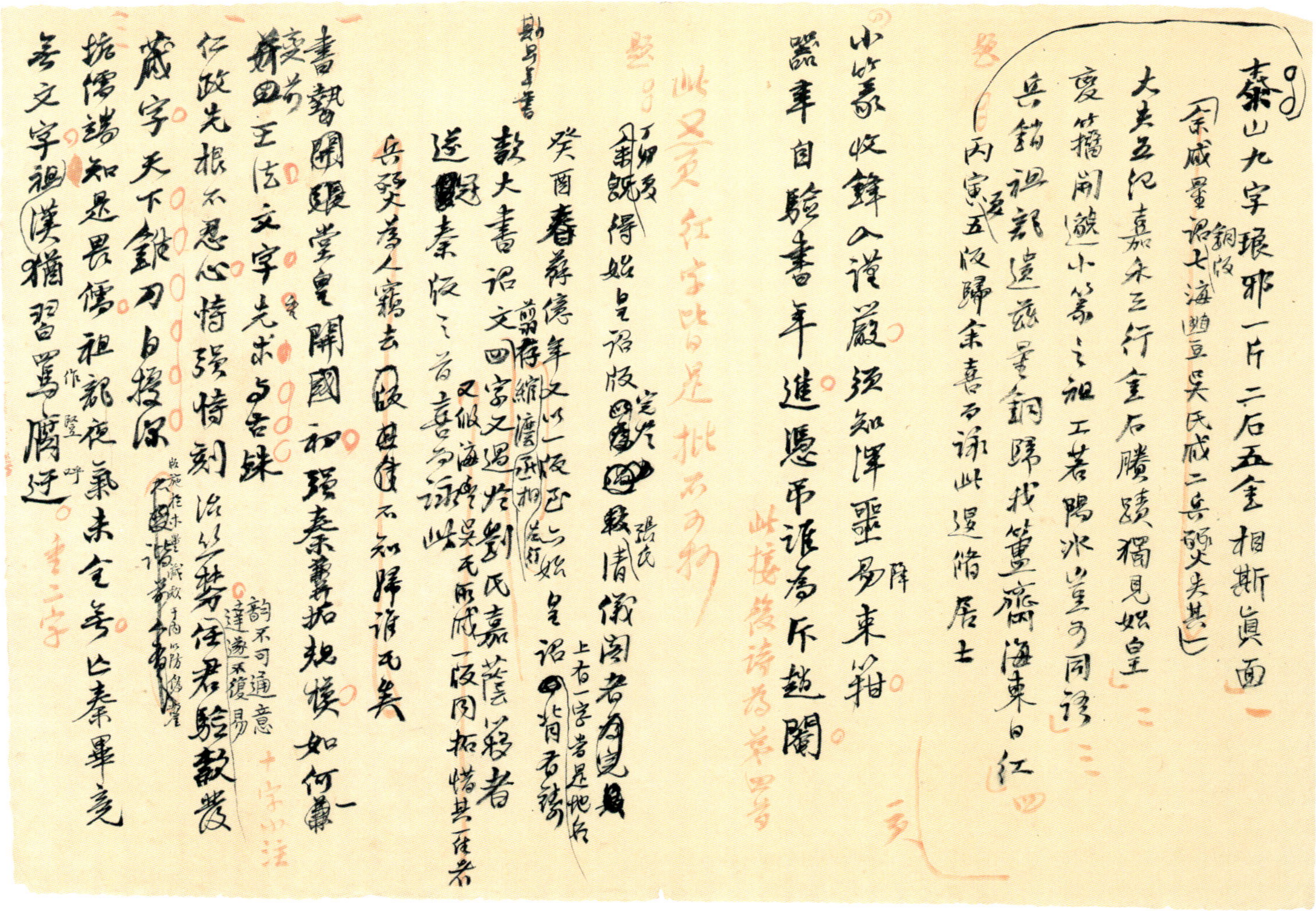

「書勢堂皇」癸酉詠詩【底稿】

長條毛邊紙一葉，縱25.8–26.2cm，横36.4–36.8cm。題名據文意代擬。寫作時間：同治十二年（一八七三）春。

簠齋手書底稿，有較多墨筆、朱筆校改批注。内文的前部分書舊作「泰山九字」丙寅詠詩，後部分爲「書勢堂皇」癸酉詠詩。詩前有題記：「丁卯夏，余既得始皇詔版，完於張氏清儀閣者。癸酉春，蘇億年又以一版至，亦始皇詔，上有一字，當是地名。背有鑄款，大書，詔文翦存，左行『丞相綰瀘』四字，又過於劉氏嘉蔭簃者。遂冠秦版之首，喜而詠此。」

秦斯相書木量銅詔版釋文

該釋文有兩個文本，文本一册裝，書衣簠齋題「秦斯相書木量銅詔版釋文」，内文簠齋手書並校改。文本二爲他人據文本一抄録，但無題名，集入《秦銅詔版釋文詩記》册，該集册約成於同治十二年癸酉（一八七三）七月底，此文本的圖版及録文參見第462–472頁。

據民國陳文會輯抄《秦權量銅詔版釋文詩記》册中《秦鐵權始皇二世兩詔銅版》題記可知，簠齋於光緒七年（一八八一）十二月立春先二日對詔版釋文又進行修訂。

秦斯相書木量銅詔版釋文【底稿】

毛邊折葉、紙捻册裝。一册十三葉，内文十葉，空白一葉，前後書衣各一葉。半葉縱26.4cm，横18.4–18.8cm。書衣題「秦斯相書木量銅詔版釋文」。寫作時間：同治十二年（一八七三）七月望。

簠齋手書，並校改批注。内文爲簠齋自藏七塊、海豐吴氏藏一塊的秦詔木量銅版釋文及題記。篇末署「癸酉七月望辛酉海濱病史記」。

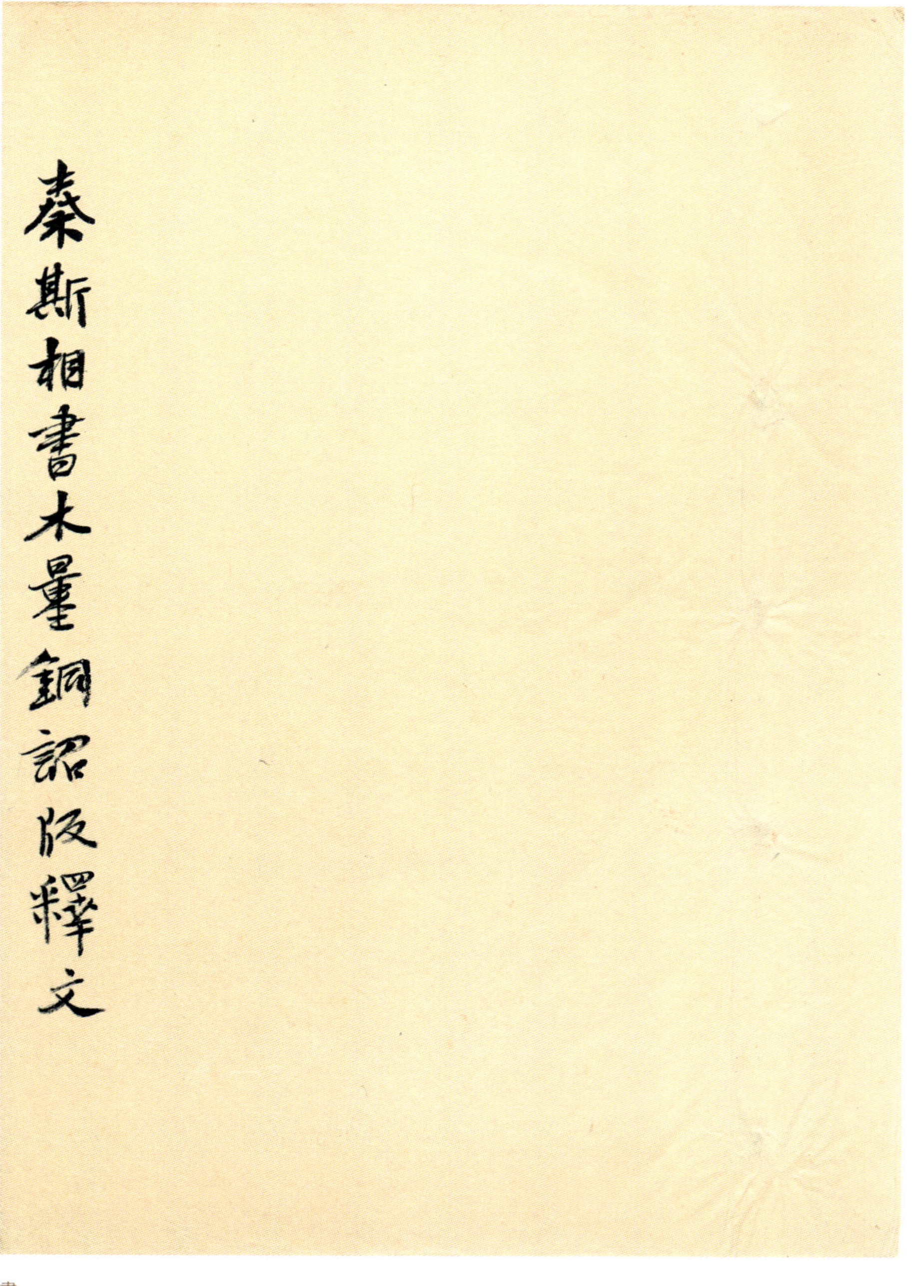

書衣

始皇木量詔版釋文

廿六年皇帝盡

并兼天下諸

侯半泐黔半泐首大安

立半泐號半泐爲皇帝

乃半泐詔丞相狀 狀之名不見史

綰灋度量則

不壹歉疑

者皆明壹之

鑿款文八行一行廿至盡六字二行并至諸五字三行

侯至安五字四行立至帝五字五行乃至狀五

字六行綰至則五字七行不至疑四字八行

者至之五字共四十字 十鐘主人得之以冠諸版之上

廄鑿款一似廄字在版上曲銅疑是地名曲形似葭

斗斛口者

始皇木量詔版陰詔字

丞眛（丞相）

𥿍官灋去（綰　灋）

四字（反書）鑄款乃大書詔文反書皆不寬（有破筆字反書）而官字獨正書以詔文計之蓋三字一行（前所書）兩截四十字當十三四行約前共十四版（每行前所為兩截又前羽為四字一版）既斷金詔（今之）於版面嵌之木量又慮國後斷金故（先）鑄金詔於版陰分前翦多版如剖符然以防奸也同治癸酉春得Q関中蘇兆年之萬億年所寄

始皇木量銅詔版　全文見前

廿至并（一行）七字　四小字連寫

兼至首（二行）七字

大至帝（三行）七字

乃至綰（四行）六字

灋至壹（五行）六字

歉至之（六行）七字

版四圍橫出有穿用以釘於木量簠齋

丁卯夏得之由蘇兆年　惟此二版專

為始皇詔

始皇二世兩詔木量銅版

廿至并 一行七字

兼至大 二行八字

安至乃 三行七字

詔至度 四行七字

量至疑 五行六字

以上始皇詔

元至斯 六行七字

此間銅斷存之

去至量 盡口泐 七行六字

始至有 八行七字

刻至號 九行六字

而至稱 十行五字

始至也 十一行八字 久字似脫也字半泐

如至不 十二行八字

稱至此 十三行七字

詔至疑 十四行七字 左使二字半泐

以上二世詔

版上曲銅似有十字又似有筆画是記數

文疑此獨為二世時兩詔同刻之器不與

吳縣二量同也東武劉燕庭方伯長安獲

古至寶覽之記

始皇二世兩詔木量銅版陰始皇詔字

詔皆 右 諸 下五行翦鋟 四行翦鋟

兼一 兼 天 三行 下翦鋟

帝其 帝盡 二行 下翦鋟

此有空半行處

廿 下 鋟 翦 一行

鑄款大書始皇詔存七字三字不完反書左行

大三字一行首四字共刻版之數當

亦十四

二世木量詔版

元年制詔丞相斯去疾灋一行十字

度量盡始皇帝爲之皆有二行十字

刻辭焉今襲號而刻辭不稱三行十字

始皇帝其於久遠也如後四行十字

嗣爲之者不稱成功盛德五行十字

刻此詔故刻左使毋疑六行九字

版後有橫摺如流大嵌木之用 文六行共

五十九字東武劉氏故物

第六葉

二世木量詔刻殘版 全文見前

元年 去一行八字

疾帝二行八字

爲至 襲三行九字

號年 帝四行九字

□其□於□久遠半鼓年 嗣五行八字殘三字半

□者稱之□□者 不年盛六行八字殘三字

□德□刻此半鼓年使七行八字殘二字半

□毋□疑八字鼓二字

版四角直出皆有穿以嵌木之用版文中

之精美者東武劉氏故物同治丙寅得之

二世詔木量殘銅版 全文見前

□元□㭬半鼓制乚疾 一行約六字

□灋□度量乚爲 二行約八字

□出□皆□有□半刻半鼓辭乚刻 三行約十一字

□辭□不稱□始半鼓皇乚遠 四行約十字

□世□如□後嗣乚成 五行約十字

□成□功□盛德乚左 六行約十字

使毋疑 七行 三行使字上與德字下平

版有二咸海豐吳氏同治丁卯城不守一時許

吉金獨無恙惟爲人竊去秦權印石解

秦詔版一其版較此爲勝不知歸誰氏矣

二世木量詔版　全文見前

元至斯一行七字

去至盡二行六字

始至有三行七字

刻至號四行六字

而至稱五行五字

始至遠六行七字

也至者七行七字

不至德八行六字

刻至左九行六字

使至疑十行三字

此版片瓦後有杙以嵌木之用　劉氏得之

長安

二世詔木量銅版 全文不錄

版制字行皆同劉氏者三十年前所得也

癸酉假吳氏者某石拓之大斯相金刻一大

聚會也癸酉七月望辛酉海濱病史記

《秦銅詔版釋文詩記》集册【抄稿】

毛邊折葉，紙捻册裝。一册十九葉，内文十七葉，前後書衣各一葉。半葉縱 26.2cm，横 18.4cm。題名據文意及簽條代擬。

他人據上述釋文和各詩稿的彙集謄抄，内文依次是：秦斯相書木量銅詔版釋文（初作於同治十二年癸酉七月望），秦量詔版考記（初作於同治六年十一月四日），秦量詔版八首（初作於同治七年戊辰冬日），「泰山九字」丙寅詠詩（初作於同治五年丙寅夏），「書勢堂皇開國初」癸酉詠詩（初作於同治十二年癸酉春），「天開混沌由文字」癸酉詠詩（作於同治十二年癸酉七月晦），鮑康《秦銅詔版詩爲劉燕庭方伯作》。

内文無校改。另有一簽條「秦銅詔版釋文詩記草稿」。據内文中癸酉七月晦日簠齋與其長孫論文字的詠詩，可知集册成稿時間約在同治十二年（一八七三）七月底。之後簠齋對集册的校改稿，捐贈手稿中不存。

同治十三年四月簠齋收得一秦鐵權，對原來所認爲的秦銅詔版皆施於木量的認識有所更正，即有陰詔字的，是施於鐵權的詔版。這種修正，可見於民國時陳文會輯稿《秦權量銅詔版釋文詩記》。

始皇木量詔版釋文
廿六年皇帝盡
并兼天下諸
矦半泐黔半泐首大安
太半泐號半泐爲皇帝
乃半泐詔丞相肰狀之名不見史
綰灋度量則
不壹歉疑
者皆明壹之
鑿款文八行一行廿至盡六字二行并至諸五字三行矦至安五字四行太至帝五字五行乃至狀五字六行綰至則五字七行不至疑四字八行者至之五字共四十字十鐘主人得之以冠諸版之上
鬳鑿款一似麗字疑是地名在版上曲銅曲形似護斗斛口者

録文

始皇木量詔版釋文

廿六年皇帝盡

并兼天下諸

矦半泐 黔半泐 首大安

立半泐 號半泐 爲皇帝

乃半泐 詔丞相狀狀之名不見史

綰灋度量則

不壹歉疑

者皆明壹之

鑿款。文八行。一行「廿」至「盡」六字，二行「并」至「諸」五字，三行「立」至「矦」至「安」五字，四行「立」至「帝」五字，五行「乃」至「狀」五字，六行「綰」至「則」五字，七行「不」至「疑」四字，八行「者」至「之」五字，共四十字。十鐘主人得之，以冠諸版之上。

鬳，鑿款一，似麗字，疑是地名，在版上。曲銅，曲形，似護斗斛口者。

【校記】

民國陳文會輯抄本中，一、改標題「始皇木量詔版釋文」爲「秦鐵權始皇詔銅版釋文」。簠齋對詔版施用之器，從「木量」更正爲「鐵權」。二、對銘文「狀」字的考釋有補充。原爲「狀之名不見史」，改作「狀之名不見史，當即丞相隗林。林，今本譌字也」。三、對銘文「綰」字的注釋有補充，「綰，丞相王綰也」。四、刪去題記末句「曲形似護斗斛口者」。（參見第512–513頁）

始皇木量詔版陰詔字

丞相

綰灋

四字鑄款乃大書詔文皆有缺筆字反書而官旁獨正書以詔文計之蓋三字一行四十字當十三四行每行翦為兩截又翦為四字一版約共十四版既鑿全詔於版面嵌之木量又慮偽鑿故先鑄全詔於版陰分翦多版如剖符然以防奸也同治癸酉春關中蘇兆年之弟億年所寄

始皇木量詔版陰詔字

丞相

綰灋

四字，鑄款，乃大書。詔文皆有缺筆，字反書，而官旁獨正書。以詔文計之，蓋三字一行。四十字，當十三四行。每行翦為兩截，又翦為四字一版，約共十四版。既鑿全詔於版面，嵌之木量。又慮偽鑿，故先鑄全詔於版陰，分翦多版，如剖符然，以防奸也。同治癸酉春，關中蘇兆年之弟億年所寄。

【校記】

民國陳文會輯抄本中，一、改標題「始皇木量詔版陰詔字」爲「秦鐵權始皇詔銅版陰詔字」。二、題記有修改，增補詔版所出的原初情況。具體爲：改「四字一版」爲「一版四字」。在「既鑿」二字間增補「將」字。刪去「嵌之木量」四字。在「鑄全詔於版陰」的「版陰」前增補「大」字。在篇末增補：「作書詢其所出之地與用。十一月復云：得之鬻鐵者，云出醴泉縣北趙村土中，銅版在鐵上。」（參見第514頁）

始皇木量銅詔版 全文見前
廿至并 一行七字
兼至首 二行七字
大至帝 三行七字
乃至綰 四行六字
灋至壹 五行六字
歉至之 六行七字
版四角横出有穿用以釘於木量簠齋丁卯夏得之
蘇兆年惟此二版專為始皇詔

始皇木量銅詔版全文見前

廿至并 一行七字

兼至首 二行七字

大至帝 三行七字

乃至綰 四行六字

灋至壹 五行六字

歉至之 六行七字

版四角横出，有穿，用以釘於木量。簠齋丁卯夏得之蘇兆年。惟此二版專為始皇詔。

【校記】

民國陳文會輯抄本中，一、改標題「始皇木量銅詔版」爲「秦木量始皇詔銅版」。二、題記有三處增補，即增補版形信息，對詔版功用的表述更嚴謹，補充詔版流藏的原初信息。具體爲：在「版四角横出」的「版」字後增補「平」字。在「用以釘於木量」的「用」字前增補「疑」字。在篇末增補：「蘇億年云：同治間征人得之今平凉地。」（參見第516頁）

第四葉

始皇二世兩詔木量銅版

廿至并 一行七字

兼至大 二行八字

安至乃 三行七字

詔至度 四行七字

量至疑 五行六字

以上始皇詔

元至斯 六行七字

此間銅斷為二

去至量□ 盡泐 七行六字

始至有 八行七字

刻至號 九行六字

而至稱 十行五字

始至也 十一行八字 久字似脱 也字半泐

如至不 十二行八字

稱至此 十三行七字

詔至疑 十四行七字 左使二字半泐

以上二世詔

版上曲銅，似有十字，又似有筆畫，是記數文。疑此獨為二世時兩詔同刻之器，不與吳、鮑二量同也。東武

劉燕庭方伯長安獲古至寶愛之品

劉燕庭方伯長安獲古，至寶愛之品。

【校記】

民國陳文會輯抄本中，一、改標題「始皇二世兩詔木量銅版」爲「秦鐵權始皇二世兩詔銅版」。二、簠齋在光緒七年辛巳（一八八一）十二月立春前二日校改增補題記，修正認識，將原來認爲是木量的始皇二世詔版更正爲鐵權詔版。具體爲：在「東武」前加「舊爲」二字。在篇末增補：「同治癸酉冬，蘇億年書云，出寶雞縣寶雞臺土中，在鐵椎上取銅版時用力，折斷爲二。鐵上亦有陽識大字，與陰款字同，似是鎔鐵入版者。椎鐵約重今權三四十斤。購者得之鐵肆，而棄其鐵，極爲憾事。桉，《顔氏家訓》：『開皇二年五月，長安民掘得秦時鐵稱權，旁有銅塗鎸銘二所。』其曰『權』，又曰『稱』，蓋一時之語。其云『二所』，蓋即始皇二世兩詔。其云『銅塗』，蓋不知版銅嵌入鐵内相同，似銅塗者。其器正與此同，特彼完而此有缺耳。與余今所得始皇詔，同爲鐵權之版，爲百二十斤之石甚明。而始皇之權無二世詔者，尤爲見黄門之所未見，千載後真有厚幸。辛巳十二月立春先二日庚寅海濱病史記。」（參見第518–521頁）

始皇二世兩詔木量銅版陰始皇詔字

乚　首　五行下翦缺

諸　諸　四行

𨽻一　兼天　三行下翦缺

帝盡　帝盡　二行下翦缺

此有空半行處

乚　廿　一行下翦

鑄款，大書。始皇詔存七字，三字不完，反書，左行，亦三字一行，首行四字，其剖版之數當亦十四。

【校記】

民國陳文會輯抄本中，改標題「始皇二世兩詔木量銅版陰始皇詔字」爲「秦鐵權始皇二世兩詔銅版陰始皇詔字」。

（參見第 522 頁）

二世木量詔版

元季制詔丞相斯去疾灋 一行十字
度量盡始皇帝爲之皆有 二行十字
刻辭焉今襲號而刻辭不稱 三行十字
始皇帝其於久遠也如後 四行十字
嗣爲之者不稱成功盛德 五行十字
刻此詔故刻左使毋疑 六行九字

版後有横陷，如流，亦嵌木之用。文六行，共五十九字。

東武劉氏故物。

【校記】

民國陳文會輯抄本中，一、改標題「二世木量詔版」爲「秦木量二世詔銅版」。二、改「三行十字」爲「三行十一字」。（參見第 524 頁）

第八葉

二世木量詔刻殘版 全文見前

元至去 一行八字

疾至帝 二行八字

爲至襲 三行九字

號至帝 四行九字

□其□於□久遠半缺 至嗣 五行八字 殘三字半

□為□之□者不至盛 六行八字 殘三字

□德□刻此半缺 至使 七行八字 殘二字半

□毋□疑 八行二字 缺

版四角直出，皆有穿，亦嵌木之用。版文中之精美者。

東武劉氏故物，同治丙寅得之。

【校記】

民國陳文會輯抄本中，改標題「二世木量詔刻殘版」爲「秦木量二世詔殘銅版」。（參見第528—529頁）

二世詔木量殘銅版全文見前

□元□秊半缺 制至疾 一行約九字

□瀍□度量至爲 二行約八字

□之□皆□有□刻半缺 辭至刻 三行約十一字

□辭□不□稱□始半缺 皇至遠 四行約十字

□也□如□後嗣至成 五行約十字

□成□功□盛德至左 六行約十字

使毋疑 七行三字[一] 使字上與德字下平

版有二，藏海豐吴氏。同治丁卯，城不守一時許，吉金獨無恙，惟為人竊去秦漢印百餘、秦詔版一。其版較此為勝，不知歸誰氏矣。

【校記】

民國陳文會輯抄本中，一、改標題「二世詔木量殘銅版」爲「秦木量二世詔殘銅版」。二、刪「□成」，改「六行約十字」爲「六行約九字」。（參見第530–531頁）

[一]「字」原作「行」，據民國陳文會輯抄本改。

二世木量詔版全文見前

元至斯一行七字

去至盡二行六字

始至有三行七字

刻至號四行六字

而至稱五行五字

始至遠六行七字

乜至者七行七字

不至德八行六字

刻至左九行六字

使至疑十行三字

版如片瓦後有杙大嵌木之用劉氏得之長安

二世木量詔版全文見前

元至斯一行七字

去至盡二行六字

始至有三行七字

刻至號四行六字

而至稱五行五字

始至遠六行七字

也至者七行七字

不至德八行六字

刻至左九行六字

使至疑十行三字

版如片瓦，後有杙，亦嵌木之用。劉氏得之長安。

【校記】

民國陳文會輯抄本中，改標題「二世木量詔版」爲「秦木量二世詔銅版」。（參見第526–527頁）

二世詔木量銅版全文不錄

版制字行皆同劉氏者簠齋三十年前所得也癸酉

假吳氏者集而拓之夫海內斯相金刻一大聚會也

七月望辛酉海濱病史記

二世詔木量銅版全文不録

版制、字行皆同劉氏者，簠齋三十年前所得也。癸酉假吴氏者集而拓之，亦海内斯相金刻一大聚會也。七月望辛酉海濱病史記。

【校記】

一、民國陳文會輯抄本中，改標題「二世詔木量銅版」爲「秦木量二世詔銅版」。（參見第532頁）二、題記中「七月望」之前，在《秦斯相書木量銅詔版釋文》（底稿）中，原寫有「癸酉」，又被朱筆圈去。（參見第459頁）也就是説，釋文寫作於同治十二年癸酉七月望，並有此八種詔版的拓本。拓圖在陳文會輯抄本中有收集，但不全。

秦量詔版攷記

今世所存秦相斯書惟泰山九字琅邪片石皆二世刻耳若司馬氏所記始皇二十八年鄒嶧立石泰山立石之罘立石復十二歲作琅邪臺立石二十九年之罘刻石東觀刻石三十二年刻碣石門三十七年會稽立石皆無存矣嶧山所摹尚功所刻概失其真昔年惟見嘉興張叔未廷濟藏始皇殘版十二字尚是古遺嗣余與劉燕庭方伯同得關中所出銅版余一而劉氏四劉氏名為秦銅詔版余以瀍度量文及史器械一量文證之定為秦量詔版此即二世詔後所謂具刻詔書金石刻之金刻而李斯獄中上書所謂更剋畫平斗斛度量文章布之天下以樹秦之名者其為斯書實無疑矣版或四角有穿可釘或背有杙可鑿當以施於木量其一并列始皇詔於前又大書鑄始皇詔字於背似亦皆二世所為獨於始皇為闕如好古者同快快焉同治丙寅劉氏之版既悉歸余丁卯夏蘇兆年忽以一版至驗之獨為始皇詔而辭未稱始則是除帝謚法世以計數之前所作者於是始皇二世之刻始備斯為廷尉為相時之書亦俱備誠希世之珍已

秦量詔版攷記

今世所存秦相斯書，惟泰山九字、琅邪片石，皆二世刻耳。若司馬氏所記，始皇二十八年，鄒嶧立石，泰山立石，之罘立石。復十二歲，作琅邪臺立石。二十九年之罘刻石、東觀刻石，三十二年刻碣石門，三十七年會稽立石，皆無存矣。嶧山所摹，尚功所刻，概失其真。昔年惟見嘉興張叔未廷濟藏始皇殘版十二字，尚是古遺嗣。余與劉燕庭方伯同得關中所出銅版，余一而劉氏四。劉氏名為「秦銅詔版」。余以「瀍度量」文，及《史》「器械一量」文證之，定為「秦量詔版」。此即二世詔，後所謂「具刻詔書金石刻」之金刻。而李斯獄中上書，所謂「更剋畫，平斗斛度量，文章布之天下，以樹秦之名」者，其為斯書，實無疑矣。版或四角有穿可釘，或背有杙可鑿，當以施於木量。其一，并列始皇詔於前，又大書，鑄始皇詔字於背，似亦皆二世所為。獨於始皇為闕如，好古者同快快焉。同治丙寅，劉氏之版既悉歸余。丁卯夏，蘇兆年忽以一版至。驗之，獨為始皇詔，而辭未稱始，則是除帝謚法，世以計數之前所作者。於是始皇、二世之刻始備，斯為廷尉、為相時之書亦俱備，誠希世之珍已！

詠秦量
一片泰銅兩世刓當年任法弊鞅殘在德在鼎分明見莫
僅臣斯寶篆看
詠呂戈
更有鑿文驗呂戈先鎔詔事畏嚴苛舍人游說秦王客萬
古燒書恨不磨
余藏有呂不韋戈鑄款詔事二字又鑿款屬邦二字又
一面鑿十五字曰五季相邦呂不韋造一行詔事圖丞
蕺工寅一行戈大銅精沈沙陷穿堅埘不去鑿文如髮
僅可審拓以詔事二字篆法定為始皇五季李斯為呂
不韋舍人時書

第十三葉

詠秦量

一片秦[一]銅兩世刓，當年任法弊鞅殘。在德在鼎分明見，莫僅臣斯寶篆看。

詠呂戈

更有鑿文驗呂戈，先鎔詔事畏嚴苛。舍人游說秦王客，萬古燒書恨不磨。

余藏有呂不韋戈，鑄款「詔事」二字，又鑿款「屬邦」二字。又一面鑿十五字，曰「五季相邦呂不韋造一行詔事圖丞蕺工寅一行」。戈大銅精，沈沙陷穿，堅埘不去。鑿文如髮，僅可審拓。以「詔事」二字篆法，定為始皇五季李斯為呂不韋舍人時書。

【校記】

《詠秦量》、《詠呂戈》，本是《秦量詔版考記》中考記文後的附詩。在民國陳文會輯抄本中，二詩與考記被分割開，置於同治十二年的癸酉詠詩之後。輯抄本的這種排序似不妥。（參見第 534–535、544–545 頁）

[一]「秦」字，被誤抄作「泰」。

秦量詔版八首

繹泰琅邪，之罘東觀。碣門會稽，頌德爾偏。胡至後世，十無一存。亡偕日喪，燔豈野焚。

昔載斤權，今出詔版。金後石旁，胡亥阼踐。晚出愈奇，獨標[一]廿六。片羽吉光，羞登趙録。

端平法度，作始之秊。器械一量，遷史信傳。壽金出西，文堪覆按。圖書若存，禮樂何歎。

號采上古，去泰著皇。計數除謚，沙邱道亡。襲號稱功，述兼金刻。閟兹寸銅，孰匹樂石。

蒼頡作篇，省改籀史。小篆入神，千秋矩軌。具刻詔書，從臣所請。作俑吏文，鞅掌簿領。「因明白矣」等，與「今須至者」等，同不可解。

剅畫文章，斗斛度量。樹秦之名，獄書求諒。偶語且阬，貫盈奚遣。以吏為師，東門黃犬。

律度量衡，豆區釜鍾。制器尚象，古皆用銅。出角四穿，施宜量腹。椓杙丁丁，肇端攻木。

往覩嘉量，側款陽安。有文旋讀，如圜無端。其朋其朋，古人求我。簡金隆然，試驗刻左。

丙寅得四版，既詩紀之。丁卯復獲始皇版。戊辰冬日，鄉田無警，拓裝再詠之。退脩居士十一月三日。

[一]「標」字，此本誤抄作「操」。

丙寅夏五版歸余喜而詠此退脩居士
泰山九字琅邪一片二石五金相斯真面
大夫五紀嘉禾三行金石賸蹟獨見始皇五大夫楊樛當是始皇時從臣題名
變籀開邈小篆之祖工若陽冰豈可同語
兵銷祖龍遺茲量銅歸我簠齋海東日紅

丙寅夏，五版歸余，喜而詠此。退脩居士

泰山九字，琅邪一片。二石五金，相斯真面。
大夫五紀，嘉禾三行。金石賸蹟，獨見始皇。五大夫楊樛當是始皇時從臣題名。
變籀開邈，小篆之祖。工若陽冰，豈可同語。
兵銷祖龍，遺茲量銅。歸我簠齋，海東日紅。

丁卯夏，余既得始皇詔版，完於張氏清儀閣者。癸酉春，蘇億年又以一版至，亦始皇詔。上有一字，當是地名。背有鑄款，大書，詔文翦存，左行「丞相綰瀘」四字，又過於劉氏嘉蔭簃者。遂冠秦版之首，喜而詠此。

書勢堂皇開國初，强秦兼并拓規模。如何一變前王法，文字先求與古殊。

仁政先根不忍心，恃强恃刻治絲棼。韻不可通，意達，遂不復易。任君驗款發藏字，天下錐刀自擾深。版施於木量[一]，藏款於內，以防偽鑿。

坑儒端知是畏儒，祖龍夜氣未全無。亡秦畢竟無文字，漢祖猶習作豎呼。

小篆收鋒入謹嚴，須知渾噩降束箝。器季自驗書年進，憑弔誰為斥趙閹。

漆書用削端隨刃，圓杵藏鋒聿義瞻。聿，从彐从𠂇，手執杵也。以古金文審之，三代作篆，當有此二種。欲溯毛錐初變處，定應斯相肇蒙恬。

三代自然小篆拘，隸猶近篆力遒紆。分書排比投兼躍，法到隋唐古欲無。

癸酉七月晦，與長孫阜論，開闢混沌，只是文字。人心亦然。小詠坿此。

天開混沌由文字，人擴靈明亦在茲。大義微言常不覺，終歸混沌又何疑。

第十六葉

[一]「版施於木量」，民國陳文會輯抄本作「版鎔於鐵權」。（參見第540頁）

秦銅詔版詩為劉燕庭方伯作　鮑康

有客持示一片銅，色如碧玉光熊熊。云是嬴秦二世刻，律度衡量將毋同。聞君汲古有修綆，得之驪山壯構阿房宮。我乃笑客敢予侮，楚人一炬皆焦土。金人十二且銷鎔，片銅那得留千古。客忽大笑復于余，好古安可不讀書；此説我欲為君辨，此疑我欲為君祛。君不見隋時開皇之二年，長安官庫見稱權。其事傳於白六帖，其詞載於黃門家訓篇。又不見文同陸經二校理，訪古遨遊長安市。銅版有二文前後，集古并録六一老居士。我聞此説釋我疑，始信我客不我欺。我心默默有所思，傾倒為客畢其詞。憶昔振衣登泰岳，燼餘二石如雙玉。九字曾經拓翠螺，硯向池邊玉女濯。又憶東海琅邪臺，禮日亭圮碑未隤。從臣姓氏隱約見，手除薜荔剜蒼苔。我今策馬長安道，與客時時來探討。登山刻石頌功烈用蘇句，區區詔版亦足寶。客聞我語喜欲狂，箸述我且追歐陽。版高四寸廣二寸，五十九言篆六行。成功盛德皆刻畫，其於久遠惟金石。贈我不啻英瓊瑤，我作謌詩還報客。

利津李太守秦量考

此文稿是簠齋對李佐賢所藏秦量的形制和容量，以及器上始皇二世詔刻特徵的考證和闡釋，前後有三個文本。文本一是初成的底稿；文本二是再修訂的校改稿；文本三是他抄謄清稿，簠齋再略作校改。成稿時間在同治九年（一八七〇）九月十七日。

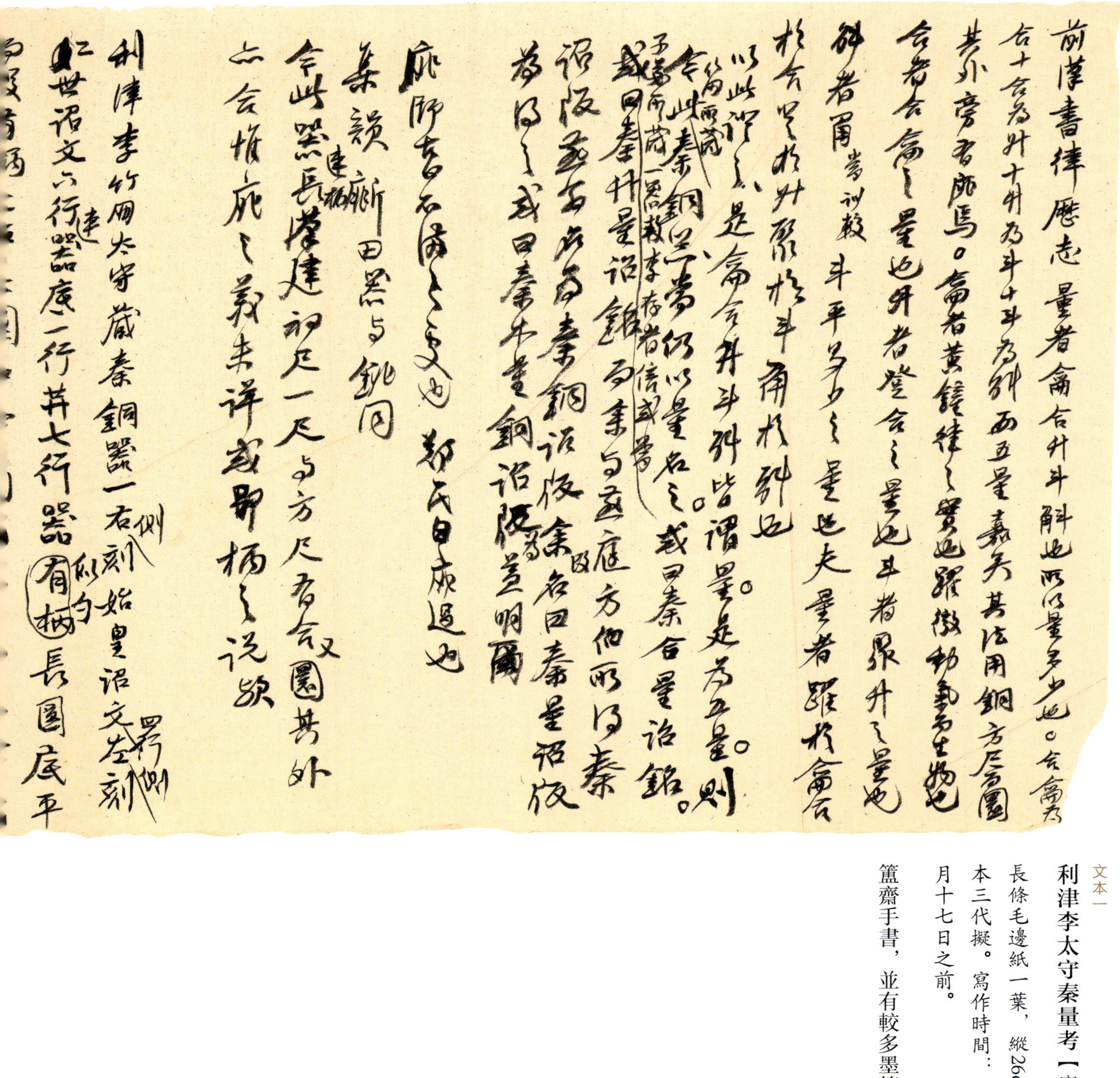

文本一

利津李太守秦量考【底稿】

長條毛邊紙一葉，縱26cm，橫67.7cm。題名據文本三代擬。寫作時間：同治九年（一八七〇）九月十七日之前。

簠齋手書，並有較多墨筆修改。

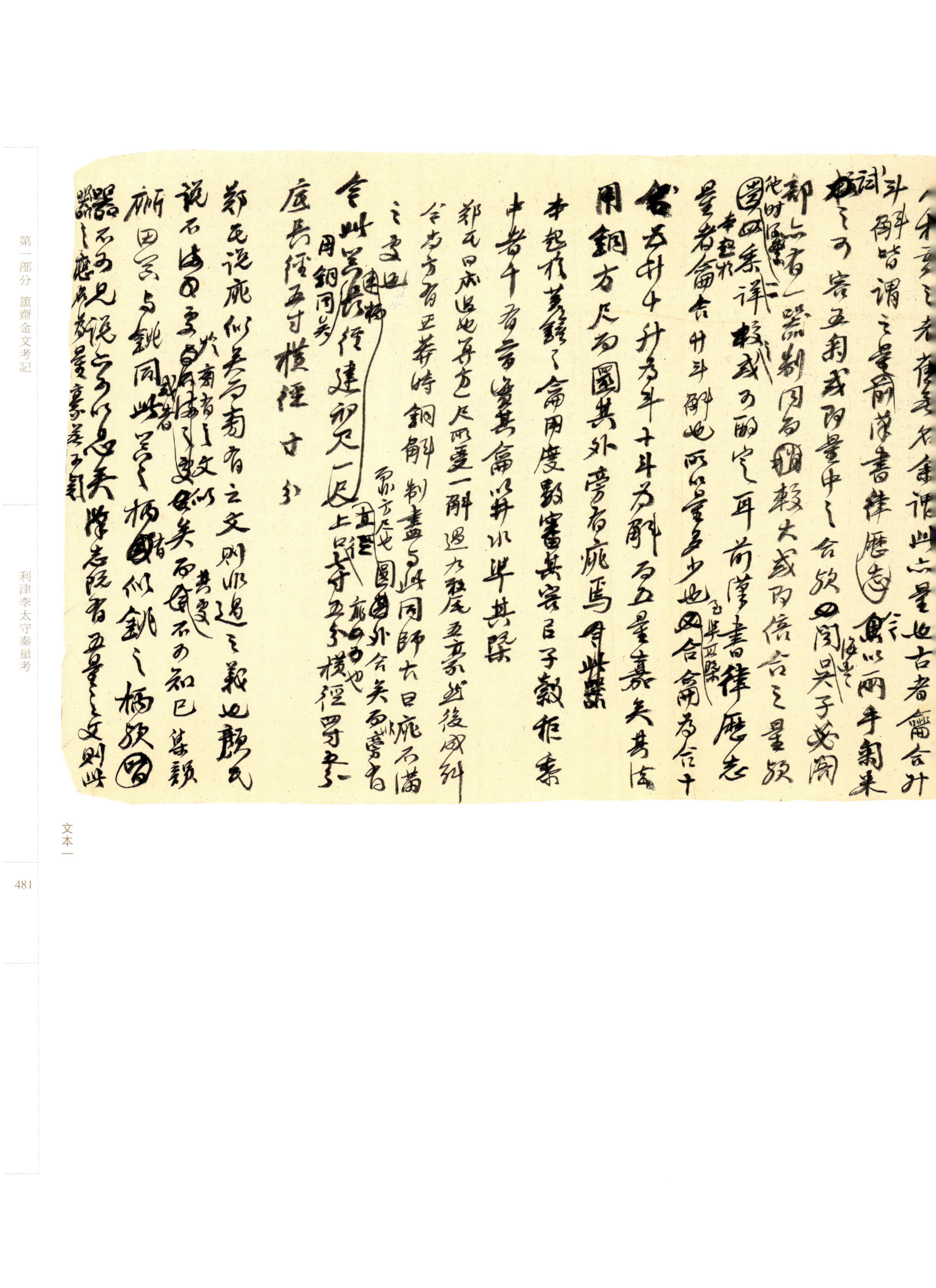

文本一

庚午九月十七日鐙下再訂

利津李竹朋太守藏秦銅器一右側刻始皇廿六年詔四行左側刻二世元年詔連器底一行共七行以建初尺度之其柄長徑一尺弱去柄徑七寸五分橫徑四寸五分柄寬一寸五分高二寸七分底徑五寸橫徑三寸三分器形似勺作長圜式與予所存新莽地皇上戊二年長樂衛士銅飯幘相彷彿底平棱圜柄平上圓下空中旁有一穿當是削木為圜柄而杙貫之便於執持以量米入斗斛者器舊無名余謂此五量之一也當名為量古者龠合升斗斛皆謂之量今兩手匊米試之可容五匊疑即量中之升又可名為升量聞海豐吳子苾閣部亦有一器制同而大倍之或為倍升之量或為升量而此器為半升之量他時目驗

文本二

利津李太守秦量考【校改稿】

長條毛邊紙一葉，縱26cm，橫73.5cm。題名據文本三代擬。寫作時間：同治九年（一八七〇）九月十七日。

承續文本一，簠齋手書，再朱筆、墨筆校改句點。篇首補署「庚午九月十七日鐙下再訂」。

歷志量者龠合升斗斛也所以量多少也本起於
黃鍾之龠用度數審其容以子穀秬黍中者
千有二百實其龠以井水準其槩合龠為合十合為
升十升為斗十斗為斛而五量嘉矣說苑曰千二百粟為一龠十龠為
一合 又志量多少者不失圭撮注應劭曰圭自然之形陰陽之
始也四圭曰撮三指撮之也孟康曰六十四黍為圭後漢書志注
說苑曰十粟重一圭 其法用銅方尺而圓其外旁有庣
焉注鄭氏曰庣過也算方一尺所受一斛過九釐五豪
後成斛令為方者王莽時銅斛制盡與此同師古曰庣不滿
之處 其上為斛其下為斗左耳為升右耳為合
龠其狀似爵以縻爵祿 今此器用銅合於志矣
而非方尺也圓外合於志矣而非旁庣也鄭氏說庣
明矣而旁有則嘗未詳師古說不滿受於旁者之
文似矣而其受之不可知集韻說文參庣字集韻斛
曰器與銚同或者此量象柄有似於銚而謂為有庣歟
形又似耳或即左耳為升之制歟皆不可見說定
以息矣嘗余與東武劉燕庭方伯得秦詔版方伯名
為秦銅詔版余改名曰秦量詔版又名曰秦禾量銅詔版
蓋律度量衡皆用銅者為方所存而律令所傳而職官所掌也
斗斛用木而詔版用銅者民用所便也合二者證之而制益明
合李斯諸金刻觀左側而秦量蓋大篇且刻左之文皆以左行刻在
後擬議君徵諸此器而盡定識今日文字之至幸已

利津李太守秦量考【抄校稿】

毛邊折葉紙二葉。每葉縱25.9cm，橫36.5cm。篇首黏貼簠齋題簽「利津李太守秦量考」。捐獻時此稿原在「金文考釋 雜稿」一包內。

他人據文本二謄抄，簠齋再略作校改。篇末增補一段文字：「陝中近出詔版、泥封，各有定地，疑秦亡木量存漢庫中，不用日久，朽爛入土者。泥封則疏奏文移啟封後所聚處也。」

利津李太守秦量攷

利津李竹朋太守藏秦銅器一右側刻始皇廿六年詔四行左側刻二世元年詔連器底一行共七行以建初尺度之竝柄長徑一尺弱去柄徑七寸五分横徑四寸五分柄寬一寸五分高二寸七分底徑五寸横徑二寸三分器形似勺作長圓式與予所存新莽地皇上戊二年長樂衛士銅飯幘相彷彿底平稜圜柄平上圜下空中旁有一穿當是削木入柄而杙貫之便於執持以量米入斗斛者器舊無名余謂此五量之一也當名為量古者龠合升斗斛皆謂之量今兩手匊米試之可容五匊疑即量中之升又可名為

升量聞海豐吳子苾閣部亦有一器制同而大倍之或為倍升之量或為升量而此器或為半升之量也時驗黍粲一一詳核之乃可酌定耳前漢書律歷志量者龠合升斗斛也所以量多少也本起於黃鐘之龠用度數審其容以子穀秬黍中者千有二百實其龠以井水準其槩合龠為合十合為升十升為斗十斗為斛而五量嘉矣說苑曰千二百粟為一龠十龠為一合　又志量多少者不失圭撮注應劭曰圭自然之形陰陽之始也四圭曰撮三指撮之也孟康曰六十四黍為撮　後漢書志注說苑四十粟重一圭　其法用銅方尺而圜其外旁有庣焉注鄭氏曰庣過也筭方一尺所受一斛過九氂五豪然後成斛今尚方有王莽時銅斛制盡與此同師古曰庣不滿

之處也其上為斛其下為斗左耳為升右耳為合龠其狀似爵以縻爵祿今此器用銅合於志矣而非方尺也圜外合於志矣而非旁庣也鄭氏說庣明矣而旁有則尚未析師古說不滿處於旁有之文似矣而其處今不可知說文無庣字集韻庣田器與銚同或者此量之柄有似於銚而謂為庣與形又似人耳或即左耳為升之制與器不可見說亦可以息矣昔余與東武劉燕庭方伯得秦詔版方伯名為秦銅詔版余改名曰秦量詔版又名曰秦木量銅詔版蓋律度量衡皆用銅者尚方所存而職官所掌也斗斛用木而詔版

用銅者民用所便而律令之所溥也合二者攷之而制益明合李斯諸金刻觀之而秦篆益大備且刻左之文昔以左行刻在後擬議者徵諸器之左側而解始定誠今日文字之至幸已

陝中近出詔版泥封各有定地疑秦亡木量存漢庫中不用日久朽爛入土者泥封則疏奏文移啟封後所聚處也

録文

利津李竹朋太守藏秦銅器一，右側刻始皇廿六年詔四行，左側刻二世元年詔，連器底一行，共七行。以建初尺度之，竝柄長徑一尺弱，去柄徑七寸五分，横徑四寸五分。柄寬一寸五分，高二寸七分。底徑五寸，横徑二寸三分。器形似勺，作長圓式，與予所存新莽地皇上戊二年長樂衛士銅飯幘相彷彿。底平棱圓。柄，平上，圜下，空中。旁有一穿，當是削木入柄而杙貫之，便於執持，以量米入斗斛者。器舊無名，余謂此五量之一也，當名為量。古者龠、合、升、斗、斛皆謂之量。今兩手匊米試之，可容五匊，疑即量中之升，又可名為升量。聞海豐吴子苾閣部亦有一器，制同而大倍之，或為倍升之量，或為升量。而此器或為半升之量。他時目驗黍絫，一一詳核之，乃可酌定耳。《前漢書·律歷志》：「量者，龠、合、升、斗、斛也。所以量多少也。本起於黄鐘之龠，用度數審其容，以子穀秬黍中者千有二百實其龠，以井水準其概。合龠為合，十合為升，十升為斗，十斗為斛，而五量嘉矣。」《説苑》曰：「千二百粟為一龠，十龠為一合。」又《志》「量多少者，不失圭撮」注：「應劭曰：『圭，自然之形，陰陽之始也。四圭曰撮，三指撮之也。』孟康曰：六十四黍為撮。」《後漢書·志》注：「《説苑》曰：『十粟重一圭。』」「其法用銅，方尺而圜其外，旁有庣焉。」注：「鄭氏曰：『庣，過也。算方一尺，所受一斛，過九氂五豪，然後成斛。今尚方有王莽時銅斛，制盡與此同。』師古曰：『庣，不滿之處也。』」「其上為斛，其下為斗。左耳為升，右耳為合龠。其狀似爵，以縻爵禄。」今此器用銅，合於《志》矣，而非方尺也。圜外合於《志》矣，而非旁庣也。鄭氏説庣明矣，而旁有則尚未析。師古説不滿處，於旁有之文似矣，而其處今不可知。《説文》無庣字。《集韻》：⿰庣斤，田器，與銚同。或者此量之柄，有似於銚，而謂為庣與？形又似耳，或即左耳為升之制與？器不可見，説亦可以息矣。昔余與東武劉燕庭方伯得秦詔版，方伯名為「秦銅詔版」，余改名曰「秦量詔版」，又名曰「秦木量銅詔版」。蓋律度量衡皆用銅者，尚方所存，而職官所掌也。斗斛用木而詔版用銅者，民用所便而律令所溥也。合二者攷之而制益明。合李斯諸金刻觀之，而秦篆益大備。且刻左之文，昔以左行刻在後擬議者，徵諸此器之左側而解始定，誠今日文字之至幸已。

陝中近出詔版、泥封，各有定地，疑秦亡木量存漢庫中，不用日久，朽爛入土者。泥封則疏奏文移啟封後所聚處也。

附　鮑康詩記　潘伯寅詔版歌

捐贈手稿中有簠齋集存的鮑康詩記兩種，即《秦銅詔版詩爲劉燕庭方伯作》、《記秦權秦量》。前者是鮑氏爲劉喜海（一七九三至一八五二年）獲藏四塊秦詔版而作，劉氏舊藏四版於同治五年（一八六六）夏歸簠齋。後者是鮑康就簠齋同治十三年（一八七四）四月喜獲一秦權而作。此外，還有潘祖蔭的一篇詔版歌。

作者	題名	文本編號	本别	備注
鮑康	秦銅詔版詩爲劉燕庭方伯作	文本一	抄稿一	「永聚興」版印朱格紙。題名據文本二代擬
		文本二	抄稿二。他抄，簠齋增補標題和作者	抄寫字體，同他抄稿《秦量詔版考記》、《秦量詔版八首》，係同一人抄寫
		文本三	集册抄稿。集入《秦銅詔版釋文詩記》册	他人據文本二抄録。成稿時間：約同治十二年七月底
	記秦權秦量		抄稿	寫作時間當在同治十三年四月底至五月初
潘祖蔭	潘伯寅詔版歌		抄稿	爲簠齋藏秦詔版而作

鮑康　秦銅詔版詩爲劉燕庭方伯作

詩稿三份，從字體、用紙、校改痕跡等判斷，皆爲抄稿。内容相同，只是有抄寫時間的先後之分，暫以文本一、二、三相區分。其中文本三集入《秦銅詔版釋文詩記》册，該集册約成於同治十二年癸酉（一八七三）七月底，此文本的圖版及録文參見第478頁。

有客持示一片銅，色如碧玉光熊熊。云是嬴秦二世刻，律度衡量將毋同。聞君汲古有修綆，得之驪山北楠阿房宮。我乃笑客敢予侮，楚人一炬皆焦土。金人十二且銷鎔，片銅那得留千古。客忽大笑復于余，好古安可不讀書。此說我欲爲君辨，此疑我欲爲君袪。君不見隋時開皇之二年，長安長庫見稱權，其事傳於白六帖，其詞載于黃門家訓篇。文不見文同陸經二校理，訪古遨遊長安市，銅版有二文，前後集古并錄六一老居士。我聞此說釋亦疑，始信我客不我欺。我心默默有所思，傾倒爲客畢其詞。憶昔振衣登泰岳，爐餘二石如雙玉。九字曾經振翠螺，硯向池邊玉女濯。文憶東

文本一　抄稿。「永聚興」版印朱格紙一葉，縱24.9cm，横32.3cm。

海琅邪臺禮日亭圮碑未讀從臣姓氏隱約見年陰蘚蝕剝蒼苔

我今策馬吾安道與我時人未摻討登山刻石頌功烈句用蘇區區

詔版不足寶安得我語喜欲極著述我且追歌陽版高四寸廣二

寸五十九言篆六行戊切盛法剡刻盡其於久遠惟金石賜我

不啻英瓊瑤我作詩詩還報之

文本二　抄稿。簠齋增補標題和作者。毛邊折葉一葉，縱26cm，橫36.3cm。

秦銅權詔詩爲劉燕庭方伯作　鮑康

有客持示一片銅色如碧玉光照照云是嬴秦二世刻律度衡量將毋同聞君汲古有修綆得之驪山北構阿房宮我乃笑客敢予侮楚人一炬皆焦土金人十二且銷鎔片銅那得留千古客忽大笑復于余好古安可不讀書此說我欲爲君辨此疑我欲爲君袪君不見隋時開皇之二年長安官庫見稱權其事傳於白六帖其詞載于黃門家訓篇又不見文同陸佃二校理訪古遨遊長安市銅版有二文前後集古并錄六一居士我聞此說釋我疑始信我客不我欺我心默默有所思傾倒爲客畢其詞憶昔振衣登泰岳燼餘二石如雙玉九字曾經拓翠螺硯向袖邊玉

女濯入懷東海琅邪臺孔日亭圮碑未隤從臣姓氏隱約

見手除薛荔剔蒼苔我今策馬長安道古客冊冊來搜討

登山刻石頌功烈（用蘇句）區區詔版亦足寶客聞我語喜歎

狂著述我且追歐陽版高四寸廣二寸五十九言篆六行

成功盛德皆刻畫甚於久遠惟金石贈我不啻英瓊瑤我

作謌詩還報客

文本二

鮑康　記秦權秦量

朱印界欄紙一葉，縱25.9cm，横32.6cm。抄稿。

簠齋於同治十三年（一八七四）四月五日得一秦鐵權，十一日即寄贈鮑康權拓、吕不韋戈拓等共賞。簠齋五月二十五日得鮑康五日手書並《秦權秦量記》（見同治十三年四月十一日、六月六日簠齋致鮑康札），故此文的寫作時間當在同治十三年四月底至五月初。

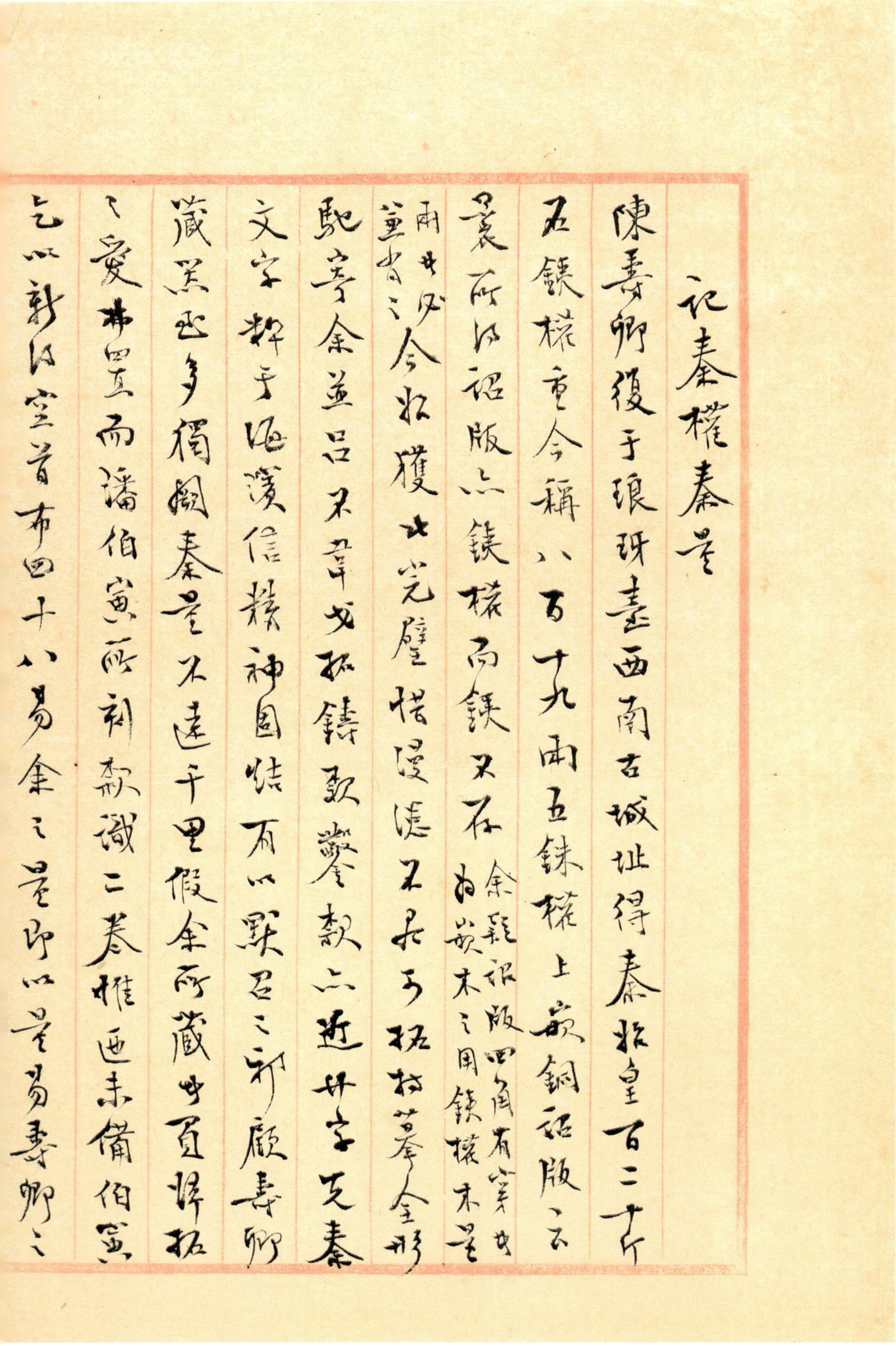

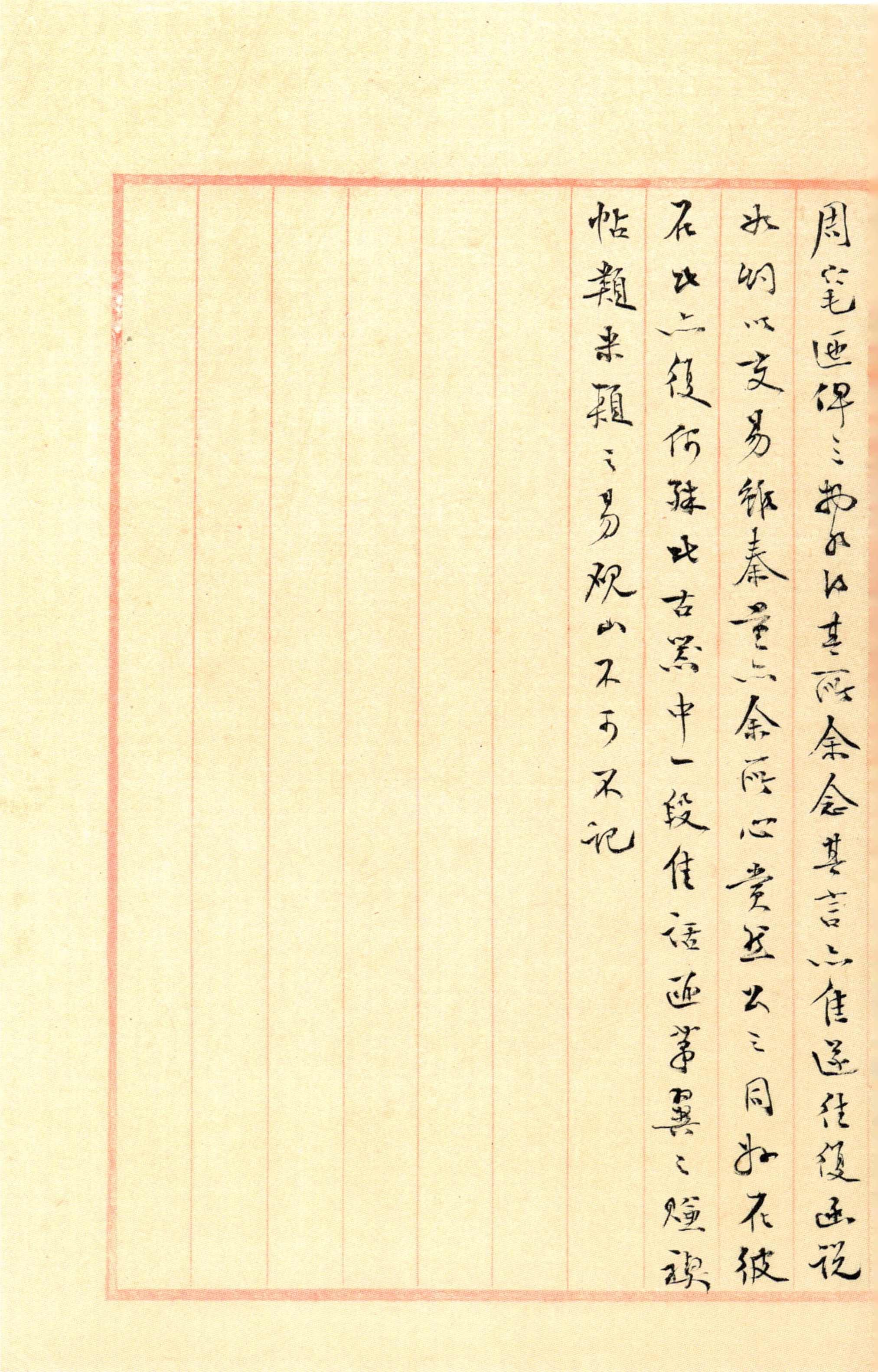

周宅匜俾三物各得其所余念其言亦佳遂往復函說如約以交易雖秦量亦余所心賞然公之同好在彼在此亦復何殊此古器中一段佳話匪蕭翼之賺禊帖類米顛之易硯山不可不記

録文

記秦權秦量

陳壽卿復于琅琊臺西南古城址得秦始皇百二十斤石鐵權，重今稱八百十九兩五銖。權上嵌銅詔版，云曩所得詔版亦鐵權，而鐵不存。余疑詔版四角有穿者為嵌木之用，鐵權、木量兩者必兼有之。今始獲此完璧，惜漫漶，不盡可拓，特摹全形馳寄余，並吕不韋戈拓，鑄款、鑿款亦近廿字。先秦文字粹于海濱，信精神固結，有以默召之邪。顧壽卿藏器至多，獨闕秦量，不遠千里假余所藏者，負歸拓之，愛弗置。而潘伯寅所刻款識二卷，惟匜未備。伯寅乞以新得空首布四十八，易余之量，即以量易壽卿之周宅匜，俾三物各得其所。余念其言亦佳，遂往復函說，如約以交易。雖秦量亦余所心賞，然公之同好，在彼在此，亦復何殊！此古器中一段佳話，匪蕭翼之賺禊帖，類米顛之易硯山，不可不記。

潘伯寅詔版歌

朱印界欄紙一葉，縱25.9cm，橫32.6cm。抄稿。其用紙及抄寫字體與鮑康《記秦權秦量》相同。

潘伯寅詔版歌

秦命爲刻令爲詔，祖龍創造古來無。斛黔首大安權量壹
滅書古篆臣斯勤，昔游晉與齊六後西至秦嶧山石
刻史不載荒碑幾度埋荆榛，阿房宮殿昔若雲章
甍上林令罕存，當時天下始賓服，指揮車書同軌文
梁又方刻銘琅邪，停飛輪之罘不會稽，又有仆，殘碑
零落誰稱珍，傳之二世風塵昏，成功盛德矣已云
襲殘刻辭李鴻列，意氣猶欲凌邱墳，我嘗望古三
太息，摩挲金石懷靈芬，琅邪石刻尚足貴，鐵錯陵
谷嗟湮淪，忽驚秦篆到眼新，咸陽得之良可欣，冀

齋學士癖嗜古獲此宜用奇香薰變籀開邈筆有神
六經何事皆灰塵丞相篆文縱不朽以吏為師羞齒論
美哉詔版權量斤其文則一求之頻學士先我獲奇觀
尤憐上蔡東門人海宇一并兼東南常游巡男樂女偕
臣誦烈、、方擬夔皋群安知萬變來紛紜片銅今
夕空相親歐陽録之學士匿願茲更壽三千春

録文

潘伯寅詔版歌

秦命為制令為詔，祖龍創造古未聞。黔首大安權量壹，減書古篆臣斯勤。昔游魯與齊，亦復西至秦。嶧山石刻史不載，荒碑幾度埋荆榛。阿房宮殿昔若雲，章臺上林今罕存。當時天下始賓服，指揮車書同軌文。梁父方刻銘，瑯玡停飛輪。之罘會稽各有作，殘碑零落誰稱珍。傳之二世風塵昏，成功盛德奚足云。襄號刻辭李馮列，意氣猶欲凌邱墳。我嘗望古三太息，摩挲金石懷靈芬。瑯玡石刻尚足貴，餘皆陵谷嗟湮淪。忽驚秦篆到眼新，咸陽得之良可欣。簠齋學士癖嗜古，獲此宜用奇香薰。變籀開邈筆有神，六經何事皆灰塵。丞相篆文縱不朽，以吏為師羞齒論。美哉詔版權量斤，其文則一求之頻。學士先我獲奇觀，尤憐上蔡東門人。海宇一并兼，東南常游巡。男樂女偕臣誦烈，誦烈方擬夔皋群。安知萬變來紛紜，片銅今夕空相親。歐陽録之學士匿，願茲更壽三千春。

附　秦權量銅詔版釋文詩記【民國陳文會輯抄册】

毛邊折葉、紙捻册裝。一册三十一葉，内文二十八葉，空白一葉，前後書衣各一葉。半葉縱31cm，横22.5cm。民國時簠齋曾孫陳文會輯抄。

内文除包括《秦銅詔版釋文詩記》集册抄稿（約同治十二年七月底）中的釋文、考記、詠詩，以及鮑康的秦銅詔版詩等篇目外，還增輯了簠齋的《秦仿古百廿斤石鐵權李斯書詔》（同治十三年）、《秦量考》（同治九年），並附入《鮑子年記秦權秦量》（同治十三年）、《潘伯寅詔版歌》。

值得注意的是，此輯抄稿中的釋文部分，有簠齋於光緒七年十二月立春先二日的修訂意見（參見圖版第十一葉）。可知，輯抄稿所依據的底本，當是簠齋對《秦銅詔版釋文詩記》集册抄稿（約同治十二年七月底）的再校改稿。輯抄稿中還增加了詔版拓本。

初校の

秦權量銅詔版釋文詩記

書衣

須補：

始皇詔版　第一种

二世詔版　最末一种

秦量

吕戈

李氏秦量

第一葉 秦鐵權始皇詔銅版陰詔字

廿六年皇帝盡并
兼天下諸侯黔首
大安立號為皇帝
乃詔丞相狀綰
法度量則不壹
歉疑者皆明壹之

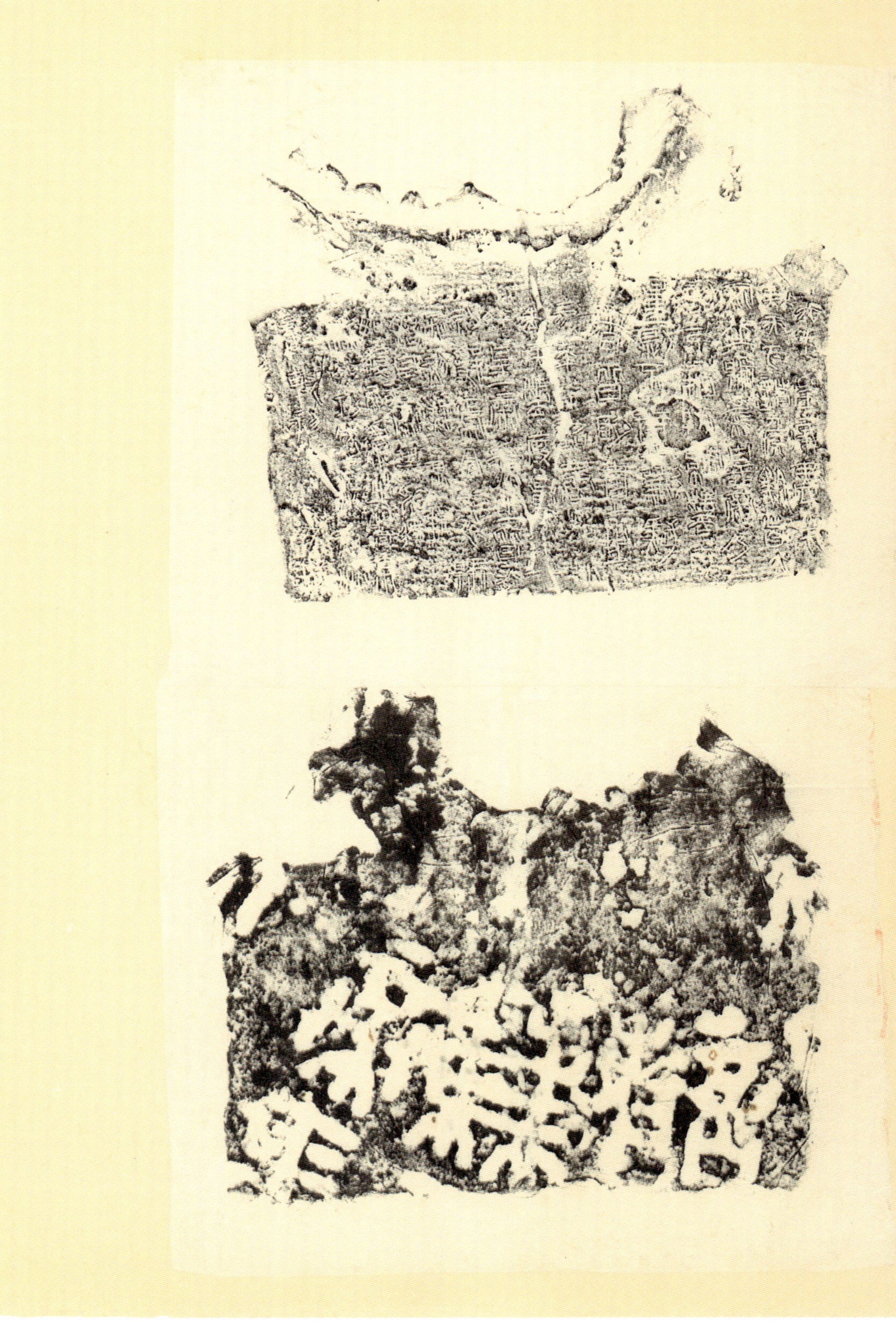

第二葉 A面 秦木量始皇詔銅版
B面 秦鐵權始皇二世兩詔銅版

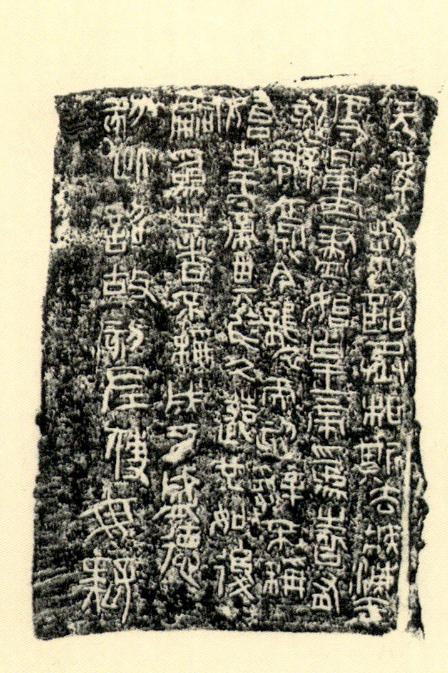

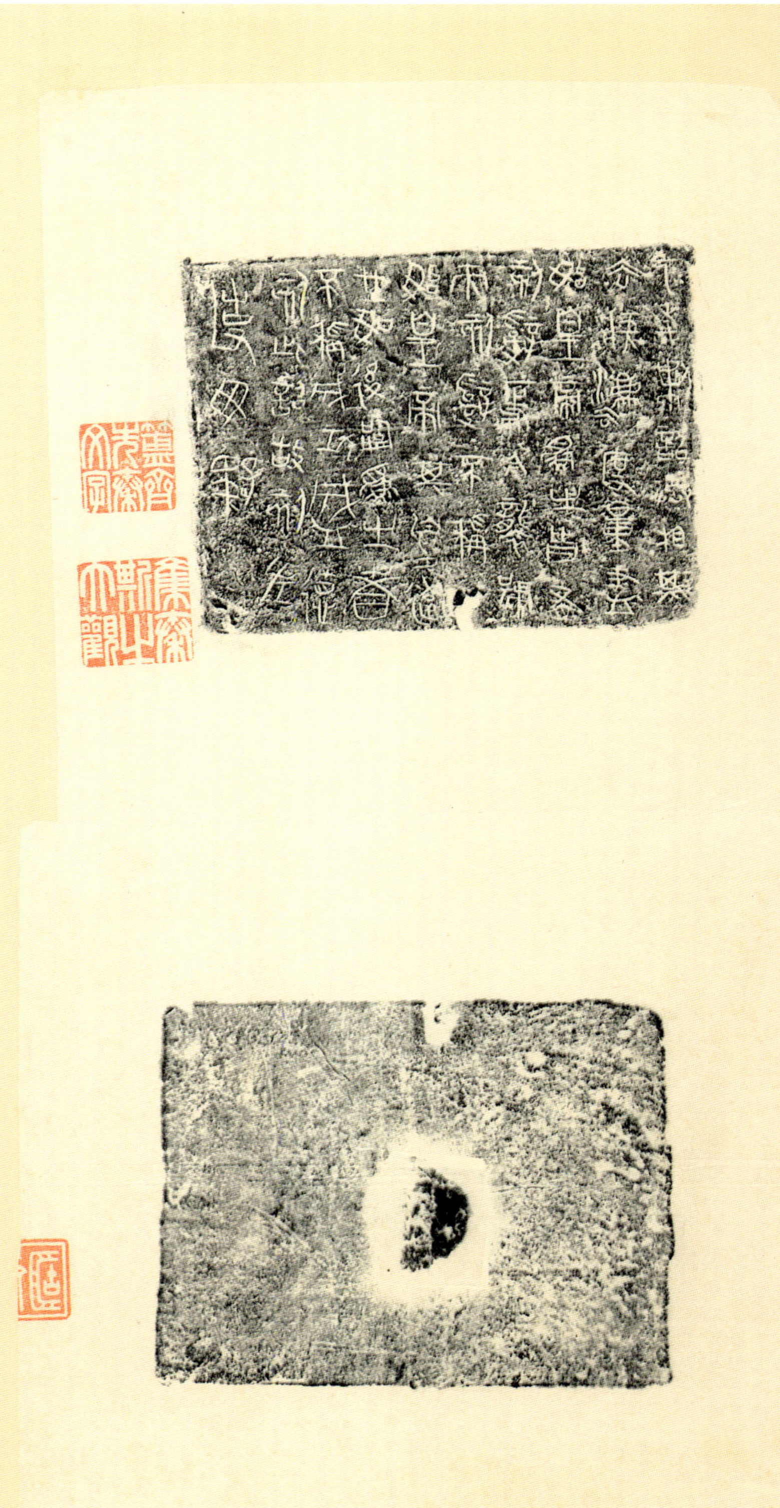

第三葉　A面　秦木量二世詔銅版　字六行
B面　秦木量二世詔銅版　字十行

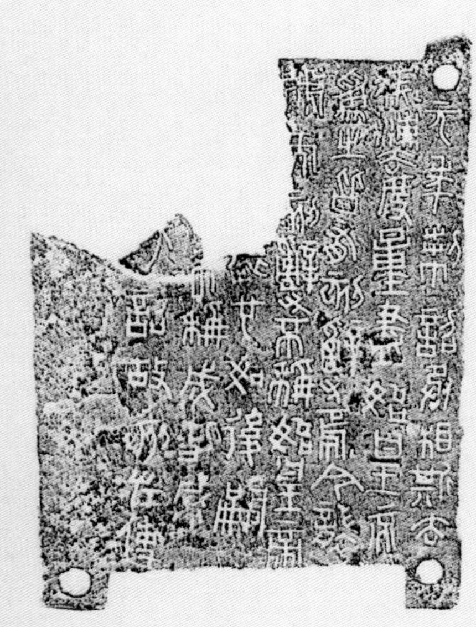

第四葉　A面　秦木量二世詔銅版　字八行
B面　秦木量二世詔銅版　字七行

第五葉　B面　秦木量二世詔銅版　字八行

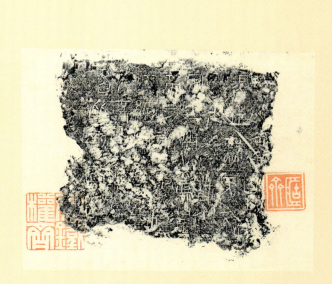

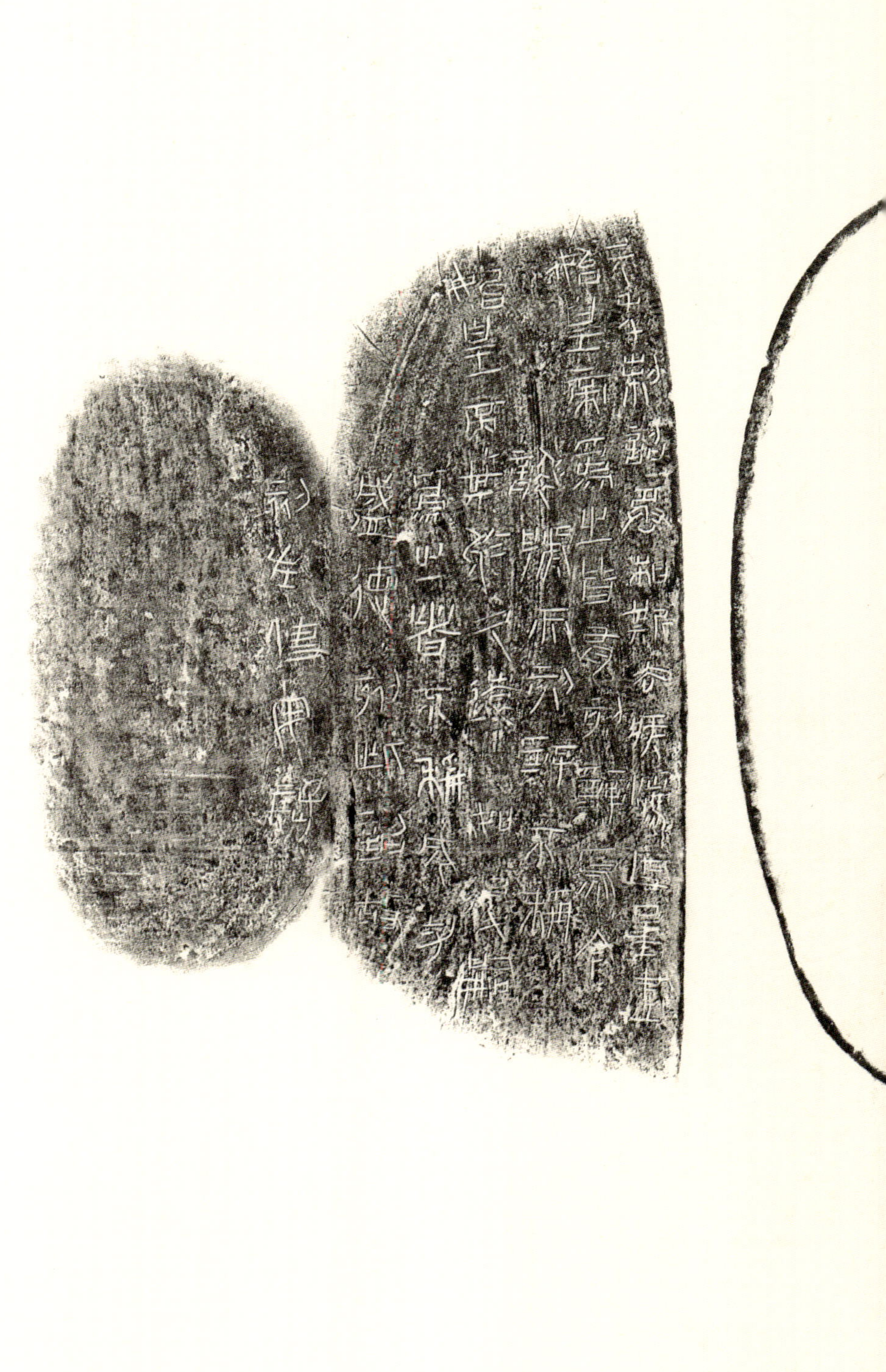

第六葉 秦量

一

秦鐵權始皇詔銅版釋文

廿六年皇帝盡

并兼天下諸

侯半泐黔半泐首大安

立半泐號半泐為皇帝

乃半泐詔丞相狀狀之名不見史當即丞相隗林林今本譌字

也

綰灋度量則綰丞相王綰也

不壹歉疑

者皆明壹之

鑿欵文八行一行廿至盡六字二行并至諸五字三行侯至
安五字四行立至帝五字五行乃至狀五字六行綰至則五
字七行不至疑四字八行者至之五字共四十字十鐘主人
得之以冠諸版之上

㕓鑿欵一似麗字疑是地名在版上曲銅

秦鐵權始皇詔銅版陰詔字

丞相

綰灋

四字鑄款乃大書詔文皆有缺筆字反書而官旁獨正書以詔文計之蓋三字一行四十字當十三四行每行翦為兩截又翦為一版四字約共十四版既將鑿全詔於版面又慮偽鑿故先鑄全詔於大版陰分翦多版如剖符然以防奸也同治癸酉春關中蘇兆年之弟億年所寄作書詢其所出之地與用十一月復云得之鬻鐵者云出醴泉縣北趙村土中銅版在鐵上

第八葉

三

秦木量始皇詔銅版 全文見前

廿至并一行七字

兼至首二行七字

大至帝三行七字

乃至綰四行六字

灋至壹五行六字

歉至之六行七字

版平四角橫出有穿疑用以釘於木量簠齋丁卯夏得之蘇兆年惟此二版專為始皇詔蘇億年云同治間征人得之今平涼地

第九葉

四

秦鐵權始皇二世兩詔銅版

廿至并一行七字

兼至大二行八字

安至乃三行七字

詔至度四行七字

量至疑五行六字

以上始皇詔

元至斯六行七字

此間銅斷爲二

去至量口盡泐七行六字

始至有八行七字
刻至號九行六字
而至稱十行五字
始至也十一行八字　久字似脫也字半泐
如至不十二行八字
稱至此十三行七字
詔至疑十四行七字　左使二字半泐
以上二世詔
版上曲銅似有十字又似有筆畫是記數文疑此獨為二世
時兩詔同刻之器不與吳鮑二量同也舊為東武劉燕庭方

五

伯長安獲古至寶愛之品同治癸酉冬蘇億年書云出寶雞縣寶雞臺土中在鐵椎上取銅版時用力折斷為二鐵上亦有陽識大字與陰款字同似是鎔鐵入版者椎鐵約重今權三四十斤購者得之鐵肆而棄其鐵極為憾事按顏氏家訓開皇二年五月長安民掘得秦時鐵稱權旁有銅塗鐫銘二所其曰權又曰稱蓋一時之語其云二所蓋即始皇二世兩詔其云銅塗蓋不知版銅嵌入鐵內相同似銅塗者其器正與此同特彼完而此有缺耳與余今所得始皇詔銅同為鐵權之版為百二十斤之石甚明而始皇之權無二世詔者尤為見黃門之所未見千載後真有厚幸辛巳十二月立春先二

日庚寅海濱病史記

第十一葉

六

秦鐵權始皇二世兩詔銅版陰始皇詔字

首五行下翦缺

諸四行

兼天三行下翦缺

帝盡二行下翦缺

此有空半行處

廿一行下翦

鑄款大書始皇詔存七字三字不完反書左行亦三字一行首行四字其剖版之數當亦十四

氏故物同治丙寅得之

秦木量二世詔殘銅版 全文見前

□元□年 半缺 制至疾 一行約九字

□灋□度量至為 二行約八字

□之□皆□有□刻 半缺 辭至刻 三行約十一字

□辭□不□稱□始 半缺 皇至遠 四行約十字

□也□如□後嗣至成 五行約十字

□功□盛 德至左 六行約九字

使毋疑 七行三字 使字上與德字下平

版有二咸海豐吳氏同治丁卯城不守一時許吉金獨無恙惟為人竊去秦漢印百餘秦詔版一 其版較此為勝不知歸

誰氏矣

十二

秦木量二世詔銅版全文不録

版制字行皆同劉氏者簠齋三十年前所得也癸酉假吴氏者

集而拓之亦海内斯相金刻一大聚會也七月望辛酉海濱病

史記

第十七葉

秦量詔版攷記

今世所存秦相斯書惟泰山九字琅邪片石皆二世刻耳若司馬氏所記始皇二十八年鄒繹立石泰山立石之罘立石復十二歲作琅邪臺立石二十九年之罘刻石東觀刻石三十二年刻碣石門三十七年會稽立石皆無存矣繹山所摹尚功所刻概失其真昔年惟見嘉興張叔未廷濟藏始皇殘版十二字尚是古遺嗣余與劉燕庭方伯同得關中銅版余一而劉氏四劉氏名為秦銅詔版余以灋度量文及史器械一量文證之定為秦量詔版此即二世詔後所謂具刻詔書金石刻之金刻而李斯獄中上書所謂更剋畫平斗斛度量文章布之天下以樹秦

之名者其為斯書實無疑矣版或四角有穿可釘或背有杙可鑿當以施於木量其一并列始皇詔於前又大書鑄始皇詔字於背似亦皆二世所為獨於始皇為闕如好古者同怏怏焉同治丙寅劉氏之版既悉歸余丁卯夏蘇兆年忽以一版至驗之獨為始皇詔而辭未稱始則是除帝謚法世以計數之前所作者於是始皇二世之刻始備斯為廷尉為相時之書亦俱備誠希世之珍已

十三

丙寅夏五版歸余喜而詠此
泰山九字琅邪一片二石五金相斯真面
大夫五紀嘉禾三行金石賸蹟獨見始皇五大夫楊樛是始皇
時從臣題名
變籀開邈小篆之祖工若陽冰豈可同語
兵銷祖龍遺兹量銅歸我簠齋海東日紅

第十九葉

吉

秦量詔版八首

丙寅得四版既詩紀之丁卯復獲始皇版戊辰冬日鄉田無磬拓裝再詠之十一月四日

繹泰琅邪之罘東觀碣門會稽頌德爾徧胡至後世十無一存亡佾日喪燔豈野焚

昔載斤權今出詔版金後石旁胡亥作踐晚出愈奇獨標廿六片羽吉光羨登趙錄

端平法度作始之年器械一量遷史信傳壽金出西文堪覆按圖書若存禮樂何歎

號采上古去泰著皇計數除謚沙邱道亡襲號稱功述兼金刻

閟茲寸銅孰匹樂石

蒼頡作篇省改籀史小篆入神千秋矩軌具刻詔書從臣所請

作俑吏文鞅掌簿領日明白矣等與今須至者等同不可解

刓畫文章斗斛度量樹秦之名獄書求諒偶語且阬貫盈奚遣

以吏作師東門黃犬

律度量衡豆區釜鍾制器尚象古皆用銅出角四穿施宜量腹

椽杙丁丁肇端攻木

往覩佳量側款陽安有文旋讀如圜無端其朋其朋古人求我

簡金隆然試驗刻左

丁卯夏余既得始皇詔版完於張氏清儀閣者癸酉春蘇億年又以一版至亦始皇詔上有一字當是地名背有鑄款大書詔文翦存左行丞相綰灋四字又過於劉氏嘉蔭簃者遂冠秦版之首喜而詠此

書勢堂皇開國初張秦兼并拓規模如何一變先王法文字先求與古殊

仁政先根不忍心恃强恃刻治絲棼韻不可通意違遂不復易

任君驗款發藏字天下錐刀自擾深版銘於鐵權藏款於內以防偽鑒

坑儒端知是儒（畏）祖龍夜氣未全無亡秦畢竟無文字漢祖猶習

作豎呼
小篆收鋒入謹嚴須知渾噩降束籀器年自驗書年進憑弔誰
為斤趙闇
漆書用削端隨刀圓杵藏鋒聿義瞻聿从彐从个手執杵也以
古金文審之三代作篆當有此二種欲溯毛錐初變處定應斯
相肇蒙恬
三代自然小篆拘隸猶近篆力道紆分書排比投兼躍法到隋
唐古欲無
癸酉七月晦與長孫阜論開闢混沌只是文字人心亦然
小詠坿此

十六

天開渾沌由文字人擴靈明亦在兹大義微言常不覺終歸渾沌又何疑

第二十二葉

十七

詠秦量

一片秦銅兩世刓當年任法弊鞅殘在德在鼎分明見莫僅臣斯寶篆看

詠吕戈

余藏有吕不韋戈鑄欵詔事二字又鑿欵屬邦二字又一面鑿十五字曰五年相邦吕不韋造一行詔事圖丞蕺工寅一行戈大銅精沈沙陷穿堅堋不去鑿文如髮僅可審拓以詔事二字篆法定為始皇五年李斯為吕不韋舍人時書

更有鑿文驗吕戈先銘詔事畏嚴苛舍人游説秦王客萬古燒

書恨不磨

秦仿古百廿斤石鐵權李斯書詔

同治甲戌四月初五日丁丑謁靈阡歸得秦始皇鐵權一乃古權之石五權之重者重濰稱五十三斤當今庫平八百十九兩五錢以古百二十斤為石校之秦之二斤三兩當今庫平一斤秦之一斤當今庫平七兩五錢八分權嵌始皇詔銅版係鑿款其內當夾大字詔文鑄款鑄權時先嵌銅版於笵鑄成然後書而刻之云出日照北三十里俗呼諸葛城地雖非日覩然自是琅邪臺迤南之古城所出始皇三至琅邪又徙黔首三萬戶必城郭於琅邪贛榆之間常曰東南有天子氣於是因東游以猒之而不知其在芒碭間也

第二十四葉

録文

秦㑥[一]古百廿斤石鐵權李斯書詔

同治甲戌四月初五日丁丑，謁靈阡歸，得秦始皇鐵權一，乃古權之石五權之重者。重濰稱五十三斤，當今庫平八百十九兩五錢。以古百二十斤為石校之，秦之二斤三兩，當今庫平一斤。秦之一斤，當今庫平七兩五錢八分。權嵌始皇詔銅版，係鑿款。其内當夾大字，詔文鑄款。鑄權時先嵌銅版於范，鑄成，然後書而刻之。云出日照北三十里，俗呼諸葛城地。雖非目覩，然自是琅邪臺迤南之古城所出。始皇三至琅邪，又徙黔首三萬户，必城郭於琅邪、贛榆之間。常曰東南有天子氣，於是因東游以厭之，而不知其在芒碭間也。

[一] 㑥，疑爲「仿」字。

十九

秦量攷

利津李竹朋太守藏秦銅器一右側刻始皇廿六年詔四行左側刻二世元年詔連器底一行共七行以建初尺度之竝柄長徑一尺弱去柄徑七寸五分横徑四寸五分柄寛一寸五分高二寸七分底徑五寸横徑二寸三分器形似勺作長圓式與予所存新莽地皇上戊二年長樂衛士飯幘相彷彿底平棱圓柄平上圓下空中旁有一穿當是削木入柄而杙貫之便於執持以量米入斗斛者器舊無名余謂此五量之一也當名爲量古者龠合升斗斛皆謂之量今兩手匊米試之可容五匊疑即量中之升又可名爲升量聞海豐吳子苾閣部亦有一器制同而

大倍之或為倍升之量或為升量而此器或為半升之量他時目驗黍粲一一詳核之乃可酌定耳前漢書律歷志量者龠合升斗斛也所以量多少也本起於黃鐘之龠用度數審其容以子穀秬黍中者千有二百實其龠以井水準其槩十龠為合十合為升十升為斗十斗為斛而五量嘉矣　說苑曰十二百粟為一龠十龠為一合　又志量多少不失圭撮注應劭曰圭自然之形陰陽之始也四圭曰撮三指撮之也孟康曰六十四黍為撮後漢書志注說苑四十粟重一圭　其法用銅方尺而圜其外旁有庣焉注鄭氏曰庣過也算方一尺所受一斛過九氂五毫然後成斛今尚方有王莽時銅斛制盡與此同師古曰庣不滿之

廿

坿

鮑子年記秦權秦量

陳壽卿復於瑯琊臺西南古城址得秦始皇百二十斤石鐵權重今稱八百十九兩五銖權上嵌銅詔版云曩所得詔版亦鐵權而鐵不存余疑詔版四角有穿者為嵌木之用鐵權木量兩者必兼有之　今始獲此完璧惜漫漶不可盡拓特摹全形馳寄余並呂不韋戈拓鑄款鑿款亦近二十字先秦文字粹于海濱信精神固結有以默召之邪顧壽卿藏器至多獨闕秦量不遠千里假余所藏者負歸拓之愛弗置而潘伯寅所刻款識二卷惟匜未備伯寅乞以新

得空首布四十八易余之量即以量易壽卿之周宅匜俾三物各得其所余念其言亦佳遂往復函說如約以交易雖秦量亦余所心賞然公之同好在彼在此亦復何殊此古器中一段佳話匪蕭翼之賺禊帖類米顛之易硯山不可不記

廿一

鮑子年秦銅詔版詩為劉燕庭作

有客持示一片銅色如碧玉光熊熊云是嬴秦二世刻律度量衡將毋同聞君汲古有修綆得之驪山壯構阿房宮我乃笑客敢予侮楚人一炬皆焦土金人十二且銷鎔片銅那得留千古客忽大笑復于余好古安可不讀書此說我欲為君辨此疑我欲為君祛君不見隋時開皇之二年長安官庫見稱權其事傳於白六帖其詞載於黃門家訓篇又不見文同陸經二校理訪古遨遊長安市銅版有二文前後集古並錄六一老居士我聞此說釋我疑始信我客不我欺我心默默有所思傾倒為客畢其詞憶昔振衣

登泰岳燼餘二石如雙玉九字曾經拓翠螺硯向池邊玉

女濯又憶東海瑯邪臺禮日亭圯碑未隤從臣姓名隱約

見手除薜荔剜蒼苔我今策馬長安道與客時時來搜討

登山刻石頌功烈用蘇句區區詔版亦足寶客聞我言喜

欲狂箸述我且追歐陽版高四寸廣二寸五十九言篆六

行成功盛德皆刻畫其於久遠惟金石贈我不啻英瓊瑤

我作謌詩還報客

潘伯寅詔版歌

秦命為制令為詔祖龍創造古未闢黔首大安權量壹滅
書古篆臣斯勤昔游魯與齊亦復西至秦嶧山石刻史不
載荒碑幾度埋荆榛阿房宮殿昔若雲章臺上林今罕存
當時天下始賓服指揮車書同軌文梁父方刻銘瑯玡停
飛輪之罘會稽各有作殘碑零落誰稱珍傳之二世風塵
昏成功盛德奚足云襲號刻辭李馮列意氣猶欲淩邱墳
我嘗望古三太息摩挲金石懷虛芬瑯玡石刻尚足貴餘
皆陵谷嗟湮淪忽驚秦篆到眼新咸陽得之良可欣簠齋
學士癖嗜古獲者宜用奇香熏變籀開邈筆有神六經何

事皆灰塵丞相篆文縱不休以吏為師羞齒論美哉詔版
權量斤其文則一求之頻學士先我獲奇觀尤憐上蔡東
門人海宇一并兼東南常游巡男樂女脩臣誦烈誦烈方
擬夔皋羣安知萬變來紛紜片銅今夕空相親歐陽錄之
學士匿願茲更壽三千春

零稿散葉

在捐贈的「秦器考釋」一包手稿中，除上述「秦權量銅詔版釋文詩記」各文稿外，另有一束簠齋手書的草底零稿散葉。

秦詔銅版

毛邊紙一片，縱25.6cm，横10cm。題名據文意代擬。

録文

詔云灋度量，則此銅版當是施於木量者，制有三，有柄之鑿者當是納於木，有流者當是合於木，其四角有穿者當是釘於木。有鑿者無流，餘皆有流。

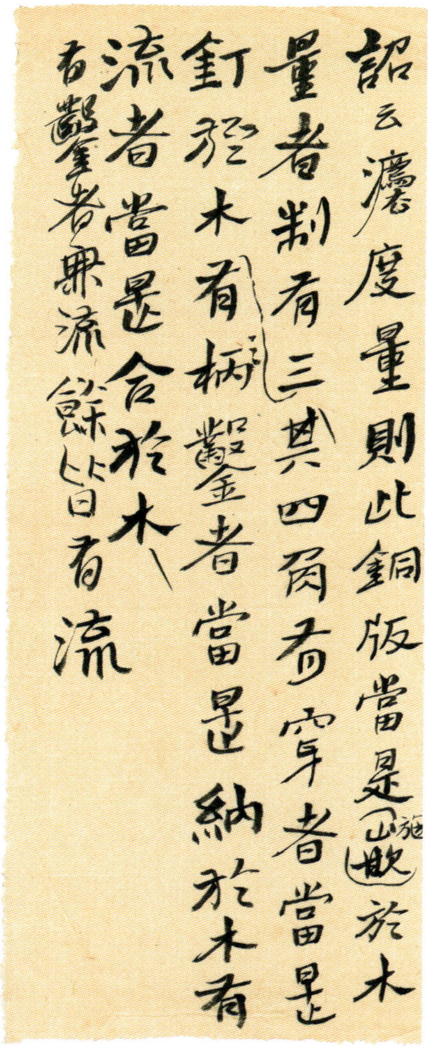

瑯琊臺秦瓦

毛邊紙一片，縱27.4–27.7cm，横26–26.5cm。題名據文意代擬。寫作時間：約同治七年（一八六八）。

録文

東武海上琅邪臺秦瓦當文曰「千秋萬歲」，相斯筆也。方赤外舅以丁卯季所得之一見賜後，又得其二。戊辰春使人拓秦碑，海上又得其一，遂成四瓦，距丁卯所出已六十季矣。文四出者二，方正者二，而各不同。蓋一瓦一文也。斯篆自泰山刻石燼餘九字外，惟此琅邪片石耳。此瓦斯書無疑，固當與石竝重，同垂不朽，繹山傳刻不足道矣。

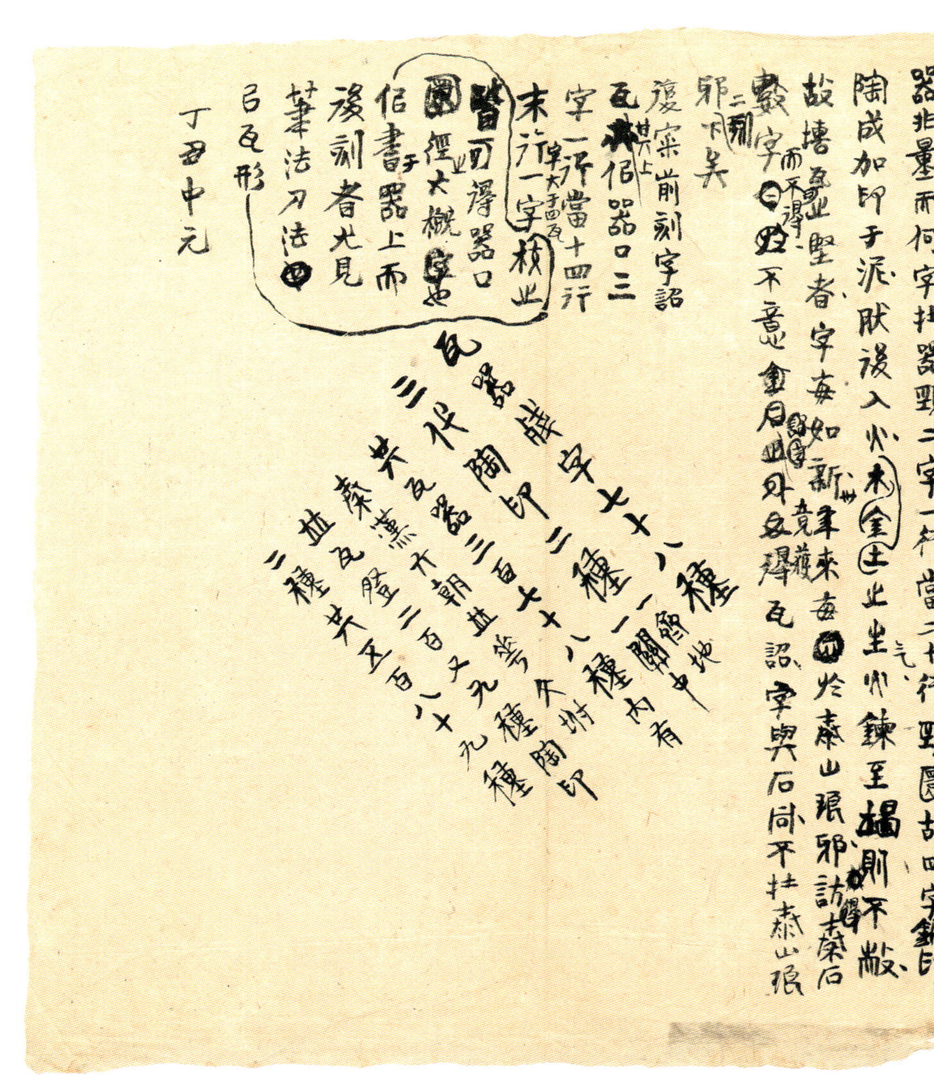

秦詔瓦量殘字丁丑考記【底稿】

毛邊紙一葉，縱27.7–28.1cm，橫27.2–27.5cm。題名據文意代擬。寫作時間：光緒三年丁丑（一八七七）中元。

簠齋手書並校改和句讀。內文有兩部分：一是秦詔瓦量殘字考記，係底稿；二是所藏瓦器等的統計文字。（「秦詔瓦量殘字考記」的簠齋清寫定稿，參見中國文化遺產研究院藏《秦詔瓦量殘字》拓本上册中的第五拓本題記）

録文

余昔得秦始皇詔刻字殘瓦一，疑爲宮瓦。今又得殘瓦四，其三器口宛然，定爲瓦量。古瓦器皆計所容，以瀍度量之詔，施於瓦器，非量而何？字在器頸，二字一行，當二十行。四瓦皆同，而非一器。頸圜，故鑄二行四字銅印，陶成加印于泥，然後入火，土金木之生氣，火鍊至竭則不敝，故塼瓦之堅者，字每如新。卅年來每於泰山琅邪，訪秦石數字而不得，不意竟獲瓦詔。字與石同，不在泰山琅邪二刻下矣。

復宋前刻字詔瓦，其上似器口三字一行，當十四行。末行一字，字大于四瓦，似書于器上而後刻者，尤見筆法刀法。以瓦形校之，皆可得器口圜徑之大概也。

丁丑中元。

瓦器殘字七十八種，三代陶印二種，一齊地，一關中。共瓦器三百七十八種，內有秦漢六朝竝華文坿、竝瓦登二百又九種，陶印二種，共五百八十九種。

附　秦詔瓦量殘字丁丑考記【清定稿】

此清定稿不在捐贈手稿之中。

余昔得秦始皇詔刻字陶瓦一疑爲宮瓦今又得陶瓦四其三器口完然定爲瓦量古瓦器皆計所容以準度量此詔施於瓦器非量而何字在器頸二字一行當二十行四瓦似同而非一器頸圜故鑄二行四字銅印陶成加印于泥然後入火土金木之生氣火鍊至竭則不敝故塼瓦之堅者字每如新秦無文字又十五年郎邪斯書爲柔豪之祖傳世至少余卅年來大集秦金安於泰山琅邪訪秦石數字而不得以秦瓦當數百自慰不意今竟獲瓦詔字與石同不在泰山琅邪二刻下秦之文字亦於斯爲盛矣復宋貴刻字詔瓦其上亦似器口三字一行當十四行末行一字字大于四瓦似書于器上刻者尤見筆法刀法以瓦形核之皆可得器口圜徑大略也　光緒丁丑七月十六日己巳海濱病史記

仿作詔瓦量

毛邊紙一片，縱26.3cm，横11cm。題名據内容代擬。簠齋提出仿製秦詔瓦量的要求和具體做法，遣人落實。

録文

刻木戳十個，每個秦詔四字，覓一能燒瓦窑者作出泥胎，將字印上再燒，並刻一「濰水医齋陳氏仿作」八字木戳印於底，傳之天下後世。照瓦片大者打出，圓尺量準高低。

秦始皇詔瓦量圖刻木戳印於詔之背面。

宜隸字　秦始皇詔瓦量圖

信札草稿

毛邊紙一片，縱25.5cm，横22.2cm。題名據内容代擬。

據「今裝寄索題」來看，似爲致吴雲信札草底稿。簠齋認爲，昔日得藏陰鑄款大字始皇詔者皆鐵權，今拓裝索題。同時告知「今又得始皇詔瓦量殘字二十片」。簠齋最早認知瓦量是在光緒三年丁丑（一八七七）七月，故此寫作時間當不早於光緒三年七月。

録文

今日篆書之體，祖於李斯，柔豪作書之法亦始于斯，暴秦十五年而亡，又天下所仇之，故流傳甚少。此斯蹟之所以極重也。劉燕庭丈所得始皇二世詔銅版，與余藏始皇詔銅版版陰有鑄款大字詔者，皆鐵權，聞出陳倉寶雞土中，人以鐵重去之，謂完者不可復遇，其歸里後忽於蘭山市上得此。昔年贈兩槁主人，今裝寄索題。礨翁所藏清儀閣秦詔殘字銅版為斯佳書，余今又得始皇詔瓦量殘字二十片，僅缺一立字，字好如新，尤宜書學。礨翁真鑒，或不以為妄也。

漢器金文考釋

簠齋收藏漢器吉金十三件。同治十年（一八七一）秋，選擇大小相稱的八件，命工刻圖，在同年九月至次年十一月間一一作考釋。又合《漢鐙考記》一文，集册而成《簠齋金文考》。

捐贈手稿中，有「漢器考釋」一包，内有單篇考釋文稿八種，包括考釋綏和雁足鐙、銅鍪、陽泉使者熏鑪、桂宫鐙、漁陽郡孝文廟銅甗鍑、開封鐙、尚浴府金行燭盤等七種，及《漢鐙考記》。未見對池陽宫鐙的單篇考釋文稿。《簠齋金文考》集册文稿，捐贈手稿中僅存目録的底稿一紙，以及《簠齋金文考》的節録稿，即《西漢八器》册。未見《簠齋金文考》集册的全文原稿，但從捐贈稿中所附的民國陳文會輯抄本《漢器考釋》，可窺《簠齋金文考》原稿之貌。

漢器考釋各稿文本整理表

漢器考釋各稿	寫作或成稿時間	文本編號	文本情況	備注
西漢綏和雁足鐙考	同治十年九月既望	文本一	底稿。簠齋手書	
		文本二	抄校稿，二份。二份抄稿基本相同，而簠齋校改不同	他人據文本一謄抄
		文本三	清抄稿。他抄	據文本二中的抄校稿之二謄清
西漢孝文帝銅鍪考釋	同治十年十月十二日	文本一	底稿。簠齋手書並校改	
		文本二	抄校稿。他抄，簠齋略校改	據文本一謄抄
		文本三	清抄稿。他抄	據文本二謄抄
漢陽泉使者舍熏鑪考釋	同治十年十月十七日	文本一	底稿。簠齋手書並校改	
		文本二	抄校稿。他抄，簠齋葉邊批注	據文本一謄抄
	同治十年十月十八日	文本三	清抄稿。他抄	内文較多增補
漢桂宫鐙考釋	同治十年十二月立春前二日	文本一	抄校稿。他抄，簠齋再校改	初稿寫作時間：道光二十一年七月初吉
		文本二	清抄稿。他抄	據文本一謄抄
漢鐙考記	同治十年十二月廿二日	文本一	漢鐙釋文的底稿。簠齋手書，再校改	内文被納入文本四，作爲各鐙的雙行小字注文
		文本二	一抄校稿。他抄，簠齋校改	題名據文本三代擬
		文本三	二抄校稿。他抄，簠齋校改和增補	
		文本四	清抄稿。他抄	據文本三謄抄
		文本五	清抄定稿。他抄	承續文本四，有增補
西漢漁陽郡孝文廟銅甗鍑二器考釋	同治十一年正月十日		底稿。簠齋手書並校改	題名據《西漢八器》中標題代擬
漢開封鐙考	同治十一年十一月十二日		底稿。簠齋手書並校改	
漢尚浴府金行燭鎜考釋	同治十一年十一月十四日		抄校稿。他抄，簠齋再校改增補	此器爲錢坫舊藏，劉喜海得之方廷瑚，後歸簠齋

西漢綏和雁足鐙考

西漢綏和鴈足鐙攷

鐙文三十四曰綏和元年供工〻譚為內者造銅鴈足鐙護相守嗇夫博掾並主右丞揚令賀省重六斤漢成帝即位〻二十五年癸丑改元所造也今傳世之鴈足鐙箸錄有三一建昭三年一竟甯元年皆元帝時造前此不及三十年同為西漢物且建昭鐙以成帝九年之陽朔元年賜陽平侯王鳳則與此又同為成帝時物一永元二年則和帝時造後此百年為東漢物矣是文以供工為異按供即共漢書百官公卿表武帝太初元年更名考工室為考工綏和二年哀帝省樂府王莽改少府曰共工綏和元年十一月丙寅王莽為大司馬莽傳特記曰是歲綏和元年也年三十八矣則此供工二字足為史誤共字與莽初用事之年成帝改考工為供工非新莽始改〻證諸家以建昭考工文疑竟甯鐙為僭達受剔誤識不免有失嗣余得漢朱文半通印文曰寺工又大可為之解嘲今此供工又為不同又異於史真足資考古者之討論矣譚工名守博並揚賀官吏人名內者相嗇夫掾右

文本一

西漢綏和雁足鐙考【清寫底稿】

長條毛邊紙一葉，縱25.9–26.2cm，橫72.3–72.5cm，四十二行。寫作時間：同治十年辛未（一八七一）九月既望。

簠齋手書清寫稿。另有二紙爲簠齋寫作的草稿片段。

則內者是宮中女官也相自是供工官如古小相之名
余藏有漢咸□陵園相印當即此類嗇夫漢書宣帝
紀取暴室嗇夫許廣漢女師古曰暴室掖庭主織作染
練之署嗇夫者暴室屬官又張釋之傳有虎圈
嗇夫此亦當即其類為供工之屬官而非縣職聽訟
之嗇夫也掾右丞令亦供工官吏掾掾史也後漢書
王良傳注司徒之掾史也漢印有廷掾又有隃麋集
掾田況丞少府佽飛九丞掖庭八丞宦者七丞獨闕考
工丞數此曰右丞則為二丞矣主者少府注臣瓚云冬官
曰考工主作器械也省者察也禮記之物勒工名以考
其成曰省月試呂氏春秋之監工同漢官之非真拜
者有行有領有護有守此守字則護相者之名非守
嗇夫也重六斤者並下承盤之數而省並字以他鐙文互
證可見而此盤缺也此鐙文字制作俱少遜於建昭永元
鐙則祇言工宋次等作吏為簡略宣帝贊曰孝宣之
治信賞必罰綜核名實政事文學法理之士咸精其能
至于技巧工匠器械自元成閒鮮能及之以此驗之誠非虛
語永元之鐙不知在何處建昭者嘗仍在上海徐紫珊家竟
甯舊在歙程氏木龕兵燹後無消息此鐙近出關中
蘇兆年於庚午得之拓以寄余展轉年餘始至而兆
年已於今春作古人拓成攷釋記此為之愴然久之
同治十年辛未九月既望癸卯海濱病史記

西漢綏和鴈足鐙攷

鐙文三十四曰綏和元年供工〻譚爲內者造銅鴈足鐙護相守嗇夫博掾並主右丞揚令賀省重六斤漢成帝即位之二十五年癸丑改元所造也今傳世之鴈足鐙著錄有三一建昭三年一竟甯元年皆元帝時造前此不及三十年同爲西漢物且建昭鐙以成帝九年之陽朔元年賜陽平侯王鳳則與此又同爲成帝時物一永元二年則和帝時造後此百年爲東漢物矣是文以供工爲異按供即共漢書百官公卿表武帝太初元年更名考工室爲考工綏和二年哀帝省樂府王莽改少府曰共工綏和元年十一月丙寅王莽爲大司馬莽傳特記曰是歲綏和元年也年三十八矣則此供工二字足爲史誤共字與莽初用事之年成帝改考工爲供工非新莽始改之證諸家以建昭考工文疑竟甯鐙爲僭違党剔誤誠不免有失嗣余得漢朱文半通印文曰寺工又大可爲之解嘲今此供工又爲不同又異於史真足資攷古者之討論矣譚工名守博並揚賀官吏人名內者（宮中官署名）相嗇夫掾右丞令官吏職名主與者其職護猶今官之護理

抄校稿之一 第一葉

文本二

西漢綏和雁足鐙考【抄校稿之一、二】

他人據文本一的謄抄稿有兩份。每份皆毛邊折葉三葉，每葉約縱25.9cm，横36.7cm。版印界欄，四周單邊，黑口，雙魚尾。半葉十行，行十九字。

這兩份抄稿除有一字不同之外，餘皆相同。一份在篇末的倒數第五行首多抄一「在」字，另一份在同一行的倒數第三字多一「者」字。

簠齋對這兩份抄稿皆有校改。對前者的修改有三處（抄校稿之一）；對後者有其他四處修改，且其中一處（在首葉第十五行「非新莽始改之證」之後）的增補內容另附一夾條（抄校稿之二）。

從文本三的再謄抄稿來看，上述抄校稿之一的修改被棄用，抄校稿之二的增改被採用。校改稿之二的各葉邊，標有葉碼一、二、三。

也漢書外戚傳許廣漢女平君當爲內者令歐陽氏子婦則內者令是宮中女官也相自是供工官如古小相之名余戚有漢咸□陵園相印當即此類嗇夫漢書宣帝紀取暴室嗇夫許廣漢女師古曰暴室掖庭主織作染練之署嗇夫者暴室屬官又張釋之傳有虎圈嗇夫此亦當即其類爲供工之屬官而非縣職聽訟之嗇夫也掾右丞令亦供工官吏掾掾史也後漢書王良傳注司徒之掾史也漢印有廷掾又有隃麋集掾田況丞少府佽飛九丞掖庭八丞官者七丞獨闕考工丞數此曰右丞則爲二丞矣主者少府注臣瓚云冬官曰考工主作器械也省者察也與記之物勒工名以考其成日省月試呂氏春秋之監工同漢官之非真拜者有行有領有護有守此守字則護相者之名非守嗇夫也重六斤者並下承盤之數省並字以他鐙文互證可見而此缺盤也此鐙文字制作俱少遜於建昭永元鐙則衹言工宋次等作更爲簡略宣帝贊曰孝宣之治信賞必罰綜核名實政事文學法理之士咸精其能至於技巧工匠器械自元成間鮮能及之以此驗之誠非虛語永元鐙不知在

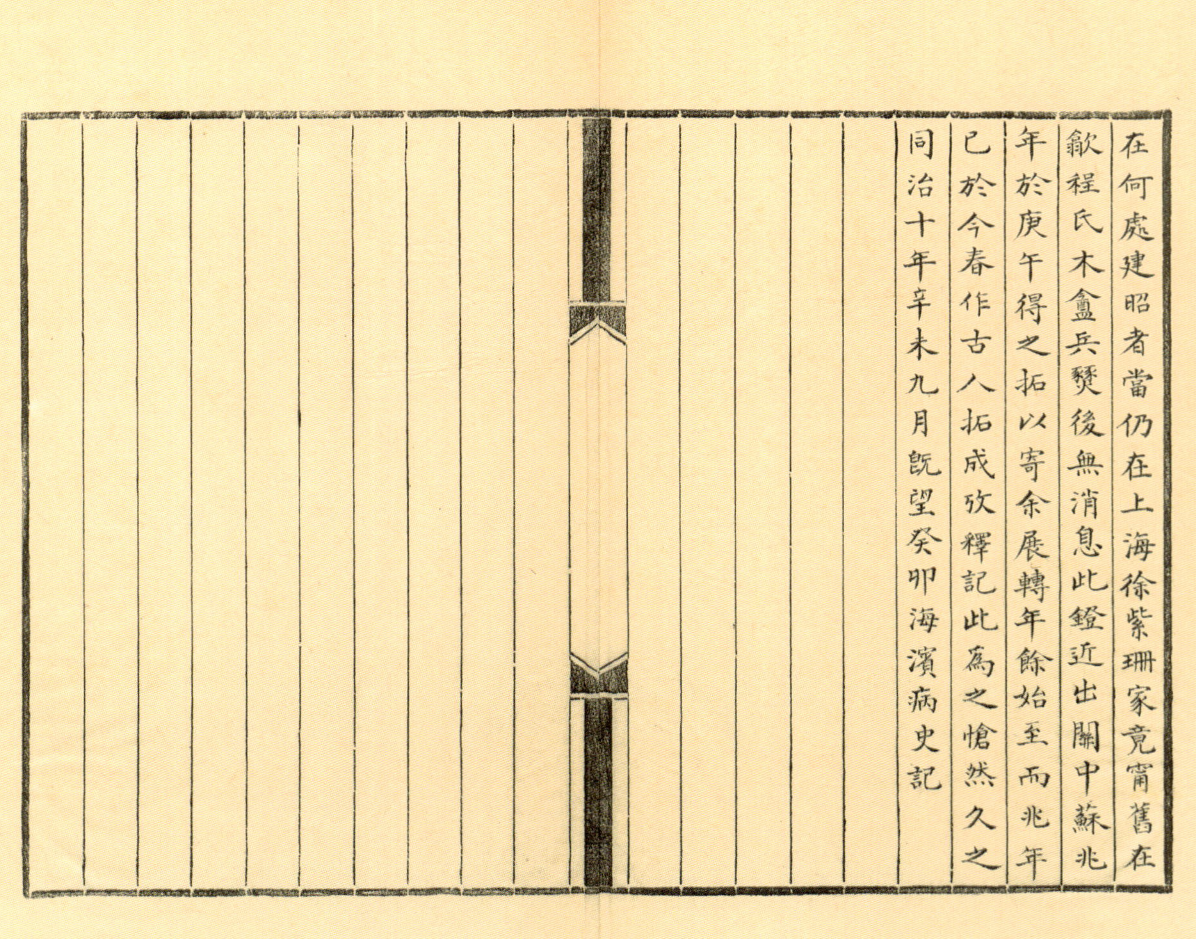

在何處建昭者當仍在上海徐紫珊家竟甯舊在
歙程氏木盒兵燹後無消息此鐙近出關中蘇兆
年於庚午得之拓以寄余展轉年餘始至而兆年
已於今春作古入拓成欣釋記此爲之愴然久之
同治十年辛未九月既望癸卯海濱病史記

西漢綏和鴈足鐙攷

鐙文三十四曰綏和元年供工〻譚爲内者造銅鴈足鐙護相守嗇夫博掾並主右丞揚令賀省重六斤漢成帝即位之二十五年癸丑改元所造也今傳世之鴈足鐙著錄有三一建昭三年一竟甯元年皆元帝時造前此不及三十年同爲西漢物且建昭鐙以成帝九年之陽朔元年賜陽平侯王鳳則與此又同爲成帝時物一永元二年則和帝時造後此百年爲東漢物矣是文以供工爲異桉供即共漢書百官公卿表武帝太初元年更名考工室爲考工綏和二年哀帝省樂府王莽改少府曰共工綏和元年十一月丙寅王莽爲大司馬莽傳特記曰是歲綏和元年也年三十八矣則此供工二字足爲史誤共字與莽初用事之年成帝改考工爲供工非新莽始改之證諸家以建昭考工文疑竟甯鐙爲僧達受剔誤誠不免有失嗣余得漢朱文半通印文曰寺工又大可爲之解嘲今此供工又爲不同又異於史真足資攷古者之討論矣譚工名守博並揚賀官吏人名内者相嗇夫掾右丞令官吏職名主與省其職護猶今官之護理

非新莽始改之證又阮氏戴收亦始杜陵東園壺誤釋供為併金又見元延銗文曰供工二長艁銅同為成帝時物則又在莽為大司馬之前諸家

補此二股抄二三分此一分將補者寫於後付來存之

抄校稿之二　夾條

也漢書外戚傳許廣漢女平君當爲内者令歐陽氏子婦則内者是宮中女官也相自是供工官如古小相之名余藏有漢咸□陵園相印當即此類嗇夫漢書宣帝紀取暴室嗇夫許廣漢女師古曰暴室掖庭主織作染練之署嗇夫者暴室屬官又張釋之傳有虎圈嗇夫此亦當即其類爲供工之屬官而非縣職聽訟之嗇夫也掾右丞令亦供工官吏掾掾史也後漢書王良傳注司徒之掾史也漢印有廷掾又有隃麋集掾田況丞少府佽飛九丞掖庭八丞宦者七丞獨闕考工丞數此曰右丞則爲二丞矣主者少府注臣瓚云冬官曰考工主作器械也省者察也與記之物勒工名以考其成日省月試呂氏春秋之監工同漢官之非真拜者有行有領有護有守此守字則護相者之名非守嗇夫也重六斤者並下承盤之數省並字以他鐙文互證可見而此缺盤也此鐙文字制作俱少遜於建昭至永元鐙則祗言工宋次等作吏爲簡略宣帝贊曰孝宣之治信賞必罰綜核名實政事文學法理之士咸精其能至於技巧工匠器械自元成間鮮能及之以此驗之誠非虛語永元鐙不知尚在

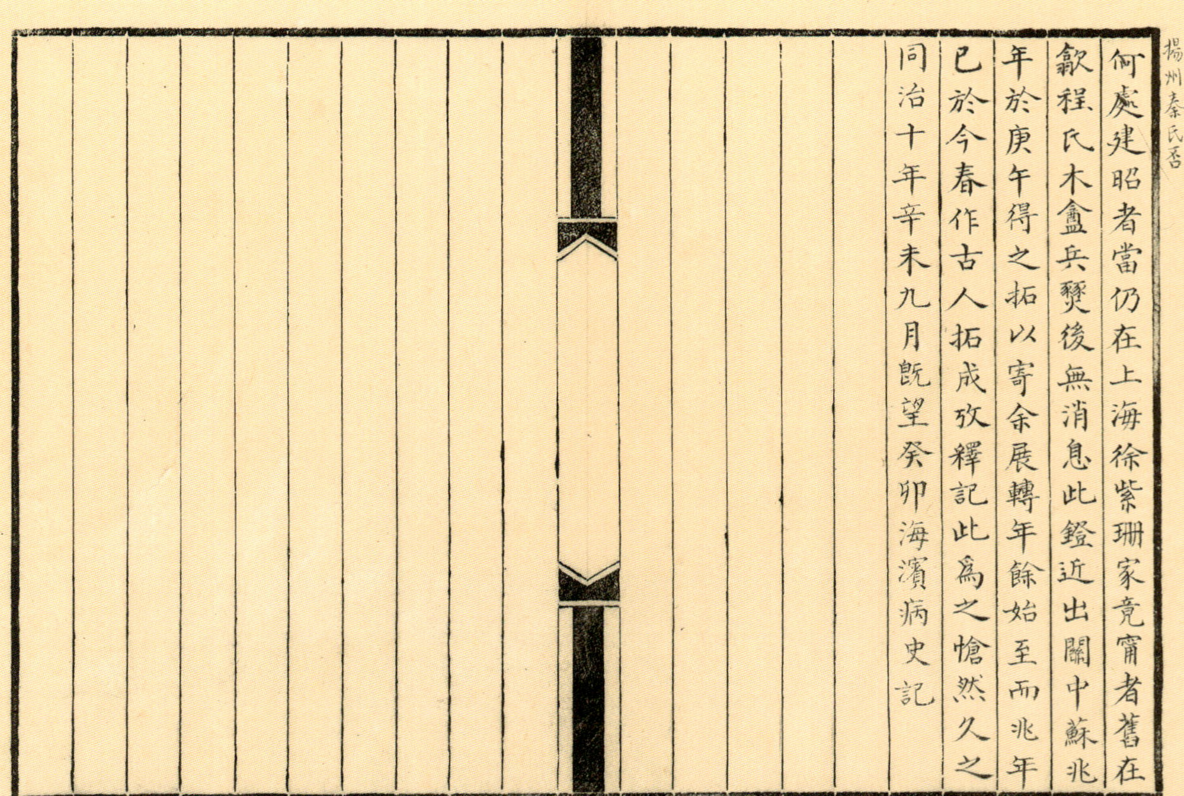
揚州秦氏吾

何處建昭者當仍在上海徐紫珊家竟甯者舊在
歙程氏木盒兵燹後無消息此鐙近出關中蘇兆
年於庚午得之拓以寄余展轉年餘始至而兆年
已於今春作古人拓成攷釋記此爲之愴然久之
同治十年辛未九月既望癸卯海濱病史記

西漢綏和鴈足鐙攷

鐙文三十四曰綏和元年供工〻譚為内者造銅鴈足鐙護相守嗇夫博掾並主右丞揚令賀省重六斤漢成帝即位之二十五年癸丑改元所造也今傳世之鴈足鐙箸録有三一建昭三年一竟甯元年皆元帝時造前此不及三十年同為西漢物且建昭鐙以成帝九年之陽朔元年賜陽平侯王鳳則與此又同為成帝時物一永元二年則和帝時造後此百年為東漢物矣是文以供工為異桉供即共漢書百官公卿表武帝太初元年更名考工室為考工綏和二年哀帝省樂府王莽改少府曰共工綏和元年十一月丙寅王莽為大司馬莽傳特記曰是歲綏和元年也年三十八矣則此供工二字足為史誤共字與莽初用事之年成帝改考工為供工非新莽始改之證又阮氏收永始杜陵東園壺誤釋供為併余見元延鈁文曰供工〻長繕錮同為成帝時物則又在莽為大司馬之前諸家以建昭考工文疑竟甯鐙為僧達受剔誤誠不免有失嗣余得漢朱文半通印文曰寺工又大可為之解嘲今此供工又為不同又異於史真足

西漢綏和雁足鐙考【清抄稿】

毛邊折葉三葉，每葉縱25.9cm，橫36.7cm。版印界欄，四周單邊，黑口，雙魚尾。半葉十行，行十九字。

他人據文本二中的抄校稿之二謄清。各葉邊標有葉碼一、二、三。

録文

西漢綏和鴈足鐙攷

鐙文三十四，曰：「綏和元年，供工工譚爲内者造銅鴈足鐙，護相守嗇夫博掾並主右丞揚令賀省，重六斤。」漢成帝即位之二十五年癸丑改元所造也。今傳世之鴈足鐙箸録有三：一建昭三年，一竟甯元年，皆元帝時造。前此不及三十年，同爲西漢物，且建昭鐙以成帝九年之陽朔元年賜陽平侯王鳳，則與此又同爲成帝時物。一永元二年，則和帝時造，後此百年爲東漢物矣。是文以供工爲異。桉，供即共。《漢書・百官公卿表》：「武帝太初元年更名考工室爲考工」，「綏和二年，哀帝省樂府。王莽改少府曰共工」。綏和元年十一月丙寅，王莽爲大司馬。《莽傳》特記曰：「是歲，綏和元年也，年三十八矣。」則此「供工」二字足爲史誤。共字與莽初用事之年，成帝改考工為供工，非新莽始改之證。又阮氏收永始杜陵東園壺，誤釋「供」為「併」。余見元延鈁，文曰「供工工長繕錮」，同為成帝時物，則又在莽為大司馬之前。諸家以建昭考工文疑竟甯鐙為僧達受剔誤，誠不免有失。嗣余得漢朱文半通印，文曰「寺工」，又大可爲之解嘲。今此「供工」又爲不同，又異於史，真足資攷古者之討論矣。譚，工名。守、博，並揚、賀，官吏人名。内者、相、嗇夫、掾、右丞、令，官吏職名。主與省，其職護，猶今官之護理也。《漢書·外戚傳》：許廣漢女平君，當爲内者令歐陽氏子婦。則内者，是宫中女官也。相，自是供工官，如古小相之名。余藏有漢咸□陵園相印，當即此類。嗇夫，《漢書·宣帝紀》「取暴室嗇夫許廣漢女」，師古曰：「暴室，掖庭主織作染練之署。」嗇夫者，暴室屬官。又《張釋之傳》有「虎圈嗇夫」，此亦當即其類，爲供工之屬官，而非縣職聽訟之嗇夫也。掾，右丞、令，亦供工官吏。掾，掾史也。《後漢書·王良傳》注：「司徒之掾史也。」漢印有「廷掾」，又有「隃麋集掾」。田況丞少府，佽飛九丞，掖庭八丞，宦者七丞，獨闕考工丞數。此曰「右丞」，則爲二丞矣，主者少府。注：「臣瓚云：冬官曰考工，主作器械也。」省者，察也，與記之物勒工名以考其成，日省月試，《吕氏春秋》之監工同。漢官之非真拜者，有行，有領，有護，有守。此「守」字則護相者之名，非守嗇夫也。「重六斤」者，並下承盤之數省「並」字，以他鐙文互證可見，而此缺「盤」也。此鐙文字制作俱少遜於建昭，至永元則衹言「工宋次等作」，更爲簡略。《宣帝贊》曰：「孝宣之治，信賞必罰，綜核名實。政事、文學、法理之士咸精其能。至於技巧、工匠、器械，自元、成間鮮能及之。」以此驗之，誠非虛語。永元鐙不知尚在揚州秦氏否？建昭者當仍在上海徐紫珊家。竟甯者舊在歙程氏木盦，兵燹後無消息[一]。此鐙近出關中，蘇兆年於庚午得之，拓以寄余，展轉年餘始至，而兆年已於今春作古人。拓成，敓釋記此，爲之愴然久之。

同治十年辛未九月既望癸卯海濱病史記。

[一] 民國陳文會輯抄本中，「消息」下增補「近聞在吴縣潘季玉處」九字。（參見第656頁）

西漢孝文帝銅鍪考釋

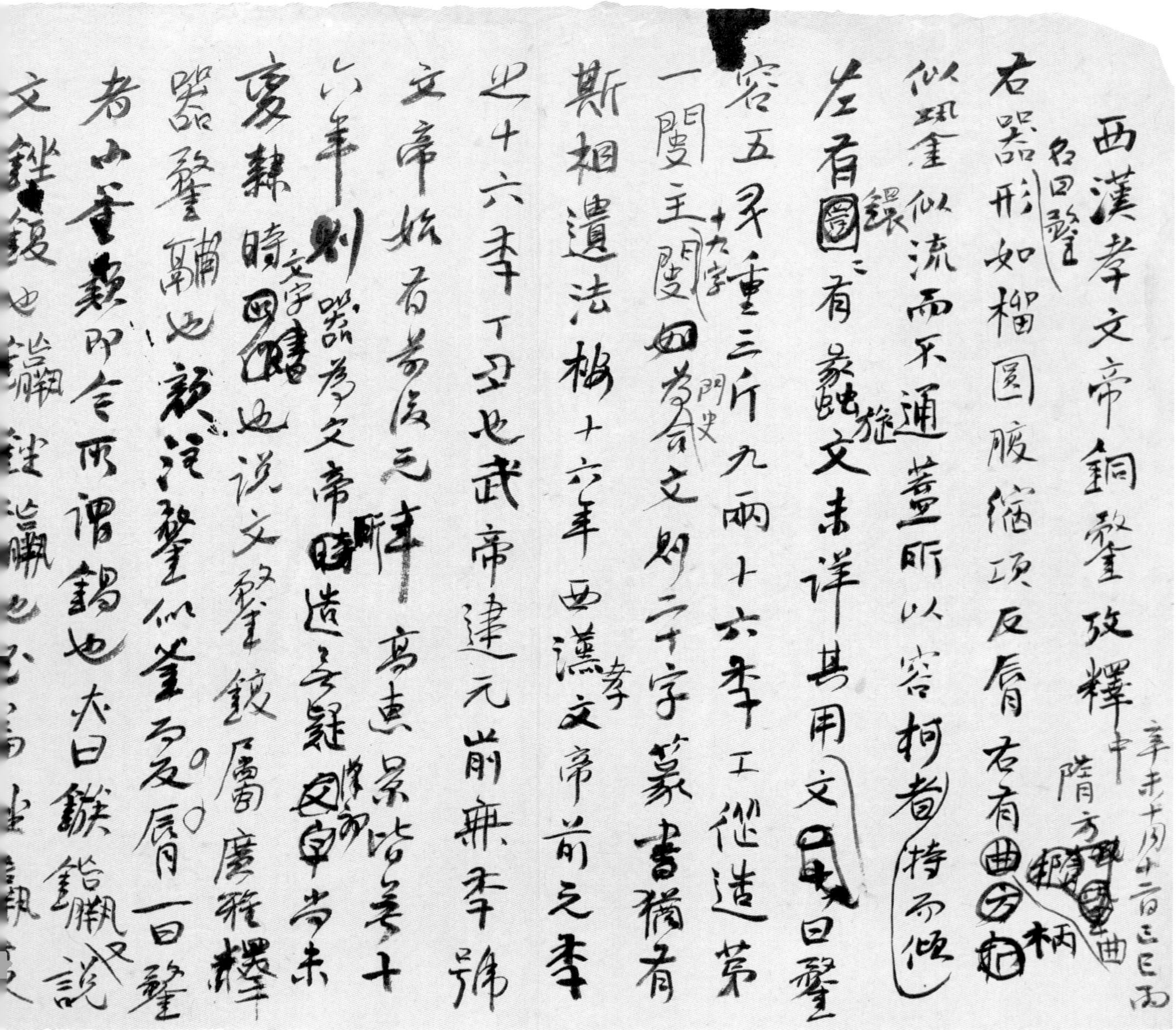

文本一

西漢孝文帝銅鍪考釋【底稿】

長條毛邊紙一葉，縱25.6–26cm，橫60.8–61.3cm，三十行。寫作時間：同治十年辛未（一八七一）十月十二日。

簠齋手書底稿，有多處墨筆修改。標題下署「辛未十月十二日己巳雨中」。另有長條毛邊紙一葉，縱26–26.3cm，橫66.3–66.5cm，有九行補充文字。

也廣韻小釜集韻曰鎠器一切經音義

十三廣雅鍑錡謂之鉳鍻鑭大云鈳

鏻玉篇曰小釜也鈳鈳鏻也秦人以鈷

鏻為鉳鍻鑭贊類鍻鑭小釜也大土釜

也一名鍑錡晉書杜預傳鉳槃鍑錡

皆民間之急用也鉳韻鏇與鉳同則此

一鋻葦也其制為小鏥為鍑為小鋻而反屑為

土釜其用為鎠器為急用之物其名為鋻

為鏇鍻鑭鉳鍻鑭為鍑錡為鈳鏻

為鈷鏻令既失其制與用與名而獨存此

一鋻獨得從顏注急就之義豈非

文字之幸苟子藨器如冠有鋻為

縱汗鋻之言崇也淮南子氾論古者有鋻

汗兜頭著兜帽言未知其制也此器形如

人首而反上束唇反有放髮之象許氏不言之

鋻蓋以時只有鎠器之釜而無兜鋻矣

文本一（一）

一切經音義銚余招反似鬲上有鐶山東行此音

又徒弔反今江南有銅銚形似鐺而無腳

上加踞龍為攀也所云有鐶無腳與此同

蓋與銚同為溫器也

第一字與筆亦同

門史查官表

呈

或以繩繫鐶而爨湯熟則持柄而注之

欤

文本一（二）

集韻鏃與銼同也

西漢孝文帝銅鎜攷釋

右器名曰鎜形如榴圓腹縮項反脣右有隋方曲柄似鎜似流而不通葢所以容柯持而傾者左有鐶鐶有蟲旋文未詳其用或以繩繫鐶而爨湯熱則持柄而注之歟文曰鎜容五升重三斤九兩十六年工從造第一閔主十九字閔為門史合文則二十字篆書猶有斯相遺法按十六年西漢孝文帝前元年之十六年丁丑也武帝建元前無年號文帝始有前後元年高惠景皆無十六年則器為文帝所造無疑漢初尚未變隸時文字也說文鎜鍑屬廣雅釋器鎜鬴也顏注鎜似釜而反脣一曰鎜者小釜類即今所謂鍋也大曰鏃䥶集韻鏃與銼同說文銼鍑也䥶銼䥶也玉篇銼䥶鍑也廣韻曰小釜集韻曰溫器一切經音義十三廣雅鎢錥謂之銼䥶大云鈳鏻玉篇曰小釜也鈷鈷鏻也泰人以鈷鏻為銼䥶聲類䥶小釜也大土釜也一名鎢錥晉書杜預傳銚槃鎢錥皆民間止急用也一切經音義銚余招反似鬲上有鐶山東行此音又徒弔反今江南有銅銚形似鎗而無腳上加踞龍為擕也所云有鐶無腳與此同則此一鎜也其制為鬴

文本二

西漢孝文帝銅鎜考釋【抄校稿】

毛邊折葉二葉，每葉縱25.9cm，横36.7cm。版印界欄，四周單邊，黑口，雙魚尾。半葉十行，行十九字，偶有行二十字。

他人據文本一謄抄，簠齋略校改。首葉第十行增補「也」字，有一處眉批。

此抄本第二葉首行的前八字「此一鎜也其制爲鬴」，抄寫重複。在文本三的清抄稿中得以更正。

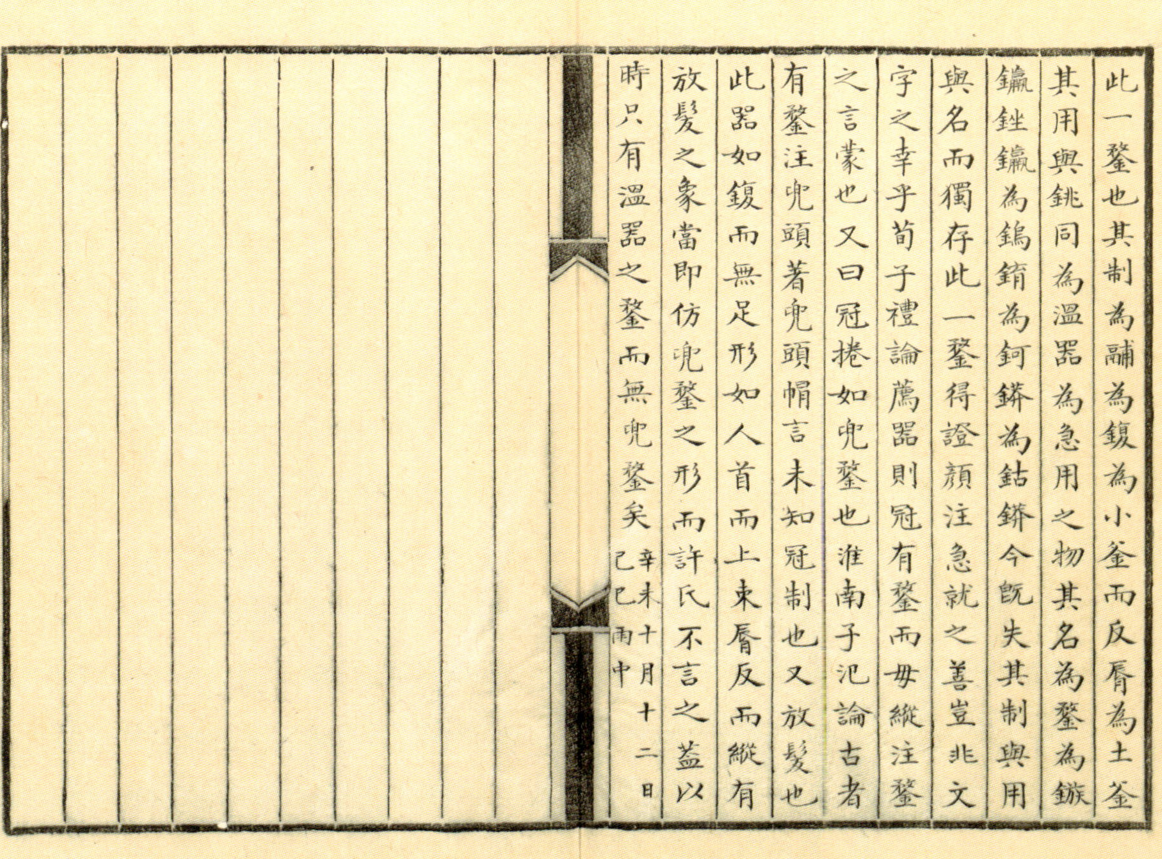

此一鍪也其制為𩱰為鍑為小釜而反脣為土釜
其用與銚同為溫器為急用之物其名為鍪為鏃
鑣銼鑣為鎢錥為鈳鏻為鈷鏻今既失其制與用
與名而獨存此一鍪得證顔注急就之善豈非文
字之幸乎荀子禮論薦器則冠有鍪而毋縱注鍪
之言蒙也又曰冠捲如兜鍪也淮南子氾論古者
有鍪注兜頭著兜頭帽言未知冠制也又放髮也
此器如鍑而無足形如人首而上束脣反而縱有
放髮之象當即仿兜鍪之形而許氏不言之蓋以
時只有溫器之鍪而無兜鍪矣 辛未十月十二日 己巳雨中

西漢孝文帝銅鎣考釋【清抄稿】

據文本二謄抄，有二份，内文相同。每份毛邊折葉二葉，每葉縱26cm，横36.8cm。版印界欄，四周單邊，黑口，雙魚尾。半葉十行，行十九字。

此抄本删去了文本二第二葉首行「此一鎣也其制爲鬴」八字。

録文

西漢孝文帝銅鎣攷釋

右器名曰鎣，形如榴，圓腹，縮項，反脣，右有隋方曲柄，似鎣似流而不通，蓋所以容柯持而傾者。左有鐶，鐶有蠡旋文，未詳其用。或以繩繫鐶而爨，湯熱則持柄而注之歟？文曰「鎣容五升重三斤九兩十六秊工從造第一閬主」十九字，閬為門史合文，則二十字。篆書，猶有斯相遺法。桉，十六秊，西漢孝文帝前元秊之十六秊，丁丑也。武帝建元前無秊號，文帝始有前後元秊，高、惠、景皆無十六秊，則器為文帝所造無疑。漢初尚未變隸時文字也。《說文》：「鎣，鍑屬。」《廣雅·釋器》：「鎣，鬴也。」顏注：「鎣似釜而反脣。一曰鎣者，小釜類，即今所謂鍋也，亦曰鏃鑹。」《集韻》：鏃與銼同。《說文》：「銼，鍑也。」「鑹，銼鑹也。」《玉篇》：「銼鑹，鍑也。」《廣韻》曰小釜。《集韻》曰温器。《一切經音義》十三：「《廣雅》：『鎢錥謂之銼鑹。』亦云鈳鏻。」《玉篇》曰小釜也。鈷，鈷鏻也。秦人以鈷鏻為銼鑹。《聲類》：鑹，小釜也，亦土釜也。一名鎢錥。《晉書·杜預傳》：銚槃鎢錥，皆民間之急用也。《一切經音義》：「銚，余招反，似鬲，上有鐶。」山東行此音又徒弔反，今江南有銅銚，形似鎗而無腳，上加踞龍為攀也。所云有鐶無腳與此同，則此一鎣也。其制為鬴為鍑為小釜而反脣為土釜其用與銚同為溫器為急用之物其名為鋬為鏃鑣銼鑣為鍋銷為釘鏻為鈷鏻今既失其制與用與名而獨存此一鋬得證顏注急就之善豈非文字之幸乎荀子禮論薦器則冠有鋬而毋縱注鋬之言蒙也又曰冠捲如兜鋬也淮南子氾論古者有鋬注兜頭著兜頭帽言未知冠制也又放髮也此器如鍑而無足形如人首而上束脣反而縱有放髮之象當即仿兜鋬之形而許氏不言之蓋以時只有溫器之鋬而無兜鋬矣辛未十月十二日己巳雨中

為鬴、為鍑、為小釜，而反脣為土釜，其用與銚同，為温器，為急用之物。其名為鋬，為鏃鑣、銼鑣，為鍋銷，為釘鏻，為鈷鏻。今既失其制與用與名，而獨存此一鋬，得證顏注急就之善，豈非文字之幸乎！《荀子·禮論》「薦器則冠有鋬而毋縱」注：「鋬之言蒙也。」又曰：「冠捲如兜鋬也。」《淮南子·氾論》「古者有鋬」注：兜，頭著兜頭帽，言未知冠制也，又放髮也。此器如鍑而無足，形如人首而上束，脣反而縱，有放髮之象，當即仿兜鋬之形，而許氏不言之。蓋以時只有温器之鋬，而無兜鋬矣。辛未十月十二日己巳雨中。

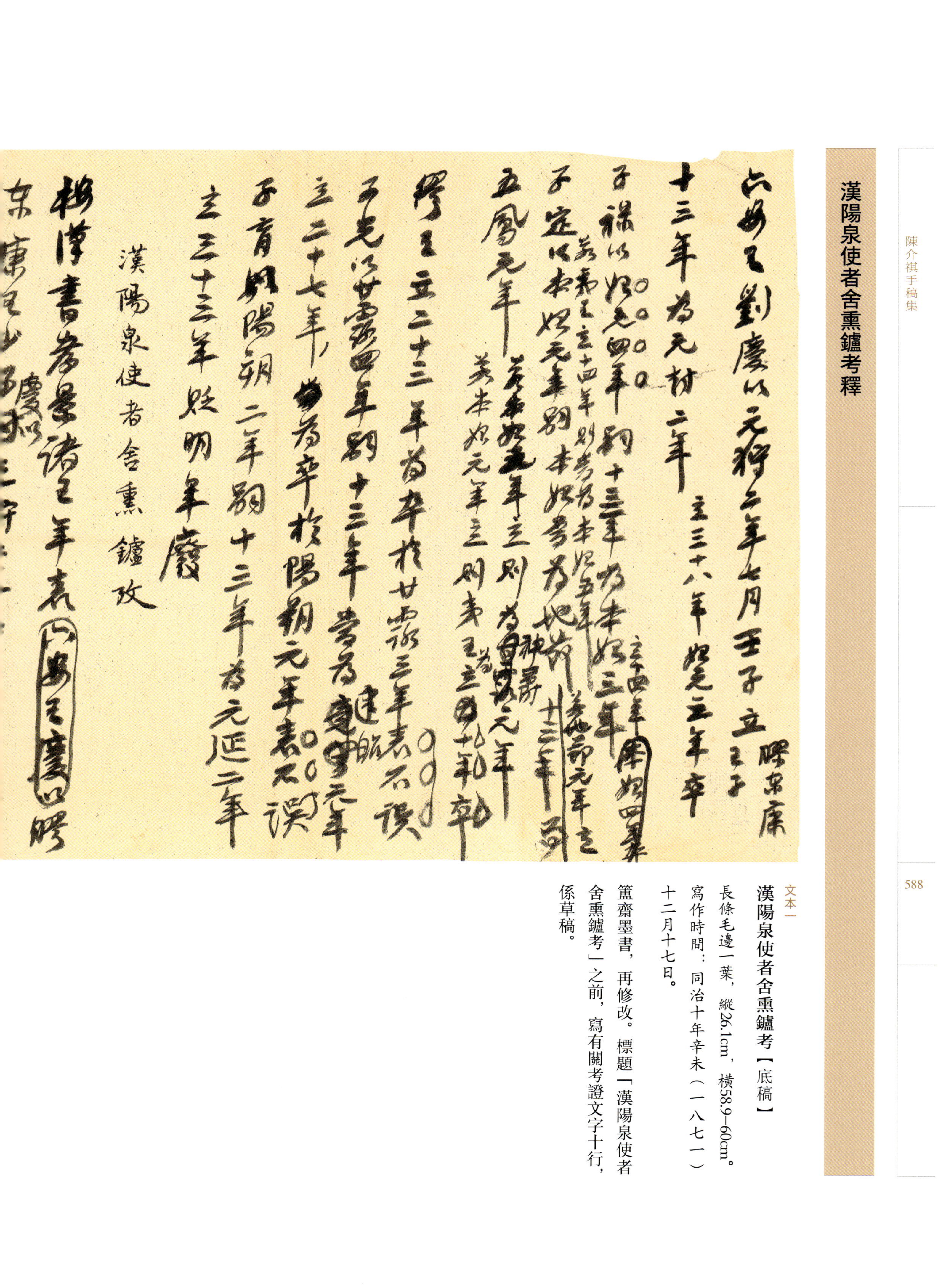

漢陽泉使者舍熏鑪考釋

文本一

漢陽泉使者舍熏鑪考【底稿】

長條毛邊一葉，縱26.1cm，橫58.9–60cm。

寫作時間：同治十年辛未（一八七一）十二月十七日。

簠齋墨書，再修改。標題「漢陽泉使者舍熏鑪考」之前，寫有關考證文字十行，係草稿。

[illegible]元康[illegible]慶子祿立十四年
當為四十年，則荼王慶之十三年為元
封二年，夷王禄（嘗）武十三年，綏王定之十
三年為神爵元年，□王光之十三年
為建昭元年（光）育之十三年為元
延二年。是器之書嘗為漢初為
元封時作，或（為）神爵，非元成時書所（以歷攷正月乙未嘗不定）
能及矣。宋以來所見漢金隸刻無逾
此者，道光作漢石名碑讀也。光外舅（舊為楊胡秦氏物）
東武李方赤方伯公官秋曹時得
之楊胡秦氏京師，珍若球璧。玉次子
小南以余篤嗜之，遂歸簠齋云。
同治十年辛未十二月十七日壬申，海
濱病史記。且老武化十二年已卯[illegible]

阮文達積古齋鐘鼎款識曰

漢陽泉使者舍熏鑪攷

桉漢書孝景諸王年表膠東康王少子慶以元狩二年七月壬子立為六安王核以紀元惟慶子祿之立十四年當為十年則恭王慶之十三年為元封二年夷王祿當無十三年繆王定之十三年為神爵元年頃王光之十三年為建昭元年光子育之十三年為元延二年是器之書當為漢初為元封時作或為神爵以歷攷正月乙未當可定非元成時書所能及矣宋以來所見漢金隸刻無適此者亶可作漢石名碑讀也舊為揚州秦氏物先外舅東武李方赤方伯公官秋曹時得之京師珍若球璧次子小南以余篤嗜之遂歸簠齋云

同治十年辛未十二月十七日壬申海濱病史記

文本二

漢陽泉使者舍熏鑪考【抄校稿】

毛邊折葉一葉，縱25.9cm，横36.5cm。版印界欄，四周單邊，黑口，雙魚尾。半葉十行，行十九字。他人據文本一謄抄。紙幅邊簠齋墨筆書「阮文達積古齋鐘鼎款識曰」。

漢陽泉使者舍熏鑪考釋【清抄稿】

毛邊折葉三葉，縱25.9cm，横36.5cm。版印界欄，四周單邊，黑口，雙魚尾。半葉十行，行十九字。成稿時間：同治十年（一八七一）十二月十八日。

此抄稿所據的直接底本並非上述文本二。内文的首葉及第二葉前十三行皆爲增補内容，且考據比文本二豐富許多。末署「同治十年辛未十二月十八日癸酉海濱病史記」。

録文

漢陽泉使者舍薰鑪攷釋

陽泉使者一行舍薰爐一二行有般盤及盖三行并重四斤四行一五□□□五行五年六安六行十三年七行正月乙未八行内史屬九行賢造雒十行陽付守長十一行則丞善十二行掾勝傳十三行舍嗇夫兑十四行 五十一字 隸書

阮文達《積古齋鐘鼎款識》曰：右陽泉使者舍熏鑪銘五十一字，磨滅者四字。秦太史所藏器，據搨本摹入。江鄭堂云：顔師古《漢書·地理志注》：「魚豢云，漢火行，忌水，故去洛水而加隹。」器文「洛」作「雒」，其爲光武以後之器無疑。第五行剥蝕不可辨，蓋兩數及年號也。云六安十三年者，乃侯國紀年，如孔廟漢石既書五鳳二年，又書魯三十四年也。考《漢書·竇融傳》有六安侯盱，又《楚王英傳》：肅宗建初二年，封英子楚侯种，後徙封六侯。《續漢書·郡國志》無六縣，是光武時省入六安國。然一地無封兩侯之理，自必盱國除後乃徙封种，則所缺年號當在章和以後矣。陽泉亦侯國，不知何時國絶，省入六安改爲縣。使者疑是四百石、三百石之長，有事于侯國，故稱使者耳。內史屬者，內史之屬官，後漢河南尹職與前漢左右內史同，豈內史之稱至後漢尚相沿不改耶？當時諸侯王亦置內史，或者賢乃六安內史屬官亦未可知。雒陽付守長，不知何官，其縣長之類歟？器文「鑪」通「廬」，盤省皿，古人通借省文之例也。

阮文達公以銘中雒字去水加隹，引《地理志注》，定為東漢明據，遂以六安為侯國，以竇融、楚王英傳證之似矣。然例以西漢五鳳二年刻石，則六安與魯均為王國。其書法當同，制作亦似孝宣時工匠，非元、成後所能及。東漢侯國使者舍器，似未能如此精美，且內史官名見於西漢，東漢又無可攷。惜器缺紀元二字，致不能決耳。桉，《漢書》孝景諸王年表：膠東康王少子慶，以元狩二年七月壬子立為六安王。以元核表，惟慶子祿之立十四年改為十年方合。祿子定立於本始元年，其十三年為神爵元年。《宣帝紀》載：是年正月行幸甘泉，郊泰畤。三月，幸萬歲宮，神爵翔集，詔以五年為神爵元年。此器所缺紀元字處剜補，新銅痕宛然，疑即「地節」二字。出土後為解事，傖父知地節無五年者，鑿而損之以為可文其誤而不知其忽於五年三月之始改神爵也神爵二年正月乙丑鳳皇甘露降集京師上距地節五年正月乙未三百旬五年有閏則可定當以歷攷之至洛之作雒則禹貢洛文史記夏本紀作浮于雒踰於雒東過雒汭矣周禮天官序官作太保朝至于雒攻位於雒汭內司服注作伊雒而南矣左氏桓二年傳作乃營雒邑矣其見於西漢經史中者已非一此雒陽之不書洛或亦不始於光武與漢金鑿款書多細小惟此獨大如武氏祠石宋以來所傳漢金隸刻無逾此者直可於几上作漢石名碑讀也舊為揚州秦太史恩復所藏先外舅東武李方赤方伯公官秋曹時得之京市祕若球璧次君小南以余篤嗜之遂易歸簠齋云

同治十年辛未十二月十八日癸酉海濱病史記

以為可文其誤，而不知其忽於五年三月之始改神爵也。神爵二年正月乙丑，鳳皇甘露降集京師，上距地節五年正月乙未三百旬，五年有閏則可定，當以歷攷之。至「洛」之作「雒」，則《禹貢》洛文、《史記·夏本紀》作「浮于雒」、「踰於雒」、「東過雒汭」矣。《周禮·天官·序官》作「太保朝至于雒」、「攻位於雒汭」。《內司服》注作「伊雒而南」矣。《左氏·桓二年傳》作「乃營雒邑」矣。其見於西漢經史中者已非一，此雒陽之不書洛，或亦不始於光武與？漢金鑿款書，多細小，惟此獨大，如武氏祠石。宋以來所傳漢金隸刻無逾此者，直可於几上作漢石名碑讀也。舊爲揚州秦太史恩復所藏，先外舅東武李方赤方伯公官秋曹時得之京市，祕若球璧。次君小南以余篤嗜之，遂易歸簠齋云。

同治十年辛未十二月十八日癸酉海濱病史記。

寫四分

漢桂宮鐙攷釋

漢銅鐙十七字曰內者重二斤四兩二季少府造
桂宮前浴一班孟堅西都賦自未央而連桂宮三
輔黃圖云桂宮武帝太初四季起在未央宮北史
記本紀漢書地理志俱不載前漢紀太初四年起
明光宮亦無起桂宮事惟紀載元封二年作甘泉
通天臺長安飛廉館郊祀志長安作飛廉桂館顏
師古曰飛廉及桂館二館名通鑒長安作蜚廉桂
觀集覽桂觀即桂宮三輔黃圖又云蜚廉桂觀俱
在長安城中近北宮似分桂觀桂宮為二此云二
季與紀合可證桂宮非太初四季作而漢志作館
通鑒作觀俱有傳異未若西都賦之可據也自古
帝王未有年號武帝始紀元變易之初猶存古意
故曰二季也後漢鄧皇后紀宮禁至重而使外舍
久在內省云內省是桂宮在宮禁內也百官公卿
表少府秦官王莽改共工元封二年故中尉王溫
舒為少府三年徙則此器正其為少府時所造也
云前浴者蓋帝齋戒沐浴以侯神人而此鐙為入
浴時前導所用故曰前浴也
道光二十又一季辛丑七月初吉癸丑

此余道光辛丑初稾忽已三十年同治辛未刻圖略刪存
之十二月己卯立春先二日

文本一

文本一

漢桂宮鐙考釋【抄校稿】

毛邊折葉一葉，縱25.9cm，横36.7cm。版印界欄，四周單邊，黑口，雙魚尾。半葉十行，行十九字。

他人謄抄，簠齋再校改批注。初稿寫作時間：道光二十一年辛丑（一八四一）七月初吉。此抄校稿完成時間：同治十年辛未（一八七一）十二月立春前二日。

漢桂宮鐙攷釋

漢銅鐙十七字曰桂宮曰前浴一曰内者重二斤
四兩二季少府造班孟堅西都賦自未央而連桂
宮三輔黃圖云桂宮武帝太初四季起在未央宮
北史記本紀漢書地理志俱不載前漢紀太初四
年起明光宮亦無起桂宮事惟紀載元封二年作
甘泉通天臺長安飛廉館郊祀志長安作飛廉桂
館顏師古曰飛廉及桂館二館名通鑑長安作蜚
廉桂觀集覽桂觀即桂宮三輔黃圖又云蜚廉桂
觀俱在長安城中近北宮似分桂觀桂宮為二此
云二季與紀合可證桂宮非太初四季作而漢志
作館通鑑作觀俱有傳異未若西都賦之可據也
自古帝王未有年號武帝始紀元變易之初猶存
古意故曰二季也百官公卿表少府秦官王莽改
共工元封二年故中尉王溫舒為少府三年徙則
此器正其為少府時所造也云前浴者蓋帝齋戒
沐浴以候神人而此鐙為入浴時前導所用故曰
前浴也此余道光辛丑初槀忽已三十年同治辛
未刻圖略刪存之十二月己卯立春先二日海濱
病史記

文本二

文本二

漢桂宮鐙考釋【清抄稿】

毛邊折葉一葉，縱26cm，橫37cm。版印界欄，四周單邊，黑口，雙魚尾。半葉十行，行十九字。

他人據文本一謄清抄寫。

録文

漢桂宮鐙攷釋

漢銅燈，十七字，曰「桂宮」，曰「前浴一」，曰「内者，重二斤四兩，二季少府造」。班孟堅《西都賦》：「自未央而連桂宮。」《三輔黃圖》云：「桂宮，武帝太初四季起，在未央宮北。」《史記·本紀》、《漢書·地理志》俱不載。《前漢紀》：太初四年，起明光宮。亦無起桂宮事。惟《紀》載：元封二年，「作甘泉通天臺、長安飛廉館」。《郊祀志》：長安作飛廉、桂館。顏師古曰：飛廉及桂館，二館名。《通鑑》：「長安作蜚廉、桂觀。」《集覽》：「桂觀，即桂宮。」《三輔黃圖》又云：蜚廉、桂觀，俱在長安城中，近北宮。似分桂觀、桂宮為二。此云「二季」，與《紀》合，可證桂宮非太初四季作。而《漢志》作「館」，《通鑑》作「觀」，俱有傳異，未若《西都賦》之可據也。自古帝王未有年號，武帝始紀元，變易之初猶存古意，故曰「二季」也。《百官公卿表》：少府，秦官，王莽改共工。元封二年，故中尉王溫舒為少府，三年徙。則此器正其為少府時所造也。云「前浴」者，蓋帝齋戒沐浴以候神人，而此鐙為入浴時前導所用，故曰「前浴」也。此余道光辛丑初槀，忽已三十年。同治辛未刻圖，略刪存之。十二月己卯立春先二日海濱病史記。

文曰上軍侯燭豆八斤十二兩隸書十在柱

文曰步高宮篆書三平列在工工官造槃外

隸書三直行在中溫隸書一在足共七

文曰萬歲宮銅鐙高二尺重廿斤元延四

年工馬寬造掾武守令史寶主解

右尉賢省隸書三十一在足

文曰臨虞宮銅鐙高二尺重廿斤元延四年

工常宣造掾武令史寶主解右尉賢

省隸書三十在足

文曰曲成家銅錠一重一斤十兩第六隸書

十三款列上槃外

文曰桂宮篆書二平列內者重二斤四兩二年

少府造篆書十二款列前沿一隸書三在柄上

共十七

文本一

漢鐙釋文【底稿】

長條毛邊紙二葉。第一葉縱25.7–26.1cm，橫72.6–73.4cm；第二葉縱26cm，橫58.5–59.8cm。題名據内容代擬。

簠齋手書各漢鐙釋文，再校改。内文被納入文本四《漢鐙考記》（清抄稿），作爲各鐙之下的雙行小字注文。

文曰曲成家銅錠一重一斤十兩第六隸書十三款列

柱上槃

文曰桂宮篆書二平列(左足前)內者重二斤四兩

二年少府造篆書十二款列(後足右)前浴一隸書

三柱柄工共十七

文曰池陽宮銅行鐙重二斤六兩甘露四年

工虞德造守屬陽灊邑丞聖佐博

[illegible]篆書二十九字十四行三二字五行

三字又前右足下一莊字共三十

文曰開封鑿款又曰一斤五兩十二季

字細於髮又磨損僅可辨共篆

書九

文曰綏和

隸書三十四柱上槃陰

凡不全錄者俱照初鈔草稿寫

文曰內者未央尚浴府乘輿金行燭膝一容二升二行重二斤十二兩元年內官造第初八十四二行隸書三十三字膝陰[居]中溫卧募書二字左共二十五字造上一字疑向或曰官既曰向未可通

文曰臨虞宮鐙 省 隸書三十六字足

文曰銅釘一鐙 家 隸書二十二其翁鐙僞刻（字四敬列上盤外）

文曰永始鐙 省 隸書三十四字上盤陰

文曰奉山鐙 十也

文曰內者樂卧重一斤十二四一兩山民 冊隸書

[illegible][illegible]與陰居中

文曰信都玉廿枚隸書二十五欵列

文曰橐邑家玉一斤篆書十欵列（旁注：家[illegible]）

「此篆隸之間而篆多」

文曰苦宮玉刻隸書二十行二欵列

文曰建昭玉省篆書二十七又曰中宮內者

第五又曰故家隸書

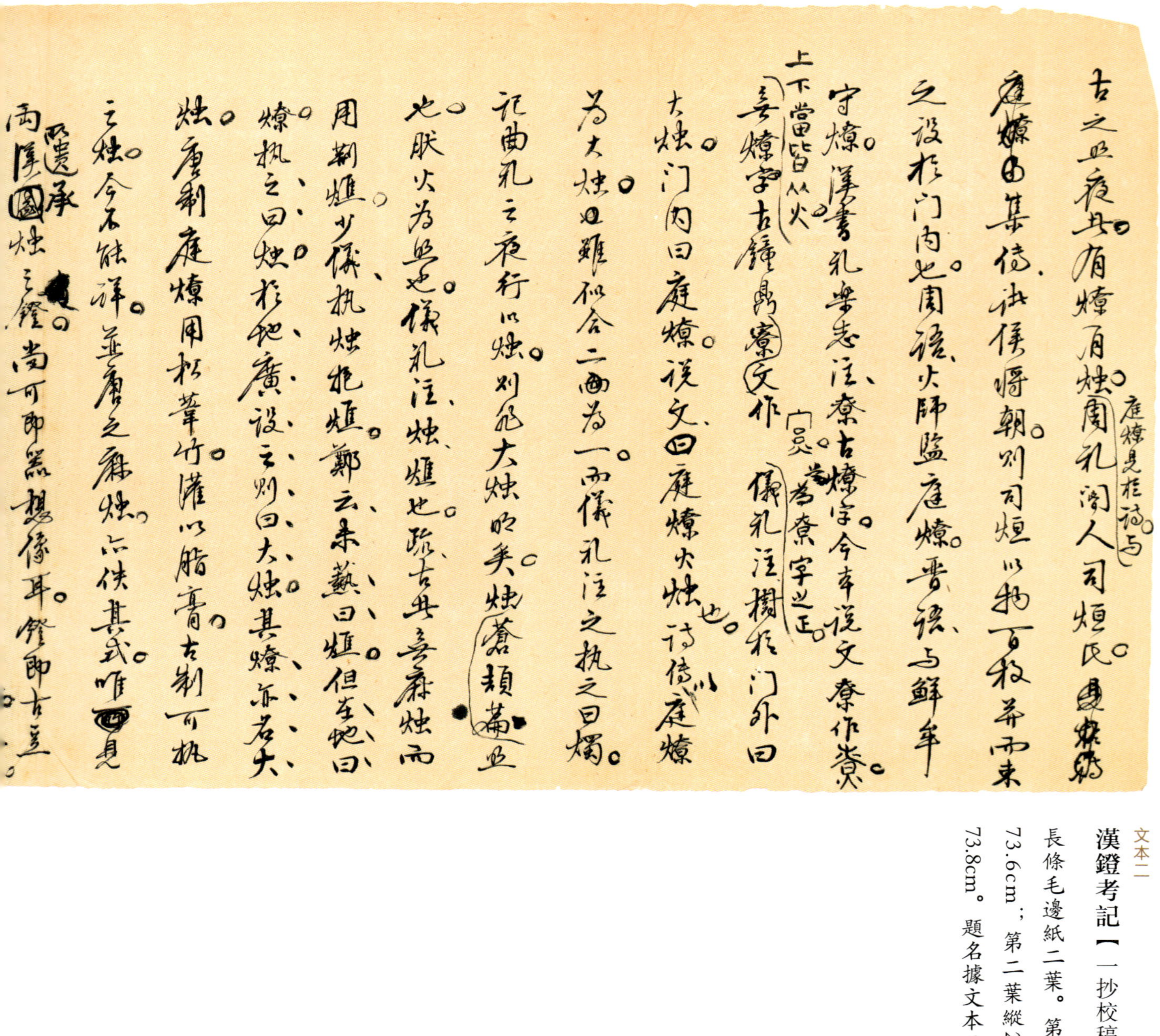

文本二

漢鐙考記【一抄校稿】

長條毛邊紙二葉。第一葉縱26.2cm，橫72.7–73.6cm；第二葉縱25.8–26.4cm，橫72.9–73.8cm。題名據文本三代擬。

[illegible]

元祀豆。久疑為宋物，〔旁注：崇甯〕前數歲見長山袁氏政和銅

豆與余[illegible]之豆，劉燕庭方伯[illegible]之周生豆制

無少異。則古注云：木曰豆，以木曰豆，以瓦曰登。

釋文云：書武[illegible]氏執[illegible]遷 宋雅釋器亦[illegible]豆謂

〔旁注：日本又作梪。〕之[illegible]瓦豆謂之[illegible]鐙 〔旁注：日本又作鐙。說文：梪，木豆謂之梪，梪从木豆。〕當為可信。而周生豆之協制

亦無疑矣。古[illegible][illegible]通作鐙，儀禮公食大夫禮 〔旁注：鐙或作䥢，崔浩曰：䥢，古器也。[illegible]或揭若鐙梪。〕

于鐙。記祭統執醴授之執鐙注，鐙，豆下跗也。爾

于鐙。記祭統執醴授之執鐙注，鐙，豆下跗也。爾

雅釋器注：登，即膏鐙也。膏鐙之云，其今蠟燭

之所用財與一切經音義：有足曰錠，無足曰鐙。〔旁注：說文：鐙，錠也。錠，鐙也。〕

廣雅釋器：錠謂之鐙。〔旁注：楚辭蘭膏明燭華鐙錯些。〕文選劉公幹贈五官中郎將

詩：明鐙熺炎光。薛氏款識[illegible]延光，耿氏鐙〔旁注：[illegible]或揭若鐙梪 鐙俗作燈，蓋非古矣 載 謂〕

余所存有土軍侯燭豆、步高宮鐙、華蔵宮

臨虞宮鐙如祭器豆登之制，高而無柄。鐙
制之最古者也。又曲阜孔家銅錠制極小，亦如之。有桂宮
鐙。池陽宮鐙、開封鐙非古豆登之制，而有柄有
足。所謂行鐙之制之最古者也。有緣和雁足鐙。
與建昭竟寧所見者同制。雁足之形，或取行列
之義，與步高宮等同為本地之用，以代燎而不
持以行也。鐙制之最古而最新奇者也。有尚浴
府乘輿金行燭盤，失其鐙者也。蓋古之行鐙
與雁足鐙皆有承盤以受燼，足下行鐙或有蓋似博山
熏鑪者。鐙或中有釘，或無。有柱，釘以安燭，柱[illegible]
者或柬與鐙等，不畏傾側。有承槃以受燼也。有緣
和鐙足下有三柱以承槃，上有與足為一者。雁
足上空，中空其燭束，亦中空之而[illegible]諸當異制，疑均非
高而不能以肌擣矣。所見則臨虞宮有劉[illegible]，宋諸收藏家之鐙
者。又其一有嘉興張叔未館陶家銅釘者一。[illegible]

銘陶郭所贈如黃山第三者則偽刻也有海豐
吳子苾陶郭永始銅高鐙者一則如古豆登因制者也
（吳郡沈氏信都食官行鐙一者）
有漢陽葉東卿藏宮銅鳧啄燭錠者一則行鐙者也
無柄所取形未可以蓮擬辨鳧啄雁足則體物
之工矣
張叔未
有奉山宮行鐙者一宜子孫鐙者一
有[illegible]內者臥鐙者一吳郡沈氏
信都食官行鐙者一秀水文後山鼎
秦邑宗銅行錠者一 漢陽
有上海徐氏紫珊建臨雁足鐙者一有款
程木庵藏宮雁足鐙者一有永
元雁足鐙者一則雁足者也鳧啄
有柄所取形未可以擬辨雁足有跗所
尚象未可方之虹錠鎮體物之工矣

文本二一 第二葉

漢鐙攷記

定本　惟釋文詳別紙

漢鐙攷記

古之照夜者有燎有燭庭燎見於詩與周禮閽人司烜氏集傳諸侯將朝則司烜以物百枚并而束之設於門内也周語火師監庭燎晉語與鮮卑守燎漢書禮樂志注尞古燎字今本說文尞作[illegible]上下當皆从火無燎字古鐘鼎文寮作[illegible]當為尞字之正儀禮注樹於門外曰大燭門内曰庭燎說文庭燎火燭也詩傳以庭燎為大燭雖似合二為一而儀禮注之執之曰燭記曲禮之夜行以燭則非大燭明矣蒼頡篇燭照也烒火為照也儀禮注燭燋也疏古者無麻燭而用荆燋少儀執燭抱燋鄭云未爇曰燋但在地曰燎執之曰燭於地廣設之則曰大燭其燎亦名大燭唐制庭燎用松葦竹灌以脂膏古制可執之燭今不能詳並唐之麻燭亦佚其式唯見兩漢所遺盞燭之鐙尚可即器想像耳鐙即古豆登字加金以明之當从𣥠古豆不可見惟見古明器瓦豆或即登與余所臧宋元祀豆久疑為宋崇甯物前數歲見長山袁氏政和銅豆與余之豆劉燕庭方伯之周生豆制無少異則古注之木曰豆以木曰豆以瓦曰登釋文之書武成

文本三

漢鐙考記【二抄校稿】

毛邊折葉紙六葉。前四葉版印邊欄，每葉縱25.8–26cm，橫36.2–36.5cm，四周單邊，黑口，雙魚尾。半葉十行，行十九字。後二葉無界欄，每葉縱25.8–26cm，橫35.5–35.8cm。寫作時間：同治十年（一八七一）十二月廿二日。

他人據文本二謄抄，簠齋再朱、墨筆句讀和較多校改及增補。末署「同治十年歲次辛未十二月廿二日丁丑海濱病史記」。

執豆籩爾雅釋器木豆謂之豆曰本又作梪瓦豆謂之登曰本又作鐙說文梪下之木豆謂之梪从木豆當為可信而周生豆之偽刻亦無疑矣登或作䰛崔沔曰䰛古器也昌黎詩或揭若䰛梪古通作鐙儀禮公食大夫禮實于鐙記祭統執醴授之執鐙注鐙豆下跗也爾雅釋器注登即膏鐙也膏鐙之云其今蠟燭之所由昉與一切經音義有足曰錠無足曰鐙說文鐙錠也錠鐙也廣雅釋器錠謂之鐙楚辭蘭膏明燭華鐙錯些文選劉公幹贈五官中郎將詩明鐙熺炎光薛氏款識載延光耿氏諸鐙余所存有土軍侯燭豆文曰土軍侯燭豆八斤十三兩十字隸書步高宮鐙文曰步高宮工官造溫隸書萬歲宮鐙文曰萬歲宮銅鐙高二尺重廿斤元延四年工馬寬造掾武守令史譚主解右尉賢省三十一字隸書臨虞宮鐙文曰臨虞宮銅鐙高二尺重廿斤元延四年工譚造掾武令史譚主解右尉賢省三十字隸書如祭器豆登之制高而無柄鐙制之最古者也又曲成家銅錠文曰曲成家銅錠一重一斤十兩第六十三字隸書制極小亦如之有桂宮鐙文曰桂宮內者重二斤四兩二年少府造篆書前浴一隸書共十七字池陽宮鐙文曰池陽宮銅行鐙重二斤六兩甘露四年工慮德造守屬陽溵邑丞聖佐博臨二十九字篆書又前右足下一莊字開封鐙文曰開封一斤五兩十二年九字篆書一斤五兩十二年七字字細如髮又有磨損僅可辨非古豆登之

制而有柄足所謂行鐙鐙制之變古者也有綏和
鴈足鐙文曰綏和元年供工工譚為內者造銅鴈足鐙護相守嗇夫博掾並主右丞揚令賀省重六斤三十四字隷書與建昭竟甯永元者同制鴈足之形
或取行列之義與步高宮登等同為在地之用以代
燎而不持以行與鐙制之變古而至新奇者也有
尚浴府乘輿金行燭槃文曰溫臥二大字篆書內者未央尚浴府乘輿金行燭槃一宮二尋重二斤十二兩元年內者造第初八十四三十三字隷書失其鐙者也
蓋古之行鐙與鴈足鐙足下皆有承槃以受燼鴈
足者上承燭處中空其燭東當亦中空而異制疑
均非高東而不能以肌揣矣行鐙或有蓋似博山
熏鑪者鐙中多有釘或無者釘以安燭東無者或
東與鐙等不畏傾側惟綏和鐙足入槃三柱可
見亦有與足為一者余所見諸收藏家之鐙則又
有劉燕庭臨虞宮者一文曰臨虞宮銅鐙高二尺重十六斤四兩元延四年正月工張博造掾武守令史閣主解右尉賢省三十六字隷書嘉興張叔未館
陶家銅釘者一文曰銅釘一徑二寸八分高三寸九分重一斤八兩鎦陶家二十一字隷書其翁覃谿閣部所贈黃山弟三者則偽刻海豐吳子苾閣部永
始銅高鐙者一文曰永始三年考工工譚為內者造銅高鐙重十九斤四兩嗇夫康掾孝主右丞蒼守令政省三十四字隷書則如古豆登者也有張叔未
奉山宮行鐙者一文曰奉山宮行鐙并重四斤造九十十隷書十三字九十十者

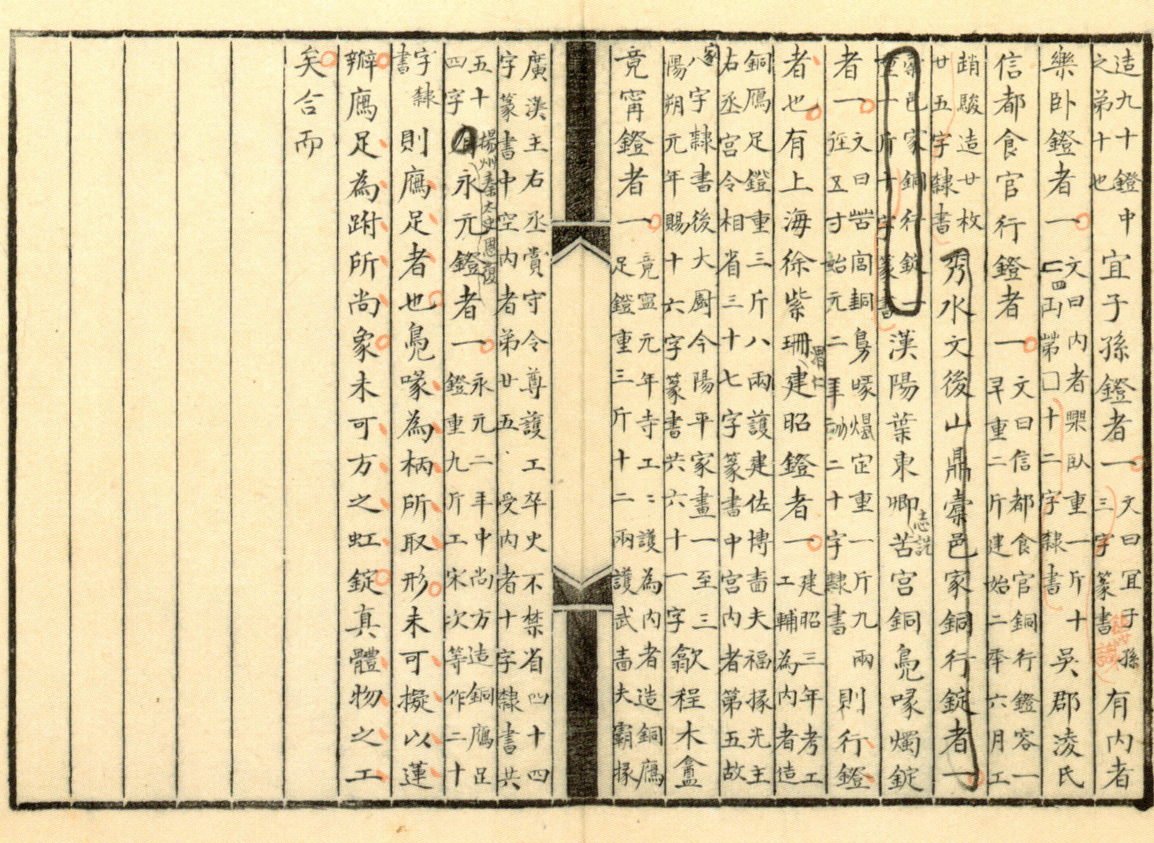

造九十鐙中之第十也宜子孫鐙者一文曰宜子孫三字篆書有內者樂卧鐙者一文曰內者槃臥重一斤十二四五第□十二字隸書吳郡淩氏信都食官行鐙者一文曰信都食官銅行鐙容一升重二斤建始二年六月工趙駿造廿枚廿五字隸書秀水文後山鼎豪邑家銅行錠者一豪邑家銅行錠重十斤十字篆書漢陽葉東卿志詵苦宮銅梟喙燭錠者一文曰苦宮銅梟喙爥定重一斤九兩徑五寸始元二年造二十字隸書則行鐙者也有上海徐紫珊渭仁建昭鐙者一建昭三年考工工輔為內者造銅鴈足鐙重三斤八兩護建佐博嗇夫福掾光主右丞宮令相省三十七字篆書中宮內者第五故家八字隸書後大厨今陽平家畫一至三陽朔元年賜十六字篆書共六十一字歙程木盦竟寗鐙者一竟寗元年寺工二護為內者造銅鴈足鐙重三斤十二兩護武嗇夫霸掾廣漢主右丞賞守令尊護工卒史不禁省四十四字篆書中空內者第廿五受內者十字隸書共五十四字揚州秦太史恩復永元鐙者一永元二年中尚方造銅鴈足鐙重九斤工宋次等作二十字隸書則鴈足者也梟喙為柄所取形未可擬以蓮辦鴈足為跗所尚象未可方之虹錠真體物之工矣台而

之地也曰後大廚別於前也曰中尚方

某紀元年月日者紀時也曰
合而觀之其曰步高臨虞萬歲桂池陽奉山苔七者宮名也曰未
央亦宮也曰中宮諸宮之中宮也曰温温室也温卧温室之卧内
也曰樂卧疑即長樂宮之卧内也曰前浴浴時執以前引也曰尚
浴府宮中尚浴之地也曰中尚方宮中作器之地猶尚方御覽之
尚方也皆紀地也曰少府曰考工供工寺工考工少府屬見於史
供工、史作共工誤曰恭改少府工見於余藏漢半通官印皆主
作器械之官不同於宮中之尚方者也曰掾令史右丞右尉邑丞
佐屬相嗇夫令卒史十四者官也主省其事守護盡解其任皆紀
官也工之事故先言造作者而特紀之曰某某皆紀名也曰鐙行

不錄此句 不然起下文議論

鐙高鐙雁足鐙錠釘燭豆九者紀器名也曰鳧喙雁足紀器形也
曰高曰徑紀器形之尺寸也曰重紀器銅之斤兩也曰幾幾紀器之
數曰畫紀字之為刻畫也曰信都食官諸王之設官曰土軍侯諸
侯之作器曰曲成家[illegible]陽平家不曰侯而曰家或謙不言侯
或如漢表之復為家而猶曰某某家與曰開封當亦侯皆紀封爵
也皆足見古人作事之敬謹也夫兩間之人文至文王而大備有
周之世三才之至理萬殊之事變尤於變者莫不備具漢儒理或
未至事有實徵故文字有用而茂美後人之文雖至繁然無用
者多而有用者少大則未能發乎理蘊小則未能徵其事實是以

自然之

一時之

經之文既不能作史之文亦不能似古之直與信而有可徵之文遂無可（文）（而有可徵）（徵者）
觀矣然以有漢諸器之小於文字有可感通者故記之同治十年（而發）（爲己爲人之學在內在外之心其別有如此者是豈文之不足哉）
歲次辛未十二月廿二日丁丑海濱病史作

清草　照此寫

夫兩間之人文至文王而大盛有周之世三才之至理萬殊
之事變之著於文而列爲經者莫不備具史漢以下作
者繼作援殘理或未至事有稽實故文字尚有用
而茂美後之人文雖極繁然無用者日多有用者
日少大者則未能明自然之理小者則未足詳
一代之事蹟是以經之文既不作史之文亦
不能古（佀）之直與信（謹）而有可徵而人之文遂幾
若無可觀矣爲己爲人之學杜內杜外之
心其判有如此者偶因已有漢諸器以小（是豈文之不足哉）
於文字有可感而發者故及之同治十年
歲次辛未十二月廿二日丁丑海濱病史記

漢鐙攷記

古之照夜者有燎有燭庭燎見於詩與周禮閽人司烜氏集傳諸侯將朝則司烜以物百枚并而束之設於門內也周語火師監庭燎晉語與鮮牟守燎漢書禮樂志注尞古燎字今本說文尞作㶾無燎字古鐘鼎文寮作[illegible]當為尞字之正儀禮注樹於門外曰大燭門內曰庭燎說文庭燎火燭也詩傳以庭燎為大燭雖似合二為一而儀禮注之執之曰燭記曲禮之夜行以燭則非大燭明矣蒼頡篇燭照也肰火為照也儀禮注燭樵也疏古者無麻燭而用荆樵少儀執燭抱樵鄭云未爇曰樵但在地曰燎執之曰燭於地廣設之則曰大燭其燎亦名大燭唐制庭燎用松葦竹灌以脂膏古制可執之燭今不能詳並唐之麻燭亦佚其式唯見兩漢所遺盛燭之鐙尚可即器想像耳鐙即古豆登字加金以明之當从癶古豆不可見惟見古明器瓦豆或即登與余所臧宮元祀豆久疑為宋崇甯物前數歲見長山袁氏政和銅豆與余之豆劉燕庭方伯之周生豆制無少異則古注之木曰豆以木曰豆以瓦曰登釋文之書武成執豆籩爾雅

文本四 第一葉

文本四

漢鐙考記【清抄稿】

毛邊折葉紙六葉，每葉縱25.8–26cm，橫36.2–36.5cm。版印邊欄，四周單邊，黑口，雙魚尾。半葉十行，行十九字。

他人據文本三謄抄。與文本五（清抄定稿）相比較，此稿第四葉第九行「行鐙者也」之前，缺「吳子苾滎陽宮銅小鐏登者一。文曰『滎陽宮銅小鐏登，重十兩半』，隸書十一，二行直列在盤陰中，鐏字字書所無。」

釋器木豆謂之豆曰本又作梪瓦豆謂之登曰本
又作鐙說文梪下之木豆謂之梪从木豆當為可
信而周生豆之偽刻亦無疑矣登或作瓾崔洒曰
瓾古器也昌黎詩或揭若瓾梪古通作鐙儀禮公
食大夫禮實于鐙記祭統執醴授之執鐙注鐙豆
下跗也爾雅釋器注登即膏鐙也膏鐙之云其今
蠟燭之所由昉與一切經音義有足曰錠無足曰
鐙說文鐙錠也錠鐙也廣雅釋器錠謂之鐙楚辭
蘭膏明燭華鐙錯些文選劉公幹贈五官中郎將
詩明鐙熺炎光薛氏款識載延光耿氏諸鐙字皆

作鐙余所存有土軍厌燭豆文曰土軍厌燭豆八斤十二兩隸書十壯
柱步高宮鐙文曰步高宮篆書三平列壯上槃工官造隸書三直行壯中溫隸書一壯
下共七萬歲宮鐙文曰萬歲宮銅鐙高二尺重廿斤元延四年工馬寬造掾武守令史
寶主解右尉賢省隸書三十一壯足臨虞宮鐙文曰臨虞宮銅鐙高二尺重廿斤元延四
年工常宣造掾武令史寶主解右尉賢省隸書三十壯足如登器豆登之制高
而無柄鐙制之最古者也又曲成家銅錠文曰曲成家銅
錠一重一斤十兩苐六隸書十三款列壯上槃制極小亦如之有桂宮鐙
文曰桂宮篆書二平列左足前內者重二斤四兩二年少府造篆書十二款列後足右前浴一隸書
三壯柄上共十七池陽宮鐙文曰池陽宮銅行鐙重二斤六兩日露四年工霸德造守
屬陽𣪠邑丞聖佐博昌篆書二十九字十四行行二字五行三字又前右足下一莊字共三十開

封鐙文曰開封鑿款又曰一斤五兩十二字細於髮又磨損僅可辨共篆書九李非古

豆登之制而有柄足所謂行鐙鐙制之變古者也

有綏和鴈足鐙文曰綏和元年供工工譚為內者造銅鴈足鐙護相守嗇夫博掾並

主右丞揚令賀省重六斤隸書三十四壯上鑿陰與建昭竟甯永元者同

制鴈足之形或取行列之義疑與如豆登者同為

在地之用以代燎而不持以行與鐙制之變古而

至新奇者也有尚浴府乘輿金行燭鑿文曰內者未央尚浴

府乘輿金行燭鑿一冏二斗重二斤十二兩元年內冏造第初八十四隸書三十三壯鑿陰居中溫

臥篆書二壯左共三十五造上一字疑旬或曰官匠曰向未可通失其鐙者也蓋

古之行鐙與鴈足鐙足下皆有承盤以受燼而不

至執熱鴈足者上盤容燭處中空其燭東當亦中

空異制疑均非高束而不能以肊揣矣行鐙或有

蓋似博山熏鑪蓋者鐙中多有釘或無者釘以安

燭束無者或束與鐙等不畏傾側惟綏和鐙足下

入承槃三柱可見亦有與足為一者余所見諸收

藏家之鐙則又有東武劉燕庭喜海臨虞宮者一

文曰臨虞宮銅鐙高二尺重十六斤四兩元延四年正月工張博造掾武向令史圜主解右尉賢省

隸書三十六壯足文中十六四兩正月張博守九字為異嘉興張叔未廷濟館

陶家銅釘者一文曰銅釘一徑二寸八分高三寸九分重一斤八兩銅陶家隸書二

十一款列上鑿外其翁覃谿閣部所贈黃山弟三者則偽刻海豐吳子苾閣部

式芬永始銅高鐙者一文曰永始三年考工〻譚為內者造銅高鐙重十九
斤四兩嗇夫康掾孝主右丞蒼守令放省隸書三十四字上鑿陰則如古豆登者
也有張叔未奉山宮行鐙者一文曰奉山宮行鐙并重四斤造九十
十隸書十三字後足左款列張曰九十十者造九十鐙中之弟十也宜子孫鐙者一
文曰宜子孫篆書鑄款三漢市鬻物也有內者樂卧鐙者一文曰內者樂卧
重一斤十四兩第□卅隸書十二字鑿陰居中吳郡淩氏信都食官行鐙
者一文曰信都食官銅行鐙容一升重二斤建始二年六月工賜駿造卅枚隸書二十五款列
始後足左漢陽葉東卿志詵苦宮銅梟喙燭定者一文曰
苦宮銅梟喙燭定重一斤九兩徑五寸字始元二年詔隸書二十行二款列行鐙者也
有上海徐紫珊渭仁建昭鐙者一文曰建昭三年考工〻輔為內
者造銅鴈足鐙重三斤八兩護建佐博嗇夫福掾光主右丞宮令相省篆書三十七字上鑿陰考工
所刻又中宮內者弟五隸書六當是內者受罷後刻又故家隸書二當是故侯家所刻不可詳又後
大廚篆書三字脛亦內者刻又今陽平家畫一至三陽朔元年賜篆書十三字上槃外則王鳳刻一共
六十一歙程木盦竟甯鐙者一文曰竟甯元年寺工工護為內者造銅鴈
足鐙重三斤十二兩護武嗇夫霸掾廣漢主右丞賞守令尊護工卒史不禁省篆書四十四字上鑿
陰又中宮內者弟廿五隸書七亦內者刻又受揚內者隸書三當是宮中受自內者刻共五十四
州秦太史恩復永元鐙者一文曰永元二年中尚方造銅鴈足鐙重九
斤工宋次等作隸書二十款列又一字佰山字脛共二十一則鴈足者也梟喙
為柄所取形未可擬以蓮瓣鴈足為跗所尚象未
可方之虹錠真體物之工矣合而觀之其曰某紀

元年月日者紀時也曰步高臨虞萬歲桂池陽奉山苦七者宮名也曰未央亦宮也曰中宮諸宮之中宮也曰溫溫室也溫臥溫室之臥內也曰樂臥疑即長樂宮之臥內也曰前浴浴時執以前引也曰尚浴府宮中尚浴之地也曰內者宮中內官掌器之地也曰後大廚別於前也曰中尚方宮中作器之地猶尚方御竟之尚方也皆紀地也曰少府曰考工供工寺工少府泰官考工郎考工室少府屬官見於史供工見永始杜陵東園壺阮氏誤曰併工又見元延銅鈁史作共工誤曰莽改少府寺工見於余藏漢銅半通官印皆主作器械之官不同於宮中之尚方者也曰掾令史右丞右尉邑丞佐屬相嗇夫武嗇夫宮令令卒史工卒史十四者官名也主省二者其事守護解三者其任皆紀官也工之事故先言造作者之名既省考而特紀之曰某某皆紀名也曰鐙行鐙高鐙雁足鐙錠鳧喙燭定釘燭豆八者紀器名也曰鳧喙雁足紀器形也曰高曰徑紀器形之尺寸也曰重紀器銅之斤兩也曰幾幾紀作器之數也曰畫曰刻紀字之為刻畫也曰信都食官諸王之設官曰土軍侯諸侯

之作器曰曲成家館陶家陽平家不曰侯而曰家或謙不言侯或如漢表之復為家而猶曰某某家與曰開封當亦侯皆紀封爵也皆足見古人作事之敬謹也夫兩間之人文至文王而大盛有周之世三才之至理萬殊之事變著於文而列為經者莫不備具史漢之作承敝掇殘理或未至事有稽實故文字尚有用而茂美後之人文雖極繁肰無用者日多有用者日少大者則未能明自肰之性理小者則未足詳一代之事蹟是以經之文旣不作史之文亦不能佀古之直與謹信而有可徵而人之文遂殘若無可觀矣不有程朱之書以折衷聖賢之理則微言大義不久已非絕天壤乎為己為人之學在內在外之心其判於古今有若此者是豈僅文之不足哉偶吕有漢諸器之小於文字有可感而發者故及之同治十年歲次辛未十二月廿二日丁丑海濱病史記

文本五 第一葉

文本五

漢鐙考記【清抄定稿】

毛邊折葉六葉，每葉縱25.9cm，横36.5–36.7cm。版印邊欄，四周單邊，黑口，雙魚尾。半葉十行，行十九字。再次清抄稿。首葉幅邊，簠齋批注「最後改定清抄本有錯字漏字，煩爲校改」。

録文

漢鐙攷記

古之照夜者，有燎有燭。庭燎見於《詩》與《周禮》閽人司烜氏。《集傳》：「諸侯將朝，則司烜以物百枚，并而束之，設於門內也。」《周語》：「火師監庭燎。」《晉語》：「與鮮牟守燎。」《漢書·禮樂志》注：「尞，古燎字。」今本《説文》尞作[illegible]，無燎字。古鐘鼎文寮作[illegible]，當為尞字之正。《儀禮》注：樹於門外曰大燭，門內曰庭燎。《説文》：「庭燎，火燭也。」《詩傳》以庭燎為大燭。雖似合二為一，而《儀禮》注之「執之曰燭」，《記·曲禮》之「夜行以燭」，則非大燭明矣。《蒼頡篇》：「燭，照也。」然火為照也。《儀禮》注：「燭，燋也。」疏：「古者無麻燭而用荊燋。」《少儀》：「執燭抱燋。」鄭云：「未[一]爇曰燋。但在地曰燎，執之曰燭，於地廣設之，則曰大燭，其燎亦名大燭。」唐制，庭燎用松葦竹，灌以脂膏。古制可執之燭，今不能詳，並唐之麻燭，亦佚其式，唯見兩漢所遺盛燭之鐙，尚可即器想像耳。鐙即古豆登字，加金以明之，當從癶。古豆不可見，惟見古明器瓦豆，或即登與？余所藏宼元祀豆，久疑為宋崇甯物。前數歲見長山袁氏政和銅豆，與余之豆、劉燕庭方伯之周生豆，制無少異，則古注之木曰豆，以木曰豆，以瓦曰登。釋文之《書·武成》執豆籩，《爾雅·

[一]「未」，此本誤作「木」。

文本五 第二葉

釋器》「木豆謂之豆」，「瓦豆謂之登」，曰本又作鐙。《説文》梪下之木豆謂之梪，從木豆，當為可信。而周生豆之偽刻，亦無疑矣。登或作甑。崔沔曰：「甑，古器也。」昌黎詩：「或揭若甑梪。」古通作鐙。《儀禮·公食大夫禮》：「實于鐙。」《記·祭統》「執醴授之執鐙」注：「鐙，豆下跗也。」《爾雅·釋器》注：「登，即膏鐙也。」膏鐙之云，其今蠟燭之所由昉與?《一切經音義》：「有足曰錠，無足曰鐙。」《説文》：「鐙，錠也。」「錠，鐙也。」《廣雅·釋器》：「錠謂之鐙。」《楚辭》：「蘭膏明燭，華鐙錯些。」《文選》劉公幹《贈五官中郎將詩》：「明鐙熺炎光。」薛氏《款識》載延光耿氏諸鐙，字皆作鐙。余所存有土軍疾燭豆、文曰「土軍疾燭豆，八斤十二兩」，隸書十，在柱。步高宮鐙、文曰「步高宮」，篆書三，平列在上槃。「工官造」，隸書三，直行在中。「温」，隸書一，在下，共七。萬歲宮鐙、文曰「萬歲宮銅鐙，高二尺，重廿斤，元延四季工馬寬造，掾武守令史寶主解，右尉賢省」，隸書三十一，在足。臨虞宮鐙，文曰「臨虞宮銅鐙，高二尺，重廿斤，元延四季工常宣造，掾武令史寶主解，右尉賢省」，隸書三十，在足。如祭器豆登之制，高而無柄，鐙制之最古者也。又曲成家銅錠，文曰「曲成家銅錠一，重一斤十兩，第六」，隸書十三，款列在上槃。制極小，亦如之。有桂宮鐙、文曰「桂宮」，篆書二，平列左足前；「內者重二斤四兩，二季少府造」，篆書十二，款列後足右；「前浴一」，隸書三，在柄上，共十七。池陽宮鐙、文曰「池陽宮銅行鐙，重二斤六兩，甘露四季工虞德造，守屬陽澂邑丞聖佐博臨」，篆書二十九字，十四行，行二字，五行三字。又前右足下一「莊」字，共三十。開封鐙，文曰「開封」，鑿款。又曰「一斤五兩十二秊」，字細於髮，又磨損，僅可辨，共篆書九〔一〕。非古豆登之制而有柄足，所謂行鐙，鐙制之變古者也。有綏和鴈足鐙，文曰「綏和元年，供工工譚為內者造銅鴈足鐙，護相守嗇夫博掾並主右丞揚令賀省，重六斤」，隸書三十四，在上鑿陰。與建昭、竟甯、永元者同制。鴈足之形，或取行列之義，疑與如豆登者，同為在地之用以代燎，而不持以行與，鐙制之變古而至新奇者也。有尚浴府乘輿金行燭盤，文曰「內者未央尚浴府乘輿金行燭盤一，容二升，重二斤十二兩，元秊內冋〔二〕造，第初八十四」，隸書三十三，在盤陰，居中；「温卧」，篆書二，在左，共三十五；造上一字疑「旬」或曰「官」。阮曰「向」，未可通。失其鐙者也。蓋古之行鐙與鴈足鐙，足下皆有承槃以受燼，而不至執熱。鴈足者，上盤容燭處中空，其燭束當亦中空異制，疑均非高束，而不能以臆揣矣。行鐙或有蓋，似博山熏鑪蓋者。鐙中多有釘，或無者。釘以安燭束，無者或束與鐙等，不畏傾側，惟綏和鐙足下入承槃三柱〔三〕可見，亦有與足為一者。余所見諸收藏家之鐙，則又有東武劉燕庭喜海臨虞宮者一、文曰「臨虞宮銅鐙，高二尺，重十六斤四兩，元延四秊正月工張博造，掾武守令史寶主解，右尉賢省」，隸書三十六，在足，文中「十六、四兩、正月、張博、守」九字為異。嘉興張叔未廷濟館陶家銅釘者一、文曰「銅釘一，徑二寸八分，高三寸九分，重一斤八兩，館陶家」，隸書二十一，敧列上盤，外其「翁覃谿閣部所贈黄山弟三者」則偽刻。海豐吴子苾閣部

〔一〕「又曰」至「篆書九」一段文字，民國陳文會輯抄本改爲：「又曰『重一斤五兩□十二年』，字細於髮，又磨損，僅可辨，共篆書十一。」注：「年」誤寫作「兩」。（參見第659頁）

〔二〕「冋」字，輯抄本寫作「向」。（參見第660頁）

〔三〕此稿中「柱」字誤作「杜」，今據輯抄本改。（參見第660頁）

之數也曰畫曰刻紀字之為刻畫也曰信都食官諸王之設官曰土軍侯諸侯之作器曰曲成家館陶家陽平家不曰侯而曰家或謙不言侯或如漢表之復為家而猶曰某某家與曰開封當亦侯皆紀封爵也皆足見古人作事之敬謹也夫兩間之人文至文王而大盛有周之世三才之至理萬殊之事變著於文而列為經者莫不備具史漢之作承敝搜理或未至事有稽實故文字尚有用而茂美後之人文雖極繁肰無用者日多有用者日少大者則未能明自肰之性理小者則未足詳一代之事蹟是以經之文既不作史之文亦不能佀古之直與謹信而有可徵而人之文遂幾若無可觀矣不有程朱之書以折衷聖賢之理則微言大義不久已乖絕天壤乎為己為人之學在內在外之心其判於古今有若此者是豈僅文之不足哉偶已有漢諸器之小於文字有可感而發者故及之同治十年歲次辛未十二月廿二日丁丑海濱病史記

之數也。曰畫曰刻，紀字之為刻畫也。曰信都食官，諸王之設官。曰土軍侯，諸侯之作器。曰曲成家、館陶家、陽平家，不曰侯而曰家，或謙不言侯，或如漢表之復為家，而猶曰某某家與。曰開封，當亦侯，皆紀封爵也，皆足見古人作事之敬謹也。夫兩間之人文，至文王而大盛。有周之世，三才之至理，萬殊之事變，著於文而列為經者，莫不備具《史》、《漢》之作，承敝搜理或未至，事有稽實，故文字尚有用而茂美，後之人文雖極繁，然無用者日多，有用者日少。大者則未能明自然之性理，小者則未足詳一代之事蹟。是以經之文既不作，史之文亦不能似古之直與謹信而有可徵，而人之文遂幾若無可觀矣。不有程朱之書以折衷聖賢之理，則微言大義不久已乖絕天壤乎。為己為人之學，在內在外之心，其判於古今有若此者，是豈僅文之不足哉。偶以有漢諸器之小，於文字有可感而發者，故及之。同治十年歲次辛未十二月廿二日丁丑海濱病史記。

西漢漁陽郡孝文廟銅甗鍑二器考釋【底稿】

長條毛邊紙一葉，縱26cm，橫69.1–69.5cm，十七行。題名據《西漢八器》中標題代擬。據民國陳文會輯抄本可知，此文寫作時間爲同治十一年（一八七二）正月十日。簠齋手書，有多處校改。此稿與《西漢八器》及民國陳文會輯抄本中的行文多有不同。

録文

昔余在京師得關中所出漁陽郡孝文廟銅甗鍑一，如今之盆而小，下有孔如甗。又一器，如今之圓合子，亦似鼎腹，腹外有輪，上有小口，未詳其名，疑甑之類。歸來得古銅甗鍑一，大十倍餘而無甑，以之植菊，其用終不能決。同治己巳得泰山前所出漢吉羊洗一，文曰「董氏作」。漢鼎三，一大者深腹如盂，腹外有輪，以卻爨火。高兩耳，下三足。二小鼎同，淺其腹。大者有甑失鍑，甑輪與鼎口合，無文。始知鍑在上，以受米。甑承鍑足，鼎、甑輪在下，受水以烝，合三為用，積疑始析。桉，《史記·文本紀》載，景帝元年十月詔御史為文帝廟昭德之舞，丞相嘉等請郡國諸侯各為文帝立太宗之廟，此漁陽郡所以有孝文廟，而孝廟器所以刻漁陽郡歟？《漢書·地理志》：「漁陽郡，秦置。」《水經注》：「始皇二十二年置[一]。」《地理志稽疑》：「楚漢之際屬燕國，高帝六年仍屬燕國，景帝後以邊郡收。」此器自為景帝時作，故曰漁陽郡也。惜鼎失，未覩其全，當與泰山所出者相似，其名當曰甗鼎，如予所見陳公子叔邍父甗，从鼎之文。非歷久博驗合而參之，殆未易定是器之制已。[二]

[一] 據民國陳文會輯抄本增補「置」字。
[二] 輯抄本在篇末增補「同治壬申正月十日乙未海濱病史記」。（以上均參見第646頁）

漢開封鐙考【底稿】

長條毛邊紙一葉，縱25.7cm，橫47.8cm。寫作時間：同治十一年（一八七二）十一月十二日。

簠齋手書，再墨筆校改。此葉的前半是考釋，末署「同治壬申十一月十二日癸巳海濱病史記」。後半是九篇漢器考釋文章的目次，並囑抄書房「照此次序排定一本」。

録文[一]

漢開封鐙攷

鐙文「開封」二字，鑿款一行。又淺劃「重一斤五兩」字一行，「□十二兩」字一行，疑缺二字為「并重」也。此種漢器中多有之，蓋工人所為不書而劃者。校，《功臣侯表》：開封侯陶舍，「以右司馬漢王五年初從，以中尉擊燕、代，侯，比共侯，二千户」。高祖十一年十二月丙辰封位次

[一] 録文爲考釋部分的文字。

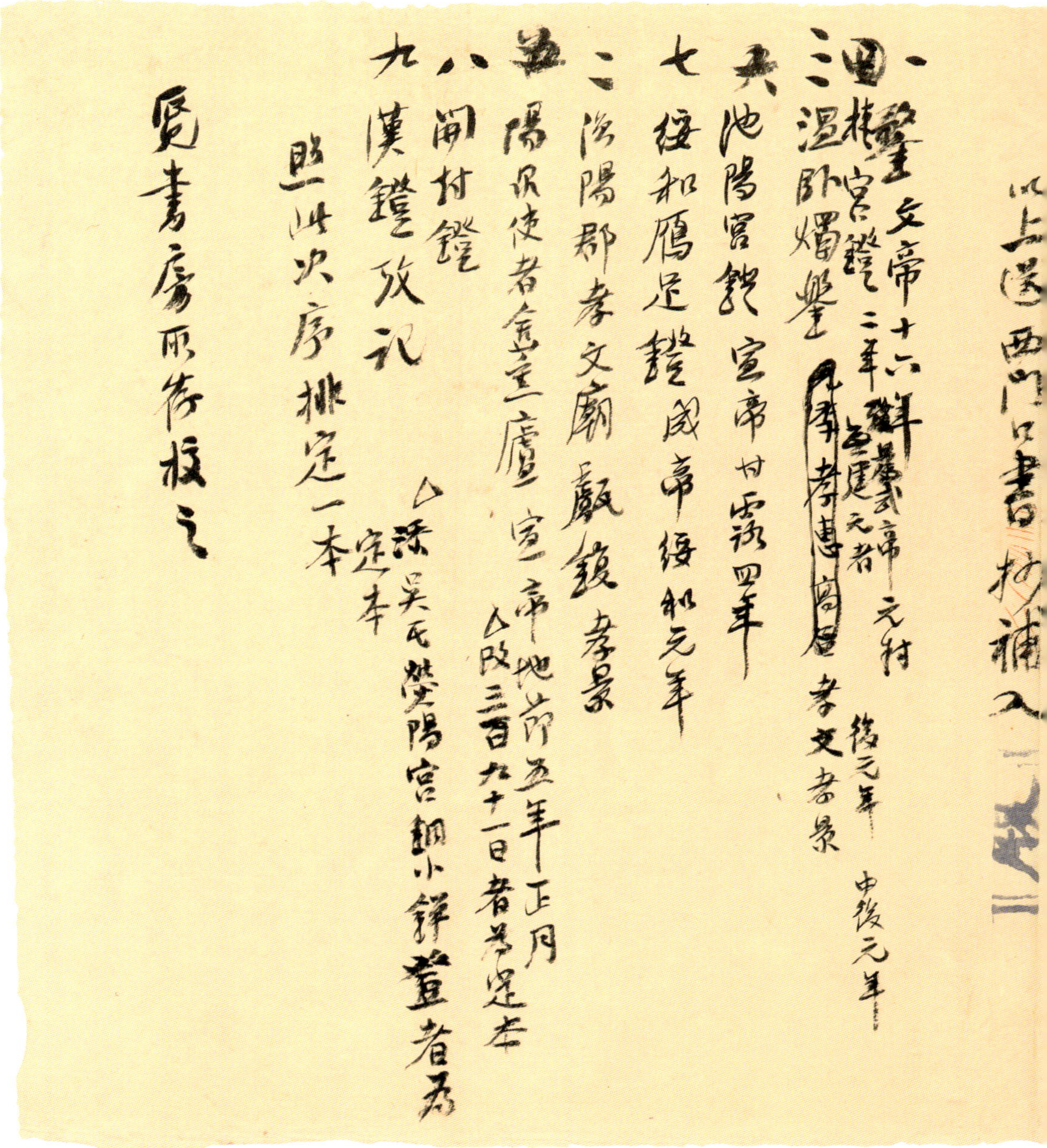

百一十五，子青、孫偃、曾孫雎嗣，元狩五年免，「元康四年，舍元孫之孫長安公士元始詔復家」。《宣帝紀》：元康元年夏，「復高皇帝功臣侯絳侯周勃等百三十六人家子孫，令奉祭祀」。「四年」，《表》之譌字也。是鐙制作簡率，或為士元所造，二字隸有篆法，不作分體，仍似西漢物也。同治壬申十一月十二日癸巳海濱病史記。

漢尚浴府金行燭盤考釋【抄校稿】

再抄添第二行 此字入改本

漢尚浴府金行燭盤
内者未央温尚浴府乘輿金行燭盤容二升
重二斤十二兩元年内向造第初八十四
右漢尚浴府金行燭盤銘三十六字錢獻之所
藏器據摹本編入獻之云温卧者當是温室卧
處所用也尚浴府者澡浴之室也其盤非一故
曰第初八十四也内向未詳或云是内者令之
名

毛邊折葉一葉，縱26cm，橫36–36.3cm。半版印界欄，四周單邊，黑口，雙魚尾。半葉十行，行十九字。寫作時間：同治十一年（一八七二）十一月十四日。

他人抄稿，簠齋再校改增補和批注。另有毛邊一紙（縱27.5cm，橫27.2–27.5cm），爲簠齋墨書的增補内容，款署「同治十一年壬申十一月十四日乙未海濱病史記」之後注明再抄清本時的行款格式。

録文

漢尚浴府金行燭盤

温卧

内者未央尚浴府乘輿金行燭盤，容二升。重二斤十二兩，元年内向造，第初八十四。

右漢尚浴府金行燭盤銘三十六字，錢獻之所藏器，據摹本編入。獻之云：温卧者，當是温室卧處所用也。尚浴府者，澡浴之室也。其盤非一，故曰第初八十四也。「内向」未詳，或云是内者令之名。[一]

[一] 民國陳文會輯抄本在句末增補小字「阮氏積古齋款識」。（参見第647頁）

添寫于後，另一行平列。
溫卧者、溫室之臥內、猶內者樂臥鐙爲長樂宮之
臥內也、行燭盤者、有柄、行鐙之盤、漢鐙皆有
承槃也、無建元者、漢孝文後元年、孝景中
後元年外、有五元年、書有時代之別、似當位
置文景間矣、向字阮釋未安、第初文亦古
同治十一年壬申十一月十四日乙未海濱病史記
另抄清本時照後行款
漢尚
○○○溫
○內
○重
右
器
用
八
古齋款識
溫卧者

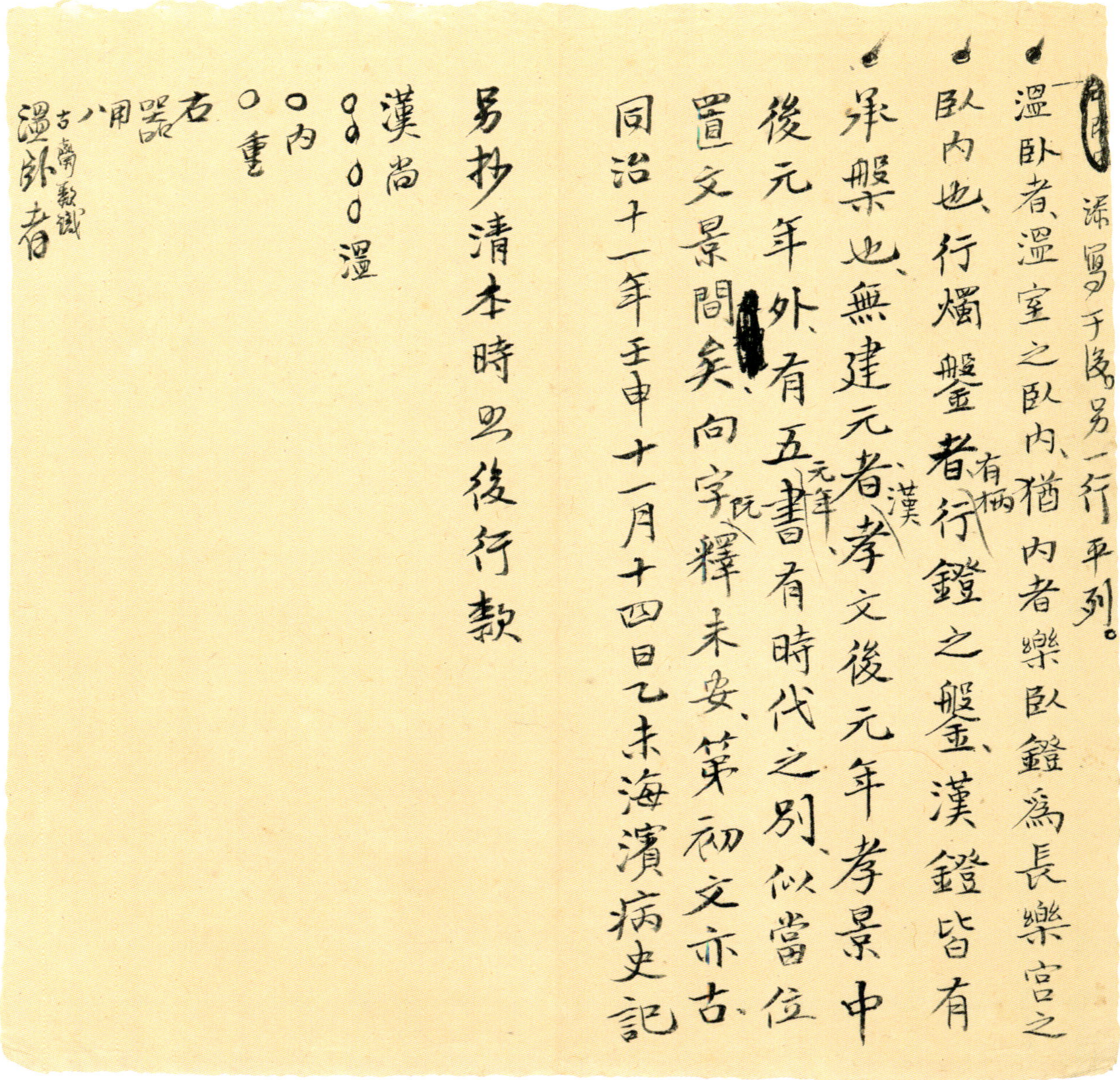

温卧者，温室之卧内〔一〕，猶内者樂卧鐙爲長樂宫之卧内也。行燭盤者，有柄，行鐙之盤，漢鐙皆有承槃也。無建元者，漢孝文後元年、孝景中後元年外，有五元年。書有時代之别〔二〕，似當位置文景間矣。向字阮釋未安，第初文亦古。同治十一年壬申十一月十四日乙未海濱病史記〔三〕。

〔一〕「温室之卧内」，民國陳文會輯抄本作「未央宫温室之卧内」。

〔二〕輯抄本「書有時代之别」前有：「其前元年當時亦祇稱元年，有中後元年，始加前以述别之。」

〔三〕輯抄本在文末另起行有注曰：「案，積古齋摹文，『盤』下誤落『一』字。原文三十五字，積古摹三十四字，所云六字亦誤。文會謹注。」（以上均參見第647頁）

《簠齋金文考》集册

簠齋將同治十年至十一年間所作的西漢八器考釋單篇文稿及《漢鐙考記》，編彙成集册《簠齋金文考·漢》。捐贈手稿中，僅有集册的一份目録底稿，及節録稿《簠齋金文考節録》抄本。此外有民國陳文會的《漢器考釋》輯抄本。

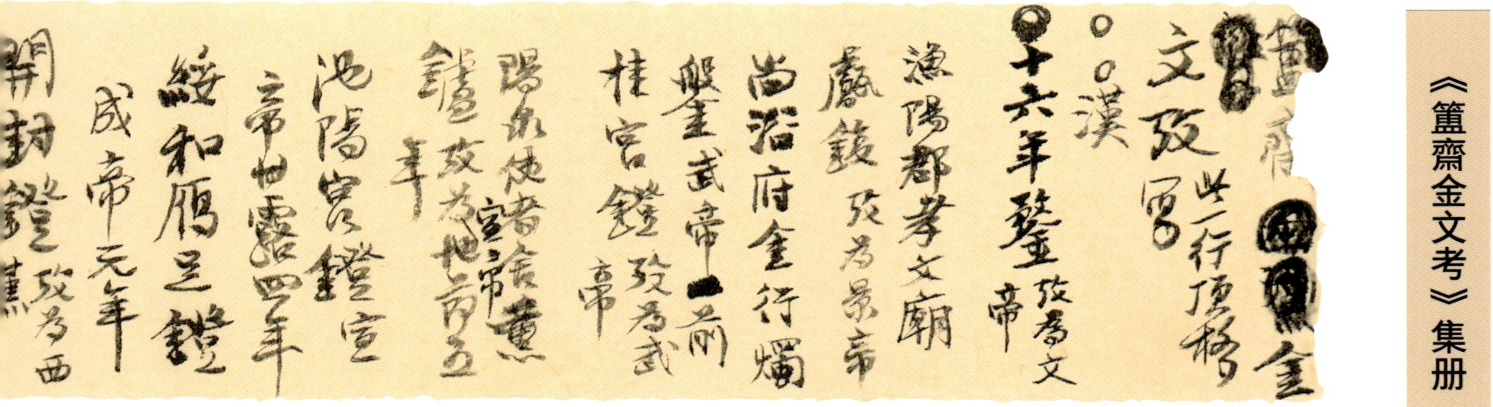

《簠齋金文考·漢》目録【底稿】

此目録毛邊窄條一紙，縱5.4cm，橫26.1cm。

簠齋手書，修改後標題爲「簠齋金文考」。末批注「照此添目録一頁於前」。是簠齋囑抄寫者在漢器考釋各稿之前補添的一份目録底稿。

簠齋在同治十一年十一月十二日《漢開封鐙考》底稿的篇末，曾寫有類似目録，並批注「照此次序排定一本」。兩者篇目次序相同，只是標題文字略有不同。

録文

簠齋金文攷 此一行頂格寫

漢

十六年鍪 攷為文帝

漁陽郡孝文廟甗鍑 攷為景帝

尚浴府金行燭槃 武帝前

桂宫鐙 攷為武帝

陽泉使者舍熏鑪 攷為宣帝地節五年

池陽宫鐙 宣帝甘露四年

綏和鴈足鐙 成帝元年

開封鐙 攷為西漢

漢鐙攷記 附

照此添目録一頁於前

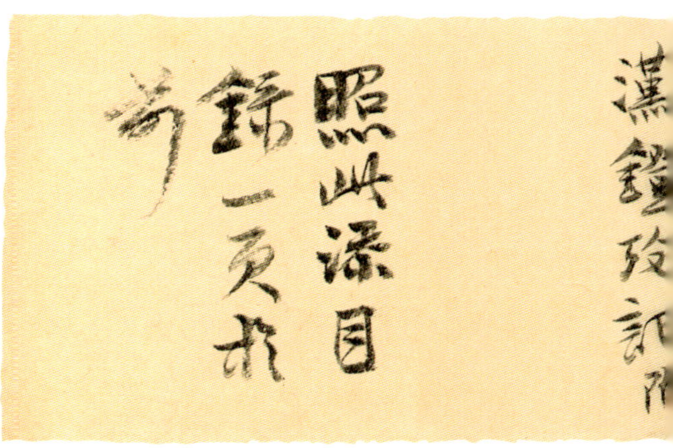
漢鐘攷証附
照此添目
錄一更求

題漢八器本 有清本在外

卤漢八器

書衣

簠齋金文考節録（西漢八器）【清抄稿】

毛邊折葉、紙捻册裝。一册十一葉，内文九葉，前後書衣各一葉。半葉縱26.2cm，横18.7cm。版印邊欄，四周單邊，黑口，雙魚尾。半葉十行，行二十二字。

他抄清稿，書衣題「西漢八器」。據内文第三篇《西漢尚浴府金行燭鎜考釋》題記可知簠齋收漢器十三件，同治十年秋擇大小相當的八器拓圖刻版，一一考釋，並與《漢鐙考記》合集一册。此稿是簠齋給沈幼石的一份節録稿，《漢鐙考記》因字多未附入。另有一夾條，墨書「題漢八器本有清本在外」。

第一葉

簠齋金文攷節録

漢

十六年鋈攷爲文帝

漁陽郡孝文廟甗鍑二器攷爲景帝

尚浴府金行燭鋬武帝前

桂宫鐙攷爲武帝

陽泉使者舍熏鑪攷爲宣帝地節五年

池陽宫鐙宣帝甘露四年

綏和鴈足鐙成帝二十五年

開封鐙攷爲西漢

録文

簠齋金文攷節録

漢

十六年鋈　攷爲文帝

漁陽郡孝文廟甗鍑二器　攷爲景帝

尚浴府金行燭鋬　武帝前

桂宫鐙　攷爲武帝

陽泉使者舍熏鑪　攷爲宣帝地節五年

池陽宫鐙　宣帝甘露四年

綏和鴈足鐙　成帝二十五年

開封鐙　攷爲西漢

西漢孝文帝銅鍪攷釋

十六年孝文帝前元年之十六年丁丑也門史合文或奇字鍪字見說文又廣雅顔注集韻玉篇廣韻一切經音義晉杜預傳皆可證之其制為鬴為鍑為小釜而反脣為土釜其用與銚同為温器為急用之物其名為鍪為鏃鑹銼鑹為鴿銷為鈳鏻為鈷鏻今久失其制與用與名獨賴此鍪存之得證顔注急就之善豈非文字之幸荀子注鍪蒙也淮南子注又放髮也此器有鐶無腳如首而上束脣反而縱有放髮之象當即仿古兜鍪許氏不言之蓋時有温器而無兜鍪矣

釋文

鍪容五升

重三斤九兩

十六年工從

造第一閬主

篆書

第二葉

録文

西漢孝文帝銅鍪攷釋

十六年，孝文帝前元年之十六年，丁丑也。門史合文，或奇字。鍪字見《說文》，又《廣雅》、顔注、《集韻》、《玉篇》、《廣韻》、《一切經音義》、《晉·杜預傳》，皆可證之。其制為鬴，為鍑，為小釜，而反脣為土釜，其用與銚同，為温器，為急用之物。其名為鍪，為鏃鑹、銼鑹，為鴿銷，為鈳鏻，為鈷鏻。今久失其制與用與名，獨賴此鍪存之，得證顔注急就之善，豈非文字之幸！《荀子》注：鍪，蒙也。《淮南子》注：又放髮也。此器有鐶無腳，如首而上束，脣反而縱有放髮之象，當即仿古兜鍪。許氏不言之，蓋時有温器而無兜鍪矣。

釋文

鍪容五升

重三斤九兩

十六年工從

造第一閬主

篆書

西漢漁陽郡孝文廟銅甗鍑二器攷釋

余昔在京師得此二器其用久未能詳歸里得無文甗鍑甚大同治己巳得泰山前所出吉羊文洗一文曰董氏作及無文鼎三其大者深腹如盂鼎腹外有輪又一器如此漁孝廟者蓋甑類也鍑以盛米甑鼎重湯烝之其用始明此特失鼎耳史記文本紀景帝元年十月丞相嘉等請郡國諸侯各為文帝立太宗之廟此漁陽郡所以有孝文廟而孝文廟器所以記漁與漁屬燕國高帝仍之景帝後以邊郡收器自為景時作廟祀不舉收器西歸故今出關中云

釋文

孝廟 二字平列

孝文廟銅甗鍑 二行

重四斤十兩 三行

又一器 甑類

漁孝廟 三字平列

隸書共十九字

第三葉

録文

西漢漁陽郡孝文廟銅甗鍑二器攷釋

余昔在京師得此二器，其用久未能詳。歸里得無文甗鍑，甚大。同治己巳得泰山前所出吉羊文洗一，文曰「董氏作」，及無文鼎三。其大者深腹如盂鼎，腹外有輪。又一器如此漁孝廟者，蓋甑類也。鍑以盛米，甑鼎重湯烝之，其用始明。此特失鼎耳。《史記·文本紀》：景帝元年十月丞相嘉等請郡國諸侯各為文帝立太宗之廟，此漁陽郡所以有孝文廟，而孝文廟器所以記漁與？漁屬燕國，高帝仍之，景帝後以邊郡收，器自為景時作。廟祀不舉，收器西歸，故今出關中云。

釋文

孝廟 二字平列

孝文廟銅甗鍑 二行

重四斤十兩 三行

又一器 甑類

漁孝廟 三字平列

隸書共十九字

西漢尚浴府金行燭盤攷釋

此行鐙盤也曰尚浴府曰乘輿蓋乘輿所用而尚浴掌之也温卧者猶内者樂卧鐙是長樂之卧内此是温室之卧内也舊臧錢獻之劉燕庭得之方鐵珊令歸余見阮氏欵識

釋文

温卧

内者未央尚浴府乘輿金行燭盤容二升

重二斤十二兩元年内向造第初八十四

篆書三行在盤陰中

余收吉金四十年得西漢器十一年來益以陽泉綏和爲十有三辛未秋九擇其大小相稱者八命工刻圖一一攷之與漢鐙攷記五千言都爲一冊苦字多未能書也令爲幼石摘録古令人均不易＝其自珍之

第四葉

録文

西漢尚浴府金行燭盤攷釋

此行鐙盤也，曰尚浴府，曰乘輿，蓋乘輿所用，而尚浴掌之也。温卧者，猶内者樂卧鐙是長樂之卧内。此是温室之卧内也。舊藏錢獻之，劉燕庭得之方鐵珊，今歸余。見阮氏款識。

釋文

温卧

内者未央尚浴府乘輿金行燭盤，容二升。

重二斤十二兩，元年内向造，第初八十四。

篆書三行在盤陰中。

余收吉金四十年，得西漢器十一，年來益以陽泉、綏和爲十有三。辛未秋九，擇其大小相稱者八，命工刻圖，一一攷之。與《漢鐙攷記》五千言，都爲一册，苦字多未能書也。今爲幼石摘録，古今人均不易，其自珍之。

西漢桂宮鐙攷釋

桂宮見西都賦三輔黃圖云太初四年起本紀地理志俱不載前漢紀太初四年起明光宮惟元封二年作長安飛廉館郊祀志作桂館通鑑長安作蜚廉桂觀集覽即桂宮據此可證館觀俱有傳異二年亦與紀合建元始武帝變易之初猶存古意故曰二年與少府秦官二年故中尉王溫舒為少府前浴者帝齋戒沐浴以候神人入浴時前導所用行鐙也疑之則當在武帝前宮亦非武帝時作矣

釋文

桂宮 篆書二平列左足前

內者重二斤四兩二年少府造 篆書十二款列後足右

前浴一 隸書三在柄上

録文

西漢桂宮鐙攷釋

「桂宮」見《西都賦》,《三輔黃圖》云「太初四年起」。《本紀》、《地理志》俱不載。《前漢紀》：太初四年,「起明光宮」。惟元封二年，作長安飛廉館。《郊祀志》作「桂館」。《通鑑》：「長安作蜚廉、桂觀。」《集覽》即「桂宮」。據此可證館、觀俱有傳異，二年亦與《紀》合。建元始武帝，變易之初猶存古意，故曰「二年」與。少府，秦官，二年故中尉王溫舒為少府。前浴者，帝齋戒沐浴以候神人，入浴時前導所用行鐙也。疑之，則當在武帝前，宮亦非武帝時作矣。

釋文

桂宮 篆書二，平列左足前

內者重二斤四兩二年少府造 篆書十二，款列後足右

前浴一 隸書三，在柄上

録文

西漢陽泉使者舍熏鑪攷釋

《宣帝紀》：神爵元年三月，「幸萬歲宮，神爵翔集」，詔以五年為神爵元年。此第五行所缺，疑是「五兩地節」四字，出土後為解事，傖父知史地節無五年者，鑿而損之，剜補，新銅痕宛然，不知正月尚未改元也。二年正月乙丑，鳳皇甘露降集京師，上距正月乙未三百九十一日耳。「洛」之作「雒」，《史記·夏本紀》、《周禮·天官·序官》、《左·桓二年傳》已然，或不始於東漢矣。

釋文

陽泉使者 一行　舍薰廬一 二行

有肞盤及盖 三行　并重四斤 四行

丆五□□□ 五行　五年六安 六行

十三年 七行　正月乙未 八行

內史屬 九行　賢造雒 十行

陽付守長 十一行　則丞善 十二行

掾勝傳 十三行　舍嗇夫兑 十四行

共五十一字隸書

録文

西漢池陽宫鐙詩

足下鑿文諦曰莊，勒名取義兩難詳。當年原父猶疏略，一字縑留此日償。

東武劉燕庭方伯獲古長安得此，尤為寶重，長歌紀之。張石匏開福、鮑子年夔守康皆有和詩，均未及前右足之「莊」字，以刻圖為次子厚滋辨得，賦句志之。

釋文

池陽 一行　宫銅 二行　行鐙 三行

重二 四行　斤六兩 五行　甘露 六行

四年 七行　工虞 八行　德造 九行

守屬 十行　陽潡 十一行　邑丞 十二行

聖佐 十三行　博臨 十四行

莊 前右足下

篆書共三十字

沈幼石世講昔年于役東海，往來敝邑，從余拓金石文字之任，平原契闊六年矣。同治壬申秋，由歷迂道東訪，贈以新作漢八器拓圖，裝成，寄索題記，勉以應之。

第七葉

第八葉

録文

西漢綏和鴈足鐙攷釋

鐙為漢成帝二十五年癸丑改元所作。《百官公卿表》：「太初元年更名考工室爲考工」，「綏和二年，哀帝省樂府。王莽改少府曰共工」。此曰供工，足正史誤作「共」。王莽之改在成帝時，非哀、平時。阮氏釋永始杜陵東園壺「供」爲「併」。余見元延鈁文曰「供工工長繕錮」，同爲成帝時物，又在莽爲大司馬之前矣。雁足之制，今傳世有三：一建昭，一竟甯，一永元。永元爲東漢物，此則秦中所新出者也。

釋文

綏和元年，供工工譚為内者造銅鴈足鐙，護相守嗇夫博[一]掾並主右丞揚令賀省，重六斤。隸書三十四字在上盤陰。

[一]「博」字據「西漢綏和雁足鐙考（清抄稿）」補。（參見第577頁）

西漢開封鐙攷釋

功臣矦表高祖十一年十二月丙辰封陶舍為開封矦宣
帝元康元年詔復高皇帝功臣絳矦周勃等百三十六人
家子孫令奉祭祀表作四年誤是器或復家時長安公士
元所作與當亦西漢器也劃字細淺者漢器中多有之蓋
工人所為不書而以刀劃者也

釋文

開封 二字鑿文　重一斤五兩　十二兩 細淺在鐙底

録文

西漢開封鐙攷釋

《功臣矦表》：高祖十一年十二月丙辰，封陶舍為開封矦，宣帝元康元年，詔復高皇帝功臣絳矦周勃等百三十六人家子孫，令奉祭祀。《表》作「四年」，誤。是器或復家時長安公士元所作與？當亦西漢器也。劃字細淺者，漢器中多有之，蓋工人所為，不書而以刀劃者也。

釋文

開封 二字鑿文　重一斤五兩

十二兩 細淺，在鐙底

西漢孝文帝銅鐎

右器名曰鐎形如榴圜腹縮項反脣右有隋方曲柄似鋬似流而不通蓋容柯以持持而傾者左有鐶鐶有蠡旋文未詳其用或以繩繫鐶而爨湯熱則持柄而注之欵文曰鐎容五升一行重三斤九兩二行十六年工從三行造第一閔主四行十九字閔為門史合文則二十字篆書猶有斯相遺法按十六年西漢孝文帝前元年之十六年丁丑也武帝建元前無年號文帝始有前後元年高惠景皆無十六年則器為文帝所造無疑漢初尚未變隸時文字也說文鐎鐎斗也廣雅釋器鐎鬴也顏注鐎似釜而反脣一曰鐎者小釜類即今所謂鍋也亦曰鏃鑹集韻鏃與

附　漢器考釋【民國陳文會輯抄册】

毛邊折葉，紙捻册裝。一册二十七葉，内文二十一葉，空白四葉，前後書衣各一葉。半葉縱29.7cm，横21.7cm。民國時簠齋曾孫陳文會輯抄。

書衣墨書「漢器考釋」。内文輯録文稿九篇。篇首目録後有題记，曰：「余收吉金四十年，得西漢器十有一，年來益以陽泉、綏和二器爲十有三。同治辛未秋九，取其大小相稱者八，命工繪圖鋟木，一一考釋。復以漢鐙爲多，彙考記之，編爲一册云。壬申十一月既望丁酉六十歲海濱病史書。」壬申爲同治十一年（一八七二）。

此文本第三篇《西漢尚浴府金行燭盤》文末有陳文會注：「案，積古齋摹文，『盤』下誤落『一』字。原文三十五字，積古摹三十四字，所云六字亦誤。文會謹注。」

西漢孝文帝銅鍪

右器名曰鍪形如榴圜腹縮項反唇右有隋方曲柄似鋻似流而不通蓋容柯以特持而傾者左有鐶鐶有蠡旋文未詳其用或以繩繫鐶而爨湯熱則持柄而注之歟文曰鍪容五升一行重三斤九兩二行十六年工從三行造第一閔主四行十九字閔為門吏合文則二十字篆書猶有斯相遺法按十六年西漢孝文帝前元年之十六年丁丑也武帝建元前無年號文帝始有前後元年高惠景皆無十六年則器為文帝所造無疑漢初尚未變隸時文字也說文鍪鍑屬廣雅釋器鍪鬴也顏注鍪似釜而反唇一曰鍪者小釜類即今所謂鍋也亦曰鏃鑹集韻鏃與銼同說銼鍑也鑹銼鑹也玉篇銼鑹鍑也廣韻曰小釜集韻曰溫器一切經音義十三廣雅鎢錥謂之銼鑹亦云鈳䥶玉篇曰小釜也鈷䥶也秦人以鈷䥶為銼鑹聲類鑹小釜也亦土釜也一名鎢錥晉書杜預傳銚槃鎢錥皆民間之急用也一切經音義銚余招反似鬲上有環山東行此音又徒吊反今江南有銅銚形似鎗而無腳上加踞龍為攀也所云有環無腳與此同則此一鍪也其制為鬴為鍑為小釜而反唇為土釜其用與銚同為溫器為急用之物其名為鍪為鏃鑹為銼鑹為鎢錥為鈳䥶為鈷䥶今既失其制與用與名而獨存此一鍪得證顏注急就之善豈非文字之厚幸乎荀子禮論薦器則冠有鍪而毋縱注鍪之言

蒙也又曰冠捲如兜鍪也淮南子汜論古者有鍪注兜頭著兜頭帽言未知冠制也又放髮也此器如鍑而無足形如人首而上束脣反而縱有放髮之象當即仿兜鍪之形而許氏不言之蓋以時只有溫器之鍪而無兜鍪矣辛未十月十二日己巳雨中

第二葉

西漢漁陽郡孝文廟銅甗鍑并甑

昔余在京師得關中所出漁陽郡孝文廟銅甗鍑一如今之小盌下有孔如甗甗陽文曰孝廟二字平列又曰漁陽郡一行孝文廟銅甗鍑二行重四斤十兩三行又一器如今之圓合子下似漢鼎腹外出輪腹上有口疑甑之類上半有文曰漁孝廟三字平列共隸書十九字名與用久未詳也歸來得古銅無文甗鍑一大二十倍餘而無甑以之植菊其用終不能決同治已巳得泰山前所出漢吉羊洗一文曰董氏作及漢鼎三一大者深腹如盂鼎腹外出有輪以郤爨火爨痕宛然高兩耳有缺峙三足二小者淺其腹大者失鍑存甑甑輪合鼎口有獸面如洗飾皆無文始知鍑在上以受米甑上承鍑足下入鼎腹重水以烝合三為用積疑始析校史記文本紀景帝元年十月詔御史為文帝廟昭德舞丞相嘉等請郡國諸侯各為文帝立太宗之廟此漁陽郡所以有孝文廟而孝廟器所以刻漁陽郡歟漁陽郡今薊州地地理志漁陽郡秦置水經注始皇二十二年置地理稽疑楚漢之際屬燕國高帝六年仍之景帝後以邊郡收以後無漁陽郡此器自為景帝時作廟祀不舉收器西歸後入於土惜鼎失未覩其全其制當近泰山所出者其名當曰甗鼎如余所見陳公子叔邍父甗字从鼎之文非三十年歷久博驗合而參之未易定是器之制已同治壬申正月乙未十日海濱病史記

西漢尚浴府金行燭鎜

温卧

内者未央尚浴府乘輿金行燭鎜一容二升

重二斤十二兩元年内向造第初八十四

右漢尚浴府金行燭鎜銘三十六字錢獻之所藏器據摹本編入獻之云温卧者當是温室卧處所用也尚浴府者澡浴之室也其鎜非一故曰第初八十四也内向未詳或云是内者令之名　阮氏積古齋款識

温卧者未央宫温室之卧内猶内者樂卧鐙爲長樂宫之卧内也行燭鎜者有柄行鐙之鎜漢鐙皆有承槃也無建元者漢孝文後元年孝景中後元年外有五元年其前元年當時亦衹稱元年有中後元年始加前以述別之書有時代之別似當位置文景間矣向字阮釋未安第初文亦古同治十一年壬申十一月十四日乙未海濱病史記

案積古齋摹文鎜下誤落一字原文三十五字積古摹三十四字所云六字亦誤　文會謹註

西漢桂宮鐙

漢銅鐙十七字曰桂宮曰前浴一曰内者重二斤四兩二年少府造班孟堅西都賦自未央而連桂宮三輔黃圖云桂宮武帝太初四年起在未央宫北史記本紀漢書地理志俱不載前漢紀太初四年起明光宫亦無起桂宮事惟紀載元封二年作甘泉通天臺長安飛廉館郊祀志長安作飛廉桂館顏師古曰飛廉及桂館二館名通鑒長安作蜚廉桂觀集覽桂觀即桂宮三輔黃圖又云蜚廉桂觀俱在長安城中近北宮似分桂觀桂宮為五〔二〕此云二年與紀合可證桂宮非太初四年作而漢志作館通鑒作觀俱有傳異未若西都賦之可據也自古帝王未有年號武帝始紀元變易之初猶存古意故曰二年也若以無建元疑之則桂宮之作又當在武帝前矣百官公卿表少府秦官王莽改共工元封二年故中尉王溫舒為少府三年徙則此器正其為少府時所作〔造〕也云前浴者蓋帝齋戒沐浴以候神人而此鐙為入浴時前導所用故曰前浴也此余道光辛丑初藁忽已三十年同治辛未刻圖略删存之十二月己卯立春前〔先〕二日

西漢陽泉使者舍熏鑪

陽泉使者一行舍熏鑪一二行有般盤及蓋三行并重四斤四行丅五口兩口口五行五年六安六行十三年七行正月乙未八行內史屬九行賢造雒十行陽付守長十一行則丞善十二行掾勝傳十三行舍嗇夫兑十四行　五十一字隸書

阮文達積古齋鐘鼎欵識曰右陽泉使者舍熏鑪銘五十一字磨滅者四字秦太史所藏器據搨本摹入江鄭堂云顏師古漢書地理志注魚豢云漢火行忌水故去洛水而加隹器文洛作雒其爲光武以後之器無疑第五行剝蝕不可辨蓋兩數及年號也云六安十三年者乃侯國紀年如孔廟漢石既書五鳳二年又書魯三十四年也考漢書竇融傳有六安侯盱又楚王英傳肅宗建初二年封英子楚侯种後徙封六侯續漢書郡國志無六縣是光武時省入六安國然一地無封兩侯之理自必盱國除後乃徙封种則所缺年號當在章和以後矣陽泉亦侯國不知何時國絕省入六安改爲縣使者疑是四百石三百石之長有事於侯國故稱使者耳內史屬者內史之屬官後漢河南尹職與前漢左右內史同豈內史之稱至後漢尚相沿不改耶當時諸侯王亦置內史或者賢乃六安內史屬官亦未可知雒陽付守長不知何官其縣長之類歟器文鑪通盧盤省皿古人通借

省文之例也
阮文達公以銘中雒字去水加隹引地理志注定為東漢明據
遂以六安為侯國以竇融楚王英傳證之似矣然例以西漢五
鳳二年刻石則六安與魯均為王國其書法當同制作亦似孝
宣時工匠非元成後所能及東漢侯國使者舍器似未能如此
精美且内史官名見於西漢東漢又無可攷惜器缺紀元二字
致不能決耳按漢書孝景諸王年表膠東康王少子慶以元狩
二年七月壬子立為六安王以元核表惟慶子祿之立十四年
改為十年方合祿子定立於本始元年其十三年為神爵元年
宣帝紀載是年正月行幸甘泉郊泰畤 三月幸萬歲宮神爵翔

集詔以五年為神爵元年此器所缺紀元字處剜補新銅痕究
然疑即地節二字出土後為解事傖父知史地節無五年者鑿
而損之以為可文其誤而不知其忽於五年三月之始改神爵
也神爵二年正月乙丑鳳皇甘露降集京師上距地節五年正
月乙未三百九十一日 五年有閏則可定當以歷攷之夲洛之
作雒則禹貢洛文史記夏本紀作浮于雒踰於雒東過雒汭矣
周禮天官序官作太保朝至於雒攻位於雒汭內司服注作伊
雒而南矣左氏桓二年傳作乃營雒邑矣其見於西漢經史中
者已非一此雒陽之不書洛或亦不始於光武與漢金鑿款書
多細小惟此獨大如武氏祠石宋以來所傳漢金隸刻無逾此

者直可於几上作漢石名碑讀也舊爲揚州秦太史恩復所藏先外舅李方赤方伯公官秋曹時得之京市秘若球璧次君小南以余篤嗜之遂易歸簠齋云或曰雒陽句什字貫長丞掾書夫

同治十年辛未十二月十八日癸酉海濱病史記

第十葉

録文

西漢池陽宮銅鐙

東武劉燕庭方伯池陽鐙歌

右鐙文曰：「池陽宮銅行鐙，重二斤六兩，甘露四年工虞德造，守屬陽澂邑丞聖佐博臨。」篆書十四行，凡二十有九言，在槃側。祺按，鐙下皆別有鋬，此失。案，池陽宮見《漢書·宣帝紀》，甘露三年，「上自甘泉宿池陽宮」。《地理志》：池陽隸左馮翊，澂亦隸左馮翊。師古曰：「澂，音懲，即今之澄城。」此文作「澂」，知《漢書》古本當亦作「澂」。師古説可證也。「守屬」見蓮勺，博山鑪工丞佐各箸其名。薛尚功云，凡漢器必謹其歲月與夫造器之官是也。云「重二斤六兩」，準以今之庫平得十六兩。予得漢錢二品，有文曰「重四兩」，弟一弟九者，今皆重一兩七錢三分，因證之。建昭雁足鐙三斤八兩，今重廿有四兩。陶陵鼎，八斤一兩，今重五十三兩七錢二分；及予所得藍田共鼎，八斤八兩，今重五十七兩八分，皆不甚相差。大率漢權一兩，今權得四錢二三分而已。鐙三足有柄，以慮傂尺度之，通高一寸八分。柄長四寸七分，槃圍徑三寸九分，高八分。弱足高一寸三分。三足各相距三寸七分。

六一居士初集古，要將文字西京補。林華行鐙五鳳年，橅自長安劉原父。我亦長安一寓公，古緣今昔將毋同。一鐙篆文廿有九，大書首勒池陽宮。紀元甘露四年刻，巧工司馬曰虞德。

班書澂邑今澄城，亦隸黄圖左馮翊。款同蓮勺博山鑪，衹列守屬無嗇夫。官秩更詳丞與佐，勒名陽聖博臨俱。二斤六兩數可按，準以今權不及半。乍看三足是蟾蜍，手摘蓮花香一瓣。是時單于朝漢皇，泰時郊分太乙光。風清步輦甘泉道，禁漏長平夜未央。姓虹交暎姮娥手，俛仰如神玉階走。曜流華燭彼一時，精采猶存千載後。千載而後我得之，池陽佳麗鐙應知。落花馥郁銅花蝕，但有蚖脂暈活碧。不然龍虎宛宛夸鹿盧，上林寂寞榮宫蕪；何如盛業流炎漢，至今青史餘璀璨。孝宣技巧勝元成，吏不失職藝能精。此鐙影向秋宵照，月轉吟廊行復行。爇以蘭膏然以苡，杖藜相對青如此。思古幽情宏漢京，奚讓歐陽與公是。

海鹽張石匏開福和作

漢家離宫三十六，焕若列宿紛相屬。池陽閣道通甘泉，一鐙遠溯甘露年。西京文字不可得，歐陽集古曾太息。林華蓮勺舊品題，建昭竟寧今拂拭。此鐙又在元成前，技巧精能尚孝宣。工成紀款行十四，篆文錯落廿九字。其一澂邑辨漢志，以澂為徵偏旁異。幸從師古證澄城，史家乃得援據精。我客長安餘一載，探奇每步郊原外。歸來風雨閉唫窗，一室熒熒青自對。東武先生古與徒，文章道誼今歐蘇。湯盤孔鼎有述作（韓句），漢碣唐碑俱搜索。一編金石幾摩挲，丹鉛夜照藜光閣。此鐙來几非偶然，炎劉神物有奇緣。首山樊榭漫牽引，蒲褐留證山房禪。

第十一葉

葉十二

媿張敞歸舟南仲吴門訪攜將影本快同論秋半黃昏看月樣

燕庭方伯獲古長安長歌紀此張石匏開福鮑子年康亦皆有詩而未及前右足之莊字兹因刻圖為兒子厚滋辨得賦句志後

足下鑿文諦曰莊勒名取義兩難詳當年原父猶疏略一字縑留此日償

同治十年辛未十月晦日丙戌海濱病史作

我今識字媿張敞，歸舟南仲吴門訪。攜將影本快同論，秋半黃昏看月樣。

燕庭方伯《獲古長安長歌》紀此，張石匏開福、鮑子年康，亦皆有詩，而未及前右足之「莊」字，兹因刻圖為兒子厚滋辨得賦句志後。

足下鑿文諦曰莊，勒名取義兩難詳。當年原父猶疏略，一字縑留此日償。

同治十年辛未十月晦日丙戌海濱病史作。

西漢綏和鴈足鐙文

鐙文三十四曰綏和元年供工〻譚為內者造銅鴈足鐙護相守嗇夫博掾並主右丞揚令賀省重六斤漢成帝即位之二十五年癸丑改元所造也今傳世之鴈足鐙箸錄有三一建昭三年一竟寧元年皆元帝時造前此不及三十年同為西漢物且建昭鐙以成帝九年之陽朔元年賜陽平侯王鳳則與此又同為成帝時物一永元二年則和帝時造後此百年為東漢物矣是文以供工為異按供即共漢書百官公卿表武帝太初元年更名考工室為考工綏和二年哀帝省樂府王莽改少府曰共工綏和元年十一月丙寅王莽為大司馬莽傳特記曰是歲綏和元年也年三十八矣則此供工二字足為史誤共字與莽初用事之年成帝改考工為供工非新莽始改之證又阮氏收杜陵東園壺誤釋供為併余見元延鈁文曰供工〻長繕錮同為成帝時物則又在莽為大司馬之前諸家以建昭考工文疑竟寧鐙為僧違受剔誤誠不免有失嗣余得漢朱文半通印文曰寺工又大可為之解嘲今此供工又為不同又異於史真足資攷古者之討論矣譚工名守博并揚賀官吏人名內者相嗇夫掾右丞令官吏職名主與省其職護猶今官之護理也漢書外戚傳許廣漢女平君當為內者令歐陽氏子婦則內者是宮中女官也相自是供工官如古小相之名余藏有漢咸□陵園相

印當即此類嗇夫漢書宣帝紀取暴室嗇夫許廣漢女師古曰
暴室掖庭主織作染練之署嗇夫者暴室屬官又張釋之傳有
虎圈嗇夫此亦當即其類為供工之屬官而非縣職聽訟之嗇
夫也掾右丞令亦供工官史掾掾史也後漢書王良傳注司徒
之掾史也漢印有廷掾又有隃麋集掾田況丞少府佽飛九丞
掖庭八丞官者七丞獨關考工丞此曰右丞則為二丞矣主者
少府注臣瓚云冬官曰考工主作器械也省者察也與記之物
勒工名以考其成日省月試呂氏春秋之監工同漢官之非真拜
者有行有領有護有守此守字則護相者之名非守嗇夫也重
六斤者并下承盤之數省並字以他鐙文互證可見而此缺盤
也此鐙文字制作俱少遜於建昭至永元則祇言工宋次等作
更為簡略宣帝贊曰孝宣之治信賞必罰綜核名實政事文學
法理之士咸精其能至於技巧工匠器械自元成間鮮能及之
以此驗之誠非虛語永元鐙不知尚在揚氏秦氏否建昭者當
仍在上海徐紫珊家竟寓者舊在歙程氏木盦兵燹後無消息
近聞在吳縣潘季玉處此鐙近出關中蘇兆年於庚午得之拓
以寄余展轉年餘始至而兆年已於今春作古人拓成攷釋記此
為之愴然久之
同治十年辛未九月既望癸卯海濱病史記

漢開封鐙

鐙文開封二字鑿款一行又淺劃重一斤五兩字一行口十二兩字一行疑缺二字為并重也此種漢器中多有之蓋工人所為不書而劃者按功臣侯表開封侯陶舍以右司馬漢王五年初從以中尉擊燕代侯比共侯二千户高祖十一年十二月丙辰封位次百一十五子青孫偃曾孫睢嗣元狩五年免元康四年舍元孫之孫長安公士元始詔復家宣帝紀元康元年夏復高皇帝功臣侯（絳侯）周勃等百三十六人家子孫令奉祭祀四年表之譌字也是鐙制作簡率或為士元所造二字隸有篆法不作分體仍似西漢物也同治壬申十一月十二日癸巳海濱病史記

尞

漢鐙攷記

古之照夜者有燎有燭庭燎見於詩與周禮閽人司烜氏集傳諸侯將朝則司烜以物百枚并而束之設於門內也周語火師監庭燎晉語與鮮牟守燎漢書禮樂志注尞古燎字今本說文尞作尞無燎字古鐘鼎文尞作尞下從㶣當為尞篆之正儀禮注樹於門外曰大燭門內曰庭燎說文燎火燭也詩傳以庭燎為大燭雖似合而為一而儀禮注之執之曰燭記曲禮之夜行以燭則非大燭明矣蒼頡篇燭照也然火為照也儀禮注燭燋也疏古者無麻燭而用荊燋少儀執燭抱燋鄭云未爇曰燋但在地曰燎執之曰燭於地廣設之則曰大燭其燎亦名大燭唐制庭燎用松葦竹灌以脂膏古制可執之燭今不能詳並唐之麻燭亦佚其式唯見兩漢所遺盛燭之鐙尚可即器想像耳鐙即古豆登字加金以明之當從夕古豆不可見惟見古明器瓦豆或即登與余所藏宋元祀銅豆久疑為宋崇寧物前數歲見長山袁氏政和銅豆與余之宋豆劉燕庭方伯之周生銅豆制無少異則古注之木曰豆以木曰豆以瓦曰登釋文之書武成執豆籩爾雅釋器木豆謂之豆曰本又作梪瓦登謂之登曰本又作鐙說文梪下之木豆謂之梪從木豆當為可信而周生銅豆之偽刻亦無疑矣登或作㽅崔洒曰㽅古器也昌黎詩或揭若㽅梪古通作鐙儀禮公食大夫禮實于鐙記祭統執醴授之執鐙

注鐙豆下跗也爾雅釋器注登即膏鐙也膏鐙之云其今蠟燭
之所由昉與一切經音義有足曰錠無足曰鐙說文鐙錠也錠
鐙也廣雅釋器錠謂之鐙楚辭蘭膏明燭華鐙錯些文選劉公
幹贈五官中郎將詩明鐙熺炎光薛氏欵識載延光耿氏諸鐙
字皆作鐙余所存有土軍侯燭豆文曰土軍侯燭豆八斤十二
兩隸書十在柱　步高宮鐙文曰步高宮篆書三平列在上槃工
官造隸書三直行在中溫隸書一在下共七　萬歲宮鐙文曰
萬歲宮銅鐙高二尺重廿斤元延四年工馬寬造掾武守令史
寶主解右尉賢省隸書三十一在足　臨虞宮鐙文曰臨虞宮銅
鐙高二尺重廿斤元延四年工常宣造掾武令史寶主解右尉
賢省隸書三十在足　如祭器豆登之制高而無柄鐙制之最古
者也又曲成家銅錠文曰曲成家銅錠一重一斤十兩第六隸
書十三欵列在上槃制極小亦如之有桂宮鐙文曰桂宮篆書
二平列在足前内者重三斤四兩二年少府造篆書十二欵列後
足右前浴一隸書三在柄上共十七　池陽宮鐙文曰池陽宮銅
行鐙重二斤六兩甘露四年工虞德造守屬陽潵邑丞聖佐博臨
篆書二十九字十四行行二字五行三字又前右足下一莊字
共三十　開封鐙文曰開封鑿欵又曰重一斤五兩口十二兩字
細於髮又磨損僅可辨共篆書十一　非古豆登之制而有柄足
所謂行鐙鐙制之變古者也有綏和鴈足鐙文曰綏和元年供

第十八

工二譚為内者造銅鴈足鐙護相守嗇夫博掾並主右丞揚令
賀省重六斤隸書三十四在上槃陰
與建昭竟寧永元者同制
鴈足之形或取行列之義疑與如豆登者同為在地之用以代
燎而不持以行與鐙制之變古而至新奇者也有尚浴府乘輿
金行燭鏊文曰内者未央尚浴府乘輿金行燭鏊一容二升重
二斤十二兩元年内向造第初八十四隸書三十三在鏊陰居
中溫卧篆書二在左共三十五造上一字疑向或曰官阮曰向
未可通　失其鐙者也蓋古者之行鐙與鴈足鐙足下皆有承鏊以
受燼而不至執熱鴈足者上鏊容燭處中空其燭東當亦中空
異制疑均非高東而不能以肊揣矣行鐙或有蓋似博山熏鑪
蓋者鐙中多有釘或無者釘以安燭東無者或東與鐙等不畏
傾側惟綏和鐙足下入承槃三柱可見亦有與足為一者余所
見諸收藏家之鐙則又有東武劉燕庭喜海臨虞宮者一文曰
臨虞宮銅鐙高二尺重十六斤四兩元延四年正月工張博造
掾武守令史賈主解右尉賢省隸書三十六在足文中十六四
兩正月張博守九字為異　嘉興張叔未廷濟館陶家銅釘者一
文曰銅釘一徑二寸八分高三寸九分重一斤八兩館陶家隸
書二十一欵列上鏊外其翁覃谿閣部所贈黃山第四者則偽
刻海豐吳子苾閣部式芬永始銅高鐙者一文曰永始三年考
工二譚為内者造銅高鐙重十九斤四兩嗇夫康掾孝主右丞

卅？

蒼守令放　省隸書三十四在上槃陰則如古豆登者也有張叔
耒奉山宮行鐙者一文曰奉山宮行鐙并重四斤造九十十隸
書十三在後足左款列張曰九十十者造九十鐙中之第十也
宜子孫鐙者一文曰宜子孫篆書鑄款三漢市鬻物也有內者
樂卧鐙者一文曰內者樂卧重一斤十四兩第口卅隸書十二
在槃陰中吳郡淩氏信都食官行鐙者一文曰信都食官銅行
鐙容一升重二斤建始二年六月工趙駿造廿枚隸書二十五
款列始後足左漢陽葉東卿志銑苦宮銅䀁喙燭定者一文曰
苦宮銅䀁喙燭定重一斤九兩徑五寸始元二年刻隸書二十
二行款列有吳子苾滎陽宮銅小鐔登者一文曰滎陽宮銅小
鐔登重十兩半隸書十一二行直列在槃陰中鐔字字書所無
則行鐙者也有上海徐紫珊渭仁建昭鐙者一文曰建昭三年
考工工輔為內者造銅鴈足鐙重三斤八兩護建佐博嗇夫福
掾光主右丞宮令相省篆書三十七在上槃陰考工所刻故家
隸書二當是故侯家所刻不可詳後大廚篆書三在脛亦內者
刻令陽平家畫一至三陽朔三年賜篆書十三在上槃外則王
鳳刻共六十一歙程木盦竟寧鐙者一文曰竟寧元年寺工二
護為內者造銅鴈足鐙重三斤十二兩護武嗇夫霸掾廣漢主
右丞賞守令尊護工卒史不禁省篆書四十四在上槃陰中宮
內者第二十五隸書七亦內者刻受內者隸書三當是宮中受

漢廿

自內者刻共五十四揚州秦太史恩復永元鐙者一文曰永元二年中尚方造鴈足鐙重九斤工宋次等作隸書二十款列又一字似山在脛共二十一則鴈足者也鳧喙為柄所取形未可擬以蓮瓣雁足為跗所尚象未可方之虹錠真體物之工矣合而觀之其曰某紀元年月日紀時也曰步高臨虞萬歲桂池陽奉山苦焚陽八者宮名也曰未央亦宮也曰宮中諸宮之中也曰溫溫室也溫臥溫室之臥內也曰樂臥疑即長樂宮之臥內也曰前浴浴時執以前引也曰尚浴府宮中尚浴之地也曰內者宮中內官掌器之地也曰後大廚別於前也曰中尚方宮中作器之地猶尚方御竟之尚方也皆紀地也曰少府曰考工供工寺工少府秦官考工即考工室少府屬官見於史供工見永始杜陵東園壺阮氏誤曰併工又見元延銅鈁史誤作共工誤曰莽攽少府寺工見余藏漢銅半通官印皆主作器械之官不同於宮中之尚方者也曰掾令史右丞右尉邑丞佐屬相嗇夫武嗇夫宮令令卒史工卒史十四者官名也主省二者其事守護解三者其任皆紀官也工之事故先言造作者之名既省考而特紀之曰某某皆紀名也曰鐙行鐙小鐔登高鐙鴈足鐙錠鳧喙燭定釘燭豆九者紀器名也曰鳧喙鴈足紀器形也曰高曰徑紀器形之尺寸也曰重紀器銅之斤兩也曰幾幾紀作器之數也曰畫曰刻紀字之為刻畫也曰信都食官諸王之設官

日土軍侯諸侯之作器曰曲成家館陶家陽平家不曰侯而曰家或謙不言侯或如漢表之復為家而猶曰某某家與曰開封當亦侯皆紀封爵也皆足見古人作事之敬謹也夫兩間之人文至文王而大盛有周之世三才之至理萬殊之事變著於文而列為經者莫不備具史漢之作承缺援殘理或未至事有稽實故文字尚有用而茂美後之人文雖極繁然無用者日多有用者日少大者則未能明自然之性理小者則未足詳一代之事蹟是以經之文既不作史之文亦不能似古之直與謹信而有可徵而人之文遂幾若無可觀矣不有程朱之書以折衷聖賢之理則微言大義不久絕已亦絕天壤乎為己為人之學在內在外之心其判於古今有若此者是豈僅文之不足哉偶以有漢諸器之小於文字有可感而發者故及之同治十年歲次辛未十二月廿二日丁丑海濱病史記

陳介祺手稿集

叁

陳介祺／著
赫俊紅／整理

中華書局

第二部分

簠齋尺牘

秦前文字之語（卷二、卷三）

簠齋在同治十一二年間開始與舊友吴雲、鮑康，及新識潘祖蔭、吴大澂、王懿榮等頻繁通函，探討交流金石文字。同治十三年（一八七四）十月，潘氏欲刻簠齋數人的往還書信，簠齋名之爲「秦前文字之語」，「相約以識古字論古文爲語，不涉入賞玩色澤語」。光緒元年至二年間進行刊刻之事，但最終因簠齋的謹慎而未果。

捐贈手稿中的《秦前文字之語》，係刊印前的寫版。存卷二、卷三，各一册。毛邊折葉、紙捻簡裝，卷二計二十八葉，卷三計五十五葉。半葉縱 26cm，横 17.8–18cm。版印紅格，左右雙邊，單魚尾。半葉十行，行二十二字。前缺卷一，爲簠齋致潘祖蔭札，卷二、卷三分别爲致王懿榮、鮑康札。他抄，簠齋有校改。

光緒間潘祖蔭刻《滂喜齋叢書》所收《陳簠齋丈筆記附手札》中，附有同治十三年簠齋的三通信札：二月二十二日復吴雲札，五月三四日、五月十一日復王懿榮札。

民國至今刊行的簠齋書札有：民國八年（一九一九）涵芬樓影印本《簠齋尺牘》（十二册），民國間影印本《簠齋尺牘》（五册，致吴大澂）。一九九一年齊魯書社出版《秦前文字之語》（陳繼揆整理）。

此抄校本的卷二致王懿榮札，從「同治十二年癸酉九月六日」至「同治十三年甲戌十二月四日」，有二十通，最後一通未完殘缺。第四五通之間、六七通之間、八九通之間的次序倒置。此二十通的内文，有的如「七月二十五日」一通，比陳繼揆整理本要豐富。而陳繼揆整理本輯録的致王懿榮書札，從「同治十二年癸酉九月六日」至「光緒甲申五月二十三日」，約六十四通。

陳繼揆整理本中，簠齋致鮑康札，從「同治十一年壬申十月十四日」至「光緒元年乙亥十二月四日」，計四十六通，另有二通無年月。此抄校本的卷三致鮑康札，均未録寫作日期。經與陳繼揆整理本對勘，有三十三通，通信时间從同治十年（一八七一）九月六日至光緒元年（一八七五）五月二十四日。

秦前文字之語卷二

新訪拓文登晉咸甯司馬長元石門題字二紙敝藏石拓
十四種乞　詧存　大箸先繳乞錄副見寄以便增注郎
頌　廉生大兄元安弟陳介祺頓首癸酉九月六日
廉生大兄世大人左右去冬得　復甚詳愧久未答茲從
子年兄交寄正月廿九日書竝房行卷敬讀籤封重瀆又
代酬直慚感慚感聞三月　大箸可成寄上敝臧石目又
石拓十四紙齊石尚未及注詳也齊金則盤鼎器蓋太公
和二區一鋘清卿兄釋吝爲釜甚有見史記有嫗文器有
區字二名似宜竝存田陳之器自是齊金齊人齊語當兼

卷二　一

收之春來拓古兵兩月餘將畢今日篆一古兵印屬族弟
子振學刻先㠯歸來所得齊地戈弔奉寄二十紙爲器廿
一瞿扗其中其又十三紙則非齊出而竝坿焉就中惟呂
不韋戈字極佳𥗽爲斯相書惜僅可見鑄款詔事二字其
鑿款則紙厚手重拓未易見擬摹刻拓坿未及仫也齊瓦
則子丰處可看齊塼尚未拓雖少佳者卻有一三代齊字
者亦足自豪誠齊知齊止諭吾輩必不免矣膠東倉官金
刃柄惜缺其半竝拓寄又有古罌字亦創獲之奇均乞
大雅賞而攷之復吳退樓書就　正乞即寄清卿清卿書
至此亥尚未及復乞爲道念貴師伯寅子年觀詧乞先以

此書拓同閱傳古小啟之事恐子年增出聞擾若有二三
百金可爲二年延爰之資竝可以及至契弟殘缺零星或
爲人笑而悔肰一人因此重勞古人有知當佑之而有以
相貺耳武氏石槨銘尚未見荷費丈人拓可得否盂鼎至
否車載須厚護伯寅不自往致自必遲矣手此復謝檢拓
已一日夜不及佗述即問　箸安不具世弟陳介祺頓首
甲戌三月二十三日乙丑
廉生仁兄世大人左右二十六日得五日　手復三緘竝
金拓小字說文之　賜敬謝敬謝適有急足先寄日內新
獲魏齊三石拓崔鴻石拓餘再復即問　箸安不具弟陳

卷二　二

介祺頓首甲戌四月二十九日亥正
廉生大兄世大人左右四月二十六日得月五日　手書
三緘於二十九日具一紙敬謝竝六朝石拓四紙想已
簪及詳誦　來示辭氣既遠鄙倍又過　撝謙實獲我心
唯愧弗荷　大雅之於古好可謂深矣尤望於已得者則
如恐毀傷未得者則愛其文字而聚之辨之思之傳之於
古人之書法則求之於吾穧於古人之敘事則求之於其
側於古人之用意則求之於其理於古人之佁字則求之
於其義雖此傳世之千百器僅古人之一事而不能賅備
肰求古人文字之眞則舍此別無可覿而求之之所得則

轍

在乎吾學之所至吾心之所之爲淺深而不同於好奇玩物之有妨於心德矣古人一事之不可及已可見於此肰其所以能如此者則聖人之學先王之政固有以貫乎一事之中者也博者事物而約者理義因古人之器以求古人之心想　大雅必不以齊人之迂言爲遠於此事也退樓子年清卿諸書均乞　索觀而詳誨之切企切企埘上玉拓一紙石拓三紙乞　鑒抒郎問　箸安不具弟陳介祺頓首甲戌五月十一日壬子雨窗

某君所藏有至佳者而不肯汰殊可惜雖其文有萬不能盡識者肰其間亦自有意義常例二語甚是南中人語亦

卷二　三

偏不求古人作文之法作字之法如何能不隔膜有聰明有傳授且爲之者多未能切至耳帷肰學無窮豈可自是唯用心以求其知而已太史公謂齊人闊達多匿智其天性然也自是推許有不可及處齊人只是心精力果求骨子不作面子拙在此長亦在此以貌取古器則貌僞者至以奇取古器則僞奇者至然不能於今日所見之外有眞奇不過仍以所見移而贅疣耳不成字不成文理不成筆法不成章法何以爲古文字不眞好不眞用心見色澤即疑爲字眞見形似而不求甚解守眞器數十百見眞拓數百紙而復大收僞字葉氏之覆轍也豈可蹈之蹈之則仍是玩物之習重而好古文字之學輕寒士能拓能收古文字而講求之豈有力者

卷二 第三葉

所能逮乎偽刻必有斧鑿之痕以銅絲刷去之則又有刷
痕而字鋒又失且舊物手摸即可知銅玉等皆然古物皆然偽者必
不渾融偽者斑下無字斑中更不能見字古器過朽銅質
無存則字不可剔而可見眞者字底有銅汗積灰必不能
偽鑄字刻字必可辨鑄字佳者每上狹而下寬古人之字
只是有力今人只是無力古人筆筆到筆筆起結立得住貫
得足今人如何能及不知只是未向此中追求好古必以
文字爲主也不識字之銅販多見出土器即能辨其眞偽
學士大夫乃不能辨之邪見拓本即可定者以文字知也
疑之過者非其時代晚即其字不精也宋元仿而入土者

字與制作不能不遜色澤即有極佳者亦其用古銅鑄者
也古人模笵之精今多不能思議以土爲笵笵上以刀畫
之成格格上漆書字字上再以土堆成陽字鑄成即爲陰
款銅每極薄耳足中又有土笵豈今所能爲掌臆古書有刀有杵聿即
从彐仐古文字似有此兩種也內外笵合而質甚薄何以
不少誤銅不細劑不良不能無少缺鑄笵留氣孔不合法
則氣拄內而金不即凝花文與字有撥蠟之說而今不傳
灋器及印中均有土質法尚未盡亡𧁍器大行而古法蕩然矣書自有時代相較可知書
亦有工拙書亦有王朝與各國之不同文義亦有定制多
見類推自可知也古器之直十器不敵一者即可如十器

之直百器不敵一者卽可如百器之直少收而精擇少許勝多亦未必卽爲過費也況不能十器百器之直要之見得眞看得細尤在心穩得定是皆出於讀書游藝之餘信手書畬就正　好學深思之前尙望時有以　敎我某君亦知其不能致力而姑言之者以愈講求愈細所見愈有貫通歸宿而重有望於海內君子之相敎誨相切磋而非專爲某君發之也　攷釋古文字業自言讀書識字不多非虛語也衰年不能再博聞彊識年來課孫業求於義理少有所見進於故吾而已非有所知也推之讀古文字亦少有能斷處竊謂不博則無可斷博而不能斷則不能折衷而歸於

卷二　五

是文品之高下淺深章法起結層次皆理爲之漢儒之功在於存古宋儒之功在於明理理明而前聖之說先儒之傳乃定天地萬物之理乃明吾人心身之知乃切其博大孰能過之特不侈矜多富以爲炫耳義理之次卽是文字無文字則義理亦不傳而晦今日唯此吉金是天地之藏祖龍之暴所不能盡發而焚之者可不重乎釋之以多見爲弟一攷經爲弟二證許爲弟三有據者斷之無據者則桂氏說文義證案而不斷之例爲至是不可徒博愈引愈遠而愈無當也薈萃而不能斷祇益蕪雜恍惚亦奚以爲至取僞器而長言之更不知所謂矣止刻金文釋其字攷不

必其皆有有亦不必求多以字偏眞得神爲主釋不定者
闕之或兩存之書成易而古人傳我輩之志慰矣同治甲
戌五月三四日雨中陳介祺再拜上復　拓器愛護色澤
必光以紙糊易磨與手易撫處爲至要　金文石理愛若
肌膚好之必當如是方爲收藏碑估當遵不令拓而自令
人拓易其所售者尤望推此以愛古文字片紙而極珍之
也祺又拜
廉生世大兄左右月十二日手復一緘竝金石拓一封內
原目外粘囊一封想已至秋爽想動靜甚適著作益勤
羡慰羡慰近來拓爵甫畢徐吉北上寄一全分與吾　良

卷二　六

友暨伯寅乞　鑒釋之匆匆未及少注所見也竊謂秦以
前是一天地同此世界而與後迥不同蓋自伏羲一畫闢
天而大文始箸文不外陰陽陰陽卽是奇偶奇偶卽是單
雙奇之兩面卽偶陽下卽陰離卽無物卽是虛實至文王周公極世之文至
孔子極人心之文至秦燔而自古聖人之所以文斯世之
言與事蕩然矣漢搜殘缺傳聞而聖人之言不明先王之
政無據千餘年如夜行至程朱而聖人之心始明先王之
政則仍不可詳求如秦以前之人世界恐終天地而未必
可得矣嘗是以於三代之文字有深耆也嘗諭長孫阜以
詩曰天闢混沌由文字人擴靈明亦在茲大義微言常不

覺終歸混沌又何疑乞　教正之淸卿處乞致感念尤企
其書不置手此即問　箸安不具弟陳介祺頓首甲戌七
月望後二日丁巳
廉生世大兄農部左右七月九日徐吉還得前月二十二
日　手復長言　過愛唯有悚愧　足下心銳手勤文茂
學析所至𡌲未可量反復益深欽嚮至愚之所至則前已
自言之尚乞有以　教之也前後各書當屬人寫出以所
見者請　正將來修飾删節尚可付刊以存吾齋二人往
來之雅也此次且未詳復茲檢吾邑所出古齊字專五各
拓一紙竝呂工精拓臧石大安李節造象大安五字自疑㲋延和

卷二　　七

元季壬申鞏伏龍太和劉女共姜正光嚴小洛孝昌楊豊
生隆緒女官王阿善北周保定馬落子建德鄒道隆妻尒
僧香隋開皇張信仁壽大都督齊愼略開皇姚長寬北周
別將辛洪略造象共十二紙均乞　攷定冢形敦邵道生
王蘭蒬石拓敬謝金石目仍繳往來必寄可省則錄亦可
注一二事凡事能過細具見　精力然亦須自愛爲大者
用也子年云淸卿欲爲刻秦瓦感不可喻秋末當檢齊與
秦金同寄止求代刻不必出弟名敘中及之即可仍當繳
資且以文字重報乞先爲道感意傳古啟事今鉩一分當
檢一分求寄淸卿不能鉩則淸卿留之以所得複者或精

害

拓金石相惠郎可亦乞　閲後與欲得者一見使知其甚
不易而眞好且有力者有以助其傳而不哂其爲賤丈夫
也否則何以供其傳耶清卿得鳳翔出土方鼎余定爲商
一敦字亦至古想所得必多乞屬敎一拓手寄吾二人且
望收目以便再寄齊太宰歸父盤陳侯因𬭚鐘毁陳侯鼎
陳子匜拓奉　鑒孫氏器形仍不設定爲車𫘓匽侯鼎字
見於任城召器之盡　鼎燕釋甚定䣄王戈亦可定匯蘇
百金事勿固是企高驪箋止便手目㠯復少易不薄滑切
毋令㠯箋版直上下刻者知已令㠯感感寄來直齊二字
小印二式乞令仿刻于版東洋皮印箋亦佳未知有否南

卷二　八

中七八十文一番坿一片㠯式　尊威石及印均乞精本
小事多瀆惶悚不安乞勿代付使不敢有所請也此間
箸安不宣甲戌七月十一日壬子陳介祺頓首簾生世大
兄左右月之中旬尹姓車與徐吉先後奉致二書並金石
拓當已　詧及茲將六月所復長書隨讀隨注俚語于鈔
本下又不自知其言之長今由傳冬便寄請　敎正尚企
賢者再有以啟發之也此與前所奉寄之書子季伯寅
清卿之書暨　見寄之書均乞索錄刊削改正共存一橐
以志往來論訂之雅其鑒别拓褁之有小可取者亦坿存
之可備鈔胥不必求善書也潘刻本校過並坿又一紙亦

愛慕之心所發知它人見之必以爲好古之俗乃如此也
一笑坿上聃敦拓四耳方坐乞　攷定之此問　箸安不
具世愚弟陳介祺頓首甲戌七月二十七日丁卯

以　廉生之文之才何以不早得科第止是看不起時文
未能實下工夫作得完密又有精采動人決能制勝即文
與才有可觀而未能無可擬議有罅漏處或使然與此欲
作又不欲作之弊也功名既非此不能出身各處湊來爲
面子用而又有精神綫索敲開門後棄此無用之塼未爲
晚也知彼知已可以一戰徒咎人何益於事求中式而已
求以闈作見長亦有何可取乎使人欣喜鼓舞無可指摘

卷二　九

而中間自有一二見我之高文仍是平正語亦可傳矣揣摩亦當具眼闊風氣不跟風氣須作正學外另一件事得則專於正而置之時文於書理文理口氣過細處極有益故學校舉選不行而無以易之　七月二十五日

弟不能文因讀朱子學庸詩序及文集大全後少異于昔
字字不敢放過然心氣不足每似拙滯皆學之涵養不足
使然謹布求　敎勿不知其惡也以心貫之而學不足
器形本以所用爲別而作既尚其象又有取義之設如今
傳敢下有方坐者又有四耳者掌皆謂爲盛羹之器四耳
取其二人共持方坐取其下重不蕩皆至敬之義味以太
羹爲始和羹爲美故特重之與　朱子所謂析之有以極

其精而不亂斯合之有以盡其大而無餘乃一貫之旨凡事蓋莫不體用之全不能即形即意即事即聲而有所造作如此也知聖人之心然後可以知聖人所作之字所言之文而非可以淺嘗聖人如童蒙之自矜也有所見則謹而識之而無可以自是也博學而又篤志切問近思之則所進自未可量所見自當日朙矣所好所知止是求一箇眞止是要學不厭　通形象非通古文字不可通古文字非多見眞鐘鼎古器文字不可今日而欲求秦以前古聖人文字之眞　敬進一解曰通眞古器文字非多讀古人書而深研聖人所反求天地自然之理有得於聖人義理

卷二　十

之心不可人雖作不到而理自不可易也後人所不知聖人之事有二古文字其一道理其一也聖人之心能盡其自然之性盡天地萬物自然之性行于身則曰化見于事則曰政先王之政事蓋集古聖人之大成而因革損益之者惜今亡矣雖秦燔爲甚亦時代遞降使之　重瞳三月之火秦府庫古文字乃蕩然蕭何所收恐止是秦圖籍未必能見到收古聖王文字也　今日贋鼎之工非復昔時俗劣不識字者其大力肯收者之見解彼皆有所揣摩而巧投之不可不謂之絕技唯眞知古人而有所獨契于其不可及然　養器有字自足不亂某人之用則尊卑明某

事之用則事物皆有條而不紊易知易能而有禮者此物此志也器形既不同文字又分別　食器黏者則椭圓取易拭或圓不黏者則方魚鼎禽鼎㒵鼎則長方如今魚鴨池之類他可以比類推之古人用心無大小皆用其極小者祇是其心用熟自然能如此非如後人止專在小處搜求也　父之養器子自不敢用自當以之祭有國有位得自作器以祭父大夫子士自是用其父大夫之養器祭士不敢造器以祭也不敢造器自是不敢作款識今傳世無字之器當是無位者與市鬻之器也乞孜正之　常人之器以形別有國有位之器以文別　器文有書法有述事有

卷二　十一

義理有文義有體例　古人祭器敝則埋之自是誠此器不能用不可用無更可存存亦不敬深慼不見不用爲是則理當埋之此理所以傳文字於萬世者古人初不逆億也　古人作字之始止是聖人之心有學問道理徹上徹下包舉無遺於一事則以一指明之於一意則以一字領會之於一形則以一字象取之於一聲則加一字以諧合之四者用所不足則轉注假借而引伸以通足之雖一字而非聖人之心德處眞知今人之爲時代所限處則能于可愛中知其惡矣此亦不必强辨且求其無疑者何如後世之學只是禮樂欠樂非聖人再出不能作今人之心

不能與天地陰陽自然之理爲一息息相通神而明之如何能作樂也禮則周禮儀禮與聖人言理之書尚有存者吉金養器祭器亦其可徵之一也禮須人事分得極細方有條理是以經禮三百曲禮三千禮儀三百威儀三千如是之多經曲言其大小儀則指其事　聖人皆著之爲古禮經當時之人皆誦而傳之而今不可見矣然事之苟且欠闕人心自然有不安足處是則天理之公也爲臣爲子爲兄弟夫婦朋友盡人所不能無也日用飲食所不可離也吉凶賓嘉人事所必有也此天子與庶人共之者也天子之禮上承天地祖宗接古聖之傳奉神靈之統以率羣臣理萬物舍禮

卷二　十二

無以見至尊之貴至善之教至聖之治也然非天子不議禮固朝廷之力萃天下之賢人君子設館重祿以修明之不可而天下之事亦非朝廷不備非尊卑明無從等而殺之也所以以朱子之大儒不箸禮經而必具劄請修三禮也然樂之聲氣能和平人心感召天地有非學所能致者柰何三代後之人竟皆不得聞耶同治甲戌七月二十五日乙丑晨雨再書請廉生世長兄大雅教之介祺拜上

惜今書已非古字古器一字又數器不甚同多收拓本多見則可通處甚多即刻本亦必不可棄之

近涗友自蘇紙行向涇縣第一鈔紙手鈔得極細薄輭緜

連紙似可敵從前十七刀者分様並分様與清卿爲望日內極望清卿書半
張如京中竟不出可釀資爲代覓每刀須京錢九千但尙
須寄京之費月內三留傳尹徐 想已至此上
廉生世大兄几右祺頓首七月晦

廉生世大兄左右七月三書八月一書想均詧及見復日
來唯企清卿學使書耳金石無所獲須登塲始能出春秋
畊所得銅器易物也中秋近拓友歸唯呂工尙登登不輟
須拓齊一類乃奉寄也吾 兄與仲飴爲伯寅貴師錄金
文册目惜未及字數與釋與已見拙釋旣企補校尤企再
以仲飴家舊藏册校錄之旣出㪅藏外不能多則亦不甚

卷二　十三

費力矣文登崗山集晉咸甯司馬長元石門字二紙拓不
織可贈同好今秋不能往拓矣此間 箸安不具世愚弟
陳介祺頓首甲戌八月八日戊寅

廉生世大兄左右中秋月上時徐足還得七月二十九日
兩 手緘並印石聯紙市平小寶十兩鮑書羅文紙另雲
書古幣拓一篋鮑刻書二十本前奉書藁骨鈔竹紙即可勿再如此敬
謝承 復之詳非敢私感可見以平日 讀書窮理不敢
放過之心小處不苟大處方能不苟有位者侈言我於小
處雖如此遇大事自能當得乃自欺欺人之語不知平日
已誤天下多少事職分久已欠缺遇重大事不能刑有一

卷二　第十三葉

心應之恰到是處所望賢者以此應事之心用之平日讀書窮理而加詳焉使愛才之誠佗日得獲知　君之譽而天下被其澤一鄉被其惠則不僅一古文字之友矣迂妄忽甚幸勿　示人使嗤病狂也學問之事全在分析而不儱侗儱侗止是不分析分析得十條路出方知此一條是九條皆不及而知之愈眞行之彌篤是皆能分析之力也倘乞　教之推之書不字字句句分析去讀文不字字句句叚叚節節分析虛實淺深開合反正去讀碑帖不分析鉤撇點畫起住一筆筆折開去學止是整吞很捉何由得一分明路徑分得淸積得富又見得同之不同不同之同

則合之而大貫之而通小大蓋莫不然特在人權輕重而用吾心耳自愧精力已衰涵養不足是以竭所知爲　賢者告之淸卿何久無書實心考校自是重勞可言勿多用人防弊以增弊止坐堂大半日前無一人打攪無起講者撤驗多取面覆即可得眞矣蘇七之款非要事所得金石文字所刻書乞詢之齊刀今命吕工速拓乞一分自存一分爲致石查兄並先謝允惠臧印泉拓之諾高驪箋如此已可用不必求貢使者非欲如式至佳祇以年來忽作古文字往還常行八行過劣是以各處奉覓代製今又荷飭工爲之感感唯求以緻直爲妥　賜食仍用紅箋乞亦

刻版作足紅密行齋名箋相往來既慰亦便讀也切企切企　允拓臧石假臧印先謝印乞先付拓本如欲問作印泥法當再述近所用鐘鼎文小印乃自篆令族弟佩緇子振學刻始猶拘弱今漸長進復以所存譜中古鈢印與鐘鼎文字同者令撫之尚有六七分形似已將三十方先作一册寄請　是正又四册乞致貴伯寅師子年石查處可否爲之一銷自五銖以至一兩無不可者寒士以刀筆生活如再有索者當即再寄也印皆印舉所無　尊印本當令即作唯豐姞毀中字似而未定自尚可用弟三字則未檢得必不可以朋綴又古文字皆不可排比極力縮去不能甚小

可檢全七字油素摹出再縮小配合古文佳處即在空處離奇動盪當可知印石之不能容愈古愈佳之字愈不能小乞以所賞字見寄是企或寄佗石此石改刻何字或爲人寄刻付有金文拓本摹本字樣儘可多刻尤感　獎掖之意子年札繳匾鉄釋清卿頗有所見勝於弟說如未見當並錄得器時攷而未釋　上呂工已如　命鼓勵之當令以精拓爲謝

委書聯再繳如有佳紙不鬆而浸漬不麤而乾澁無礬蠟之新紙即可書聯大扇小俱無妨弟久不書屏小字題古文字則樂書年來喜用大筆作聯即三四寸長羊毫

亦可小字但苦無大而佳者未識厥肆可遇否　示及生性迂拘大小必期詳盡無憾此以魯得之之質亦吾齊土之所偏若自謂精力有限于天者則正恐未曾用得出分析而專精知所先後則精力不可限量矣弟二　亟聞嫂夫人又作去歲舊恙想已愈醫與地理是人不可不知者是古人學問中之一事無學問何從知醫理讀書者守古方而施之非其疾者是以皆模胡也八月二十七日晚傳足至得十一日夜　書知作腹痛當即霍然腹痛甚則似古方當歸生薑羊肉湯爲效若近霍亂而非常痛則不可天氣漸涼桂皮煮羊肉大火沸即細火冷去油再細煮去淨油止亦可啤敦

卷二　十六

拙孜曾寄仲飴未攜入都則補寄必不僞也年來所復伯寅子年之書乞集而　命胥鈔出與今寄言拓剔吉金說清槀一分乞並　選擇刪改之書則存往還之雅說則坿爲同好之覽又乞於前言鉤刻之說論刻傳古文字之事詳采成則使剔護拓鉤刻以及則僞之事俱備寫本見示實所仰企即以六月中　手采者爲底本擬於家中自刻一粗版本記今往還之跡也古人作字始于象形使人見形而會其意明其事其佗則輔翼之而已後人有許多古人事不知訓不聞故茫然爾　正之大保字加王亾㑭使人一見而知爲王之保不同他保字如玟珷爲王者

不空壹格寫

之文武不同佗文武字也洋紙是怡邸明善堂物否敬謝錄目所　詢石所出售者祕之故未晰大安字雖僞仍是六朝𥎊與石俱古也金文五種敬謝不飲酒可畱作引年之養不諜利亦須知治生此日用刻刻不能離者治生不外量入爲出一語也大則制國用小至晝虀分粥亦是此理古聖王之用即祭祀亦隨年之豐歉其穀數即於公田計畝均分之數知之其民數則鄉鄙歲無不有在官者時時皆有記載合之即知亦在日成月要歲會之內後世不唯不知其實亦無從稽其數矣舉選即在鄉學國學之中天子諸侯公卿大夫元士之子皆同在大學之人所以上下志通而若一家一人也　君農曹古司徒屬也讀　論社倉策對久欽于衷故觸伸妄言以冀　誨復即問　箸安不具弟陳介祺頓首甲戌九月二日辛丑

卷二　七

廉生世大兄左右重九後一日得八月二十四日次日手書知　尊體又於月十三日後自酉戌至子丑作寒熱想已　調攝全愈殊深馳念若果是瘧而非傷寒之作寒熱則尚輕日日作者亦輕瘧有小方甚多或擇其近理而無妨者試之然此刻當已除矣勿早履地郤是要事　姪夫人想已安健均爲代祝淸卿兄書誦悉獻尊字似僞雖有闌痕不敢據也方鼎與敦自是商器宜子孫行鐙是漢市鬻器東

井小當則亦疑之近日因獲利作僞日工矣承　代致清
卿交蘇七百金已見收字今由畢芬便寄　上百金坿目
一紙並詳注乞代交餘者所付或不足或由寄款補先
示收字從容見復可也瑣事不必詳答唯　告近狀以慰
懸懸爲切切切勿勉强說閒事也尹車之書已至餘俟車便
復清卿書並瓦册瓦拓一篋均交子年子年書亦未封如
已不畏勞乞　披閱再致子年子年屢言清卿欲刻秦瓦
今又來詢云今冬必可刻出可感之至聞有此便連日夜
手編一目佗事俱不暇貴河陽師書來止鐘拓無字十之
九不作書矣且昨書甚勞亦欲少息子年書並書直目仍

卷二　六

繳手此敬謝惟　新釡珣備是祝弟陳介祺頓首九月望
甲寅　廉生世大兄左右月之四日得九月望暨後二日
手書三函欣聞　淸恙已釡深慰繫念唯元氣未甚充
時肢體不可不少運而必不可過勞今作答如是之難乃
如是之多可見　心跡之殷尤念　勞之或過切企　善
自護也藥尚服否壹是如常否凡晨起日初出時陽氣下
壓陰氣在地面日落陰氣上地面正午陽光極盛夜分子
午時皆須善護一身陽陰之氣勿使爲兩大陰陽之氣所
侵勿失所養冬至前宜定心氣煖須去衣再飲食食須午
後勿過飽新釡宜少食加餐均乞　留意藥皆補偏過則

又偏矣承　示起居甚詳具見　眞契　法書中鋒直寫
尤見　臨池心得不徑意乃眞本色若再於兩端求古人
法則必傳矣族弟子振棠　推愛嘘植感感謝謝从玉从
木之古鉢未得見乞　惠一紙或鉤本亦可　尊藏印如
古彝器者亦欲先覩庚生高驪箋想無多止須此種五六
百或一千唯有請則　惠之使同求取則必不可乞勿成
其貪也至懇至懇翟文泉丈校刻穆天子傳諸本覓得即
寄印文可否易氏字仍不能如石之小當作一囊先就
正若選所賞吉金中字鉤寄尤佳坿論釋古文字以古字
作印古人作字金文與尙書互證四則乞　敎之唯自愧

卷二　十九

所記問甚陋耳非虛語也子振以宁田盤字爲伯寅作字
印又出新意作八囍齊印二而似一章法尙能化俗爲雅
大者可用方能再小至小如陳侯因資鐔若集其八九字
爲印石已不小已極難刻矣（弟復一函）石查農部未可以金石
玩好目之一語心感之至嘗見止分此文字玩好界限故
篤且眞而嚴不敢自渝所守也印拓謝謝自以揚烈爲佳
朱墨可愛他則語重未敢荷也　尊履所患自是在陰分
切勿遽以爲不足而過服峻補寒熱自是陰陽相爭不寐
自是陽不能入陰似是陰分中有鬱血未通或陰分有病
見疹亦是時邪而非虛損之徵時邪初治即須麥地以防

不空 須接寫

其鑠陰此吳竹如先生之語瘧多因食水或暑熱爲夜寒
所束或受陰氣而復鬱燥氣須於此消息之此言外感外
感者多內傷者少醫家能辨虛實寒熱已難其人若能辨
一經之中爲氣病血病氣之下卽血血之上卽氣而知互
根不可須臾離用藥之陰陽卽恰能如其分分出上下虛再分寒熱實
則直無其人惟擇其老成而歷鍊多有效者試之或不藥
亦得中之道耳醫不明理則不如驗方驗方又必須相符
之病乃驗試病則不可不慎矣乞細心體會之已愈勿求
效急勿忘善護也揣度言病未可卽信不過竭慮以佐
精思之觸發聊寄禱祝之意耳復弟二面　惠臧代冉安臧三

卷二　廿

鎛貨鉛寺昌鍒邑爻于三布貨拓謝謝代似隱隱尙有一
筆冉卽燮省臧从臣乃守臧之臣臧善臧否當如古器古
鉥印从口鉛者難辨小布則多皆羽翼鐘鼎者也六朝石
有副再波及不亟亟
十一鐘拓此次勿勿下次卽寄今年爲東海關龔觀察以
八十金索去金文二百餘拓復以四十金屬裒爲作十六
册編次題記雖勞頗慰素志年來所費過多不能不思藉
此以傳古人又銷秦石拓又爲族弟子振銷古鉥印文傳
殊近鄙卑所冀古人知我而同好者又知其甘苦而恕之
且有以大償其期望則自問亦可無愧而大雅之富收臧

者或不至投而不報以無人可拓見復則文字之福或可因良朋而益擴耳拓事今年頗費調停可見全交之不易既勞心又傷財將來自裒册成當寄　鑒定其有索者與否聽其自然而已安得有如許大力盡收此片紙祺亦安能有如許心力財力爲此偏爲玩好之供止期成得一二十分留俟異日其人之傳爾自已未嘗不想刻而不肯將就鈎刻任其失真則僻陋之至難事是以仰企海內君子而不自私以求傳也區區之心唯我　廉生能亮之耳復弟三聃敦釋文一册寫乎未在館乞閲後即擲還再寫寄盂鼎釋文想已於　貴座師處見之均乞　是正罍磯島石

卷二　廿一

拓甫至即奉　鑒又借拓齊刀六字者三紙乞致子年石查各一又印舉中古鉢印四十七紙並　上檢時記原次將來錄目釋寄訂疑再復此已考訂一季矣何饋圖拓一乞致清卿文字結習固我輩所不能忘我思古人尤寸心所不能已　體元新復不可因此致勞遲遲見會可也白金五兩子振敬謝即頌　頤安不具世愚弟陳介祺頓首

同治甲戌十月十二日辛巳

子苾所集金文册在赓生處可借來以敝藏册目釋校之錄其未備者久金而仲飴未及爲之　尊藏及佗家所集亦乞校之見寄疑者異者摹之石印先繳俟彙定再付石可也子振

卷二 第二十一葉

所望不奢此次贈伯寅印亦無須過費也傳足午前未來
午後竟得一古圓鉥二戈皆齊虛均卽拓　上又得瓦器
上鉥文二一如圓合子蓋徑約五寸餘一則一握而已戈
文一是陳右造鈛而告从金戈則金戈之間又有筆畫一
是子簋備卽服見厝鼎及佗金文此从女尙未及攷造作鐘或是敍車戈乞　寀定
之古鉥印文傳五册乞如前式　賜題致伯寅一子振弟
奉贈一匆付直其三以寄清卿可也祺又拜十三日夜
封函後檢接間遺隅陵之部一紙平齋以爲非古而不知
其非秦印所及卽是周末其印式亦與古同故坿於後書
之時代似難分而不知多見卽可定斯書今旣裒集其古

卷二　廿二

于斯者卽周末書秦漢印相近唯書與印制少異異于漢
者卽秦印可無疑矣乞　正之新增之圓鉥購而未定故未剔文
似卽洵壂䟣山之洵壂二字昨夜緘書後復讀　來書記
復日乃思言拓傳事恐致　良友以索拓爲難夫往還古
文字旣不易而不能不思擴我見聞考定古文字更甚難
曷能不思就正於　好學深思之　大雅且啟中久已白
之矣祺再上甲戌十月十四日雨後
廉生世大兄左右月十七日畢足還得九月二十九日二
書同日暨月朔坿封二竟印拓二封三十二種知前月
望書銀瓦當册子年清卿書拓册目均一一　費心檢點

交付敬謝唯　尊履甫安致以瑣事過勞　筆墨心思不
安之甚況不寐自汗心經尚未復元耳鳴亦是腎虧方當
善自愛護不宜以素習之心勞之而不能自已也人心
之靈重在知覺無事則讀書如未曾讀身心茫然無主即
是未能知覺有事則偏於素習處亦是未能知覺能知覺
則愼於未病察于已病保于病之將愈方能得愛護之正
而非平日細心于理則亦無從知覺也吾　兄之能用心
若專致力于正學豈可限量今既未復元則當專此心于
養或靜坐或愼起居調飲食善自推測以釋　高堂之遠
懷以慰朋友之馳念則尤所切企者耳近想　動靜諸臻

卷二　廿三

安健尚望　詳示而　采納之幸甚未敢一一就　來甫
縷復也琅邪臺秦瓦可得之拓乞從容及之木匣何不一
啟中且有子年褻冊俟冊目還再爲子年校補若寄陝則
周折矣子振一金敬代謝竟印既非三代文字又須展轉
借拓勿勞爲企京師僞字即刻銅墨合子者然否前與伯
寅言奇而無理工而無力則必僞似已道盡其理與力則
用心于古文字多見而識之自喻不能口舌爭也伯寅堅
欲刻吾數人往還書不可卻乞將來　刪定之其標題擬
仿齊東野人之語易爲秦前文字之語未知可否其非語
此者概可刪矣各器釋雖一字之說亦可收亦不可過以

卷二 第二十三葉

已意去取其稍有見者皆存之異日儘可改正再說再入
伯寅書當檢彙寄呆子年書同淸卿書同乞與貴伯寅師
商之並相約以識古字論古文爲語不涉入賞玩色澤語
也旣專力于此並秦漢金石以及六朝俱可從緩唯眞僞
必不可同護將就使古文字淆亂各書已見之所以然不
執肊見有肯語此者亦不妨擇埘拓本鉤本刻本必以類
聚字學各書必以字聚一字一册以說文爲次以金文居
首得一書卽分字翦入之一拓同於攷釋叏有益易貫通
積止富且久自可於羹牆間遇之若古人之詔我矣卽如
大箸識大誥甯爲文之譌雖未可卽以爲是而不闕疑

卷二　廿四

推及君奭之甯王亦皆从文爲長又金文之體例句讀亦
皆可證尚書然其折衷論定則唯古聖之理與法爲可據
依書理明一分識見定一分淺之則筆法明一分識見眞
一分自愧管窺而無實學唯企之　大雅與海內篤信好
學之君子而已手復卽問　近安至日陽復唯　氣體充
盛爲祝弟陳介祺頓首甲戌十月晦
宏字恭代厥乃德書萬年厥于乃德當均是古厤字俗許印林讀裕以爲句首是極人之裕則從
人風俗同衣則從衣皆谷中寬裕有容義我弗以乃辟陷于囏書裕我不以後人迷亦當如此
讀厤自今書繼自今無邇立政皆當今字句古語也竅歷疑卽明試諸乞以此推之
有得卽以　示我伯寅金文册子苾金文册敝臧金文册

絹

朐堂金文册均不可不錄釋彙爲一書未安者必摹之祺所未見者乞付一閲定其眞僞不見則仍不敢信從也祺又拜甲戌十一月朔

𡋯寄臧鐘文字十一紙乞　攷釋齊刀二種乞與子年石查各存二紙未寀及入續泉泉匯否臧古十六册目甫錄一橐　正之每册加前後素紙八葉字多而有攷及別錄釋加一二三葉不等每册裝直二兩五錢紅青綾封木板面此間無磁青絹拓費則約如傳古啟八十金共三百餘紙也題字拓印檢點已三月之久止索拓本或如此而補洗弩等亦可但尚未及拓或少亦可有力者則不能甚少也經年累月推拓不休其間破裂磨擦之憾周旋覊應抵悟含容敎拓絜聠收支檢護心力之緐難束修紙墨一切之費蓋八年于茲而近年尤甚此事未嘗一日少有間斷今之好尚共趨于此或者天欲斯文之絕者而少有所續而有一二好文字不作玩物者討論之則此拓之勞誠不能已有欲助者有此一目可決去取矣利乃至可恥之事有詢之吾兄者以目示之可已勿先爲之容而使徒被鄙夫之誚也呵呵祺再拜十月晦

廉生世大兄左右前月既望月二日傅徐二足北上計均至日內傅足當至茲有徐足索書秉燭作此奉問　近履

卷二　卅五

大安即企　示慰新得齋造邦刀並節墨刀齊刀三種各
拓三紙分贈吾　兄子年石查造邦刀欲子年即入續泉
匯竝說造邦乃旹去凵加厂證以湯誥凡我造邦文自是
太公始封所作初氏釋極有理可爲定論弟四字确是立
㝖其半字則不可識其釋就者則以今字約略而定篆文
未免太任意矣今又得贛榆之青口所出秦瓦殘字一儆
邑西南土名鶯邱古城所出瓦一（此瓦字即仿秦瓦字）皆千秋萬歲
字而秦尤古當以別於瑯邪臺者今有儆邑僞瓦以水膠
和沙土爲塈印於木刻其土似即專沙屑但未經火耳其
法名水膠塈五銖雙龍笵似僞可告子年删之竝爲道念

卷二　廿六

勿厭齊人求古文字之擾也一笑傅足至尚可有人來來
者皆以得伯寅與　君處賞爲喜故程足索信甚切也此
問　頤安弟陳介祺頓首甲戌長至戌刻

廉生世大兄左右十一月有程足來索書交伊一緘至蒲
臺而還今復寄十九日傅足至得十月二十八九日　手
書知　文履因勞又小作寒熱病根株猶伏邪元氣未充
復邪曾服何藥日來大愈否徐足去已一月日内盼切矣
金石印三拓得一一　祥復慰慰族弟子振摹古作印既
須爲之集字又須爲之響搨增減其不似處其字外之空
處尤不易今掌　大雅鑒及又昜以培族感感唯自愧所

培者僅此耳平生倩人作印數百皆不慊唯同邑王君鹵泉能知古意作數印尙可今以其印存就　正但不肯刻過小過大者又不受迫促如以爲佳則請寄三石二金來試浼刻之果佳則一印數金亦不爲過可用之印不須多止求與吾書相類與吾收臧不痳疢耳否則亦奚以爲哉子振刀勝於筆臨摹尤長自篆則遜王遠甚摹古亦仍遜王唯以此爲生故刻不甚遲耳若以印文集吉金字見寄爲酌定先以次石作大印寄再以佳石令縮小自較易也古鉢印文傳三册乞以二　致劍泉閣學並代謝其一暫存伯寅四金亦代謝尙欲縮小否欲摹師奎鼎寅字否此

卷二　廿七

印可傳唯伯字少遜以盤字多泐也劍泉印式四屬擬槀寄再付石令鹵泉爲之擬酌別紙黏希致之　尊印或先示所集字尤企瓦拓惜未入　鑒聃敦盂鼎槀以未錄副故乞還自閱令人寫後早付是幸伯寅欲不改惡札即刻悚愧之甚是令不敢作札矣治生乃作人根本不能立定操守即由不能量入爲出今失一素所倚重者再得人自不易不能不增累唯今日人心不可與共權子母之事學者尤不宜分心力于此須求之在已之堅定處也凡事過不去處收歛向裏自不支絀特克已爲難而怨天尤人終無益耳　賢者以爲何如魔障雖是戲言亦是自畫眞知從篤好中出篤

一分眞一分篤一日眞一日篤在小在偏眞亦在小在偏不敢謂知不眞者之皆好之不篤而不敢不自益篤所好以求知之益眞所愧者僅在古文字而非古義理尤愧均未能實致其力所企　君子能之而因有啟迪我耳不可以魔障自喜而自囿也傳古之事感感前册說旣請　正後又少有所記不如式褒册則不見其可重將來如册所載爲伯寅與　足下補齋再褒册一分求爲存之以俟助我拓資者伯寅則已爲人來索亦必有以報新正當即檢點甲子餘年儻藉同好之助得竭心力盡拓傳所藏早與海內共之亦此生之至幸也玩好則亦無用之物何事處

廢三復獲心能無嚮往嘉祥古服之言不可信數千年無此說也梁大同石象字須宋其紀元處石磨凹否它字皆眞甯遠印僞建安專當眞石查古貨拓五紙謝謝伯寅言石查以仦朋與祺言九字刀可疑而不快夫信必有所見而信之疑亦同祺所見九字刀面文不唯與凡齋刀不類即其背文與刻畫之筆皆亦不類故疑而言之而不知石查所臧有此也乞代婉謝之藩署專三皆僞歷下寄專瓦拓屏二十幅來售無一不僞皆此類也月來拓臧佛日不過二紙今寄北魏大和二年彭兩祖機失坐八年丁柱涂金十七年曹黨生涂金二十二年吳道興者涂金背有護法象及侍佛此關中寄

秦前文字之語卷三

八月中得七月中浣賜書得諗近履安閒美慰美慰並惠各刻書敬感敬感冬來想眠食益强新居就緒紙窗竹鑪定多佳趣人海友朋之樂他地所無而雅俗靜喧在人自取非如踰垣閉門恐未易清閒讀幾行書掃卻煩惱也　弟歸里廿年僻居苦於無友問學固無人道坦白亦甚不多三年來惟竹朋老兄小儕仲飴時來過訪爲金石之懽讀書則自同業求少有一二親切心得處亦苦遠於師友難爲面質殊鬱孤衷去正喪妻夏又喪長子今春葬子又爲亡妻卜兆甚費心力頗覺日衰昨於八月始爲安葬中秋甫過

卷三　一

竹兄與仲飴同來九月二八同爲勞山瑯邪之游月末始返盤桓八九日而別至初八日始抵利津惟於東武得東周泉一頗佳鍾氏泉匆匆未得見所云壯第二布當爲訪之吾三人每談必念吾兄而　祺　則堅謂吾兄不可不刻古泉以爲燕翁雖殁其古泉苑不可不爲刻傳竹兄之泉匯雖過前人然體例尚未盡善版本亦屬簡率摹刻唐以上泉甚爲不精竹兄所患力薄吾兄曷不就前人今人之書說以所藏真拓精摹刻之以爲信今傳後之善本如欲爲之即當以劉氏古泉苑稾本奉寄並可假竹兄泉匯拓稾　祺　近爲之加注並去歲於刻本加注均在竹兄處仲飴云

卷三　第一葉

此舉務期美備可爲古泉叢書祺謂卽名古泉類苑亦可緣兄一生於此中用力甚多不可抛擲而前人致力於此者亦可附以俱傳卽費千餘金亦可作多還舊逋不得謂老悖不念于念書傳而千年傳千年傳而千金何必過惜想吾兄閱之必大笑以爲癡人乃如此慫恿如此相愛乃眞野人之友矣呵呵今人論書必推許氏然許書已非眞本豈能如鍾鼎爲古文字廬山眞面當以今世所傳金文千餘種合古書帖編增許書鍾鼎之外惟古刀幣及三代古印耳是當並補許書中豈可不精摹而使再少失眞日後又無從仿佛邪好古家刻書每患已見之陋而沮愚謂

卷三　二

刻摹精審則天下後世皆得借吾刻以考證又何必因噎而使錯過失時惜乎燕翁不明乎此理而徒以玩物畢一生之精力而一無所傳也子苾兄之攈古錄亦尚未刻愚亦謂必當摹金文蓋今日之突過許書者惟此古人鑄金之眞文字文字精則無遺憾文字不傳雖極博洽後人亦何所裨益何從窺擬邪惟大雅鑒之今日秦量鮑吳李可謂鼎峙亦前所無拓墨用濃煎白芨膠上紙再以紙隔用刷髮刷卽可不可太硬擊之紙尚潤先上墨一徧勿使膠未滑又上墨而使黏膩多上墨爲佳黑者耐久易鉤但必須字邊極清又不侵入罣乞以此再精拓尊量十餘紙見賜想有友

朋可作此等事也灞陵圜丞印乞拓十餘紙泉鉦亦乞精拓本竹兄來匆匆諸友爲拓至今未畢容再拓寄一切先寄上蓬萊張氏新得漢李夫人墓門題字一紙聊供淸鑒攷見李紙忠傳功苗卽苗裔之謂閒有都便手此奉復壬申

都中如見吉金拓本無論新舊求爲留意新出六朝石亦乞致佳拓近日狂妄以爲有李斯而古篆亡有中郎而古隸亡有右軍而書法亡均以行款姿態有人之見存而筆力與法遂失其眞是以好金文漢隸尤篤也

玨由郭舍親處寄復一緘並漢拓想已鑒及玆有商河老拓工劉泰自歷來擕有漢畫檢其兩城、山四種曲阜公府後

卷三　三

門一種見老子一種顏氏樂圃一種普照寺一種魚臺一種雖無新奇者如命以補舊存並囑今有盡卽拓矣樂安有魏孝昌皆公寺今名陽照造象敝藏有魏正光曹望憘造象皆六朝畫象至佳者亦並收之否此種須如貼落看時以鍼嵌壁或以檜鱗棘刺嵌之更換有題字印章爲佳南陽古磚畫亦頗多而標題多闕不易辨其故事又吉金花文至古惜無圖之者古玉亦然傳本似以博古圖爲之非玉眞本也古泉用扇料棉連紙精拓成書亦佳不精則古文字失眞面目尚望留意屬友人爲之將來分惠見寄爲企燕翁長安獲古編原本在弟處刻本今入敝厰肆次序多紊補字可憎

卷三　第三葉

不空 排好

亦不全其汀洲摹刻所藏金文拓本極佳如有副本乞惠
我盂鼎一大字者一小字者小者弟只一紙求再物色並
近時人金文著作未刊已刊者均望致之此係專足前來
可住十日如有賜復可交寄聞事只可與野人作筆談尤
馳想左右不置也
尊齋似必須延一能拓字之友歸來每遇此等事輒追念
粟園不置其二子今不知如何六吉棉連扇料紙出于貴
省徑縣極薄者名十七刀近購極佳者亦硬而不軟有磐
盂鼎欲精拓之字每行下二字五行第六字同六行尤要者
三行末二字四行末二字六行末二字十五行末一字十

卷三　四

六行末二字十八行首一字
記昨寄漢拓似誤書班傳乞去之補一忠字未誤則枚卿
處一紙耳
十二月朔得前月手復三椷十五紙何言之長邪野人之
恬退是有古性情者故念我不置邪感謝感謝雝合泥封
一隋龍山公誌拓伯寅少農吉金拓尊藏古印拓並拜領
戴文節古泉叢話既刊燕翁古泉百詠何不並刊之刻古
泉須先選工鉤刻與拓本同乃爲盡善刀法須曲折碎切
與刻書異得好刻工好拓手有釋文則吉金無不可刻正
不必畏人笑我之不博遲遲不就一無所成使古人文字

散失湮没者不得共見爲憾也古泉苑二巨函在弟處説
則無之拓皆眞本泉苑既在先自宜以爲正本而以泉匯
輔之凡所見者皆以坿入其體例則參酌劉李二家因革
損益之可也版圖之外自不當收西藏泉劉藏頗多不知
書中何以遺之惟鑒别眞僞同志即多聚訟殊爲不然文
字自有眞知不能自移定見須擇善固執不可紛移耳不
決則坿後而注所疑如近卅年僞刻吉金前此不如是之
甚弟亦存之以示來兹之意未審可否刻金文惟阮書爲
善惜亦有僞器汰而重刻亦大佳好古者以多收拓本多
刻古文字爲主攷據儘可别刻坿後不厭其多聽後來

卷三　五

討論可矣癡人説夢何以自知必當而言之不疑有所徵
則可存耳豈叔重所未及見及知者而吾可突過之邪金
文釋雖不易然多見自可引伸尤宜以文爲主弟謂前人
多重一字而忽全文此亦有少入處伯寅少農好古有力
曷不爲字學統編以説文爲本而凡諸治許氏家言及字
學書皆坿列于一字之後以便攷訂異同並可摹吉金文
字坿之許書所無則坿部後亦一大箸作弟年衰體病學
陋友僻謹以愚見質之野人而君子者與諸大雅共商榷
采擇之也惟鑒之教之幸甚
箸錄吉金而不摹文而曰我可以是傳也眛矣

有志於古者必當於此等處推求力求刻字之精鑒別之審先傳三代之僅存不及今人之傳引

三代古文字之散見於彝器外者金惟刀幣與一二印石惟石鼓洛字已泐甚古底柱山秦篆漢隸碑刻外有瓦當及塼銅器外有印及泉布刀心知古人之意者至此而止矣六朝之佳者不遍猶有一二隸筆及無格紙行列者耳漢之不及三代六朝之不及秦漢只是法不及今也則無矣吉金之好今日直成一時尚竊謂徒玩色澤則名爲古物與珠玉珍奇何異我輩留心文字必先力去此習得一拓本足矣識得古人筆法自不至爲僞刻所紿潛心篤好以眞者審之久自能別

拓法以白芨膠水上紙未乾先上墨一次以墨濃而不走爲準不可接拓使墨浸字內或透紙背墨膠將乾不黏紙起乃可再上乾後再上濃墨數次乃能光采濃墨者耐久易摹惟不可浸入字內耳

吉金雖以字少爲古而自今求之則以多見一字與一奇字爲幸僞者知求奇而不能於所見外別求所謂奇也賈人能僞之銅販別之學士大夫豈可不於文字中求其故而祇以器爲憑耶

野人以大隱而在京洛如得二拓則分其一與在遠之野人得一則寄以示聞之則以告其他非所欲也

泉苑侯明春倩人拓上歸來此事不易又不能爲之自六七年來思自作數册尚未能就竹朋仲飴皆未能應之可知矣

鉤字大須脊力失眞者無論已形不失而筆力弱則刻出亦弱須中鋒用力心精貫注乃可

刻時須先以細石磨板斤面須曲折直下刀不可用揹推如刻書也

印書切忌杭連莫不堅於此且易蠹板式須以紙定

刻精則古人可傳而不失眞而書亦必傳然須自精拓精摹始

卷三　七

薛氏款識帖不多見其書舊不喜讀近亦取之以其字與文有今存器可相攷者不斥其摹之不似也其中亦有僞器傳古考古圖等書並同均可重刻其字而去圖嘯堂集古錄有重刻本否

西淸古鑑刻字亦沿宋人之陋　内府成書時必有拓本爲書底稾惜人間不得見耳所傳聞有　甯壽寶鑑與西淸同確否内府書成後所收之器未著錄者不少加散盤之類散盤大字爲作器者愚謂即吳之省乞詢之知者亦可重刻其字而去圖　以上書尚易成亦甚有益今人影寫一本附薛氏款識後可矣

胡君石查當與小午兄相識可轉求拓本否聞盂鼎陝西南公

尚在爲之深喜其大者恐不存矣盂鼎弟有釋甚詳惜所
見拓本下半皆拓不䋣務乞爲致數紙佳拓永和齋亦無
來書想無暇遠及矣茲有一書乞再致之亦專爲盂鼎拓
本字白盤爲劉省三收復常州所得潘季玉近亦力收古
器竟𪾢鴈足鐙歸之
丁筱農所收古器𧵩者頗不少各紙未及留稾乞屬八草書見寄
弟去年老妻長子之戚心境極不可問是以屢欲作答伯
寅兄輒以不欲述近狀而止想必不責此病退支離之愚
而曲亮之也冬來畏寒蟄伏不能檢文字新正當檢所拓
爲報乞先爲代致歉悰

史頌鼎記是程木庵物與燕翁諸器均有拓本與鋻內者
無疑諸爵俱𧵩品餘有所疑者未敢妄言之也
竹朋兄心境卻極寬閒亦是壽徵雅事無所不好似亦不
求甚解故所著易成然恐不及泉匯之易傳也
盂鼎下半字清拓本借看即可定釋不必求得云已爲李
山農所得前言小午者僞邪香濤先生只是欠而讓一轉
語才有所長每每如是故兼之爲難也
四十年來所收金文多至九百種蓋以吳李或可得千刻
此傳之即爲至慰如有好鉤手刻手請先令刻一器並拓
本付來一校定再議自愧淺陋僅能釋文不能爲考擬金

石攷皆作月編以待大雅成之拙作僅年來所訂數器而
己泥封亦當先刻
新春惟
百福千祥爲頌去臘廿六日奉十九日
手復慰慰文王仁政首重養老學校之禮三代相同祝哽
祝噎卽是聖人以其養老者教天下以孝非具文也五雞
二彘尤爲親切平易非身知至理不能如此立法矣來示
老饕之嘲固是戲言然適口則多飯老來始知益覺書之
有味惟不能不菲難於有人用心而自己又不肯多事耳
飲食以飯爲主勿使他勝肉則養體菜則充腸二者不能

卷三　九

偏廢今日宴會只苦肴饌多耳吾兄以爲何如鏡海先生
高年尚納妾吾兄亦尚盡人事爲嗣續計理不可易也迂
拙之愛必爲人笑乞勿宣也癸酉
尋瑁香家所得之鍾拓出亟望切積古齋宗周鍾拓本思
之多年如見勿爲惜直泉滙注本奉覽隨手所記未經意
也可采者錄於藏本以原本付還可也弟於燕庭丈至交
甚念念吾兄當亦同有可刻者必勿掩之所輯成究在先
竹朋與兄亦當並傳則蒙之至願耳洋錢必當去亦不雅
吉語則漢泉必不可刪暇時編定條例亦可消遣也燕翁
錄碑文乞訪之海東金石苑甚精亦切訪刻之伯寅處三

世世交何敢拒絕正月稍暖當撿拓本奉上乞轉致年來不幸無心緒當見諒久不通貴人書咨且囁嚅亦可憐麋鹿之性只宜野人耳呵呵

說文校議求物色一部　字學統編一書　伯寅以爲如何

○官名○人名文通五利父老等凡可附官者並歸各類

以至六朝　官名　人名文通五利父老等凡可尉官者並載　地名

史漢以前人亦可補表

伯寅之力當可於人海中物色爲之否凡可資金石攷證者均及之

徽藏秦漢印舊有二千歸里後所得又幾一千今又得潘氏看篆樓印東翁節署燼餘共千餘刻甫作板名曰十鍾山房印舉蓋一類爲一舉也編次亟須時日印泥紙張人工所費不少將求只可計費取直不能徧應同好肯年印集只作十部亦諸至好助粟圖成之未知能爲糾集二十金一部二十四本以酬徽友之勞或可多傳數部然作弟意則甚無味此亦姑妄言之耳尊藏漢印圖丞即閤督二印可假入否如可即乞交來力徐姓攜回將來必繳如可再爲轉借佳印尤感非爲徽著求益緣分譜則得者未必俱得欲攷而以不得見爲憾耳二者均未免多事　酌之可也古泉苑如需用當再專呈

于乞勿汙損勿爲他人有切切

敝藏詔版今可有七敬求假尊藏秦量付拓將來同詔版各拓十餘全分奉上李斝二量當並假來同拓敝藏尚有吕不韋戈字極淺須摹刻證拓本詔事二字則鑄者合之泰山殘字琅邪石刻貭斯相一巨觀也如可則乞用木匣紙塞固交來力即妥原板釘固或以敝藏佳品送賞將來互織亦可容寄拓本釋之

六吉棉紙尊拓所用者雖不及昔似尚薄軟近紙多硬乞示知都中價直可作印譜紙並好竹紙均望令人於紙行取樣問直問紙名

前函乞賜復並令入錄一稿寄竹兄信已寄閻燕翁至正

卷三　十一

權鈔可直若干示知當爲購求鍾氏所得十布已託人如得當有以補尊藏又弟存有餘有尚多未知近直若干欲易吉金也

二月始得手復擬二月末專足北來以今年自課兩幼孫又督次子編次印舉加以脩葺祭室雖成數年而諸多未備次子長孫尚未服闋今始乞子禾兄擇期並懇南友定作彝器遂甚冗迫惠假二印敬謝獲古編已校過人來即與原稿本並呈唐善業泥造象自當補入燕翁所藏完者已在弟處弟亦有完者一二當並拓坿又有一種泥象可入其字多質似瓦者乃陜僞也古泉百詠昔年有之歸來未撿得贖

金釋文記尚有一冊檢得卽當寄文泉先生隸扁版尚存其家新者紙墨過劣舊者四五金一部尚可得阮氏隸識他刻尚不及不止開山之功嘯堂集古錄何不卽刻企切企切鼎釋文已乞竹朋兄寄潘伯寅少農所刻沿翦本改直行字氣不貫乞再爲墨拓十餘紙伯寅部鍾極佳求再轉乞金拓二分贓字拓二分贓亦乞錄釋文昔年曾乞校卿與以二百五十金今更剔出自是伯寅所藏上品二鍾大小想不同是編鍾否盂鼎所以欲乞精拓者以僅數字不緻未定其釋故切望之敝藏泉范已悉數拓就俟專足呈敝藏之一二泉亦思並拓寄印舉祇能先分一部與吾

兄他處先勿言及古泉叢話尚未奉到所詢馬愛林未詳其人或是馬昂字伯昂有古泉著作者也陳粟園名畯爲南叔克明之猶子海鹽人竹林皆館東武劉氏胡定生記是字或名而字安之郭槐堂名蔭之有吉金數種六朝石十餘無著作瞿木夫乃字仲容乃泉匯之譌聞伯寅收一豫賈泉數百枚幣頗不少周印者譜內有十五印矣庚午年從竹朋兄處易得一富貴壺與敝藏吉羊洗欲爲一圖去冬始就仲春始拓裝甫就先馳上一軸爲富貴吉羊之祝又一紙贈令姪世兄又一紙贈伯寅兄同此奉祝敝印乃同邑至戚王西泉弟石經作喜收金石書畫古拓帖能篆

隸刻印力薄而鑒敏歸來所得良友惜讀書少耳雙鉤亦佳非近人所及富貴吉羊圖又有摹刊陰識未拓不減原器拓者容續寄伯寅兄如願泉范拓本當並寄惟致意多乞拓本副墨也薄暮聞有入都者秉燭手復

富貴吉羊圖一軸乞代致敝親家李枚卿世講爲幸

祭室板格需用大張高麗紙光滑平正者六七十張厚薄須勻乞屬令姪世兄於高麗館一爲物色俟專足來取即繳紙費尋氏所得古器可致拓本否

月初舍親李子嘉太史車便寄書件想已詧及近想道履安善爲念泉范拓竟欲塡入作一藏范印而未就亦未能

識其銅與土之別（土有似石者有似磚者二種）茲先呈賞將來寄冊目還或別爲一冊識之再呈明日又有車便再寄朱拓富貴吉羊圖隨後再有專人來領代屬世兄爲購各件並假拓之秦量也年前後得古磚瓦數十種又龔字尤奇從容當續呈惟冗甚並印舉亦諉之（次兒）矣

歸來鄉守之擾子姪失學家鄉求師不得前乞舍親李枚卿訪得一浙江孝廉駱雲生已將定館以考教習未得憤憤而行其入時文試帖尚俱出色後託枚卿再商致請請而無消息（子姪及小孫）不可久荒爲此特愛切懇代爲格外費心以經學有根柢者爲上以時文詩賦佳者爲次上者不

可得則思其次上者可得次者亦必不可少時文則以明文小題作根柢理法清眞為主只貴通文義作好秀才可教子弟不急於求中會也惟必須無煙霞之嗜品行穩妥者方可其束脩自百餘金至二百金均可惟以所學為定必須吾兒意中切實信得或先寄其自作詩文見示亦可勿以人言為憑而博詢之也切企切企小孫需用學堂書數種乞姪世兄代購如此外有益於初學作文者不妨多為購求好本頭數種也

裝裱　御筆書畫需用圓絲畫絹正黃色者京裁尺貳丈伍尺正黃龍裱綾一疋絹絲務須極勻淨無粗絲黃色務勻勿紅勿過深綾上龍紋以細為佳祺敬懇

昨日午前復一書午後得清明後二日書籍諗近履安適為慰盂鼎求一善拓以定拙釋是切企者不問其他惟玉成之獲古編刻本並原稿六冊交舊僕程元面呈今晨又得一叉銖銅范背有陽識五銖多成利年長生八字初拓一紙馳奉清賞為利子年長生之頌文字之吉羊如此哉又同得宜錢殘磚亦拓奉錢之作鏃亦創獲之奇愛泉如子年何幸而識此文邪一笑獲古橐內拓本及未黏之拓與缺及字記均有數付刻與鉤諸望檢交以存原物尤望轉屬為護惜也善業埿像字尚未及拓小銅碑象亦當坿者

惟室監檢物不可假人小孫頑犀不可少縱每日只有申酉可作他事不能待良朋之迫促也伯寅兄清顯而乃篤嗜一二古文字與城市之野人共此不足致用之事又欲與海濱之野人共之何不先施而又厚不望報使之愧不能已邪呵呵墨拓鼎文至當翦貼釋文求教鐘拓並企沈氏之宋拓至多眞爲可惜有力而不讀書徒玩古而不能安心亦是一病古泉之刊三代及秦漢有裨篆學者爲重吉羊文佳者六朝佳者次之餘則備數而已刻之精粗無甚關係學問以道理爲重其次方是訓詁方及書法只論用筆結體則僅是藝事近又妄謂三代後無學問六朝後無文藝

卷三　　十五

宋以前無性理若並書亦不足道非備數而何文字大小之分豈可昧其重輕小而古者與次者亦然文字之在人如此哉文字外之物有何足重者哉惟野人君子教之令姪宇行乞示及並致謝宋拓壺洗備二紙同爲君家富貴吉羊之祝又一軸乞致伯寅兄

說文以檢字爲不便聞粵東陳蘭甫澧有新刻一書

阮氏經籍籑詁求代購一部有續者尤望並致

說文校議歸安吳氏及南局想有刻本

名人舊硯拓本　新出漢魏六朝碑

英蘭坡七家印譜欲借看不必購

爨寶子碑如一兩餘可得乞二紙
家居苦無友又無人可代筆墨疏嬾之苦衷惟自喻耳桼
此而又累人亦甚愧不恕
路聞生選時文試帖各種　河洛精蘊江慎脩先生
所求諸事乞留意延師事尤望推念切敂切敂
四月廿八日五月七日得四月十三日廿六日兩書籍諗
近履健勝千里筆談如親言論慰思何似隸篇當代物色
舊本盂鼎雖陝中寄一紙舊拓來然下半數字仍望佳拓
大箸泉說謹讀一過少有所注其中說吉金一二則非說
泉者矣泉匯收到沙南侯獲竟多出數行字且定侯獲之

卷三　十六

名尤快人意未審可轉假見寄俾精摹一本寄求付刊否
姑妄言之不敢固請也阮文達語祺非天機清妙不能篤
嗜古文字伯寅少農好古如此足以當之矣齊鎛出於郚
陽歸於尋氏伯寅得之文可百五六十必有可攷不知何
以名之曰齊文中有齊字邪所出之地當是齊之湯沐邑
抑爲秦所遷器文字細淺則又似田陳物薛款識齊鎛祺
嘗釋爲田乞所作或相似邪字長則又似古奇字今寄上
敝藏鍾拓可對勘之伯寅攷釋成先付一藳來爲望同出
之器未必盡無字得拓本更可引伸金文多見勝於株守
許氏說同作之器乎弟之歸來入皆以爲享清閒之福而

不知其殊無逸豫之時非好自苦實無可代又多拂意之境遂更畏難疏孏伯寅置身天上知必不怨我矣四耳敦兮田盤齊歸父盨盤許予收簠四種秦詔版七種吾兄與伯寅共賞之弟所得廿六年二版尤創獲也今敝同邑杜君景文鳳山來都應試並專足畢芬同來前求令姪世兄乞示名片有行字者代購高麗紙乃爲祭室糊板格用只要堅厚平正大者不在色白惟在不毛耐久與黄綾絹等如委乞飭紀傳畢芬走領或告杜君赴尊寓面付亦可杜君人極穩細誠實可託之至賜假秦量同付尤感拓畢即妥繳也附上三泉乃蘇億年寄而已以拓本就正者乞再審定

刀泉拓一束刀則敝藏亦有劉氏數種餘多劉氏以尊藏拓本校之可知善業遲像亦敝藏尚有完者二家俱有拓吳氏二紙容檢拓再寄印度像一紙可入獲古編所拓俱未及用印記其尤亦可知矣此上臆閣野人左右

六月廿六日得五月廿二日書知前緘已至並示新詩既愧獎飾尤愧未能步畣惟忻吉羊長生之祝郎逢華誕尤見應求之有非偶然者矣獲古編自不能重鐫而釋文不可不補原有數竟及可代補者足成之不必多增泉匯於可疑者少闕一二甚是九字齊刀未明信新莽以後泉則未嘗究心過於求奇必收僞品自以尊論爲定伯寅兄一

書並拓本部鍾釋文求閱後代致仍乞是正求購各件承
印亭世兄費心之至感謝感謝其直均由杜景文兄處奉
繳黄絹乃裝裱　御筆之用自以屬博古等處染好繪絹
爲宜也
量版拓各二紙量版字大而肥者始皇時刻於所作之器二世再刻於左先有始皇詔在右也左右
以入向南視器定鍾之左右以鼓者向北定廿六年詔亦
有二世作器刻者刻在郎刻後也諸詔版須分始皇二世
乞自存齊鎛能勝部鍾否盂鼎精拓望切鍾全形不難拓
只拓柄紙隔出似柄形即可𪱶寄有式其乳不必拓伯寅
所收仍不免有僞刻燕翁器及史頌鼎𪱶得之壺均佳可
索一目付有他家拓本亦望付觀秦器拓本乃甚僞都中

卷三　十八

褢敦吾兄何不購之字多而不僞也部鍾如尚多亦思購
一二背只聞有二議直未妥今乃有四云出河岸甚多或
鍾外又有他鍾也又由竹朋兄處雙龍文五銖文范至否
前泉何如乞示及
泰山九字琅邪臺片石秦石也詔版秦金也量三秦器也
呂尌戈琅邪臺瓦當秦瓦也藏四十年得五瓦郭槐堂有二
遜
各家吉金釋文　前人近人吉金題詠
釋金文奇字摹其文注一字如之注一字如今文
編說文字書諸家說分尌字下

借閣瞿木夫古官印攷證　嘯堂集古錄

重刻薛阮款識　各款識刻本

西清古鑑　甯壽寶鑑金文摹雖不似刻之亦甚有益得原拓本摹刻尤佳以字爲主不在圖也

沈焚各帖有鉤本者早刻傳之

吉金必選精者先拓裒冊

十六長樂堂款識可重刻

曶鼎散盤可重刻

李竹朋有晉盤文文古而器僞小松藏拓本古印古泉以小板印紙一印一泉一頁一頁集爲多冊甚便編次去取

卷三　十九

閏六月九日奉六月廿三日手復並黃絹綾紙尚未至攀古廔款識候獲鈎本王蓮生兄寄各件齊鎛拓本摹本刻木均領訖遙諗近履清健良朋勝事銷夏多暇慰慰齊鎛文字與薛書者自是一時既爲重器又富文字豈可多得瑨伯寅兄乞先爲致謝並索攷釋爲企弟自藏久欲裒存數冊屢易拓者而多不耐心又爲他拓不專久而未就遑論成書伯寅已精刻巨冊不能及矣解陋無友與鈍根試爲之事倍功半心力又衰諸須自爲石刻亦有工匠可拓者什小力能者皆不願爲朋兄書來道尊意勸勉再三惟有切感吾兄謂之爲仙久欲請易久而知之或可從直易之野人不野仙人不仙名

實之難副如斯邪一笑所拓可先與伯寅再奉寄何如蓮生兄乞晤時代謝並道愧歉蒦古編乞先成藁再議遲刻似不可緩藁成乞先付原編爲切秦量其二已至惟盼尊藏七月望後求爲寄下程元過拘執景文又極謹愼乞藹語之聞孟鼎可拓又可爲伯寅所得甚喜得佳拓拙釋可成諸家所釋乞見寄也印舉恐須八九月乃成其望得瞿木夫古官印攷證一看已見目乞一代訪詔版乃有入以劉藏仿者所鑄刻甚不少一概不使弟見亦狡甚矣焉得如此之雅奴乎大作讀過今愈出愈奇其始皇者二世者既可刖其始皇器而二世又刻者二量二世刻而並刻始皇詔者又可

卷三　廿

以字別李量劉版其陰鑄詔而再刻於上又有二可刻不可以再爲歌詠乎劉氏乞付一稿亦可爲刻入蒦古編中未收小造象銅碑藊不唐捐者聞爲鍾氏所得飛燕玉印文並程張吳詩又淮陽玉璽更始印文寄賞印各六紙可分致伯寅邃生諸君子攷據詩可力爲裒集否本朝金文著作亦古所不及也三量以竹朋者爲完兄藏者少泐可讓則竹朋望蜀之願未免過奢但不知何者可敵而各得其所無以稱意則仍兄自存之拓畢奉繳俟示可也大著泉說先繳外二紙雜說所見乞勿示入爲企拓本五紙致伯寅餘當續寄伯寅處當有寫手求各金文攷說也高麗紙已可無須倘兄項遲景文未代繳楚乞竟之

十日手具一椷當甫至茲有入便檢奉二區一鍥拓本並
拙攷其釋文則乞大雅與諸君共訂之又詔版攷及詩齊
刀范詩並就正又陳侯因資敦拓一紙並釋
古印以佳紙或竹紙印小格版每頁一印各家所藏俱可
集入亦易分類五十印爲一册五千印便可得百册亦鉅
觀也古泉仿此亦佳於編攷尤宜諸君子願得印文者寄
格紙來屬何君之友爲之須早至亦不過帶一二分每分
儘七千五百頁餘者寄還可也弟思自作而未暇及有少
潤筆拓印入自樂從事籍此鼓舞之亦欲爲古人多傳計
也

卷三

將來尚擬刻古印一隅每皋數印則費可省矣家鄉手民
劣甚無可如何

七夕後二日得手復三椷並賜假秦量又盂鼎拓二紙至
誼之厚敬謝敬謝廉生兄藏石既多箸述復勤容拓所藏
暨月與貞石存同求代致印皋竟不易易或九月可畢何
君久稽不可過强減直聽之可也孫春山駕部如可一印
槀酬以京蚨十餘文當屬其爲帶一分或廿金可矣詔版
詔槀未詳乞示及（前書云係大作者邪）敝藏六泉少壯泉竹朋兄東
周泉似不僞蓬萊張君名篤誠（字允勤）即藏漢石者爲故
同年寶臣兄（香海）之孫來見訪後即肆力於此所藏似無多

十鍾當如命惟須寬以時日近有傳古小敵之刻刻成當
寄野人作一大笑柄也刻書之事不能不望有力而在都
會者無友無工惟有浩歎碑版之檢亦以精力不及東置
諸君子不棄則亦甚喜耳獲古編乞早編輯彙一成則事
定原彙望早發還勿遲遲也劉書未刻而散失吳書又復
因循皆以畏攷釋不博而誤識者切須監此祺則好名之
心不敵寡悔之念惟未能為競競耳伯寅所刻圖說一冊
乞代付紙墨費求精本十冊為購之物緩至秋節景文亦
蒙推愛優遇謝謝程元事未知可免伯寅否非要事勿過籌
為企藏量以新黍與李吳二器同較先拓識寄上外半兩

卷三　主

石范兩面者二拓漢鼎六甗鍑金刃雁足鐙各一臨虞萬
歲宮鐙各一胥匜一共十五紙奉鑒三代者可先盡伯寅
攷釋容當一一補足拓者甚無暇也自己久思褎一全分
數年竟不果明年思作別圖此思無從設想吳平齋書亦
成所藏極有可觀不及潘刻也足行匆匆手此申謝秋氣
漸爽積潦漸消想起居與清興增佳為祝不具
不仙而詎之乞勿再施為望
印亭世兄侍福奉懇代錄令伯大人所存金文目有釋文
藏者姓氏更佳先謝
一印彙十餘文十方百餘文百方千餘文千方十餘千文

約有五千方加子毋兩面或可得六千餘（此時尚未計壽）
月內已兩寄書計已至中秋前當有惠音矣茲奉月朔日
七日兩書並三泉蘇信及封又各拓俱至謝謝半瞏泉如
確自是精品惜拓太室伯寅所得卣雖殘而佳器當甚大
求精拓數紙鼎文乃東武物留於典肆假拓器不甚古而
文乃仿刻其眞器非鼎 弟收一拓本頗佳而姬壺亦都中
所僞此文殊譎於鳳眼矣齊鎛精拓乞爲敬謝但此文殊
不易釋自與薛書所載同時不同者不及半也吳平齋書
來云有金硯雲古泉攷囊四卷其泉在一仲君處知之否
平齋有彝器圖釋之刻伯寅款識初印求十本乞爲付直

卷三 廿三

久印恐不能佳不知能勇收勇汰使歸至精否（其紙乞一有字印者）
（向南中物色之）續泉匯甚有切望者獲古編尤不可因循也燕翁
詔版詩求一囊各詩均須補入獲古池陽鐙足（茲見）辦得一
莊字人無知者 弟有一絕云一字鑿文諦曰莊勒名取義
兩難詳當年原父猶疎略一字縑留此日償亦可并及也
嘯堂集古錄何不刻之十六長樂堂款識假得一本亦可
刻詔版釋文容再寄印舉十月當成前所謂笑柄者今寄
四本來與諸君子同爲捧腹或可多延數友爲古人傳之
有拓有圖郎可刻何必定已有哉郡公敦蓋宋牸公之孫
鼎均非（敝）藏都舊則劉氏與財敦蓋相似均佳蘇寄有二

泉二幣拓上不及鉛泉辟兵莫當富貴未央字也新得萬
歲未央殘瓦字似鳥篆又似殳乞賞此初拓本伯瑜日內
往東武精拓琅邪臺秦刻矣聞有急足鐙下匆匆即復
前月廿八日傳足便（人不及他爲妥）即復一椷想已至茲有車便
寄上詔版釋文燕翁詩乞早寄鈔入張石匏各詩亦求賜
寄日內宮玉甫（得河平漢石者）王西泉（石經）何伯瑜同游琅邪臺拓
秦石雖已漫漶然精拓之必有佳處百年後日不如矣（恐無）
字量與版拓必當即裒册册不可小拓石歸（敝）藏秦瓦亦
當拓可分四册（量一版一石一瓦一）一秦金石刻之在今者可謂大備
張叔未殘版已得拓本否所寄收後乞付一目以便拓出

檢點續寄來年已託人再延一二友來拓未知妥否續泉
涯望者甚多仍宜促竹朋兄早成之銷書收刻費易易書
畫鑑影則銷不多李夫人墓門字出後竟有作僞爲建武
刻石者以紿蓬萊張氏僞金既多又有僞石混魚目賓燕
石固天地間必有之事也廉生兄想有秦漢貞石存前惠
造象拓尚欲乞精拓一二分
多見多用心以精爲貴久之自有眞知矜奇好異與寶珠
玉同既富精品又收僞器自是所知未深未嘗以已得佳
者切審之耳覃溪先生一生字學工力甚深而原石與翻
刻並重昔曾疑之今乃知其只是刻舟之求所以得翻刻

善本過原石者即以爲原石初拓矣
淸卿兄爲長孫書聯又賜撰一聯書贈乞屬伯寅兄晤時先
道感謝爲懇詔版釋攷乞伯寅正之彝器款識總宜先釋
後說釋字宜從許印林先注本字如器文後注今釋爲雙
行注爲善　敝藏四耳敦今日始釋定亦爲毛器頃甫脫稿
容再就正李方赤先外舅威一器尊觶之屬云似銅瓶爲王戟
門之子購得售之京師知此事否
八月八日畢足還得七月廿四日手復並頒惠壽藤齋詩
集敬謝敬謝月四日有邵姓便寄一書想已至景文蘇億
年各一函留交尊處否壯泉之投極感雅意十布六泉本

卷三　廿五

難求備泉布之際于斯爲盛可以傲古人者正賴有良友
耳前注泉說十布必當吾二人各存一分當先踐斯言乞
於廠中小器作先物色紫檀瘿者細花其次黃花梨瘿必不
得已則豆瓣楠細花與老紫檀亦可得異材則先以製外櫝
其次則作内十二小櫝十布十櫝六泉共二櫝泉三較長
則布櫝少展務使相同須整木空嵌滿蓋無縫縫均在旁嵌布
與泉無厦門之黃明角則易以象齒慮其不平或瑪瑙片
尤佳櫝少深則片可厚櫝面刻布泉面文及釋文外櫝刻新莽十
布六泉及跋後有妥足再寄十布來求還裦演先以尊威
櫝刻成拓本示　弟所存則此間有刻釋文及跋者只令都

中手民摹泉布面文足矣今交徐足附上小泉三枚未知尚有精於此者否或選一或賜一精者均可幺幼各一枚均眞而不精中泉一似不僞而未敢自定並壯泉仍同寄再求選一極精大泉入櫝綂乞鑒別大泉必須碩爲莽物乃可入有餘則乞多分數枚或代向蘇七索之亦可而玉成之木工若佳則多爲弟製一櫝乞再留意並屬蘇七成一全分也十布有大小有幕中直通不通之別弟所藏共三四十枚尚未能十分一律或兩家合之可以求備惜燕翁一篋在鍾家者不能覽耳大布有少異者亦佳望即與蘇七書令早寄敝藏泉布雖不多必當一一拓正除至精者無二者餘均可與良友通融也拓者終日無暇一年作此事亦費三

卷三　廿六

百千薄田所入不能不算一正用項也印舉後十部已成十餘本每部竟至八十本所費不意過多此次之編弟爲古人傳伯瑜雖爲謀利然其遠來久稽之勞功亦不可没觀者作亭其成亦不可太與計較恐啟中所言尚須增十金也凡例目錄已命次兒厚滋創稾惟求瞿木夫古官印攷與翁叔均續者不可得已切託吳平齋再則弟與小倩仲飴之泥封亦百餘枚未能刻封斗檢封虎魚龜符亦同印鉩泉鉩有字者同惜無傅物君子助爲之諸須遲遲耳又命次兒於凡例目錄中摘錄每舉選精印爲小冊曰古印一隅以爲刻印者矩矱擬隨刻隨印也十鍾拓本一分楚公三號叔編一分仲一虘一又編一釐

伯卿虞奇字編余義編已俟晉存與伯寅同取之不足則付目拓奇課
孫少暇始敢作此等事竟甚促迫鬧入便則夜以繼日作
龕題字及印識常若不及亦殊可笑所望海內大雅常以
吉金佳拓惠我勿僅以藏拓示之則尤企切獲古編非促
索原本只是望早成之便可早見還也伯寅兄手復並惠
款識刻初印十本齊鎛初印刻本並各家攷啟謝惟未得
有自獲新見奉覽爲媿耳盂鼎如可得雖以伯寅藏器二
十種易之亦不爲過得之當求拊刻拙釋想有已之辱過愛獎
許悚甚弟衰老不能務傳輙覺茫昧極慚其陋前復伯寅書云
讀書識字俱愧不多非虛語也偶於吉金文中可通經書

卷三　廿七

文理者則喜求之其好古之篤亦由於此若漢器與印則
不過文字而已文以理勝卽詞賦亦然高下淺深皆理爲
之不博學詳說不能折衷返約舍理以不能徒博也徐幹
中論云凡學者大義爲先物名爲後未谷先生以爲今之
鍼砭然所謂大義者恐孔孟以後朱程以前又未必能眞
見得到也弟嘗撰句云鍾鼎文同漆簡面以程朱語見魯
論心偶之子貞爲篆之而不署款今子貞往矣書過趙董
詩學韓蘇豈人所能及其偏處只是自己學問不足有人
之見存遂目空餘子而不能大有進境爲可惜耳言忽近
腐知不免爲大雅所哂然好古文字者此心好古義理者

亦此心不自覺流露於良友之前幸勿使人見也伯寅新得鍾拓竟同無字所復剔紙録寄少有更正乞轉致伯寅也史闕部聯似不确並坿繳古樂失傳即古器亦不能盡合聖人之制作似無須定其律呂有尺寸斤權即足以傳後矣每印一紙每泉一紙最易增補排次且人人能爲之無錯誤不必伯瑜爲之欲省費莫善於此也過此則所假之仟鍮禪杯能得矣坿陽朔上林鼎器蓋安成家鼎器蓋臨菑鼎器陽周蒼金鼎共五紙半兩石笵拓二紙背有甲子日三字又四種前似寄節墨刀一種二紙銅五銖殘笵一餘一泉安邑化二種長勿相忘泉環一又太字四字易識而非甚古前已寄續泉滙望者甚多乞早成之

卷三　廿八

何不醵資使原刻坊一律爲之尊藏拓本甚富何不仿泉滙訂正一善本以俟精刻未備者或溼紙乾筆摹之或黏刻本亦甚適意閒固有味閒中忙而心仍清則更有味也清閒固是福平安尤是福住宅或地支路氣不兼天干或破碎或地支方有形象不宜或前後向相戾皆可致駁雜然不可有居者而妄動蓋悖陰陽自然之理則不安特學問不至不能知易簡之自然者耳

都中工匠向能草率偷減今想更甚作櫝務屬堅固外櫝須用明筍密筍勿使不用筍只用魚膘黏合蓋筍尖刃者易缺損作成須用細石細磨極光方能去斧鑿痕不可用

蠟南中拭漆以四兩香油合一兩生漆拭令漆乾入木紋中再拭再磨使極光不見木紋絲爲度六泉不可得亦須先製櫝待之

燕翁十布次者亦在弟處

清卿兄得差否篆書用筆極得法能直起直落獨往獨來則必傳不可不肆力於此粵東陳蘭甫山長澧寫篆亦佳尤長古文辭有刻箸今不多得廉生兄此時想高提盼盼大箸並敝藏石目俟拓工自琅邪臺還再同報命有豕形古器求多惠十數紙敝藏吉金三代者將近拓畢惟餘字少器清卿兄處必有以報伯寅署何部都中金石家有往還者乞示及以詳爲企王戟門藏格伯敦盖簋敦願舊釋當名大

卷三　廿九

押在德寶可拓否獲古編版已購成否

昨日早得八月九日賜書知杖屨安適甚慰甚慰伯寅兄雅意屢荷譆致不勝心感弟則課孫已無餘閒而惟此爲覺切已是以百凡俱不敢移志近來金石之索觸發古疾已不勝勞又無良友相商如清卿廉生石查諸君子者祇可聽之而已伯寅兄所重在於留心今日之事何敢以此相瀆他族偪處　新政初親惟賢者能左右之我輩閒人始得優游文字安穩田園盖曾經守望之難又時見詭秘之迹而不能無遠慮故又於良友前作此迂拘之語耳聞清卿兄視學陜甘可喜之至好古而即得游古地眞爲有

福柬燭匆匆作函文理久荒平仄字句可笑處亦不復易
退筆尤不成字所蕘星軺未發猶及面爲代致則幸甚矣
錢獻之十六長樂堂款識傳本甚少去歲曾假得許印林
藏本錄其文而未繪圖淸卿可重刻之否蘇浙能拓字鉤
摹繪圖婁池者頗多想幕中必不乏人有得卽可成書矣
美美平生以游秦爲念此願知不可遂思其地不僅爲金
石也尊齋新得銀印甚佳各印求印亭兄以綿紙印三四
分見寄諸君子所得亦乞無遺得書適有要事專足北上
之便而琅邪拓碑訪氏者適至因竭兩日夜之力拓記寄
賞有詳目一紙又悉索敝藏十布數十枚求鑒選連夜拓

卷三　卅

得二分以一奉寄爲目其一自存倘可裝櫝尤望令匠至
寓指示令其加工想印亭兄亦必能樂此也寶化三化六
化亦可作櫝一乃有郭似與三六化相近是一時物否弟
所得寶化有郭而大者尤異近來收者紛紛弟轉不得多
見十布選後乞先拓示如何配合細細定其某一分爲弟
一某一分爲弟二尊藏所缺將以何者補足將以何者見
贈俟奉復後卽可嵌櫝摹文櫝面矣張孝達留視蜀學當
亦可得金石與淸卿各樹一幟矣（六泉十布不足者仍乞切致蘇億年並于都中物色之）
大箸計日內可到竹朋兄處當與來函並寄惠泉已
感又益以詩幸甚幸甚燕翁詩目卽秦銅詔版歌五字邪

來　畯寫

金君泉譜可託清卿向平齋假之幷索泉拓琴亭侯李夫
人靈第門題字二紙乞轉致清卿兄餘當續報廉生兄有
捷音乞早示今有新拓得文登崮頭集眢人石門題字二
紙晤致爲企敝藏石先合一粗工試拓石拓十四種共十七紙拓成
者於封函時即州尤望吾兄與諸君子佳拓之惠數十倍
於遠人也敝藏金文目幷釋四冊藏器目一冊有欲得者
寄鈔費來即當屬人寫就公諸同好藉獲訂正之益亦所
甚願程元事晤伯寅乞爲道感令姪如高捷乞示字行蘇億
年所寄只數印內一天清豊樂錢較叒我鷗者少清晰今
幷寄上愛則留之而酬以佳印可乎一笑泉滙續稿云寄

卷三　卅一

至弟處轉呈九月間或可再有人便也蘇七函已寄謝謝
茲文人一函祈即飭發倘有寄項或即爲寄蘇七亦佳
清卿兄摹圖至精過於西清古鑑惟古少遜拓文對勘勿
盡用細絲之筆冊亦太小釋文定即可刻不必一定有說
以建初尺較工部營造以漢器較庫平記銘所在爲要昨
復伯寅筆記乞代求正來足如景文出都即乞諭令在尊
廙侯示每日賞以粗飯即可奏篆四冊甚望早褒可逸印
亭世兄錄批著釋文分版各褎銅量則望多請人題詠有
佳者隨錄寄惟呂不萆弋字淺須極薄細紙乃可尚缺此
一種耳明年尚欲假觀也日內箋紙不足伯寅所用薄高

麗紙者可物色否有雅而非各色者或購數百頁先寄爲
懇
九月初旬傳畢二足便寄上書件想邀詧及日内延望還
雲矣竹朋兄奉寄續泉匯稾本一總封又續寄一書並書
目一件古泉叢話與泉說均與竹朋兄有無商之請批註本
未計及坿刻卷尾幸尚無大紕謬字句復伯寅兄書並筆
記言金文者如可采取削改坿後或便於收藏鑒別者尚
有可取也弟之無學無好名見前已屢布於野人君子之
前復不覺流露胷臆於退居之大隱知必以爲不足爲外
人道也日照丁氏藏許印林兄十六長樂堂款識央庚生

卷三

由弟處假觀倘清兄能刻傳於秦亦是快事前致清卿未
知能在其出京前否遲尚可即寄否所求伯寅兄糢糊自
拓頗愛其文求多索精拓數紙也獲古編自當補釋文凡
所未釋者皆弟所未能釋定可與攷說並請當代諸大雅
補之然與續泉匯均望早成公之海内爲快秦篆各種想
已裝冊如有題詠即望見寄拓友歸去須月餘方來拓工
尚在東武日内無所得惟見一貨泉八角小范索直過昂
近來日甚一日并銅販亦皆知索重貲值器無不刻字者
矣奈何冬窗擬檢點歸來所得秦瓦拓寄以與關中出者
別有風味不僅若漢瓦之堂皇惟望大雅代爲廣收舊拓

及新出金文寄慰遠人感企
九月十二日奉八月廿二日賜書并新刊大箸清卿鋘釜攷敬謝史記有姬子器有區字似尚有據釜釋自勝子識三拓容再補呈
月之九日十日迭奉九月七日十六日二十日二十四日各賜書知近履安善慰甚劉張詩收存有大作並他家者望隨時寄繼幼雲幣拓頗佳當與致竹朋書郎寄書冊尚未至幼雲爲庚申世兄弟又至好弟又與春宇同年不知竟好古能詩若此阮文達所謂天機清妙方能好此者邪如念七十餘年兩世至好竟肯拓贈不遺則眞熱鬧場中有古

卷三　卅三

性情者矣景文尚未至以致大箸與泉布尚未得見范拓乃綿紙刻工上版皆竹紙恐未習則搓動失眞須屬之或先刻一版乃定竹朋兄處之拓從容補還可已獲古編重刻尤佳有原圖自易易但須好刻手字則須中鋒用力鈎乃勝只補釋文尚嫌不傳邪傳而釋不定似未若釋之有見而又審慎傳古待後則摹文難而成書易扼要之言也刻書則須精心貫注條理不紊方能精美完善人不能無所爲閒靜中作此等事雖勞心可養心也圖首圖足幣圖字者敝藏有背文一二兩品可當之否泉布櫝吾兄既不作又不留壯布正不必專爲弟物色矣伯寅兄所用繭紙牋不知其爲異物迺

蒙廣搜悉寄殊愧愧當留以答伯寅兄寄吾兄則只用此
等紙矣康生兄復書容再復聞有專足自十一日已半夜
半日未曾住筆凡事皆有數有天而讀書作人則由於己
望求之遠者大者尤不可以得失致病也銀印拓八紙權
泉一紙謝謝第五似不若九一晉石乃文登距此八百里
來春釀資遺精拓者往須厚綿料紙乃能拓極古之碑薄
則碎矣金文目釋寫手有暇即託之秦氏單行固佳然不
若量與韶版氏石同刻一書也嘯堂集古錄承允假閱先
謝少珊兄在都乞道念同年同直至好也玉銳卻無之藏
有扈偃諸玉印求拓各數紙俗名瑠文帶則琫劍把則珌

卷三　卅四

劍格則璏皆劍飾杠頭則似琮壓鬟則珩璜與三合璧不
過如此而已周生豆乃宋器僞字之佳者長山袁氏政和
豆敝藏崇豆皆同則審乃建元之首一字未見眞古豆也
區拓一鍥拓一奉上漢琴亭侯李夫人題字一紙乞轉贈
康生兄按頭只此未及奉贈者索來當再寄康生與弟家世誼弟知之年誼
則乞示悉不便函詢也貞石存寄一鈔副則當以所知注
於其下手錄本不敢注也獲古編能先示稿尤慰或可少
有參酌亦不必定年前付還前言乃恐遲遲不成不能爲
燕翁留一箸作泉苑既不刻又爲竹朋抉去其尤乃見交
情昔人眞慨乎其言之也尊藏中壯二泉將來欲乞一觀

並得見么幼尤幸櫝小費不多作成不佳則作他用如工
良而材遜再寄櫝求屬人覓佳木也伯寅兄所用刻坊吾
兄與廉生兄二處孰與其事最多有小文墨事不能不求
良友也清卿之書未知何時殢遲念念印彙一印一紙即
是因伯瑜工費過多爲日又久不能使之虧折其直只可
聽之弟處不爲經手將來或可再成惟拓印刻工不易易
耳繼幼雲當是敝年伯雲亭先生之子春宇之嫡堂兄弟
何官何年乞並詳示承寄陝信並謝專足遲發遂若作竟
日談矣
捃古錄伯寅兄有鈔本否思鈔金文以校藏目也

卷三　卅五

再弟之全寄十布求鑒賞感今昔壯泉壯布之厚意而思
以各存六泉十布一櫝踐前言也其冊亦爲存記而設其
中有印者乃所素愛而未忍去者故以印識之也吾兄聽
其缺如而不受弟亦無可固請其選記者收到冊布即有
以報命
月之十日雪夜得十月十八日廿四日手械知杖履安健
爲慰景文所攜各件俱至蘇七書收閱內惟孟鼎新拓及
藍田之印僞泥封一枚耳泥有螺痕非令非丞古官印郤
無此種不及乃兄遠矣清卿途次寄各金拓可感內平安
鼎新字大可入說茲有復函並金石拓乞早妥寄選布四

枚原封刻木封呈莞納雖以四報二而如此總費未爲慊
足惟循尊意而已蘇七一函亦乞早妥寄伯寅處亦有書
復先文懿公官冊乞代達並加級紀錄各年月一字勿遺
酬十金廿金即乞代假再奉繳所欲惠周印望爲致謝其
二則未敢領此等古印印輿收十五印容先拓呈六部鍾
真得未曾有欲求作屏六幅數分紙大小不同已詳書中
求再代致筆記不同刻甚是別彙同刻即可惟乞兩君子
訂正之本無意刻傳也竹朋兄處書件由利津過而未知
今竹朋所寄書並續泉說附此係足亦由利津過想必更
有書致此等人待之少厚即可爲郵寄但專足人狡常失

卷三　三六

信未可深恃交物必即覆致也清卿此時當有書至都今
將難釋者如何剔者並致之當即可有圖有佳拓矣望之
望之廉生兄夫人病想已愈貞石存原本切勿寄若有淸
本而以原本寄則可恐闇起不成事也泉說謝謝此次有
祺注數十則乞削改編次之匆匆隨手寫得殊不可傳或
可少有助大雅之采擇耳古泉叢話尚欲再得前月由伯
寅寄琅邪臺秦刻善拓至否念念今寄秦瓦拓四紙殊精
尚有一二十種今年寒如此拓者又少未能即奉鑒矣傳
古小敵六本希檢擲凡後雖似近利而年來爲此事增忙
迫收放稽攷與應酬拓者周旋指畫尚且決裂勞旣不堪

費又不易直是一件時時照料之事但借此爲古人傳則
勞亦不惜得者勿笑而責之且如啟後之約俾得資少爲
布置方有以應然甚不願於此煩瀆老兄必須免此一層
又先付資又不促迫代致者方可否則可作罷論荇農同
年至好必有以應之但一時未必能多寄耳十六長樂堂
款識雖未至佳似不可不與嘯堂集古錄獲古編同刻淸
愛款識曾有一分歸來思之徧覓不見刻手乃汀州一少
年諸金文刻殆無其匹惜壽不永未三十而不幸矣伯寅
所屬悚愧悚愧以後文字往還不敢復討論矣中壯泉可
勿見寄倘再有妥便如景文者方可亦不過欲訂所藏之

卷三　毛

眞否耳第五卻不如第一第九之字以爲多言否今有瑣
事乞代浼廉生兄將所寄小信封版代飭刻坊印五百枚
卽再多亦可色須紅足紙以細毛邊二層式少長爲佳再
求廉生兄以所用箋紙版鼎圖者印白色無膠礬紙千爲
企緣作書苦無紙也有薄高麗紙東洋紙尤佳多則隨手
可塗矣印奧今臘明正或可就伯瑜來已十四五月每部
八十本八函索六十金亦所餘無多共可成廿部只是初
槀留四部與弟其餘伊自售弟妄謂直不昂非與之通同
求利恐過此不易易卽再作亦止能微藏之印不過六函
而已何雖謀利見小然非好名亦不肯久稽作此等事也

月初弟又發舊恙作嘔一次雪前極溫和雪後驟寒北去
千里更不知如何栗烈惟眠食加衛爲祝
醵資拓秦漢晉石事塼如何問闔足布亦未見答
十六日傳足行所寄當已至續泉說注求政示竊又謂泉
之爲學論文字已非玩物論錢法尤爲大經濟止論古則
不傷時止論便民則病者可知唯企君子說之輕重大小鐵鉛及黃
銅加鉛均不耐久及銅少範精與米鹽瑣屑一二文之用爲民生之要必使之便分類之編可爲
一大著作大雅以爲何如秦瓦拓四又一奉賞餘當續上
時乞示收目也各刻何不裁爲一式不可裏角使易蛀
十六日得十一月杪手復並嘯堂集古錄影本十六長樂

卷三　卅八

堂款識刻本伯寅復書並見贈古印一鍾拓新款識刻羊
毫大筆各種俱一一領訖新春新年遐維福履益健吉事
有祥門宜子孫家常富貴定如所祝吉語泉文作如是櫝以吉語鏡文儷之思得佳書刻之爲聯先以奉賀
莽布未敢動手封不知天清豐樂即在內
非所好而得所亦甚可慰以相當小品見酬可矣一笑中
壯只望是真品以大雅一言爲定中似弱壯無青綠么另真而文亦非精晰欲
求觀尊藏亦不過欲一校耳卯鍾拓惜無甬及背拓不能
裝屏二小者一幅可得八紙其二小者亦确是卯鍾乞語伯寅再有
此種無字者不可不收且與有字者並重也鍾已有十可
謂鉅觀宜專刻無字者亦必刻一冊蒙之十鍾乃積累而成不及

此原來未失之十鍾遠矣宜何如爲十部鍾主人慶唯望
制虡同縣宅日或得登堂一叩之耳古樂之失傳固由於
律蒙謂古人字音皆定以律呂今雖造律合於古人順天
地自然之數恐尚不知樂章字音之律呂而器即能如以
應之也論古筆記之刻唯增愧汗續泉說拙注奉寄後復
取泉匯讀注一過妄以已見試擬刀布等名目而以化貨
統之又別圜法圜孔方孔爲二類又分六朝以上唐宋以
下爲上下二編又辨合土之說又剔當在秦半兩以上者
其尤當去者如錢中之王必不可坿於漢錢而以唐宋後
至俗至劣之品濫入於古泉之閏厭勝以牌居首其中似採分別剔汰自有可觀

卷三　卅九

即欲留之亦祇可坿於下編之後竊以爲泉匯乃必傳之
書唯其如此更宜求善旣有我輩數人不可不爲他山之助且版印
過多已將漫漶續補精善必更相形何不重加釐定合刻
善本以臻美備垂示久邪至淺學妄說本不足爲定論其
可從者則從之而不必指明其當辨者則直訂之而不必
周旋再有所見亦必當奉質非屬竹兄寄呈教正儻未至
乞作書索取並索盂鼎釋文也至刻書之費嘗謂只患無
好箸作有則損所藏弟二等已可刻若金石書則誤於畀
致不博者七貲不足者三而終不成者比比矣大雅以爲
何如海東金石苑原本至精可惜可惜示及題跋之刻前

是鹵莽滅裂此蓋數十年用心所得而不自知其當否希正之外二紙亦同此意蓋企老兄之傳古人以自傳而必使後人猶可見廬山眞面而無失繆之憾以得善刻爲寶則老兄之著必傳不在攷之博不博也老兄或不能自爲而有同志可爲亦望留意冀其有成愚妄之言知必垂亮而不加責悚企悚企甲戌

土十二日夜徐吉還得除夕手書以泉文吉語相頌敬謝天寒拓者手凍歲暮又各歸是以未能寄伯寅處拓本不意竟有罣誤之事未能以古文字助其寫憂殊歉歉也周印自是眞品既伯寅珍重暫借留入印集一年後必奉繳

也伯寅既已見諸詠歌刻入集中又無以報瓊不敢奪愛矣年事不問可羨交友在愼始既有往還則無可謝絕大隱既在城市仍宜寡交游閉戶箸書事自可以漸少祇能自己量力問心不能求人之相亮也村居雖有田園之樂似北不如南北則人事不甚便又須甘澹泊無朋友文字之樂久居則須有因有子所云須佃房中有住宅靑州南數縣有此等山莊昔曾愛東武山水人事又淸閒又宜花木又有海鮮亟思卜居而不忍遠墓族蹈罷則無所於歸之弊而止又俗所云小亂居城大亂居鄉者語仍未確捻匪之流無所不至深山窮谷亦多不免財物之刼不減明季書

籍之厄爲尤甚耳泉話收到款識冊當寄竹朋蘇書並謝
十鍾已喪何不並伯寅十部鍾及他鍾文同喪（台作吕吕作吕本文
郎分明有字者幾文同而無字者幾是十否示之）亦是鉅觀唯伯寅處拓者不用
棉紙紙又小何邪醵資拓碑不過坿及之拓成令拓者自
售不過直少昂耳淸卿無書至都何邪念切念切泉匯僅
酌易名目別圖方穿訂古品前後分六朝上唐以下爲上
下二編汰厭勝之俗劣者或坿下編古而精者坿上編而
已不足自傳亦猶吾兄輔助成泉匯之意望竹朋之精益
求精而臻美備耳寄至求教之伯寅詔版詩領到各秦拓
曾寄全否欲得當再寄氏當冊遲寄亦可當寄一全分聞

卷三　　四三

過校其未寄者付補題字可矣若欲令補近刻先秦兩京
二印則寄亦可海東金石苑原本甚精竟不能傳（詳序其式如金
石圖如三巴石紀存海東人當有補之者）今刻目跋殊增慨幸昔人之因循湮
没如此者豈少也哉不可不求其故矣遲遲失時則必如
此据古錄亦甚可念然究不如大刻古人吉金文字之爲
尤要（祺）祇以僻處無友無良工又衰病又課孫與家事皆
一人勉爲之而不能就是以切望於當代君子耳其愚妄
豈不自知以欲存古人之眞故有所不避守以待後或有
昇於將來以坿不賢識小之末也至我輩之好古文字以
補秦燔之憾自不至同玩物而無異於珠玉之侈矣同志

其從事於斯則自無世俗之見（始皇之暴無如天地之藏但出則已是將毀唯在早傳其文字耳愛文字之心必須勝愛器之念所望海內君子日有以相覞耳）自念病退久甘沈
淪年來承野人不棄尚望恕我愚拙也悚企悚企李夫人
題字一紙乞致藕翁此次盡拓藏氏寄一全分與伯寅思
再撿一分奉寄而病憊未能緣自新正五日後此閒春寒
每出數日輙病至月五日不寐不食者四日夜得汗始愈
又病目今始撿管少遲即當撿寄可先索伯寅者闔定拓
工劉守業頗能究心如此拓本不易得也陽文任人拓粗
成細均可成字但難得神耳去歲付景文之款並伯寅抄
書等款望再詳付一目盂鼎之歸伯寅自勝留置書院旣

得此重器其尋常小品亦可不必過亟凡物多皆是累也
此器似宜專作一書刻一圖（如器大不縮裝爲巨軸）此等物秦以後
所未出是眞本古文尚書曶鼎散氏盤皆不逮文字是學
於文王周公者所爲非它可比前乎此則文簡後則文不
逮此矣
前書病中匆匆補竟封送以爲十三日即行而又改期遂
再檢氏拓九十六紙（劉）工又連日補拓三十二紙（張友）共百
二十八紙未能題字加印乞以寄伯寅全分核之或有遺
須補或仍欲題字加印則須寄還示及矣還定惟陝氏有
可疑者訂正後弁琅邪可裝四巨冊但裝時字畫外有摺

皺者須令勿爲摺皺所掩爲要耳蒐録校注一冊閲後致伯寅與泉說注同深慚愧矣今日得一小四朱泉後如一黍而背俱平與一半兩石範同得或一時物邪四不作四甚古拓上二紙乞鑒定之清卿何久無書來翹望燕秦唯企諸君子之時以古文相貺耳野人其重念此海濱之愚邪印彙久未理彙今次見北上再理恐在夏秋間前七八冊彙已定擬再作數部並望仲飴作泥封攷同刻傳加以目録釋攷附各印下凡例敘文今年未知能畢否因循遲懊非敏事則不易成事也廉生近想安善齊地各氏求爲代攷歸來所得費財不多而費心不少愧未能分贍同好耳吳退樓

九字殘秦詔版已由伯寅得拓本否退樓吉金頗有精品想已全有拓本葉東卿之從子字眉洲者曾拓集吉金文字數冊甚富未知可物色否

伯寅之去職實出意外一書慰之乞代致秦刻四紙並封氏拓尚未自題舉容再寄其一事倘有秦器可讓其一此時先勿言及也刻金文事誠而過慮乞恕之所以愛君子者以甚自哂其愚也徐吉何至今未還清卿有復書盼切竹朋年前有小恙手足言語少不和已愈矣肥城近出土四卣二完土碎文止作寶尊彝一卣柄内有象形字一甚奇一敦亞形中字爲長虎臣所得尚未見拓本

傳足將行竭一日夜檢金石文復康生畢又復伯寅數語
尙須作家書吾兄與清卿學使皆未能詳復伯寅易量欲
以易匜則望示及否則尙欲假留遲之又久再繳可否蘇
七乃內史六安相二泥封非小布也
昨復一紙由伯寅代交想已詧及今聞有北上者再復數
紙襄郡隨仁壽金輪（喻）寺舍利塔下銘書已近唐新出土而
剝蝕若是殊不可辨拓亦甚不繳謝　二　再有佳拓尙乞一
二紙也醋浸古器昔力言其不可無字勝於僞字何不以
與友朋邪清卿乑是梁字否二釿乞分一紙尊藏之泉幣有拓
手時尙求一種一紙可以裝如書式亦便編次唯費綿紙

卷三　哭

耳何患無以爲報邪一笑續泉說刊成望早付前往泉匯
尙望向竹朋切索寄至乞論定先坿續說行也葠錄字小
前書仍乞坿大箸以見吾二人年來心跡示及隨意書不
肯苟此卻是知己之感　弟　於書求法而不有意求工心聲
心畫豈可僞爲所愧持敬尙不能涵養耳古文字之好有
時亦不免近於馳放吾兄何以教之心不能自有所得則
不爲境困即爲物擾而不能以自樂昔　弟　自撰句云鐘鼎
文同漆簡而程朱語見魯論心倩子貞書之今年復撰句
曰日守舊編尋孔樂天留古器補秦燔雖近腐然他不能
勝也　棠　又竊謂傳學非理不能斷非理不能定高下淺深

詩賦且然無論箸述乞是正之復廉生書想已見四朱文
得一品幷拓寄廉生欲赴蜀所藏金石倘望寄精拓全分
也論泉詩刻亦乞分二冊竊則易致入火府庫且然況無
經理者之家邪或曰心血所聚則易生火理亦近之東卿
收藏前人舊存者俱極可觀晚年既收僞刻又毀於羊城
漢陽遺刼至今亦良可慨瑯邪秦刻近又遣工往拓秦瓦
尚有殘碎三五十片容呂工郎劉改歸本宗仍名守業還與近得同拓
寄　敝藏金文冊目釋今鈔出二冊乞致伯寅餘續寄冊所
未有尤望分惠伯寅處無拓手自不可近多拓始知拓時
凡器易磨處皆須紙糊乃至要事否則古澤去矣古金質

卷三　宅

朽舊卷易擣裂以圜刷軟於豬鬉者爲佳或曰鬉可劈犀
牛毛亦可尊卣深器以刷入筒即可行路古銅瓷與易磨
易破之物皆以紙糊爲妥收藏者不可不知愛護之方也
清卿兄處此次尚未及復諸君子處收　敝藏各拓尚望均
時寄一目以便檢寄無複是企魏興和馬都愛石拓乞致
廉生
月朔人便奉復一書想已詧及月來北上者多而來者少
想次兒處積各處書不少矣都中得雨否首夏清和惟體履
安適爲祝秦瓦尚未及拓於月之五日卻不意竟得一秦
鐵權字雖漫漶器則完全年來收集斯相金石文字今竟

卷三　第四十七葉

於吾鄉得此斯相其有以相感邪奉上初拓四紙乞與諸
君子共賞之圖一奉野人自賞之并呂不韋戈拓一字淺
久拓不出近始竭目力重鐫以朱填字油豪墨鉤屬族弟
佩綱摹刻印石可見大概尌拓戈側亦秦書至精之品既
思刻秦氏更不可不刻秦金選工之事不能不重有望於
野人與諸君子矣呂戈摹本二拓乞致伯寅廉生廉生好
齊金退農當有以佐之并請大之而以所得慰我也右卯
戈二拓亦致伯寅廉生如清卿有書乞錄寄香濤蜀中有
所得否纔务雲古幣泉拓乞索一分
今早又得書以周宅匜交次兒呈希即轉致伯寅此亦王朝

書也首一字愚近釋爲纍形不可釋層伯寅之部鐘不可
不珍重真不易得而字有可取且字至小亦可珍也孟鼎
何如
五月朔得十四五日兩書知近履安健慰慰承惠食旨多
品未至先謝我輩今人也今居而又古稽則重在以古人
相處矣豈在物之厚薄哉尓以爲好期共勉之於事於心
而已野老退農豈復尚知世俗之情邪瓦當冊并裝而未
裁者均至似裝者未工有損拓墨處弟所自題亦付裝裱
成當核補奉寄并補題編次但須秋初矣近收葉氏物拓
印惟强弩都尉章可疑石範大者殊佳千金鉤亦可古幣

似古之鋸非弊也鉤印廉生疑之甚是君家得子與甲科兩難自是地理事一人之事則在修德其歷世有所不易者自是地爲之非泥堪輿其不順於天地自然之理者必有其應若一世一家一人之運會則天爲之而有不可彊者矣弟所自愧惟涵養未定嚮學之心則不能已深負見知非一朝夕惟企有以教之日内拓友皆歸拓工在瑯邪臺未還古文字未及檢寄竹朋病愈可喜泉匯註本索來寄請正老年人便祕是壽徵故宜甘滑和潤其火衰者則宜燥土亦不宜過服滑潤謹以片言報惠乞采納之

傳古小啟之事倘有索者望與廉生兒商之亦可託清卿

卷三　哭

倘籍貸多延友備紙墨速拓則年餘或可拓齊既可分贈至好無遺又可多得拓手轉鬻惟性情安靜而敦實者甚不易耳

五月二十五日得午日手書並大箸秦權量記示及版穿爲木量之用與蒙見合背已詠而記之唯未見全權無從定版之制蘇億年去歲言是鐵權今年竟得之於吾東不可謂非齊人之幸唯一版後有横陷一道似是嵌木之用尚未能定耳尊量當遵拓數紙呈仍當並呈秦金全分則裒一冊也拓友各以午節旋近中郎可至矣古兵亦當以全拓呈以冀藏泉家之以三代金拓好我而不憚煩也新

卷三　第四十九葉

得葉氏西夏印不可識而甚古厚印背字與燕翁銅牌字相似而此不同同是西夏正書印文乃西夏篆印式乃唐以後所自出徐星翁所得之石疑亦西夏書黔省又有濟火書似夷書而又似鐘鼎皆奇而今不可識者也祺謂外國書皆以形則如今蘇馬唯聖人書有義理吉金是真不故尤可重也原州醋務記亦新其三印有刻字否殘破者殊勝其三漢印則殿中司馬軍曲有可疑葉氏之器似尚俱在可力訪之叔氏鐘古銅龍節曾見否道光二十年前所收佳者不可勝舉也幼雲各拓乞代致爲企所求棉紙拓三代秦漢泉幣一枚一紙可裝訂成書者伏乞推古人

之愛若不能卻不肯忘者而竟有以惠我且以他人之所藏及我則海濱寂寞之感豈金石所能渝邪圜足圜首弊尊藏既數十年求之不得而敝藏適有其二謹分其一寄奉專家於此當可以無憾矣唯閔字從亦甚明決非火字背文一作一一作二今以作一者來乞訂釋之六月二日又奉二十二日書並蘇七書何君如至都乞郎將所寄交徐吉妥爲攜來切企切企論泉絕句海東金石苑跋尾乞交徐東甫處寄何資齋世兄寫作想俱佳竹朋兄雖愈而大小解尚數老年得病不易復元也伯寅兄何以小恙久滯積勞使然邪瑯邪臺新拓秦刻精本每紙一金有索者

乞示及已託廉生十紙宋元印多收亦是一種較錢泉便
重矣蘇七書乞即寄之
七月九日徐吉還得六月二十三日書知長夏體健慰慰
承賜大刻海東金石苑目跋論泉絕句既爲故人感藏橐
尌以泉說並及鄗說尤增感愧將來注泉匯至再乞教正
選尌其後則更感矣弟不收泉而言泉蓋推三代文字及
之他則仍不求甚解也承惠秦出環笵並各拓又寄蘇億
年雲陽鼎又九假印入譜謝謝笵似非環如圜器蓋而中
空作孔又有小柄今不能詳用無從命名矣其古兵雖無
字而尙奇宋以來謂之戚似是古鉞類也今仲瞍乞再付

卷三　五十一

墨不浸者五六分是企薄鉤似有三字顯微竟照看細淺
小字卻有用大吉宜牛馬鈴亦佳矛花文精如此而無文
何也騎部曲督可謂大矣羅文紙乞一二十紙拓金石淸
卿兄所索秦瓦拓當於八九月寄鑑荷代刻則必當繳直
而重有文字之報也蘇寄小封內三印一矛矛字過淺日
利瓦片而已
近未得書唯秋涼體履安健爲念近拓藏鐘先寄那二
鐘一紙如未備示目即補寄也尊藏三代秦漢貨金知必
以精拓全分賜我尤望棉紙一枚一紙也幼雲所臧能爲
致全分否前詢其爲弟年丈雲亭先生伯仲何人之子抑

即其子乞示及也鏟幣最易損書翠多可喜教人學拓尤易損
躁者無心劣者有心傳古不可不慎也舊存馬伯昂貨金
文字說寄請訂正如有可采乞坿大箸以傳仍付還原本
是企年來 弟 所復吾兄書乞屬人錄寄仝分寫資當謹繳
吾兄之書如未存稾 弟 即當錄上 弟 所寄伯寅書亦思求
一仝稾也氏冊尚未及核唯筆畫多入摺皺者未可以此
付刊也
今日畢定行後竹朋兄寄 弟 所注泉匯來適明日有便可
及今足遂未啟封寄請教正乞選可存者坿續泉說後爲

卷三　至

中秋月上時得七月二十八日書並令仲敦三分兩面有
字鏄貨以鐘形如此者名鏄貨定爲鏄貨錢貨二種壯布拓各一亦寄一來想出土非僅此二者
或有弟布可再爲吾二人索之幼雲書一幣拓二百又二十一箧敬謝又
羅文紙千葉籍知近履安健爲慰幣文已字自是背文其
二則作仿中與他幣字不甚同此種有筆畫下即有銅高
起不宋可再去青綠否剔時用刀未剔字之難今復伯寅
詳說之拓法亦詳寧中敦 敝藏本尚有令親舊印雖無奇
字自當存之今復幼雲一書報以十鐘拓本幣目四紙坿
少注說較前論幣布名目爲詳八月閏畢足所寄書並泉
匯想已至可與此參看而酌定之其可存者仍望坿續泉

說後四紙漏未封入劬雲函中乞閱後作函封入同交劬
雲家與弟處七十餘年至好非同恆泛當年必見過今不
詳其爲二四兩翁何人之子又不知其何官乞示詳所索
十布拓當精墨作小冊再寄今得其二百餘種幣拓亟思
廣收同類兹附一紙様乞將尊藏之幣如紙拓一全分都
中他家藏者亦乞代致竹朋所藏不多仲飴有數十當並
索之劬雲之從弟亦有所藏儻集而精刻傳之必勝贗金
釋文若三代各化一種一種分別刻之如弟所擬名目又
至莽而止似可與泉匯並行尌庸鍾鼎其補秦燔之憾之
功似亦不小也齊刀拓今應康生石査之索止拓二分書

卷三　五十三

短令呂工夜作一寄劬雲一自留聞兒新得齊刀甚富文
增幣布亦希先言目後即寄拓是企竹朋之東周似劉小
鬼不能爲而其作僞謀利則日甚宜乎齒及壯布乃石查
感自非陝寄伯寅十布已全豈存其二邪羅文紙可拓明
羅文文寬前尚易得用拓佳而且雅此容試過再布二十
七日又得十一日書並唐志拓二印拓謝謝李道之印厚
而非精品秦半通私印卻佳乃反文穚橋字是姓月是名
費藏小字古敦當即師虎蘇七書收即復今有一書乞即
寄之蘇張之害何妨令見既獲利又務名邪無此便宜事
一笑陝中似又有一識字作僞新手蘇七不知則不能辨

眼力自遜其兒未必有心今日爲有力者之利造就出入
才不少甚難覺察同好當共審之尌上秦量大紙拓十分
兩三日爲伯寅廉生幼雲作復將近百紙檢拓鈐印校囊
昏憊殊甚秉燭奉答已至夜分筆禿目倦不復成字矣次兒
承愛垂念感感甲戌
近所用小印乃族弟子振所爲今寄其摹古録印來乞噓
拂有賞識而又欲其摹古文字者酌酬之以當綈袍之贈
也摹鐘鼎須寄拓本摹本先自鉤摹配合然後發來再酌
無者不可强湊初令學刻時石大尚刻不好久則能縮小
先以極小印石令刻恐未必佳自篆則不及摹者非爲東

卷三　五十四

甫刻數印可索看不欲得即不必相强非是小秋風也石
查之勞如可代分則苦差可免矣一笑年來古文字之累
野人實有以發之而野人之勞亦因之益甚續泉匯想已
動手可惜不將古文字一氣作熨貼耳文字之役文字之
福天壤間惟此可重惟此是精華知從文起自文著愈有
字愈值錢無字即古亦不值錢良可笑也人之五官四體
俱同分別止在心心之分別止在文字之淺深大雅以爲
然否非與伯寅廉生書乞索看可知其累然累而樂之其
癡誰實使之至引出許多駭語陋之邪屑之邪是在夫子
矣諸乞是正勿令人笑我並笑野人有如此之友也清卿

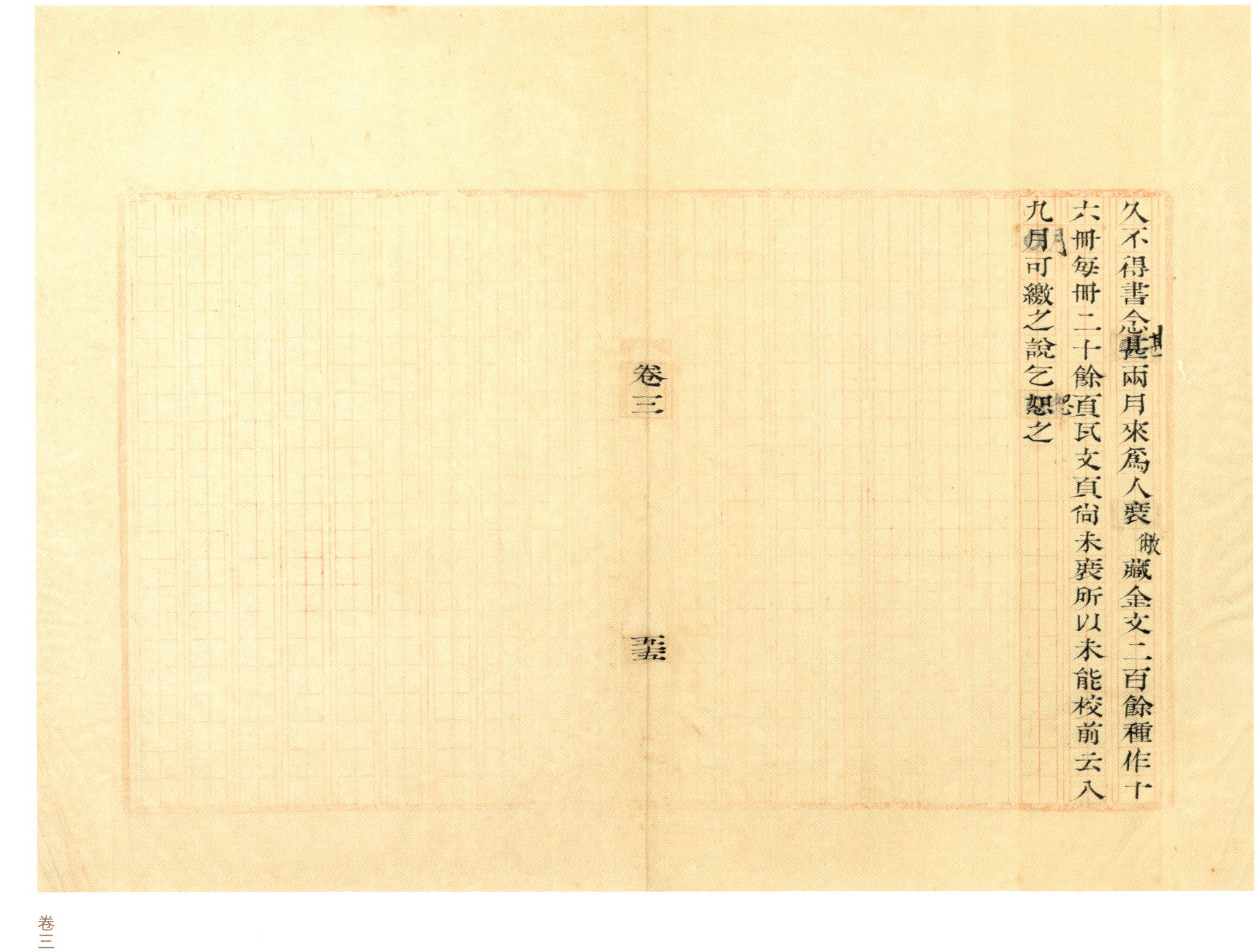
久不得書念甚兩月來爲人裝敝藏金文二百餘種作十六冊每冊二十餘頁氏文頁尚未裝所以未能校前云八九月可繳之說乞恕之

卷三

五十五

尺牘集册

捐贈手稿中有簠齋尺牘一册，綫裝，開本縱24.9cm，橫17.7cm。前後有書衣，内文八十一葉，前後空白三葉。寫作時間從同治七年（一八六八）至光緒十年（一八八四），受書者有李福泰等十四家，信札筆記三十一通，是簠齋尺牘的自留稿，或爲他抄，或簠齋手書。有的未見刊發。

尺牘集册整理一覽表

受書者	寫作時間	備注
李福泰（字星衢）	同治七年戊辰二月七日	第一至五葉。他抄本
費學曾（號幼亭）	同治八年己巳三月廿一日	第六葉。他抄本
丁寶楨（字穉璜）	同治九年庚午三月	第七至九葉。他抄本
	同治九年庚午五月二十八日	第十至十一葉。他抄，簠齋再校改、圈點
靳昱（字寅谷）	同治七年戊辰五月七日	第十二至十三葉。他抄本
	同治十一年壬申十月廿二日	第十四葉。他抄，簠齋再校改並增書題名。簠齋於末行注：「此係弟自留稿，令人以紅格紙清鈔後仍擲還。」
鮑康（字子年）	同治十一年壬申十月十四日	第十五至十七葉。他抄本
吴雲（號平齋、退樓主人）	同治十二年癸酉七月廿九日	第十八至二十葉。他抄本
	同治十三年甲戌二月二十二日	第二十一至二十四葉。他抄，簠齋再校改、圈點
潘祖蔭（號伯寅）	同治十二年癸酉八月	第二十五至二十九葉。此爲「復潘伯寅少農筆記」，見《陳簠齋丈筆記附手札》，《滂喜齋叢書》。他抄本
	[當在同治十三年甲戌八九月]	第三十至四十葉。此爲《傳古别録》（底稿影印本）的他抄本
	同治十三年甲戌五月廿六日	第四十一至四十二葉。他抄，簠齋再校改並增書題名
	同治十三年甲戌五月廿七八日	第四十三至四十五葉。他抄，簠齋再校改

某公［汪鳴鑾］	［約光緒九年至十年七月間］	第四十六至四十七葉。據褚德彝《金石學録續補》（一九一九年褚氏石畫樓印本），汪鳴鑾官山東學政時「擬仿畢、阮舊例續修《山左金石志》，與簠齋往返函商訂定體例」。據此推斷，此札應是致汪鳴鑾的，內容爲簠齋所擬凡例。他抄本
王懿榮（字廉生）	同治十三年甲戌十月晦	第四十八至五十葉。他抄，簠齋再校改和句讀，並增書題名
	［無年份］十二月望	第五十一葉。未署年份。他抄本
	［無年月日］	第五十二葉。未署年月日。他抄本
	［光緒九年］六月廿八日	第五十三至五十四葉。未署年份。此札見《簠齋尺牘》（十二册）、陳繼揆整理《秦前文字之語》（齊魯書社，一九九一年）第一二八至一二九頁。他抄本
吳大澂（字清卿）	［無年月日］	第五十五至五十七葉。未署年月日。簠齋手書，有較多校改並朱筆句讀
	［無年月日］	第五十八至五十九葉。未署年月日。簠齋手書，有較多校改
	［無年份］二月廿三日	第六十至六十一葉。未署年份。他抄，簠齋再校改
	［無年份］十一月二日	第六十二至六十三葉。未署年份。他抄，簠齋再校改
	光緒九年癸未九月癸巳日既望	第六十四至六十五葉。他抄，簠齋再校改
田名撰（號椒農）	光緒九年癸未六月二十二日	第六十六至六十七葉。他抄本
陳士傑（字儁臣）	光緒九年癸未九月望日	第六十八至六十九葉。他抄本
徐會澧（號東甫）	同治十年辛未七月廿九日	第七十至七十一葉。他抄本
	同治十二年癸酉十一月廿三日	第七十二至七十四葉。他抄本
	［無年份］十月十八日	第七十五至七十七葉。未署年份。他抄本
	光緒九年癸未五月十二日	第七十八葉。他抄本
	［無年份］閏七月二十七日	第七十九葉。未署年份。他抄，簠齋增書題名
吳重憙（字仲飴）	［約光緒十年閏五月十九日後不久］	第八十至八十一葉。未署年月日。札末曰「新得一周器侯馭方圜鼎，先坿一紙，釋説已成，再與拓並寄，三十餘年始得此一佳器」。據院藏稿本《周器侯馭方圜鼎釋文》可知，此鼎係簠齋於光緒十年閏五月十九日所得，次日修訂舊釋成考釋稿，故此札寫作時間當在光緒十年閏五月十九日後不久。他抄本

與李星衢中丞書

某頓首再拜奉書星衢中丞左右執事服官粵省蓋二十餘年矣政之行於民者久德之洽於民者深　知荷　聖主之隆信及外洋之遠昭昭耳目固已無待稱揚今者　巽命之申仍畀重寄於茲土是　天心之惓惓於粵東望治於大賢者為至切也間嘗竊論今之學者詩賦文字於作官毫無實用及授職從政惟刑名尚多用曾任習者其餘官守則事與地多非所習而又不能久於其任是以政鮮有成若執事之久其地而大其任蓋真不

可多得而不能不為粤東之人喜而望其成也粤東之人雖輕生
好鬬而遇真不要錢之官則為之心折雖死不怨此豈不可教哉
使真有至廉之父母使之心悦誠服而又能行之以教化勸其孝
親敬長明理讀書先義後利務本重農崇儉去奢安見貪狠之風
不可化為良善之俗乎執事為　先文慤公所特識與某又有同
鄉同譜之雅今兹抒其素抱以實學實心行實政德溥千里化被
四夷光　邦家而榮閭里某亦與有幸矣能無跂予望之耶某伏
處息痾十有六載時事家事艱阻備嘗寄跡田間稍同疾苦敢以

所歷變亂望治之一二為大君子詳之以備集益之采焉去歲賴任兩逆之擾東府幾不可問其幸得安定肅清者劉省三軍門一人之力也此為收復南省後之第一功又為僧邸復仇言者似未及之而東民則不能忘矣半年之間寇跡往來敝邑者十次幸有圩避賊有兵追賊尚未過殘兵亦大得堅壁清野之力惟值此變亂之後吏治愈不能飭人心愈不能厚實為隱憂所不能已推原其故則皆教化不明小民不知孝弟重利輕義之弊夫鄉愚不知有父者安知有君不知有長者安知有官相習成風視若故然豈

復可問為之上者勿謂小民之不孝弟為不與己事也此即犯上作亂之所由來也可不於此加之意乎至所以重利輕義者固由於無論賢愚各為利身家之計亦由於使之至足之道有未盡也欲民之足先在重農農者天下之大利也足食先於足衣金玉珠寶窮奢極欲皆既飽既温以後之事譬使凶荒之極無所得食雖衣錦繡挾重寶亦將必斃此可知矣則講求農事愛重菽粟誠為政者必不可緩之事已夫重粟則必嚴害粟今試舉害粟之一事如酒者以濰一邑推之統計城鄉酒肆釀白酒者一歲所損之粟

第二葉

至少亦須二十七角之斗三四萬石通省使須三四百萬石合官斗將近八九百萬石誠非細事知其害而非禮不飲古人所以正其本知其害而峻法以禁之後人所以有釀具之詎也蓋法之所以不能禁者以其德之不脩也德不脩則官親幕友門丁胥役皆因吾私欲之蔽而為玩法之人是以雖有除害之實心而害亦終不能除者每每然矣今之百姓誠能因天時盡地利警游惰謹儲積朱子有社倉法以厚其生崇節儉黜奢靡禁鴉片戒賭博以節其耗則菽粟足而興仁倉廩實而知禮亦何至先利後義不奪不饜而為

盜賊乎孟子曰民事不可緩也豈非為上者先務之急哉朱子奏劄曰為學之道莫先於窮理窮理之要必在於讀書朱子進講必先大學以為家國天下之本今日而言讀書不可不遵朱子遵朱子而言讀書不可不先大學明矣學者既讀大學章句不可不讀大學或問其所以發明經傳指示進德之序入德之門至為親切著明有志於學者誠不可以不之講也朱子小學一書東武李方赤先生既已屢刻之潮郡及粤省矣愚竊以為南省兵燹之後塾中經書幾無善本可讀則今日朱子之書不可不亟亟廣為刻布

也刻朱子之四書則必合章句集註或問如大全式大略如汪武曹大全本刻註為大字以便於讀而以朱子語類文集等書凡言四書者皆雙行小字附於各段之下一遵朱子之舊而他說概不之載焉刻朱子之易則必先刻啟蒙於前以便初學授書即先熟讀啟蒙再讀本義以為象數之本安欲從呂氏古本易之例而合刻如表式以欽定折中為本以便讀如今本上層列卦畫卦名為伏羲之易第二層上承卦名列彖辭為文王之易低一格列孔子彖傳如註第三層列文辭為周公之易第四層列孔子象傳而以大象傳遙承卦畫

以小象傳上承文辭統以朱子本義分附各段之後刻為大字使讀而較經傳字稍小為别再以雙行小字全載朱子各書之言易可附於各段之下者而他說概不之載或别刻程子易傳為一書坿後如程子遺書式版同而字小如呂本以惠學者雖以經統傳以傳附經使初學讀之略同於監本而又可少識古本之意惟於孔子之易則仍不能辭變亂古本之罪矣刻朱子之詩傳如四書例亦刻傳為大字使讀雙行附朱子言詩諸說而他說概不之載門人蔡氏作書集傳朱子之所命也刻書集傳當亦附朱子諸說與集傳竝刻為大字或從欽定本

仍作小字雙行而他說概不之載其朱子之說有不可以附於各段之下者或擇要為綱領列於各書之前、或以原書分類編輯附於各書之後均須勿遺禮書則儀禮經傳通解不可不刻也遺書中之小學近思錄不可不再專刻也此外如朱子文集大全詳於全書有天順本嘉靖本呂氏本嶽閩本與朱子諸書程子書同刻者明本呂本而已版已不存不可多得語類遺書綱目楚辭集註楚辭後語辨證韓文考異諸書不可不刻也近思錄以江慎脩先生本為善以其專引朱子之說王白田先生朱子年譜本之善亦以其詳攷朱子之文是皆同於以經註經之例而不可不遵者也果能刻此善本不載他説使朱子之書廣其傳又使讀朱子之書者得以盡其美備而無毫髮遺漏攙襍之憾安見窮僻之鄉童蒙之秀不有能因是全讀朱子之説而專心致志以進於大學之道求朱子之心接朱子之統退以事親事長進以堯舜其君民者乎是不能不仰望於大君子之提倡而培植之矣附呈近作四首敬乞教正無任慚悚翹企之至戊辰二月七日雪齋

抄

幼亭老弟觀察左右兹奉二月廿四日賜書遠承殷注感慰感慰並悉爵相涖任首舉大端吾弟才猷卓裕正可相與有成曷勝欣企竊謂治民之要以慎擇牧令為先此根本之事也吏以廉為本以勤為先貪則大本不立惰則百事皆廢而勤又不僅催科問案之事尤以親民為要親民以與子言孝與弟言悌為主孝弟者勸之不孝弟者懲之親歷境内無不周知以正人心為本以行保甲為法或可與言吏治矣武備之事固宜講求然今日之防恐不在四境此則非草野所敢言者若夫畿内水利先正已久言之蓋必

待其人而後行以地理而論水不順其自然是形勢一大病所關匪小須真知地之本來行水之處且布置得法不與爭地以順其流條分縷析以導其源以濬為距禹之事也或者水患可息而全局安定矣因承示及故敢妄言恐無所當也不具己巳三月廿一日

復費幼亭觀察書

第六葉

録文

幼亭老弟觀察左右：玆奉二月廿四日賜書，遠承殷注，感慰感慰，並悉爵相涖任，首舉大端，吾弟才猷卓裕，正可相與有成，曷勝欣企。竊謂治民之要以慎擇牧令為先，此根本之事也。吏以廉為本，以勤為先，貪則大本不立，惰則百事皆廢。而勤又不僅催科問案之事，尤以親民為要。親民以與子言孝、與弟言悌為主。孝弟者勸之，不孝弟者懲之。親歷境內，無不周知。以正人心為本，以行保甲為法，或可與言吏治矣。武備之事，固宜講求。然今日之防，恐不在四境，此則非草野所敢言者。若夫畿內水利，先正已久言之，蓋必待其人而後行。以地理而論，水不順其自然是形勢一大病，所關匪小，須真知地之本來行水之處，且布置得法，不與爭地以順其流，條分縷析以導其源，以濬為距，禹之事也。或者水患可息，而全局安定矣。因承示及，故敢妄言，恐無所當也。不具。己巳三月廿一日。

復費幼亭觀察書

抄

與丁中丞書 庚午三月

聞重刊四書五經頒行四書似以嘉慶辛未璜川吳氏真意堂刊本吳志忠為善句讀亦酌五經監本有與 欽定本不同者似宜從 欽定本均須詳校此外朱子書尤須急刻小學當用正誼堂本近思錄當用江慎脩先生本文集大全非全書 語類大全 朱子遺書 儀禮經傳通解當用呂氏本得天順本最佳嘉靖本亦佳呂本所出 二程全書同上四種 四書大全不可不刻今本自以汪大全遄喜齋本為善然大全自是永樂成書若仿江慎脩先生注小學專用朱子說例注四書集

註而兼近思録所引諸大儒説尤為純粹大全悉載全文不用　尤須載
或問如大全蓋集註是朱子注書或問是朱子自己用四書工夫
尤為親切使人知讀四書朱子是如此讀法作四書工夫朱子是
自己如此作工夫法則大全本刻入或問之功為不小也
詩集傳亦須詳載朱子説諸大儒説如四書集註或問而他説一
概不入依　欽定本校
易本義前似宜去程子序與諸圖説而刻啟蒙於前亦詳載朱子
説諸大儒説而他説一概不入

愚又妄謂　欽定本用古本自是朱子之説惟不若監本易讀監本又不若古本之善妄擬刻如表式上一層卦畫卦名伏羲易第二層文王易第三層周公易第四層孔子易既復古本又可便讀惟愚昧妄言不勝惶悚

程傳只可别刻不可坿入本義

輔氏時邁詩説曰懿德文德也此與諸侯相期以文德治乎諸夏而無或相尋於干戈弓矢之中也所謂偃武脩文者是也雖詰爾

戎兵張皇六師設司馬以教閱自有不可廢者而與諸候相期之
志則固不在此也
謹案此說與宮保大公祖今日講學閲武之盛意相符竊謂寓
兵於農自是古聖人至善之政後世德不至故法不能行而養
兵遂為大費而無實益必不得已惟有屯田令教官尚有學田
而無不便於民處如為久遠之計屯兵似亦可行又官山府海
雖亦與民爭利然思其次亦屯田之類也小民不能淡食食私
販私皆吾赤子以有官鹽名之為私耳鹽店巡役諸名目只能

第八葉

害良善而庇小私小私釀為大梟則不能禦矣良民之人人惡
巡愛私自有不可以勢迫而亦非勢之所能迫者知必在台鑒
之中也至場竈之不易歸前已詳之矣無任惶悚之至

録文

與丁中丞書 庚午三月

聞重刊《四書五經》頒行，《四書》似以嘉慶辛未璜川吴氏真意堂刊本吴志忠為善，句讀亦酌。《五經》監本有與欽定本不同者，似宜從欽定本，均須詳校。此外，朱子書尤須急刻。《小學》、當用正誼堂本。《近思録》、當用江慎脩先生本。《文集大全》、非《全書》。《語類大全》、《朱子遺書》、《儀禮經傳通解》、當用吕氏本。得天順本最佳，嘉靖本亦佳，吕本所出。《二程全書》、同上四種。《四書大全》，不可不刻。今本自以汪大全嵩喜齋本為善，然《大全》自是永樂成書。若仿江慎脩先生注《小學》專用朱子説例注《四書集註》，而兼《近思録》所引諸大儒説，尤為純粹，悉載全文，不用《大全》刪節者。尤須載《或問》如《大全》。蓋《集註》是朱子注書，《或問》是朱子自己用《四書》工夫，尤為親切，使人知讀《四書》朱子是如此讀法，作《四書》工夫朱子是自己如此作工夫法，則《大全》本刻入《或問》之功為不小也。

《詩集傳》亦須詳載朱子説、諸大儒説，如《四書集註》、《或問》，而他説一概不入。依欽定本校。

《易本義》前似宜去程子序與諸圖説，而刻《啟蒙》於前，亦詳載朱子説、諸大儒説，而他説一概不入。

愚又妄謂欽定本用古本，自是朱子之説，惟不若監本易讀。監本又不若古本之善。妄擬刻如表式，上一層卦畫卦名伏羲《易》，第二層文王《易》，第三層周公《易》，第四層孔子《易》，既復古本，又可便讀。惟愚昧妄言，不勝惶悚。

《程傳》只可別刻，不可坿入《本義》。

輔氏《時邁》詩説曰：懿德，文德也。此與諸侯相期以文德治乎諸夏，而無或相尋於干戈弓矢之中也，所謂偃武脩文者是也。雖詰爾戎兵，張皇六師，設司馬以教閲，自有不可廢者，而與諸侯相期之志則固不在此也。

謹桉：此説與宫保大公祖今日講學閲武之盛意相符。竊謂寓兵於農，自是古聖人至善之政，後世德不至，故法不能行，而養兵遂為大費，而無實益。必不得已，惟有屯田。今教官尚有學田，而無不便於民處，如為久遠之計，屯兵似亦可行。又官山府海，雖亦與民争利，然思其次，亦屯田之類也。小民不能淡食，食私販私皆吾赤子以有官鹽名之為私耳。鹽店巡役諸名目，只能害良善，而庇小私。小私釀為大梟，則不能禦矣。良民之人人惡巡愛私，自有不可以勢迫而亦非勢之所能迫者，知必在台鑒之中也。至場竈之不易歸，前已詳之矣。無任惶悚之至。

穉璜宮保大公祖中丞大人台座四月九日奉到東武所寄鈞復
敬諗勛履勝勞虛懷下逮已慰寸忱頃舍親賈湛田觀察由歷過
舍詢悉霓旆吉旋星田虔祈澂聽之下臚感同深廿五日夜得雨普
透已極全東知必徧足廿六日暮從弁遠來手翰寵至誦清風以
何穆偕晴色而俱新人事天心真堪並慶矣示及局刊四書詩經
已竣人傳善本實東省士子之至幸諭需殿刻十三經注疏謹以
家存舊本一部備披覽以原裝明本一部備局校此外似尚須以
阮文達公刻宋本參之其存阮本只有一部是以未呈現在各省

書局非一某之私祝尤望大公祖不刻則已刻必盡善本□讐校刻工寫手
一版片一美備不刻則已刻必先為程朱廣其傳以大換今日人心學術
之敝不可使程朱之書天下竟無存板學者不能習見而有志者
人人歎舊本之難得是以不揣冒昧屢言之伏乞垂察某嘗竊
謂古人讀書用心之細莫朱子若是以古人見道之真亦莫朱子若莫
知朱子若而不守朱子之說之徧讀朱子之書以求之則甚字不能
不謬其心不能不蔽而與朱子遠矣此與拙說一紙皆以歸田後
少有所知若敬報大君子不以世俗相待之厚意伏乞有以教之幸

企幸企名吳同治庚午五月二十八日

録文

穉璜宮保大公祖中丞大人台座：四月九日奉到東武所寄鈞復。敬諗勛履勝勞，虛懷下逮，已慰寸忱。頃舍親賈湛田觀詧由歷過舍，詢悉霓旆吉旋，星田虔祈，遜聽之下，臚感同深。廿五日夜得雨，普透已極，全東知必徧足。廿六日暮從弁遠來，手翰寵至，誦清風以何穆，偕晴色而俱新。人事天心，真堪並慶矣。示及局刊《四書》、《詩經》已竣，人傳善本，實東省士子之至幸。諭需殿刻《十三經註疏》，謹以家存舊本一部備披覽，以原裝明本一部備局校。此外似尚須以阮文達公刻宋本參之。某存阮本只有一部，是以未呈。現在各省書局非一，某之私祝，尤望大公祖不刻則已，刻必盡善。本頭讐校、刻工、寫手、版片，一一美備。不刻則已，刻必先為程朱廣其傳，以大挽今日人心學術之敝，不可使程朱之書天下竟無存板，學者不能習見，而有志者人人歎舊本之難得。是以不揣冒昧屢言之，伏乞垂詧。某嘗竊謂古人讀書用心之細莫朱子若。是以古人見道之真亦莫朱子若。莫朱子若，而不專守朱子之説，徧讀朱子之書以求之，則其學不能不誤，其心不能不蔽，而與朱子遠矣。此與坿説一紙，皆以歸田後少有所知者，敬報大君子不以世俗相待之厚意。伏乞有以教之，幸企幸企。不具。同治庚午五月二十八日。

與邑侯靳寅谷書

戊辰五月七日某再拜奉書寅谷父臺左右夫官鹽者天下之大病也自管子為府海以佐霸業後世言利者因之聖人不作仁政不復愈趨愈下遂至於官運以弊民視良善如寇讎縱胥役如盜賊鹽之害可勝言哉無論裁贓（濰俗土語）陷害者之為良善即聚眾抗巡者亦孰非好子民使非上之人與之爭利彼亦何至此乎法未嘗不嚴而勢不能禁官之運終不能敵私何耶官鹽費重（部司州縣幕丁）胥役私鹽費輕（一人肩挑負販）其不敵者一官鹽價貴私鹽價賤其不敵者

二食官者少食私者多其不敵者三官鹽衆病之私鹽衆便之其不敵者四有四不敵而欲假數十之巡役甓一二之無辜以脅迫一邑之百姓吾恐奪之施由於利之爭矣昔　先文慤公筦戶部時嘗過　庭侍論此事歸地丁雖善於官運究嫌與加賦同必不能復古亦只可仿府海爲歸場竈之計不知者謂京外官吏以裁官去費爲不便其知者則謂在於發商生息之成本歷來脩行宫捐各款與商人侈靡官長供給久已無存而其生息則內府　宫闈之用萬不敢言裁萬不能驟改是以臣下雖有忠

國之心愛民之計非千載一時之遇而其事終不能行也然州縣
迫於例禁不能不官運不能不緝私亦將何以愛民乎亦惟推撫
字心勞催科政拙之例如古賢吏之所為而已以父臺之實心愛
民好生積德故敢詳言以備仁人之采擇惟鑒而念之幸甚不具

録文

與邑侯靳寅谷書

戊辰五月七日某再拜，奉書寅谷父臺左右：夫官鹽者，天下之大病也。自管子為府海以佐霸業，後世言利者因之，聖人不作，仁政不復，愈趨愈下，遂至於官運以弊民，視良善如寇讎，縱胥役如盜賊，鹽之害可勝言哉！無論栽贓濰俗土語陷害者之為良善，即聚眾抗巡者，亦孰非好子民？使非上之人與之争利，彼亦何至此乎？法未嘗不嚴，而勢不能禁。官之運終不能敵私，何耶？官鹽費重，部、司、州、縣、募丁、胥役。私鹽費輕，一人肩挑負販。其不敵者一。官鹽價貴，私鹽價賤，其不敵者二。食官者少，食私者多，其不敵者三。官鹽眾病之，私鹽眾便之，其不敵者四。有四不敵而欲假數十之巡役，斃一二之無辜，以脅迫一邑之百姓，吾恐奪之施由於利之争矣。昔先文愨公筦户部時，嘗過庭侍論此事，歸地丁雖善於官運，究嫌與加賦同，必不能復古，亦只可仿府海為歸場竈之計。不知者謂京外官吏以裁官去費為不便，其知者則謂在於發商生息之成本。歷來脩行宫捐各款，與商人侈靡、官長供給，久已無存，而其生息，則内府宫闈之用，萬不敢言裁，萬不能驟改，是以臣下雖有忠國之心、愛民之計，非千載一時之遇，而其事終不能行也。然州縣迫於例禁，不能不官運，不能不緝私，亦將何以愛民乎？亦惟推撫字心勞、催科政拙之例，如古賢吏之所為而已。以父臺之實心愛民、好生積德，故敢詳言以備仁人之采擇，惟鑒而念之，幸甚。不具。

抄

與靳邑侯論積穀書

昨面談積穀一事。弟歸里卧病，讀書閉門，少預外事。前年讀宮保中丞劉文積穀章程。深觸昔年刻鄉守輯要附刊朱子文社倉之事。自愧歸來學荒德薄。迂拙拘執。莫能表率。然舊志未忘。是以於一先文懿公祭田一社七莊。思欲勸導。創為說條。無如難於圖始。不行而沮。復思自己不作榜樣。終是不能盡心。是以積慮訪籌。又為公積之說。行之祭田各佃。去年商量妥協。從今年積起。刻有官斛三十餘石。加弟借本穀三十餘石。仿社倉明年春放秋收。加三收息。統入公積。加以明年所積六十餘石。所收息不足二十石。甲戌春可望放官斛一百五十石。扣本地斗六十石。少亦可五十石。收借本再放三年便可歸還借本九年便可停止加積只放公倉所儲矣弟未知此志能遂否他人肯仿照否至善之舉里居不能强人惟祝人之好善誰不如我而已父臺能勸之於鄉固勝勸之於城否則城中之好善者亦可以佃不畏荒地主亦大受益勸之常人之情或可動也苦衷迂見知不免貽誚於時惟望賢君子詧之則一邑幸甚弟亦幸甚不具壬申十月廿二日

此係弟自留藁令人以紅格紙清鈔後仍擲還

第十四葉

録文

與蘄邑侯論積穀書

昨面談積穀一事。弟歸里卧病，讀書閉門，少預外事。前年讀宫保中丞《積穀章程》，深觸昔年刻《鄉守輯要》附刊朱子文社倉之事。第自愧歸來學荒德薄，迂拙拘執，莫能表率。然舊志未忘，是以於先文毅公祭田一社七莊，思欲勸導，創為説條，無如難於圖始，不行而沮。復思自己不作榜樣，終是不能盡心。是以積慮防籌，又為公積之説，行之祭田各佃。去年商量妥協，從今年積起，刻有官斛三十餘石，加弟借本穀三十餘石，仿社倉明年春放秋收，加三收息，統入公積，加以明年所積六十餘石，及所收息不足二十石，甲戌春可望放官斛一百五十石，扣本地斗六十石，少亦可五十石。收息三年，可望得公積二百六十石，扣本地斗一百零四石。便可備荒。停止借本，再放三年，便可歸還借本。九年便可停止加積，只放公倉所儲矣。第未知此志能遂否，他人肯仿照否。至善之舉，里居不能强人，惟祝人之好善誰不如我而已。父臺能勸之於鄉，固勝勸之於城。否則城中之好善者，亦可以佃不畏荒地主亦大受益勸之，常人之情，或可動也。苦衷迂見，知不免貽誚於時。惟望賢君子詧之，則一邑幸甚，弟亦幸甚。不具。壬申十月廿二日。

此係弟自留藁，令人以紅格紙清鈔後仍擲還。

抄

與鮑觀察書

子年仁兄觀察左右八月中得七月中浣賜書得諗近履安閒羨慰羨慰並惠各刻書敬感敬感冬來想眠食益彊新居就緒紙窗竹爐定多佳趣人海友朋之樂他地所無而雅俗静喧在人自取非如踰垣閉門恐未易清閒讀幾行書埽卻許多煩惱也弟歸里廿年僻居苦於無友問學固無人道坦白亦甚不多三年來惟竹朋老兄小倩仲飴時來過訪為金石之懽讀書則自同蒙求少有一二親切心得處亦苦遠於師友難為面質殊鬱孤衷去正喪妻夏又喪長子今春葬子又為亡妻卜兆甚費心力頗覺日衰非於

八月始為安葬中秋甫過竹兄與仲飴同來九月二君同為勞山瑯邪之游月末始返盤桓八九日而別至初八日始抵利津惟於東武得東周泉一頗佳鍾氏泉匆匆未得見所云壯第二布當為訪之吾三人每談必念吾兄而某則堅謂吾兄不可不刻古泉以為燕翁雖沒其古泉苑不可不為刻傳竹兄泉匯雖過前人然體例尚未盡善板本亦屬簡率摹刻唐以上泉甚為不精竹兄所患力薄吾兄曷不就前人今人之書説以所藏真拓精摹刻之以為信今傳後之善本如欲為之即當以劉氏古泉苑藁本奉寄並可假竹兄泉匯拓藁某近為之加注者並去歲於刻本加注者均在

竹兄處仲飴云此舉務期美備可為古泉叢書某謂即名古泉類苑亦可緣兄一生於此中用力甚多不可拋擲而前人致力於此者亦可𫝊以俱傳即費千餘金亦可作多還舊逋不得謂老悖不念子孫書傳而子年傳子年傳而千金何必過惜想吾兄閱之必大笑以為癡人乃如此慫慂如此相愛乃真野人之友矣呵呵令人論書必推許氏朕許書已非真本豈能如鐘鼎為古文字廬山真面目當以今世所傳金文千餘種合古書帖編增許書鐘鼎之外惟古刀幣及三代古印耳是當竝補許書中豈可不精摹而使再少失真日後又無從彷彿耶好古家刻書每患已見之陋而沮

愚謂刻摹精審則天下後世皆得借吾刻以攷證又何必因噎而使錯過失時惜乎燕翁不明乎此而徒以玩物畢一生之精力而一無所傳也子苾兄之擴古錄亦尚未刻愚亦謂必當摹金文蓋今日之奚過許書者惟此古人鑄金之真文字文字精則無遺憾文字不傳雖極博洽後人亦何所裨益何從窺擬耶惟大雅鑒之今日秦量鮑吳李可謂鼎峙亦前所無拓墨用濃煎白芨膠上紙再以紙隔用刷（髮刷即可不可太硬）擊之紙尚潤先上墨一徧勿使膠未滑又上墨而使黏膩多上墨為佳墨者耐久易鈎但必須字邊極清又不侵入墨乞以此再精拓尊量十餘紙見賜想有友朋可作

第十六葉

此等事也灞陵園丞印乞拓十餘紙泉鈕印亦乞精拓本竹兄來
匆匆諸友為拓至今未畢容再寄一切先寄上蓬萊張氏新得漢
李夫人墓門題字一紙聊供清鑒彼見李忠傳功苗即苗裔之謂
聞有都便手此奉復即問頤安不具同治壬申十月十四日乙丑

録文

與鮑觀察書

子年仁兄觀察左右：八月中得七月中浣賜書，得諗近履安閒，羡慰羡慰，並惠各刻書，敬感敬感。冬來想眠食益彊，新居就緒，紙窗竹爐，定多佳趣。人海友朋之樂，他地所無，而雅俗静喧，在人自取，非如踰垣閉門，恐未易清閒。讀幾行書，埽卻許多煩惱也。弟歸里廿年，僻居苦於無友，問學固無人道，坦白亦甚不多，三年來惟竹朋老兄、小倩仲飴時來過訪，為金石之懽。讀書則自同蒙求，少有一二親切心得處，亦苦遠於師友，難為面質，殊鬱孤衷。去正喪妻，夏又喪長子。今春葬子，又為亡妻卜兆，甚費心力，頗覺日衰，昨於八月始為安葬。中秋甫過，竹兄與仲飴同來。九月，二君同為勞山瑯邪之游，月末始返，盤桓八九日而别，至初八日始抵利津。惟於東武得東周泉一，頗佳，鍾氏泉匆匆未得見，所云壯第二布，當為訪之。吾三人每談必念吾兄，而某則堅謂吾兄不可不刻古泉。以為燕翁雖没，其《古泉苑》不可不為刻傳。竹兄《泉匯》，雖過前人，然體例尚未盡善，板本亦屬簡率，摹刻唐以上泉，甚為不精。竹兄所患力薄，吾兄曷不就前人今人之書説，以所藏真拓精摹刻之，以為信今傳後之善本。如欲為之，即當以劉氏《古泉苑》藁本奉寄，並可假竹兄《泉匯》拓藁。某近為之加注者，並去歲於刻本加注者，均在竹兄處。仲飴云，此舉務期美備，可為「古泉叢書」，某謂即名「古泉類苑」亦可。緣兄一生於此中用力甚多，不可抛擲，而前人致力於此者，亦可坿以俱傳。即費千餘金，亦可作多還舊逋，不得謂老悖不念子孫。書傳而子年傳，子年傳而千金何必過惜。想吾兄閱之必大笑，以為癡人乃如此慫恿，如此相愛，乃真野人之友矣。呵呵。今人論書，必推許氏。然許書已非真本，豈能如鐘鼎為古文字廬山真面目。當以今世所傳金文千餘種，合古書帖，編增許書。鐘鼎之外，惟古刀幣及三代古印耳，是當竝補許書中。豈可不精摹而使再少失真，日後又無從仿佛耶！好古家刻書，每患己見之陋而沮。愚謂刻摹精審，則天下後世皆得借吾刻以攷證，又何必因噎而使錯過失時。惜乎，燕翁不明乎此，而徒以玩物畢一生之精力而一無所傳也。子苾兄之《攈古録》，亦尚未刻。愚亦謂必當摹金文，蓋今日之突過許書者，惟此古人鑄金之真文字，文字精則無遺憾。文字不傳，雖極博洽，後人亦何所裨益，何從窺擬耶！惟大雅鑒之。今日秦量，鮑、吴、李可謂鼎峙，亦前所無。拓墨用濃煎白芨膠上紙，再以紙隔，用刷髮刷即可，不可太硬。擊之。紙尚潤，先上墨一偏，勿使膠未滑又上墨而使黏膩。多上墨為佳，墨者耐久易鈎。但必須字邊極清，又不侵入墨。乞以此再精拓尊量十餘紙見賜，想有友朋可作此等事也。「灞陵園丞印」乞拓十餘紙，泉鈕印亦乞精拓本。竹兄來匆匆，諸友為拓，至今未畢，容再寄一切。先寄上蓬萊張氏新得漢李夫人墓門題字一紙，聊供清鑒。攷見《李忠傳》，功苗即苗裔之謂。聞有都便，手此奉復，即問頤安。不具。同治壬申十月十四日乙丑。

致吳雲（號平齋、退樓主人）書札【第十八至二十葉】

初

退樓仁兄左右：五月十一日得四月十日書，知二月一緘並泉匯全文拓已達。續得六日札並為購衣料均收訖。以候大箸兩編、軒彝墨圖未到，遲遲復至月十日始得捧讀並五月廿一日書。遠承注念，藉諗道履安和，慰甚。化度寺、溫雲宮鈎刻古官印冊、秦詔版殘字、庚羆卣、師酉敦各拓、殘紙均至，感之。大箸篆文及圖既過前人，收藏之精且富，大今日南北所無，必久而愈傳之作。第則竊謂既貴精矣，則不必貴多，若能減十餘種，似更慎重。已成之器敢多言，然為兄信後世計，則不敢不言。且少字與小品亦略汰似亦無妨亦未盡大吏動其多字者非岑妃毀眞萬是陝中僞刻惡見以為可汰贛安拘拙踳駁悚惕當居恂至無亮幸甚我輩所述乃為傳古人非為傳一己古人傳則己亦必傳是不可不公其心求古人之是者而我先為傳之正不必其器之在我非為以私為貴以圖為論只擬我所及見者其文字可信即傳之其次則前人者傳可多刻勿惜所費今人者則當酌未改者則先刻圖摹字釋文記尺寸行款銘之所在所出之地所藏之家傳之以資考古之學問學庶不至因循一己踳前此刻者不成之弊

弟衰病一無所就，不能不為古人重有望於君子，自問所愧無甚於此者多矣。承索題辭，固甚所願，垂不於而言之無文，自知不可，說乞恕之。伯寅少農所刻攀古廔彝器款識，繪圖甚精，張孝達說為佳，是文人通人之筆。伯寅自敘尤佳，大刻當已寄之，必當有一篇論文字也。其中四印、鐘弟有釋文，并秦量詔版釋文詩記拘請是正。又傳古小居並橋一器吉金及詩尊几收，咸甚富，乞屬寫手錄副見寄，需直拘由肆功兄代激賤紙，若紙宜此大可用，乞二三千葉（行寬而上下直，不作虛鋒，便可久用，色足為佳）。他式拘之命刻坊為之，以待函可

坿存爲令弟刈樸陋无不可用惟羊毫今不如昔
殊不稱意自常用拓字之墨亦稱一二斤羊毫舊存尚用佳者
可供二三年用但近書用大狀毫不淨則敗文房所
弟不崇用力只求淨細不藉毫粗見力也
用必精而不費推以及弟刈感念切矣二墨大如鷄
拓前釋文時摹合之爲快今欲求分條精拓各十紙
秦量求精拓再三四十紙能多尤妙思與秦金並傳
也宮玉甫何伯瑜往游琅邪臺精拓秦石中秋後可
得都感彼地感秦瓦當積之卅年竟有廿五當合裝
之坿上古鉨吳之量拓李器當即施蔥堂物鉨量出
閩中容李量之三器同而爲宋人道廿柄爲孫增

歎而古環代鑒增四足以匹渾融義近今人不能為皆據皇刻右二世後刻於左又詔臘拓八器又新莽飯情制以量容字器二又字似尚可類漢物乞貴之補寄寶六化石范右上似石拓文四耳方坐毀拓悉裡朒卯聃聃季印毛公方坐乃盛太羹之器取其重而不爲四耳乃二人奉持器之重者也師害毀二器蓋拓伯雝舊釋淮文毀器蓋拓減號毀器拓凡皇毀拓鍏方鼎拓晨薛氏斝鼎拓从日从匕甚之義將以匕嘗之而曰甚也陵子盤拓許子妝簠拓號叔簠拓子孫父癸卣殘器寶六化三代殘銅范拓新得羊歲未

夫奇藏瓦當拓號已鑒定餘當一一讀寄但此間能
拓此無多精拓尤不易得紙所須篇以慎得人識
以言前定為企東省李竹朋山農丁筱農吳仲飴識
將咸並可編拓尤望先以寄咸與南仲咸字拓來先
導為快也次兒厚滋字□樹又曰九蘭及歲戊午欽賜舉人長孫名阜字祐曾
將賜此扇先侍業敬謝得名手畫尤佳手復即問道
安世兄文孫侍祉　弟陳介祺頓首　同治癸酉七月廿八日乙亥

録文

退樓仁兄左右：五月十一日得四月十日書，知二月一椷竝《泉匯》金文拓已達，續得六日札，並為購衣料均收，謝謝。以候大箸《兩罍軒彝器圖釋》未至，遂遲復。至月十日始得捧讀，並五月廿一日書，遠承注念，藉諗近履安和，慰甚。「化度寺」、「温虞公」鈎刻，古官印册，秦詔版殘字、庚羆卣、師卣毁各拓，牋紙均至，感感。大箸摹文及圖，既過前人，收藏之精且富，亦今日南中所無，必久而愈傳之作。弟則竊謂既貴精矣，則不必貴多。若能減十餘種，似更增重。已成之書，曷敢多言。然為兄傳信後世計，則不敢不言。且少字與小品者，略汰似亦無妨，亦未至大更動。其多字者，惟岑妃毁、鬲，是陝中偽刻，愚見以為可汰。贛妄拘拙，躊躇悚惕，當否，均乞垂亮，幸甚。我輩所述，乃為傳古人，非為傳一己。古人傳，則己亦必傳。是不可不公其心，求古人之是者。而我先為傳之，正不必其器之在我。惟專以拓為貴，以圖為備。只據我所及見者，其文與制，可傳即傳之。若攷，則前人者儘可多刻，勿惜所費，今人者則當酌。未攷者，則先刻圖摹字釋文，記尺寸斤權、銘之所在、所出之地、所藏之家。傳之以資博者之問學，庶不至因循一己，蹈前此刻書不成之弊。弟衰病，一無所就，不能不為古人重有望於君子，自問所愧，其甚於此者多矣。承索題辭，固甚欲坿垂不朽，而言之無文，自知不可，統乞恕之。伯寅少農所刻《攀古廔彝器款識》，繪圖甚精。張孝達說為佳，是文人通人之筆。伯寅自敘尤佳。大刻當已寄之，必當有一篇好文字也。其中四部鐘，弟有釋文，並《秦量詔版釋文詩記》，均請是正。又《傳古小启》，並博一粲。吉金攷及詩，尊几收藏甚富，乞屬寫手録副見寄，需直均由緯功兄代繳。牋紙雖非宜書，亦可用，乞二三千葉，行寬而上下直，不作虛鋒，便可久用，色足為佳。他式均乞命刻坊為之，以往還可坿存本為合。弟則樸陋，無不可用。惟羊毫今不如昔，殊不稱意耳。常用拓字之墨，亦欲一二斤。羊毫舊存尚有佳者，可供二三年用。但近喜用大者，毫不浄則散亂不禁用力，只求浄細，不藉毫粗見力也。文房所用，必精而不費，推以及弟，則感企切矣。二罍亦知難拓，前釋文時摹合之為快，今仍求分條精拓各十紙。秦量求精拓再三四十紙，能多尤妙，思與秦金並傳也。宮玉甫、何伯瑜往游琅邪臺精拓秦石，中秋後可得。敝藏彼地藏秦瓦當，積之卌年，竟有其五，當合裝之，坿上李、鮑、吳之量拓。李器當即施蒕堂物。鮑量出關中，容李量之三。吳器同，而為宋人通其柄為流，增獸面古環代鋬，增四足如匜，渾融無迹，今人不能為。皆始皇刻右，二世後刻於左。又詔版拓八器，又新莽飯幘，制如量，容李器二又半，似尚可類從，均乞賞之。補寄寶六化石笵合上似石拓。又四耳方坐毁拓，愚謂畘即聃，聃季即毛公，方坐乃盛太羹之器，取其重而不蕩，四耳乃二人奉持，器之至重者也。師害毁二器蓋拓，伯䧳舊釋淮父毁器蓋拓，城虢毁器拓，鳳皇毁拓，[illegible]方鼎拓，見薛書。斞鼎拓，从日从匕，甚之義始明，以匕嘗之而曰甚也。陵子盤拓，許子妝簠拓，虢尗簠拓，子孫父癸卣殘器、寶六化三化殘銅笵拓，新得萬歲未央奇篆瓦當拓，統乞鑒定，餘當一一續寄。但此間能拓者無多，精者尤不易。坿紙所懇商，以慎始得人，諸事言前定為企。東省李竹朋、山農、丁筱農、吳仲飴諸收藏並可徧拓，尤望先以尊藏與南仲藏家拓來先導為快也。次兒厚滋字德樹，又曰九蘭，及歲戊午欽賜舉人。長孫名阜字祜曾。將賜書扇，先侍筆敬謝，得名手畫尤佳。手復即問道安，世兄文孫侍祉。弟陳介祺頓首。同治癸酉七月廿九日乙亥。

退樓仁兄左右：五月十一日得四月十日
書，知二月一緘並泉匯金文拓已達，續得六日札，並
爲購衣料均收悉。以俟大兄兩罍軒彝器圖釋未
丞遞，遲復。五月十日得捧讀，並五月廿一日書，遠
承注念，藉諗近履安和，慰甚。化度寺、溫虞公銘刻古
官印冊、秦詔版、殘字、庚羆卣、師酉敦各拓、殘紙均至，
感感。大著摹文及圖，既過前人，收藏之精且富，大今
日南北所無，必久而愈傳之作。弟則竊謂既貴精矣，
則不必貴多，若能減十餘種，似更增重。已成之書
敢多言，然爲兄傳信後世計，則不敢不言。且少字與

復吳平齋書

退樓仁兄左右月朔曾復一書並琅邪秦刻石東西面精拓二紙瓦拓三紙於月八日由歷轉揚鎮蘇寄呈想已登及倘未至可以收紙稽也春融惟動履安適文字吉羊為念南中春雨春水如何時和人樂想非復去歲旱乾景象矣吾兄頤養之安濟美之盛豈弟所能及昔歸里有自撰句云習身所苦求心所安今身則勞矣而兒孫輩皆未能切實讀書是以心無樂處而益其哀然自念不如此恐並目前景況亦不可得亦安其苟安者而已義理雖近腐然有所一得則心之說有非它可及而

人不能阻者其次則鐘鼎古文字祖龍雖暴不能盡發天地之藏實天所留以補秦燔之憾者想大雅必以愚言為然也南天舊雨惟君子一人所望既拓尊藏而不遺尤望精者多副從所請而不厭其瀆更望於南中收藏家廣為搜致市鬻舊拓亦乞代購宗周鐘拓本尤切企則文字知己之感真金石之不渝矣念我不棄實企寸心瞻望禱祝馳情曷極伯寅竟蒙左相以盂鼎相贈可謂躊躇滿志此容八石其容十二石者為人載歸皖未知兵燹後尚存否其文紀獻俘而字小昔僅於垚仙得一拓本未知南中尚可得精拓否盂乃南宮宮乃公字之誤

公三括之孫服除以士禮見成王成王西命之疑史佚之
公文文勝於大者玟球字人皆以為从玉愚獨以為从王
言文之文乃王者之文武之武乃王者之武非它文武
比以義起之字从玉則其義小矣大雅以為何如季玉
文所藏尚乞再為致每種數紙近日收藏家所知者均
希示及竊謂古器出世即有終毀之期不可不早傳其
文字我輩愛文字之心必須勝愛器之念方不至喪志
而與珠玉等蓋天地以文字為開塞義理以文字為顯
晦秦燔文字而古聖之迠大晦許氏收文字之遺以為
說二千年來言字學者必宗之要皆燔後所餘獨吉金

款識是燔前古文字真面非許書可比自宋迄今吉金文字之傳迴越前古有是真古文尚書者有不可以許書定者其文與字非多見不能通是以欲合今日所見拓本摹刻善本精摹其文為一書一器一版字多者釋文別為一版少者共一版且欲合宋以來金文書摹刻失真者坿刻為一書以存古聖之迹而為多見之助再逐字分編許書各字之前以立許書之本而凡漢以來言字學之書皆分字坿焉以證許書之義上窺制作文字之原下集字學之大備則傳一己而不能久者傳古人而已亦以傳矣乞是正之並以質之同志君子儻有

能先我早成之者正不必己出而尚可樂助既知所學之陋又無近名之心唯耿耿於古文字之傳耳言之不已得無哂其愚邪三代以前文字非吉金無可見秦漢以後之篆與用柔豪之法則必以斯相為宗近熟讀琅邪刻石及瓦字頗有所得自去冬十月命工拓秦瓦及齊地所出瓦舊存關中秦漢瓦四閱月僅得四五分以一分自題自存以二分倩同邑拔貢書君鴻勛代錄一寄伯寅一寄吾兄雖不足二百紙亦殊覺日月之勞衰為四冊繙閱相念當時時不忘古文字之惠也尊藏官印既惠一冊未審私印可再惠否或以藏本借閱亦可

秦書八體一曰大篆二曰小篆雖有許書亦見於印可證補焉三曰刻符刻符書符節令掌之今傳虎符是也四曰蟲書五曰摹印六曰署書七曰殳書蟲書今唯見於古印有魚鳥形之異秦璽斯以蟲書書之蓋取書之至古者也署書今無傳而漢碑題額吳天發神讖字近之今人無能名之者余所藏樊纘馮泰及六面各印其署書之遺與蕭子良云古者文既書笏武亦書殳殳書見於印又見於戉當或武功與武職所用與余所藏又有垂露一印八曰隸書印中多參用之凡此皆足滌汗簡夢英十八體宋人字書之陋者也其至古者又與三

代鐘鼎同而其奇不可識者或又過之前人斷之以秦
亦近陋矣繆篆分韻漢印分韻二書固前人所未有然
古人止一印有一印章法未可移綴宜摹原印以一字
坿目其它字下則注見某字某印下然後再分字編說
文各字後仍注明見某書某字某印此亦大有裨於字
學者也拙著印舉本擬年前編拓可畢以畏寒多病次
兒亦病三月餘今始北上只可從緩剛卯似亦可坿如
見真而佳者亦乞見寄拓本以便刊入敝藏泥封與子
苾閣學所藏共六百餘子苾舊圖有攷今毀促仲飴再攷舊有及付刻與印舉
同傳凡事愈求精愈緩可見敏事成事之不易易也手

此即問著安 不具 甲戌二月二十二日乙未申陳介祺

頓首

第二十四葉

録文

復吴平齋書

退樓仁兄左右：月朔曾復一書，並琅邪秦刻石東西面精拓二紙，瓦拓三紙，於月八日由歷轉揚鎮蘇寄呈，想已晉及。倘未至，可以收紙稽也。春融，惟動履安適，文字吉羊為念。南中春雨春水如何？時和人樂，想非復去歲旱乾景象矣。吾兄頤養之安，濟美之盛，豈弟所能及。昔歸里有自撰句云：習身所苦，求心所安。今身則勞矣，而兒孫輩皆未能切實讀書，是以心無樂處而益其衰。然自念不如此，恐並目前景況亦不可得，亦安其苟安者而已。義理雖近腐，然有所一得，則心之説有非它可及，而人不能阻者。其次則鐘鼎古文字，祖龍雖暴，不能盡發[一]天地之藏，實天所留以補秦燔之憾者，想大雅必以愚言為然也。南天舊雨，惟君子一人，所望既拓尊藏而不遺，尤望精者多副。從所請而不厭其瀆，更望於南中收藏家廣為搜致，市鬻舊拓，亦乞代購。宗周鐘拓本尤切企，則文字知己之感，真金石之不渝矣。念我不棄，實企寸心，瞻望禱祝，馳情曷極。伯寅竟蒙左相以盂鼎相贈，可謂躊躇滿志。此容八石，其容十二石者，為人載歸皖，未知兵燹後尚存否。其文紀獻俘而字小，昔僅於𡍮仙得一拓本，未知南中尚可得精拓否。盂乃南宮宮乃公字之誤。公，三公。括之孫，服除以士禮見成王，成王命之。疑史佚之文，文勝於大者。玟珷字人皆以為从玉，愚獨以為从王，言文之文乃王者之文，武之武乃王者之武，非它文武比。以義起之字，从玉則其義小矣，大雅以為何如。季玉丈所藏，尚乞再為致每種數紙。近日收藏家所知者，均希示及。竊謂古器出世，即有終毁之期，不可不早傳其文字。我輩愛文字之心，必須勝愛器之念，方不至喪志而與珠玉等。蓋天地以文字為開塞，義理以文字為顯晦。秦燔文字，而古聖之作大晦。許氏收文字之遺以為説，二千年來言字學者必宗之，要皆燔後所餘。獨吉金款識，是燔前古文字真面，非許書可比。自宋迄今，吉金文字之傳，迥越前古，有是真古文《尚書》者，有不可以許書定者。其文與字，非多見不能通，是以欲合今日所見拓本摹刻善本精摹其文為一書。一器一版，字多者釋文别為一版，少者共一版。且欲合宋以來金文書摹刻失真者坿刻為一書，以存古聖之作，而為多見之助。再逐字分編許書各字之前，以立許書之本。而凡漢以來言字學之書，皆分字坿焉，以證許書之義。上窺制作文字之原，下集字學之大備，則傳一己而不能久者，傳古人而已亦必傳矣。乞是正之，並以質之同志君子。儻有能先我早成之者，正不必己出而尚可樂助。既知所學之陋，又無近名之心，唯耿耿於古文字之傳耳。言之不已，得無哂其愚邪。三代以前文字，非吉金無可見。秦漢以後之篆，與用柔豪之法，則必以斯相為宗。近熟讀琅邪刻石及瓦字，頗有所得。自去冬十月命工拓秦瓦及齊地所出瓦，舊存關中秦漢瓦，四閱月僅得四五分。以一分自題自存，以二分倩同邑拔貢曹君鴻勛代録，一寄伯寅，一寄吾兄。雖不足二百紙，亦殊覺日月之勞。裝為四册，繙閱相念，當時時不忘古文字之惠也。尊藏官印，既惠一册，未審私印可再惠否，或以藏本借閲亦可。秦書八體，一曰大篆，二曰小篆。雖有許書，亦見於印，可證補焉。三曰刻符。刻符書，符節令掌之，今傳虎符是也。四曰蟲書，五曰摹印，六曰署書，七曰殳書。蟲書今唯見於古印，有魚鳥形之異。秦璽，斯以蟲書書之，蓋取書之至

[一]「發」字，陳繼揆整理《秦前文字之語》（第二六二頁）中作「蔽」。

古者也。署書今無傳，而漢碑題額、吴《天發神讖》字近之，今人無能名之者。余所藏樊纘、馮泰及六面各印，其署書之遺與？蕭子良云，古者文既書笏，武亦書殳。殳書見於印，又見於瓦當，或武功與武職所用與？余所舉又有垂露一印。八曰隸書。印中多參用之。凡此皆足滌《汗簡》、夢英《十八體》宋人字書之陋者也。其至古者，又與三代鐘鼎同，而其奇不可識者，或又過之。前人斷之以秦，亦近陋矣。《繆篆分韻》、《漢印分韻》二書，固前人所未有。然古人作一印，有一印章法，未可移綴，宜摹原印。以一字坿目，其它字下，則注見某字某印下，然後再分字編《說文》各字後，仍注明見某書某字某印。此亦大有裨於字學者也。拙箸《印舉》，本擬年前編拓可畢，以畏寒多病，次兒亦病三月餘，今始北上，只可從緩。剛卯似亦可坿，如見真而佳者，亦乞見寄拓本，以便刊入。敝藏泥封，與子苾閣學所藏，共六百餘。子苾舊有攷，今毀[一]促仲飴再攷付刻，與《印舉》同傳。凡事愈求精愈緩，可見敏事成事之不易易也。手此即問箸安，不具。甲戌二月二十二日乙未陳介祺頓首。

[一]「毀」字，陳繼揆整理《秦前文字之語》（第二六四頁）中作「敦」。

復潘伯寅少農筆記　癸酉八月

聖人制器尚象皆有取義雲雷取其發動而成文也回文者是（又取施不窮）犧首羊首米粟取其養也乳形者同饕餮取戒貪也龍取其變虎取威儀虎文尤多重威儀也蜩取其潔熊取其猛網目取其有經緯也未可㠯殫述也古玉則尤多虎文蓋威儀尤見於佩服也後人制器舍其規矩則不方圓甆器佳者必㠯銅制乃為雅賞也古金古玉之文拓而圖之亦可傳世惜無及之者非今人所能為而非文字所可比也後人形制花文皆不如古祇是處處無學問耳同一三代之器文與制皆可別其先後多見自能知之

相形自別

王朝與諸國異文異制亦多見自知

寄示無字鐘之圜文乃虎頰旋毛文也字不可見即有亦微細之甚去銅上青綠法醋與梅水㝡劣張尗未家無不清剔見字之器可問平齋勿冒昧從事也無字鐘多薄余感其八平生所見亦一二十器見楚公鐘鼓間多虎面文

古玉圖乃偽書與傳世者文異皆㠯古銅器成書仿之

古人鑄器不盡有字余見㠯皇父敦為二原屬有字無字交錯色澤原瘢宛肰留有文者合為一而歸其無字者古

器無文不惡僞字則惡矣
銅綠細刷可見字而甚有損醋與梅水久浸則成新銅至劣嘉興張氏剔器之法雖善而字邊銅之鋒鋩則失神當詢之退樓而酌用之或曰以油浸久亦可子母印不出者曾試之器未試過吳與張來往浹洽張氏濃煎白芨膠拓法㝡佳亦可詢之拓勿惜棉紙以器屬人拓裁紙付之㝡妥佳墨只是黑劣反是帛亦須絲圓佳者棉勿令全濕勿令包內棉有墨點揉墨快則無之有則須易其棉包宜紮緊手勿重令包入字為張氏曾拓字之人必須訪見詢之
銅器不可上蠟尤不可上黃蠟木坐勿雕鏤

拓字勿使器動磨出銅色以紙糊易磨處器底亦可糊近多拓始知此弊

金文有刻本者亦並分類坿裒〻册以字多者居前字數同又已佳者居前一二字者居末不必别為商周得真拓則再裝入見難得之本則鉤摹裝入僞器之拓别裒坿册無須分器分字無可攷不必多留餘紙真者固多見而知其美僞者亦多見而知其惡不必棄之刻本亦同其摹刻失真而非僞者如博古圖考古圖王薛諸書均須編入於古人文意篆勢皆可推求擬議甚有裨於三代文字之學也必以廣收拓本摹本刻本分類分字數選真裒册為主

選餘亦必坿褎存質勿遺不知器名別為一册俟攷刻本
圖銘均可翦褎
金文考據題詠有見必錄不必意為去取
古書凡言古器及銘文者必錄為一編分經史子集
古今說文家言必當分字采坿說文字之下以一字為一
册以便續補訓詁音韻各書亦當分字坿後
金文之字亦當摹冠說文各字之上說文所無之字坿於
各部後
金文文法宜編體例
今抒之器有圖為佳

斤權宜先詳校漢器以校今權而並載之古權惟漢器可
見也
尺度宜以建初尺校今尺而並載之建初外今無古尺也
漢器紀所容之升斗雖不能合古尚可據攷
銘文必定所𣑱必記行數字數
器何文或素必記
器所出之地所臧之家流傳之自知者必記
金文釋文必定句讀必於字下雙行先注古字如器次注
今字釋之
金文釋文必分段必詳起結必講文法

金文以三代文字為重秦庰文字漢器之銘無文章記年月尺寸斤兩地名器名官名工名而已後世則竝此而庰之矣

三代在上位者㠯德有德者必有言故有文字三代後在上位者㠯才德不足者言不足故庰文字

金文標目當以㫐器者為主不可書其祖若父㠯為器名惟媵器則所出之地非㫐器者之地不可不知

㫐器之例亦當編記其曰作寶障彝曰帚歸女彝余謂皆市鬻物其無文字者或不盡有文或竟無文或市鬻或六朝以前物不可一概論也

吉金必曰經傳攷定其器與器之用與制與名

吉金宜分彝與不彝之用

酒器宜分飲器盛酒器之別古人飲酒似不爇觶是尋常便用之飲器斝非飲器

食器宜別文有黍稷稻粱者是也

牛羊豕禽魚鷄牛首羊首器之別

大鼎中鼎小鼎之別圓鼎方鼎長方鼎之別

有足無足有耳無耳有蓋無蓋之別

量器之別鐘與區鋘之類是也

温器之別銚之類也

盥器之別匜洗是也

烝器之别䰙與䰙鼎是也

尉器之别

豆登燭鐙之别

符節之别葉氏龍節余存魯丸是也 龍節阮氏係瀟非

爨器之别鬲鼎是也

角之角爵之角爵之兩柱警目三足戒傾觚之觚尊之觚

皆取義之制也

兵器之别

録文

復潘伯寅少農筆記 癸酉八月

聖人制器尚象，皆有取義。雲雷取其發動而成文也，回文者是。又取施不窮。犧首、羊首、米粟，取其養也，乳形者同。饕餮取戒貪也。龍取其變，虎取威儀。虎文尤多，重威儀也。蜩取其潔，熊取其猛，網目取其有經緯也，未可以殫述也。古玉則尤多虎文，蓋威儀尤見於佩服也。後人制器，舍其規矩則不方圓。甆器佳者，必似銅制乃為雅賞也。古金古玉之文，拓而圖之，亦可傳世，惜無及之者。非今人所能為，而非文字所可比也。後人形制花文皆不如古，祇是處處無學問耳。同一三代之器，文與制皆可別其先後，多見自能知之，相形自別。

王朝與諸國異文異制，亦多見自知。

寄示無字鐘之圓文，乃虎頒旋毛文也。字不可見，即有亦微細之甚。去銅上青緑法，醋與梅水最劣。張未未家無不清剔見字之器，可問平齋，勿冒昧從事也。無字鐘多薄，余藏其八，平生所見亦一二十器。[illegible]，見楚公鐘。鼓間多虎面文。

《古玉圖》乃偽書，與傳世者文異，皆以古銅器成書仿之。

古人鑄器，不盡有字。余見𠮚皇父殷為二，原屬有字無字交錯，色澤原痕宛然，留有文者合為一，而歸其無字者。古器無文不惡，偽字則惡矣。

銅絲細刷可見字而甚有損。醋與梅水久浸則成新銅，至劣。嘉興張氏剔器之法雖善，而字邊銅之鋒鋩則失神，當詢之退樓而酌用之。或曰以油浸久亦可，子母印不出者曾試之，器未試過。吳與張來往浹洽，張氏濃煎白芨膠拓法最佳，亦可詢之。拓勿惜棉紙，以器屬人拓，裁紙付之最妥。佳墨只是黑，劣反是。帛亦須絲圓佳者。棉勿令全濕，勿令包內棉有墨點，揉墨快則無之，有則須易其棉。包宜紮緊，手勿重令包入字。為張氏曾拓字之人，必須訪見詢之。

銅器不可上蠟，尤不可上黄蠟。木坐勿雕鎪。

拓字勿使器動，磨出銅色。以紙糊易磨處，器底亦可糊。近多拓始知此弊。

金文有刻本者，亦並分類坿裝。裝册以字多者居前，字數同，又以佳者居前，一二字者居末，不必别為商周，得真拓則再裝入。見難得之本則鉤摹裝入。偽器之拓，别裝坿册，無須分器分字。無可攷不必多留餘紙。真者固多見而知其美，偽者亦多見而知其惡，不必棄之，刻本亦同。其摹刻失真而非偽者，如《博古圖》、《考古圖》，王、薛諸書均須編入，於古人文意篆勢皆可推求擬議，甚有裨於三代文字之學也。必以廣收拓本、摹本、刻本，分類分字數選真裝册為主，選餘亦必坿裝存質勿遺。不知器名，别為一册，俟攷。刻本圖銘均可翦裝。

金文考據題詠，有見必録，不必意為去取。

古書凡言古器及銘文者，必録為一编，分經史子集。

古今說文家言，必當分字采坿《說文》字之下，以一字為一册，以便續補。訓詁音韻各書，亦當分字坿後。

金文之字亦當摹冠《說文》各字之上。《說文》所無之字，坿於各部後。

金文文法，宜編體例。

今存之器，有圖為佳。

斤權宜先詳校漢器以校今權而並載之，古權惟漢器可見也。

尺度宜以建初尺校今尺而並載之，建初外今無古尺也。

漢器紀所容之升斗，雖不能合古，尚可據攷。

銘文必定所在，必記行數字數。

器何文，或素，必記。

器所出之地，所藏之家，流傳之自，知者必記。

金文釋文，必定句讀。必於字下雙行，先注古字如器，次注今字釋之。

金文釋文，必分段，必詳起結，必講文法。

金文以三代文字為重。秦無文字，漢器之銘無文章，記年月、尺寸、斤兩、地名、器名、官名、工名而已，後世則竝此而無之矣。

三代在上位者以德，有德者必有言，故有文字。三代後在上位者以才，德不足者言不足，故無文字。

金文標目當以作器者為主，不可書其祖若父以為器名。

惟塍器則所出之地，非作器者之地，不可不知。

作器之例，亦當編記。其曰作寶尊彝，曰帚歸女彝，余謂皆市鬻物。

其無文字者，或不盡有文，或竟無文，或市鬻，或六朝以前物，不可一概論也。

吉金必以經傳攷定其器與器之用，與制，與名。

吉金宜分鑾與不鑾之用。

酒器宜分飲器、盛酒器之別。古人飲酒似不爇。觶是尋常便用之飲器，斝非飲器。

食器宜別，文有黍、稷、稻、粱[一]者是也。

牛、羊、豕、禽、魚、鶉、牛首、羊首器之別。

大鼎、中鼎、小鼎之別，圓鼎、方鼎、長方鼎之別。

有足無足、有耳無耳、有蓋無蓋之別。

量器之別，鐘[二]與區鋘之類是也。

温器之別，銚之類也。

盥器之別，匜、洗是也。

烝器之別，甗與甗鼎是也。

熨器之別。

豆、登、燭、鐙之別。

符節之別，葉氏龍節，余存魯丸是也。龍節，阮氏係漢，非。

鑾器之別，鬲、鼎是也。

角之角，爵之角，爵之兩柱警目、三足戒傾。觚之觚，尊之觚，皆取義之制也。

兵器之別。

[一]「粱」字，陳繼揆整理《秦前文字之語》（第十頁）中作「梁」。

[二]「鐘」字，陳繼揆整理《秦前文字之語》（第十頁）中作「鍾」。

復潘伯寅少農筆記　癸酉八月

聖人制器尚象皆有取義雲雷取其發動而成文也回文者是（又取施不窮）犧首竿首米粟取其養也乳形者同饕餮取戒貪也龍取其變虎取威儀虎文尤多重威儀也蜩取其潔熊取其猛緦目取其有經緯也未可㠯彈述也古玉則尤多虎文蓋威儀尤見於佩服也後人制器舍其規矩則不方圓蓺器佳者必佀銅制乃為雅賞也古金古玉之文拓而圖之亦可傳世惜無及之者非令人所能為而非文字所可比也後人形制花文皆不如古祗是處處無學問耳同一三代之器文與制皆可別其先後多見自能知之

致潘祖蔭筆記【第三十至四十葉**】**

此爲簠齋《傳古别録》（底稿影印本）的他抄本。

經對勘，首先此抄本有文字增補和改動之處。文字增補處，如「剔字之弊」中「今人手中所寫之字矣」之下增補「鉤字刻字同弊」六字，「拓字之目」中「筆記同」之下增補「可有圈點」至「自見其神」大段文字，「拓字損器之弊」中「防之可也」之下增補「躁者無心，劣者有心，前已與子年言及矣」等；文字改動處，如「拓字之法」中將「著手紙墨如玉。良善形容」改爲「著手紙墨如玉。善乎其形容之矣」，「剔字之弊」中將「刀剔最劣」改爲「刀刻最劣」等。據此推斷，《傳古别録》（底稿影印本）並非此抄本的直接底本。其次，此抄本「剔字之弊」與「拓字之法」兩部分前後順序顛倒。另外，此抄本中有個别文字抄錯之處，如「拓字之法」中「則墨包明矣」，「包」應爲「色」字之誤；又如「拓字之法」中「不可用大雅重擊」，「雅」應爲「椎」字之誤等。

此抄本録文參見《傳古别録》（底稿影印本），第1014–1016頁。

拓字之法

笥用氊卷 白細絨氊中不夾灰土者卷緊已帶滿縛緊兩頭切平適用爲便

令用毛刷 皆犀尾勝羊毛者 有柄者施之字在平面者無柄而圓者入竹筒中施之深腹之字者 此種每有鬉鬣過剛久用雖隔紙亦損字邊際鋒芒之弊或用劈者用柔者用退豪大筆者愈用久愈柔鈍愈佳不可不慎也

擷凡高擊皆不可過重術而拓者直一……

也毛刷有紙為刷刺之弊　圓髮硬刷究大可畏必以不用為妥

皆用銅弩鍵襯薄細氈敲擊極細淺之字良佳但不可重很尤須中平無廉隅不傷器者乃可試用也

皆用六吉棉連扇料紙小名十七刀者今無之矣今薄者名淨皮校皆固不能薄尤不能輭紙料麤有灰性工不良之故張赤未有宋本書副頁紙拓本至佳以明羅文紙仿為之亦少佳素方伯拓本紙黃色亦雅今紙厚則麤拓石尚可拓吉金則不能精到也

皆用清水上紙或摺紙水溼勻透吹開上之拓可

速而紙易起水上者不甚起而字中有水每乾
溼不勻後用大米湯上紙勝於清水上紙之劣
莫劣於膠礬礬則損石脆紙矣
令
用張赤未濃煎白芨膠法上紙肰止是札詢未
見如法拓者姑以芨水上紙以紙隔勻去溼紙
再以乾紙墊刷擊之
拓
包外用帛一層內包新棉紮緊舊帛少省肰不
如圓絲精帛之零者為佳　包上墨時以筆抹
墨塗於小椀蓋上或甆碟上以包速揉之令勻
乾則再上墨不可以包入墨聚處蘸之使棉有

溼點着紙即成墨點有墨點即須易棉近有使
棉全溼者究不合法最易墨入字中包外墨用
不到處易積而忽用之則墨重須常揉去之帛
敝則易包鬆則時緊之緊則不入字鬆則易入
字　上墨須視紙乾溼溼而色略白即用包揉
濃墨少乾趁溼上一徧令少乾再拓此一徧最
易益紙地且潤肤不可接連上上墨須膠不黏
手再上方黏不起紙膠即重紙即不起亦不可上
墨須勻勿先不勻後再求勻上墨不可使有駁
墨透紙使紙背有不白處有輕重濃淡處最後

則俟紙極乾時以包醮好墨撲而兼拭則墨包明矣其要則先須字邊真尤須字肥瘦細即邊真亦不如真而肥者拓止為字字邊真而肥乃得原神墨色則其次淡墨蟬翼拓固雅不及深墨之紙黯而猶可鈎摹也字外之墨漸淡而無如煙雲為佳不可有痕拓墨須手指不動而運脊運脊乃心運使動而脊仍不動不過其力或輕或重或撲或揚一到字邊包即騰起如拍如揭以脊起落而紙有聲乃為得法劣拙則以溼包直搗入字不看紙乾溼之候不問包墨之匀

不匀不求手法之輕不輕不審字邊之真不真而已白紙黑墨至成黃色墨水浸鋪字無邊際無從鈎摹何貴乎有此一拓乎廉生云著手紙墨如玉善乎其形容之矣

上紙有極難者鼎腹為甚必須使摺皺不在字而已紙不佳則尤易破　紙不可小須留標目攷釋與用印處　紙文宜直用勿横　紙不可揭處以口呵之重膠濃拓或以熱湯熏之

器之陰款止求字邊即可陽識者可肥可瘦須執包緊直落平拓勿轉側為要轉側則必失真矣

又須解字之筆法不少拓不多拓乃可鏡瓦塼泥封刀幣泉同

器之深者以竹葦或箸縛撲包探拓之暗處以鑷鉗包探拓之爵鋬內以匾竹角加少棉帛拓拭之器之難拓莫過於兩齊侯罍以拓三行留中一行爲善其不闇而紙極難上者亦可整紙拓完者一分再逐行拓者一分以便摹刻唯以可刻爲主

拓鐘法已詳　拓器須循前人佳式　拓古泉須置舊冊上並冊溼之則不動　古器性情各有

不同須細心揣度拓之

拓圖以記尺寸為主上中下高低尺寸既定其兩旁曲處以橫絲夾木版中如線志式抵器即可得真再向前一傾見口卽得器之陰陽以紙稍空出後有花文耳足者拓出補綴多者去之使合素處以古器平者拓之不可在塼木上拓不可連者紙隔拓之整紙拓者似巧而俗不入大雅之賞也

拓古石須厚紙先撲後拭石完者以濃芨膠上紙候乾以白蠟先微拭之再上拭墨卽有古鐔蠟

第三十三葉

之意必不可用膠礬水上紙尤不可用大雅重
摹拓時須先洗刷使清晰拓石須四圍留紙並
額陰側勿遺　拓塼必須拓五面或正面及有
字有花文者

第三十四葉

剔字之弊

刀刻最劣既有刀痕而失渾古其損字之原邊為尤甚全失古人之真而改為今人心中所有之字令人手中所寫之字矣鉤字刻字同弊

銅絲刷剔亦損字邊損斑見骨去銅如錯古文字之一刼也俗字以其易見字每為之謬之甚矣僞刻用以去斧鑿痕使拂去渾融如舊者

鍼剔尚可須用大鍼鈍者自畫之正中時刻轉動聽其斑之自起而字邊仍必不可動不可用鍼刮磨勿令鍼走劃出畫外成痕又於不當通處

通之而不能留得住无不可用尖鉞與用力過很不知字底銅質之薄古久銅質之朽已致刺銅成孔或鈍很致破蓋款字原係中凹積結青綠原非真銅故可剔動其字邊方是真銅斑落見字雖字邊有少斑亦可聽之矣其銅質已無青綠凸起字在高斑而無復平地者則不可剔剔則斑去而字亦去矣須斑下有原銅平地而字畫之中是斑者乃可剔也

醋漬去斑之說不可用凡酸物皆可去青綠斑而不能去朱斑但變紫耳嘉興張尗未廷濟有去

字中斑之法未知其詳但見其字真而肥字字清晰而校之舊拓未去斑者則神理鋒芒遠遜吾不取則亦不欲聞矣有字者必有可見字處若一無可見而誤信不見字亦可出字之言則古器之厄厲矣古器感數千年而出世制作色澤極可寶愛誠不可不察而以求字損之也醋浸亦須有銅質地平見字甚明而不可拓者斑至堅而又不可鍼剔者乃可試之不如是則必不可

剔字須心氣靜定目光明聚心暇手穩時為之須

先看明字之邊際勿呂斑痕浸入字邊内銅之色變者為斑而去之遇堅處須從容試之精神倦則勿剔有人有事相擾則勿剔也則勿剔也古人之字有力有法故有神剔者知其如何用力如何是法而剔之則不失其神矣良工心細或亦能之而不如讀書人解古篆刻者之所為也一誤即不可復不可不慎之又慎若直不敢剔不肯拓亦非至善不能傳古與此器何以異哉

剔印亦然子母印銹不出者油浸數月可出

第三十六葉

拓字之目 近日習氣以私拓售直為事必須慎之良友久交可送不可私拓也

裁紙大小須自定 先裁定大小各種用時為便

發紙須有目 發墨同須記日紙箱內存 白芨帛同棉花同

發器出拓須有目 須記日拓者亦記 易磨者紙糊後再發亦可

繳拓須有目拓劣亦繳 須記日可知所拓之數

繳器須記目 記曰某某手收何處

收拓本須用紙稍俗語作包一器一包題字內用紙護紙面記

收支數目外用箱盛

塼瓦泥封須上白蠟後乃可拓 土笵同

拓式多見擇其紙式大方者從之 不可省紙

拓紙不可大小過不同以易作一束為便

拓紙須留標目題字用印處字之高下前後亦須合式

拓器冬則几用氈夏則以舊書紙輭者藉之鐘則以舊絮坐墊俗語襯其乳且易轉移

拓鐘須先以紙空孔套於鉦乳上孔大則黏紙使小僅可下紙為是以此紙樣鋪於棉連紙上以水筆撕之每孔自外去大半而連其內須於紙樣記明某鐘存之

拓鐘留孔不拓鉦為大雅斜貼作鉦甚俗

拓甬須審其寬狹追後拓

先撕一條長方孔落紙　鐘之上面無拓者拓之則鐘之尺寸甚明

紙不可過小者　尊卣角爵觥斝觚觶盉戈矛瞿

拓爵須連花文一段　紙小易失難收且不大雅又不便題字用印

虎符與金銀錯字者字細淺者須摹其文拓之不可剔去如愕距末也

匆匆隨手寫去須略爲改正是懇　此種非文字須別作一條附後筆記同可有圈點可與裝

冊各則專為收藏家有志多拓傳古之鑒此皆
自己時刻用心留心又有可託之人代為留意
乃知傳古首在別偽次即貴精拓精摹精刻以
存其真　拓出對器看　鈎出對拓與器校
刻出同有器有佳拓細校自有所見久看器拓
求其筆畫自見其神

拓字損器之弊（傳古不可不多拓多拓不可不護器）

氈卷搗　硬刷磨（重按皆可至破）

毛刷敲擊字邊固易真小鐘之類擊敲時動者則易磨出新銅

吉金古澤乃數千年所結損去則萬不能復且損銅如何能補哉其良工脩補無痕者再傷尤爲可惜不可不切切慎止於始也

重器朽器不假常人之手（此見須守得定）

拓字時有必須將器轉動手運然後可拓者或底在几上易磨者皆必須紙糊矣

語拓者以易損無不耙肰肰不可不慎之於始也紙糊又須揭以細軟布裹緊易磨處可矣二者酌之如必須紙糊則不可不從也硬刷皆可畏將軍之號不虛無論作何用也刷古印亦肰尊卣腹內字近多以圓長硬刷入竹筒探而搗之雖隔紙久擣亦恐爲硬者損字邊際須以少軟如犀尾者爲妥

朽者易損雖完而尚有聲質已化爲青綠不勝敲磨與其悔於事後不如防於事前我既愛之則不可不保之彊不愛者而使之愛彊不可託者而望其可託是亦愚而勞矣康生謂於金文

石理愛若肌膚是矣肰豈能不拓傳豈能刻刻監之唯有求謹信之人而任之或得謹信之人使監之庶乎其無失矣

爵足腹易損　尊卣鼎壺等字在内者非欵側非轉動不可拓須審其埶而護之詔版不平又兩面有字其凸面與角易磨字在足内者易磨底有字則易磨上口在側則易磨旁面銅質薄甚者重敲易破　鐘易磨乳兩面有字最易磨凸面之鉦間　鼎字每在腹内外皆易磨　尊卣易磨口與腹外觚觶同　毀簠簋不

能磨盤匜豆同

愛古者以此類推之將拓先試其易磨處防之可也蹤者無心劣者有心前已與子年言及矣古幣至薄而不平古泉有薄小而朽者尤易按破敲斷不可託躁人之手小童之手與偕出不知何人椎拓甚至遺失損易或求精拓而一意重按很敲亦甚可慮自非精細者不能無弊

此次所言拓剔各事皆係平日經歷體驗用心所知者雖無可觀於傳古之事亦尚不無可取大雅不以爲語小而虛心詧之則古人有文字之器受惠多矣

復潘伯寅書

伯寅仁兄世大人台座：五月廿五日奉四月廿九日、五月二日後手書七函，知偶有不適，想近履已元復矣。聞兄將刻金文，甚喜。弟一必求其似，必講求鉤法、刻法與原拓，既不爽豪髮，又能得其古勁有力之神，而不流於俗輭，乃可上傳古而下垂久，方爲不虛此刻。必須有學問知篆法、肯耐心者相助，乃克有成。令人動譏阮書，蒙則謂雖未盡善，尚未有能及之者，非校審不知也。選工延友乃爲先務之急，未可以如佗書發刻，即可無事。其體例則必須一器一版前摹文標目後釋文字多者或一器二版或數版至釋文而止必不使與攷相聯字少者一版二器器必從類類襍則不可編次矣此最活動一刻即可成書之計唯記卷記葉字不可刻敞底近可及千種其新拓者與尊底必多同其舊拓而難得者尤可珍乞長夏以褒冊自先釋之再與諸君子商定之秋間專人寄讀或以摹本寄亦可然不如冊中可坿數字以傳也讀書識字不多前已實告不過以少有心得相質何博之足云阮吳諸從真本摹刻者不得真本亦必當刻入目

下注明此方是傳古人不是傳自己所見乃大而公乃真是好古人真文字補秦燔之憾而不是玩物而自不能為偽刻所炫蒙嘗竊謂有好者必有偽者能別則偽者自遠上有甚好者如宋宋之偽者必多然偽亦一時一時不同以真文字摹刻為偽如今日則非求之於其力其氣其神其文其義鮮不惑矣各金文書亦可閱訂釋文與真偽寄讀雖少勿遺疑者或注刻時坿字以存未見原器之慎拓不緻者摹一本寄校亦善別偽宜求真知勿存成見如亞者皆疑之類字少者乃古雖易偽豈可刪

說文統編乃博攷之大助文字之集成凡字書皆當坿後以金文校說文之有無異同亦必不可少之書此次必不爲前人之例所拘乃可大備博古以至古鑑諸書雖覺費力然實有益於古文字處不可廢即必不可棄不當屏棄乃此事之成始成終而無憾於闕遺者不刻秦邵可秦止書已無文字矣此復即問台履大安不具館世愚弟陳介祺頓首

甲戌五月廿六日丁卯

下麩不必寫年月寫大字不可小

録文

復潘伯寅書

伯寅仁兄世大人台座：五月廿五日奉四月廿九日、五月二日後手書七函，知偶有不適，想近履已元復矣。聞兄將刻金文，甚喜。弟一必求其似，必講求鉤法刻法，與原拓既不爽豪髮，又能得其古勁有力之神，而不流於俗軟，乃可上傳古而下垂久，方為不虛此刻。必須有學問，知篆法，肯耐心者相助，乃克有成。今人動譏阮書，蒙則謂雖未盡善，尚未有能及之者，非校審不知也。選工延友，乃為先務之急，未可以如佗書發刻即可無事。其體例則必須一器一版，前摹文標目，後釋文。字多者或一器二版或數版，至釋文而止，必不使與攷相聯。字少者一版二器，器必從類，類襍則不可編次矣。此最活動，一刻即可成書之計，唯記卷記葉字不可刻。敝藏近可及千種，其新拓者與尊藏必多同，其舊拓而難得者尤可珍，乞長夏以裝册自先釋之，再與諸君子商定之。秋間專人寄讀，或以摹本寄亦可，然不如册中可坿數字以傳也。讀書識字不多，前已實告，不過以少有心得相質，何博之足云。阮吳諸從真本摹刻者，不得真本，亦必當刻入，目下注明。此方是傳古人不是傳自己，所見乃大而公，乃真是好古人真文字，補秦燔之憾，而不是玩物，而自不能為偽刻所炫[一]。蒙嘗竊謂有好者必有偽者，能別則偽者自遠。上有甚好者如宋，宋之偽者必多。然偽亦一時一時不同，以真文字摹刻為偽如今日，則非求之於其力其氣其神其文其義，鮮不惑矣。各金文書，亦可閱訂釋文與真偽寄讀，雖少勿遺，疑者或刻時注坿字，以存未見原器之慎。拓不緻者，摹一本寄校亦善。別偽宜求真知，勿存成見，如亞者皆疑之類。字少者乃古，雖易偽，豈可删。《説文》統編，乃博攷之大助，文字之集成，凡字書皆當坿後，以金文校《説文》之有無異同，亦必不可少之書。此次必不為前人之例所拘，乃可大備。《博古》以至《古鑑》諸書，雖覺費力，然實有益於古文字處，不當屏棄。不可廢，即必不可棄，乃此事之成始成終而無憾於闕遺者。不刻秦詔可，秦止書，已無文字矣。此復即問台履大安。不具。甲戌五月廿六日丁卯，館世愚弟陳介祺頓首。

[一]「炫」字原作「炫」，係避諱缺筆。今改回本字。

復潘伯寅書

伯寅仁兄世大人台座：五月廿五日奉四月廿九日、五月二日後手書七函，知偶有不適，想近履已元復矣。聞兄將刻金文，甚喜。弟一必求其似，必講求鉤法、刻法，與原拓既不爽豪髮，又能得其古勁有力之神，而不流於俗輭，乃可上傳古而下垂久，方為不虛此刻。必須有學問、知篆法、肯耐心者相助，乃克有成。令人動譏阮書，蒙則謂雖未盡善，尚未有能及之者，非校審不知也。選工延友乃為先務之急，未可以如佗書發刻即可無事。其體側則

此次書乞斂正飭錄一紙批示再請子年廉生清
卿諸君子正之乞各致一紙蒙刻存往還之雅愧感
愧感弟字過小如合鮑吳吳退樓清卿王與尊處書同
刪定為代就正海内尤感之甚刻不必工唯字勿
過小大如子年書可矣齊侯罍攷非自書不可如欲
看可先向退樓索之器當名缾如銘文銘中有
罍名者卻未見田陳物自無疑拙說卻有許多不
同前人處乞正之丙申角失之甚可惜小次於重
器字多者一等器字多至精之品也即過費亦遲
則銷不去可以次者易之扆敦失之亦可惜字多

不易得器文乃斑結至堅剔之不免有痕要之有
斑可剔字影真而又剔不動者叟是真據何疑之
若是邪其僞刻一器有許多誤處誤則不成字古
器不若是以此校之可見兩耳在旁曲而上出似
漢鼎者字古於漢卽秦古於秦卽周末古於周卽
夏商彝器與印皆然亦有周末器其似盤耳者則
仍是古器東武劉氏鍚齊妻鼎之類是也二手奉
皿卽古受字之鐸與葉氏若母二字亞中兒冠哷
形卣形之鐸文同在柄而葉器文勝其僞增字一鐸
可去之雖損見銅亦無妨字隱隱似與葉同可去

第四十三葉

斑將見銅字之有無自明無則不足存矣它器無
偽刻字者去斑則須從容此數鐸鐸少於鐘皆商
器也已得之器愛之切則所見久愈有真汰其偽
者以省累且可少得贋真而字少器殘亦不可棄
久則審定自可不惑勿徒驚新得而不深玩其舊
有也肥城敦卣者名之字似尚有闕筆其卣柄之
字均致精拓假示是企甗器究是匜否素方伯之
器多而佳一商敦一匜曾見否葉氏拓紙色黃者
云皆其戚器定邸亦有戚器瑞邸多偽者古器不
畏殘破而須護惜文古即佳利後子孫乃古瓦棺

以瘞骨者葉氏制如聯於其愛日堂壁上見之漢
字之佳者也似是葉戚俱在可力收之尤幸其書
未成今始箸錄也丁小山去秋得琅邪臺瓦完者一
其字屈填者乃漢而非秦遜斯遠矣沙南碑用厚
紙先撲後拭多拓使黑乃佳乞致之得乞分惠古
文字不是奇因其學問識見心思能盡一己以通
天地萬事萬物而制為文字以明之是以多奇今
人反之所以平庸淺近遞降而愈昧古人制字之
義止驚其奇而已古人文簡而字多後人文繁而
字轉日少可以見矣古人豈有無理之奇字哉它

謹擬

凡例

文達公序有與秋帆先生商定條例語今條例
無存不可不補

一書名即用原序惟望後人續而錄之之語名爲
山左金石志後錄與趙阮相繼

一凡事創難於因此書則因難於創如原序稱分
遣拓工四出赤亭舂糧而行雖曰古跡之多亦
求者之勤有以致之今欲搜訪必先求赤亭其
人者任其事再選拓工講求紙墨及撲墨氊蠟

各良法專搜前志所未及於荒僻之區訪古而
不擾民不可致損古蹟
一古金文字原序稱金之為物遷移無定今自宜
仿照原例以光緒九年至十一年在山左者為
斷惟恐卷帙浩繁以賓為主擬先就山左出土
者為正摹刻全文以三年内在山左者為坿僅
錄目釋以期徵信而識多聞
一是錄無
欽頒器宜以聖公府九十年來續藏古器冠於金文之
前以尊　先聖世家

運生桂未谷江秬香陸直之李鉄橋孔農部牛
空山聶劍光段赤亭故事

一攷稽編定必延通儒如朱朗齋何夢華武虛谷
趙晉齋諸公為助亦必多聚書籍以資博覽

一校勘必須詳密藁本寫本刻本三次均須再三
逐字逐筆校之或可無譌

一摹寫金文必須能作篆隸而又知上追倉籀者
或可不失古文之真

一字體必須講求以篆正楷以金文正說文

一板削善工今日已少北方尤難刻工拓工不如

乾嘉間已甚亦文事之弊也

第四十七葉

録文

謹擬

凡例

文達公序有與秋帆先生商定條例語。今條例無存，不可不補。

一　書名即用原序「惟望後人續而録之」之語，名為「山左金石志後録」，與趙、阮相繼。

一　凡事創難於因，此書則因難於創。如原序稱分遣拓工四出，赤亭舂糧而行，雖曰古跡之多，亦求者之勤，有以致之。今欲搜訪，必先求赤亭其人者任其事，再選拓工，講求紙墨，及撲墨氊蠟各良法，專搜前志所未及，於荒僻之區訪古而不擾民，不可致損古蹟。

一　古金文字原序稱「金之為物，遷移無定」。今自宜仿照原例，以光緒九年至十一年在山左者為斷。惟恐卷帙浩繁，以賓為主。擬先就山左出土者為正，摹刻全文，以三年内在山左者為坿，僅録目釋，以期徵信而識多聞。

一　是録無欽頒器。宜以聖公府九十年來續藏古器，冠於金文之前，以尊先聖世家。運生桂未谷、江秬香、陸直之、李鐵橋、孔農部、牛空山、聶劍光、段赤亭故事。

一　攷稽編定必延通儒如朱朗齋、何夢華、武虛谷、趙晉齋諸公為助，亦必多聚書籍以資博覽。

一　校勘必須詳密，藁本、寫本、刻本三次均須再三逐字逐筆校之，或可無譌。

一　摹寫金文必須能作篆隸而又知上追倉籀者，或可不失古文之真。

一　字體必須講求以篆正楷，以金文正《說文》。

一　板削善工今日已少，北方尤難。刻工拓工不如乾嘉間已甚，亦文事之弊也。

復王廣生書

廉生世大兄左右月十七日畢足還得九月廿九日二書同日暨月朔拊封二竟印拓二封卌二種知前月望書銀瓦當冊子年清卿書拓冊目均二費心極點交付敬謝唯尊履甫安致以瑣事過勞筆墨心思不安止甚況不寐自汗心經尚未復元耳鳴亦是腎竅方當善自愛護不宜以素習之心勞之而不能自已也人心之靈重在知覺無事則讀書如未曾讀身心茫然無主即是未能知覺有事則偏於素習處亦是未能知覺能知覺則慎于未病察于己

病保于病之將惫方能得愛護之正而非平日細心于理則亦無從知覺也吾兄之能用心若專致力于心李豈可限量今既未復元則当專此心于養或靜坐或慎起居调飲食善自推測以釋高堂之遠懷以慰友朋之馳念則尤所切企者耳近想動靜諸臻安健尚望洋示而采納之幸甚幸甚未敢一一就來函縷覆也瑯琊台來瓦可得之拓乞從容及之木匧何不一啟中且有子年[illegible]冊俟冊目還再為子年校補若寄陝則周祈矣子振一金敬

代謝竟印既非三代文字又須展轉借拓勿勞為企京師
僞字即刻銅器合子者肰否前与伯寅言奇而無理工而
無力則少僞似已道盡其理与力則用心于古文字多見
而識之自喻不能口舌爭也伯寅堅欲刻吾數人往還書
不可卻乞將來删定之其標題擬仿齊東野人之語易
為秦前文字之語未知可否其非語此者槩可删矣各器
釋雖一字之説亦可收亦不可過以己意去取其稍有
見者皆存之異日儘可改必再説再入伯寅書當檢彙寄

承子年書同清卿書同乞与貴伯寅師商之並相約以識
古字論古文為語不涉人賞玩色澤語也既專力于此
並秦漢金石以及六朝俱可從緩唯真偽必不可回護
將就使古文字淆亂各書已見之所以肰不執乩見有
肎語此者亦不妨擇袝拓本鈎本刻李必以類聚字李
各書必以字聚一字一冊以説文為次以金文居首得一
書即分字翦入之一拓同於攷釋寂有益易貫通積之
富且久自可於羹牆閒遇之若古人之詔我矣郎如大箸

識大誥甯爲文之譌雖未可卽以爲是而不闕疑推及
君甗之甯王亦皆从文爲長又金文之體例句讀亦皆
可澄尚書肰其折衷論定則唯古聖之理与法爲可據
依深之則書理明一分識見定一分淺之則筆法明一分
識見真一分自愧管窺而無實斈唯企之大雅与海內
篤信好斈之君子而已手復卽問近安至日陽復唯氣體
充盛爲祝　甲戌十月晦

尊藏新得金拓可遲悉先編目錄釋摹其不識者見

石之真亦可以所無補入且可直述所見

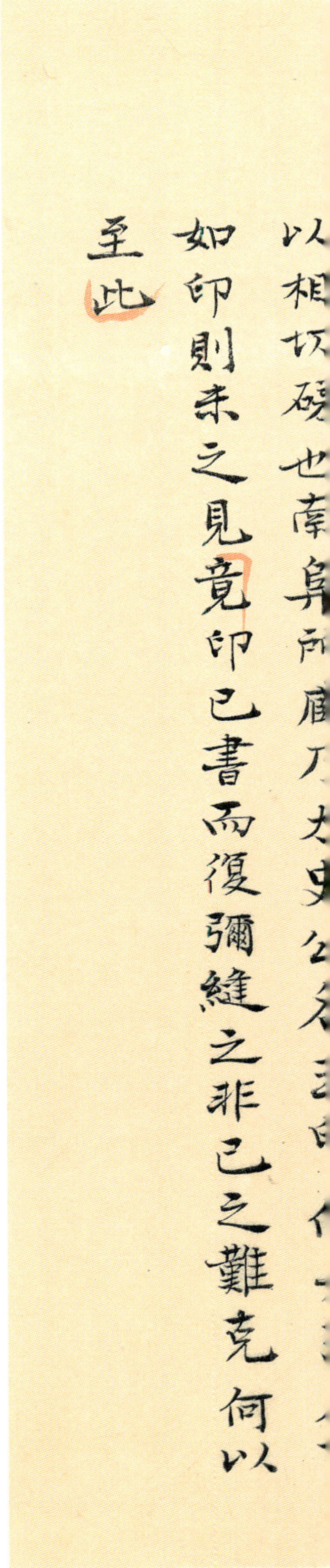

録文

復王廉生書

廉生世大兄左右：月十七日畢足還，得九月廿九日二書，同日暨月朔坿封二，竟印拓二封卅二種，知前月望書、銀、瓦當冊，子年清卿書拓冊目，均一一費心檢點交付，敬謝。唯尊履甫安，致以瑣事過勞筆墨心思，不安之甚。況不寐自汗，心經尚未復元，耳鳴亦是腎竅，方當善自愛護，不宜以素習之心勞之而不能自已也。人心之靈，重在知覺。無事則讀書如未曾讀，身心茫然無主，即是未能知覺。有事則偏於素習處，亦是未能知覺。能知覺，則慎于未病，察于已病，保于病之將愈，方能得愛護之正，而非平日細心于理，則亦無從知覺也。吾兄之能用心，若專致力于心學，豈可限量！今既未復元，則當專此心于養，或静坐，或慎起居，調飲食，善自推測，以釋高堂之遠懷，以慰友朋之馳念，則尤所切企者耳。近想動静諸臻安健，尚望詳示而采納之，幸甚幸甚。未敢一一就來函縷復也。琅邪台秦瓦可得之拓，乞從容及之。木匧何不一啟？中且有子年裝冊。俟冊目還，再為子年校補。若寄陝則周折矣。子振一金，敬代謝。竟印既非三代文字，又須展轉借拓，勿勞為企。京師僞字，即刻銅墨合子者，然否？前與伯寅言，奇而無理、工而無力則必僞，似已道盡。其理與力，則用心于古文字，多見而識之自喻，不能口舌爭也。伯寅堅欲刻吾數人往還書，不可卻，乞將來删定之。其標題擬仿「齊東野人之語」，易為「秦前文字之語」，未知可否。其非語此者，概可删矣。各器釋，雖一字之説亦可收，亦不可過以己意去取。其稍有見者皆存之，異日儘可改正再説再入。伯寅書當檢彙寄采。子年書同，清卿書同。乞與貴伯寅師商之，並相約以識古字論古文為語，不涉人賞玩色澤語也。既專力于此，並秦漢金石以及六朝，俱可從緩。唯真僞必不可回護將就，使古文字淆亂。各書已見之所以然，不執臆見，有肯語此者，亦不妨擇坿。拓本鉤本刻本，必以類聚。字學各書，必以字聚。一字一冊，以《説文》為次，以金文居首，得一書即分字翦入之。一拓同。於攷釋最有益，易貫通，積之富且久，自可於羹牆閒遇之，若古人之詔我矣。即如大篆識《大誥》「甯」為「文」之譌，雖未可即以為是而不闕疑，推及《君奭》之「甯王」，亦皆从「文」為長。又金文之體例句讀，亦皆可證《尚書》。然其折衷論定，則唯古聖之理與法為可據依。深之則書理明一分，識見定一分；淺之則筆法明一分，識見真一分。自愧管窺而無實學，唯企之大雅與海内篤信好學之君子而已。手復即問近安，至日陽復，唯氣體充盛為祝。甲戌十月晦。

尊藏新得金拓可遲裝，先編目録釋，摹其不識者見示，尤不若寄拓之真，亦可以所無補入，且可直述所見以相切磋也。南阜所藏乃太史公名玉印，似是燕石。相如印則未之見。

竟印已書而復彌縫之，非己之難克，何以至此！

第五十葉

抄

廉生世大兄館丈史席承示㓜樵學士入總理署鋒色
甚厲（當理宷難持重不易）固大體所倚肰强者見言懦者見色必
須氣體充盛乃可制梃撻之不可徒以口舌爭而不思
實有彊力高藝先自內脩無懈如病者之輕怒也海外
之於兵事無所不用其極惟理不明而彼之所為亦我
明理中所當知者如地中行車皆其慣技尤不可不推
類防之中國積弊之大（病先在此不在彼）在於吏治積弊不革
事事萬不能見真善者能如之何儻能改觀則環海十
里一成（可通城見呂覽）層層以鐵路環之有屯兵有換防兵（內地）
（人人皆明中外）沿邊沿海使如常山之蛇復以鐵路通皇華四

牡之周咨交錯無隱不周糧餉無不傳運以輪車為傳車廢弛
之政積弱之形無不振舉亦何患不能有為肰先不能
力去己私以公天下以用天下之人則仍是無從說起
不必多說一字使成無人能作之事而已作如不作有大任
者豈可知責人而不知責己乎吾兄見聞真切近事時
望示知以慰遠憂是所至企十二月望辛酉

録文

廉生世大兄館丈史席：承示幼樵學士入總理署，鋒色甚厲，當理最難，持重不易。固大體所倚。然强者見言，懦者見色，必須氣體充盛，乃可制梃撻之，不可徒以口舌争而不思實，有彊力高蓺先自内脩，無懈如病者之輕怒也。海外之於兵事，無所不用其極。惟理不明而彼之所為，亦我明理中所當知者，如地中行車皆其慣技，尤不可不推類防之。中國積弊之大，病先在此不在彼。在於吏治積弊不革，事事萬不能見真善者，能如之何？儻能改觀，則環海十里一成，可通「城」見《呂覽》。層層以鐵路環之，有屯兵，有换防兵，内地人人皆明中外。沿邊沿海使如常山之蛇，復以鐵路通皇華四牡之周咨交錯，無隱不周，糧餉無不傳運，以輪車為傳車。廢弛之政，積弱之形，無不振舉，亦何患不能有為。然先不能力去己私，以公天下，以用天下之人，則仍是無從說起，不必多說一字使成無人能作之事而已。作如不作。有大任者，豈可知責人而不知責己乎？吾兄見聞真切，近事時望示知，以慰遠憂，是所至企。

十二月望辛酉。

承示樵埜觀箸一節前諾不甚記憶既荷樵翁費心示為代銷二分倘若有成亦必有以報但不能全分耳弟古器之戚歸里前二十年例以止酒辛未失偶無聊之極惟古文尚可移之又自念周甲不可不為古人一傳遂事氈墨既無力再與時賢並收吉金齊魯殘塼破瓦小販時來偶復兼及存而不拓與無古同器不易守而拓可守古不易傳而拓可傳十年以來力竭於此今將已矣力既不能應同好索遂不能不收拓費所取似多其實至廉並不足原本無論其一人精神心力已及衰眊不過傳一分再拓一分餘年古役不敢告勞耳全分

未必盡可取取其一二屬意者從厚先寄費至以俟拓
齊即寄或不至惜其虛糜也

第五十二葉

録文

承示樵埜觀瞀一節，前諸不甚記憶，既荷樵翁費心，示為代銷二分。倘若有成，亦必有以報，但不能全分耳。弟古器之藏，歸里前二十年，例以止酒。辛未失偶，無聊之極，惟古文尚可移之。又自念周甲，不可不為古人一傳，遂事氈墨，既無力再與時賢並收吉金。齊魯殘塼破瓦，小販時來，偶復兼及。存而不拓，與無古同。器不易守而拓可守，古不易傳而拓可傳。十年以來，力竭於此，今將已矣。力既不能應同好索，遂不能不收拓費，所取似多，其實至廉，並不足原本，無論其一人精神心力，已及衰耗。不過傳一分再拓一分，餘年古役，不敢告勞耳。全分未必盡可取，取其一二屬意者，從厚先寄費至，以俟拓齊即寄，或不至惜其虛糜也。

抄

廉生世大兄館丈左右：前於東甫書知廷試一等，即鈔知授職留館，上步祖武，遠博親歡，讀書顯揚，非常人所比。舊誼新姻，尤深同慶。亘械手賀，阻於河水。於月廿二日得五月廿六日手書，並賜古拓五種六紙，敬謝敬謝。械古鐘之長與周尺四尺，其器若此，其入之長可知。當不僅文十尺、湯九尺、上士之鐘，非以往言鐘兩面有古奇篆字。左鼎瓛說文鉤皐玉，此當作鐮，俱皐左右同文。其一面向右，向右名四字，尊釋寶鐘永用，蒙謂用鐘釋信。鐘者金寶字作𩁹，與薛書商鐘自字同，當釋自。其一字當是人名，讀曰某自用鐘，與遲之永用鐘文

同其字竟不可强釋其一面似有飾寶亦左右同文似
三字其一下半作鳥上作二鳥似是三字其一亦咸字
其一字長而泐不可釋庾肩吾書品論蛟脚旁飾鵠首
仰立與此正合真夏代文字也余謂此種是古奇字繇
文以篆為體以鳥蛟龍為篆〻左篆上下者可釋否
則不易薛書所摹琱戈商鐘鉤帶〻近岣嶁阮書之董
武鐘蛟篆壺畢良史青牋題夏壺是真鳥物文字余〻
篆體可尋此皆商前文與此正似而刻本筆無重輕余
字正於疊篆者次〻
所藏古奇字編鐘奇字縣鐙皆不若此之蛟脚獨重為
令所未有范金至精文如縮芷正於古竟字之空地又皆

有細文唯字小少匠纖耳後世鳥篆皆仿佛肥造唯余
所得張猛銅印婕伃妾趙娋等玉印是真古文然亦祇是
相斯秦璽之遺不能有古書金之玉上也既為篆宗以
油素精摹躅晉月之力審之印以其率李宗證詳說詩
是正之張襄璀云往在翰林見古鐘二文三百餘字之
紫金鈿神采驚人令王盧生于入史鈸時得此定日得
窺　西清之藏更不知有何奇遇非後人世所有者矣
附上敝藏古鉨拓三　王元詠　高舉三　奇字二字　完全皆
鉨而非千首千首刻有繁旗處古奇字編鐘拓一　二紙
恔篆戈拓一張猛銅印婕伃妾趙王武庚志龍成甲玉

印朱墨拓五古朋相從集于史席亦玉堂銷暑之雅乎
全鐙精拓乞再惠三四紙以一多題字尤企手復敬賀
大喜即問箸安不具六月廿八日丙子

第五十四葉

録文

廉生世大兄館丈左右：前於東甫書知廷試一等，邸鈔知授職留館。上步祖武，遠博親歡，讀書顯揚，非常人可比，舊誼新姻，尤深同慶。近擬奉賀，阻於河水。茲於月廿二日得五月廿六日手書，並賜古拓五種六紙，敬謝敬謝。桉，古鐙之長幾周尺四尺，其器若此，其人之長可知，當不僅文十尺湯九尺。上士之鐙，非以位言。鐙兩面有古奇篆字在彘，璏，《説文》劍鼻玉。此當作鏃。俱鼻左右同文。其一面向左向右各四字，尊釋「寶鐙永用」，蒙謂用鐙釋信鐙，省金，寶字作[illegible]，與薛書商鐘「自」字同，當釋自。其一字當是人名，讀曰「某自用鐙」，與逞之永用鐙文同，其字竟不可强釋。其一面似有飾寶，亦左右同文，似三字。其一下半作[illegible]，上作二鳥，似是兮字。其一近成字。其一字長而泐，不可釋。庾肩吾《書品》論蛟腳旁舒，鵠首仰立，與此正合，真夏代文字也。余謂此種是古奇字緐文，以篆為體，以蟲鳥蛟龍為象，象在篆上下者可釋，否則不易。薛書所摹琱戈、商鐘、鉤帶，帶近岣嶁。阮書之董武鐘、蛟篆壺，畢良史青牋題夏壺是真象物文字，余之蛟篆戈字，亦疑是古戈，後又加鑿款，凡無篆體可尋者，皆商前文字，近於疊篆者次之。與此近似，而刻本筆無重輕。余所藏古奇字編鐘、奇字殘鐙，皆不若此之蛟腳獨重，為今所未有。笵金至精，文如稻芒，過於古竟，字之空地又皆有細文，唯字小少近纖耳。後世鳥篆皆仿佛臆造，唯余所得張猛銅印、婕伃妾趙从女等玉印是真古文，然亦疑是相斯秦璽之遺，不能如古吉金之至上也。既屬幼泉以油素精摹，竭昏目之力審之，即以其本奉寄，竝詳説請是正之。張裦瓘云，往在翰林見古鐘二，文三百餘字，字紫金鈿，神采驚人。今吾廉生于入史館時得此，它日得窺西清之藏，更不知有何奇遇，非復人世所有者矣。附上敝藏古鐙拓三，王元詠，高奐三，奇字二字。完者皆鐙而非干首，干首則有繫旄處；古奇字編鐘拓一二紙；蛟篆戈拓一；張猛銅印，婕伃妾趙、王武矦志、龍成甲玉印朱墨拓五。古朋相從，集于史席，亦玉堂銷暑之雅乎。全鐙精拓，乞再惠三四紙。以一多題字，尤企。手復敬賀大喜，即問箸安。不具。六月廿八日丙子。

致吴大澂（字清卿）書札【第五十五至五十七葉】

復吴清卿儀正書

清卿仁兄館丈大人儀正左右：去冬十一月十七日奉賀一書並齎
所藏拓墨十大册、秦磚瓦量字册，知已由
館丈代寄，至都拜著，新正即可入覽。二月至傳令弟東奉冬
月九日手書，遠承垂念，至渥無已。文字道義
之雅，不讓古人。復承惠賓彦山覆留之惠，拜而受之，惟感
厚意而已。敬誌去夏有督辦寗古塔琿春三姓防務
之命，塞事宜之命，事權既一，自是大有可爲，而强
鄰時伺，闗闘維戢，非公默之篤厚、衛文之塞淵，未易始
覘遠即今局周詳，德久業大，實於賢人君子望之，竊

讀公牘略微　碩畫何敢臆揣，恩效涓埃交非時俗義
宜切磋，又有不能已者。夫此平川沃壤，天所留以養吾
兵固吾圉者也。兵不能以盡田，則田資于農；農不可以
驅戰，則田資于兵。兵能墾，則田富；農能墾，則食足。
墾富既富且強，吾圉可固矣。今日之事，惟盡力於墾田
播種，而患其不多不廣耳。患其農之少，則用募；患其
募之派事，則有兵；患其募之不徠，則須使之無所恐
無所苦。無所恐，則莫先以撫兵沮之；無所苦，則宜家
其牲畜，其有農具，資日用，日器具，無一或
缺種，其居者未獲之先無一不足，則一無所苦

之[illegible]所畏

從[illegible]之者如市而三年成都矣何待[illegible]募乎然而有室家

婦女子銀錢牲畜糧米衣服器具所畏盜賊尤畏兵勇[illegible]

須嚴御兵勇重懲盜賊以兵與農相安而兵亦[illegible]

化為農而有室家農亦化為兵而樂從營伍[illegible]

之流濤以護之速講以[illegible]之亦焉能[illegible]平園乎說者

曰子之言似善矣然能言而不能行則以此創造之大費

國家無此鉅款何余曰款用而不能返者莫如兵費款用而

仍可歸本且獲利並可保國者莫如開墾開墾惟患無膏壤

有土有土有財相因而至者也朝廷欲興大利而名

臣[illegible]國民功而竟不能假以資本名臣以成大功而

竟不肯財用則凡所用之財雖屬撙節歸虛糜

浪擲耳用少而無益於事不大可惜哉必先計或

三年或五年可以辦幣本若干幣本清後可以充裕兵

餉若干計定而算不失然後可以上告國請得請則進

不得請則退以待能者必不可因循遷就敷衍嘗試

而誤此至大至要之事也預行開墾必先經界經界必

先立表立表以子午兼癸丁二分為正必使千里一線

豪釐不謬而後田畝廬舍城圩無一不正陰陽水土之宜陰陽之景必

須詳察陽宅陰宅之理必須講求昏姻喪祭之禮孝弟

忠信之道學校庠塾之設比閭族黨之法衣服居室之等

又須因居卑四環於西北而不受西北之風水泉會於東南而能聚東南之生氣大者省會小者郡城村莊始基營後表樹標前地氣所鍾人謀允藉

工商市廛之程全體大用

尊必須同時並舉循序共同進不能俟諸異日耕九餘三

之取新食陳之政節儉勤謹之圖奢靡游惰之

戒淫巧奇技之屏淫聲亂色之禁所以敗吾風俗

煙酒娼賭之禍邪教惡黨之毒

壞吾心術大害吾中國天下者必須慎之於始而使

吾可久之德可大之業不至隳於無成而

百弊叢生全局潰敗以終

悔嗟已不可及其授田之要必須大尺丈量

田則於土厚氣聚處授廬授塋亦須分授牧廠樹廠使日後能自開闢

使二畝作為一畝其制賦之則必須輕於內地

糧銀三分之二其賦必須交納兵米其斗斛

不用銀錢

必不可大總以使從容寬綽久遠無甚累而已

九田易糧少斗

至寶

[illegible]

君民不可不至近，宣上德，達下情，都為區區官吏有德而

而至近官事之不能不用吏役，則天下之民皆遠於

君而不被其恩，近於役而親受其害。官之賢不賢，

民之安不安，皆視役之用事不用事，而亡小民切膚

之災，實在於役。實為天下不能治之大本。古人鄉官

田官之多，三代後皆無之，而用胥役，宜乎雖欲求治而

莫不能行也。使大局之錮習為茲土之新規，天心惜之，人心乎，荒究變為四寡，以來憂不能已。大君身居

重任，知必有甚焉者，或不以人廢言乎。亮之是幸。

録文

復吳清卿僕正書

清卿仁兄大帥僕正大人台坐：冬月十七日奉賀一書，並拓墨十七册。聞令弟館丈至都，并可寄，新正即可入覽矣。二月望傅倅至，面付冬月九日手書，遠承垂念，至深無已。文字道義之雅，不讓古人，復益以甯産山蕿之惠，拜而受之，唯感意厚而已。敬諗去夏有督辦甯古塔琿春三姓防務屯墾事宜之命，事權既一，自是大有可為。而强鄰時伺，創闢維艱，非公劉之篤厚，衛文之塞淵，未易始規宏遠，全局周詳。德久業大，實於賢人君子望之。竊讀公牘，略徵碩畫，何敢臆揣，妄效涓增，而交非時俗，義宜切磋，又有不能已者。夫此平川沃壤，天所留以養吾兵固吾圉者也。兵不能以盡墾則資農，農不可以驅戰則恃兵。兵能墾則餉不匱而强，農能墾則食可足而富。既富且强，吾圉自大可固矣。今日之事，惟盡力於墾田播種，而患其不多不廣耳。患其農之少，則用募；患其募之滋事，則有久戰敢死之兵；患其募之而不徠，則須使之無所恐無所苦。無所恐，則莫先以操兵沮之。無所苦，則路費須足，須令有室家，有米糧，有布匹，有牲畜，有農具。日用器具，無一或缺，至而如歸，與未徙自安其居者同。種而未穫之先，無一不足，則一無所苦，又一無所畏。然從之者自如市，而一年成聚，二年成邑，三年成都矣，何待遠募乎！然而有室家婦子、銀錢、糧米、衣服、器具、牲畜之後，既畏盜賊，尤畏兵勇，大須嚴御兵勇，重懲盜賊，使兵與農共處而能相安。相安，則兵亦化為農而可有室家，農亦化為兵而樂從營伍。其為保家保國之計，堅圩以衛之，深濠以護之，連溝迷路以限之，亦焉能侵掠吾民、蕩摇吾圉乎！說者曰：子之言似善矣，然能言而不能行，則以如此創造之大費，國家無此鉅款何？余曰：款用而不能返者，莫如兵費。款用而仍可歸本且獲利並可保國者，莫如開墾。開墾惟患無膏壤，有人有土有財，固相因而至者也。朝廷欲興大利，而竟不假以資本；名臣欲成大功，而竟不公其財用，則凡所用之財，雖屬撙節，仍歸虚糜浪擲耳。用少而無益於事，即有能成，其所用不亦大可惜哉！必先計或三年，或五年，可以繳帑本若干。帑本清後，可以充裕兵餉若干，計定而算不失，然後可以上告固請，得請則進，不得請則退以待能者。必不可因循遷就，敷衍嘗試，而誤此至大至要之事也。欲行開墾，必先經界。經界必先立表。立表以子午兼癸丁二分為正，必使一綫千里，豪釐不謬，以為開方之準。而後田畝廬舍城圩無一不正。水土之宜，陰陽之景，必須詳察。陽宅陰宅之理，必須講求。昏姻喪祭之禮，衣服居室之等，孝弟忠信之道，學校庠塾之設，比閭族黨之法，工商市廛之程，全體大用，必須同時並舉，循序共進，不能俟諸異日。耕九餘三之積，取新食陳之政，節儉勤謹之圖，奢靡游惰之戒，淫巧奇技之屏，姦聲亂色之禁，煙酒娼賭之禍，邪教巫蠱之毒，凡所以敗吾風俗，壞吾心術，大害吾中國天下者，必須慎之於始。使吾可久之德，可大之業，不至百弊叢生，全局潰敗，以終隳於無成，而悔嗟已不可及。其授田之要，必須大尺丈量，使二畝作為一畝。別於土厚氣聚處，授廬授塋，亦須分授牧廠樹廠，使日後能自開闢。其制賦之則，必須輕於内地糧銀三分之二，必須交納兵米，不納銀錢。其斗斛必不可大，凡田多糧少斗小，總以使之從容寬綽久遠，一無苦累而已。至寬至大之規，即始於今日與吾共闢斯土之民，必使擴以充之而日有餘，勿使隘以束之而日不足也。又其要者，君民不可不至近，有宣上德達下情之官，則君至遠而實至近。官事事不能不用吏役，則天下之民，皆遠於君而不被其恩，近於役而親受其害，官之賢不賢，民之安不安，皆視役之用事不用事而已。小民切膚之災，實在於役，實為天下不能治之大本。古人鄉官田官之多，三代後皆無之，而惟用胥役，宜乎？雖欲求治而萬不能行也。倘以大局之錮習，為茲土之新規，天心將且惜之，況人心乎！荒灾俄釁以來，憂不能已。大君子身肩重任，知必有甚焉者，或不以人廢言乎！亮之是企。

復吳清卿書

清卿仁兄館丈大師僕正大人足下去冬十一月十七日奉賀一書並貽

範拓墨十六冊閲奏瑯量字十冊知已由令弟

館丈代寄皇都年暮可想新正即可入覽二月至傳俾至西付東奉冬

月九日手書遠承垂念至深無已古人文字道義

之雅不讓古人復益以惠寄產山留之惠拜而受之唯感

意厚而已敬諗去夏有督辦甯古塔琿春三姓防務

屯墾事宜之命事權既一自是大有可為而強

鄰時窺伺覬覦非公剛之篤厚鄰交之塞潤未易始

規遠害全局周詳德久業大實於賢人君子望之竊

頃復一械函交　吳碩夫兄又詳暢譯詢一切當事知於吉林城外設

直隸器局於琿春三姓建立礮臺琿春距吉千八百里三

姓距吉亦八百里且藥一切若仍須由吉接濟甚不為近

琿春礮臺是否扼要水路是否尚有山徑閒道吉省城垣甚不高堅

又背倚高山勢不能守糧台甚不可恃後路因俄人又索伯都訥

吾兄又素躬親周知民隱自不及

通盤籌畫計出萬全似較枝梧自遠

謂吾兄院府審理三姓防務似不宜仍歸吉林且吉省城垣既低

高山下逼勢不能守機局差役係吉虞防局雲動伯都訥踞為

俄人所索長白山又踞為　本朝所護必須通籌全局

而再自擇一立足之地否　兄本屬文人未親行陣以宜認與久歷行陣者戎馬也

政之處娼賭大聚化良爲娼爲盜敗壞風俗甚不可問或亡逃娼
賭或晝嚴夜出或夜入妓女積有銀錢互相殺劫將弁不能問逃
而佀俗如此情形焉能忠信乎餉銄代爲安家省親并統來往是
左安籌之矣今日大工大役即云非倡賭不能聚人即厚待亦不可豈爲正論髮逆之平是經是
國家元氣尚能供給今絕無謂真培護元氣者而止知非耗元氣
不可豈非大可慮之事内脩方能外攘采薇詩傳程子重在上能
察其情出事重在城翊方内脩之政不舉未有能外攘者矣家居
竊見風俗人心日益澆漓商民日困有不俟三五年即一变者非
好事而妄爲杞憂也迂直之見再爲大君子布之不宣　二月二十三日己卯

第六十葉

績穀民生之要事聖主之仁政今日無能行者又今日必不可以
不績穀所難者不知重在百姓足一邊而動即援之耳三十年前
弟即有此志欲里後愧未能行亦未見有肯行者今東楼嚴定
賞罰属吏不敢不行敝邑之令德公以弟素知此事又在祭田莊
行之久荒年獲益時之訪問因為言之而自記之隨辭隨有弊端
為補救之而或後來扎不許各莊自績自存弟即不敢与聞前所
害者未備今雖未備而有始未有害是正當地糧財人恐不肯留
意伯都謂為餓人所羨所當先自未雨綢繆者于蓮前係甲辰世兄
弟又非人也能其子弟可与言則及之為企二月廿三日己卯

録文

現在兵餉之弊在於遞扣，至帶隊則扣愈甚，亦猶官用役以與民共事，而官之不能廉，用役不發工食，甚且賣票，或以票之肥瘠為愛惡。又出入銀錢賬房無不坐扣，或官令坐扣，積弊不除，焉能服兵！兵不心服，焉能成勁旅！欲禦强鄰，保疆土，非先去此弊不可。兵不可不日日認真訓練，不可有一名不精壯、不足額。額可減而不可入己用，以厚養將兵，整備軍裝器用。兵不精則降為役，役能練則升為待補之兵，役亦可屯墾以養之而待補。兵役萬不可使為可無室家之人。不嫌無餉，以減額之餉為要用，為進退之權，似可悉成勁旅而壯國威矣。古人遣戍之法，瓜期更代以念其室家父母，今無此政而兵久在伍不歸，所至之處娼賭大聚，化良為娼為盜，敗壞風俗，甚不可問。或公然娼賭，或晝嚴夜出，或夜入妓女，積有銀錢，互相殺劫，將弁不能問，逃而仍歸，如此情形焉能忠信乎！餘餉代寄、安家省親、弁統來往，是在妥籌之矣。今日大工大役即云非倡賭不能聚人，即厚待，亦不可定為正論。髮逆之平，終是國家元氣尚能供給，今絶無認真培護元氣者，而止知非耗元氣不可，豈非大可慮之事。内脩方能外攘，《采薇》詩傳，程子重在上能察其情，《出車》重在城朔方，内脩之政不舉，未有能外攘者矣。家居竊見風俗，人心日益澆靡，商民日困，有不俟三五年即一變者，非好事而妄為杞憂也。迂直之見，再為大君子布之不盡。二月二十三日己卯。

積穀，民生之要事，聖王之仁政。今日無能行者，又今日必不可以不積穀。所難者不知重在百姓足一邊而動即援之耳。三十年前弟即有此志，歸里後愧未能行，亦未見有肯督行者。今東撫嚴定賞罰，屬吏不敢不行。敝邑邑令德公以弟素知此事，又在祭田莊行之久，荒年獲益，時時訪問，因為言之而自記之，隨辦隨有弊端，為補救之，而成亦記之。後奉札不許各莊自積自存，弟即不敢與聞。前所寄者未備，今雖未為備而有始末，再寄是正。甯地糧賤，人恐不肯留意此事，伯都訥為俄人所羡，即當重于吉省，所當先自未雨綢繆者，于蓮翁係甲辰世兄，弟又濰人也，晤其子弟可與言則及之為企。二月廿三日己卯。

與吳清卿太常書

承示夏間嘉告大指且謂與弟見有合者感悚〻中外交
涉以來唯法人為最狡包藏禍心以教為藪伏莽深固
似過英美今竟奪我屬藩識奴洋虜皆上可施火器下可通地道其國即上下
行車而中國百姓不知所以彼自恃而欺人狡詭安詐
屬〻皆然豈可不備不虞又以重利通商粹究而要〻
財無不可存彼有其計之償無可以數為較
尊見不可不聲罪致討以伸要
國威然以弟愚見不可不先求其本以愛民保民為主
察吏即是愛民愛民必先除役蠹亦別聖教洋教實即中國
之邪教〻尤而狡者〻
練兵能守海戰陸不畏彼火攻之利而以捍
土圍堅牌自護待之使彼及遠之長無所施與我之火

器大葉因又禁煙葉用洋物即是保民善度支之不足則以令日百姓啇官役所適取之數歸之於公以為養廉吏利地方養兵勇守疆圉之用而以中國百姓能盡地利副之則不必加賦開捐抽釐而自有餘唯此係用人之事明理之事非能端本不能端則共弊叢殊有不在支右出者手人人皆知投鼠忌器而諱疾忌醫無一敢言無一敢帝置者非不可戰必求所以真可戰者乃不為暴虎憑河之勇而好為大君子自問不敢忘

先帝舊恩何敢不以逆忠悃為忠告哉台旆閱於十月四

十一月二日申刻書至此出戶見日外環有重暈抱珥上有二小暈而天將中皆是如虹左右亦微有痕

日至津暫駐行營地名小站未知究否城内有公署營
務局在何處節鉞既駐津則地勢不可不周覽全局不
可不籌画雖際海凍無事外之大敵内之猝变凡事所
不必有者皆須於無事時豫之不勝仰企外則住國必
須聯合以禦法日内則除盜賊偵民奸如洋善法嚴保甲足
糧煤有事可使不驚無事可使不索沿海与内河与漫
水須防分析之小兵船陸路亦須防其偏師隊伍以輕
忽均須於要隘布置尤須重重保衛
帝都以為津門後勁如此則立法須周用人須當可無
内顧之憂而後可以言戰不能及此則至以精練枝兵

忠信秣厲以俟而已吾之虚實彼所深知真可恃彼必言歸於好先俯就之則無既無終事終不可為矣手復即問勛安為
國自任是企十一月二日己卯夜戌正

第六十三葉

録文

與吴清卿太常書

承示夏間嘉告大指且謂與弟見有合者，感悚感悚。中外交涉以來，唯法人為最狡，包藏禍心，以教為藪，伏蔓深固，似過英美。今竟奪我屬藩，誠如洋屋皆上可施火器，下可通地道。其國即上下行車而中國百姓不知，所以彼自恃而欺人，狡詭變詐，處處皆然，豈可不備不虞。又以重利通吾奸宄，而吾之財無不可為，彼有其計之償，豈可以數為較。尊見，不可不聲罪致討，以伸吾國威。然以弟愚見，不可不先求其本，以愛民保民為主。察吏即是愛民，愛民必先除役蠹，分別聖教洋教。實即中國之邪教之尤而狡者。練兵能守海戰陸，不畏彼火攻之利，而以掘土用堅牌自護待之，使彼及遠之長無所施，與我之火器火藥同，又禁煙禁用洋物即是保民。若度支之不足，則以今日百姓為官役所逼取之數歸之於公，以為養廉吏利地方、養兵勇守疆圉之用，而以中國百姓能盡地利副之，則不必加賦開捐抽釐而自有餘。唯此係用人之事，明理之事，非能端本無以臻此，本不能端則其弊萬，殊有不左支右絀者乎。人人皆知投鼠忌器而諱疾忌醫，無一敢言、無一敢布置者。非不可戰，必求所以真可戰者，乃不為暴虎憑河之勇。至好如大君子，自問不敢忘先帝舊恩，何敢不以迂忠為忠告哉。十一月二日申刻書至此，出户見日外環有重暈抱珥，上有二小暈。至天將中，皆色如虹，左右亦微有痕。台旆聞於十月四日至津暫駐，行營地名小站，未知定否？城内有公署營務局，在何處節鉞？既駐津，則地勢不可不周覽，全局不可不籌畫。雖際海凍，無事外之大敵、内之猝變。凡事所不必有者皆須於無事時豫之，不勝仰企。外則德國必須聯合以禦法日，内則除盜賊、偹民圩如洋善法、嚴保甲、足糧煤，有事可使不驚，無事可使不紊。沿海與内河與漫水須防分拆之小兵船。陸路亦須防其屬步隊，勿以輕忽，均須於要隘布置，尤須重重保衛帝都，以為津門後勁，如此則立法須周，用人須當，可無内顧之憂，而後可以言戰。不能及此，則吾以精練杖吾忠信秣厲以俟而已。吾之虚實，彼所深知，真可恃，彼必言歸於好，先俯就之則無。既無終，事終不可為矣。手復即問勛安，為國自任是企。十一月二日己卯夜戌正。

抄

與吳清卿太常書

法爭越南邊事，舍棘昔年思制火攻之法，於洋圩之法外更設立土營，掘地藏兵，架木培土，如平屋而土厚，外則重壘深壕，設伏藏礮以守，即彼火器極利，亦不能遠擊傷人，俟彼逼近時，先由地道分兵，設伏夾攻，沖突其後，即中國之火器亦未嘗不可用以守戰而制勝，令夜不寐，思復欲與彼戰而不能避彼火器，則彼之火器不僅百發百中，寸長寸強，兩陣相對，我無不敗者，必須先備掘土極利極速之器，多練掘土極速之人，以隨將禦鉛丸長堅擋牌之後，兩軍相距二三十里外，即須段段掘坑堠彼之鉛丸將及即人藏坑中上覆檔牌ミ上覆土伏以禦之堠彼銃礮聲停或以兵誘之至我之銃礮無不可及處即掀牌自出土使能迅走之兵奮而攻之鎗礮間以刀矛隨眯目之煙伏行而大殺之尤須令其四面受敵則彼火攻利器與我尋常利器相等而彼人少我人多彼善水戰我善陸戰彼為客勞我為主逸彼恃火器利而兵少我恃能避火器而又兵多且可多方截其歸路則無不能勝之理守之理疆場之帥與藩服之國若能實力行之復何慮乎掘坑不惟避礮並可以制戎馬之足與安嶺舊界不但可以恢復又豈不可曰闢乎

此理一明，則中國人人以為火器不及外洋，甘心退讓之見，可以一埽而除矣。癸未九月癸巳日既望寄

録文

與吳清卿太常書

法争越南，邊事愈棘。昔年思制火攻之法，於洋圩之法外，更設立土營，掘地藏兵，架木培土，如平屋而土厚，外則重壘深壕，設伏藏礮以守，即彼火器極利，亦不能遥擊傷人。俟彼逼近時，先由地道分兵，設伏夾攻，沖突其後，即中國之火器，亦未嘗不可用以守戰而制勝。今夜不寐，復思欲與彼戰，而不能避彼火器，則彼之火器，不僅百發百中，寸長寸强，兩陣相對，我無不敗者。必須先備掘土極利極速之器，多練掘土極速之人，以隨能禦鉛丸長堅擋牌之後。兩軍相距二三十里外，即須段段掘坑，俟彼之鉛丸將及，即人藏坑中，上覆擋牌，牌上覆土，伏以禦之，俟彼銃礮聲停，或以兵誘之，至我之銃礮無不可及處，即掀牌出土，使能迅走之兵，奮而攻之，鎗礮間以刀矛，隨眯目之煙，伏行而大殺之。尤須令其四面受敵，則彼火攻利器，與我尋常利器相等。而彼人少，我人多。彼善水戰，我善陸戰。彼為客勞，我為主逸。彼恃火器利而兵少，我恃能避火器而又兵多。且可多方截其歸路，則無不能勝不能守之理。疆埸之帥，與藩服之國，若能實力行之，復何慮乎！掘坑不惟避礮，並可以制戎馬之足。興安嶺舊界，不但可以恢復，又豈不可日闢乎！此理一明，則中國人人以為火器不及外洋，甘心退讓之見，可以一埽而除矣。癸未九月癸巳日既望寄。

抄

復田椒農書

吾東黄水之患，今以省垣爲最急。聞灾民不下十萬，非有公正之人先編户口，分縣分莊，令其自築土墻，助以木草，使可久棲高處向陽，爲禦冬之計，不能安定。得實聞每口日發京錢五十文，已合前人放粥不如米，米不如錢之説。惟須招徠米販，或賢員採運，或十日半月一放錢，令其自出運米運煤，亦便。惟今日公正賢員真不可得，無不以冒濫剋扣爲事，奈何奈何。黄水所至有淤則肥，有沙則廢，隄或可固，歸亦無田，久依賑食，恐不得生。吴清卿太常大帥辦理甯古塔屯墾，前年曾來東募屯，去者無多，皆因路費不足。

辦理委員未得人彼處土地肥廣之至東民渡海在彼不少多係
賭竊之輩若得良民前往寬與路費到後每家多與田地使為己
業再借濟脩屋牛種農具並一年糧及衣令於三年後帶繳則東
省之灾民可以有家不至久糜鉅帑而仍無生機似是今日救灾
一舉兩得之策於屯墾大有裨益清卿與兄文字至好時有書至
故知之為詳第未知其事是否可行耳黃水大勢以合為患以分
為治孔子所謂盡力溝洫即是大聖人治水之要是從天下之上
游實實作起今日吾東之上游則銅瓦廂其徒駭則吾東之下游
鐵門關尤下游之盡處從事至末自任極難田望星宿能無歎望

洋乎自考城以下分則非東省地又妨京師之局又分濟運之泉

尤無往而非田廬高隄長築何以能堅何處求賢必須仿照從前

南河一切又使河督與東撫一體河工與地方不分或者隄可堅

汛可防敷衍一二十年無事如此大事無專任之大員徒使地方

官與本省紳士之欽差相推諉未易易也河督不兼東省則帑費

愈重終是呼應不靈安能得如張清恪公之明理而知水之性者

一治之且大除河工分帑之蠹哉又隄未如法而開引河亦未妥

脩隄堅固處處合法足恃而水不能容然後再用引河非欲以引

河盡洩河中之水也惟今日說到認真二字便已萬分作不到尚

何説哉何事能成哉光緒癸未六月二十二日庚午

第六十七葉

録文

復田椒農書

吾東黄水之患，今以省垣為最急，聞灾民不下十萬，非有公正之人先編户口，分縣分莊，令其自筑土墻，助以木草，使可久棲，高處向陽，為禦冬之計，不能安定得實。聞每口日發京錢五十文，已合前人放粥不如米，米不如錢之説。惟須招徠米販，或賢員採運，或十日半月一放錢，令其自出運米運煤亦便。惟今日公正賢員真不可得，無不以冒濫剋扣為事，奈何奈何。黄水所至，有淤則肥，有沙則廢，隄或可固，歸亦無田。久依賑食，恐不得生。吴清卿太常大帥辦理甯古塔屯墾，前年曾來東募屯，去者無多，皆因路費不足，辦理委員未得人。彼處土地肥廣之至，東民渡海在彼不少，多係賭竊之輩。若得良民前往，寬與路費，到後每家多與田地，使為己業，再借濟脩屋牛種農具並一年糧及衣，令於三年後帶繳，則東省之灾民可以有家，不至久糜鉅帑而仍無生機，似是今日救灾一舉兩得之策，於屯墾大有裨益。清卿與兄文字至好，時有書至，故知之為詳，第未知其事是否可行耳。黄水大勢以合為患，以分為治。孔子所謂盡力溝洫，即是大聖人治水之要，是從天下之上游實實作起。今日吾東之上游則銅瓦廂，其徒駭則吾東之下游，鐵門關尤下游之盡處，從事至末，自任極難。回望星宿，能無歎望洋乎？自考城以下分，則非東省地，又妨京師之局，又分濟運之泉，尤無往而非田廬。高隄長築何以能堅，何處求賢？必須仿照從前南河一切，又使河督與東撫一體，河工與地方不分，或者隄可堅，汛可防，敷衍一二十年無事。如此大事，無專任之大員，徒使地方官與本省紳士之欽差相推諉，未易易也。河督不兼東省則帑費愈重，終是呼應不靈，安能得如張清恪公之明理而知水之性者一治之，且大除河工分帑之蠹哉！又隄未如法而開引河亦未妥，脩隄堅固，處處合法足恃，而水不能容，然後再用引河，非欲以引河盡洩河中之水也。惟今日説到認真二字，便已萬分作不到，尚何説哉！何事能成哉！光緒癸未六月二十二日庚午。

抄

復陳儁臣中丞書

儁臣仁兄大公祖中丞年大人台座久欽明弼未奉教言節鉞重來枌榆共仰茲於八月廿八日由昌樂遞到大椷諸荷撝謙下逮施譽過情惟有歉悚仰維大君子先憂范志盡力禹功下除小民之昏墊上釋深宮之焦勞忍性動心能當大任固海岱所同引領者河水之患學無及禹者遂莫能治井田廢而盡力溝洫荒度土功上游分水之法無可施止可作一堙字徒於下游脩隄以禦沖決又復不知水性而築之不得法甚至分靡帑項而積習莫能除河之北徙實由於此弊至今日大不

易改矣惟祝克勤克儉成允成功先脩近河之隄使考城以北千里内之兩岸能堅能平地有高低隄無起伏以防其就下之易決復疏引河堅閘壩嚴陜豫上游之水報謹不失時之啟閉以分其水大之漲溢不至堅隄能束而不能容水無所歸必至大溜沖決又復朝廷政脩財理度支不匱或可敷行十餘年廿卅年耳若復禹之舊則泰山太行山兩間天生自然界水之處即禹之迹其地今日人皆平土而居無復故道豈易再摇遥隄之説亦止可就已被水處爲之而其工程更大田疇難復且不能並無水之地一律普築似亦未可輕

易嘗試弟學問閱歷俱淺不過就事繹理徒託空言安
效補助以備采擇伏乞教之手此奉復即請台安統希
朂誉不宣癸未九月望日壬辰
淄川畢東河總憲云治河千古至論

録文

復陳雋臣中丞書

雋臣仁兄大公祖中丞年大人台座：久欽明弼，未奉教言，節鉞重來，枌榆共仰。兹於八月廿八日由昌樂遞到大椷，諸荷撝謙，下逮施謈過情，惟有歉悚。仰維大君子先憂范志，盡力禹功。下除小民之昬墊，上釋深宫之焦勞。忍性動心，能當大任，固海岱所同引領者。河水之患，學無及禹者，遂莫能治。井田廢而盡力溝洫，荒度土功。上游分水之法無可施，止可作一堙字，徒於下游脩隄以禦沖決。又復不知水性而築之不得法，甚至分縻帑項而積習莫能除。河之北徙，實由於此弊，至今日大不易改矣。惟祝克勤克儉，成允成功。先脩近河之隄，使考城以北千里内之兩岸能堅能平，地有高低，隄無起伏，以防其就下之易決。復疏引河，堅閘壩，嚴陝豫上游之水報，謹不失時之啟閉，以分其大水之漲溢，不至堅隄能束而不能容，水無所歸，必至大溜沖決。又復朝廷政脩財理，度支不匱，或可敷衍十餘年、廿卅年耳。若復禹之舊，則泰山太行山兩間天生自然界水之處，即禹之迹，其地今日人皆平土而居，無復故道，豈易再掘！遥隄之説亦止可就已被水處為之，而其工程更大，田疇難復，且不能並無水之地一律普築，似亦未可輕易嘗試。弟學問閲歷俱淺，不過就事繹理，徒託空言，妄效補助，以備采擇，伏乞教之。手此奉復，即請台安，統希勛詧。不宣。癸未九月望日壬辰。

淄川畢東河總憲云治河千古至論。

致徐會澧（號東甫）書札【第七十至七十一葉】

抄

東甫太史甥倩足下前聞恩授館職不勝欣慰以足下之好學勤業固意中事然風檐寸晷非純青之候亦未易高列也本擬具書即賀以厄運多戚未敢彊作吉語上瀆清聽知荷見亮今年文旆尚錦還否資格亦是要事同人賦詩課會自不可輟前程遠大尚望作讀書、窮理工夫以為異日翰林宰相之具人自能食言無一非、學其學而有得者有二一曰讀書一曰閱歷閱歷雖真而不易擴充書理雖明而難得親切惟讀書而切己斯、二者兼之耳朱子四書注夫人而知之矣然述而不作、白文之外謹之又謹不敢多加一閒字學庸或問是朱子自己作四書工夫最為切要自己切實作工夫方知得朱注好處欲讀朱注不可不先讀大學或問再及中庸或問其次則文集大全（不是全書）不可不讀其文皆是朱子親筆雖先後亦有不同而其所以必如此說必如此下字則可以求朱子之用心其餘朱子所注之經於詩集傳自謂無憾與四書等包蘊甚廣文理甚精易本義啟蒙甚正而不敢自以為能盡易小學近思錄（張注江注）儀禮經傳通解次之蓋朱子之精力一生所就不過如此而儀禮尚有待於勉齋書傳則直西山為之語類雖多有可取而雜出記錄非有見於朱子之用心有未易定其是否也知朱子之用心而切己體察然後可以審吾心之幾而正之於日用

第七十葉

事物之接可以理之自然處之而後庶幾有所當也愚素知賢者之於讀書用心甚專今功名既就而詞賦之雅恐未足為他日之用故不揣蒙陋輒以所未能者為先導之助惟詧而擇之幸甚幸甚此頌大喜並令弟游頖之喜並問文祉不具辛未七月廿九日

丁巳

録文

東甫太史甥倩足下：前聞恩授館職，不勝欣慰。以足下之好學勤業，固意中事。然風檐寸晷，非純青之候亦未易高列也。本擬具書即賀，以厄運多戚，未敢彊作吉語，上瀆清聽，知荷見亮。今年文旆尚锦還否？資格亦是要事，同人賦詩課會自不可輟，前程遠大，尚望作讀書窮理工夫，以為異日翰林宰相之具。人自能食言，無一非學，其學而有得者有二：一曰讀書，一曰閲歷。閲歷雖真而不易擴充，書理雖明而難得親切。惟讀書而切己，斯二者兼之耳。朱子《四書注》，夫人而知之矣。然述而不作，白文之外，謹之又謹，不敢多加一閒字。《學庸或問》是朱子自己作《四書》工夫，最為切要。自己切實作工夫，方知得朱注好處。欲讀朱注，不可不先讀《大學或問》，再及《中庸或問》。其次則《文集大全》不是《全書》不可不讀。其文皆是朱子親筆，雖先後亦有不同，而其所以必如此說，必如此下字，則可以求朱子之用心。其餘朱子所注之經於《詩集傳》，自謂無憾與。《四書》等包藴甚廣，文理甚精。《易本義》、《啟蒙》甚正，而不敢自以為能盡《易》、《小學》、《近思録》、張注、江注。《儀禮經傳通解》次之，蓋朱子之精力一生所就不過如此，而《儀禮》尚有待於勉齋書傳，則直西山為之《語類》。雖多有可取，而雜出記録，非有見於朱子之用心，有未易定其是否也。知朱子之用心而切己體察，然後可以審吾心之幾而正之於日用事物之接，可以理之，自然處之，而後庶幾有所當也。愚素知賢者之於讀書用心甚專，今功名既就，而詞賦之雅恐未足為他日之用。故不揣蒙陋，輒以所未能者為先導之助，惟詧而擇之，幸甚幸甚。此頌大喜，並令弟游頖之喜，並問文祉。不具。辛未七月廿九日丁巳。

東甫太史賢甥倩左右月之十日得令夫人來書十六日復一書想已達昨晚得十月廿九日手書並文四之件收到諸承摯念過覺清心為謀而忠交而信足徵吾託東甫之得人矣敬謝感佩某之事託實以今日讀書而不吸煙之子弟極為難得與人言此鮮不以為如此則何能代謀然以所生而只為覓一現在尚可喫飯之家而他不計亦甚不佳且親戚不能不來往與讀書者來往則可望觀摩受益與吸煙者來往而能使不沾染殊為大難日後之事

不可知目前有家教尚讀書無習染即爲親親之仁矣非
敢攀高门第也長孫女稍曉有麻而非陋性不可繩以
古人而在今日富貴人家殊爲難覓知以禮法擇婦者
或可庶幾近之次孫女六尚不敢驕縱尚望推愛留意玉
成之感企之之來甫知我深愛我厚心許有相契者故敢
以此再重懇瀆也尤有請者長孫年十六歲以前以鄉寄
誤其讀書佳師又極難得十六歲後自課溫理四書詩書
易尚成誦以其文理未通令讀詩集傳一部竊以聖人之

第七十二葉

文至文王而極文字之文至詩而極孔子所謂不學詩無以言朱子所謂非深世能言之士所能及之皆文之謂也文不通則理不能明夫子之學似莫先於此朱子於詩傳為全書所以論文也四書注為全書所以明理也周易啟蒙本義為全書所以明數也惟禮樂非聖者不敢作僅有儀禮經傳通解為不得已而作之書此外非未及注實亦無可注也可完全之書也無奈長孫貫雖謹飭不至放縱而鈍滯無文未能用心有得此七年向又多大故亦不能

冬溪今年二十有二，雖已完篇，而未明順。禮記甫讀三冊，
講書與典故尋常者多未知。其不望其得功名，而望其
能通文義，似續先人教導子孫，延此書香一綫。環顧實無
可託者，惟有重懇東甫推愛教誨之。日來次兒感寒卧病，
不能飲食，未正康健，即令阜孫同其公車北上。到日即令
阜孫趨叩坐右，兄引門牆，實爲至幸，切感於萬。居不能容，
則乞於附近三五家賃屋七八間，其飲食一切亦求至時
代爲布置照料，並供饌一切。於何教誨，一以東甫爲主。其

第七十三葉

日後方可常通聲請益

京官與朱甫亞好文理優而能行株可爲師法先再求代
延每日到館請貴先二位爲半年之計其修金每月或四
兩六兩惟命是聽再爲訪求二位可同來館常課弟先生
京寓從二三月一切俱安然後加修出京不可則再好延
訪到館則當有二小孫或一會能以學問實有根柢次即
亦可從游也其功課則以小題文爲主經書兼詩賦貴
大雅不急之求鄉會試也于此重與並謝一切即請開安
不具 原封附徽 陝信並洵 因侄癸酉十一月廿三日夜

録文

東甫太史賢甥倩左右：月之十日得令夫人来書，十六日復一書，想已至。昨晚得十月廿九日手書並交回之件收到，諸承摯念過費，清心為謀而忠、交而信，足徵吾託东甫之得人矣，敬謝感佩。某之奉託，實以今日讀書而不吸煙之子弟極為難得，與人言此，鮮不以為如此，則何能代謀。然以所生而只為覓一現在尚可喫飯之家而他不計，亦甚不仁，且親戚不能不來往，與读書者往來則可望觀摩受益，與吸煙者來往而能使不沾染，殊為大難。日後之事不可知，目前有家教、尚讀书、無習染，即為親親之仁矣，非敢攀高門第也。長孙女雖略有麻而非陋，德性不可繩以古人，而在今日富貴人家殊為好資質，知以禮法擇婦者，或可庶幾近之。次孙女亦尚不敢驕縱，尚望推愛留意玉成之，感企感企。东甫知我深愛我厚，心跡有相契者，故敢以此再重懇瀆也。尤有請者，長孙阜十六歲以前以鄉守誤甚，讀書佳師又極難得；十六歲後自課，温理《四書》、《詩》、《書》、《易》尚成誦，以其文理未通，令讀《詩集傳》一部。竊以聖人之文至文王而極，文字之文至《詩》而極。孔子所謂「不學《詩》，無以言」，朱子所謂「非後世能言之士所能及之」，皆文之謂也。文不通則理不能明，小子之學似莫先於此。朱子於《詩傳》為《全書》所以論文也，《四書注》為《全書》所以明理也，《周易啟蒙本義》為《全書》所以明數也。惟禮樂非王者不敢作，僅有《儀禮經傳通解》為不得已而作之書。此外非未及注，實亦無可注，無可完全之書也。無如長孫質雖謹飭不至放縱，而鈍浮並之，未能用心有得。此七年間又多大故，亦不能無誤，今年二十有二，雖已完篇而未明順，《禮記》甫讀三册，講書與典故，尋常者尚多未知。某不望其得功名，而望其能通文義，似續先人教導，子孫延此書香一綫，環顧實無可託者，惟有重懇東甫推愛教誨之。日來次兒感寒，卧病不能飲食，來正若健即令阜孫同其公車北上，至日即令阜孫趨叩坐右，允列門墻，實為至本切感。如尊居不能容，則乞於坿近三五家賃屋七八間，其飲食一切亦求至時代為布置照料，並供饌一切。如何教誨，一以東甫為主。其京官與東甫至好，文理優而品行粹，可為師法者，日後方可常通啓請益。再求代延每日到館講貫者二位，為半年之計，其脩金每月或四或六，亦惟命是聽。再為訪求二位可同來濰常課者，先在京廣從二三月，一切俱妥，然後加脩出京，不妥則再為延訪。到館則尚有二小孫或一舍姪，如學問實有根柢，次兒亦可從游也。其功課則以小題文為主，經書為要，詩賦貴大雅，不急急求鄉會試也。手此重懇並謝一切，即請開安。不具。原封坿繳陝信並謝。同治癸酉十一月廿三日夜。

與徐東甫書

東甫典經賢甥倩左右：月之八日畢足還，得九月廿四日手復，辱以賤辰遠荷齒及，謝謝。惟是日及次日大雨如夏時，未審都中何似，一生未曾經此，想因燕齊火灾、海洋多故，上厪

聖母之憂，所感而致。日內尚未聞水勢如何，各省陸路俱須由州上船，晉路亦水阻不能車達獲鹿，運河及漫水凍冰後舟不通時，不知文報行旅如何行走，此亦極要事也。吾鄉麥苗得雨極佳。河隄脩築，聞委文武各一紳一爵，則永遠停委，不固罰賠，咨部勒石，想紳不經手

工料不能罰賠惟以本地人與聞以田廬作隄事自不
易易又沿濟多膏壤村落而增隄以護隄外之廣斥亦
非人情之順安得皇華君子交錯道路達四聰而通下
情耶前寄與雋臣中丞復書藁尚乞是正清卿兄到京
後已奉幫辦北洋
旨否統兵隨行赴津若干曾得一晤否彭大司馬赴粵
東能不為百姓賠脩理及兵費否脅官不能脅民其機
已發若再助之則有離散之虞不助則無内脩之固不
可不求其本愚嘗謂君民之間隔閡不通上則責之以
人事君者下則責之胥役一家近君一家近民而已無

一夫不獲則王以力服人則霸令人遇大事動必先曰財不足将來必至横征暴斂不知能以今日官役病民之財為良民保身家為國家保土地為賢有司厚祿養不必加賦開捐抽釐而可足再禁煙禁洋貨以杜財之出洋則無不可以自立治理治法必不能易惟待治人而已江南之募漁練臺灣之聯民團非不可用然必須深得民心至誠至厚而我之兵力又足以遏劉永福之能戰又不擾民火藥糧餉無不精足又能以天下為一家中國為一人自無不為上效力固守不至見洋人之重利而為之前驅見洋人之火攻而望而卻走洋人所

恃以求大利者惟此二者而已我以為其費至重而不知其計行奚止以千萬萬倍償其所費哉今日而彼習馬隊矣彼習步戰矣彼造小船連為大船以行江河析之至無小河不可入矣凡有洋房之處上無不可以放火器下無不可以通地道（彼國中路即上下行）蔓結偪處獨不慮其有一先發制我者乎此豈可不未雨綢繆而為巢幕之燕乎遺勇之不善而有各會匪用劉永福漁練民團之善豈能無弊知明處當則事之無弊否則利行而害隨甚至利未行而害已至見理之不明用人之不當逐末之易而不內脩本之難未有不至此者柰

何不求諸已耶前書之言即望吾東甫用力於此以為
大有為之本吾東甫誠篤謹慎節用讀書異乎流俗交
久知深故敢及此惟今日時事之難有為不易吾人脩
已之難更大不易自讀書接物早作夜思無時不用心
求知其理以書通之於人以人通之於書反乎善即為
惡反乎惡即為善切以省察於已復於性之發為情處
性不可見惟情可見何以偏而自私以去此之蔽則庶
乎平日講求義理以讀書涵養此心事至物來以此心
同然之理推之以已成之事證之雖不逆詐億不信而
先覺之明自昭而不能隱定而不能移矣愚歸里卅年

餘於民隱宦情世變軍務推之於理較京居為少真惟
學不力為自愧耳引
見侍講科分資格自又可得手此即問近安不具十月
十八日乙丑

第七十七葉

録文

與徐東甫書

東甫典經賢甥倩左右：月之八日畢足還，得九月廿四日手復，辱以賤辰遠荷齒及，謝謝。惟是日及次日大雨如夏時，未審都中何似一生未曾經此。想因燕齊火灾，海洋多故，上廑聖母之憂所感而致。日内尚未聞水勢如何，各省陸路俱須由州上船，晉路亦水阻不能車達獲鹿，運河及漫水凍冰後舟不通，時不知文報行旅如何行走，此亦極要事也。吾鄉麥苗得雨極佳，河隄脩築聞委文武各一紳一爵，則永遠停委不固罰賠，咨部勒石，想紳不經手，工料不能罰賠。惟以本地人與聞。以田廬作隄事，自不易易。又沿濟多膏壤村落，而增隄以護隄外之廣斥，亦非人情之順，安得皇華君子交錯道路，達四聰而通下情耶！前寄與雋臣中丞復書藁，尚乞是正。清卿兄到京後已奉幫辦北洋旨否？統兵隨行赴津若干，曾得一晤否？彭大司馬赴粤東，能不為百姓賠脩理及兵費否？脅官不能脅民，其機已發，若再助之，則有離散之虞，不助則無内脩之固，不可不求其本。愚嘗謂君民之間隔閡不通，上則責之以人事君者，下則責之胥役，一最近君，一最近民而已。無一夫不獲則王，以力服人則霸。今人遇大事，動必先曰財不足，將來必至横征暴斂，不知能以今日官役病民之財，為良民保身家，為國家保土地，為賢有司厚禄養，不必加賦開捐抽釐而可足。再禁煙禁洋貨以杜財之出洋，則無不可以自立，治理治法必不能易，惟待治人而已。江南之募漁練，臺灣之聯民團，非不可用。然必須深得民心至誠至厚，而我之兵力又足以過劉永福之能戰，又不擾民，火藥糧餉無不精足，又能以天下為一家、中國為一人，自無不為上效力固守，不至見洋人之重利而為之前驅，見洋人之火攻而望而卻走。洋人所恃以求大利者，惟此二者而已。我以為其費至重而不知其計行，奚止以千萬萬倍償其所費哉！今日而彼習馬隊矣，彼習步戰矣，彼造小船連為大船以行江河，析之至無小河不可入矣。凡有洋房之處，上無不可以放火器，下無不可以通地道，彼國中路即上下行。蔓結偪處，獨不慮其有一先發制我者乎？此豈可不未雨綢繆而為巢幕之燕乎？遣勇之不善，而有各會匪用劉永福漁練民團之善，豈能無弊！知明處當則事之無弊，否則利行而害隨，甚至利未行而害已至。見理之不明，用人之不當，逐末之易而不内脩本之難，未有不至此者。奈何不求諸己耶！前書之言，即望吾東甫用力於此，以為大有為之本。吾東甫誠篤謹慎節用，讀書異乎流俗，交久知深，故敢及此。惟今日時事之難，有為不易。吾人脩己之難，更大不易。自讀書接物早作夜思，無時不用心求知其理，以書通之於人，以人通之於書，反乎善即為惡，反乎惡即為善。切以省察於己，復於性之發為情處，性不可見，惟情可見。何以偏而自私，以去此之蔽則庶乎。平日講求義理，以讀書涵養此心，事至物來，以此心同然之理推之，以已成之事證之，雖不逆詐億不信而先覺之明自昭，而不能隱定，而不能移矣。愚歸里卅年餘，於民隱宦情、世變軍務，推之於理，較京居為少，真惟學不力為自愧耳。引見侍講科分資格，自又可得。手此即問近安。不具。十月十八日乙丑。

與徐東甫書

東甫典經賢甥倩左右月之八日畢足還得九月廿四日手復辱以賤辰遠荷齒及謝謝惟是日及次日大雨如夏時未審都中何似一生未曾經此想因燕齊火災

海洋多故上屋

聖母之憂所感而致日内尚未聞水勢如何各省陸路俱須由州上船晉路亦水阻不能車達獲鹿運河及浸水凍冰後舟不通時不知文報行旅如何行走此亦極要事也吾鄉麥苗得雨極佳河隄脩築聞委文武各一紳一爵則永遠停委不固罰賠咨部勒石想紳不經手

抄

致徐東甫少司成書

惟地方情形及人心與官役積弊日甚一日（其變日甚日速，非因循留心不知）其譸張有不可言者惟一文爭利而已中國之利外洋專以巧取無所不用其極涸轍枯魚熱釜微蟻殆使自困若不知本而以為於不足即能開礦一切生財亦不過仍供他人之剝削仍不免無政事則財用不足一語蓋得人方能共治保民乃固邦本徒善不能為政徒法不能自行今日積弊之深非真得人真愛民不能破除沈錮而大有為矣沈錮二字之極彼亦止作得君不得與民近一語而已則所謂聰明材力過人者君以下民以上其智術勢力能行乎其間使之真不得相近而已天下定有真是非哉無真是非而國之法何以明何以行哉反是可知杞人之憂深不能已惟聖賢者用心讀書明理而人情世事心皆窮理之事知不明則行必不能成也癸未五月十二日辛卯未刻

第七十八葉

録文

致徐東甫少司成書

惟地方情形及人心與官役積弊日甚一日，其變日甚日速，非田間留心不知。其譸張有不可言者，惟一交争利而已。中國之利，外洋專以巧取，無所不用其極。涸轍枯魚，熱釜微蟻。殆使自困若不知本，而以為於不足即能開礦，一切生財亦不過仍供他人之剥削，仍不免無政事則財用不足一語。蓋得人方能共治，保民乃固邦本，徒善不能為政，徒法不能自行。今日積弊之深，非真得人、真愛民，不能破除沈錮而大有為矣。沈錮二字之極，彼亦止作得君不得與民近一語而已，則所謂聰明材力過人者，君以下民以上其智術勢力能行乎其間，使之真不得相近而已，天下定有真是非哉！無真是非而國之法何以明、何以行哉！反是可知。杞人之憂深不能已。惟聖賢者用心讀書明理，而人情世事亦皆窮理之事，知不明則行必不能成也。癸未五月十二日辛卯未刻。

抄

復徐東甫書

承示左爵相加煙稅摺稿讀悉此事海口收稅後別立一局即照海口所進煙數加稅局員自不敢短少買煙者不交加稅不能任其運販每箱加百二十兩為數亦鉅既無妨於洋務亦無害於良民惟此加收鉅款以之糜費於營中大帥加成以至帶兵官與哨官層層剋扣人數以恣侵吞與所有各省公事經手官吏侵吞不能認真整頓極屬可惜中國之財雖自上古未出今日若尚可供煙之銷耗究係愈出愈少中國日益空虛為可憂耳以加稅無害於吸食而論則申報所云每兩不過加至數文十數文即加至三四百文每錢不過三四十文吸食者豈計及此因加稅而禁煙即再

加五六十兩恐亦未必能禁所慮者内地種煙之處耳種煙之田獲利過厚即於錢糧外每畝加税一二兩亦當樂從惟官吏賄縱隱匿上則誤國需索擾累下則病民凡種煙者豈有良善之民恐徧地種煙大衆販煙之處逼脅或至滋事則内地之患切於外洋矣古聖王之設征税原爲賤丈夫壟斷罔利而起與此意原不相妨但不得人則文武積習萬不能改不能内脩焉能外攘不能正己焉能治人枉尺直尋以求治恐於大局亦未能甚有益也閏七月二十七日

第七十九葉

録文

復徐東甫書

承示左爵相加煙税摺藁，讀悉。此事海口收税後，別立一局，即照海口所進煙數加税，局員自不敢短少，買煙者不交加税，不能任其運販，每箱加百二十兩，為數亦鉅。既無妨於洋務，亦無害於良民。惟此加收鉅款，以之糜費於營中大帥加成，以至帶兵官與哨官層層剋扣人數以恣侵吞，與所有各省公事經手官吏侵吞，不能認真整頓，極屬可惜。中國之財，雖自上古未出，今日若尚可供煙之銷耗，究係愈出愈少，中國日益空虛為可憂耳。以加税無害於吸食而論，則《申報》所云每兩不過加至數文十數文，即加至三四百文，每錢不過三四十文，吸食者豈計及此！因加税而禁煙，即再加五六十兩，恐亦未必能禁。所慮者，内地種煙之處耳。種煙之田，獲利過厚，即於錢糧外每畝加税一二兩，亦當樂從。惟官吏賄縱隱匿，上則誤國，需索擾累；下則病民。凡種煙者，豈有良善之民！恐徧地種煙大衆販煙之處，逼脅或至滋事，則内地之患切於外洋矣。古聖王之設征税，原為賤丈夫壟斷罔利而起，與此意原不相妨。但不得人，則文武積習萬不能改。不能内脩，焉能外攘；不能正己，焉能治人。枉尺直尋以求治，恐於大局亦未能甚有益也。閏七月二十七日。

致吴重憙（字仲飴）書札【第八十至八十一葉】

抄

仲飴賢倩太守足下閏月十八日廿二日初二日前五月廿五日兩手書知近履安善小女舊恙如常眠食平順為慰高密之說似未甚妥黃縣之說前云都中有人言之未知已達否脫肛之症多係用心太過游豫思慮所致若痔則因濕脩園方中本事（當是局名）神仙丸㝡佳愚之痔漏三十餘年五旬後因濕服之痔若脫然是脫肛則以養心為主凡事再斯可矣當時不忽過事不畱為要賜第極不馴順迂見以為係師友僕從不得其人以至子弟大染少爺習氣肰不為自己一生計則無論如何聰明皆與下愚等春第來信字似勝前已託廡生

培植或可勝於在署耶廉生近患瘧想已愈遇甲又發
猶先祖慈十年必一霍亂理數之不可詳者法事狡
極日内聞已至津兵船不少不知若何堵禦若何調停
惟見日日六百里往來日日防兵東去東撫有廿一日
程赴煙之首府縣信而似未行煙防皆用小土營圩
並地道來往惟軍不練無紀若有戰事法人必以重兵
駐煙以遏南洋之援内地少緩惟慮日本之盗又同明
倭耳香濤制軍才大識廣未知於愛民何如非真心愛
民不能真整頓地方大局也大錢與鈔必不可行之事
言利而害民即不可以為國罌粟加税尚不如種罌粟

之地必須報官重加錢糧然後許種愈多愈好以杜奸民之趨鶩然有一禁即增一胥役訛詐包庇大利藪即能禁亦為淵驅魚而恐其利之不專不厚終須嚴禁吸食為主令日不能行將來必有能行者蓋非能行不可故終不能不行理固有必然也見滋翁時何不一及之前所云　公鼎拓盻切盻切新得一周器疾馭方圜鼎先埘一紙釋説已成再與拓並寄三十餘年始得此一佳器尚不甚昂知必為我喜也

録文

仲飴賢倩太守足下：閏月十八日、廿二日得初二日、前五月廿五日兩手書，知近履安善，小女舊恙如常，眠食平順為慰。高密之説似未甚妥，黄縣之説前云都中有人言之，未知已達否。脱肛之症多係用心太過，游豫思慮所致。若痔則因濕，脩園方中本事，當是局名。神仙丸最佳。愚之痔漏三十餘年，五旬後因濕服之，痔若脱，然是脱肛則以養心為主，凡事再斯可矣。當時不忽，過事不留為要。賜第極不馴順，迂見以為係師友僕從不得其人，以至子弟大染少爺習氣。然不為自己一生計，則無論如何聰明皆與下愚等。春第來信，字似勝前，已託廉生培植，或可勝於在署耶。廉生近患瘧，想已愈，遇甲又發，猶先祖慈十年必一霍亂，理數之不可詳者。法事狡極，日内聞已至津，兵船不少。不知若何堵禦，若何調停。惟見日日六百里往來，日日防兵東去。東撫有廿一日程赴煙之首府縣信而似未行，煙防皆用小土營圩並地道來往，惟軍不練無紀。若有戰事，法人必以重兵駐煙，以遏南洋之援，内地少緩，惟慮日本之盜，又同明倭耳。香濤制軍才大識廣，未知於愛民何如。非真心愛民，不能真整頓地方大局也。大錢與鈔必不可行之事，言利而害民即不可以為國。罌粟加税，尚不如種罌粟之地必須報官，重加錢糧，然後許種，愈多愈好，以杜奸民之趨騖。然有一禁，即增一胥役，訛詐包庇大利藪。即能禁，亦為淵驅魚，而恐其利之不專不厚。終須嚴禁吸食為主，今日不能行，將來必有能行者。蓋非能行不可，故終不能不行，理固有必然也。見滋翁時何不一及之。前所云公鼎拓，盼切盼切。新得一周器矦馭方圜鼎，先坿一紙，釋説已成，再與拓並寄。三十餘年始得此一佳器，尚不甚昂，知必為我喜也。

陳介祺手稿集

肆

陳介祺／著
赫俊紅／整理

中華書局

第三部分

簠齋傳古筆記

簠齋治學金石，除考釋金文以識古之文心外，還製作拓本以傳金文之真和器之形神，並藉同好醵資助拓或售拓等方式使私藏公諸海内，接續和光大傳統文化之精華。簠齋有關這方面的記述，在捐贈手稿中有廣而告之的《傳古小啟》等，有傳拓、摹刻等傳古實踐中的感悟認識及做法經驗等的總結，如《傳古别録》、《金文宜裝册》等。此外還有簠齋手書的零稿散葉，暫附於後。

天地吾以傳者若文字耳大而精者若義理小而
字者文字則並著理之言
余收金石四十年餘歸里後以玩物
之同治丁卯東省古文字青齋息警後自合
心力既廢於此其中三代古文字猶
真面目非既物比也後思傳日
其舊交以佳拓見投者則以如那
其同好未相識者僻至變文字古
其老不能自拓又紙里帛膠
費不能值者不收費徵資
太疾其不無之乎
是經不能為

傳古小啟

捐贈手稿中，《傳古小啟》稿有五個文本，從内文校改痕跡可知各文本間的前後承續。文本一係初稿。文本二據文本一謄抄，簠齋再校改。文本三承續文本二，簠齋手書並再校改。文本四内文前缺，文本五前後均缺，皆係他抄後，簠齋再略校改。此稿各文本無標題，亦未署時間。民國二十九年（一九三〇）《說文月刊》第一卷刊載「簠齋《傳古小啟》」，據番禺張堯倫藏本排印，内文與捐贈文稿的文本四更接近，僅個別字詞稍有不同。

關於寫稿時間，文本一中提到「十鐘山房印舉六函」，據簠齋致吳雲信札可知，印舉的籌劃編纂始於同治十一年（一八七二）秋，同治十二年七月十日簠齋致鮑康信札曰：「近有《傳古小啟》之刻，刻成，當寄野人作一大笑柄也。」由此推知《傳古小啟》的寫作時間約在同治十一二年間。

文本一

傳古小啟【初稿】

毛邊紙一葉，朱絲欄，縱22.8cm，橫33.7–34.2cm。題名據簠齋信札記載代擬。

簠齋手書，再墨筆多處校改。末署「簠齋謹白 濰縣陳氏」。

漢竟百餘種

六 漢瓦每種每紙貳錢 綿紙叁錢

七 漢魏六朝塼約百餘種 余向不收南塼 以南中收藏家已富且遠 不能致 北方所出既佳而近道 後收之 每紙貳錢 綿紙叁錢

八 六朝唐宋石約五千餘種 每紙貳錢 綿紙叁錢

九 十鐘山房印舉 六函 印泥紙墨工料 送費 每部送銀伍拾兩

五 古刀布 余所收由泉而三代及漢者亦復收之 筆之云 獨不收塼也 兼文與彝器同

又五 古銅器小品及兵器銅造象 各種不能編舉 亦無多也

簠齋白

濰縣陳氏

文本一

文本二

傳古小啟【一抄校稿】

毛邊朱絲欄一葉，縱22.8cm，橫46.1–46.5cm。

他人據文本一的謄清稿，簠齋再校改和增補。末署「簠齋謹白 濰縣城內增福堂街東首路北第一大門」。

天地古今所傳者文字耳大而精者義理小而粗者文字

無文字則並義理亦不著矣余收金石古文字四十年餘

歸里後來以玩物例屏之同治丁卯青齋息警後自念半生

心之力既糜於此其中三代古文字猶是漆簡真面目非玩

物比也復思傳公海內其舊交以佳拓來投者則亦如所

投報之其同好未識而索者衰老不能自拓僻處又無文

字友可共又紙墨帛膠食功一切之費不能無不收微資

是終不能為古人傳矣大雅其不哂之乎

彝器拓本綿紙者每紙足銀貳錢約百種

鐘拓每紙伍錢十種

錢笵拓百餘種每紙貳錢

古刀布余金之不收泉猶石之不收塼也而三代及漢篆文

與彝器同者亦復收之

古銅器小品及銅造象各種名目不能編舉亦無多也

漢瓦拓百餘種　每紙貳錢綿紙叁錢

漢魏六朝塼拓百餘種　余向不收南塼以南中收藏家已富

且遠不能致北方所出既佳而近遂復收之　每紙貳錢綿

紙叁錢

六朝唐宋石拓約五十餘種　每紙貳錢綿紙叁錢

十鐘山房印舉六函工料過費每部足銀伍拾兩且

非有打搨善手不能作二三部亦不能作

簠齋謹白

濰縣城內增福堂街

東首路北第一大門

有李斯而篆法亡有中郎而隸法亡有右軍而

篆隸之遺法并真書者亦亡時代之限次降可分

今不如古古不能強書體一以藝云古文字亦可珍也

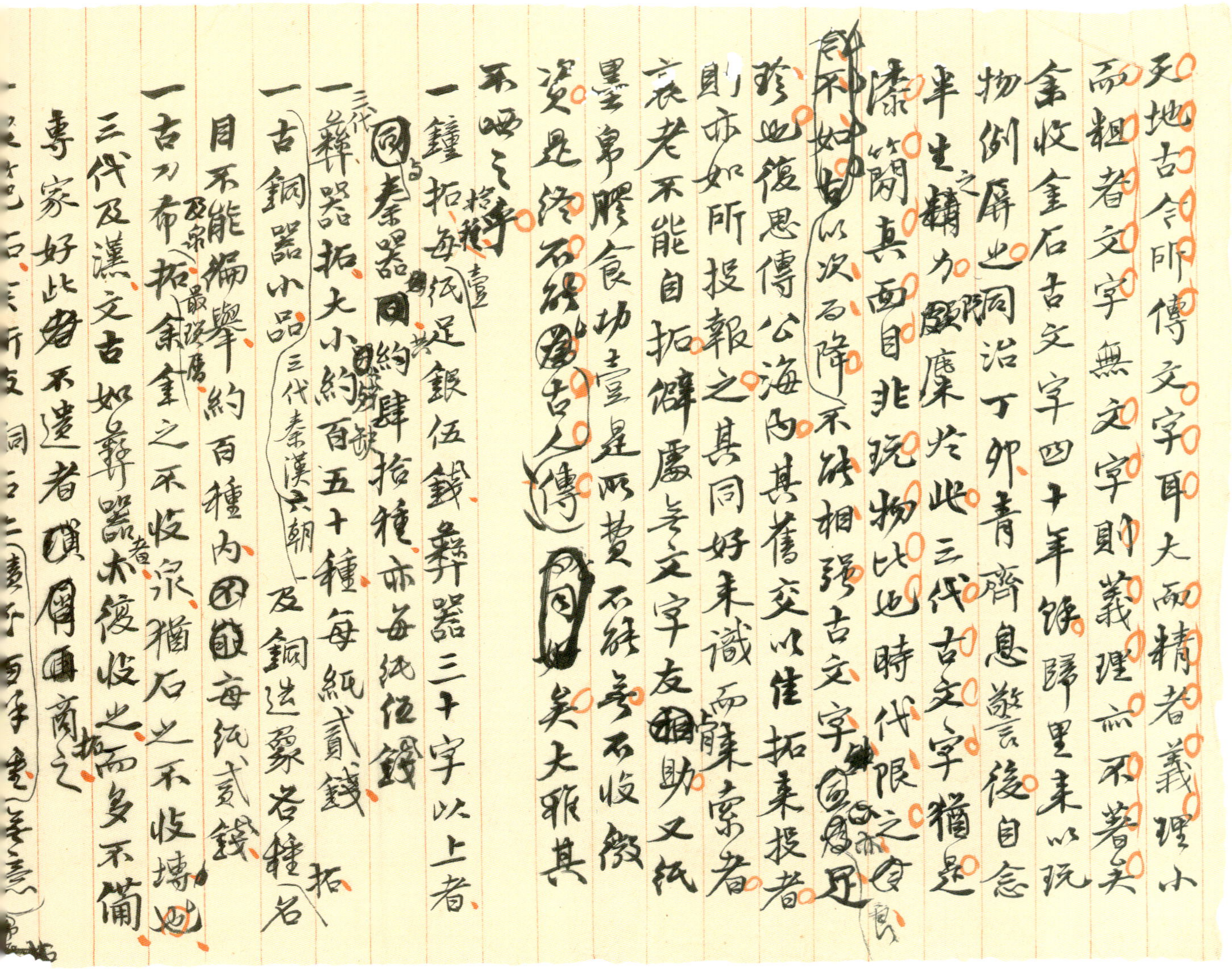

傳古小啟【二校改稿】

毛邊朱絲欄一葉，縱22.5–22.9cm，橫57.2–57.5cm。

内文承續文本二，簠齋手書，再校改，有朱筆句點。

録文

天地古今所傳文字耳，大而精者義理，小而粗者文字，無文字則義理亦不著矣。余收金石古文字四十年餘，歸里來以玩物例屏之。同治丁卯，青齊息警後，自念半生之力既糜於此，三代古文字猶是漆簡真面目，非玩物比也。時代限之，以次而降。今不如古，不能相强。古文字亦良足珍也。復思傳公海内[一]，其舊交以佳拓來投者，則亦如所投報之。其同好未識而來索者，衰老不能自拓，僻處無文字友肯助，又紙墨帛膠食功壹是所費不能無，不收微資，是終不能為古人傳矣。大雅其不哂之乎。

一　鐘拓拾種，每壹紙足銀伍錢。彝器三十字以上者，與秦器，共約肆拾種，亦每紙伍錢。

一　三代彝器拓，大小殘缺約百五十種，每紙貳錢。

一　三代秦漢六朝古銅器小品，及銅造象各種拓，名目不能偏舉，約百種内，每紙貳錢。

一　古刀布及泉拓，最瑣屑。余金之不收泉，猶石之不收塼。三代及漢，文古如彝器者，亦

[一]「古文字亦足珍也。復思傳公海内」文本四修改增补爲「雖一執，古文字亦可珍也。檢視所藏，尚少賸字。拓傳，公諸海内」。

復收之，而多不備。專家好此不遺者，商拓之。

一　泉范拓，余所收銅石土無意積至百餘種，每紙貳錢，綿紙叁錢。

一　漢竟拓，百餘種，每紙貳錢，綿紙叁錢。

一　秦漢瓦當，及瓦字拓，百種內，每紙貳錢，綿紙叁錢。

一　漢魏六朝塼拓，百餘種。余向不收南塼，以遠不能致，且南中收藏家已富，北方者既古，有新出次者，亦不能棄之。每紙貳錢，綿紙叁錢。

一　六朝唐宋元石拓，約百種內，每紙貳錢，綿紙叁錢。

一　十鐘山房印舉六函，工料過費，又需時日，且非有拓印善手，非十餘部不能作。每部足銀伍拾兩。作成有存者，方能應命。

簠齋具白

再各拓非少日所能就，如寄拓直，勿即全付，收到當付收條，注明何日可就，或寄或取畢，再付直再拓為妥。全付則須寬以時日，不相促迫計較也。否則不敢收直。

廣濰縣城內增福堂街東首路北弟一大門

雖一藝古文字亦可珍也。復思拓傳公諸海內，其舊交以真拓來投者，則大如所投報也。其同好未識而來索者，衰老不能自拓，僻處無文字友樂助，輒無以應。又紙墨帛膠食功壹是所費

檢視所感尚少賡字

計

不能無，不收微資，是終不能爲古人傳矣。大雅其不哂也乎！

一鐘拓每紙伍錢足銀計伍兩

一彝器拓百字以下至二十字者每紙伍錢計拾伍兩

一秦器拓每紙伍錢計伍兩

文本四

傳古小啟（前缺）【三抄校稿】

毛邊折葉紙五葉，每葉縱26.2cm，横24.6cm。半葉六行。

他抄，内文前缺，承續文本三，但略異。簠齋再墨筆增補校改、朱筆句點。增補之處如：「檢視所藏，尚少賡字。拓傳，公諸海内。」「吉金圖屏册拓，大者每紙壹兩，小者伍錢。」「昔辛亥陳粟園爲作《簠齋印集》十部，十月始成。葉、劉、李、吴、吕、朱諸公醵貲助之乃就。後雖增印，諸公俱往，安得起故人於九京而訂之也。噫！」

一三代彝器大小殘鼓各拓每紙貳錢計叁拾兩

一三代秦漢六朝古銅器小品及銅造象各種拓每紙貳錢計貳拾兩

一古刀幣及泉布拓爲瑣屑較器余于金不收泉猶石也不收塼也三代文古如鼎彝秦漢精異品者固太偶收也固不足道[illegible]專家好此者不遺亦付酬也自拾餘兩如道奉酬可也

一泉範拓余所收自周至六

朝銅石土三品無意積至百餘種每紙貳錢綿紙叁錢計貳拾肆兩或叁拾陸兩

一漢竟拓每紙貳錢綿紙叁錢計貳拾肆兩或叁拾陸兩

一秦漢瓦當及瓦字拓每紙貳錢綿紙叁錢計拾陸兩或貳拾肆兩

一六朝唐宋元石拓每紙貳錢綿紙叁錢計拾陸兩或貳拾肆兩

可叙碑版

一周秦至六朝塼拓北方者古而字佳若新出次者犬未能棄南塼遠莫致也且南中收藏家至富不能及也每紙貳錢綿紙叁錢計貳拾兩或叁拾兩

貳拾肆兩

一吉金圖大者每紙壹兩小者伍錢計貳拾兩

一古印十鐘山房印舉六函工料過貴又需時日且非有拓印善手非十餘部不能作每部足銀伍拾兩須有作成者方能應命昔辛亥陳粟園爲作簠齋印集十部十月始成葉劉吴呂李朱諸公醵貲助之乃就後雖增印諸公俱往矣安得起故

人于九京而訂正之也噫
㊀○○○○
簠齋具白
拓者太或[illegible]暇
再者拓非少日所能就如寄
拓道勿即全付收到當付收
字注明何日可就或寄或
取畢再付道再拓為妥全
付則須寬以時日不相促
迫計較也否則不敢收道
並恕不作復書
寓濰城内增福堂街東首路北第一大門

一漢器拓每紙貳叁錢
計貳拾伍兩

每紙伍錢計拾伍兩
一秦器拓每紙伍錢計伍兩
一彝器大小殘鼓各拓每紙
貳錢計叁拾伍兩
一三代秦漢六朝古銅器小
品及銅造象各拓每紙貳
錢計貳拾兩
一古刀幣布泉拓較器爲瑣
屑余于金不收泉猶石也
不收塼三代文古若鼎彝
秦漢品精異者見偶收也
不足道專家好此不遺或

文本五

傳古小啟（前後均缺）【四抄校稿】

毛邊折葉紙二葉，縱皆25.8cm，第一葉橫24.7cm，第二葉橫18.5–19cm。

前後均缺葉。與文本四有承續，他抄，簠齋再略有修改。

酌付，直如以相需可已。

一泉范拓余所收自周至六朝銅、石、土三品，無意積至百餘種，每紙貳錢，綿紙叁錢，計貳拾肆兩或叁拾陸兩。

一秦漢六朝竟拓每紙貳錢，綿紙叁錢。

吉金拓目價

此文稿無標題，據文意擬名「吉金拓目價」。有兩個文本，文本一是簠齋手書底稿，文本二爲欲寄他人的他抄清稿。此稿未署款，從内文的「權圖」即秦鐵權全形拓圖，可推知寫作時間不早於清同治十三年（一八七四）四月。因簠齋所藏的出自山東瑯琊臺西南古城址的秦鐵權係同治十三年四月初五所得。

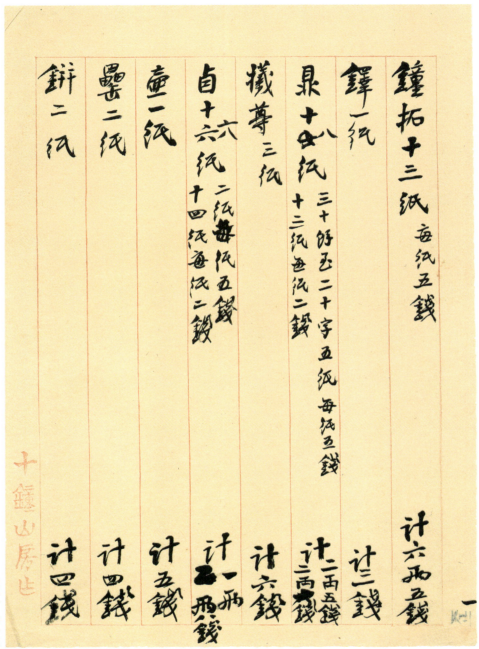

文本一

吉金拓目價【底稿】

十鐘山房版印朱絲欄箋四葉，每葉縱23.6cm，橫16.8cm。題名據文意代擬。簠齋手書。對比文本二來看，篇末缺葉。

鐘拓十三紙 每紙五錢 計六兩五錢

鐸一紙 計三錢

鼎十八紙 三十餘至二十字五紙每紙五錢 十三紙每紙二錢 計二兩五錢 二兩六錢

彝尊三紙 計六錢

卣十六紙 二紙每紙五錢 十四紙每紙二錢 計一兩 二兩八錢

壺一紙 計五錢

罍二紙 計四錢

鉼二紙 計四錢

十鐘山房造

一

爵四十五紙 四　計九兩

角四紙 一 三　計五錢 六錢

觥二紙　計四錢

斝二紙　計四錢

觚五紙　計一兩

觶一

敦三十四紙 百五十餘字至廿字十六紙 十四紙　計八兩 三兩

四耳敦一紙　計五錢

十鐘山房印

二

簠四紙 三一　計一兩五錢 二錢

簋二紙　計一兩

壺三紙　計六錢

甗二紙　計四錢

鬲三紙　計六錢

盤四紙 一 一百三十餘字至二十字三　計一兩五錢 二錢

匜五紙 二三　計一兩 六錢

匳二紙　計一兩

十鐘山房

三

文本一　第三葉

四

鍨一紙 計二錢

古兵三十四紙 每紙叁錢 計十兩二錢

劍二 瞿二 戈二十三 內有二種一紙未剪

矛四 鐓一 小干首一

秦量權拓十四紙

權圖一紙 或裝冊或裝軸以糊上紙毛邊，黏于紙上，撕去襯背紙，再以糊黏邊

秦戈一紙 如許秦器古今所希也

每紙五錢 計八兩

十鐘山房印

文本二

吉金拓目價【清抄稿】

毛邊折葉紙二葉，每葉縱26cm，橫36.4–36.8cm。

他人據文本一謄抄。頁眉有圈點數字標識。首葉幅邊有簠齋批注「閱後乞發還」，文末增補有「共七十金，長收三十金」。

閱後乞發還

鐘拓十三紙　每紙五錢　計六兩五錢

鐸一紙　計三錢

鼎十七紙　三十餘至二十字五紙每紙五錢　十二紙每紙二錢　計二兩五錢　二兩四錢

犧尊三紙　計六錢

卣十六紙　二紙每紙五錢　十四紙每紙二錢　計一兩　一兩八錢

壺一紙　計五錢

罍二紙　計四錢

鉼二紙　計四錢

爵四十四紙　計九兩

廿九

角四紙 一三 計五錢 六錢

觥二紙 計四錢

斝二紙 計四錢

觚五紙 計一兩

觶

毀三十一紙 百五十餘字至廿字十六紙 十五紙 計八兩 三兩

四耳毀一紙 計五錢

簠四紙 三一 計一兩五錢 二錢

簋二紙 計一兩

○三三盉三紙　計六錢

○三甗二紙　計四錢

○三三鬲三紙　計六錢

○三三盤四紙一一百三十餘字至二十字三　計一兩五錢二錢

三三匜五紙三二　計一兩六錢

○三區二紙　計一兩

○、鍈一紙　計二錢

○古兵三十四紙每紙三錢　計十兩二錢

劍二　瞿三　戈二十三　矛四　鍛一　小干首一

秦量權拓十四紙

權圖一紙或裝冊或裝軸以糊上紙毛邊黏於紙上撕去複背紙再以糊黏邊

秦弋一紙如許秦器古今所無也

每紙五錢　計八兩

尊六

共七十金　長收三十金

金文宜裱册

每册一幅裱一紙字多者加素册一幅或數幅以文之有可攷無可攷計之至少亦須餘一幅字少者或一幅二紙肰必須一類之器方不錯襍裱金文不留釋文攷據餘紙甚無謂襍亂無次不分類尤可厭

裱金文固不可𧜟開字尤不可將拓本中鬆者𧜟成摺皺外緊者𧜟開失神亦不可走墨。及瓦當文陽識尤易將筆畫𧜟皺失真

裱𧜟用去麪筋淨之稀糊方軟襯紙料細方軟册以軟爲工。

金文宜裝册

此稿闡述金文拓本在裝裱用紙、開本、葉數、樣式等方面較好的做法，並述及先秦、秦文字特點及重要性，以及寄奉他人所拓製的各器類拓本的數目。從行文看，此文稿似是簠齋致友人書札的附箋，有兩個文本，皆爲他抄後的簠齋再校改稿。

金文宜裝册【抄校稿】

毛邊折葉紙三葉，每葉縱26cm，横36.7cm。半葉八行，行二十二字。

他抄，簠齋再校改。

金文宜裱册

每册一幅裱一紙字多者加素册一幅或數幅以文之有

可攷無可攷計之至少亦須餘一幅字少者或一幅二

紙肰必須一類之器方不錯雜裱金文不留釋文攷據

餘紙甚無謂雜亂無次不分類尤可厭

裱金文固不可裱開字尤不可將拓本中縐者裱成摺皺

外緊者裱開失神亦不可走墨。反當文及陽識尤易將

筆畫裱皺失真

裱裱用去麵筋淨之稀糊方軟襯紙料細方軟册以軟爲

工

拓之難非自作過不知以三代秦漢金文爲精以金文爲費則他拓更覺其多費矣可以少收而不可以他拓爲費而不知工料與經理之不易也候示再寄

三代器所缺拓不過小品數十種漢器則今未拓故未寄寄必須拓齊

裱金文宜托紙後以花箋或杭連裁如册大黏定式樣看過再照它一册不過廿餘開前後餘頁六開便三十開一本矣每本前可留一目續得即可以類增入增頁須乾透方不縮

此次標器目而未及釋文倘再索奉寄即目亦不注矣釋文乞釋一過見示再以所釋注下奉復求正

三代器是秦燔之所不及

三代器之字皆聖人所制其文亦秉聖人之法循聖人之理亦有聖人之言特不過是古人之一事耳秦漢之器則無文字矣後人則並紀權量年月地名官名工名器數而無之矣

秦止十五年故文字至少

秦始改古篆爲今篆之祖秦始用今筆爲柔豪之祖秦始
刻石如碑爲今碑之祖
三代漆書尚有用刀用聿二種聿手執杵也
三代聖人文理深故字奇而多後世文理日淺故字庸而
少古人文簡而字不足用後人文冗而字無奇
裒册不可小小則將來圖拓不能容瓦拓不能容秦量紙即
可爲册式又省紙則釋文與攷無以容況各家攷釋不同各有引據手
此次所奉寄者足裒十册或十二册瓦二百可裒八册塼

百餘可裒四冊鏡百餘枚可裒六冊漢魏銅器八十餘
可裒四冊六朝石五六十可四冊唐石可一冊六朝銅
象可一冊泉范百三四十可四冊每冊二十五六開可
共四五十冊肰皆不如三代金文之有裨于學問多年
未能自拓全分或可藉大力者成之耳
不精拓則字失神而不可以摹刻盡善不用佳紙則不耐
久

文本一 第三葉

金文宜裝册【再抄校稿之一、二】

抄稿二份，皆毛邊折葉紙三葉，每葉縱26.2cm，橫37cm。半葉九行，行二十二字。

他人據文本一的謄抄稿，兩份抄稿（再抄校稿之一、二）内文相同。簠齋對兩份抄稿皆進行朱筆句讀和校改。其中整篇句讀完整的（再抄校稿之二）當爲校定稿。

金文宜裝册

每册一幅裝一紙字多者加素册一幅或數幅以文之有可攷無可攷計之至少亦須餘一幅字少者或一幅二紙肰必須一類之器方不錯襍裝金文不留釋文攷據餘紙甚無謂襍亂無次不分類尤可厭

裝金文固不可褾開字尤不可將拓本中鬆者褾成摺皺外緊者褾開失神亦不可走墨。及瓦當文陽識尤易將筆畫褾皺失真

裝褾用去麵筋淨之稀糊方軟襯紙料細方軟册以軟爲工

拓之難非自作過不知以三代秦漢金文爲精以金文爲費則他拓更覺其多費矣可以少收而不可以他拓爲費而不知工料與經理之不易也候候示再寄三代器所缺拓不過小品數十種漢器則今未拓故未寄寄必須拓齊

裱金文宜托紙後以花箋或杭連裁如册大黏定式樣看過再照它一册不過廿餘開前後餘頁六開便三十開一本矣每本前可留一目續得即可以類增入增頁須乾透方不縮

此次標器目而未及釋文倘再索奉寄即目亦不注矣釋

文乞釋一過見示再以所釋注下奉復求求正

三代器是秦燔之所不及

三代器之字皆聖人所制其文亦秉聖人之法循聖人之理亦有聖人之言特不過是古人之一事耳秦漢之器則無文字矣後人則並紀權量年月地名官名工名器數兩無之矣

秦止十五年故文字至少秦是天地古今一大節目求古聖人之遺必於秦以上矣求今人之字必自秦為始矣

秦始改古篆為今篆之祖秦始用今筆為柔豪之祖秦始刻石如碑為今碑之祖

三代漆書尚有用刀用聿二種聿手執杵也

三代漆聖人文理深故字奇而多後世文理日淺故字庸

而少古人文簡而字不足用後人文冗而字無奇

裒册不可小小則將來圖拓不能容瓦拓不能容秦量紙

即可為册式省紙則釋文與攷無以容况各家攷釋不同又各有引據手

此次所奉寄者足裒十册或十二册瓦二百可裒八册塼

百餘可裒四册鏡百餘枚可裒六册漢魏銅器八十餘

可裒四册六朝石五六十可四册唐石可一册六朝銅

象可一册泉範百三四十可四册每册二十五六開可

共四五十册肰皆不如三代金文之有裨于學問多年
未能自拓全分茲可藉大力者成之耳
不精拓則字失神而不可以摹刻盡善不用佳紙則不耐
久

文本二一　再抄校稿之一　第三葉

金文宜裝册

每册一幅裝一紙字多者加素册一幅或數幅以文之有可攷無可攷計之至少亦須餘一幅字少者或一幅二紙肰必須一類之器方不錯襍裝金文不留釋文攷據餘紙甚無謂襍亂無次不分類尤可厭

裝金文固不可裱開字尤不可將拓本中鬆者裱成摺皺外緊者裱開失神亦不可走墨○及陽識瓦當文尤易將筆畫裱皺失真

裝裱用去麪筋淨之稀糊方軟襯紙料細方軟册以軟為工

拓之難非自作過不知以三代秦漢金文為精以金文為
費則他拓更覺其多費矣可以少收而不可以他拓為
費而不知工料與經理之不易也候候亦再寄三代器
所缺拓不過小品數
十種漢器則今未拓故未寄寄必須拓齊
裱金文宜托紙後以花箋或杭連裁如冊大黏定式樣看
過再照咒一冊不過廿餘開前後餘頁六開便三十開
一本矣每本前可留一目續得即可以類增入增頁須
乾透方不縮
此次標器目而未及釋文倘再索奉寄即目亦不注矣釋

文乞釋一過見示再以所釋注下奉復求求正

三代器是秦燔之所不及

三代器之字皆聖人所制其文亦秉聖人之法循聖人之理亦有聖人之言特不過是古人之一事耳秦漢之器則無文字矣後人則並紀權量年月地名官名工名器數而無之矣

秦止十五年故文字至少秦是天地古今一大節目求古聖人之遺必於秦以上求今人之字必自秦為始矣

秦始改古篆為今篆之祖秦始用今筆為柔豪之祖秦始刻石如碑為今碑之祖

三代漆書尚有用刀用聿二種聿手執杵也

三代聖人文理深故字奇而多後世文理日淺故字庸而少古人文簡而字不足用後人文冗而字無奇

裝冊不可小小則將來圖拓不能容瓦拓不能容秦量紙即可為冊式省紙則釋文與攷無以容況各家攷釋不同又各有引據手

此次所奉寄者足裝十冊或十二冊瓦二百可裝八冊塼百餘可裝四冊鏡百餘枚可裝六冊漢魏銅器八十餘可裝四冊六朝石五六十可四冊唐石可一冊六朝銅象可一冊泉範百三四十可四冊每冊二十五六開可

共四五十册。然皆不如三代金文之有裨於學問。多年未能自拓全分。或可藉大力者成之耳。不精拓則字失神。而不可以摹刻盡善。不用佳紙則不耐久。

文本二 再抄校稿之二 第三葉

録文[一]

金文宜裝册

每册一幅裝一紙。字多者，加素册一幅或數幅。以文之有可攷無可攷計之，至少亦須餘一幅。字少者，或一幅二紙。然必須一類之器，方不錯襍。裝金文不留釋文攷據餘紙甚無謂。襍亂無次不分類尤可厭。裝金文固不可裱開字。尤不可將拓本中鬆者，裱成摺皺。外緊者，裱開失神。亦不可走墨。陽識及瓦當文尤易將筆畫裱皺失真。

裝裱用去麵筋浄之稀糊方軟。襯紙料細方軟。册以軟為工。

拓之難，非自作過不知。以三代秦漢金文為精，以金文為費，則他拓更覺其多費矣。可以少收，而不可以他拓為費，而不知工料與經理之不易也。候示再寄。三代器所缺拓，不過小品數十種。漢器則今未拓，故未寄。寄必須拓齊。

裝金文，宜托紙後，以花箋或杭連裁如册大，黏定式樣看過再照㝎。一册不過廿餘開，前後餘頁六開，便三十開一本矣。每本前可留一目，續得即可以類增入。增頁須乾透方不縮。

此次標器目而未及釋文。倘再索奉寄，即目亦不注矣。釋文乞釋一過見示，再以所釋注下奉復求正。

三代器是秦燔之所不及。

三代器之字，皆聖人所制。其文亦秉聖人之法，循聖人之理。亦有聖人之言，特不過是古人之一事耳。秦漢之器則無文字矣。後人則並紀權量年月、地名、官名、工名、器數而無之矣。

秦止十五年，故文字至少。秦是天地古今一大節目。求古聖人之遺，必於秦以上矣。求今人之字，必自秦為始矣。

秦始改古篆為今篆之祖，秦始用今筆為柔豪之祖，秦始刻石如碑為今碑之祖。

三代漆書，當有用刀用聿二種。聿，手執杵也。

三代聖人文理深，故字奇而多。後世文理日淺，故字庸而少。古人文簡而字不足用，後人文亢而字無奇。

裝册不可小，小則將來圖拓不能容、瓦拓不能容。秦量紙即可為册式。省紙則釋文與攷無以容。況各家攷釋不同，又各有引據乎。

此次所奉寄者，足裝十册，或十二册。瓦二百，可裝八册。塼百餘，可裝四册。鏡百餘，可裝六册。漢魏銅器八十餘，可裝四册。六朝石五六十，可四册。唐石可一册。六朝銅象可一册。泉笵百三四十，可四册。每册二十五六開，可共四五十册。然皆不如三代金文之有裨於學問。多年未能自拓全分，或可藉大力者成之耳。

不精拓，則字失神而不可以摹刻盡善。不用佳紙，則不耐久。

[一] 此爲《金文宜裝册》文本二「再抄校稿之二」的録文。

金文宜裱册

每册一幅裱一紙字多者加素册一幅或數幅以文可攷無可攷計之至少亦須餘一幅字少者或一紙肰必須一類之器方不錯襍裱金文不留釋文餘紙甚無謂襍亂無次不分類尤可厭

裱金文固不可裱開字尤不可將拓本中鬆者裱成外緊者裱開失神亦不可走墨○及陽識瓦當文將筆畫裱緻失真

裱裱用去麪筋淨之稀糊方軟襯紙料細方軟册以

鼎亞室父癸鼎冊命父癸鼎母乙鼎庚午父乙鼎

僞爲商如秉仲以僞爲古如刑官尊子執刀祖乙卣鷹父乙壺

寶父辛鼎西宮父甲尊子執弓尊

化祖亞子執刀父己觶亞敦以僞爲周如孟姬鼎魯公鼎亞形魯公鼎

乙公鼎乙公萬壽鼎師旦鼎召父鼎父乙鬲鼎君錫鼎史伯碩父鼎寶貝用卣雞

彝綰綽眉壽敦仲駒父敦寶盤乙戈以僞爲秦如秦權秦斤以古爲秦如

古軍戈以僞爲漢如孜女父鐘好時鼎汾陰宮鼎孝成鼎司正壽鼎齊安鐘太官壺注水匜

以古爲漢如漢用劍龍虎銅節

一古器出土後傳世久抒者千百不一二見銅劑不善則

氣淺而青綠朽腐質良劑善鍊純則氣不淺而青綠無宋鑄

佳者器皆似古唯文字遜宋貢古器有磨蠟者甚精工而不

損宋以下僞者不足論今則專以古器作僞字是三代

黄山鐙林華觀行鐙周陽侯甗尚有不愧三四十器今則僞者紛淆誠不若鶩趨利

亟需嚴辨之矣

定之古器之銅皆鑄鑄款入土數千年土潤溽暑則款

内積汗且多外狹内寬販夫每能識之贗鼎多係鑿刀轉折不圓

行款不準赤綠皆浮而無青色又不成文多習見字無奇字或以

餖飣爲新異學者惑於喜新迷於貪得忽於自矜堅

於護短是謂不能以銅定之至於自誤誤人阮書選刻

至精尚不免以宋爲周如宋嘉禮尊甲午簋天錫簋以

偽為商如秉仲以偽為古如鼎亞室父癸鼎冊命父癸鼎母乙鼎庚午父乙鼎寶父辛鼎西宮父甲尊子執弓尊刊官尊子執刀祖乙卣鷹父己壺化祖亞子執刀父己觶亞𣪘以偽為周如孟姬鼎魯公鼎亞形魯公鼎乙公鼎乙公萬壽鼎師旦鼎呂父鼎父己鬲鼎君醬鼎史伯碩父鼎寶用卣雞彝綰綽眉壽𣪘仲駒父𣪘寶盤乙戈以偽為秦如秦權秦斤以古為秦如右軍戈以偽為漢如孔文父鐘好時鼎汾陰侯鼎孝成鼎司正壺鼎齊安鐘大官壺注水匜

一古器出土後傳世久扜者千百不一二見銅劑不善則氣淺而青綠朽腐質良劑善鍊純則氣不淺而青綠無宋鑄佳者器皆似古唯文字遜宋貢古器有磨蝕者甚精工而不損宋以下偽者不足論今則專以古器作偽字是三代

以古為學如寶用劍龍虎銅節黃山錢林華叔行錢周陽侯甗尚有三四十器今則偽者紛淆誠不趨利若鶩更不嚴辨之矣

器一大厄止可去字抒器新鑄小[古]器[秦漢器]不過偶■偽■[贗]亞

蘇燒亦無近作

一古器拓字久亦不能少[無]損即用軟毛刷不用椎亦須紙

糊易磨處[慎護]而後輕拓之[不可少用力]必[■細]緜紙佳墨細帛拓傳[不拓則有若無]■[而]古人

傳[則]藏者雖以古文字公■海内矣

一摹字■[上]版必須油素雙鈎摹者能真解古字用筆■[之]法

攤寫之力精密不失毫髮大小■[悉]■[如]原字乃為傳古

一每一眞古器拓必須一字鈎一條紙下注器名並原句
入於説文本字下爲藁以便校選

一古器必以此者爲名祭器媵器雖有其所爲之名究不盡

一其無此者名則市鬻器

一説文所有字必引説文本文

一説文所無字必注説文無此字其經傳所有者必引經

傳本文。

一許氏解篆專主說經，經籍所無不可以此道解，必爲疑

佀宋慎止辭。

一許氏所引古文籀文有不類古器字者。

一古器（王寔）。𢀚己形意事殸轉段，有許書所無者，不可均以爲（即轉假）

一古人字多而用不足，後人字少而用有餘。古人文簡而

録文

一　古器字書於土笵，故有先刀畫闌文於土，而鑄後闌高起者，反書而極精。是能神而明之。内笵外笵相合，中去其土之厚薄，即器之厚薄。耳足皆先鑄入笵，足中亦有笵土。

一　古器字既箸録傳後，必先嚴辨真僞，不可説贋。古人之文理文法，學者真能通貫，即必能辨古器之文，是謂以文定之。古字有古人筆法，有古人力量，有古人自然行款，書者真能用心得手，亦即必能辨古器之字，是謂以字定之。古器之銅皆鑄，鑄款入土數千秊，土潤溽暑，則款内積汗，且款多外狹内寬。販夫常見，每能識之。贋鼎多係鑿刀，轉折不圓，行款不渾，赤緑皆浮而無青色。堅者則係燒成，又復不成文理，多習見文，習見不奇之字，或餖飣雜綴以為新異，學者惑於喜新，迷於貪得，忽於自矜，堅於護短而收偽器，是謂不能以銅定之。至於箸書自誤誤人，尤為宜慎。阮書選刻至精，尚不免以宋為周，如宋嘉禮尊、甲午簋、天錫簋。以偽為商，如秉仲鼎、亞室父癸鼎、册命父癸鼎、母乙鼎、庚午父乙鼎、宥父辛鼎、西宫父甲尊、子執弓尊、刊宫尊、子執刀祖乙卣、鷹父己壺、作祖壺、子執刀父己觶、亞毁。以偽為周，如孟姬鼎、魯公鼎、亞形魯公鼎、乙公鼎、乙公萬壽鼎、師旦鼎、召父鼎、父己鬲鼎、君錫鼎、史伯碩父鼎、寶用卣、雞彝、綰綽眉壽毁、仲駒父毁、寶盤、乙戈。以偽為秦，如秦權秦斤。以古為秦，如右軍戈。以古為漢，如寶用劔、龍虎銅節。以偽為漢，如孔文父鐘、好畤鼎、汾陰矦鼎、孝成鼎、司正鼒、齊安鑪、大官壺、注水匜、黄山鐙、林華觀行鐙、周愓矦甗，尚不免有三四十器。今則趨利若鶩，偽者紛淆，誠不可不嚴辨之。

一　古器出土後，傳世久存者，千百不一二見。銅劑不善，則氣洩而青緑朽腐。質良劑善，鍊純，則氣不洩而青緑無。宋貢古器，有磨蠟者，甚精，工而不損。宋鑄器佳者皆似古，唯文字遜。宋以下偽者不足論。今則專以古器作偽字，是三代器一大厄，止可去字存器。新鑄小古器、秦漢器，不過偶偽以應有力，並蘇燒亦無近作。

一　古器字拓，久亦不能無少損。即用軟毛刷，不用椎，亦須紙糊易磨處，慎護而後輕拓之。不可少用力。必薄細綿紙、佳墨、細帛。不拓則有若無。拓傳而古人傳，則藏者能以古文字公海内矣。

一　摹字上版，必須油素雙鉤。摹者能真解古字用筆之法，運腕之力。精寀不失豪髪，大小悉如原字，乃為傳古。

一　每一真古器拓，必須一字鉤一條紙，下注器名，竝原句，入於《説文》本字下為藁，以便校選。

一　古器必以作者為名。祭器、媵器，雖有所為之名，究不畫一。其無作者名，則市鬻器。

一　《説文》所有字，必引《説文》本文。

一　《説文》所無字，必注《説文》無此字。其經傳所有者，必引經傳本文。

一　許氏解篆，專主説經。經籍所無，不可以臆直解，必為疑似寀慎之辭。

一　許氏所引古文籀文，有不類古器字者。

一　古器字之形意事聲轉假，有許書所無者，不可即以轉假爲正字。

一　古人字多而用不足，後人字少而用有餘。古人文簡而

鼎 亞室父癸鼎 冊命父癸鼎 母

偽為商如秉仲以偽為古如齊父辛鼎西宮父甲尊子執弓尊祈宮尊子執刀

化祖壺子執刀父乙觶亞斂以偽為周如重姬鼎魯

乙公鼎乙公萬壽鼎師旦鼎召父鼎父己禹鼎君釦鼎史伯碩

彝綰綽眉壽敦仲駒父敦寶盤乙戈以偽為秦如秦權

右軍戈以偽為漢如孔文父鋗好時鼎汾陰侯鼎孝成鼎司正尊

以為學如寧夏用命乳虎銅節

黃山錢林華觀行鐙

周陽侯甗尚有三四十

器今則偽者紛淆誠不若趨利若鶩

亟宜嚴辨之矣

一古器出土後傳世久存者千百不一二見

氣洩而青綠朽腐齊善鍊純則氣不洩而 質良

往者器皆似古唯文字遜宋貴古器有磨 蟲蝕 者

損宋以下偽者不足論今則專以古器作

傳古別録【底稿影印本】

綫裝一册，一九二〇年與石居據簠齋手稿影印[一]。開本縱 31.3cm，横 20.5cm。書衣勞健（字篤文）題簽「簠齋傳古別録手稿」。内文十三葉，後有民國九年（一九二〇）勞健題跋二葉。此影印本爲簠齋後人收集，並隨其他手稿一起捐贈。

原稿用紙是十鐘山房朱絲欄箋，簠齋手書，有校改和朱筆句讀。内文分四部分，即剔字之弊、拓字之法、拓字之目、拓字損器之弊，是簠齋在日積月累的傳拓實踐中，就護好古器、製作出真精吉金彝器拓本的要訣。

該文稿是簠齋應潘祖蔭刊刻之請而寫，但未署款。成稿時間似在同治十三年（一八七四）八九月間，此年九月二日簠齋致潘祖蔭信札云：「防損器拓事目，乞閱後交廉生。」潘氏最早刻成《傳古別録》當在光緒元年（一八七五）七月。簠齋七月二十六日致潘氏札曰「《傳古別録》二十册領到」。光緒四年（一八七八）七月，潘氏又輯入《滂喜齋叢書》（見《滂喜齋叢書》第四函）。以後的刊本有《葉氏存古堂叢書》、《美術叢書·續集》第二集等。潘氏的光緒刊本暫未見到，其他的排印本與原稿皆有文字上的出入。

[一] 簠齋原稿初在潘祖蔭處，後歸黄縣丁氏，又歸周進（字季木），周氏付之影印。

書衣

傳古別錄

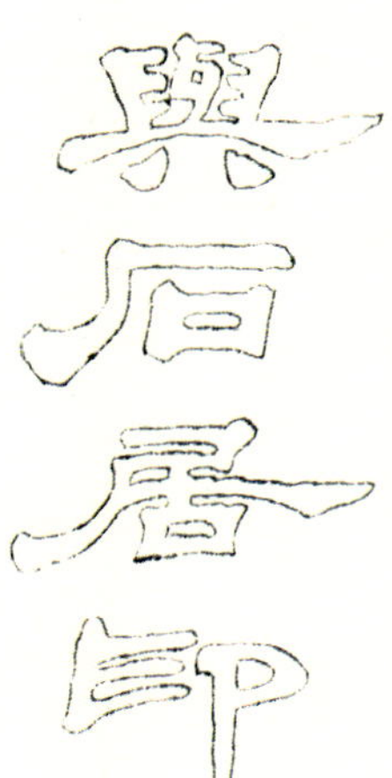

書名葉

剔字之弊

刀剔最劣，既有刀痕而失渾古，甚損字之原邊，爲尤甚，全失古人之眞，而改爲今人心中所有之字，令人手中所寫之字矣。

銅絲刷剔，亦損字邊，損斑見骨，去銅如鏽，古文字之一劫也。俗子以其易見字，每爲之，謬之甚矣。僞刻用以去斧鑿痕，使拂去渾融如舊者。

十鐘山房上二

鏽剔尚可須用大鏽鈍者自畫之正中時刻轉動聽其斑之自起而字邊仍不可動不可用鏽刮磨勿令鏽走劃出畫外成痕（又）於不當通處通之（而不能留得住）尤不可用其鏽與用力過很不知字底銅質之薄古之銅質已朽已致刺銅成孔（或鈍很致破）蓋款字原係中凹積結青綠原非真（其）銅字邊方是真銅斑落見字雖字邊有少斑

十鐘山房印

不可聽之矣其銅質已無青綠凸起字在高斑而無復平地者則不可剔剔則斑去而字不去矣須斑下有原銅平地而字畫之中是斑者乃可剔也

醋漬去斑之說不可用凡酸物皆可去青綠斑而不能去未斑但變紫色嘉興張叔未廷濟有去字中斑之法未知其詳但見其字眞而肥字字清晰而校之舊拓未去斑

十鐘山房

者則神理鋒芒遠遜吾不取則亦不欲聞矣有字者必有可見字處若一無可見而誤信不見字亦可出字之言則古器之厄厲矣古器臧數千年而出世制作包澤極可寶愛誠不可不察而以求字損之也　醋浸亦須有銅質地平見字甚明而不可拓者斑至堅而又不可鑿剔者乃可試之不如是則必不可

十鐘山房

剔印則移後

剔字須心氣靜定目光明聚心暇手穩時爲之須先看明字之邊際留斑痕浸入字邊內銅之色變者爲斑而去之遇堅處須從容試之精神倦則勿剔有人有事相擾則勿剔也 剔印太肰子毋印鏽不出者油浸數月可出 古人之字有力有法故有神剔者知其如何用力如何是法而剔之則不失其神矣良工心細

或亦能止。而不如讀書人解古篆刻者止所累也。一誤即不可復。不可不慎也。又慎。若直不敢剔。不肯拓。亦非至善。不能傳古。與秉此器何以異哉。

十鐘山房止

拓字之法

筒用氈卷。白细絨氈中不夾灰土者卷緊，呂滿帶縛緊，兩頭切平，且團口目邊闌為便。

今用毛刷。犀尾（皆櫛沐所用）勝羊毛者。有柄者施之字杜平面者，無柄而圓者（入竹筒中），施之深腹之字者。此種毋有髭髮髭鬣過剛，久用雖隔紙亦損字邊際鋒芒之弊。或用薙刀者，用柔者，用退豪大筆者，愈用久愈柔軟愈佳。不可不慎也。二者兼用皆有所損

十 瀋山房上

凡敲擊皆不可過重很。而搨者道下者尤甚也。毛刷有紙爲刷刺之弊。圓鬃硬刷究大可畏。必以不用爲要。

皆用銅弩鏟襯薄細氈。敲擊極細淺之字。良佳。但不可重很。尤須無（中平）廉隅不傷器者。乃可試用也。

皆用六吉棉連扇料紙、小名十七刀者。今無之矣。（今）薄者名淨皮、校皆固不能薄、尤不能輭、紙料（麁麤）有灰性、工不良之故、張亦未有

十鐘山房印

宋本書副頁紙拓本至佳。呂明羅文紙爲亞。亦少佳。素方伯拓本紙黃色太雅。今紙厚則麤。拓石尚可。拓吉金則不能精到也。皆用清水上紙。或摺紙。水溼勻透。吹開上也。拓可速而紙易起。水上者不易起。而字中有水。每乾溼不勻。後用大米湯上紙。勝於清水上紙也。苦莫苦於膠礬。礬則損石脆紙矣。今用張叔未濃煎白芨膠法上紙。然止是詢札。

未見如法拓者姑以發水上紙以紙隔匀去溼
紙再以乾紙墊刷擊止
拓包外用帛一層內包新棉紮緊舊帛
亦省然不如圓以帛也零者為佳　包上墨
時以筆抹墨塗于小椀蓋上或蓋碟上以
包速搽也令匀乾則再上墨不可以包入
墨聚處蘸也使棉有溼點著紙即成
墨點有墨點即須易棉近看使棉全

十鐘山房

溼者究不合法色外墨用不到處易積而（最易墨入字中）
忽用此則墨重須常揉去此帛敝則易色
鬆則時紮此緊則不入字鬆則易入字
上墨須視紙乾溼溼而色略白卽用色揉濃
墨少乾趁溼上一邊（徧）令少乾再拓此一邊（徧）最易
蓋紙地且潤然不可接連上上墨須膠不黏
手再上方黏不起紙膠卽重紙卽不起太不
可上墨須勻勿先不勻後再求勻上墨不可

使有[illegible]墨透紙使紙背有不白處有輕重

濃淡處（搨後則俟紙極乾時吾芭蘸好墨撲而兼拭則墨色光明矣）其要則先須字邊真尤須字肥

瘦細卽邊真大不如真而肥者拓之為字

字邊真而肥乃得原神墨色則其次淡

墨（如）蟬翼拓固雅不及濃墨之紙黯而猶

可鉤摹也（字外之墨漸淡而無如煙雲為佳不可有痕）拓墨須手指不動而運脊ゝゝ

乃心運使動而脊仍不動不過其力或輕或

重或撲或揚一到字邊包卽騰起已脊起（如拍如揭）

十鐘山房印

蓓而紙有聲乃爲得法，若拙則溼色直搨

入字，不看紙之乾溼也，候不問色墨之勻不

勻，不求手法，不審字邊之眞不眞而已。白

紙黑墨，至成黃色，墨水浸鋪字兼邊際，

無從鉤摹，何貴乎有此一拓乎。蘇生云著手紙墨如玉，良善形容。

上紙有極難者，鼎腹器邑，必須使摺皺不

杜字而已。紙不佳則尤易破，紙不可小，須留

標目、玫釋與用何處。紙文宜直用，勿橫，紙

不可揭處，以口呵之，重膠濃拓，或以熱湯

熏之。

器之陰款，止求字邊即可。陽識者，可粗肥

可。應須執包緊，直落平拓，勿轉側，緣

要。轉側則必失眞矣。又須解字之筆法。

不少拓，不多拓，乃可。錢瓦塼泥封刀幣宗同。

器之深者，以竹葦縛樸包，揬拓之，暗處以

鑷鉗包揬拓之。爵斝內，以匾竹鬲加少棉帛

十鐘山房㡯

拓拭之器之難拓莫過于兩飾屋罍以拓

三行留中一行爲善其不闇而紙極難上

者太可整紙拓完再逐行拓之以便摹

刻唯以可刻爲主 拓鐘法已詳 拓器欵

循前人佳式 拓古宗須照舊冊上粘冊瀝

之則不動 古器性情各有不同須細心揣度拓之

拓圖以記尺寸爲主上中下高低尺寸既

定其曲處以横線夾木版中如線表也

式抵器即可得眞再向前一傾見口即得
器之陰陽以紙褙空出後有花文耳
匠者拓出補綴多者去之使合素處以
古器平者拓之不可杜塼木上拓不可連
者紙隔拓之整紙拓者佀巧而俗不入
大雅之賞也
拓古石須厚紙先撲後拭石完者以濃
芨膠上紙乾以白蠟先微拭之再上拭

十鐘山房

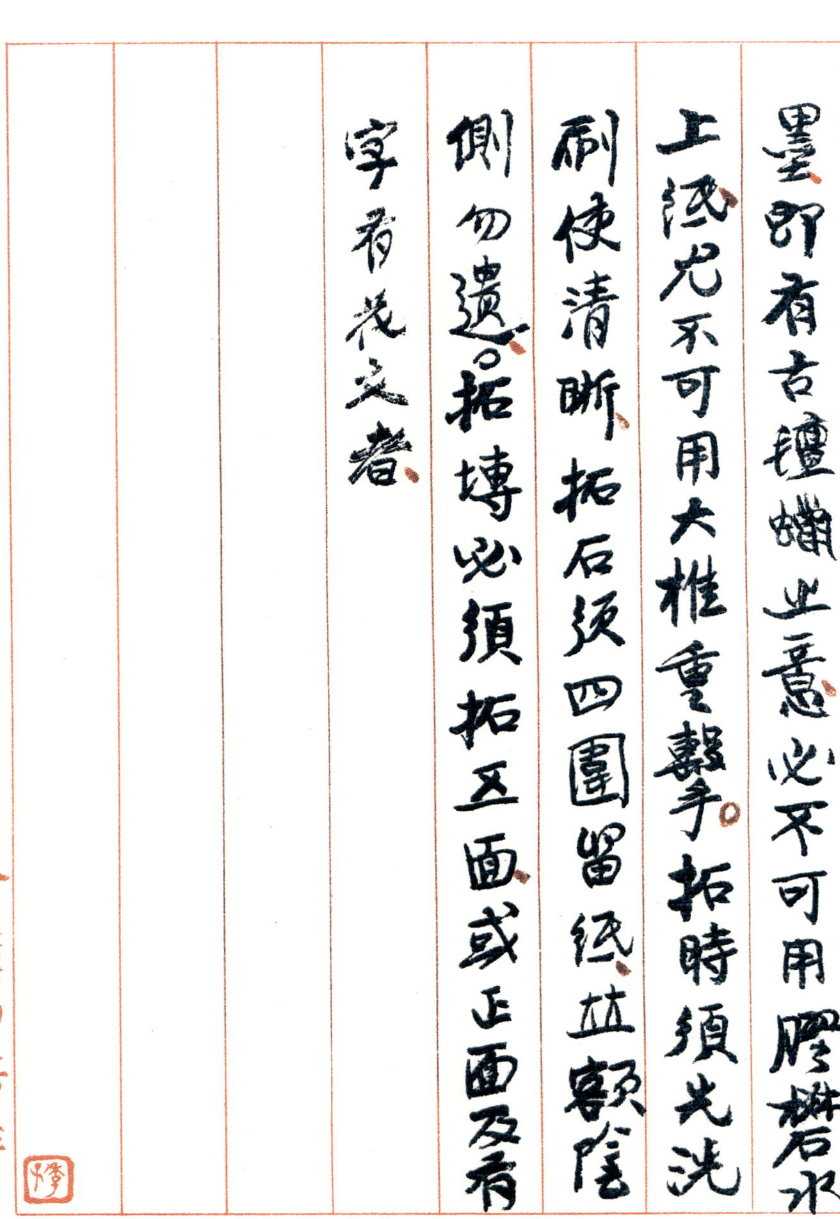

墨即有古鐙蠟之意，必不可用膠礬水上紙，尤不可用大椎重擊。拓時須先洗刷使清晰。拓石須四圍留紙并款陰側勿遺。拓塼必須拓五面，或正面及有字有花之者。

拓字之目　近日習氣以私拓售直為事必須慎之良久
交易送不可私拓也

裁紙大小須自定　先裁定大小若待用時為佳

發紙須有目　發墨同須記目
白芨帛棉花同　紙箱須內存

發器出拓須看目　須記日拓者亦記
易磨者紙糊後再發之可

繳拓須有目拓損者亦繳　須記日可知所拓之數

繳器須記目　記日某某手收何處

收拓本須用紙褙作包題字內用紙　一器一包
俗傳

護紙面記收支數目外用箱盛

十鐘山房

塼瓦泥封版上白蠟後乃可拓。土范同。

拓式多見，擇其紙式大方者從之。不可省紙。

拓紙不可大小過不同。以易作一束爲便。

拓紙須留標目題字用印處。字之高下前後之須合式。

拓器，冬則几用氈，夏則以舊書紙襯者藉之。鐘則以舊絮坐墊俗語襯其乳。最易轉移。

拓鐘欵

先以紙空孔套於鉦乳上。孔大則糊紙使小，僅乃下紙。爲是，以此紙樣鋪於鐘，連紙上。以水筆撕之。每乳自外去大半，爲連其內。糊於紙樣，記明某鐘存之。拓鐘留乳不拓鉦，爲太殊。斜貼作鉦甚便。拓甬欵審其寬狹。退後拓。先撕一條長方孔黏紙。鐘也上面無拓者，拓出則鐘也尺寸甚明。

紙不可過小者。　尊　卣　角　爵附　觥　斝　觚　觶　壺

十鐘山房

戈矛背

拓壽陽建花文一段。紙小易失難收。且不大雅。文

不使鑿字用印。

虎符与金銀錯字者。字細淺者須善其

文拓之。不可剔去如悍距未也。

拓字之法、前記之詳、然未備、可録寄再詳、

句之次序寫去、統照為改正是感。

此種非文字須別作一付冊後筆記同

拓字損器之弊 傳古者多又多拓之之而又不護器

鐘卷擣　硬刷磨重擦皆可致破

毛刷敲擊字邊固易真小鐘止數

擊敲時動者則易磨出新銅

吉金古澤乃數千年所結損去則萬不

能復且損銅此何能補哉 其良工能補是痕者再傷尤為可惜不若切之慎之于拓也

重器於器平級常人之手 此見須守傳送

拓字時古必須將器轉動手運然後可拓

十鐘山房止

者。或底拓凡上易磨者，皆必須紙糊矣。

語拓者以易損為不輕，然然不可不慎，止於

始也。紙糊又須摺以細軟布裹緊，易磨方可矣。二者酌之，如必須紙糊，則不可不拄也。

硬刷皆可畏，無論作何用也。好墨之蹤不靈。刷古印太肰。

尊卣腹內字。近多以硬刷入竹筒搡而搗。圖長

之。雖隔紙之搗，太恐紙硬者損字邊

際。須以少軟如犛尾者為要。

朽者易損，雖完而尚有聲，質已化爲

青綠不勝敲磨與其悔于事後不如防
于事前我既愛之則不可不保之彊不愛
者而使之愛彊不可託者而望其可託
是太愚而勞矣廉生謂於金文石理愛
若肌膚是矣然豈能不拓傳豈能刻〻
鑑之唯看求謹慎之人而任之或得謹
信之人使整之庶乎其無失矣
彝匜腹易損　尊卣鼎壺等字在內者

十鐘山房

非敧側非轉動不可拓。須審其勢乃獲止。

詔版不平。又兩面有字。其凸面與甬易磨。字在足内者易磨。底有字則易磨上口柱側則易磨身面。

銅質薄甚者。重敲易破。鐘易磨乳兩面有字。處易磨凸面止鉦間。鼎字在柱腹内外皆易磨。尊卣易磨口與腹外。甗鉼同。敦簋簠不能磨。盤匜豆同

愛古者以此類推之。將拓先試其易磨處防之可也。

十鐘山房

古幣至薄而不平。古泉有薄小而朽者尤易損破敲斷。不可託躁人之手。小童之手與俗出不知何人椎拓。甚至遺失損易哉。求精拓而一意重損很敲。求甚可慮。自非精細者不能無弊。

跋此次所言拓剔各事皆係平日經歷體驗用心所知者雖無可觀於傳古之事亦尚不無可取大雅不以爲語小而虛心鑒之則古人有文字之器受惠多矣

十鐘山房印

録文

剔字之弊[一]

刀剔最劣，既有刀痕而失渾古，其損字之原邊為尤甚，全失古人之真，而改爲今人心中所有之字，今人手中所寫之字矣。

銅絲刷剔，亦損字邊。損斑見骨，去銅如錯，古文字之一劫也。俗子以其易見字每爲之，謬之甚矣。僞刻用以去斧鑿痕，使拂去渾融如舊者。

鍼剔尚可，須用大鍼鈍者，自畫之正中時刻轉動，聽其斑之自起，而字邊仍不可動。不可用鍼刮磨，勿令鍼走，劃出畫外成痕。又於不當通處通之，而不能留得住。尤不可用尖鍼，與用力過很，不知字底銅質之薄，古久銅質之朽，以致刺銅成孔，或鈍很致破。蓋款字原係中凹，積結青緑，原非真銅，其字邊方是真銅。斑落見字，雖字邊有少斑，亦可聽之矣。其銅質已無，青緑凸起，字在高斑，而無復平地者，則不可剔。剔則斑去，而字亦去矣。須斑下有原銅平地而字畫之中是斑者，乃可剔也。

醋漬去斑之説不可用。凡酸物皆可去青緑斑，而不能去朱斑，但變紫耳。嘉興張赤未廷濟有去字中斑之法，未知其詳。但見其字真而肥，字字清晰，而校之舊拓未去斑者，則神理鋒芒遠遜。吾不取則亦不欲聞矣。有字者，必有可見字處。若一無可見，而誤信不見字亦可出字之言，則古器之厄厲矣。古器藏數千[二]季而出世，制作色澤極可寶愛，誠不可不察，而以求字損之也。醋浸亦須有銅質地平見字甚明而不可拓者，斑至堅而又不可鍼剔者，乃可試之，不如是則必不可。

剔字須心氣静定，目光明聚，心暇手穩時爲之。須先[三]看明字之邊際，勿以斑痕浸入字邊内銅之色變者爲斑而去之。遇堅處，須從容試之。精神倦則勿剔。有人有事相擾則勿剔也。剔印亦然，子母印銹不出者，油浸數月可出。古人之字，有力有法，故有神。剔者知其如何用力、如何是法而剔之，則不失其神矣。良工心細，或亦能之，而不如讀書人解古篆刻者之所爲也。一誤即不可復，不可不慎之又慎。若直不敢剔，不肯拓，亦非至善。不能傳古，與無此器何以異哉。

拓字之法

昔用氈卷，白細絨氈，中不夾灰土者，卷緊，以帶滿縛緊，兩頭切平，適用為便。

今用毛刷，犀尾勝羊毛者，皆今櫛沐所用。有柄者，施之字在平面者。無柄而圓者，入竹筒中，施之深腹之字者。此種每有鬉鬣過剛。久用雖隔紙亦損字邊際鋒芒之弊。或用劈者，用柔者，用退豪大筆者，愈用久愈柔鈍愈佳。不可不慎也。二者重用皆有所損。凡敲擊皆不可過重很，而搗者直下者尤甚也。毛刷有紙為刷刺之弊，圓鬉硬刷，究大可畏，必以不用爲妥。

昔用銅弩鍵襯薄細氈，敲擊極細淺之字，良佳，但不可重很。尤須中平無廉隅不傷器者，乃可試用也。

昔用六吉棉連扇料紙，小名十七刀者，今無之矣。今薄者名净皮，校[四]昔固不能薄，尤不能軟，紙料麤有灰性，工不良之故。張赤未有宋本書副頁紙拓本，至佳。以明羅文紙為之，亦少佳。素方伯拓本紙黄色亦雅。今紙厚則麤，拓石尚可，拓吉金則不能精到也。

昔用清水上紙。或摺紙，水溼匀透，吹開上之。拓可速而紙易起，水上者不甚起。而字中有水，每乾溼不匀。後用大米湯上紙，勝於

[一] 簠齋有眉批「制印則移後」。《滂喜齋叢書》本《簠齋傳古别録》將「剔字之弊」一節移至篇末。
[二] 「千」，滂喜齋本、葉氏存古堂本皆誤作「十」。
[三] 「先」，滂喜齋本、葉氏存古堂本皆無此字。
[四] 「校」，滂喜齋本、葉氏存古堂本皆作「較」。

清水。上紙之劣，莫劣於膠礬。礬則損石脆紙矣。

今用張赤未濃煎白芨膠法上紙，然止是札詢，未見如法拓者。姑以芨水上紙，以紙隔勻，去溼紙，再以乾紙墊刷擊之。

拓包，外用帛一層，内包新棉，紮緊。舊帛少省，然不如圓絲帛之零者為佳。包上墨時，以筆抹墨塗于小椀蓋上，或甆碟上，以包速揉之，令勻，乾則再上墨。不可以包入墨聚處蘸之，使棉有溼點，著紙即成墨點。有墨點即須易棉。近有使棉全溼者，究不合法，最易墨入字中。包外墨用不到處，易積，而忽用之，則墨重，須常揉去之。帛敝則易，包鬆則時紮之，緊則不入字，鬆則易入字。上墨須視紙乾溼。溼而色略白，即用包揉濃墨少乾，趁溼上一偏，令少乾再拓。此一偏最易蓋紙地，且潤，然不可接連上。上墨須膠不黏手再上[一]，方黏不起紙。膠即重，紙即不起，亦不可。上墨須勻。勿先不勻，後再求勻。上墨不可使有駸墨透紙，使紙背有不白處，有輕重濃淡處。最後則俟紙極乾時，以包蘸好墨撲而兼拭，則墨色明矣。其要則先須字邊真，尤須字肥。瘦細，即邊真，亦不如真而肥者。拓止爲字，字邊真而肥，乃得原神。墨色則其次。淡墨蟬翼拓固雅，不及深墨之紙黯而猶可鉤摹也。字外之墨，漸淡而無，如煙雲為佳，不可有痕。拓墨須手指不動而運腕。運腕乃心運使動，而腕仍不動。不過其力或輕或重，或撲或揚。一到字邊，包即騰起，如拍如揭，以腕起落而紙有聲乃為得法。劣拙則以溼包直搗入字，不看紙[二]乾溼之倏，不問包墨之勻不勻，不求手法，不審字邊之真不真而已。白紙黑墨，至成黃色。墨水浸鋪，字無邊際，無從鉤摹，何貴乎有此一拓乎！廉生云，著手紙墨如玉。良善形容。

上紙有極難者，鼎腹爲甚，必須使摺皺不在字而已，紙不佳則尤易破。紙不可小，須留標目攷釋與用印處。紙文宜直用[三]勿横。紙不可揭處，以口呵之。重膠濃拓，或以熱湯熏之。

器之陰款，止求字邊即可。陽識者，可肥可瘦。須執包緊，直落平拓，勿轉側[四]爲要。轉側則必失真矣。又須解字之筆法，不少拓不多拓乃可。鏡、瓦、塼、泥封、刀幣、泉同。

器之深者，以竹葦縛撲包探拓之。暗處，以鑷鉗包探拓之。爵鋬内，以匾[五]竹角加少棉帛拓拭之。器之難拓，莫過于兩齊矦罍，以拓三行留中一行爲善。其不闇而紙極難上者，亦可整紙拓完，再逐行拓之，以便摹刻，唯以可刻爲主。拓鐘法已詳。拓器須循前人佳式。拓古泉須置舊册上，竝册溼之，則不動。古器性情各有不同，須細心揣度拓之。拓圖以記尺寸爲主，上中下高低尺寸既定，其曲處，以横絲夾木版中，如線表式，抵器，即可得真。再向前一傾見口，即得器之陰陽。以紙補空出後，有花文耳足者，拓出補綴。多者去之，使合。素處以古器平者拓之，不可在塼木上拓。不可連者，紙隔拓之。整紙拓者，似巧而俗，不入大雅之賞也。

拓古石須厚紙，先撲後拭。石完者，以濃芨膠上紙。乾，以白蠟先微拭之，再上拭墨，即有古氊蠟之意。必不可用膠礬水上紙，尤不可用大椎重擊。拓時須先洗刷使清晰。拓石須四圍留紙，竝額陰側勿遺。拓塼必須拓五面，或正面及有字有花文者。

拓字之目 近日習氣，以私拓售直為事，必須慎之。良友久交可送，不可私拓也。

裁紙大小須自定。先裁定大小各種，用時為便。

發紙須有目。發墨同。須記日。白芨帛棉花同。紙箱須内存。

[一]「上」，滂喜齋本、葉氏存古堂本皆作「啟」。
[二]「紙」，滂喜齋本、葉氏存古堂本皆作「字」。
[三]「直用」，葉氏存古堂本作「用直」。
[四]「側」，滂喜齋本、葉氏存古堂本皆作「折」。
[五]「匾」，滂喜齋本、葉氏存古堂本皆作「扁」。

發器出拓須有目。須記日。拓者亦記。易磨者，紙糊後再發亦可。

繳拓須有目。拓劣亦繳。須記日，可知所拓之數。

繳器須記目。記日，某某手。收何處。

收拓本須用紙褙俗語作包一器一包題字。內用紙護，紙面記收支數目。外用箱盛。

塼瓦泥封，須上白蠟後乃可拓。土笵同。

拓式多見，擇其紙式大方者從之。不可省紙。

拓紙不可大小過不同。以易作一束為便。

拓紙須留標目題字用印處。字之高下前後，亦須合式。

拓器，冬則几用氊，夏則以舊書紙軟者藉之。鐘則以舊絮坐墊俗語襯其乳，且易轉移。

拓鐘須先以紙乞孔套於鉦乳上，孔大則黏紙使小，僅可下紙為是。以此紙樣鋪於棉連紙上，以水筆撕之。每孔自外去大半而連其內，須於紙樣記明某鐘存之。拓鐘留孔不拓鉦為大雅，斜貼作鉦甚俗。

拓甬須審其寬狹。追後拓，先撕一條長方孔落紙。鐘之上面無拓者，拓之，則鐘之尺寸甚明。

紙不可過小者。尊、卣、角、爵、觥、斝、觚、觶、盉、戈、矛、瞿。

拓爵須連花文一段。紙小易失難收，且不大雅。又不便題字用印。

虎符與金銀錯字者，字細淺者，須摹其文拓之。不可剔去如愕距末也。

拓字之法，前記已詳。如未備，可録寄再詳。匆匆隨手寫去，須略為改正是懇。此種非文字須別作一條坿後，筆記同。

拓字損器之弊 傳古不可不多拓。多拓不可不獲器。

氊卷搗，硬刷磨，重按，皆可至破。

毛刷敲擊，字邊固易真。小鐘之類，擊敲時動者則易磨出新銅。

吉金古澤，乃數千季所結，損去則萬不能復，且損銅如何能補哉！其良工脩補無痕者，再傷尤為可惜，不可不切切[一]慎之于始也。

重器朽器不假常人之手。此見須守得定。

拓字時有必須將器轉動手運然後可拓者，或底在几上易磨者，皆必須紙糊矣。語拓者以易損，無不虵然。然不可不慎之於始也。紙糊又須揭，以細軟布裏緊易磨處可矣。二者酌之。如必須紙糊，則不可不從也。

硬刷皆可畏，將軍之號不虛。無論作何用也。刷古印亦然。尊卣腹內字，近多以圓長硬刷入竹筒，探而搗之。雖隔紙，久搗亦恐爲硬者損字邊際，須以少軟如犀尾者為妥。

朽者易損，雖完而尚有聲，質已化為青緑，不勝敲磨，與其悔于事後，不如防于事前。我既愛之，則不可不保之。彊不愛者而使之愛，彊不可託者而望其可託，是亦愚而勞矣。廉生謂於金文石理愛若肌膚，是矣！然豈能不拓傳，豈能刻刻監之。唯有求謹信之人而任之，或得謹信之人使監之，庶乎其無失矣。

爵足腹易損。尊卣鼎壺等字在內者，非欹側非轉動不可拓，須審其執而護之。詔版不平，又兩面有字，其凸面與角易磨。字在足內者易磨。底有字則易磨上口，在側則易磨旁面。銅質薄甚者，重敲易破。鐘易磨乳，兩面有字，最易磨凸面之鉦間。鼎字每在腹內外，皆易磨。尊卣易磨口與腹外。觚觶同。毁簠簋不能磨。盤匜豆同。愛古者以此類推之。將拓，先試其易磨處，防之可也。

古幣至薄而不平，古泉有薄小而朽者，尤易按破敲斷。不可託躁人之手、小童之手，與借出不知何人椎拓，甚至遺失損易，或求精拓而一意重按很敲，亦甚可慮。自非精細者不能無弊。

此次所言拓剔各事，皆係平日經歷體驗用心所知者。雖無可觀于傳古之事，亦尚不無可取。大雅不以爲語小而虛心督之，則古人有文字之器受惠多矣！

[一]「切切」，滂喜齋本、葉氏存古堂本皆無此二字。

簠齋先生手記然湯甚彝叢書而

曰潘氏歸黃縣丁氏今轉歸　李木將以

印雲余書籤且綴數語因取細讀之其

墨剔字於傳古之道可謂精徵矣余嘗為

印自拓之善而人拓之恆不逮初以為刻之

精也既而考諸他刻者殆莫不然然後知

未可不講也剔即所以傳書之形而神寓

拓則神不傳拓之不善則神乘即之善不善剔

六而拓之功四也即有長短大小方圓文有

此冊簠齋先生手記為滂喜齋叢書所刻原稿自潘氏歸黃縣丁氏今轉歸 季木將以付影印屬余書籤且綴數語因取細讀之其論拓墨別字於傳古之道可謂精微矣余嘗為人刻印自拓之善而人拓之恒不逮初以為刻之藝弗精也既而考諸他刻者殆莫不然然後知拓之不可不講也刻印所以傳書之形而神寓焉不拓則神不傳拓之不善則神乖印之善不善刻之功六而拓之功四也印有長短大小方圓文有朱白肥瘦刻有順逆淺深泥有燥溼濃淡紙有麤

細剛柔藉有厚薄而手有輕重疾徐印也文也刻也泥也紙也藉也手也棄其一而六者俱敗雖然七者俱調而心不應神不遇猶未得也善乎莊子之言也庖丁之解牛也丈人之承蜩也是所謂心應而神遇者也方印之著於泥也若鳧之容與乎池也舉印而將下若鷹將有搏而翔也翩然而落凝然而止其猶鴻之棲也既抑而留如恐失之其猶雞母之翼其雛也戛然而舉其猶沖天之鶴冥冥焉杳杳焉吾不知其所之也既躊躇而滿志然後知印之在吾手也然後

刻者磊落之志磅礴之氣閑逸之情詭譎之趣與夫契古之衷胥賴寸紙以傳也夫以自刻之印而自拓之難猶若是則以今人拓古器而傳古人之神何啻倍蓰余知拓印之難言愈以服此録之精微洵非數十年研攷之功不能至也　季木好古嗜金石究心傳拓之法蓋有年矣而又善刻印必有以融貫其道而知余言之或有得也故舉以質之庚申十月勞健篤文記

録文

此冊簠齋先生手記，為《滂喜齋叢書》所刻原稿。自潘氏歸黄縣丁氏，今轉歸季木，將以付影印。索余書籤，且綴數語，因取細讀之。其論拓墨剔字於傳古之道，可謂精微矣。余嘗為人刻印，自拓之善，而人拓之恒不逮。初以為刻之藝弗精也，既而考諸他刻者，殆莫不然。然後知拓之不可不講也。刻印所以傳書之形，而神寓焉。不拓則神不傳。拓之不善，則神乖。印之善不善，刻之功六，而拓之功四也。印有長短大小方圓，文有朱白肥瘦，刻有順逆淺深，泥有燥溼濃淡，紙有麤細剛柔，藉有厚薄，而手有輕重疾徐。印也，文也，刻也，泥也，紙也，藉也，手也，乖其一，而六者俱敗。雖然七者俱調，而心不應，神不遇，猶未得也。善乎莊子之言也，庖丁之解牛也，丈人之承蜩也，是所謂心應而神遇者也。方印之著於泥也，若皃之容與乎池也。舉印而將下，若鷹將有搏而翔也，翩然而落，凝然而止；其猶鴻之棲也，既抑而留，如恐失之；其猶雞母之翼其雛也，戛然而舉；其猶沖天之鶴，冥冥焉，杳杳焉，吾不知其所之也。既躊躇而滿志，然後知印之在吾手也，然後刻者磊落之志，磅礴之氣，閑逸之情，詭譎之趣，與夫契古之衷，胥賴寸紙以傳也。夫以自刻之印而自拓之難猶若是，則以今人拓古器而傳古人之神，何啻倍蓰。余知拓印之難言，愈以服此録之精微，洵非數十年研攷之功不能至也。季木好古，嗜金石，究心傳拓之法，蓋有年矣。而又善刻印，必有以融貫其道，而知余言之或有得也，故舉以質之。庚申十月勞健篤文記。

說文古籀補敘

文本一

說文古籀補敘【抄校稿】

版印紫色欄格紙三葉，每葉縱25.7–26.1cm，橫28.7cm，四周雙邊，單魚尾。半葉六行，行二十二字。寫作時間：光緒十年（一八八四）正月三日。他抄，簠齋再校改批點。末署「光緒十年歲在甲申正月三日己卯濰縣陳〇〇敘」。

吳大澂所著《說文古籀補》初刻於清光緒九年（一八八三），光緒二十四年三月重刊本中收録簠齋此文。此稿係刊刻本底稿。

說文古籀補敘

今世無許書無識字者矣非古聖之字雖識猶不識矣今世無鐘鼎字無通許書字正許書字補許書字者矣斯相之長逢祖龍之焚坑豈意孔子宅壁尚存古經郡國山川往往得鼎彝有所不能盡燔者乎許氏之書宋始大著傳寫自多失真校以今傳周末古器字則相似疑孔壁古經

亦不免周末人傳寫故籀書則多不如（今之）石鼓古文則多不
似今傳之古鐘鼎亦不識某字為某鐘某鼎字必其時[illegible]之
鐘鼎（墨）（版）（拓本）[illegible]摹傳法未經傳布許氏是據依（宣和）宋博古圖呂與叔
考古圖薛尚功（石刻）款識帖刻石（石本）以後（雖摹寫其文）多摹寫意摹寫（及宋人古）雖篆
法寫真大意（不能傳）無古字宜[illegible]矩矱形神無從改（蒙）宋至我
朝而許氏之學大明鐘鼎之字亦大顯儀徵阮文達公先

成積古鼎鐘鼎款識一書最為精善始傳布于天下所攷
宋拓（王復）齋宋拓鐘鼎款識（拓）冊亦為最古文達為　先文慤公
童試師官太傅時獨於京第知祺好古文字以天機精妙
為題書論鐘鼎詩於紈扇以賜時（漢陽）葉東卿駕部海豐吳子
苾閣學（以文字）及（道州何子貞同年皆）　先公門（諸城）東武李方赤外舅劉燕（庭）年世（姻）丈安邱王
菉友姻丈日照許印林同年（皆在京師）嘉興張尗未解元——徐籀莊

南中未見忘李文

—明經皆以古文字相（共）賞析（祺）嘗欲輯說

本朝爲（許）許氏學之議爲說文統編以一字爲一類先列鐘鼎

古字固（次以）次以許氏字（籀文古文 古字）是則闕文（古字）不可稽則坿各部後擇之再

次（以）許氏字若家固說又次以古訓詁古音韵各家說者志

而學与力不能就同治癸酉受人爲之吳縣吳清卿館文

古篆極帖恭先致（至）書問十餘年（來）間雖視學（于）秦振荒于（燹）晉

籌屯壘〔防〕于古肅慎未少閒訓練〔軍旅〕之暇未嘗釋卷嘆未冬成
説文古籒補十冊〔四千五百餘字〕溯許書之原快學者之觀使上古造字
尚有〔之義〕尚有可尋亦〔起〕重而質之亦當心折〔謂實獲我〕況漢以後乎謂〔由〕許
氏之功臣也謂〔可曰〕倉聖之功臣也可後之學者述而推〔明〕之不〔棠〕
外〔光基〕乎此矣光緒十年歲在甲申正月三日己卯濰縣陳〇
〇欽

文本一　第三葉

録文

說文古籀補敘

今世無許書，無識字者矣。非古聖之字，雖識猶不識矣。今世無鐘鼎字，無通許書字、正許書字、補許書字者矣。斯相之長逢，祖龍之焚坑，豈意孔子宅壁尚存古經。郡國山川往往得鼎彝，有所不能盡燔者乎。許氏之書，至宋始箸，傳寫自多失真。所引古文，校以今傳周末古器字則相似，疑孔壁古經，亦周末人傳寫。故籀書則多不如今之石鼓，古文則多不似今之古鐘鼎。亦不說某為某鐘某鼎字，必響搨以前。古器字無氈墨傳布，許氏未能足徵。宋《宣和博古圖》、吕與尗《考古圖》版本、薛尚功款識帖石本以後，雖摹其文，多以己意及宋人所謂古篆法寫大意，不能傳真，矩矱形神，無從攷索。至我朝而許氏之學大明，鐘鼎之字亦大顯。儀徵阮文達公先成《積古齋[一]鐘鼎款識》一書，最為精善，傳布于天下。所收《宋王復齋鐘鼎款識》拓册，亦為最古。文達為先文慤公童試師。官太傅時，謁於京第，知祺好古文字，以「天機清妙」為譬，書論鐘鼎詩於紈扇以賜。時漢陽葉東卿駕部、海豐吴子苾[二]閣學、道州何子貞同年，皆以文字及先公門。諸城李方赤外舅、劉燕庭世丈、安邱王菉友嫺丈、日照許印林同年，皆在京師。嘉興張尗未解元、徐籀莊明經，皆南中未見忘季交，以古文字共賞析。祺嘗欲輯本朝許氏學之說為《說文統編》，以一字為一類，先列鐘鼎古字，次以許氏籀文古文字。古字[三]無則前闕文，古字不可釋則坿各部後存之。再次以許氏學各家說。又次以古訓詁古音韵各家說。有志而學與力不能就。同治癸酉，友人為乞吴縣吴清卿館丈古篆楹帖，書問先至。十餘年來，雖視學于秦，振荒于燕豫晉，籌屯防于古肅慎，未少閒。軍旅之暇，未嘗釋卷。癸未成《說文古籀補》十册，三千五百餘字，溯許書之原，快學者之覯，使上古造字之義尚有可尋。起尗重而質之，亦當謂實獲我心，況漢以後乎！曰許氏之功臣也可，曰倉聖之功臣也可。後之學者，述而明之，必基乎此矣。光緒十季歲在甲申正月三日己卯濰縣陳〇〇敘。

[一]「齋」，底本誤作「鼎」，據阮元現存著作改。
[二] 吴式芬，字子苾，此處原脱「苾」字，今補。
[三]「字」，吴大澂《說文古籀補》光緒二十四年重刊本作「文」。

雜稿散葉

雜葉之一

長條毛邊紙一葉，縱26.2cm，橫73.2cm。有標題「丁少山篆書論語説文假藉字彙録備考」。

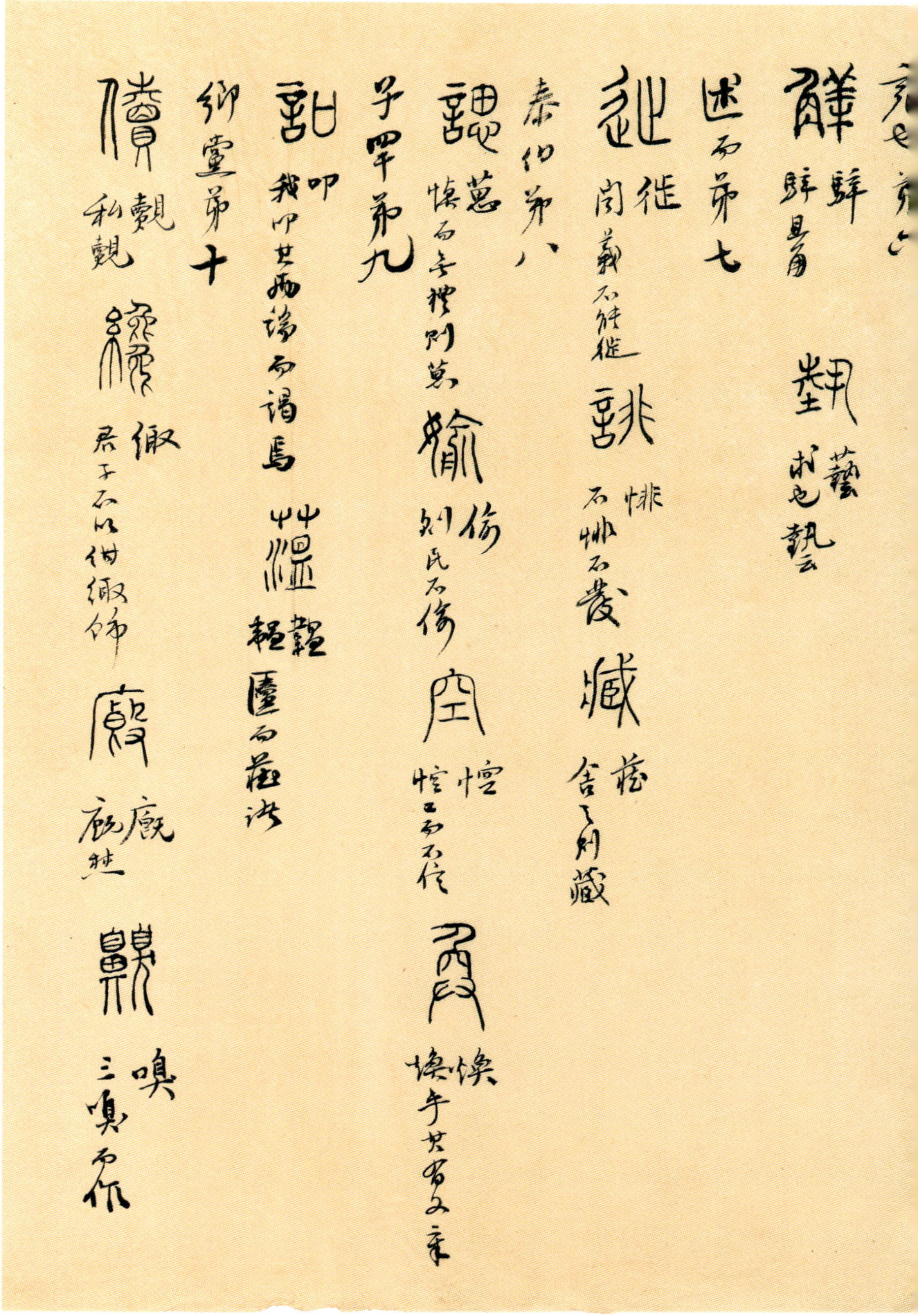

雜葉之二

毛邊紙一片，破損。縱19.7–24cm，橫6.5cm。

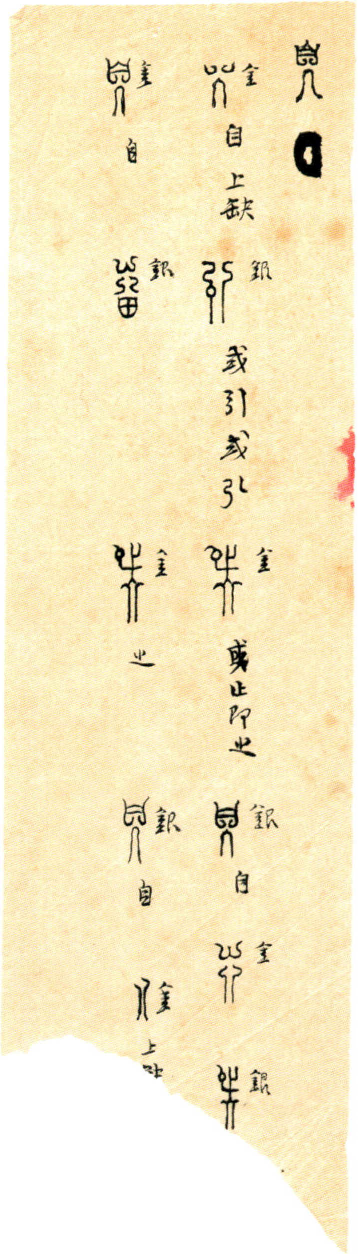

雜葉之三

長條毛邊紙一葉，縱29.9cm，橫73–73.7cm。

龍氏作竟自有道東王公西王母青龍在左白虎居右刻

治今守悉皆在大吉

上大山見神人食玉英飲澧泉駕交龍乘浮雲宜官秩保

子孫貴富昌樂未央

新有善銅出丹陽和以銀錫清且明左龍右虎主三彭

山中所記錄因未

青山詳之義交 扣呈

柳

雜葉之四

宣紙一片，縱25.7cm，橫11.6cm。

張肩吾自南中携歸彝器圖屏六幀云是蘇

州潘氏物（此語未確）因從西泉假觀內多阮曹舊藏

昨吳平齋來書云祿康鐘

雜葉之五
箋紙一葉，縱23.5cm，橫12.6cm。

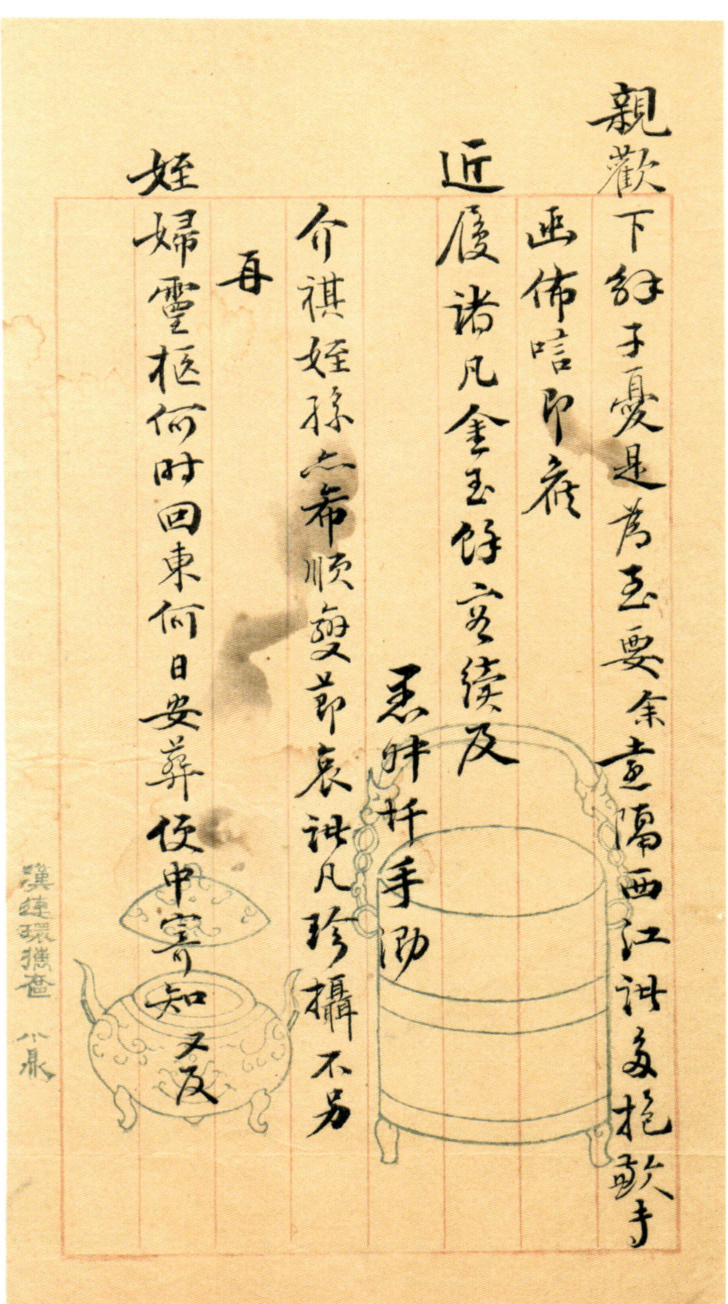
親歡下紓手憂是爲要余壹隔西江諸多抱歉手
函佈唁即候
近履諸凡金玉餘容續及
君胖軒手泐
介祺姪孫六希頓首節哀諸凡珍攝不另
再
姪婦靈柩何時回東何日安葬便中寄知又及

漢帝信璽

右封泥四字璽文曰皇帝信璽信璽漢帝發兵徵大臣所用也按續漢書輿服志黄赤綬注漢舊儀曰璽皆白玉螭虎紐文曰皇帝行璽皇帝之璽皇帝信璽天子行璽天子之璽天子信璽凡六璽皇帝行璽凡封之璽賜諸侯王書信璽發兵徵大臣天子行璽策拜外國事天

第四部分

簠齋《封泥考略》

《封泥考略》（卷一至三）【抄本】

捐贈手稿中有簠齋《封泥考略》，毛邊折葉，紙捻册裝，存三册，每册開本約縱26.3cm，横8.4cm。第一册内文四十二葉，第二册三十五葉，第三册三十五葉。每册一卷，分别爲卷一、二、三。各卷前均有「封泥考略目」。第一册的「封泥考略目」下署「海豐吴式芬子苾、濰縣簠齋考藏，吴江翁大年尗均考編」。各卷端皆署「海豐吴式芬子苾、濰縣簠齋考藏，吴江翁大年尗均考編」。可知此書稿所收封泥係吴式芬、陳介祺藏品，翁大年編纂。編輯體例上，各卷分列目次，再依次詳述。目次依《漢書·百官公卿表》及《地理志》分類排布。各封泥下並注藏者「陳藏」或「吴藏」。各封泥的文字考述前預留了封泥印面圖樣的位置，但没有附圖。

此書稿的最終成稿時間不早於光緒六年（一八八〇）八月，據卷一「皇帝信璽」記：該封泥是簠齋在光緒庚辰八月晦由蘇兆年之子景瑀寄至收得。從字跡來看，此書稿爲他抄本。捐贈時册内還有一些簠齋墨書的夾條，夾附在相應的文字處，但這些夾條看似並非針對此抄本的校改意見。

《封泥考略》[一]在清光緒三十年（一九〇四）秋石印刊行於滬。分十卷，每卷一册。經對勘，可看出此三卷殘抄本與光緒三十年石印本（前三卷）之間的異同：

一、署名有改動。捐贈的三卷殘本中署翁大年考編，而光緒刊本删去，僅署「海豐吴式芬子苾、濰縣陳介祺壽卿同輯」。

二、兩者的卷次（卷一至三）分册、分類目次、封泥考述等基本一致。但刊本對三卷本的封泥及考述略有修正和增删。如刊本卷一目録中，改三卷本的「三代官鉨」爲「古鉨封泥」，此類下增補了二枚封泥。再如刊本卷一「漢帝信璽封泥」類目下的「皇帝信璽」考述中，删去了簠齋得此封泥的流藏記録[二]。

總體來看，此《封泥考略》三卷抄本的底稿完成時間，當在光緒六年（一八八〇）八月至光緒十年七月之間，並作爲光緒三十年石印本的重要參照。

[一] 關於《封泥考略》的成書過程，陸明君先生認爲：吴式芬在視學浙中時（咸豐四至五年），據其所藏寫成《漢泥封考》一册，經翁大年校訂，未刊而吴氏於咸豐六年（一八五六）卒。簠齋在咸豐八年約七月間收到吴式芬長子吴重周托轉的《漢泥封考》。而簠齋歸里前在都中時與劉喜海也成有《泥封考》。簠齋認爲吴氏《漢泥封考》不及自己所藏。同治十一年（一八七二），簠齋在編《十鐘山房印舉》時屢囑吴式芬次子吴重憙（簠齋婿）以簠齋所藏考補合編摹刻成書，與印舉同傳。同治十三年甲戌（一八七四）三月，簠齋訂吴氏舊作，並以所藏校之，寄給吴重憙，期望盡早合補成書刊行。光緒三年（一八七七）六月，吴重憙初將《封泥考略》釐考大概，「編録略有眉目」，寄簠齋審定。（參見陸明君《簠齋研究》，榮寶齋出版社，二〇〇四年，第一五〇頁）

[二] 刊本删去：「此封泥出於雒陽，濰人游豫者見之，拓以歸，擬今秋冬再往購之，不意已入秦，爲蘇兆年之子景瑀所得，竟於光緒庚辰八月乙丑晦寄至，爲吾藏封泥弟一，真文字之福矣。」同時增補：「《東觀漢記·鄧訓列傳》，又知訓好以青泥封書，還過趙國易陽，並載青泥一襆，至上谷遺訓。」

封泥攷略目
海豐吳式芬子苾
濰縣陳介祺簠齋　攷臧
吳江翁大年尗均攷編
卷一
三代官鉥
粕　和　陳臧
漢帝信璽
皇帝信璽　陳臧
漢朝官印
丞相
丞相之印章　吳臧
御史大夫　屬官附
御史大夫　陳臧
御史大夫章　吳臧
又　陳臧一
又　陳臧二
御史大夫丞　陳臧
御史中丞　吳臧
御史府印　吳臧

録文

封泥攷略目

海豐吳式芬子苾

濰縣陳介祺簠齋　攷藏

吳江翁大年尗均攷編

卷一

三代官鉥

粕　和　陳藏

漢帝信璽

皇帝信璽　陳藏

漢朝官印

丞相

丞相之印章　吳藏

御史大夫　屬官附

御史大夫　陳藏

御史大夫章　吳藏

又　陳藏一

又　陳藏二

御史大夫丞　陳藏

御史中丞　吳藏

御史府印　吳藏

大司空印章　陳藏

　列將軍《年表》目有此三字

強弩將軍《年表》有強弩將軍許延壽　吳藏

　雜號將軍《續漢書·百官志》有此四字

裨將軍印章　陳藏

　屬官坿

戈船候[一]印　吳藏

又　陳藏一

又　陳藏二

　奉常　屬官

奉常丞印　陳藏

太史令之印　陳藏

孝景園令　吳藏

孝惠㵖寢丞　吳藏

又　陳藏

杜丞　吳藏

長陵丞印　吳藏

又　陳藏

頃園長印　附　吳藏

□祠□祀長　附　陳藏

[一]「候」字原作「侯」，據後文改。（參見第1053頁）

郎中令　屬官坿
光禄勳印章　吴藏
又　陳藏
中宫謁丞　吴藏
又　陳藏
中郎將印章　陳藏
衛尉　屬官坿
衛尉之印章　吴藏
又　陳藏
衛士丞印　陳藏
都候丞印　吴藏
太僕　屬官坿
太僕之印　吴藏
太僕丞印　陳藏
家馬丞印　陳藏
車府丞印　陳藏
騎馬丞印　吴藏
中車司馬　坿　陳藏
廷尉
廷尉之印章　吴藏

又 陳藏
典客 屬官
行人令印 陳藏
郡邸長印 陳藏
郡邸長丞 吳藏
□□長丞 坿 陳藏
宗正 屬官
宗正丞印 陳藏
少府 屬官坿
少府之印章 吳藏
又 陳藏
少府丞印 陳藏
又 陳藏二
又 陳藏三
又 陳藏四
尚書令印 陳藏
大官丞印 吳藏
又 陳藏一
又 陳藏二
又 陳藏三

又　陳藏四

大官長丞　陳藏

湯官飲監　陳藏

導官導丞　吴藏

又　陳藏

居室丞印　吴藏

又　陳藏

東織□□　吴藏

宦者丞印　吴藏

又　陳藏

少府銅丞　吴藏

少内　坿　半通　陳藏

中尉　屬官

中壘右尉　陳藏

都船丞印　陳藏

又　都印丞船　係上下錯綜讀　陳藏

廣左都尉　吴藏

又　陳藏一

又　陳藏二

中騎千人　坿　陳藏

將作少府 屬官埘

將作大匠章 吴藏

大匠丞印 吴藏

左校丞印 陳藏

詹事 屬官

私官丞印 吴藏

長信私丞 陳藏

長信宦丞 陳藏

長信倉印 吴藏

又 陳藏

典屬國

□□國印章 吴藏

又 陳藏

水衡都尉 屬官

上林丞印 吴藏

上林尉印 吴藏

又 陳藏

御羞丞印 陳藏

禁圃左丞 吴藏

又 陳藏

宜春左園 坿 吳藏

又 陳藏

內史 屬官坿

內史之印 陳藏

又 陳藏二

又 陳藏三

左馮翊印章 吳藏

長安市令 陳藏

主爵中尉 即右扶風 屬官

掌畜丞印 吳藏

又 陳藏一

又 陳藏二

封泥攷略卷一

海豐吳式芬子苾

濰縣　簠齋　攷藏

吳江翁大年尗均攷編

三代官鉩

右封泥三代四字鉩文曰　出臨菑似是封於酒器者非簡牘之用也弟一字粕說文無淮南子道應注粕已漉之精也一切經音義三引淮南許注已漉酒曰粕也文選文賦引莊子司馬注爛食曰粕

封泥攷略卷一

海豐吳式芬子苾

濰縣　簠齋　攷藏

吳江翁大年尗均攷編

三代官鉩

和粕

陳藏[一]

右封泥三代四字，鉩文曰「□□□□」。出臨菑，似是封於酒器者，非簡牘之用也。弟一字「粕」，《說文》無，《淮南子·道應》注：「粕，已漉之精也。」《一切經音義》三引《淮南》許注：「已漉酒曰粕也。」《文選·文賦》引《莊子》司馬注：「爛食曰粕。」

[一] 爲方便讀者直觀閱覽，在闡釋文字前據光緒三十年石印本《封泥考略》添加仿照古代封泥形制製作的模擬圖示，並據抄本的目録標注藏主。下同。

漢帝信璽

右封泥四字璽文曰皇帝信璽信璽漢帝發兵徵大臣所用也按續漢書輿服志黃赤綬注漢舊儀曰璽皆白玉螭虎紐文曰皇帝行璽皇帝之璽皇帝信璽天子行璽天子之璽天子信璽凡六璽皇帝行璽凡封之璽賜諸侯王書信璽發兵徵大臣天子行璽策拜外國事天地鬼神璽皆以武都紫泥封青囊白素裏兩端無縫尺一板中約署皇帝帶綬黃地六采不佩璽璽以金銀縢組侍中組負以從秦以前民皆佩綬金玉銀銅犀象為方寸璽各服所好又續漢書百官志守宮令一人本注曰主御紙筆墨及尚書財用諸物及封泥今按後漢書李雲傳尺一之板注詔策也漢書昌邑王髆傳持牘趨謁原涉傳削牘為疏外戚傳手書對牘背竝注牘木簡也又周勃傳吏乃書牘背示之注牘木簡以書辭也說文解字牘書版也後漢書北海靖王興傳蔡邕傳注同史記匈奴傳漢遺單于書牘以尺一寸單于遺漢書以

漢帝信璽

皇帝信璽

陳藏

右封泥四字，璽文曰「皇帝信璽」。信璽，漢帝發兵徵大臣所用也。按，《續漢書·輿服志》「黃赤綬」注：「《漢舊儀》曰：『璽皆白玉螭虎紐，文曰「皇帝行璽」、「皇帝之璽」、「皇帝信璽」、「天子行璽」、「天子之璽」、「天子信璽」，凡六璽。皇帝行璽，凡封之璽賜諸侯王書；信璽，發兵徵大臣；天子行璽，策拜外國，事天地鬼神。璽皆以武都紫泥封，青囊白素裹，兩端無縫，尺一板中約署。皇帝帶綬，黃地六采，不佩璽。璽以金銀縢組，侍中組負以從。秦以前民皆佩綬，金、玉、銀、銅、犀、象為方寸璽，各服所好。』」又《續漢書·百官志》：「守宮令一人」，「本注曰：主御紙筆墨，及尚書財用諸物及封泥」。今按，《後漢書·李雲傳》「尺一之板」注：「詔策也。」《漢書·昌邑王髆傳》「持牘趨謁」，《原涉傳》「削牘為疏」，《外戚傳》「手書對牘背」竝注：「牘，木簡也。」又《周勃傳》「吏乃書牘背示之」注：「牘，木簡，以書辭也。」《說文解字》：「牘，書版也。」《後漢書·北海靖王興傳》、《蔡邕傳》注同，《史記·匈奴傳》：「漢遺單于書，牘以尺一寸」，「單于遺漢書以尺二寸牘及封印皆令廣大據此則漢時詔策書疏皆以木簡亦曰板版均可名牘皆有封泥色紫背有版痕繩痕當是以版入中上以繩緘其口以泥入繩至版然後加以封印外加青囊囊之兩端無縫以護封泥如藏玉牒於石檢金繩縢之石泥封之印之以璽也中約署當是束牘之中而署字以為識也

此封泥出於維陽濰人游豫者見之拓以歸擬今秋冬再往購之不意已入秦為蘇兆年之子景瑀所得竟於光緒庚辰八月乙丑晦寄至為吾臧封泥弟一真文字之福矣

尺二寸牘，及封印皆令廣大」。據此則漢時詔策書疏皆以木簡，亦曰板版，均可名牘，皆有封泥，色紫，背有版痕繩痕，當是以版入中，上以繩緘其口，以泥入繩至版，然後加以封印，外加青囊囊之，兩端無縫，以護封泥，如藏玉牒於石檢，金繩縢之石，泥封之，印之以璽也。中約署當是束牘之中而署字以為識也。

此封泥出於雒陽，濰人游豫者見之，拓以歸。擬今秋冬再往購之，不意已入秦，為蘇兆年之子景瑀所得，竟於光緒庚辰八月乙丑晦寄至，為吾藏封泥弟一，真文字之福矣。

漢朝官印

丞相

右封泥五字印文曰丞相之印章桉漢書百官公卿表相國丞相皆秦官金印紫綬掌丞天子助理萬機秦有左右高帝即位置一丞相十一年更名相國綠綬孝惠高后置左右丞相文帝二年復置一丞相有兩長史秩千石哀帝元壽二年更名大司徒

御史大夫　屬官附

右封泥四字印文曰御史大夫桉漢書百官公卿表御史大夫秦官位上卿銀印青綬掌副丞相有兩丞成帝綏和元年更名大司空金印紫綬祿比丞相哀帝建平二年復為御史大夫元壽二年復為大司空

漢朝官印

丞相

丞相之印章

吴藏

右封泥五字，印文曰「丞相之印章」。桉，《漢書·百官公卿表》：「相國、丞相，皆秦官，金印紫綬，掌丞天子助理萬機。秦有左右，高帝即位，置一丞相，十一年更名相國，綠綬。孝惠、高后置左右丞相，文帝二年復置一丞相。有兩長史，秩千石。哀帝元壽二年更名大司徒。」

御史大夫　屬官附

御史大夫

陳藏

右封泥四字，印文曰「御史大夫」。桉，《漢書·百官公卿表》：「御史大夫，秦官，位上卿，銀印青綬，掌副丞相。有兩丞。」「成帝綏和元年更名大司空，金印紫綬，祿比丞相。」「哀帝建平二年復為御史大夫，元壽二年復為大司空。」

右封泥五字印文曰御史大夫章御史大夫詳前史記封禪書夏漢改歷以正月為歲首而色上黄官名更印章以五字為太初元年孝武本紀漢書郊祀志竝同武帝紀色上黄數用五張晏曰漢據土德土數五故用五謂印文也若丞相曰丞相之印章諸卿及守相印文不足五字者以之足之此有章字以足五字是太初以後所作印也

右封泥五字印文曰御史大夫丞桉漢書百官公卿表御史大夫有兩丞秩千石一曰中丞在殿中蘭臺掌圖籍祕書外督部刺史内領侍御史員十五人受公卿奏事舉劾桉章成帝元壽二年御史中丞更名御史長史此印曰丞自是與中丞爲兩非有左右丞也

御史大夫章

吴藏　陳藏一、二

右封泥五字，印文曰「御史大夫章」。御史大夫，詳前。《史記·封禪書》：「夏，漢改歷，以正月為歲首，而色上黄，官名更印章以五字，為太初元年。」《孝武本紀》、《漢書·郊祀志》竝同。《武帝紀》「色上黄，數用五」，張晏曰：「漢據土德，土數五，故用五，謂印文也。若丞相曰『丞相之印章』，諸卿及守、相印文不足五字者，以『之』足之。」此有章字以足五字，是太初以後所作印也。

御史大夫丞

陳藏

右封泥五字，印文曰「御史大夫丞」。桉，《漢書·百官公卿表》：御史大夫有兩丞，「秩千石，一曰中丞，在殿中蘭臺，掌圖籍祕書，外督部刺史，內領侍御史員十五人，受公卿奏事，舉劾桉章」。成帝元壽二年，御史中丞更名御史長史。此印曰丞，自是與中丞爲兩，非有左右丞也。

右封泥四字印文曰御史中丞中丞詳前

右封泥四字印文曰御史府印御史詳前府者官府與丞相竝稱曰兩府漢書薛宣傳考績功課簡在兩府師古曰兩府丞相御史府也

右封泥五字印文曰大司空印章桉漢書百官公卿表御史大夫成帝綏和元年更名大司空哀帝建平二年復為御史大夫元壽二年復為大司空何武師丹朱博彭宣王崇甄豐皆為大司空此其印也

御史中丞

吳藏

右封泥四字，印文曰「御史中丞」。中丞，詳前。

御史府印

吳藏

右封泥四字，印文曰「御史府印」。御史，詳前。府者，官府與丞相竝稱曰兩府。《漢書·薛宣傳》「考績功課，簡在兩府」，師古曰：「兩府，丞相、御史府也。」

大司空印章

陳藏

右封泥五字，印文曰「大司空印章」。桉，《漢書·百官公卿表》：御史大夫，「成帝綏和元年更名大司空」，「哀帝建平二年復為御史大夫，元壽二年復為大司空」。何武、師丹、朱博、彭宣、王崇、甄豐皆為大司空。此其印也。

列將軍 年表目有此三字

右封泥四字印文曰强弩將軍桉漢書辨疑曰衛霍傳有李沮公卿表及田延年傳有許延壽恩澤侯表有孫建藝文志有王圍竝為此官又將軍位上卿金印紫綬卿印太初元年更以五字曰章詳前此無章字則太初以前物也

雜號將軍 續漢書百官志有此四字

右封泥五字印文曰裨將軍印章桉漢書王莽傳裨將軍千二百五十人又有裨將軍張賽漢銅印文

14

列將軍《年表》目有此三字

强弩將軍

吴藏

右封泥四字，印文曰「强弩將軍」。桉，《漢書辨疑》曰：《衛霍傳》有李沮，《公卿表》及《田延年傳》有許延壽，《恩澤侯表》有孫建，《藝文志》有王圍，竝為此官。又將軍位上卿，金印紫綬。卿印，太初元年更以五字，曰章，詳前。此無「章」字，則太初以前物也。

雜號將軍《續漢書・百官志》有此四字

裨將軍印章

陳藏

右封泥五字，印文曰「裨將軍印章」。桉，《漢書・王莽傳》：「裨將軍千二百五十人。」又有裨將軍張賽漢銅印文。

屬官坿

右封泥四字印文曰戈船侯印桉漢書百官公卿表無戈船侯胡氏琨泥封目錄曰疑是戈船將軍之軍侯

奉常 屬官

右封泥四字印文曰奉常丞印桉漢書百官公卿表奉常秦官掌宗廟禮儀有丞景帝中六年更名太常此曰奉常自是未改太常以前印也

屬官坿

戈船侯印

吳藏 陳藏一、二

右封泥四字，印文曰「戈船侯印」。桉，《漢書·百官公卿表》無戈船侯。胡氏琨《泥封目録》曰：疑是戈船將軍之軍候。

奉常 屬官

奉常丞印

陳藏

右封泥四字，印文曰「奉常丞印」。桉，《漢書·百官公卿表》：「奉常，秦官，掌宗廟禮儀，有丞。景帝中六年更名太常。」此曰奉常，自是未改太常以前印也。

右封泥五字印文曰太史令之印桉續漢書百官志太常屬官太史令一人又藝文志博學七章者太史令胡毋敬所作也

右封泥四字印文曰孝景園令桉漢書百官公卿表奉常秦官景帝中六年更名太常屬官有諸廟寢園食官令長丞此園令之印也

太史令之印

陳藏

右封泥五字，印文曰「太史令之印」。桉，《續漢書·百官志》：太常屬官太史令一人。又《藝文志》：「《博學》七章者，太史令胡毋敬所作也。」

孝景園令

吴藏

右封泥四字，印文曰「孝景園令」。桉，《漢書·百官公卿表》：奉常，秦官，景帝中六年更名太常。屬官有諸廟寢園食官令長丞。此園令之印也。

右封泥四字印文曰孝惠寖寢丞桉漢書百官公卿表奉常屬官有諸寢令長丞印作寖即寢此寢令長之丞也

右封泥二字半通印文曰杜丞桉漢書元帝紀初元元年孝宣皇帝葬杜陵臣瓚曰杜陵在長安南五十里百官公卿表有諸陵縣又漢官有先帝陵每陵監丞五人三百石而據長陵丞印方印四字與它縣丞印同當即長陵縣丞印此印但曰杜且用半通疑為杜陵之監丞

孝惠寖丞

吳藏 陳藏

右封泥四字，印文曰「孝惠寖寢丞」。桉，《漢書·百官公卿表》：奉常屬官有諸寢令長丞。印作寖，即寢。此寢令長之丞也。

杜丞

吳藏

右封泥二字，半通印，文曰「杜丞」。桉，《漢書·元帝紀》：初元元年，「孝宣皇帝葬杜陵」。臣瓚曰：「杜陵在長安南五十里。」《百官公卿表》有諸陵縣。又《漢官》有先帝陵，每陵監丞五人，三百石。而據「長陵丞印」方印四字與它縣丞印同，當即長陵縣丞印。此印但曰「杜」，且用半通，疑為杜陵之監丞。

右封泥四字印文曰長陵丞印按漢書高帝紀十二年五月葬長陵地理志左馮翊長陵縣注高帝置百官公卿表奉常掌宗廟禮儀諸陵縣皆屬也元帝永光元年分諸陵邑屬三輔則長陵初屬奉常後乃屬左馮翊也縣丞詳後

右封泥四字印文曰頃園長印按漢書戾太子傳詔置園邑有司奏請比諸侯王園園置長丞知諸侯王皆有園此頃園頃王園也唯王謚頃者甚多不可定耳

長陵丞印

吴藏　陳藏

右封泥四字，印文曰「長陵丞印」。桉，《漢書·高帝紀》：十二年五月葬長陵。《地理志》：左馮翊長陵縣注「高帝置」。《百官公卿表》：奉常掌宗廟禮儀，諸陵縣皆屬也，元帝永光元年分諸陵邑屬三輔。則長陵初屬奉常，後乃屬左馮翊也。縣丞詳後。

頃園長印

吴藏

右封泥四字，印文曰「頃園長印」。桉，《漢書·戾太子傳》：詔置園邑，有司奏請比諸侯王園，園置長丞。知諸侯王皆有園。此頃園，頃王園也，唯王謚頃者甚多，不可定耳。

右封泥四字印文曰□祠□祀長存下半桉漢書百官公卿表奉常秦官景帝中六年更名太常屬官有太祀令丞未言長景帝中六年更名太祝為祠祀漢銅印有沛祠祀長

郎中令屬官坿

右封泥五字印文曰光祿勳印章桉漢書百官公卿表郎中令秦官掌宮殿掖門户武帝太初元年更名光祿勳此其印也

祠長

陳藏

右封泥四字，印文曰「□祠□祀長」。存下半。桉，《漢書·百官公卿表》：奉常，秦官，景帝中六年更名太常，屬官有太祀令丞，未言長。景帝中六年更名太祝為祠祀。漢銅印有沛祠祀長。

郎中令　屬官坿

光祿勳印章

吴藏　陳藏

右封泥五字，印文曰「光禄勳印章」。桉，《漢書·百官公卿表》：「郎中令，秦官，掌宫殿掖門户」，「武帝太初元年更名光禄勳」。此其印也。

右封泥四字印文曰中宮謁丞桉漢書百官公卿表郎中令掌宮殿掖門户屬官有大夫郎謁者此曰中宮疑是皇太后皇后宮中之謁者丞也

右封泥五字印文曰中郎將印章桉漢書百官公卿表郎中令秦官武帝太初元年更名光祿勳平帝元始元年置中郎將秩比二千石此其印也

中宮謁丞

吴藏　陳藏

右封泥四字，印文曰「中宮謁丞」。桉，《漢書·百官公卿表》：郎中令「掌宮殿掖門户」，「屬官有大夫、郎、謁者」。此曰中宮，疑是皇太后、皇后宮中之謁者丞也。

中郎將印章

陳藏

右封泥五字，印文曰「中郎將印章」。桉，《漢書·百官公卿表》：「郎中令，秦官」，「武帝太初元年更名光禄勳」，平帝元始元年「置中郎將，秩比二千石」。此其印也。

衛尉 屬官附

右封泥五字印文曰衛尉之印章桉漢書百官公卿表衛尉秦官掌宫門衛屯兵有丞景帝初更名中大夫令後元年復為衛尉此其印也

右封泥四字印文曰衛士丞印桉漢書百官公卿表衛尉屬官有衛士令丞此其丞之印也

衛尉 屬官坿

衛尉之印章

吴藏 陳藏

右封泥五字，印文曰「衛尉之印章」。桉，《漢書·百官公卿表》：「衛尉，秦官，掌宫門衛屯兵，有丞。景帝初更名中大夫令，後元年復為衛尉。」此其印也。

衛士丞印

陳藏

右封泥四字，印文曰「衛士丞印」。桉，《漢書·百官公卿表》：衛尉屬官有衛士令丞。此其丞之印也。

右封泥四字印文曰都候丞印桉續漢書百官志衛尉屬官有左右都候本注曰丞各一人周禮司寤氏有夜士干寶注曰今都候之屬簠齋陳氏銅印有都候此其證也

太僕 屬官坿

右封泥四字印文曰太僕之印桉漢書百官公卿表太僕秦官掌輿馬此其印也

右封泥四字印文曰大太僕丞印桉漢書百官公卿表太僕掌輿馬有兩丞續漢志云丞一人此未言左右或是光武并官省職後印也

都候丞印 吴藏

右封泥四字，印文曰「都候丞印」。桉，《續漢書·百官志》：衛尉屬官有左右都候，本注曰「丞，各一人」。《周禮》：司寤氏有夜士。干寶注曰：「今都候之屬。」簠齋陳氏銅印有都候，此其證也。

太僕 屬官坿

太僕之印 吴藏

右封泥四字，印文曰「太僕之印」。桉，《漢書·百官公卿表》：「太僕，秦官，掌輿馬。」此其印也。

大僕丞印 陳藏

右封泥四字，印文曰「大太僕丞印」。桉，《漢書·百官公卿表》：太僕「掌輿馬，有兩丞」。《續漢志》云「丞一人」。此未言左右，或是光武并官省職後印也。

右封泥四字印文曰家馬丞印桉漢書百官公卿表太僕掌輿馬屬官有家馬令丞尉此其丞之印也

右封泥四字印文曰車府丞印桉漢書百官公卿表太僕屬官有車府令丞此其丞之印也

右封泥四字印文曰騎馬丞印桉漢書百官公卿表太僕屬官有騎馬令丞此其丞之印也

家馬丞印

陳藏

右封泥四字，印文曰「家馬丞印」。桉，《漢書·百官公卿表》：太僕，掌輿馬，屬官有家馬令丞尉。此其丞之印也。

車府丞印

陳藏

右封泥四字，印文曰「車府丞印」。桉，《漢書·百官公卿表》：太僕屬官有車府令丞。此其丞之印也。

騎馬丞印

吴藏

右封泥四字，印文曰「騎馬丞印」。桉，《漢書·百官公卿表》：太僕屬官有騎馬令丞。此其丞之印也。

右封泥四字印文曰中車司馬桉漢書百官公卿表續漢書百官志衛尉屬官皆有公車司馬令丞而無中車司馬中太僕掌皇太后輿馬不常置也此中車或是中太僕屬而表闕與史記秦始皇本紀封在中車府令趙高行符璽事所是此中車之一證也

廷尉

右封泥五字印文曰廷尉之印章桉漢書百官公卿表廷尉秦官掌刑辟景帝中六年更名大理武帝建元四年復為廷尉哀帝元壽二年復為大理此武帝時之印也

中車司馬

陳藏

右封泥四字，印文曰「中車司馬」。桉，《漢書·百官公卿表》、《續漢書·百官志》衛尉屬官皆有公車司馬令丞，而無中車司馬，中太僕掌皇太后輿馬，不常置也。此中車或是中太僕屬而表闕與？《史記·秦始皇本紀》「封在中車府令趙高行符璽事所」，是此中車之一證也。

廷尉

廷尉之印章

吴藏　陳藏

右封泥五字，印文曰「廷尉之印章」。桉，《漢書·百官公卿表》：「廷尉，秦官，掌刑辟」，「景帝中六年更名大理，武帝建元四年復為廷尉」，「哀帝元壽二年復為大理」。此武帝時之印也。

典客　屬官

右封泥四字印文曰行人令印桉漢書百官公卿表典客秦官景帝中六年更名大行令武帝太初元年更名大鴻臚屬官有行人令丞此其令之印也

右封泥四字印文曰郡邸長印桉漢書百官公卿表典客屬官有郡邸長丞師古曰主諸郡之邸在京師者也此其長之印也

典客　屬官

行人令印

陳藏

右封泥四字，印文曰「行人令印」。桉，《漢書·百官公卿表》：「典客，秦官」，「景帝中六年更名大行令，武帝太初元年更名大鴻臚」。屬官有行人令丞。此其令之印也。

郡邸長印

陳藏

右封泥四字，印文曰「郡邸長印」。桉，《漢書·百官公卿表》：典客屬官有郡邸長丞。師古曰：「主諸郡之邸在京師者也。」此其長之印也。

右封泥四字印文曰郡邸長丞詳前此其丞之印也

右封泥四字印文曰□□長丞上二字闕無可攷姑附

郡邸長丞後

宗正 屬官

右封泥四字印文曰宗正丞印桉漢書百官公卿表宗正秦官掌親屬有丞平帝元始四年更名宗伯此曰宗正是平帝元始前印也

郡邸長丞 吴藏

右封泥四字，印文曰「郡邸長丞」。詳前。此其丞之印也。

長丞 陳藏

右封泥四字，印文曰「□□長丞」。上二字闕，無可攷，姑附「郡邸長丞」後。

宗正 屬官

宗正丞印 陳藏

右封泥四字，印文曰「宗正丞印」。桉，《漢書·百官公卿表》：「宗正，秦官，掌親屬，有丞。平帝元始四年更名宗伯。」此曰宗正，是平帝元始前印也。

少府屬官坿

右封泥五字印文曰少府之印章桉漢書百官公卿表少府秦官掌山海池澤之稅以給共養有六丞此其印也

右封泥四字印文曰少府丞印少府及丞詳前

少府屬官坿

少府之印章

吴藏 陳藏

右封泥五字，印文曰「少府之印章」。桉，《漢書·百官公卿表》：「少府，秦官，掌山海池澤之稅，以給共養，有六丞。」此其印也。

少府丞印

陳藏一、二、三、四

右封泥四字，印文曰「少府丞印」。少府及丞，詳前。

右封泥四字印文曰尚書令印桉漢書張安世傳上幸
河東亾書三篋詔問莫能知惟安世識之具作其事後
購求得書以相校無所遺失上奇其才擢為尚書令又
桉事始尚書令續漢書曰秦置漢元鼎二年以張安世
為尚書令任安亦為之漢書百官公卿表少府屬官有
尚書令丞續漢書百官志尚書令一人千石未言丞此
其令之印也

右封泥四字印文曰大官丞印桉漢書百官公卿表少

尚書令印

陳藏

右封泥四字，印文曰「尚書令印」。桉，《漢書·張安世傳》：「上幸河東，亡書三篋，詔問莫能知，惟安世識之，具作其事。後購求得書，以相校無所遺失。上奇其才，擢為尚書令。」又桉，事始尚書令。《續漢書》曰：秦置，漢元鼎二年以張安世為尚書令，任安亦為之。《漢書·百官志》、《公卿表》少府屬官有尚書令丞。《續漢書·百官志》：「尚書令一人，千石。」未言丞。此其令之印也。

大官丞印

吳藏　陳藏一、二、三、四

右封泥四字，印文曰「大官丞印」。桉，《漢書·百官公卿表》：少府屬官有太官令丞。

府屬官有太官令丞師古曰太官主膳食此其丞之印
也

右封泥四字印文曰大口官口長丞 存大半 桉漢書百
官公卿表少府屬官有太官令丞續漢志太官令本注
曰左丞主飲食甘丞主膳具湯官丞主酒果丞主果此
丞上一字非左非甘非果不可臆定或曰似長字少府
有胞人都水均官三長丞或大官有長而史未備與

右封泥五字印文曰湯官飲監口 缺一行 桉漢書百官
公卿表少府屬官有湯官師古曰湯官主餅餌此印官
名曰飲監是湯官之職印字或五或亦未可定也

師古曰：「大官主膳食。」此其丞之印也。

大丞

陳藏

右封泥四字，印文曰「大□官□長丞」。存大半。桉，《漢書·百官公卿表》：少府屬官有太官令丞。《續漢志》：「太官令」，「本注曰：左丞主飲食。甘丞主膳具。湯官丞主酒。果丞主果」。此「丞」上一字非左非甘非果，不可臆定，或曰似「長」字。少府有胞人、都水、均官三長丞，或大官有長而史未備與？

湯官飲監

陳藏

右封泥五字，印文曰「湯官飲監□」。缺一行。桉，《漢書·百官公卿表》：少府屬官有湯官。師古曰：「湯官主餅餌。」此印官名曰飲監，是湯官之職；印字或五，或亦未可定也。

右封泥四字印文曰䆃官䆃丞桉漢書百官公卿表少府屬官有導官師古曰導官主擇米後漢書鄧皇后紀導官注主導擇米以供祭祀續漢書百官志導官令本注導擇也又攷漢書司馬相如傳導一莖六穗於庖鄭氏曰導擇也一莖六穗謂嘉禾之米於庖廚以供祭祀字皆作導皆訓擇而史記司馬相如傳作䆃徐廣曰䆃瑞禾也說文䆃禾也从禾道聲司馬相如曰一莖六穗此印二䆃字亦从禾知䆃乃本字从禾也䆃官䆃丞與鹽官果丞橘官橘丞同義皆以所主之物名官主米而曰䆃者䆃為瑞禾取嘉名也後誤為導注釋者未究原委即以擇為訓耳今據印文與史記足證兩漢書作導者皆傳寫之誤也錢少詹謂收藏古印於史學不無裨益洵哉

䆃官
䆃丞

吴藏　陳藏

右封泥四字，印文曰「䆃官䆃丞」。桉，《漢書·百官公卿表》：少府屬官有導官。師古曰：「導官主擇米。」《後漢書·鄧皇后紀》導官注：「主導擇米以供祭祀。」《續漢書·百官志》「導官令」，本注：「導，擇也。」又攷《漢書·司馬相如傳》「導一莖六穗於庖」，鄭氏曰：「導，擇也。一莖六穗謂嘉禾之米，於庖廚以供祭祀。」字皆作導，皆訓擇。而《史記·司馬相如傳》作「䆃」。徐廣曰：「䆃，瑞禾也。」《說文》：「䆃，禾也。从禾道聲。」司馬相如曰：「一莖六穗。」此印二䆃字，亦从禾，知䆃乃本字，从禾也。䆃官䆃丞與鹽官果丞、橘官橘丞同義，皆以所主之物名官，主米而曰䆃者，䆃為瑞禾，取嘉名也。後誤為導，注釋者未究原委即以擇為訓耳。今據印文與《史記》足證兩《漢書》作導者皆傳寫之誤也。錢少詹謂收藏古印於史學不無裨益，洵哉。

右封泥四字印文曰居室丞印按漢書百官公卿表少府屬官有居室丞武帝太初元年更名居室為保宮此武帝前之印也

右封泥四字印文曰東織□□按漢書百官公卿表少府屬官有東織西織令丞河平元年省東織更名西織為織室此河平前之印也

居室丞印

吴藏　陳藏

右封泥四字，印文曰「居室丞印」。桉，《漢書·百官公卿表》：少府屬官有居室丞。武帝太初元年更名居室為保宮。此武帝前之印也。

東織

吴藏

右封泥四字，印文曰「東織□□」。桉，《漢書·百官公卿表》：少府屬官有東織、西織令丞，「河平元年省東織，更名西織為織室」。此河平前之印也。

右封泥四字印文曰宦者丞印桉漢書百官公卿表少府屬官有宦者令丞此其丞之印也

右封泥四字印文曰少府銅丞桉漢書百官公卿表水衡都尉武帝元鼎二年初置屬官有鍾官辯銅令丞如湻曰鍾官鑄钱官也辯銅主分别銅之種類也表又曰初鑄钱屬少府今據此印知班史言鑄钱者兼辯銅丞言之此則辯銅丞之印省辯字也

右封泥二字半通印文曰少内桉周禮天官職内註職

宦者丞印

吴藏 陳藏

右封泥四字，印文曰「宦者丞印」。桉，《漢書·百官公卿表》：少府屬官有宦者令丞。此其丞之印也。

少府銅丞

吴藏

右封泥四字，印文曰「少府銅丞」。桉，《漢書·百官公卿表》：「水衡都尉，武帝元鼎二年初置」，屬官有鍾官、辯銅令丞。如湻曰：「鍾官，鑄錢官也。辯銅，主分别銅之種類也。」《表》又曰：初鑄錢屬少府。今據此印知班史言鑄錢者兼辯銅丞言之，此則辯銅丞之印，省辯字也。

少内

陳藏

右封泥二字，半通印，文曰「少内」。桉，《周禮·天官·職内》註：「職内，主入也。若今之泉所入謂之少内。」

内主入也若今之泉所入謂之少内釋曰桉王氏漢官解云小官嗇夫各擅其職謂倉庫少内嗇夫之屬各自擅其條理所職主由此言之少内藏聚似今之少府但官卑職碎以少為名漢官曰少者小也小故稱少府王者以租稅為公用山澤陂池之稅以供王之私用古皆作小府此印文自當附少府矣

中尉 屬官

右封泥四字印文曰中壘右尉桉漢書百官公卿表執金吾屬官有中壘令丞中壘兩尉此右尉之印也

釋曰。桉，王氏《漢官解》云：「小官、嗇夫，各擅其職，謂倉庫少内嗇夫之屬，各自擅其條理所職主。」由此言之，少内藏聚似今之少府，但官卑職碎，以少為名。《漢官》曰：「少者，小也，故稱少府。」王者以租稅為公用，山澤陂池之稅以供王之私用，古皆作小府。此印文自當附少府矣。

中尉 屬官

中壘右尉

陳藏

右封泥四字，印文曰「中壘右尉」。桉，《漢書·百官公卿表》：執金吾屬官有中壘令丞、中壘兩尉。此右尉之印也。

右封泥四字印文曰都船丞印桉漢書百官公卿表中尉秦官武帝太初元年更名執金吾屬官有都船令丞此其丞之印也

右封泥四字印文曰廣左都尉桉漢書百官公卿表中尉太初元年更名執金吾屬官有左右京輔都尉史記平準書益廣關置左右輔注徐廣曰元鼎三年丁卯歲徙函谷關於新安東界此左輔都尉之印所以曰廣左都尉也

右封泥四字印文曰中騎千人桉漢書百官公卿表中尉典屬國屬官有千人又西域都護有千人續漢志騎都尉本注曰本監羽林騎又侍中本注曰法駕出則多識者一人叅乘餘皆騎在乘輿後又中黃門冗從僕射

都船丞印

陳藏

右封泥四字，印文曰「都船丞印」。桉，《漢書·百官公卿表》：「中尉，秦官」，「武帝太初元年更名執金吾」，屬官有都船令丞。此其丞之印也。

廣左都尉

吴藏　陳藏一、二

右封泥四字，印文曰「廣左都尉」。桉，《漢書·百官公卿表》：中尉，太初元年更名執金吾，屬官有左右京輔都尉。《史記·平準書》「益廣關，置左右輔」注：「徐廣曰：『元鼎三年，丁卯歲，徙函谷關於新安東界。』」此左輔都尉之印，所以曰「廣左都尉」也。

中騎千人

陳藏

右封泥四字，印文曰「中騎千人」。桉，《漢書·百官公卿表》：中尉、典屬國，屬官有千人。又西域都護有千人。《續漢志》「騎都尉」，本注曰：「本監羽林騎。」又「侍中」，本注曰：「法駕出，則多識者一人叅乘，餘皆騎在乘輿後。」又「中黃門冗從僕射」，

「出則騎從」。又職官有官騎。此云中騎，疑是中宮騎之千人，故加「中」字，如中太僕與中車司馬文也。

將作少府 屬官坿

將作大匠章

吴藏

右封泥五字，印文曰「將作大匠章」。桉，《漢書·百官公卿表》：「將作少府，秦官，掌治宮室」，「景帝中六年更名將作大匠」。此其印也。

大匠丞印

吴藏

右封泥四字，印文曰「大匠丞印」。桉，《漢書·百官公卿表》：將作大匠有兩丞。此是其印，未言左右，或竝二為一也。

右封泥四字印文曰左校丞印桉漢書百官公卿表將作大匠屬官有左右前後中校令丞此左校令之丞也

詹事屬官

右封泥四字印文曰私官丞印桉漢書百官公卿表詹事掌皇后太子家屬官有私府丞此曰私官可補史闕

右封泥四字印文曰長信私丞桉漢書百官公卿表詹事秦官掌皇后太子家又中長秋私府永巷倉廄祠祀食官令長丞諸宦皆屬焉長信詹事掌皇太后宮景帝中六年更名長信少府平帝元始四年更名長樂少府此印曰長信私丞長信自是皇太后宮私丞當是私府丞省文也續漢志有中宮私府令丞本注曰宦者

左校丞印

陳藏

右封泥四字，印文曰「左校丞印」。桉，《漢書・百官公卿表》：將作大匠屬官有左右前後中校令丞。此左校令之丞也。

詹事 屬官

私官丞印

吴藏

右封泥四字，印文曰「私官丞印」。桉，《漢書・百官公卿表》：詹事，「掌皇后、太子家」，屬官有私府丞。此曰私官，可補史闕。

長信私丞

陳藏

右封泥四字，印文曰「長信私丞」。桉，《漢書・百官公卿表》：「詹事，秦官，掌皇后太子家。」「又中長秋、私府、永巷、倉、廄、祠祀、食官令長丞。諸宦皆屬焉。」「長信詹事掌皇太后宮，景帝中六年更名長信少府，平帝元始四年更名長樂少府。」此印曰「長信私丞」，長信自是皇太后宮，私丞當是私府丞省文也。《續漢志》有中宮私府令丞，本注曰「宦者」。

右封泥四字印文曰長信宧丞桉漢書百官公卿表少府屬官有宧者令丞此曰長信宧丞當是景帝中六年長信詹事更名長信少府之宧者丞省者字以成四字也

右封泥四字印文曰長信倉印桉漢書百官公卿表詹事屬官有倉長丞又長信詹事掌皇太后宮景帝中六年更名長信少府張晏曰以太后所居宮為名也居長信宮則曰長信少府居長樂宮則曰長樂少府然則是印曰長信倉蓋太后居長信宮時所置倉長丞也

長信宧丞

陳藏

右封泥四字，印文曰「長信宧丞」。桉，《漢書·百官公卿表》：少府屬官有宧者令丞。此曰「長信宧丞」，當是景帝中六年長信詹事更名長信，長信少府之宧者丞省「者」字，以成四字也。

長信倉印

吳藏　陳藏

右封泥四字，印文曰「長信倉印」。桉，《漢書·百官公卿表》：詹事屬官有倉長丞，又「長信詹事掌皇太后宮，景帝中六年更名長信少府」。張晏曰：「以太后所居宮為名也。居長信宮則曰長信少府，居長樂宮則曰長樂少府。」然則是印曰「長信倉」，蓋太后居長信宮時所置倉長丞也。

典屬國

國印章

吳藏　陳藏

右封泥五字，印文曰「□□國印章」。缺前二字。桉，《漢書·百官公卿表》：「典屬國，秦官。」此「典屬」二字雖闕，自是其印。

水衡都尉 屬官

上丞林印

吳藏

右封泥四字，印文曰「上林丞印」。桉，《漢書·百官公卿表》：「水衡都尉，武帝元鼎二年初置，掌上林苑。」屬官有上林令丞。又曰：「上林有八丞十二尉。」上林初屬少府。此其丞之印也。

典屬國

右封泥五字印文曰□□國印章缺前二字桉漢書百官公卿表典屬國秦官此典屬二字雖闕自是其印

水衡都尉 屬官

右封泥四字印文曰上林丞印桉漢書百官公卿表水衡都尉武帝元鼎二年初置掌上林苑屬官有上林令丞又曰上林有八丞十二尉上林初屬少府此其丞之印也

右封泥四字印文曰上林尉印上林及尉詳前

右封泥四字印文曰御羞丞印桉漢書百官公卿表水衡都尉屬官有御羞令丞如淳曰御羞地名也在藍田其土肥沃多出御物可進者楊雄謂之御宿三輔黃圖御羞宜春皆苑名也師古曰御宿則今長安城南御宿川也羞宿聲相近故或云御羞或云御宿耳羞者珍羞所出宿者止宿之義此自是掌珍羞之御羞令之丞也

右封泥四字印文曰禁圃左丞桉漢書百官公卿表水

上林尉印

吴藏 陳藏

右封泥四字，印文曰「上林尉印」。上林及尉，詳前。

御羞丞印

陳藏

右封泥四字，印文曰「御羞丞印」。桉，《漢書·百官公卿表》：水衡都尉屬官有御羞令丞。如淳曰：「御羞，地名也，在藍田，其土肥沃，多出御物可進者，楊雄謂之御宿。《三輔黃圖》御羞、宜春皆苑名也。」師古曰：「御宿，則今長安城南御宿川也。羞、宿聲相近，故或云御羞，或云御宿耳。羞者，珍羞所出；宿者，止宿之義。」此自是掌珍羞之御羞令之丞也。

禁圃左丞

吴藏 陳藏

右封泥四字，印文曰「禁圃左丞」。桉，《漢書·百官公卿表》：水衡都尉屬官有禁圃令丞、

衡都尉屬官有禁圃令丞禁圃兩尉據此云左則丞亦有兩如尉可以補史之略

右封泥四字印文曰宜春左園桉三輔黃圖宜春下苑在京城東南隅據此印知宜春上苑下苑亦稱左苑右苑苑亦稱園御宿苑黃圖引三秦記作御宿園也

內史 屬官埘

右封泥四字印文曰內史之印桉漢書百官公卿表內史周官秦因之景帝二年分置左內史右內史此無左右字景帝前之印與

禁圃兩尉。據此云左，則丞亦有兩如尉，可以補史之略。

宜春左園

吳藏 陳藏

右封泥四字，印文曰「宜春左園」。桉，《三輔黃圖》：宜春下苑在京城東南隅。據此印知宜春上苑、下苑，亦稱左苑、右苑。苑亦称園，「御宿苑」，《黃圖》引《三秦記》作「御宿園」也。

內史 屬官埘

內史之印

陳藏一、二、三

右封泥四字，印文曰「內史之印」。桉，《漢書·百官公卿表》：「內史，周官，秦因之。」景帝二年分置左內史、右內史。此無左右字，景帝前之印與？

右封泥五字印文曰左馮翊印章桉漢書百官公卿表內史周官秦因之掌治京師景帝二年分置左右內史武帝太初元年左內史更名左馮翊此其印也

右封泥四字印文曰長安市令桉漢書百官公卿表京兆尹屬官有長安市令此其印也

主爵中尉 即右扶風屬官

左馮翊印章

吳藏

右封泥五字，印文曰「左馮翊印章」。桉，《漢書・百官公卿表》：「內史，周官，秦因之，掌治京師。景帝二年分置左右內史。」武帝太初元年左內史更名左馮翊。此其印也。

長安市令

陳藏

右封泥四字，印文曰「長安市令」。桉，《漢書・百官公卿表》：京兆尹屬官有長安市令。此其印也。

主爵中尉 即右扶風屬官

右封泥四字印文曰掌畜丞印桉漢書百官公卿表主爵中尉秦官景帝中六年更名都尉武帝太初元年更名右扶風屬官有掌畜令丞如淳曰尹翁歸傳曰豪彊有論罪輸掌畜官使斫莝東方朔曰益為右扶風畜牧之所在也此其丞之印也

掌畜丞印

吴藏 陳藏一、二

右封泥四字，印文曰「掌畜丞印」。桉，《漢書·百官公卿表》：「主爵中尉，秦官」，「景帝中六年更名都尉，武帝太初元年更名右扶風」，「屬官有掌畜令丞」。如淳曰：「《尹翁歸傳》曰『豪彊有論罪，輸掌畜官，使斫莝』。東方朔曰『益為右扶風』，畜牧之所在也。」此其丞之印也。

録文

封泥攷略目

卷二

漢諸侯王璽印封泥

王璽

河間王璽　吳藏

菑川王璽　吳藏

又　陳藏

漢王國官印封泥

丞相

菑川丞相　陳藏[一]

相

定陶相印章　吳藏

趙相之印章　吳藏

又　陳藏

真定相印章　吳藏

廣川相印章　吳藏

又　陳藏

廣陽相印章　吳藏

又　陳藏一

又　陳藏二

[一]「陳藏」二字原本無，據光緒三十年石印本《封泥考略》卷二目録補。

高密相印章陳臧
梁相之印章吳臧
又陳臧
魯相之印章吳臧
又陳臧
泗水相印章吳臧
又陳臧
廣陵相印章吳臧
又陳臧
六安相印章吳臧
又陳臧一
又陳臧二
又陳臧三
長沙相印章吳臧
□平相印章坿吳臧
口口相印章坿陳臧
奉常屬官
菑川頃廟
郎中令郎中
吳郎中印吳臧

高密相印章 陳藏
梁相之印章 吳藏
又 陳藏
魯相之印章 吳藏
又 陳藏
泗水相印章 吳藏
又 陳藏
廣陵相印章 吳藏
又 陳藏
六安相印章 吳藏
又 陳藏一
又 陳藏二
又 陳藏三
長沙相印章 吳藏
□平相印章 坿 吳藏
□□相印章 坿 陳藏
奉常 屬官
菑川頃廟 陳藏[一]
郎中令 郎中
吳郎中印 吳藏

[一]「陳藏」二字原本無，據光緒三十年石印本《封泥考略》卷二目録補。

僕
六安僕印 吴藏
少府 御丞
廬江御丞 吴藏
菑川府丞 坿
中尉
城陽中尉 陳藏
水衡都尉 廄丞
齊中廄丞 陳藏
又 陳藏二
六安長丞 坿
内史
趙内史印章 吴藏
又 陳藏
菑川内史 陳藏
淮陽内史章 陳藏
六安内史章 吴藏
又 陳藏
坿
左府 半通印 吴藏

僕

六安僕印　吴藏

少府　御丞

廬江御丞　吴藏

菑川府丞　坿　陳藏[一]

中尉

城陽中尉　陳藏

水衡都尉　廄丞

齊中廄丞　陳藏

又　陳藏二

六安長丞　坿

内史

趙内史印章　吴藏

又　陳藏

菑川内史　陳藏

淮陽内史章　陳藏

六安内史章　吴藏

又　陳藏

坿

左府　半通印　吴藏

[一]「陳藏」二字原本無，據光緒三十年石印本《封泥考略》卷二目録補。

又　陳藏一

又　陳藏二

守府　半通印　陳藏

漢侯印封泥

侯

曲逆侯印　吳藏

赤泉侯印　陳藏

侯名印

汾陽侯昌　吳藏

又　陳藏

君名印

南昌君布　陳藏

漢侯國官印封泥

相

平侯相印　吳藏

又　陳藏

女汝陰侯相　吳藏

又　陳藏

建成侯相　陳藏

劇魁侯相　吳藏

虋侯相印 吴藏

又 陳藏一

又 陳藏二

□□侯相 坿 陳藏

□平□相 坿 吴藏

又 陳藏

祁侯□□ 陳藏[一]

[一]「陳藏」二字原本無，據光緒三十年石印本《封泥考略》卷二目録補。

封泥攷略卷二

海豐吴式芬子苾
濰縣　簠齋　攷藏
吴江翁大年尗均攷編

漢諸侯王璽印封泥

王璽

河間王璽

吴藏

右封泥四字，璽文曰「河間王璽」。桉，《漢書·地理志》：「河間國，故趙，文帝二年別為國。」應劭曰：「在兩河之間。」《漢書·諸侯王表》：河間，孝文二年二月乙卯，文王辟彊以趙幽王子立；薨，哀王福嗣；薨，亡後。又河間獻王德，景帝子，二年三月甲寅立；薨，共王不周嗣；薨，剛王基嗣；薨，頃王緩嗣；薨，孝王慶嗣；薨，王元嗣；建昭元年廢，遷房陵。建始元年正月丁亥，惠王良以孝王子紹封，薨，王尚嗣。王莽篡位，貶為公，明年廢。此其璽也。參攷《河間獻王傳》及《史記·諸侯年表》，世次悉合。唯「不周」竝作「不害」，「基」竝作「堪」，「緩」竝作「授」。攷古人命名，「不害」已見《孟子》、《申子》，「不周」則未見，要以《列傳年表為正也漢書百官公卿表諸侯王高帝初置金璽盭綬掌治其國有太傅輔王內史治國民中尉掌武職丞相統衆官羣卿大夫都官如漢朝景帝十五年令諸侯王不得復治國天子為置吏改丞相曰相省御史大夫廷尉少府宗正博士官大夫謁者郎諸官長丞皆損其員武帝改漢內史為京兆尹中尉為執金吾郎中令為光祿勳故王國如故損其郎中令秩千石改太僕曰僕秩亦千石成帝綏和元年省內史更令相治民如郡太守中尉如郡都尉此封泥色紫中有繩孔背有版紋與漢官儀略同

漢官儀曰孔子稱封泰山禪梁父封者以金泥銀繩印之以璽又曰建武三十二年登封泰山尚書令藏玉牒封石檢以金為繩以石為泥亦封泥用繩之證也

抱朴子曰古之人入山者佩黃神白章印以封泥著所在之四方各百步則虎狼不敢近是道家亦有封泥坿識于此

傳》、《年表》為正也。《漢書·百官公卿表》：「諸侯王，高帝初置，金璽盭綬，掌治其國。有太傅輔王，內史治國民，中尉掌武職，丞相統眾官，群卿大夫都官如漢朝。景帝中〔一〕五年令諸侯王不得復治國，天子為置吏，改丞相曰相，省御史大夫、廷尉、少府、宗正、博士官，大夫、謁者、郎諸官長丞皆損其員。武帝改漢內史為京兆尹，中尉為執金吾，郎中令為光祿勳，故王國如故。損其郎中令，秩千石；改太僕曰僕，秩亦千石。成帝綏和元年省內史，更令相治民，如郡太守，中尉如郡都尉。」此封泥色紫，中有繩孔，背有版紋，與《漢官儀》略同。

《漢官儀》曰：孔子稱封泰山、禪梁父。封者以金泥銀繩，印之以璽。又曰：建武三十二年登封泰山，尚書令藏玉牒，封石檢，以金為繩，以石為泥。亦封泥用繩之證也。

《抱朴子》曰：古之人入山者，佩黃神白章印，以封泥著所在之四方各百步，則虎狼不敢近。是道家亦有封泥，坿識于此。

〔一〕「中」字，原作「十」，據《漢書·百官公卿表》改。

右封泥四字璽文曰菑川王璽桉漢書地理志菑川國故齊文帝十八年別為國後并北海諸侯王表菑川孝文十六年四月丙寅王賢以齊悼王子武城侯立反誅懿王志以齊悼惠王子安都侯立為濟北王孝景四年徙菑川薨靖王建嗣薨頃王遺嗣薨思王終古嗣薨考王尚嗣薨孝王横嗣薨懷王友嗣薨王永嗣王莽篡位貶為公明年廢此其璽也簠齋陳氏藏淮陽王璽是白玉者非金與表異

右封泥四字璽文曰菑川王璽詳前

菑川王璽

吳藏

右封泥四字，璽文曰「菑川王璽」。桉，《漢書·地理志》：「菑川國，故齊，文帝十八年別為國，後并北海。」《諸侯王表》：菑川，孝文十六年四月丙寅王賢以齊悼王子武城侯立，反，誅，懿王志以齊悼惠王子安都侯立為濟北王，孝景四年徙菑川，薨，靖王建嗣；薨，頃王遺嗣；薨，思王終古嗣；薨，考王尚嗣；薨，孝王横嗣；薨，懷王友嗣；薨，王永嗣。王莽篡位，貶為公。明年廢。此其璽也。簠齋陳氏藏「淮陽王璽」，是白玉者，非金，與《表》異。

菑川王璽

陳藏

右封泥四字，璽文曰「菑川王璽」。詳前。

漢王國官印封泥
丞相
右封泥四字印文曰菑川丞相菑川王國攷見前此自是景帝中五年以前王賢王志時丞相之印也出臨菑
相
右封泥五字印文曰定陶相印章桉漢書地理志濟陰郡故梁景帝中六年別為濟陰國宣帝甘露二年更名定陶諸侯王表楚孝王囂宣帝子甘露二年立為定陶王又定陶共王康元帝子河平四年徙定陶傳二世此其相之印也又攷王相印文初止四字明集古印譜載

漢王國官印封泥

丞相

菑川丞相

陳藏

右封泥四字，印文曰「菑川丞相」。菑川王國攷見前。此自是景帝中五年以前王賢王志時丞相之印也，出臨菑。

相

定陶相印章

吳藏

右封泥五字，印文曰「定陶相印章」。桉，《漢書·地理志》：「濟陰郡，故梁。景帝中六年別為濟陰國。宣帝甘露二年更名定陶。」《諸侯王表》：楚孝王囂，宣帝子，甘露二年立為定陶王。又定陶共王康，元帝子，河平四年徙定陶，傳二世。此其相之印也。又攷王相印文，初止四字，明《集古印譜》載江都王相印文曰江都相印至武帝太初元年更名印章始用五字史記封禪書夏漢改歷以正月為歲首而色上黄官名更印章以五字為太初元年孝武本紀漢書郊祀志竝同武帝紀色上黄數用五張晏曰漢據土德土數五故用五謂印文也若丞相曰丞相之印章諸卿及守相印文不足五字者以之足之則此印乃太初以後所造也

右封泥五字印文曰趙相之印章桉漢書地理志趙國故秦邯鄲郡高帝四年為趙國景帝三年復為邯鄲郡五年復故諸侯王表趙隱王如意高帝子九年立又趙共王恢高帝子高后七年徙趙又趙幽王友高帝子十一年立為淮陽王二年徙趙孝文元年王遂以幽王子紹封又趙敬肅王彭祖景帝子二年立為廣川王四年

江都王相印文曰「江都相印」，至武帝太初元年更名印章，始用五字。《史記·封禪書》：「夏，漢改歷，以正月為歲首，而色上黄，官名更印章以五字，為太初元年。」《孝武本紀》、《漢書·郊祀志》竝同。《武帝紀》「色上黄，數用五」，張晏曰：「漢據土德，土數五，故用五，謂印文也。若丞相曰『丞相之印章』，諸卿及守相印文不足五字者，以『之』足之。」則此印乃太初以後所造也。

趙相之印章

吴藏

右封泥五字，印文曰「趙相之印章」。桉，《漢書·地理志》：「趙國，故秦邯鄲郡，高帝四年為趙國，景帝三年復為邯鄲郡，五年復故。」《諸侯王表》：趙隱王如意，高帝子，九年立。又趙共王恢，高帝子，高后七年徙趙。又趙幽王友，高帝子，十一年立為淮陽王，二年徙趙。孝文元年王遂以幽王子紹封。又趙敬肅王彭祖，景帝子，二年立為廣川王，四年

徙趙傳三世又地節四年哀王高以頃王子紹封傳三世此其相之印也

右封泥五字印文曰趙相之印章詳前

右封泥五字印文曰真定相印章桉史記諸侯年表孝武元鼎四年真定國頃王平元年常山憲王子漢書諸侯王表真定頃王平傳五世此其相之印也

徙趙，傳三世。又地節四年，哀王高以頃王子紹封，傳三世。此其相之印也。

趙相之印章

陳藏

右封泥五字，印文曰「趙相之印章」。詳前。

真定相印章

吴藏

右封泥五字，印文曰「真定相印章」。桉，《史記·諸侯年表》：孝武元鼎四年，真定國頃王平元年，常山憲王子。《漢書·諸侯王表》：真定頃王平，傳五世。此其相之印也。

右封泥五字印文曰廣川相印章桉漢書地理志信都國景帝二年為廣川國宣帝甘露三年復故諸侯王表廣川惠王越景帝子中二年立薨繆王齊嗣薨王去嗣廢地節四年戴王文以繆王子紹封傳二世此其相之印也

右封泥五字印文曰廣川相印章詳前

右封泥五字印文曰廣陽相印章桉漢書地理志廣陽

廣川相印章

吴藏

右封泥五字，印文曰「廣川相印章」。桉，《漢書・地理志》：「信都國，景帝二年為廣川國，宣帝甘露三年復故。」《諸侯王表》：廣川惠王越，景帝子，中二年立，薨，繆王齊嗣；薨，王去嗣，廢；地節四年戴王文以繆王子紹封，傳二世。此其相之印也。

廣川相印章

陳藏

右封泥五字，印文曰「廣川相印章」。詳前。

廣陽相印章

吴藏

右封泥五字，印文曰「廣陽相印章」。桉，《漢書・地理志》：「廣陽國，高帝燕國，昭帝元鳳元年為廣陽郡，

國高帝燕國昭帝元鳳元年為廣陽郡宣帝本始元年更為國諸侯王表廣陽本始元年頃王建以燕剌王子紹封傳四世此其相之印也

右封泥五字印文曰廣陽相印章詳前

右封泥五字印文曰廣陽相印章詳前

右封泥五字印文曰高密相印章按漢書地理志高密

宣帝本始元年更為國。」《諸侯王表》：廣陽，本始元年頃王建以燕剌王子紹封，傳四世。此其相之印也。

廣陽相印章

陳藏一

右封泥五字，印文曰「廣陽相印章」。詳前。

廣陽相印章

陳藏二

右封泥五字，印文曰「廣陽相印章」。詳前。

高密相印章

陳藏

右封泥五字，印文曰「高密相印章」。桉，《漢書·地理志》：「高密國，故齊，文帝十六年別為膠西國，

國故齊文帝十六年別為膠西國宣帝本始元年更為
高密國諸侯王表高密本始元年十月哀王弘以廣陵
厲王子立薨頃王章嗣薨懷王寬嗣薨王慎嗣王莽篡
位貶為公明年廢此其相之印也

右封泥五字印文曰梁相之印章桉漢書地理志梁國
故秦碭郡高帝五年為梁國諸侯王表梁懷王揖文帝
子二年立薨亡後又梁孝王武文帝子二年立為代王
三年徙為淮陽王十年徙梁傳八世此其相之印也

右封泥五字印文曰梁相之印章詳前

宣帝本始元年更為高密國。」《諸侯王表》：高密，本始元年十月哀王弘[一]以廣陵厲王子立，薨，頃王章嗣；薨，懷王寬嗣；薨，王慎嗣；王莽篡位，貶為公，明年廢。此其相之印也。

梁相之印章

吳藏

右封泥五字，印文曰「梁相之印章」。桉，《漢書・地理志》：「梁國，故秦碭郡，高帝五年為梁國。」《諸侯王表》：梁懷王揖，文帝子，二年立，薨，亡後。又梁孝王武，文帝子，二年立為代王，三年徙為淮陽王，十年徙梁，傳八世。此其相之印也。

梁相之印章

陳藏

右封泥五字，印文曰「梁相之印章」。詳前。

[一]「弘」字，原作「弘」，係避諱缺筆。今改回本字。下同。

右封泥五字印文曰魯相之印章桉漢書地理志魯國故秦薛郡高后元年為魯國諸侯王表魯恭王餘景帝子二年立為淮陽王二年徙魯傳五世此其相之印也

右封泥五字印文曰魯相之印章詳前

右封泥五字印文曰泗水相印章桉漢書地理志泗水

魯相之印章

吴藏

右封泥五字，印文曰「魯相之印章」。桉，《漢書·地理志》：「魯國，故秦薛郡，高后元年為魯國。」《諸侯王表》：魯恭王餘，景帝子，二年立為淮陽王，二年徙魯，傳五世。此其相之印也。

魯相之印章

陳藏

右封泥五字，印文曰「魯相之印章」。詳前。

泗水相印章

吴藏

右封泥五字，印文曰「泗水相印章」。桉，《漢書·地理志》：「泗水國，故東海郡，武帝元鼎四年別為泗水國。」

國故東海郡武帝元鼎四年別為泗水國諸侯王表泗水元鼎元年思王商以常山憲王少子立薨哀王安世嗣亡後太初三年戴王賀以思王子紹封傳四世此其相之印也

右封泥五字印文曰泗水相印章詳前

右封泥五字印文曰廣陵相印章桉漢書地理志廣陵國高帝六年屬荆州十一年更屬吴景帝四年更名江都武帝元狩三年更名廣陵莽曰江平屬徐州諸侯王表廣陵厲王胥武帝子元狩六年立自殺初元二年孝王霸以厲王子紹封傳三世亡後元延二年靖王守以孝王子紹封傳二世此其相之印也

《諸侯王表》：泗水，元鼎元年思王商以常山憲王少子立，薨，哀王安世嗣，亡後。太初三年戴王賀以思王子紹封，傳四世。此其相之印也。

泗水相印章

陳藏

右封泥五字，印文曰「泗水相印章」。詳前。

廣陵相印章

吴藏

右封泥五字，印文曰「廣陵相印章」。桉，《漢書·地理志》：「廣陵國，高帝六年屬荆州，十一年更屬吴，景帝四年更名江都，武帝元狩三年更名廣陵。莽曰江平，屬徐州。」《諸侯王表》：廣陵厲王胥，武帝子，元狩六年立，自殺。初元二年，孝王霸以厲王子紹封，傳三世，亡後。元延二年靖王守以孝王子紹封，傳二世。此其相之印也。

右封泥五字印文曰廣陵相印章詳前

右封泥五字印文曰六安相印章桉漢書地理志六安國故楚高帝元年別為衡山國五年屬淮南文帝十六年復為衡山武帝元狩二年別為六安國諸侯王表六安元狩二年恭王慶以膠東康王少子立傳五世此其相之印也

右封泥五字印文曰六安相印章詳前

廣陵相印章

陳藏

右封泥五字，印文曰「廣陵相印章」。詳前。

六安相印章

吴藏

右封泥五字，印文曰「六安相印章」。桉，《漢書·地理志》：「六安國，故楚，高帝元年別為衡山國，五年屬淮南，文帝十六年復為衡山，武帝元狩二年別為六安國。」《諸侯王表》：六安，元狩二年恭王慶以膠東康王少子立，傳五世。此其相之印也。

六安相印章

陳藏一

右封泥五字，印文曰「六安相印章」。詳前。

右封泥五字印文曰六安相印章詳前

右封泥五字印文曰六安相印章詳前

右封泥五字印文曰長沙相印章桉漢書地理志長沙國秦郡高帝五年為國諸侯王表長沙定王發景帝子二年立傳五世亡後初元四年孝王宗以剌王子紹封傳三世此其相之印也

陳藏二

右封泥五字，印文曰「六安相印章」。詳前。

陳藏三

右封泥五字，印文曰「六安相印章」。詳前。

吴藏

右封泥五字，印文曰「長沙相印章」。桉，《漢書·地理志》：「長沙國，秦郡，高帝五年為國。」《諸侯王表》：長沙定王發，景帝子，二年立，傳五世，亡後。初元四年，孝王宗以剌王子紹封，傳三世。此其相之印也。

右封泥五字印文曰□平相印章桉漢書地理志王國有廣平有東平此平上一字闕不能定為何國之相印也

右封泥五字印文曰□□相印章王國二字不可攷附王相後

奉常屬官

平相印章

吳藏

右封泥五字，印文曰「□平相印章」。桉，《漢書·地理志》：王國有廣平，有東平。此平上一字闕，不能定為何國之相印也。

相印章

陳藏

右封泥五字，印文曰「□□相印章」。王國二字不可攷，附王相後。

奉常　屬官

右封泥四字印文曰菑川頃廟頃左旁僅可辨廟字僅抒上半桉漢書百官公卿表奉常景帝中六年更名太常諸廟寢園食官令長丞及諸陵縣皆屬焉此曰頃廟自是菑川頃王遺之廟未言食官令長丞或是員吏印也出臨菑

郎中令郎中

右封泥四字印文曰吴郎中印桉史記諸侯年表高祖十二年荆更為吴國初王濞元年孝景三年反誅郎中詳前

菑川頃廟

陳藏

右封泥四字，印文曰「菑川頃廟」。頃左旁僅可辨，廟字僅存上半。桉，《漢書・百官公卿表》：奉常，景帝中六年更名太常，諸廟寢園食官令長丞及諸陵縣皆屬焉。此曰頃廟，自是菑川頃王遺之廟，未言食官令長丞，或是員吏印也。出臨菑。

郎中令 郎中

吴郎中印

吴藏

右封泥四字，印文曰「吴郎中印」。桉，《史記・諸侯年表》：高祖十二年荆更為吴國，初王濞元年。孝景三年反，誅。郎中，詳前。

僕

右封泥四字印文曰六安僕印六安及僕詳前

少府 御丞

右封泥四字印文曰廬江御丞桉史記諸侯年表文帝十六年陽周侯劉賜封廬江王漢書百官公卿表少府屬官有御府令丞此當是廬江王劉賜之御府丞也

僕

六安僕印

吴藏

右封泥四字，印文曰「六安僕印」。六安及僕，詳前。

少府 御丞

廬江御丞

吴藏

右封泥四字，印文曰「廬江御丞」。桉，《史記·諸侯年表》：文帝十六年陽周侯劉賜封廬江王。《漢書·百官公卿表》：少府屬官有御府令丞。此當是廬江王劉賜之御府丞也。

右封泥四字印文曰菑川府丞出臨菑此府自是少府若丞相府御史府乃尊其署曰府非官名也少府丞表云有六志云本注曰丞一人比千石此印菑字从甾不从田與封泥漢器印泉菑字不同又印大於王璽不能無疑友人愻恖入録姑説而坿之

中尉

右封泥四字印文曰城陽中尉桉漢書地理志城陽國屬兖州肇域記漢城陽國治莒孝文二年立朱虛侯章為城陽王漢書百官公卿表諸侯王中尉掌武職此城陽王劉章中尉之印也又鼂錯傳迺拜鄧公為城陽中尉又建元年中上招賢良公卿言鄧先注師古曰鄧先

菑川府丞

陳藏

右封泥四字，印文曰「菑川府丞」，出臨菑。此府自是少府，若丞相府、御史府乃尊其署曰府，非官名也。少府丞，《表》云有六。《志》云本注曰：「丞一人，比千石。」此印菑字从甾，不从田，與封泥漢器印泉菑字不同。又印大於王璽，不能無疑，友人愻恖入録，姑説而坿之。

中尉

城陽中尉

陳藏

右封泥四字，印文曰「城陽中尉」。桉，《漢書·地理志》：城陽國，屬兖州。《肇域記》：漢城陽國，治莒，孝文二年立朱虛侯章為城陽王。《漢書·百官公卿表》：諸侯王中尉掌武職。此城陽王劉章中尉之印也。又，《鼂錯傳》：「迺拜鄧公為城陽中尉。」又，「建元年中，上招賢良，公卿言鄧先」注：「師古曰：『鄧先，

猶云鄧先生也一曰先者其名也或即鄧公之印與

水衡都尉 廏丞

右封泥四字印文曰齊中廏丞桉漢書百官公卿表太僕屬官有大廏令丞尉又諸侯王羣卿大夫都官如漢朝此封泥出臨菑自是齊國太僕屬官之印

右封泥四字印文曰齊中廏丞詳前

右封泥四字印文曰六安長丞六安詳前

猶云鄧先生也。一曰，先者其名也。』」或即鄧公之印與？

水衡都尉 廏丞

齊中廏丞

陳藏

右封泥四字，印文曰「齊中廏丞」。桉，《漢書·百官公卿表》：太僕屬官有大廏令丞尉。又，諸侯王群卿大夫都官如漢朝。此封泥出臨菑，自是齊國太僕屬官之印。

齊中廏丞

陳藏二

右封泥四字，印文曰「齊中廏丞」。詳前。

六安長丞

右封泥四字，印文曰「六安長丞」。六安，詳前。

内史

右封泥五字印文曰趙内史印章趙及内史詳前

右封泥五字印文曰趙内史印章詳前

右封泥四字印文曰菑川内史菑川及内史詳前出臨淄

内史

趙内史印章

吴藏

右封泥五字，印文曰「趙内史印章」。趙及内史，詳前。

趙内史印章

陳藏

右封泥五字，印文曰「趙内史印章」。詳前。

菑川内史

陳藏

右封泥四字，印文曰「菑川内史」。菑川及内史，詳前。出臨淄。

右封泥五字印文曰淮陽内史章桉漢書地理志兖州淮陽國高帝十一年置孝明帝更名陳國後漢書郡國志豫州陳國高帝置為淮陽章和二年改史記諸侯年表淮陽國都陳初王劉友高祖子徙趙孝惠元年為郡七年復為國懷王强惠帝子王武惠帝子誅國除孝文前三年復置代王武徙又徙梁為郡孝景前元年復置王非景帝子徙魯四年為郡漢書諸侯王表憲王欽宣帝子王玄欽子王縯玄子莽貶為公明年廢後漢封淮陽者不具載内史詳前

右封泥五字印文曰六安内史章六安及内史詳前

淮陽内史章

陳藏

右封泥五字，印文曰「淮陽内史章」。桉，《漢書·地理志》：兖州淮陽國，「高帝十一年置」，孝明帝更名陳國。《後漢書·郡國志》：豫州陳國，「高帝置為淮陽，章和二年改」。《史記·諸侯年表》：淮陽國，都陳，初王劉友，高祖子，徙趙，孝惠元年為郡，七年復為國。懷王强，惠帝子；王武，惠帝子，誅，國除。孝文前三年復置，代王武徙，又徙梁，為郡。孝景前元年復置，王非，景帝子，徙魯，四年為郡。《漢書·諸侯王表》：憲王欽，宣帝子；王玄[一]，欽子；王縯，玄子；莽貶為公，明年廢。後漢封淮陽者，不具載。内史，詳前。

六安内史章

吴藏

右封泥五字，印文曰「六安内史章」。六安及内史，詳前。

[一]「玄」字，原作「玄」，係避諱缺筆。今改回本字。下同。

右封泥五字印文曰六安内史章詳前

坿

右封泥二字半通印文曰左府疑是王國丞相御史兩府之一姑附王國官後出臨菑

右封泥二字半通印文曰左府詳前

六安內史章

陳藏

右封泥五字，印文曰「六安內史章」。詳前。

坿

左府

吳藏

右封泥二字，半通印，文曰「左府」，疑是王國丞相、御史兩府之一，姑附王國官後。出臨菑。

左府

陳藏一

右封泥二字，半通印，文曰「左府」。詳前。

右封泥二字半通印文曰左府詳前

右封泥二字半通官印文曰守府出臨菑是齊國守府掾史之印

漢侯印封泥

侯

右封泥四字印文曰曲逆侯印桉漢書地理志中山國曲逆張晏曰濡水於城北曲而西流故曰曲逆史記高祖功臣侯年表高祖六年十二月甲申曲逆獻侯陳平

左府

陳藏二

右封泥二字，半通印，文曰「左府」。詳前。

守府

陳藏

右封泥二字，半通官印，文曰「守府」。出臨菑，是齊國守府掾史之印。

漢侯印封泥

侯

曲逆侯印

吳藏

右封泥四字，印文曰「曲逆侯印」。桉，《漢書·地理志》：中山國曲逆，張晏曰：「濡水於城北曲而西流，故曰曲逆。」《史記·高祖功臣侯年表》：高祖六年十二月甲申，曲逆獻侯陳平元年以故楚都尉漢王二年初從脩武為都尉遷為護軍中尉出六奇計定天下侯五千户漢書功臣表曲逆獻侯陳平薨共侯買嗣薨簡侯悝嗣薨侯何嗣元光五年坐略人妻棄市國除此其印也百官公卿表爵十二級徹侯金印紫綬避武帝諱曰通侯或曰列侯改所食國令長名相又有家丞門大夫庶子

右封泥四字印文曰赤泉侯印按史記諸侯年表莊侯楊喜高帝七年封項羽紀注謚莊子定侯殷漢書高惠高后孝文功臣表謚嚴子名敷孫毋害嗣免復封臨汝侯此其印也印文又見漢銅印

侯名印

右封泥四字印文曰汾陰侯昌按漢書地理志汾陰縣

元年，「以故楚都尉，漢王二年初從脩武，為都尉，遷為護軍中尉；出六奇計，定天下，侯，五千户」。《漢書·功臣表》：曲逆獻侯陳平薨，共侯買嗣；薨，簡侯悝嗣；薨，侯何嗣。元光五年坐略人妻，棄市，國除。此其印也。《百官公卿表》：爵二十[一]級徹侯，「金印紫綬，避武帝諱，曰通侯，或曰列侯，改所食國令長名相，又有家丞、門大夫、庶子」。

赤泉侯印

陳藏

右封泥四字，印文曰「赤泉侯印」。桉，《史記·諸侯年表》：莊侯楊喜，高帝七年封。《項羽紀》注謚壯，子定侯殷。《漢書·高惠高后孝文功臣表》：謚嚴，子名敷，孫毋害嗣，免，復封臨汝侯。此其印也。印文又見漢銅印。

侯名印

汾陰侯昌

吳藏

右封泥四字，印文曰「汾陰侯昌」。桉，《漢書·地理志》：汾陰縣屬河東郡，在南。《史記·高祖功臣侯年表》：

[一]「二十」，原作「十二」，據《漢書·百官公卿表》改。

屬河東郡在南史記高祖功臣侯年表高祖六年正月丙午汾陰悼侯周昌元年初起以職志擊破秦入漢出關以内史堅守敖倉以御史大夫定諸侯比清陽侯二千八百户漢書高惠高后孝文功臣表汾陰悼侯周昌薨哀侯開方嗣薨侯意嗣坐行賕髡為城旦此乃悼侯印也印著侯名與相侯宣印裨將軍張賽印同自非官印

右封泥四字印文曰汾陰侯昌詳前

君名印 埘

高祖六年正月丙午汾陰悼侯周昌元年，「初起以職志擊破秦，入漢，出關，以内史堅守敖倉，以御史大夫定諸侯，比清陽侯，二千八百户」。《漢書·高惠高后孝文功臣表》：汾陰悼侯周昌薨，哀侯開方嗣；薨，侯意嗣，坐行賕，髡為城旦。此乃悼侯印也。印著侯名，與相侯宣印、裨將軍張賽印同，自非官印。

汾陰侯昌

陳藏

右封泥四字，印文曰「汾陰侯昌」。詳前。

君名印 埘

右封泥四字印文曰南昌君布見舊譜或僞仿其文汾陰侯昌余亦疑之

漢侯國官印封泥

相

右封泥四字印文曰平侯相印按漢書地理志平縣屬河南郡高惠高后孝文功臣侯表平悼侯工師喜高帝六年封傳子至孫坐罪免此其相之印也師喜史記作沛嘉廣韻作工師壹

右封泥四字印文曰平侯相印詳前

南昌君布

陳藏

右封泥四字，印文曰「南昌君布」。見舊譜，或僞仿其文。「汾陰侯昌」，余亦疑之。

漢侯國官印封泥

相

平侯相印

吴藏

右封泥四字，印文曰「平侯相印」。桉，《漢書·地理志》：平縣屬河南郡。《高惠高后孝文功臣侯表》：平悼侯工師喜，高帝六年封，傳子至孫，坐罪免。此其相之印也。「師喜」，《史記》作「沛嘉」，《廣韻》作「工師壹」。

平侯相印

陳藏

右封泥四字，印文曰「平侯相印」。詳前。

右封泥四字印文女汝陰侯相桉漢書地理志女陰縣屬汝南郡史記高祖功臣侯年表高祖六年汝陰文侯夏侯嬰元年傳至曾孫坐罪國除此其相之印也

右封泥四字印文曰女汝陰侯相詳前

右封泥四字印文曰建成侯相桉漢書地理志建成縣

女陰侯相

吴藏

右封泥四字，印文「女汝陰侯相」。桉，《漢書·地理志》：女陰縣屬汝南郡。《史記·高祖功臣侯年表》：高祖六年，汝陰文侯夏侯嬰元年，傳至曾孫，坐罪國除。此其相之印也。

女陰侯相

陳藏

右封泥四字，印文曰「女汝陰侯相」。詳前。

建成侯相

陳藏

右封泥四字，印文曰「建成侯相」。桉，《漢書·地理志》：建成縣屬沛郡，侯國。《史記·高帝紀》：

屬沛郡侯國史記高帝紀彭越封建成侯漢書作城曹相國世家高帝為漢王封參建成侯史記高祖功臣侯年表呂釋之封建成侯子則嗣坐罪除漢書文帝紀董赫封建成侯史記表作成侯名赤又史記王子侯者年表長沙定王子劉拾封坐罪除漢書外戚恩澤侯表黃霸封建成侯子賞賞子輔輔子忠嗣王莽貶絕此其相之印也

右封泥四字印文曰劇魁侯相桉漢書地理志劇魁縣屬北海郡注侯國漢書王子侯年表劇魁夷侯黑菑川懿王子傳六世此其相之印也

彭越封建成侯。《漢書》作「城」。《曹相國世家》：高帝為漢王，封參建成侯。《史記・高祖功臣侯年表》：呂釋之封建成侯，子則嗣，坐罪除。《漢書・文帝紀》：董赫封建成侯。《史記・表》作「成侯」，名赤。又《史記・王子侯者年表》：長沙定王子劉拾封，坐罪除。《漢書・外戚恩澤侯表》：黃霸封建成侯，子賞，賞子輔，輔子忠嗣，王莽貶絕。此其相之印也。

劇魁侯相

吴藏

右封泥四字，印文曰「劇魁侯相」。桉，《漢書・地理志》劇魁縣屬北海郡，注「侯國」。《漢書・王子侯年表》：劇魁夷侯黑，菑川懿王子，傳六世。此其相之印也。

右封泥四字印文曰鄨侯相印桉漢書地理志鄨縣屬蜀郡史記高祖功臣侯年表高祖九年鄨莊侯彊瞻元年傳至曾孫為人所殺國除此其相之印也鄨莊侯彊瞻漢書作平嚴侯張瞻師錢氏大昭漢書辨疑曰平史記作鄨說文丂部云古文平作𠀤又云釆辨別也讀若辨古文作𠂹番字从釆釆與平相似番與鄨同音故鄨為平耳

右封泥四字印文曰鄨侯相印詳前

鄨侯相印

吳藏

右封泥四字，印文曰「鄨侯相印」。桉，《漢書·地理志》：鄨縣屬蜀郡。《史記·高祖功臣侯年表》：高祖九年鄨莊侯彊瞻元年，傳之曾孫，為人所殺，國除。此其相之印也。鄨莊侯彊瞻，《漢書》作「平嚴侯張瞻師」。錢氏大昭《漢書辨疑》曰：平，《史記》作鄨。《說文》丂部云：古文平作𠀤。又云：釆，辨別也。讀若辨，古文作𠂹。番字，从釆，釆與平相似，番與鄨同音，故鄨為平耳。

鄨侯相印

陳藏一

右封泥四字，印文曰「鄨侯相印」。詳前。

纍侯相印

陳藏二

右封泥四字，印文曰「纍侯相印」。詳前。

侯相

陳藏

右封泥四字，印文曰「□□侯相」。前二字缺，相字下半缺。出濰縣古營邱城，其前半復棄入土中矣。

平相

吳藏

右封泥四字，印文曰「□平□相」。攷漢王國相印文曰「某國相印」，後更為「某國相印章」，說在「定陶相印章」下。侯國相印則曰「某國侯相」。此漢時印制也。然則是印曰「□平□相」，其為侯相不疑。但侯國地名下一字作「平」者甚多，莫可攷耳。

右封泥四字印文曰□平□相詳前

右封泥四字印文曰祁侯□□缺其右半自是相印二字桉史記高祖功臣侯表祁國高祖六年六月丁亥穀侯繒賀元年文帝紀注謚敬侯頃侯湖漢書表作胡侯它坐不敬國除此其相之印也坿侯相後

平相

陳藏

右封泥四字，印文曰「□平□相」。詳前。

祁侯

陳藏

右封泥四字，印文曰「祁侯□□」。缺其右半，自是相印二字。桉，《史記·高祖功臣侯表》：祁國，高祖六年六月丁亥，穀侯繒賀元年。《文帝紀》注謚敬侯。頃侯湖，《漢書·表》作「胡」。侯它坐不敬，國除。此其相之印也。坿侯相後。

封泥攷略目

卷三

漢郡國官印封泥

郡守

河内守印 吴臧

南陽守印 吴臧

又 陳臧

南郡守印 陳臧

廬江豫守 陳臧

傅陽守印 陳臧

會稽守印 陳臧

隴西守印 陳臧

南□守印 坿 陳臧

郡太守 上

河東太守章 吴臧

又 陳臧

太原太守章 吴臧

又 陳臧一

又 陳臧二

上黨太守章 吴臧

録文

封泥攷略目

卷三

漢郡國官印封泥

郡守

河内守印 吴藏

南陽守印 吴藏

又 陳藏

南郡守印 陳藏

廬江豫守 陳藏

傅陽守印 陳藏

會稽守印 陳藏

隴西守印 陳藏

南□守印 坿 陳藏

郡太守 上

河東太守章 吴藏

又 陳藏

太原太守章 吴藏

又 陳藏一

又 陳藏二

上黨太守章 吴藏

第三册　第二葉　卷三目録

又　陳藏一

又　陳藏二　陳藏三

河内太守章　陳藏

河南太守章　吳藏

又　陳藏一

又　陳藏二

又　陳藏三

東郡太守章　吳藏

又　陳藏一

又　陳藏二

潁川太守　陳藏

潁川太守章　吳藏

又　陳藏一

又　陳藏二

汝南太守章　吳藏

又　陳藏一

又　陳藏二

南郡太守章　陳藏

廬江太守章　吳藏

廬□太□章　陳藏

九江太守章　吳藏

山陽太守章　陳藏
濟陰太守章　吴藏
沛郡太守　陳藏
沛郡太守章　吴藏
沛□太□章　陳藏
巍郡太守章　吴藏
又　陳藏一　陳藏二
鉅鹿太守章　陳藏
常山太守章　吴藏
清河太守章　陳藏
涿郡太守章　陳藏
千乘太守章　吴藏
又　陳藏
濟南太守章　吴藏
又　陳藏
泰山太守章　吴藏
又　陳藏一
又　陳藏二
齊郡太守章　吴藏
又　陳藏

北海太守章　吳藏
又　陳藏
東萊太守章　吳藏
又　陳藏
琅邪太守章　吳藏
又　陳藏一
又　陳藏二
又　陳藏三
又　陳藏四
又　陳藏五
東海太守章　吳藏
臨淮太守章　吳藏
又　陳藏一
又　陳藏二
會稽太守章　吳藏
又　陳藏一
又　陳藏二
丹楊太守章　吳藏
又　陳藏
豫章太守章　吳藏

豫□太□章　陳藏
□章□守章　陳藏
桂陽太守章　吴藏
漢中太守章　陳藏
廣漢太守章　吴藏
又　陳藏一
又　陳藏二
又　陳藏三
蜀郡太守章　陳藏
楗爲太守章　吴藏
跋舊太守　吴藏
又　陳藏
跋舊太守章　吴藏
又　陳藏一
又　陳藏二　陳藏三
益州太守章　吴藏
巴郡太守章　吴藏
又　陳藏

依地理志分爲二卷

封泥攷略卷三

海豐吴式芬子苾

濰縣　簠齋　攷藏

吴江翁大年尗均攷編

漢郡國官印封泥

郡守

河内守印

吴藏

右封泥四字，印文曰「河内守印」。桉，《漢書·地理志》：「河内郡，高帝元年為殷國，二年更名」，「屬司隸」。《百官公卿表》：「郡守，秦官，掌治其郡，秩二千石，有丞，邊郡又有長史，掌兵馬，秩皆六百石。景帝中二年更名太守。」此景帝前郡守之印也。

南陽守印

吴藏

右封泥四字，印文曰「南陽守印」。桉，《漢書·地理志》：

秦置屬荆州守詳前

右封泥四字印文曰南陽守印詳前

右封泥四字印文曰南郡守印桉漢書地理志南郡秦置高帝元年更為臨江國五年復故景帝二年復為臨江中二年復故屬荆州守詳前

右封泥四字印文曰盧江豫守桉漢書地理志盧江郡故淮南文帝十六年别為國屬揚州又桉盧江郡乃楚漢之間分秦九江郡所置漢因之見英布傳又見楊雄

「南陽郡，秦置」，「屬荆州」。守，詳前。

南陽守印

陳藏

右封泥四字，印文曰「南陽守印」。詳前。

南郡守印

陳藏

右封泥四字，印文曰「南郡守印」。桉，《漢書·地理志》：「南郡，秦置，高帝元年更為臨江國，五年復故。景帝二年復為臨江，中二年復故」「屬荆州」。守，詳前。

盧江豫守

陳藏

右封泥四字，印文曰「盧江豫守」。桉，《漢書·地理志》：「盧江郡，故淮南，文帝十六年别為國」，「屬揚州」。又桉，盧江郡乃楚漢之間分秦九江郡所置，漢因之，見《英布傳》，又見楊雄自序水經注豫章郡春秋屬楚即令尹子蕩師于豫章者也秦以為廬江南部漢高祖六年始命灌嬰以為豫章郡据此則豫為秦廬江郡之南部故此印文曰豫守而冠以廬江是秦印也

右封泥四字印文曰傳陽守印桉漢書地理志楚國傳陽縣故偪陽國又陶謙傳注楚宣王滅宋改曰傳陽故城在今沂水承縣南齊乘祝融之孫陸終弟四子求言封于偪陽後為晉所滅今嶧州南五十里有偪陽城漢為傳陽縣偪字古今人表作福陽又王子侯表博陽侯就齊孝王子注曰濟南志無博陽索隱曰汝南水經注相水出于楚之相地東南流逕偪陽故城東北史記高祖功臣侯表博陽侯周聚索隱曰屬彭城今桉此封泥印文專左作ㄐ不完自是傳非博出山左地當即沂水承縣南楚傳陽劉就所封侯國之守之印也

《自序》。《水經注》：豫章郡，「春秋屬楚，即令尹子蕩師于豫章者也。秦以為廬江南部，漢高祖六年始命灌嬰以為豫章郡」。据此則豫為秦廬江郡之南部，故此印文曰「豫守」，而冠以廬江，是秦印也。

傳陽守印

陳藏

右封泥四字，印文曰「傳陽守印」。桉，《漢書·地理志》：楚國傳陽縣，故偪陽國。又《陶謙傳》注：「楚宣王滅宋，改曰傳陽，故城在今沂水承縣南。」《齊乘》：祝融之孫陸終弟四子求言封于偪陽，後為晉所滅。今嶧州南五十里有偪陽城，漢為傳陽縣。「偪」字，《古今人表》作「福陽」。又《王子侯表》：博陽侯就，齊孝王子，注曰「濟南」。《志》無博陽，《索隱》曰汝南，《水經注》：相水出于楚之相地，東南流逕偪陽故城東北。《史記·高祖功臣侯表》：博陽侯周聚，《索隱》曰「屬彭城」。今桉，此封泥印文「專」左作ㄐ，不完，自是「傳」，非「博」；出山左地，當即沂水承縣南楚傳陽劉就所封侯國之守之印也。

右封泥四字印文曰會稽守印桉漢書地理志會稽郡秦置高帝六年為荆國十二年更名吴景帝四年屬江都屬揚州守詳前

右封泥四字印文曰隴西守印桉漢書地理志隴西郡秦置守詳前

會稽守印

陳藏

右封泥四字，印文曰「會稽守印」。桉，《漢書·地理志》：「會稽郡，秦置，高帝六年為荆國，十二年更名吴。景帝四年屬江都。屬揚州。」守，詳前。

隴西守印

陳藏

右封泥四字，印文曰「隴西守印」。桉，《漢書·地理志》：「隴西郡，秦置。」守，詳前。

右封泥四字印文曰南囗守印南下一字為陽為郡為
海未可定附郡守後
郡太守上

右封泥五字印文曰河東太守章桉漢書地理志河東
郡秦置太守詳前

右封泥五字印文曰河東太守章詳前

右封泥五字印文曰太原太守章桉漢書地理志太原

南守印

陳藏

右封泥四字，印文曰「南□守印」。「南」下一字為陽、為郡、為海，未可定。附郡守後。

郡太守 上

河東太守章

吳藏

右封泥五字，印文曰「河東太守章」。桉，《漢書·地理志》：「河東郡，秦置。」太守，詳前。

河東太守章

陳藏

右封泥五字，印文曰「河東太守章」。詳前。

太原太守章

吳藏

右封泥五字，印文曰「太原太守章」。桉，《漢書·地

郡秦置屬幷州太守詳前

右封泥五字印文曰太原太守章詳前

右封泥五字印文曰太原太守章詳前

右封泥五字印文曰上黨太守章桉漢書地理志上黨郡秦置屬幷州太守詳前

理志》：「太原郡，秦置」，「屬并州」。太守，詳前。

太原太守章

陳藏一

右封泥五字，印文曰「太原太守章」。詳前。

太原太守章

陳藏二

右封泥五字，印文曰「太原太守章」。詳前。

上黨太守章

吳藏

右封泥五字，印文曰「上黨太守章」。桉，《漢書·地理志》：「上黨郡，秦置，屬并州。」太守，詳前。

右封泥五字印文曰上黨太守章詳前

右封泥五字印文曰上□黨大□守章下半缺弟二字上尚可見詳前

右封泥五字印文曰河内太守章河内郡及太守詳前

上黨太守章

陳藏一

右封泥五字，印文曰「上黨太守章」。詳前。

上大章

陳藏二、三

右封泥五字，印文曰「上□黨大□守章」。下半缺，弟二字上尚可見。詳前。

河内太守章

陳藏

右封泥五字，印文曰「河内太守章」。河内郡及太守，詳前。

右封泥五字印文曰河南太守章桉漢書地理志河南郡故秦三川郡高帝更名屬司隸太守詳前

右封泥五字印文曰河南太守章詳前

右封泥五字印文曰河南太守章詳前

右封泥五字印文曰□河南太守章詳前

河南太守章

吳藏

右封泥五字，印文曰「河南太守章」。桉，《漢書·地理志》：「河南郡，故秦三川郡，高帝更名」，「屬司隸」。太守，詳前。

河南太守章

陳藏一

右封泥五字，印文曰「河南太守章」。詳前。

河南太守章

陳藏二

右封泥五字，印文曰「河南太守章」。詳前。

太守章

陳藏三

右封泥五字，印文曰「□河南太守章」。詳前。

右封泥五字印文曰東郡太守章按漢書地理志東郡秦置屬兖州太守詳前

右封泥五字印文曰東郡太守章詳前

右封泥五字印文曰東郡太守章詳前

東郡太守章

吴藏

右封泥五字，印文曰「東郡太守章」。桉，《漢書·地理志》：「東郡，秦置」，「屬兖州」。太守，詳前。

東郡太守章

陳藏一

右封泥五字，印文曰「東郡太守章」。詳前。

東郡太守章

陳藏二

右封泥五字，印文曰「東郡太守章」。詳前。

右封泥四字印文曰潁川太守桉漢書地理志潁川郡秦置高帝五年為韓國六年復故屬豫州此無章字是武帝太初元年以前太守之印也

右封泥五字印文曰潁川太守章桉漢書地理志潁川郡秦置高帝五年為韓國六年復故屬豫州太守詳前

右封泥五字印文曰潁川太守章詳前

右封泥五字印文曰潁川太守章詳前

潁川太守

陳藏

右封泥四字，印文曰「潁川太守」。桉，《漢書·地理志》：「潁川郡，秦置。高帝五年為韓國，六年復故」，「屬豫州」。此無「章」字，是武帝太初元年以前太守之印也。

潁川太守章

吳藏

右封泥五字，印文曰「潁川太守章」。桉，《漢書·地理志》：「潁川郡，秦置。高帝五年為韓國，六年復故」，「屬豫州」。太守，詳前。

潁川太守章

陳藏一

右封泥五字，印文曰「潁川太守章」。詳前。

潁川太守章

陳藏二

右封泥五字，印文曰「潁川太守章」。詳前。

右封泥五字印文曰汝南太守章桉漢書地理志汝南
郡高帝置屬豫州太守詳前

右封泥五字印文曰汝南太守章詳前

右封泥五字印文曰汝南太守章詳前

汝南太守章

吳藏

右封泥五字，印文曰「汝南太守章」。桉，《漢書·地理志》：「汝南郡，高帝置」，「屬豫州」。太守，詳前。

汝南太守章

陳藏一

右封泥五字，印文曰「汝南太守章」。詳前。

汝南太守章

陳藏二

右封泥五字，印文曰「汝南太守章」。詳前。

右封泥五字印文曰南郡太守章南郡及太守詳前

右封泥五字印文曰盧□江大□守章下半缺盧江及太守詳前

右封泥五字印文曰盧□江太□守章詳前

右封泥五字印文曰九江太守章桉漢書地理志九江

南郡太守章

陳藏

右封泥五字，印文曰「南郡太守章」。南郡及太守，詳前。

盧大章

吳藏

右封泥五字，印文曰「盧□江大□守章」。下半缺。盧江及太守，詳前。

盧太章

陳藏

右封泥五字，印文曰「盧□江太□守章」。詳前。

九江太守章

吳藏

右封泥五字，印文曰「九江太守章」。桉，《漢書・地理志》：「九江郡，秦置，高帝四年更名為淮南國，

郡秦置高帝四年更名為淮南國武帝元狩元年復故
屬揚州太守詳前

右封泥五字印文曰山陽太守章梭漢書地理志山陽
郡故梁景帝中六年别為山陽國武帝建元五年别為
郡屬兖州太守詳前

右封泥五字印文曰濟陰太守章梭漢書地理志濟陰
郡故梁景帝中六年别為濟陰國宣帝甘露二年更名
定陶屬兖州太守詳前

武帝元狩元年復故」，「屬揚州」。太守，詳前。

山陽太守章

陳藏

右封泥四字，印文曰「山陽太守章」。桉，《漢書·地理志》：「山陽郡，故梁，景帝中六年别為山陽國，武帝建元五年别為郡」，「屬兖州」。太守，詳前。

濟陰太守章

吴藏

右封泥五字，印文曰「濟陰太守章」。桉，《漢書·地理志》：「濟陰郡，故梁。景帝中六年别為濟陰國，宣帝甘露二年更名定陶」，「屬兖州」。太守，詳前。

右封泥四字印文曰沛郡太守按漢書地理志沛郡故
秦泗水郡高帝更名屬豫州太守印無章字詳前

右封泥五字印文曰沛郡太守章詳前

右封泥五字印文曰沛□郡太□守章下半缺詳前

沛郡太守

陳藏

右封泥四字，印文曰「沛郡太守」。桉，《漢書・地理志》：「沛郡，故秦泗水郡。高帝更名」，「屬豫州」。太守印無「章」字，詳前。

沛郡太守章

吳藏

右封泥五字，印文曰「沛郡太守章」。詳前。

沛太章

陳藏

右封泥五字，印文曰「沛□郡太□守章」。下半缺。詳前。

右封泥五字印文曰䱷郡太守章桉漢書地理志䱷郡高帝置屬冀州太守詳前

右封泥五字印文曰䱷郡太守章詳前

右封泥五字印文曰鉅鹿太守章桉漢書地理志鉅鹿郡秦置屬冀州太守詳前

䱷郡太守章

吴藏

右封泥五字，印文曰「䱷郡太守章」。桉，《漢書·地理志》：「䱷郡，高帝置」，「屬冀州」。太守，詳前。

䱷郡太守章

陳藏一、二

右封泥五字，印文曰「䱷郡太守章」。詳前。

鉅鹿太守章

陳藏

右封泥五字，印文曰「鉅鹿太守章」。桉，《漢書·地理志》：「鉅鹿郡，秦置，屬冀州。」太守，詳前。

右封泥五字印文曰常山太守章桉漢書地理志常山郡高帝置屬冀州太守前

右封泥五字印文曰清河太守章桉漢書地理志清河郡高帝置屬冀州太守詳前

右封泥五字印文曰涿郡太守章桉漢書地理志涿郡高帝置屬幽州太守詳前

常山太守章

吴藏

右封泥五字，印文曰「常山太守章」。桉，《漢書·地理志》：「常山郡，高帝置」，「屬冀州」。太守，詳[一]前。

清河太守章

陳藏

右封泥五字，印文曰「清河太守章」。桉，《漢書·地理志》：「清河郡，高帝置」，「屬冀州」。太守，詳前。

涿郡太守章

陳藏

右封泥五字，印文曰「涿郡太守章」。桉，《漢書·地理志》：「涿郡，高帝置」，「屬幽州」。太守，詳前。

[一]「詳」字原本無，據文意補。

右封泥五字印文曰千乘太守章桉漢書地理志千乘郡高帝置屬青州太守詳前

右封泥五字印文曰千乘太守章詳前

右封泥五字印文曰濟南太守章桉漢書地理志濟南郡故齊文帝十六年别為濟南國景帝二年為郡屬青州太守詳前

千乘太守章

吴藏

右封泥五字，印文曰「千乘太守章」。桉，《漢書·地理志》：「千乘郡，高帝置」，「屬青州」。太守，詳前。

千乘太守章

陳藏

右封泥五字，印文曰「千乘太守章」。詳前。

濟南太守章

吴藏

右封泥五字，印文曰「濟南太守章」。桉，《漢書·地理志》：「濟南郡，故齊。文帝十六年别為濟南國。景帝二年為郡」，「屬青州」。太守，詳前。

右封泥五字印文曰濟南太守章詳前

右封泥五字印文曰泰山太守章桉漢書地理志泰山郡高帝置屬兖州太守詳前

右封泥五字印文曰泰山太守章詳前

濟南太守章

陳藏

右封泥五字，印文曰「濟南太守章」。詳前。

泰山太守章

吴藏

右封泥五字，印文曰「泰山太守章」。桉，《漢書·地理志》：「泰山郡，高帝置，屬兖州。」太守，詳前。

泰山太守章

陳藏一

右封泥五字，印文曰「泰山太守章」。詳前。

右封泥五字印文曰泰山太守章詳前

右封泥五字印文曰齊郡太守章桉漢書地理志齊郡
秦置屬青州太守詳前

右封泥五字印文曰齊郡太守章詳前

右封泥五字印文曰北海太守章桉漢書地理志北海

泰山太守章

陳藏二

右封泥五字，印文曰「泰山太守章」。詳前。

齊郡太守章

吴藏

右封泥五字，印文曰「齊郡太守章」。桉，《漢書·地理志》：「齊郡，秦置」，「屬青州」。太守，詳前。

齊郡太守章

陳藏

右封泥五字，印文曰「齊郡太守章」。詳前。

北海太守章

吴藏

右封泥五字，印文曰「北海太守章」。桉，《漢書·地

郡景帝中二年置屬青州太守詳前

右封泥五字印文曰北海太守章詳前

右封泥五字印文曰東萊太守章桉漢書地理志東萊郡高帝置屬青州太守詳前簠齋陳氏藏有東萊左二銅虎符

右封泥五字印文曰東萊太守章詳前

理志》：「北海郡，景帝中二年置，屬青州。」太守，詳前。

北海太守章 陳藏

右封泥五字，印文曰「北海太守章」。詳前。

東萊太守章 吳藏

右封泥五字，印文曰「東萊太守章」。桉，《漢書·地理志》：「東萊郡，高帝置，屬青州。」太守，詳前。簠齋陳氏藏有東萊左二銅虎符。

東萊太守章 陳藏

右封泥五字，印文曰「東萊太守章」。詳前。

右封泥五字印文曰琅邪太守章桉漢書地理志琅邪郡秦置屬徐州太守詳前

右封泥五字印文曰琅邪太守章詳前

右封泥五字印文曰琅邪太守章詳前

琅邪太守章

吳藏

右封泥五字，印文曰「琅邪太守章」。桉，《漢書·地理志》：「琅邪郡，秦置」，「屬徐州」。太守，詳前。

琅邪太守章

陳藏一

右封泥五字，印文曰「琅邪太守章」。詳前。

琅邪太守章

陳藏二

右封泥五字，印文曰「琅邪太守章」。詳前。

右封泥五字印文曰琅邪太守章詳前

右封泥五字印文曰琅邪太守章詳前

右封泥五字印文曰琅邪太守章詳前

右封泥五字印文曰東海太守章桉漢書地理志東海郡高帝置屬徐州太守詳前

琅邪太守章

陳藏三

右封泥五字，印文曰「琅邪太守章」。詳前。

琅邪太守章

陳藏四

右封泥五字，印文曰「琅邪太守章」。詳前。

琅邪太守章

陳藏五

右封泥五字，印文曰「琅邪太守章」。詳前。

東海太守章

吴藏

右封泥五字，印文曰「東海太守章」。桉，《漢書·地理志》：「東海郡，高帝置」，「屬徐州」。太守，詳前。

右封泥五字印文曰臨淮太守章桉漢書地理志臨淮郡武帝元狩六年置太守詳前

右封泥五字印文曰臨淮太守章詳前

右封泥五字印文曰臨淮太守章詳前

臨淮太守章

吴藏

右封泥五字，印文曰「臨淮太守章」。桉，《漢書·地理志》：「臨淮郡，武帝元狩六年置。」太守，詳前。

臨淮太守章

陳藏一

右封泥五字，印文曰「臨淮太守章」。詳前。

臨淮太守章

陳藏二

右封泥五字，印文曰「臨淮太守章」。詳前。

會稽太守章

吴藏

右封泥五字，印文曰「會稽太守章」。會稽郡及太守，詳前。

會稽太守章

陳藏一

右封泥五字，印文曰「會稽太守章」。詳前。

會稽太守章

陳藏二

右封泥五字，印文曰「會稽太守章」。詳前。

丹楊太守章

吴藏

右封泥五字，印文曰「丹楊太守章」。桉，《漢書·地理志》：「丹楊郡，故鄣郡，屬江都。武帝元封二年更名丹陽，屬揚州。」攷唐以前金石刻，丹楊皆从木，蓋以山多赤柳得名，則《漢書》从阝，乃後世傳寫之誤。太守，詳前。

右封泥五字印文曰會稽太守章會稽郡及太守詳前
右封泥五字印文曰會稽太守章詳前
右封泥五字印文曰會稽太守章詳前
右封泥五字印文曰丹楊太守章桉漢書地理志丹楊郡故鄣郡屬江都武帝元封二年更名丹陽屬揚州攷唐以前金石刻丹楊皆从木蓋以山多赤柳得名則漢書从阝乃後世傳寫之誤太守詳前

右封泥五字印文曰丹楊太守章詳前

右封泥五字印文曰豫章太守章桉漢書地理志豫章郡高帝置屬揚州太守詳前

右封泥五字印文曰豫章太守章缺下半詳前

丹楊太守章

陳藏

右封泥五字，印文曰「丹楊太守章」。詳前。

豫章太守章

吴藏

右封泥五字，印文曰「豫章太守章」。桉，《漢書·地理志》：「豫章郡，高帝置」，「屬揚州」。太守，詳前。

豫太章

陳藏

右封泥五字，印文曰「豫章太守章」。缺下半。詳前。

右封泥五字印文曰□章□守章缺上半詳前

右封泥五字印文曰桂陽太守章桉漢書地理志桂陽郡高帝置屬荆州太守詳前簠齋陳氏臧有桂陽右一銅虎符

右封泥五字印文曰漢中太守章桉漢書地理志漢中郡秦置屬益州太守詳前

章□守章

陳藏

右封泥五字，印文曰「□章□守章」。缺上半。詳前。

桂陽太守章

吴藏

右封泥五字，印文曰「桂陽太守章」。桉，《漢書·地理志》：「桂陽郡，高帝置」，「屬荆州」。太守，詳前。簠齋陳氏藏有桂陽右一銅虎符。

漢中太守章

陳藏

右封泥五字，印文曰「漢中太守章」。桉，《漢書·地理志》：「漢中郡，秦置」，「屬益州」。太守，詳前。

右封泥五字印文曰廣漢太守章桉漢書地理志廣漢
郡高帝置屬益州太守詳前

右封泥五字印文曰廣漢太守章詳前

右封泥五字印文曰廣漢太守章詳前

右封泥五字印文曰廣漢太守章詳前

廣漢太守章

吳藏

右封泥五字，印文曰「廣漢太守章」。桉，《漢書·地理志》：「廣漢郡，高帝置」，「屬益州」。太守，詳前。

廣漢太守章

陳藏一

右封泥五字，印文曰「廣漢太守章」。詳前。

廣漢太守章

陳藏二

右封泥五字，印文曰「廣漢太守章」。詳前。

廣漢太守章

陳藏三

右封泥五字，印文曰「廣漢太守章」。詳前。

右封泥五字印文曰蜀郡太守章桉漢書地理志蜀郡秦置屬益州太守詳前

右封泥五字印文曰楗為太守章桉漢書地理志犍為郡武帝建元六年開屬益州攷洪氏隸釋漢碑查氏銅鼓書堂印譜漢印楗為竝从木説文有楗無犍則漢書从牛亦後世傳寫之誤太守詳前

右封泥四字印文曰跋舊太守桉漢書地理志越嶲郡武帝元鼎六年開屬益州越印文竝作跋無章字説詳

蜀郡太守章

陳藏

右封泥五字，印文曰「蜀郡太守章」。桉，《漢書·地理志》：「蜀郡，秦置」，「屬益州」。太守，詳前。

楗為太守章

吴藏

右封泥五字，印文曰「楗為太守章」。桉，《漢書·地理志》：「犍為郡，武帝建元六年開」，「屬益州」。攷洪氏《隸釋·漢碑》、查氏《銅鼓書堂印譜》，漢印「楗為」竝从木，《説文》有「楗」無「犍」，則《漢書》从牛，亦後世傳寫之誤。太守，詳前。

跋舊太守

吴藏

右封泥四字，印文曰「跋舊太守」。桉，《漢書·地理志》：「越嶲郡，武帝元鼎六年開」，「屬益州」。「越」，印文竝作「跋」，無「章」字，説詳前。

前

右封泥四字印文曰䣓巂太守詳前

右封泥五字印文曰䣓巂太守章詳前

右封泥五字印文曰䣓巂太守章詳前

䣓巂太守

陳藏

右封泥四字，印文曰「䣓巂太守」。詳前。

䣓巂太守章

吴藏

右封泥五字，印文曰「䣓巂太守章」。詳前。

䣓巂太守章

陳藏一

右封泥五字，印文曰「䣓巂太守章」。詳前。

第三册　第三十四葉　卷三

右封泥五字印文曰蹏舊太守章詳前

右封泥五字印文曰益州太守章桉漢書地理志益州郡武帝元封二年開屬益州太守詳前

右封泥五字印文曰巴郡太守章桉漢書地理志巴郡秦置屬益州太守詳前

蹏舊太守章

陳藏二、三

右封泥五字，印文曰「蹏舊太守章」。詳前。

益州太守章

吴藏

右封泥五字，印文曰「益州太守章」。桉，《漢書·地理志》：「益州郡，武帝元封二年開」，「屬益州」。太守，詳前。

巴郡太守章

吴藏

右封泥五字，印文曰「巴郡太守章」。桉，《漢書·地理志》：「巴郡，秦置，屬益州。」太守，詳前。

右封泥五字印文曰巴郡太守章詳前

陳藏

右封泥五字，印文曰「巴郡太守章」。詳前。

第三册　第三十六葉　卷三

附録　羅福頤《整理陳簠齋先生手稿工作報告》及《整理目録》

整理陳簠齋先生手稿工作報告

日前承委托整理陳簠齋先生手稿事，今用數日的工夫，大致抄出目録，分列未發表與已發表過的稿件爲二大類，另紙詳細開出。此次根據校核的書刊有三種，名目列下：

一、簠齋尺牘十二册，涵芬樓影印本。

二、簠齋金石文考釋一册，雲窗叢刻本。

三、陳簠齋丈筆記附手札一卷，滂喜齋叢書本。

用以上三書的校核，認識到這手稿中雖有一半已發表過的，却查原稿多半附記當時年月，這對於研究簠齋先生行年録還是有用處的。又用手稿與刊本細校，還不免或多或少的字句不同的地方，或當時的删改。因以上的關係，現在對這已發表的原稿，還不能以等閑視之。至於在未發表文件中選擇可在《文物》上登載的，今據個人想像，似可輯録九篇文章，作爲《簠齋先生金文攷釋拾遺》。選目如下：

毛公鼎釋文并跋

周尨姞敦説

利津李氏秦量攷

虢季子白盤跋

器矦馭方鼎考釋

郘鐘考釋

齊侯鉼考釋

齊區鋘考記

附傳古小啟

簠齋先生尺牘零拾

此可有廿五通

以上是整理的結果，大致如此，請代陳領導爲感。此致

莊敏同志

羅福頤上　六四·二·十一

外附整理目録一份

陳簠齋先生手稿目録

這手稿有二十多種，近以四日之力略爲校核，知其中有一半是未曾發表過的。其中雖有些曾經發表，而其手稿末多附記年月，這對於做簠齋先生年譜，還是有用處的。今分爲未見著録及已曾發表過的爲二大類，記之於下：

（一）未發表過的手稿

周毛公厝鼎銘釋文

此題下注，參訂籀莊先生從古堂本。

有手稿散葉一部，末署：「同治十年太歲在辛未七月廿又五日癸丑秋熱五十九歲海濱病史鐙下記。」

又手書清稿十七頁一部，上有朱書批。

又傳抄初稿一部，有手書夾條。

又傳抄二次稿二部。

又傳抄三次稿一部，中亦有夾條，并有修改。

外又散稿一束。

以上共一包。包上有篆書，「毛公鼎釋文」篆書五字。

毛公鼎釋零稿

此包上有篆書此六字，其中有抄本周毛公鼎銘釋文，未抄全，殘本二份。

金文攷釋雜稿

此包上有篆書題此六字。其中有：

説文古籀補序稿。有校改，末書「光緒十年歲在甲申正月三日己卯濰縣陳〇〇序」（此文已見吴氏原書）。

周尨姞毁説稿。末署「光緒己卯冬十一月八日丁丑」。末又手題字三行。文中有手校改處。又傳抄清稿一份。

利津李氏秦量攷稿。傳抄本。

虢季子白盤跋。草稿一紙。

此外零星片段手稿一束。

器矦馭方鼎釋文

此包上題此七字篆書。其中有此鼎釋文傳抄本二部，一有圈點，一未圈。外又手書散條二紙。

郘鐘釋文

此包上題篆書四字。其中手書初稿一通，再定稿一通，三稿四稿各一通，末署「同治癸酉六月廿六日癸酉，鮑子年夔守各寄二紙至，連日大雨蒸溽中釋之，至驕字殊快意。文字謹嚴如此，猶是周初法度，吉金中不可多得也。俟見諸家釋文，當再訂正。二十九日海濱病史記」。

外又傳抄清稿三份。又改正清稿一份。外又手書散條二紙。

齊矦鉼手稿釋文

此包上有此篆書七字，并注清底在内。其中有手書原稿三紙。又手書清稿一册，末題「大清同治十年八月己未朔五日癸亥，積雨新晴，溽蒸几研，五十九歲海濱病史書」。

區鋘釋文

此一包上有此篆書四字。其中有手書原稿四紙。

齊太公子和子區釋文。手稿二紙。簠齋區鋘元釋稿一册，書面有王懿榮署名題簽。前半釋文乃簠齋先生手稿，後半攷記乃傳抄本。攷記題目下有朱書記「甲戌五月改本」。尾有題記曰：「同治丙寅三月廿八日夜作，四月廿五日雨後海濱病史書。」册中有朱筆增改補校處，末又朱筆補改五行。又傳抄本二份，皆初稿。

秦器攷釋

此包上有篆書題四字。其中有：

利津李氏秦量攷。手稿一紙。（此攷已見前「金文攷釋雜稿」中）

秦量詔版攷記。手稿二份，末附七絶二首，四言詩一首，尾署「丙寅夏」三字。又清稿抄本二紙。又鮑康作秦銅詔版詩抄本一紙。

秦木量詔版釋文附攷，及題詩原稿一册。末記「癸酉七月望辛酉海濱病史記」。又傳抄本一册。

外雜亂手稿一束。

秦權量銅詔版釋文詩記

此即上稿之傳抄本。

傳古小啟

此包上有篆書「傳古小啟底稿」六字。其中有手書原稿二紙。又傳抄清本一紙。又手書清稿七頁缺首頁。

金文宜裝册説。傳抄本三份，初稿一，改稿二。

（二）曾經發表過的手稿

這類手稿，雖經過發表，然他末尾多記年月，這是有用處的。今將所見分列於下：

周盂鼎銘釋文及攷釋

此包面上有篆書「南宮鼎釋文」五字，下注「全」字。其中有：

周盂鼎銘釋文。這也是參證徐籀莊先生從古堂本。所以文中多處有「徐曰」字樣。此中攷證不多。係手稿。

周盂鼎銘跋。此跋出手稿，已見《簠齋金石文攷釋》中。此稿末尾記：「大清同治十年辛未七月十日戊戌五十九歲海濱病史記。」

以上是十九行的盂鼎。

又，盂鼎銘釋文（此與上原爲一包）

此釋文手稿二紙，未見發表過。其中考證不多，末書云：「鼎容官斛十二石（自是今官斛），出關中，皖人△君令陝專大車載以歸。共約三百七八十字。」（銘文凡二十行）

此釋文未發表過。

周聃敦釋文

此包面上有篆書此五字，下又注「全」字。中有手書毛公聃敦釋文四份，初稿又清稿四紙二份。又聃敦跋手稿一通。又傳抄本末書「己卯六十一歲」。定稿六份。甲戌十月定稿六份。最後定稿三份，末題：「八月三日己卯海濱病史説。甲戌十月再定。壬午七月十九日癸卯又定，時年七十。」

案此稿考釋已見《簠齋金石文考釋》，署録乃其甲戌年定本。最後癸卯年定本稍有增補[一]。

漢器攷記

此包上有篆書此四字。其中有：

漢鐙攷記。初稿一份未完。清稿二份。此與《簠齋金石文考釋》同，尾題：「同治十年歲次辛未十二月廿二日丁丑海濱病史記。」

西漢孝文廟銅鍪考釋。手書草稿一紙。傳抄清稿三份。此與《簠齋金石文攷釋》同，尾題：「辛未十月十二日己巳雨中。」

漢漁陽郡孝文廟銅甗鍑并甑考。手書草稿一紙。此與《簠齋金石文考釋》同。

漢桂宫鐙考釋。傳抄初稿清稿各一份。此與《簠齋金石文考釋》同。末記：「十二月己卯立春先二日海濱病史記。」

漢陽泉使者舍熏爐攷。傳抄本三頁，與《簠齋金石文考釋》同。末有：「同治十年辛未十二月十八日癸酉海濱病史記。」

又抄節本一份（節去上半）。

西漢綏和雁足鐙攷。手稿一紙，清稿三份。文與《簠齋金石文考釋》同。尾署：「同治十年辛未九月既望癸卯海濱病史記。」

開封鐙攷。手書稿一紙。末記：「同治壬申十一月十二日癸巳海濱病史記。」

此文短篇似未見發表。

西漢八器。傳抄本，書面有手書「西漢八器」四字。其考證多節略，是乃其做屏條時用底册。其節略原因，乃以屏上不能書過多的字故爾。

漢器攷釋一册。是乃清抄以上的手稿彙集而成。

[一] 此處的「癸卯年定本」，應爲「壬午年定本」。

秦前文字之語

此二册中文字多半見《簠齋尺牘》（涵芬樓影印本），及《陳簠齋丈筆記附手札》（《滂喜齋叢書》本）中。

尺牘

此册中三分之一强，已見《簠齋尺牘》著録。有一半未見發表的，其中有一些談當時的政治，所以在當時未發表，現在還是有用的。

《封泥攷略》殘稿

此存首三卷。現行石印本有十卷。攷石印本前署海豐吴式芬、濰縣陳介祺同輯。此稿本則作「海豐吴式芬、濰縣陳介祺攷藏，吴江翁大年攷編」。校其攷訂，十之九同石印本。可證此書的攷編，殆出翁大年，賴此稿方知之。

以上是手稿的大概。每包上的題字篆書，可能是簠齋先生的手筆。

整理陳簠齋先生手稿工作報告

日前承委托整理陳簠齋先生手稿，事今用数日的工夫大致抄出目錄，分列未發表与已發表过的稿件為二大類，另紙詳細開出。此次根据校核的書刊有三种名目列下：

1、簠齋尺牘十二冊，涵芬樓影印本。

2、簠齋金石文考釋一冊，雲窗叢刻本。

3、陳簠齋丈筆记附手札一卷，滂喜齋叢書本。

用以上三書的校核，认识到这手稿中無有一半已發表过的。都查原稿多半附记当時年月，这对于研究簠齋先生行年錄还是有用處的。又用手稿与刊本细校，还不免或多或少的字句不同的地方，或為当時的删改。因以上的关系，现在对这已發表的原稿还不能以等閑視之。至于

羅福頤一九六四年二月十一日所作《整理陳簠齋先生手稿工作報告》及《整理目錄》

在未發表文件中選擇可在文物上登載的，今據个人想像，似可輯錄十几篇文章，作為《簠齋先生金文攷釋拾遺》選目如下：

○毛公鼎釋文并跋

周龙姞敦记

利津李氏秦量攷

虢季子白盤跋

曩敦、馭方鼎考釋

部鐘考釋

齊侯鎛考釋

○齊區鏷考记

附傳古小啟

簠齋先生尺牘零拾

此可有廿五通

以上是整理的結果大致如此，請转陳領導為感，此致

莊敏同志

羅福頤上 64.2.11.

外附整理目錄一份

陳簠齋先生手稿目錄

這手稿有二十多种，近以四日之力，略為校核，知其中有一半是未曾發表過的，其中也有些曾經發表，而其手稿末多附記年月，這對于做簠齋先生年譜，還是有用處的。今分為未見著錄及已曾發表過的為二大類，記之于下：

(一) 未發表過的手稿

周毛公厝鼎銘釋文。

此影工什，參汀福莊先生從古堂本，有手稿散葉一部，末署：

同治十年太歲在辛未，七月廿又五日癸丑，秋熱，五十九歲海濱病史簠下記。

又手書清稿17頁一部，上有朱書批。

又傳抄初稿一部，有手書夾條。

又傳抄二次稿二部。

又傳抄三次稿一部，中亦有夾條，並有修改。

外又散稿一束。

此上共一包，有包上有篆書"毛公鼎釋文"篆書五字。

毛公鼎釋零稿。

此◎包上有篆書此六字，其中有抄本周毛公鼎銘釋文，未抄全，殘本二份。

金文考釋雜稿。

此◎包上有篆書題此六字，其中有：

説文古籀補序稿，有校改，末書光緒十年歲在甲申正月三日己卯濰縣陳○○序（此文已見吴氏原書）

周惠姞毀説稿。末署光緒己卯冬十一月八日丁丑，末又手題字三行。文中有手校改處，又傳抄清稿一份。

利津李氏泰棻攷稿。傳抄本。

虢季子白盤跋。草稿一紙。

此外◎零星片段手稿一束。

器條攷方鼎釋文。

此◎包上題此七字篆書，其中有此

鼎釋文傳抄本二部。一有圈点。一未圈。外文手書散条二紙。

部鐘釋文。

此包上題篆書四字。其中手書初稿一通。再定稿一通。三稿四稿各一通。末署同治癸酉六月廿六日癸酉。鮑子年董守吾寄二紙至。連日大雨蒸溽中釋之。至驕字殊快意。文字謹嚴如此。猶是周初法度。吉金中不可多得也。俟見諸家釋文當再訂正。二十九日海濱病史記。

外文傳抄清稿三分。又改正清稿一分。外文手書散條二紙

齊侯鉼手稿釋文。

此包上有此篆書七字。并注清底在內。其中有手書原稿三紙。又手書清稿一冊。末題大清同治十年八月巳未朔五日癸亥。積雨新晴。溽蒸几研。五十九歲海濱病史書。

區鍉釋文。

此一包上有篆書四字，其中有手書原稿四種。

齊太公子和子區釋文。手稿二紙。

簠齋區鍭元釋稿一冊。書面有王懿榮署名題簽，前半釋文乃簠齋先生手稿，后半考記乃傳抄本。考記題目下有朱書題記：

甲戌五月改本尾有題記曰：

同治丙寅三月廿八日夜作，四月廿五日雨后海濱病史書。

冊中有朱筆增改補校處，末又朱筆補考五行。又傳抄本二份，皆初稿。

秦器考釋。

此包上有篆書題四字，其中有：

利津李氏秦量考。手稿一紙（此考已見前簠齋文考釋稿中）。

秦量詔版考記。手稿二份，末附七絶二首、四言詩一首，尾署丙寅夏三字。又清稿抄本二紙。又鮑康作秦銅詔板詩抄本一紙。

秦木量诏版釋文附跋及、题诗原稿一册。末记癸酉七月望、辛酉、海滨病叟记、又传抄本一册。

外较乱手稿一束、

秦权量銅诏版釋文诗记。

此即上稿之传抄本。

传古小啟。

此包上有篆書传古小啟底稿六字、其中有手書原稿二纸、又传抄清本一纸、又手書清稿七页缺首页。

全文宜装册记。传抄本三分、初稿一、改稿二、

（二） 曾经发表过的手稿。

这类手稿曾经发表、他末尾多记年月、这是有用處的、今将所见分列于下：

周孟鼎銘釋文及跋釋。

此包面上有篆書南宫鼎釋文五字、下注全字、其中有：

周盂鼎銘釋文。这也是抄校证徐籀莊先生從古堂本，所以文中多處有徐曰字樣。此中攷证不多，系手稿。

周盂鼎題跋。此跋出手稿已見《簠齋金石文攷釋》中。此稿末尾记：

大清同治十年辛未七月十日戊戌五十九歲海濱病史记。

以上是十九行的盂鼎。

又盂鼎銘釋文　（此与上原为一包）

此釋文手稿二纸未見發表过。其中考证不多，末書云

鼎容官斛十二石，（自是今官斛）出关中。皖人△君令陕，考大車載以帰。共得三百七十八字。（銘文凡二十行）

此釋文亦未發表过。

周聃毁釋文：

此包面上有篆書此五字。下又注全字。中有手書毛公聃毁釋文四份。初稿又清稿四纸二份。

又聃毁跋手稿一通。又傳抄本末書

己卯六十一歲，定稿六份；甲戌十月定稿六份；最后定稿三份；末題：八月三日己卯，海濱病史從甲戌十月再定，壬午七月十九日癸卯又定。時年七十。

案此稿考釋已見《簠齋金石文考釋》，略錄乃其甲戌年定本，最后癸卯年定本稍有增補。

漢器攷記。

此包上有篆書此四字，其中有：

漢鐙攷記。初稿一份未定，清稿二份，此與《簠齋金石文考釋》同，尾題：同治十年歲次辛未十二月廿二日丁丑，海濱病史記。

西漢孝文廟銅鐙考釋。手書草稿一紙，傳抄清稿三份，此與《簠齋金石文攷釋》同，尾題辛未十月十二日己巳雨中。

漢陽郡孝文廟銅甗鍑并甑考。手書草稿一紙，此與《簠齋金石文考釋》同。

漢桂宮鐙考釋。侍抄初稿清稿各一份。此與《簠齋金石文考釋》同。末記十二月己卯立春先二日。海濱病史記。

漢陽泉使者舍熏爐攷。侍抄本三頁。與《簠齋金石文考釋》同。末有：

同治十年辛未十二月十八日癸酉海濱病史記。~~又抄節本一份~~

又抄節本一份（節去上半）

西漢綏和雁足鐙攷。手稿一紙，清稿三份，文與《簠齋金石文考釋》同，后署：

同治十年辛未九月既望癸卯，海濱病史記。

開封鐙攷。手書稿一紙，末記同治壬申十一月十二日癸巳，海濱病史記。

此文短篇似未見發表。

西漢八器。侍抄本書面有手書西漢八器四字。其攷近多節略。乃其做展覽時用底册，其節畧原因乃以盾上不能書过多的字故尔。

漢器攷釋一册　是乃清抄以上的手稿彙集而成。

秦前文字之語

此二册中文字多半見簠斋尺牍（涵芬楼影印本）及陳簠斋丈筆记附手札（滂喜斋丛書本）中。

尺牍

此册中三分之一強已見簠斋尺牍發表的，有一半未見發表的，其中有一些谈当時的政治，所以在当時未發表，现在还是有用的。

封泥攷畧殘稿

此存首三卷，现行石印本有十卷。攷石印本前署海丰吴式芬、潍县陳介祺同輯，此稿本則作海丰吴式芬潍县陳介祺攷藏，吴江翁大年攷編校，其攷订十之九同石印本，可证此書的攷編非出翁大年。賴此稿方知

第 10 頁

之

以上是手稿的大概、每包上的題字篆書、可能是益齋先生的手筆。

15×20=300　　文物編輯部

楚公鐘

後記

金石器作爲一種文化遺存，在清代中晚期得到文人仕宦藏家的空前重視，他們留下了不少有關藏器的著録考釋之作。其中清代大鑒藏家、金石學家陳介祺（一八一三至一八八四年，號簠齋）對金石古物的鑒藏、傳拓與研究、考釋並重，目前收藏在中國文化遺産研究院的有關陳氏的遺存資料比較豐富，包括數十種考釋著述手稿、吉金全形拓圖、金石文字拓本等。基於此，本人於二〇一七至二〇一九年進行了題爲「院藏清陳介祺金石學資料整理研究」的工作。課題的主要目標，一是對拓圖及考釋文稿等進行全面的調查整理，二是對簠齋吉金全形拓工藝的解析和復原研究，從而揭示簠齋在傳承接續金石文化方面的重要作用和獨特貢獻。

本書是上述課題的成果之一，主要是對一九六四年簠齋後人所捐贈的陳介祺手稿進行詳細整理，並公之於世，供學界進一步研究。本書的篇章布局，「緒言」主要對現藏文研院的簠齋手稿的來源和入藏過程進行鈎沉，並簡述整理要目。本書的主體部分，按簠齋文稿的寫作内容及行文體例分爲四部分，即金文考記、尺牘、傳古筆記、封泥考略，詳細梳理各篇目文稿下諸多文本之間的前後邏輯關係，對文本清稿進行録文，各文本皆配圖呈現。

從寫作角度來看，簠齋金文考釋類文稿尤能體現其治金石之學的特點，現簡述如下。

考釋的對象，主要基於簠齋本人所藏吉金，以及潘祖蔭、吴雲等人藏的鐘鼎重器。簠齋考釋文稿，是基於對先秦、秦漢不同時段的器物功能及金文特點的把握。首先在對大歷史分界的判斷上，他認爲「秦以前是一天地，同此世界，而與後迥不同」。而秦燔更加劇了後世與周制和先秦文化之間的斷裂。其次，在金文的特點上，簠齋認爲「金文以三代文字爲重，秦無文字，漢器之銘無文章，記年月、尺寸、斤兩、地名、器名、官名、工名而已，後世則並此而無之矣」（參見同治十二年八月廿九日簠齋致潘祖蔭書札之附箋）。而出土的三代吉金文字是古人之真面，可謂「古尚書今本」，「金文是補千古秦燔之憾，義理外即推此。吉金皆以字爲古，而不知乃古尚書真本，文尤足重」（參見同治十三年二月初一簠齋致吴雲札）。因此，簠齋在金文考釋上的側重點是，對三代金文的考釋，重在識字、通義，求行文之法，探經世之理；對秦漢金文的考釋，重在探求制器及功用。

簠齋金文考釋主要有兩種行文方式，一种是釋文，行文原則是：「金文釋文必定句讀；必於字下雙行，先注古字如器，次注今字釋文；金文釋文必分段，必詳起結，必講文法。」（參見同治十二年八月二十九日致潘祖蔭札之附箋）另一種是對金文的釋解和闡説，如《周聃毁説釋》、《漢鐙考記》等，認爲闡釋做到「明順」即可，勿過於廣博。從字裏行間，可感知支撑其考釋的知識系統有以下幾方面：（一）熟知典籍，包括字書如《説文》，史志類如《史記》、《漢書》、《西都賦》、《三輔黄圖》、《通鑑》等。（二）熟知歷代官私金石款識的著録文獻，如宋内府《宣和博古圖》、清内府《西清古鑑》、宋代薛尚功《歷代鐘鼎彝器款識》、清代阮元《積古齋鐘鼎彝器款識》等。（三）與著名金石學家如吴式芬、劉喜海等交遊學習，在大量的鑒藏實踐和研習比較中積累提升經驗，在考釋中易於觸類旁通。（四）請當時擅考金石的學者如許瀚、徐同柏、吴大澂等參訂，如不同時段的「毛公鼎考釋」中對各家意見的徵引。（五）作爲文士的詩文素養及程朱理學功底。二十九歲時（道光二十一年，一八四一）經辛丑御試授内閣中書，擢侍讀。三十三歲時，殿試考取二甲第三名，中進士；再經進士朝考，取一等第十名，由内閣中書改爲翰林院庶吉士。又專心於程朱理學，與當時理學諸君子如倭仁、吴廷棟等往來精進。

值得注意的是，簠齋的收藏保存意識也充分體現在其考釋稿的諸多文本中，某一篇目會有各寫作階段的草底稿、校改稿、清定稿等多個前後承續的文本，如周毛公鼎、聃毁考釋稿的諸多文本，可呈現其思考和表達的動態化、情景化過程。

總之，簠齋治金石之學，立足實據研究古器、古文字，探求古人之文化。他認爲「讀古人之字，不可不求古人之文，讀古人之文，不可不求古人之理，不可專論其字，竊向往之而愧未能也」（參見同治十三年六月八日簠齋致潘祖蔭札）。此外，他治學嚴謹，隨着實證的不斷出現和自己認識的更新，而不斷修訂完善舊稿，精益求精。

最後要説的是，凝結簠齋畢生心智的手稿能在其誕辰二百一十周年之際全部面世刊布，首先要感謝其後人的妥善保存和六十年前化私爲公的捐贈義舉，感謝手稿進入公藏後對其進行妥善保管的前輩管理員們。其次要感謝中國文化遺産研究院各級領導將「院藏陳介祺金石學資料整理研究」納入二〇一七—二〇一九年的院科研課題（編號2017-JBKY-13），感謝吴家安、喬梁、陸明君、曾君、劉紹剛等專家學者在課題立項和結項時給予的幫助和指導。在課題研究及後續準備出版的過程中，筆者時常請教簠齋七世孫陳進先生，陳先生退休後始致力於簠齋相關資料的搜集、整理和研究，他總是熱情接待並加以指導，還提供了家藏毛公鼎初拓本等珍貴資料；這期間還得到鄭子良、黨志剛、沈大娲、張洪雷、王允麗、葛勵、苑園、曹雨芊、宫垚、李賀仙等友人的協助，在此表示衷心感謝！當然，本書的最終面世還要感謝中華書局領導的支持，以及責任編輯許旭虹和吴麒麟、美術編輯許麗娟的精誠合作！書中有不妥之處，敬請方家指正。

赫俊紅

二〇二一年六月二十八日初稿

二〇二三年七月三日定稿